Eduard von Keyserling
Landpartie

Eduard von Keyserling
Schwabinger Ausgabe

Eduard von Keyserling

Landpartie
Gesammelte Erzählungen

Herausgegeben und
kommentiert
von Horst Lauinger

Nachwort
von Florian Illies

MANESSE

Nur zwei Tränen

Motto: «Θάλαττα, θάλαττα»

Der Lehrer der griechischen Sprache hatte die üble Angewohnheit, seine Schüler «Esel» zu nennen, machten sie ihre Sache nicht recht. Wir zeigten dann stets sehr entrüstete Mienen, allzu tief aber empfanden wir diese Beleidigung eigentlich nicht. Nun behaupteten meine Kameraden, ich hätte einmal über solch einen «Esel» geweint.

Weinen gilt in der Schule ohnehin für eine Schande, und noch dazu über so etwas! Die Kameraden waren unerschöpflich in ihrem Spott. Mich schmerzte das empfindlich; ich vermochte mich aber nicht zu verteidigen. Es waren nur zwei armselige Tränen gewesen, nicht der Rede wert, diese ließen sich jedoch nicht fortleugnen, und sie hatten ihre wunderliche Ursache, die ich damals nicht erörtern mochte.

An einem ganz gewöhnlichen ledernen Montage, in einer ganz gewöhnlichen ledernen Unterrichtsstunde trug sich der Vorfall zu. Ja! Diese Unterrichtsstunde versprach besonders trübe und eintönig zu werden, denn draußen lag dichter Herbstnebel über den Dächern. Wir durften also nicht einmal auf den lustigen Sonnenstrahl rechnen, der durch die Fensterscheiben in die Schulstube zu schlüpfen pflegte, um plötzlich dem gestrengen Lehrer über die faltige Stirn zu huschen, sodass er die mürrischen Augen zukneifen musste und wir kichernd die Nasen tiefer in die Bücher steckten. Solche Streiche liebte der Sonnenstrahl; er hielt es stets mit uns Schülern. Auch auf diese kleine Zerstreuung durften wir an jenem Montage nicht zählen. Tripp – tripp – fielen die Tropfen aus der Dachtraufe auf das Pflaster; eine frostige, verstimmende Musik. Einige verdrossene Spatzen hüpften über das Fensterbrett, und die kleinen, grauen Köpfe auf die Seite neigend, blinzelten sie mit den blanken Augenpünktchen gelangweilt zu uns herüber. Rings um mich saßen die Kameraden mit missmutigen Gesichtern. Die schwarzen Schulbänke mit ihren zahllosen Schnittwunden, der Lehrer mit seinem alten Rock, auf dem ich jeden Streifen des Musters kannte, mit seinem bleichen, sorgenvollen Gesichte, seinem tadellos geglätteten Haar, alles, alles war dazu angetan, ein Knabenherz trüb zu stimmen. Dazu noch der dumpfe Geruch nach alten Büchern und nassen Überröcken, der im Gemache waltete, das unbehagliche Gefühl, die Finger voller Tinte zu haben und mit dem Rockärmel den Staub vom Tische zu fegen, endlich das abgegriffene, befleckte Buch, in das man hineinschauen sollte, die Aussicht auf endlose Fragen nach *e verbo*, nach *consecutio temporum* – was weiß ich! Gewiss ist es, dass an jenem Montage eine sehr melancholische Lebensanschauung in den meisten Schülerherzen wohnte.

Xenophon wurde gelesen. Nun wissen wir, dass der weise Schüler des Sokrates wenig Ansehen in Schülerkreisen genießt. Weil er der erste griechische Autor ist, den wir lesen, so nennen wir anfangs zwar seinen Namen mit einigem Stolz: «Wir lesen Xenophons ‹Anabasis›» ist ein Satz, den man nicht ungern ausspricht, dazu ist «Anabasis» ein schönes, volltönendes Wort und klingt gar so griechisch. Auf die Dauer aber verstehen die Leiden der Zehntausend die Knabenfantasie nicht anzuregen, und sind wir erst zu anderen Autoren vorgeschritten, dann blicken wir mit entschiedener Verachtung auf die «attische Biene» nieder: «Er liest noch Xenophon» heißt so viel als: Er steht tief unter mir.

Meinem Nachbar auf der Schulbank war die Aufgabe zugefallen, das berühmte 7. Kapitel des IV. Buches der «Anabasis» zu übersetzen. – Mit eintöniger, schläfriger Stimme, mit vielem Räuspern und häufigen Pausen trug er uns die schöne Erzählung vor, wie die Zehntausend, auf den Berg Teches gelangt, plötzlich das Meer vor sich sahen und in lauten Jubel ausbrachen.

Ich war entschlossen, nicht zuzuhören, mich um die ganze Geschichte gar nicht zu kümmern. Meine Aufmerksamkeit richtete sich ausschließlich auf einen Regentropfen, der langsam die Fensterscheibe hinabrann. Wird er unten ankommen oder nicht? Das schien mir eine wichtige Frage. Plötzlich schreckte mich ein Wort im Vortrage meines Kameraden aus meinen Beobachtungen auf.

«Sie hörten nun, wie die Soldaten: ‹Das Meer, das Meer!› riefen.» Ich schaute in das Buch. Ja! Da stand es, halb von einem Tintenfleck verdeckt, daneben der misslungene Versuch, das Profil des Lehrers mit stark verlängerter Nase zu skizzieren, da stand es, wie sie jubeln, «Thálatta, Thálatta!» rufen, wie sie sich umarmen, wie sie weinen. – Seltsam! Das gefiel mir, das schien nichts von dem Staub der Schulbank an sich zu haben. Es machte mir das Knabenherz weit. Thálatta, Thálatta! Welch ein würziger, lösender Hauch wehte mir aus diesem Worte entgegen! Das war Ferienlust! Das trug mich weit, weit aus der schläfrigen Schulstunde fort! …

Da stand ich auf der Düne. Unter meinen nackten Füßen fühlte ich den warmen Sand; in meinen Haaren wühlte der Seewind, und vor mir lag das Meer, die weite blaue Fläche, ganz mit goldenen Sonnenflittern überstreut. Große, durchsichtige Wellen stiegen auf, warfen ihre weißen Schaummützen empor, und ein Jauchzen und Rauschen scholl herüber, dem ich schweigend, lächelnd, mit klopfendem Herzen lauschen musste. Hoch im lichtvollen Himmelsblau hing eine Möwe, eine zitternde weiße Flocke: «Gib Acht! Die sieht etwas. Gleich ist sie unten», sprach es neben mir mit heiserer Kinderstimme. Ja! Da stand des Strandwächters Lotte und schaute empor mit ihrem verständigen Bubengesichte, die runden, grünlichen Augen weit dem Sonnenstrahl geöffnet, das kurze, rote Haar im Winde flatternd. Jetzt schoss die Möwe pfeilschnell nieder, da – mitten in eine große Welle hinein, und Lotte stieß einen gellenden Freudenschrei aus, den sie von den Möwen gelernt haben mochte.

«Die See ist gleich wieder da», sagte Lotte dann und deutete mit dem Mittelfinger auf das Meer hinab: «Wir müssen eilen, wenn wir noch hinauswollen.»

Hinaus mussten wir. Es war die tägliche Ferienarbeit, zu suchen und zu sammeln, was das Meer zurückließ; und endlich, welche Lust, sich langsam von der Flut an das Ufer zurückdrängen zu lassen – mühsam, den halben Leib im Wasser, mit den Wellen kämpfend.

«Fort!», rief Lotte und stürmte voran.

Es lief sich gut über den feuchten Sand. Der Boden wiegte sich sachte unter den Füßen; jeder Tritt verursachte ein kleines plätscherndes Geräusch und ließ eine Spur zurück, die sich mit Wasser füllte. Dort lagen die trägen Seesterne, zart gefärbt und glänzend, wie die Zuckerblume beim Bäcker oben im Städtchen; und Seegras – breite, kühle Bänder, die wir nur behutsam angriffen, denn die weichen, fetten Halme schienen etwas rätselhaft Lebendes. Rückten wir einen Stein von seiner Stelle, dann huschten die Seespinnen hervor, grünliche, durchsichtige Schattenwesen. Wir blieben stehen und lachten laut auf über diese seltsamen Ungeheuer, die so eilfertig seitwärts dahinschlüpften.

«Ins Wasser!», kommandierte Lotte.

Da waren die Wellen schon! Da überstürzten sie sich zischend und bedeckten den Sand mit ihrem Schaum, wie mit großen weißen Tüchern.

Anfangs stiegen wir nur zögernd in das rege Durcheinanderwogen. Das Wasser schlug kühl um unsere Füße, bedrückte ein wenig den Atem, und in das laute Rufen der Wellen mischten wir die hohen Noten unseres ausgelassenen Kinderlachens.

Das tolle Rennen und Springen der Wogen riss uns in seine Lust mit fort.

«Weiter, weiter!»

Lotte war stets die Verwegenere und mir ein gutes Stück voraus. Sie achtete nicht mehr auf ihr schlichtes Leinwandröckchen, sie ließ sich ganz von den Wellen überdecken, sie schlug sich mit ihnen herum und stieß herbe, gellende Rufe aus, wie ein Seevogel.

Mit Vorliebe gingen wir in dem breiten Lichtwege einher, den die Sonne über das Wasser warf. Dort flatterte es glänzend an uns hinauf, ganz goldene Wellen kamen, um mit lustigem Funkeln über unseren Köpfen einzustürzen. Blieb ich einen Augenblick atemlos stehen, ein wenig auszuruhen, schaute ich hinaus auf das endlose Ineinanderspielen von Blau, Gold, Silber, dann legte es sich wie Bangigkeit auf das Kinderherz, eine Bangigkeit, die die Augen groß und ernst macht und die Lippen lächeln lässt. – «Sie kommt!», jubelte Lotte. – In der Tat, die Flut machte merkliche Fortschritte. Die Wellen wurden höher und rissen uns mächtig nach Osten hin.

«Halte dich tüchtig nach rechts», warnte ich.

«Wir haben noch Zeit!», meinte Lotte.

Die Schulbänke machen uns vorsichtig; so zog ich mich denn langsam zum Ufer zurück. Das Wasser trieb mich vor sich her. Die Wellen gaben mir kräftige Stöße in den Rücken. «Geschwind, ge–schwind!», schienen sie zu rufen und überspritzten mich mit Schaum. Sie erlaubten mir nicht, stille zu stehen. Geschwind, geschwind! Ich lief. – Ein wenig Furcht packte mich, so wild war die Jagd noch nie gewesen!

Jetzt war ich am Ufer! «Heute war es lustig», sagte ich mir und schöpfte tief Atem. Ich wandte mich um: «O! Lotte ist weit» – – – –

Die Gestalt des Mädchens schwankte noch zwischen den Wellen einher; jetzt ward sie hoch emporgehoben, sie streckte die Arme aus; ich glaubte ihr Lachen zu hören. Ich legte die Hand vor die Augen und schaute in den Glanz hinaus. Das rote Köpfchen tanzte lustig die Wellen entlang; es schien selbst ein Stück des regen Sonnengoldes zu sein, das allerort über das Wasser hinflirrte. Immer weiter zog es fort. Nur noch einen roten Punkt konnte ich sehen. Jetzt war auch dieser verschwunden. Da war er wieder! Dort auf der großen Welle! Nein, nur der Sonnenglanz! Aber hier – hier! Allerwärts tauchte Lottes Köpfchen auf, und immer wieder war es der Sonnenschein, das endlose Flimmern. Ein heller, durchdringender Ton schlug an mein Ohr. «Lotte!», rief ich. Eine Möwe antwortete mir aus der Höhe.

Wild und blank tummelten sich die Wellen durch einander, immer schneller und schneller. «Ge–schwind, ge–schwind!», riefen sie. Alles wogte, blitzte, tanzte vor meinen Augen. «Lotte!», rief ich noch einmal und sank dann still auf den Sand nieder.

Am anderen Tage fand man die Leiche des Mädchens, ich habe aber den Anblick nicht ertragen können; das war meine lustige Gespielin nicht mehr. Die Strandwächterin breitete ihre blaue Schürze über das arme, entstellte Gesicht. Sie hatte sich nicht genug nach rechts gehalten, sagte der Strandwächter, und damals habe ich ihn zum ersten Male weinen gesehen.

Xenophon mit seinem «Thálatta» hatte in mir all diese Erinnerungen wachgerufen, hatte mir schnell wieder die ganze traurige Geschichte von der Strandwächter-Lotte erzählt, und – nun ja – da kamen die zwei Tränen.

«Esel! Wie lange soll ich fragen?!», rief der Lehrer. Meine Kameraden schauten mich spöttisch an – und ich – schämte mich. Heute aber können sie es mir wohl glauben: Die zwei Tränen wurden nicht um den «Esel», sie wurden um die arme Lotte geweint!

Mit vierzehn Tagen Kündigung

«Es gibt mehr Ding' im Himmel und auf Erden, als Eure Schulweisheit sich träumen lässt.» Der arme Prinz Hamlet hatte recht! Wir brauchen oft nur in die Kammer unseres Nachbars hinüberzuspähen, um Dinge zu finden, über die wir im Kreise unserer aufgeklärten Freunde ungläubig die Achseln zucken. Wir sind heutzutage so klug, dass wir nicht gern von Erscheinungen reden, deren ausführliche Erklärung wir nicht zu geben vermögen. Dennoch gehört ein wenig romantischer Glaube dazu, um die Wirklichkeit ganz zu verstehen.

So ist es auch wahr, obgleich ich mit meinen skeptischen Café-Genossen nicht gern davon spreche – so ist es auch wahr, dass die gute Frau Pinapel ihren Tod um vierzehn Tage vorausgeahnt hat.

Mir gegenüber, dort jenseits des breiten, stillen Hofes, wohnte sie. Von meinem Schreibtische aus konnte ich ihr Fenster sehen, die weißen Spitzenvorhänge, die Geraniumbüsche und Rosenstöcke, die hohe Lehne ihres Sessels mit der Schlummerrolle aus bunter Seide und das friedliche, weiße Gesicht. Frau Pinapel pflegte beständig zu stricken, aber ihre Blicke schweiften über die krausen Blätter der Geranien zum Fenster hinaus und überwachten die gegenüberliegende Seite des Hauses. Mir schien es, als hätte sie den Sonnenschein gepachtet, denn die große weiße Haube hinter den Blumenstöcken schwebt mir stets überflutet von hellen Sonnenstrahlen vor.

An Tagen, an denen wir anderen vergeblich auf einen Lichtblick warteten, hing an der Hauben-Ruche der Frau Pinapel gewiss ein goldener Sonnenflitter. Ihr hat es aber keiner missgönnt; selbst Hausbewohner, die es sich sonst zur Ehre anrechneten, mit jedem ihrer Hausgenossen wenigstens einen Streit gehabt zu haben, sprachen mit Wohlwollen von der alten Frau im dritten Stock, und wer, an seinem Fenster stehend, dem Blick ihrer milden grauen Augen begegnete, nickte einen höflichen Gruß hinüber.

Sonst hatte ich Frau Pinapel nie auf der Stiege, im Hof oder gar auf der Straße gesehen; da traf ich sie eines Tages vor der Wohnung des Hausmeisters. Ihre Kleidung war äußerst festtäglich: Sie trug einen großen Hut, auf dem wunderlich vergilbte Rosen und welke Atlasmaschen saßen, und einen persischen Shawl, einen jener schönen Shawls aus der guten alten Zeit, die nie untergehen, mit einem großen Aufwand an türkischem Pfeffer und Moschus vor den Motten bewahrt werden und, wenn sie an einem Festtage ihren Kasten verlassen, einen scharfen Duft um sich verbreiten und mit ihren eingelegenen Falten, ihren verblichenen Arabesken, ihren längst vergessenen Mustern ein rührend verschollenes Aussehen im grellen Tageslichte annehmen. Frau Pinapel war in eifrigem Gespräch mit dem Hausmeister begriffen.

Als ich mich näherte, schwiegen beide. Indem Frau Pinapel meinen Gruß erwiderte, lächelte sie befangen; ein flüchtiges Erröten ergoss sich über das gute, alte Gesicht. Sie blickte unsicher zum Hausmeister hinüber. «Oh, Frau Pinapel», begann ich, «es ist das erste Mal, dass ich Sie zu einem Spaziergang gerüstet sehe.»

«Ja, heute wollte ich einen Gang tun. Sonst gehe ich nicht aus, aber heute ...» Sie schwieg und glättete liebevoll die Fransen ihres Shawls.

«Die Frau Pinapel will uns kündigen», versetzte der Hausmeister und kniff schalkhaft ein Auge ein.

«Nein, nein! Das hab ich nicht gesagt! Ich zieh nicht fort. Warum sollte ich!»

Seltsam war es, wie hilflos und verlegen uns die alte Frau ansah;

wie ein Kind, das fürchtet, von den Erwachsenen verlacht zu werden. «Der Hausmeister versteht mich wohl; er tut nur so», fuhr sie fort und blickte auf den Griff ihres Sonnenschirmes nieder, «ich habe es ihm gesagt, damit das hübsche Zimmer nicht leer stehe. Er soll sich ein wenig nach einer neuen Partei umtun. Mein Gott!, etwas Unrechtes ist nicht dabei.»

«Ach was!», meinte der Hausmeister, «Frau Pinapel bleiben noch lange bei uns. Mit dem Sterben ist's nicht wie mit dem Ausziehen, das man nur so mit vierzehn Tagen kündigen kann. Das kommt über einen jeden, heute oder morgen, aber vorher wissen, das gibt's nicht.»

«Doch, das gibt's» – Frau Pinapel nickte ernst – «mir ist es», fügte sie zögernd hinzu, «als müsste es in vierzehn Tagen geschehen, darum habe ich mit dem Hausmeister gesprochen. Ich weiß es wohl, steht ein gutes Zimmer leer, so verdrießt das. Um diese Zeit findet sich auch nicht leicht eine Partei; es ist besser, man sieht sich früher danach um. Nicht wahr? Kommt es dann über mich, nun, so ist nicht viel Aufenthalts. Die Leni lüftet das Zimmer, und die neue Partei kann gleich einziehen.»

Sie hielt inne. Da wir beide stumm und nachdenklich vor uns hinsahen, blickte sie uns ruhig und verwundert an. Es machte sie befangen, dass wir nichts sagten; sie rückte ihre Hutbänder zurecht, zog den Shawl über die Brust zusammen und lächelte: «Das ist's, das wollte ich gesagt haben. Ich gehe jetzt zur ‹roten Birne› hinaus. Mit meinem Seligen sind wir dort oft gesessen, das ist nun schon lange her. Einmal wollte ich noch hinausschauen. Suchen Sie eine ordentliche Partei, Hausmeister. Guten Tag.» Freundlich nickend, ging sie auf die Straße hinaus.

Der Hausmeister zuckte die Achseln: «Sie wird in vierzehn Tagen sterben, sie wird, sie tut's nicht anders; da kann man reden, was man will; sie weiß es.» Lachend ging er in seine Wohnung zurück. «Sie tut's nicht anders; sie weiß es», wiederholte er vor sich hin. In mir aber war plötzlich ein reges Interesse für die «rote Birne» erwacht; ich musste der alten Frau folgen.

Da ging sie vor mir her, die breite, leere Straße entlang, durch den grellen Nachmittags-Sonnenschein. Ein wenig schwankend und mühevoll war ihr Gang. Die blanken Atlasbänder des Hutes flatterten matt, und die ganze Gestalt sah wunderlich zerknittert und altmodisch aus, wie eine Puppe, mit der noch die Großmutter als Kind gespielt hat und die plötzlich aus dem vergessenen Winkel der Rumpelkammer in das helle Licht der Wohnstube gebracht wird. Der kleine Schusterbube, der an Frau Pinapel träge mit seinen Holzschuhen vorüberklapperte, musste etwas Ähnliches empfunden haben, denn er blieb stehen und sandte ihr das laute, unbarmherzige Kinderlachen nach.

Dort an der Ecke geriet sie mit dem Winde in Kampf, mit jenem tückischen Wiener Gesellen, der uns stets an irgendeiner Ecke auflauert, um an uns zu zerren und zu zupfen. Der persische Shawl blähte sich, der große Hut begann zu schwanken, und die kleine, gebrechliche Frau schien fortgetrieben zu werden und dahinzuflattern wie ein armer, kranker Vogel.

Die «rote Birne» machte keinen allzu günstigen Eindruck auf mich. Sie befand sich in einer entlegenen, engen Gasse. Auf dem unregelmäßigen Pflaster sonnten sich alte Schuhsohlen und Orangenschalen. Vor den Häusern saßen bleiche Kinder; die kleinen, unreinlichen Hände lässig über den Knien gefaltet, gaben sie sich melancholisch der Trägheit des schwülen Sommernachmittags hin. Die Glastür des Wirtshauses war offen. Auf der Schwelle stand der dicke Zahlkellner; die Hände in den Hosentaschen, die Beine auseinandergespreizt, das Haar, von dem eben beendeten Mittagsschlaf auf einem Gasthaustisch wirr an die eine Seite der Stirn geklebt, schaute er mit zusammengekniffenen Augen die Straße hinab. Als ich Anstalten machte, in das Gasthaus einzutreten, blickte er mich verächtlich an, rückte ein wenig zur Seite, um mir den Durchgang zu gestatten, und mir war es, als wollte er mich grüßen, die Faulheit übermannte ihn aber, und er brachte es nur zu einem matten: «Hab!» Drinnen im Gastzimmer waltete eine heiße, dumpfe Luft und der widrige Geruch nach kaltem Fett. Die gelben Vorhänge an den Fenstern waren geschlossen und gönnten dem Gemach nur ein fahles, ärmliches Licht. Hie und da drang ein dicker, rotgoldener Sonnenstreifen durch eine Spalte und flimmerte auf der braunen Tapete und auf den rotgeblümten Tischtüchern. Dort in der Ecke schlief der kleine Bierkellner, die Arme auf den Tisch und den Kopf in die Arme gestützt. Am Tische nebenan saß ein alter Herr und schlief ebenfalls, die Zigarre schief in einem Mundwinkel, den Kopf an die Wand gelehnt, und im Hintergrunde, auf dem Buffet, mitten unter den Tellern und Gläsern, lag ein brauner Kopf mit glatten, stark geölten Locken, und wunderlich verschlafene Laute tönten herüber. Dafür trieben aber die Fliegen ein besonders reges Wesen. Sie summten eifrig durcheinander, bald ärgerlich, bald eintönig forterzählend, sie stießen brummend an die Fensterscheiben, jagten sich durch die Luft, stritten um die Nase des schlafenden alten Herrn und feierten tolle Orgien in den Biergläsern und auf den Fettflecken der Tischtücher.

Ich setzte mich still an den nächsten Tisch. Diese schläfrige, unreinliche Umgebung bedrückte und verstimmte mich. Hier eine liebe Erinnerung aufzusuchen muss hart sein, sagte ich mir. Ich spähte umher. Wo war Frau Pinapel? Oh, dort in der Fensternische! Sie saß ganz gerade auf ihrem Stuhl; vor ihr stand ein Glas Bier, daneben lag der Geldbeutel aus blauer Seide. Ihre Blicke machten langsam die Runde durch das Gemach; sie ruhten auf dem angerauchten Papier der Tapete, auf den Tischen, den gelben Vorhängen; es lag in ihnen wie Liebkosung und Rührung. Dabei lächelte sie ein ernstes, feierliches Lächeln. Zuweilen nickte sie leise; dann sah sie wieder nachdenklich vor sich hin. Die grauen Augen waren feucht – feucht von den Tränen, die so bald die Augen alter Leute überfluten und sie mild und friedlich glänzen lassen. Ein Sonnenstrahl glitt über ihre bleiche Wange und lieh dem alten, faltigen Gesicht etwas von dem blonden Glanze der Jugend. Sie tat einen langen Zug aus dem Glase, langsam und sorgfältig, und als sie es niedergesetzt, lächelte sie wieder und blickte freundlich auf den leeren Stuhl ihr gegenüber. Jetzt, da das Bier ausgetrunken war, glaubte sie gehen zu müssen. Sie sah ängstlich zum schlafenden Kellner hinüber. Würde er es nicht übel nehmen, wenn sie noch bliebe? Sie wollte gern noch bleiben, noch stille dasitzen und der hellen, längst vergangenen Liebes- und Jugendgeschichte nachträumen, die ihr dieses enge, dumpfe Gelass erzählte. Nun war es nicht mehr möglich. Der Zahlkellner trat in das Zimmer und betrachtete sie unzufrieden. Sie musste gehen! «Ich bitte, zahlen», flüsterte sie höflich.

«Zahlen!», schnarrte der Kellner und klapperte mit seinem Geldsack.

Frau Pinapel erkundigte sich gespannt nach dem Preise des Bieres und zählte das Geld aufmerksam auf den Tisch. Zwei Kreuzer Trinkgeld schob sie dem Kellner zu mit einem zufriedenen Lächeln, als wollte sie ihm eine besonders angenehme Überraschung bereiten; als aber die zwei Kreuzer ohne Dank im Geldsacke verschwanden, machte sie ein enttäuschtes, ein wenig erschrockenes Gesicht: «Jetzt muss ich gehen», sagte sie und ordnete ihren Shawl. Sie hatte noch etwas auf dem Herzen. Der Kellner jedoch kam ihr so wenig entgegen; er stand vor ihr und sah sie mit seinen Fischaugen gleichgültig an. Es fiel ihr schwer: «Bitte, ich wollte nur fragen», begann sie, «stand früher nicht dort in jener Ecke auch ein Tisch?»

«Ja wohl», erwiderte der Kellner.

«Nicht wahr? Ich wusste es wohl, dort stand er. Ich danke.»

Der Kellner ließ sich zu der Erklärung herbei: «Wir haben ihn fortgetan; die Gäste klagten über Zugwind.»

Frau Pinapel schüttelte den Kopf: «Damals zog es nicht; nein! nicht im Geringsten.» Sie verneigte sich tief und flatterte fort.

Der Kellnerbube rief ihr halb im Schlaf ein: «Empfehl mich!» nach. Sie wandte sich um, nickte ihm zu: «Grüß dich Gott, mein Kind.» Dann sah sie noch einmal auf das Gemach zurück, ernst und innig, wie fromme Leute beim Verlassen der Kirche noch einen Blick auf den Altar werfen, um ein Stück Andacht auf die Straße mit hinaus zu nehmen.

Als sie an mir vorüberging, erkannte sie mich. Sie grüßte betroffen, und ihre eingefallenen Wangen erröteten, wie die Wangen eines Mädchens, das ihr Liebesgeheimnis entdeckt sieht.

Ich weiß es nicht, ob Frau Pinapel die vierzehn Tage genau eingehalten hat; um vieles hat sie sich aber nicht verrechnet. Auf ihrem Fenster liegt auch heute voller, lustiger Sonnenschein, es ist weit geöffnet. Die Leni lüftet das Zimmer. Die neue Partei kann gleich einziehen.

Das Sterben. Ein Sommerbild

Die alte Lise konnte heuer bei der Ernte nicht mittun; seit siebzig Jahren zum ersten Male, denn sie war schon mit acht Jahren eine Arbeiterin gewesen, die mitzählte; noch voriges Jahr hatte sie mehr Garben gebunden als die anderen, die jungen Weiber. Wenn alle anderen über die große Hitze klagten, hatte die alte Lise behaglich mit den knochigen Schultern gezuckt und gemeint: «Mir ist grade recht. Für einen alten Menschen ist's nie warm genug.» Dabei ging ihr die Arbeit um Mittagszeit so gut vonstatten wie um Sonnenaufgang.

Der letzte Winter jedoch hatte der zähen Kraft der Greisin hart zugesetzt. Sie wollte es anfangs nicht zugeben, dass ihr Körper sie im Stich ließ, dass sie es den Jungen nicht mehr gleich oder gar zuvortun konnte.

«Sitzen Sie ruhig zu Hause, Mutter», sagte der Bauer, wenn die Alte klagte, dass es mit dem Holzauflesen nicht mehr gehen wolle. «Der Mensch dauert ja nicht ewig. Mit achtundsiebzig Jahren geht es eben zu Ende. Man kann nicht immer so fortarbeiten.»

Die Alte schüttelte den Kopf. «Nein, nein! Meine Mutter hat bis zu ihrem fünfundachtzigsten Jahre gearbeitet.»

«Ja», meinte der Bauer, «was kann man da sagen! Der eine hält längere, der andere kürzere Zeit aus. Wie's kommt! Und wir sind, Gott sei Dank, nicht so gestellt, dass wir ohne Ihre Arbeit darben müssten»; dabei lachte er, die Pfeife fest zwischen die Zähne geklemmt, wohlig in sich hinein, stolz auf seine Wohlhabenheit. Mit solch einem Bauernhof kann man es schon verlangen, dass die Alte die Hände in den Schoß legt und ruhig auf den Tod wartet; nicht wahr?

Sterben – gut. Das versteht sich von selbst. Man legt sich auf sein Bett und stirbt; das ist in der Ordnung: aber auf den Tod warten, müßig sein, husten, bei jedem zehnten Schritt nach Luft schnappen müssen, wozu ist das gut? Das fiel der alten Lise sehr schwer. Während die anderen die Frühjahrsarbeit besorgten, musste sie zu Hause bleiben, als ginge sie all das nichts mehr an. Vom Sommer hatte sie sich Besserung versprochen; bei der Ernte wollte sie wieder dabei sein, dachte sie sich, obgleich sie es sich nicht auszusprechen getraute; sie schämte sich vor den anderen, weil sie an ihren Tod nicht glauben mochte.

Aber auch der Sommer brachte die erhoffte Stärkung nicht. Die Alte saß in ihrem Winkel, ließ sich von der Sonne wärmen, und ihre einzige Arbeit war das Atmen, eine schwere, mühsame Arbeit. Wie müde das den alten Körper macht, sich das bisschen Luft zu verschaffen! Für die Hausgenossen war die Mutter nun die alte, unnütze Sache geworden, der man einige Pflege angedeihen ließ, wenn man gerade Zeit dazu hatte, die man sonst aber in ihre Ecke stellte, ohne sie viel zu beachten, wartend, dass die Zeit käme, sie ganz fortzustellen.

Wer kann sich während der Ernte viel um alte Leute kümmern! Am Morgen stellt die Bäuerin Wasser und Essen an das Bett der Mutter, ein Kranker isst ja ohnehin nicht viel, und dann ging alles auf das Feld hinaus. Dem jüngsten, der kleinen Grethe, wurde aufgetragen, achtzugeben, ob die Mutter nicht rufen würde.

Da lag die alte Lise auf ihrem Bett in der niederen Bauernstube, das Kopftuch tief in die Stirne gezogen, die Arme gerade am Körper anliegend, die Decke bis zum Kinn emporgezogen, und schlief, gelb und regungslos wie eine Tote. Als sie erwachte, drehte sie sich ein wenig auf die Seite und schaute nach den Sonnenstrahlen auf der Wand: «Es muss sieben Uhr sein», sagte sie sich. Die Außentür stand offen. Draußen, auf dem Sandhaufen vor dem Hause, saß die kleine

Grethe, trommelte mit einem Stöckchen auf einem umgestülpten Wasserkübel und sang, den blonden Kopf zurückgeworfen, aus Leibeskräften. «Rei-rai-raa, tai-tai-taa.» Auf der Türschwelle stand die gelbe Henne, bog den Kopf zur Seite und gluckste leise, während hinter ihr her die Küchlein, eine Schar gelber Kugeln, in das Zimmer rollten. Von der anderen Seite des Hauses aber kam ein helles, regelmäßiges Tönen herüber. Die Alte hob den Kopf und horchte. Das war das Mähen. Der Ton sagte ihr ganz genau, wo gearbeitet ward: «Jetzt sind sie hinter dem Hause auf dem Hügel; bis zu Mittag werden sie bis zur Eiche unten am Abhange kommen. Ja, ja! Gut soll die Ernte heuer sein, hat der Bauer gestern noch gesagt.» Müde ließ sie den Kopf auf das Kissen zurücksinken und schloss die Augen. Im Halbschlummer sah sie genau das Feld vor sich, auf welchem gearbeitet wurde, den niedrigen, sonnbeschienenen Hügel, den Bauer in seiner weißen Leinwandhose, vormähend, die Arbeiter hinter ihm, weiter fort die Weiber mit den Rechen, am Abhange unten die Eiche, deren abgestorbener Wipfel wie ein grauer Spieß in das Himmelsblau hineinsticht, und unten im Schatten, auf dem Rasen, die gelben Holznäpfe mit dem Mittagsmahl und das Brot, in weiße Tücher eingeschlagen. Die alte Lise sah das alles ganz deutlich, im Traume war sie mit dabei.

Ein Hustenanfall weckte sie wieder. Sie griff nach dem Wasserkrug und trank. Dann hüllte sie sich fester in die Bettdecke; es fror sie, Hände und Füße waren wie erstarrt. Jetzt musste es Mittag sein, das sah sie an dem grellen Licht, das auf den Fliesen des Fußbodens lag. Die Henne hat sich vor der Mittagssonne in den Schatten unter die Ofenbank geflüchtet; man hörte nur zuweilen das Rascheln ihrer Flügel, wenn die Küchlein unter denselben unruhig wurden. Fliegen schwirrten hart unter der Zimmerdecke hin und her; ihnen tat der Sonnenschein wohl, und ihr stetiges Summen klang wie das Sieden und Kochen dieser heißen Stunde.

Draußen war es still geworden; die Arbeiter hielten wohl unter der Eiche ihre Mittagsruhe. Auch Grethe saß nicht mehr auf ihrem Sandhaufen. Mein Gott, so ein Kind! Das will auch nicht zu Hause sitzen, noch dazu um die Erntezeit, da am Feldrain unbeaufsichtigte Grützeimer und Butternäpfe stehen. Die Alte richtete sich auf. Sie hatte im Traum so eifrig mitgearbeitet, und etwas von der langgewohnten, rüstigen Lebensempfindung, die der Traum gebracht, dauerte noch fort in dem frierenden, zitternden Körper der Sterbenden: «Draußen muss es wärmer sein», sagte sie sich. «Es ist ja auch gleichgültig, wo man liegt. Ich habe oft genug unter der Eiche geschlafen. Ja, ja! Dort muss es wärmer sein.» Aber es war die plötzlich erwachende Sehnsucht, noch am Leben teilzunehmen, von der die Alte hinausgetrieben ward, denn wo war denn sonst Leben, wenn nicht auf dem Felde, dort, wo man arbeitet?

Das Aufstehen war schwer, das Gehen noch schwerer. Auf einen Stock gestützt, kroch die Alte stöhnend zur Tür. Die Henne unter der Ofenbank stieß einen gedehnten schläfrigen Laut aus und verdrehte gelangweilt die rotgoldenen Augen, als dächte auch sie: «Alte Menschen sollen ruhig im Bett liegen. Der Mensch dauert nicht ewig.» Die alte Lise wusste das wohl, sie wollte ja auch nicht ewig dauern; nur ein wenig wollte sie noch das Feld sehen, die Sensen hören. Vor der Haustür blieb sie stehen und keuchte, dabei schloss sie die Augen, denn das Licht tat ihr weh. Aber sie erholte sich wieder und ging weiter – am Schweinestall – an den Salatbeeten vorüber – jetzt war sie auf dem Felde; da standen die Korngarben schon vor ihr. Es schwindelte ihr – der Husten schüttelte sie – sie konnte nicht weiter und fiel stöhnend auf eine der Garben nieder.

Die Halme waren heiß von der Sonne und dufteten stark; die Alte streckte sich auf ihnen aus. Die Anstrengung hatte sie ganz niedergeworfen; sie röchelte, Schweiß auf der Stirne, und rang nach Luft: «Der Tod, der Tod!», stöhnte sie. Die Mittagssonne jedoch tat ihr für einen Augenblick gut. Sie wurde ruhiger, öffnete die Augen; sie erkannte wieder alles um sie her. Dieses war das Feld, das sie vorgestern abgemäht hatten. Dort drüben waren die Felder des Gutsherrn. Diese weiten blonden Flächen glänzten und sprühten wie Atlas. Auf dem Hügel die grüne Insel war der Friedhof; die Augen der Sterbenden unterschieden deutlich zwischen den Bäumen das graue Schindeldach des Glockenhäuschens. Weiter fort die Birkenallee, wie ein langer, grüner Schleier auf weißen Stäben ruhend. Ja, die alte Lise kannte dort überall jeden Stein und jeden Strauch, und kam nun der Tod wirklich, dann musste sie fort, sah all das nicht mehr. Das ging ihr nicht in den Kopf. Ja, was dann? Ein Toter ist fort. Aber wo ist er? Ein Frost schüttelte ihr die Glieder. Sie drückte sich fester in die Halme. Sie war stets eine gute Christin gewesen, Gott wird sie wohl annehmen; aber – wenn auch! Hier kannte sie alles von Jugend auf, und dort ist man doch fremd, es ist doch nicht wie zu Hause. Sie seufzte. Es war da nichts zu machen, aber das Herz war ihr sehr schwer. Achtundsiebzig Jahre war sie hier hin und her gegangen, hatte sie diese Bäume, diese Plätze gesehen, diese Felder gepflegt, ohne besonders an sie zu denken, und heute stellten sie sich alle so gegenständlich und selbständig vor sie hin, wie etwas, das bleibt, wenn auch die alte Lise nicht mehr ist. Ach Gott! Die durften leben – und sie? Was ist denn ein Toter? Nichts. Man ist bei Gott. Ja, ja! Aber doch nichts, wenigstens für die auf der Erde. Es war, als schämte sich die Alte der lebensfrohen Natur gegenüber ihres Sterbens. Was da lebt, bekümmert sich nicht um die Alte, die fort muss. Das besorgt seine Ernten, das grünt, das singt. Das Lärmen der Feldgrillen und Lerchen ringsum schrillte ihr wie ein hochmütiges Prahlen mit Leben in die Ohren. Sie gehörte nicht mehr dazu. Sie wollte beten. Mühsam faltete sie die steifen, kalten Finger ineinander und bewegte die Lippen: «Vater unser, der du bist im Himmel»; aber die Gedanken vergingen ihr, sie meinte, sie werde einschlafen, und davor fürchtete sie sich. Auf ihrem Rocke saß eine Heuschrecke, eines jener grünen Ungeheuer, wie die Alte sie oft während der Mittagsrast zwischen ihre harten Finger genommen hatte, um zu sehen, wie das Tier mit den langen Beinen zappelt. Heute saß die Heuschrecke ungestört auf dem Rock der alten Lise und bewegte den abenteuerlichen, grünen Kopf. Die Sterbende blickte das Tier misstrauisch und ärgerlich an; plötzlich fuhr sie mit der Hand nach ihm und überdeckte es. Es sollte spüren, dass sie noch nicht so tot sei, dass man auf ihr umherhüpfen durfte. Dann aber legte sich ein dunkler Schleier über ihre Augen, und ihr ward, als müsse sie mit aller Kraft gegen etwas ankämpfen. Sie rang nach Luft; der dürre, sehnige Körper zuckte; die trübblauen Augen starrten regungslos in die Sonne. Einmal bewegten sich noch die Lippen und flüsterten: «Was zu schwer ist, ist zu schwer», wie ein Arbeiter, der sich vergebens abmüht, eine große Last zu heben, und endlich mutlos davon absteht. Dann streckten sich die Glieder, dass die Halme raschelten.

Als die Leute von der Arbeit heimkamen, fanden sie die Alte tot auf einer Korngarbe liegen: «Hat die hier heraus müssen, um zu sterben», meinte der Bauer und lachte gerührt. Die Arbeiter hoben die Leiche auf, um sie fortzutragen. Die rechte Hand der Toten, die flach auf ihrem Beine ruhte, glitt dabei herab, und eine Heuschrecke sprang unter ihr hervor. «Seht doch», sagte einer der Knechte, «was die Alte noch im Sterben erwischt hat!» Die kleine Grethe wollte das Tier fangen, aber die Bäuerin wehrte ihr: «Lass!», sagte sie ernst und geheimnisvoll. So trugen sie die alte Lise in das Haus. Der Bauer blieb zurück und schüttelte die zerdrückte Garbe wieder zurecht; dann schritt er quer über die Stoppelfelder zum Friedhof hinauf, um für die Alte die Totenglocke zu ziehen.

Grüß Gott, Sonne!

Die Vroni hatte beschlossen zu sterben. Während sie im Geschäft die Federn und Blumen in die Pappschachtel packte, um heimzugehen, war es ihr klar geworden. Wenn ein armes Mädchen einen Schatz hat, und der verlässt es und geht schon den dritten Sonntag mit der schwarzen Lena ins Wirtshaus, dann bleibt eben nichts übrig als der Tod, nicht wahr? Das Weinen und Sich-Härmen hatte Vroni satt. Mit der Eifersucht, die ihr wie eine Krankheit am Herzen fraß, weiterleben, war nicht möglich. Ernst band Vroni die Schnur um die Schachtel, nickte der Dame an der Kasse einen «Guten Abend» zu und ging in den Frühlingsabend hinaus. Fest in die helle Sommerjacke geknöpft, blonde, flatternde Löckchen auf der Stirn, wand sie sich flink durch das Gedränge. Auf dem Weg in die Vorstadt hinaus dachte sie über ihren Entschluss nicht nach; wozu auch? Der stand fest, und damit war's gut! Fleißig schaute sie nach rechts und links; ab und zu grüßte sie mit dem kurzen, lustigen Nicken der Münchner Mädchen, und als ein Berauschter an ihr vorübertaumelte, sandte sie ihm das rücksichtslose Lachen des Vorstadtkindes nach.

Jetzt war sie zu Hause und sprang leicht die vier Treppen zu ihrer Wohnung hinauf. Ihrer Zimmerfrau rief sie ein helles «Grüß Gott, Frau Nestelmeyer!» zu, dann verschloss sie sich in ihrem Stübchen. Nachdem sie ordentlich, wie jeden Abend, Hut und Jacke beiseitegelegt, holte sie ein Fläschchen aus dem Kasten und setzte es auf den Tisch. Das hatte Frau Nestelmeyer ihr gegen Zahnweh gegeben. Viel war nicht darin, aber es trug einen Zettel mit einem Kreuz, einen Totenkopf unter dem Worte: «Gift» – da mussten wenige Tropfen genügen. So! Nun war sie fertig. Sie sann einen Augenblick: «Nachtessen!» Nein, wenn einer stirbt, braucht er kein Nachtessen. Das war selbstverständlich; allein es überlief Vroni bei diesem Gedanken doch so kalt. Sie fand es nun dumpf im Stübchen und öffnete das Fenster. Die Abendluft tat wohl. Vroni legte sich in das Fenster und schaute hinaus; sie hatte ja noch Zeit. Die Frühlingsdämmerung lag grau über den Dächern, auf der Straße erwachten die Gasflammen, eine Reihe gelber Lichtpünktchen, und oben, am bleichen Himmel, blinkte ein Stern mit weißem, unruhigem Glanz. Ein feuchtes Wehen kam aus der Ferne, die, von Nebel und Zwielicht verhangen, so unendlich und geheimnisvoll erschien. Und Vroni war es, als weitete sich auch ihre Seele, die enge, heiße Mädchenseele, in der die törichten Liebesschmerzen summten, wie Sommerfliegen, die sich in einer Tulpe gefangen haben. Sie fühlte sich so ganz allein diesem großen Schweigen und dem im Blau verlorenen Sterne gegenüber. Ja! So muss der Tod sein – so einsam und still und unendlich! Tiefes Mitleid mit sich selbst stieg in Vroni auf. Bleich und regungslos würden sie sie morgen finden; sie würden Blumen bringen und weinen, und er würde wohl wissen, wer sie da hineingetrieben.

Von unten aus der Finsternis stieg jetzt ein süßer, schwüler Duft auf. Dort musste wohl in der Nacht etwas erblüht sein. Dieses Duften brachte Vroni wieder zur Erde und ihrem Kummer zurück. Sie dachte an Lena, an den Verrat ihrer Liebe und schluchzte vor Zorn und Eifersucht. Das müsste ein Ende nehmen; sie war zu unglücklich! Sie griff nach dem Fläschchen und leerte es auf einen Zug. Eine Weile stand sie regungslos da und wartete: «Der Tod kommt nicht so schnell», sagte sie sich, sie hatte noch Zeit, sich niederzulegen.

Vroni lag nun auf ihrem Bette und horchte in sich hinein, ob die unheimliche, rätselhafte Arbeit des Sterbens in ihr beginne. Es war doch wunderbar, so still dazuliegen und zu warten. Was wird geschehen? Sie werden sie aufbahren und zum Friedhof hinaustragen; gut! Das war denkbar. Aber wo war sie, die Vroni, dann? Nicht leben – nicht mehr sein – wie ist das? Das arme Mädchen, allein in der stillen, finstern Stube vor dieses furchtbare Rätsel gestellt, ihm anheimgegeben, ward von entsetztem Bangen erfasst. Die Jugend in Vroni bäumte sich dagegen auf. Geängstigt wollte Vroni aufspringen, Frau Nestelmeyer rufen, doch dann kam es wie müde Mutlosigkeit über sie; die Glieder waren so schwer, die Augen fielen ihr zu: «Es hilft nichts, da kommt er schon, der Tod; da kommt er!», wiederholte sie matt, und es war ihr, als würde sie fortgetragen von einem grauen, weichen Nebelstrom, fort in farblose Dämmerung. Häuser, Straßen zogen vorüber, aber lichtlos und zerfließend; eine Welt von Nebel und Spinnweb. Vroni kämpfte dagegen an; sie wollte nicht mit; sie öffnete halb die Augen. Ja! Da war noch ihr Stübchen, aber auch dieses schien fremd und wesenlos. Vroni seufzte: «Also das war das Sterben!» Oder war sie schon gestorben? Eine widerstandslose Schlaffheit kam über sie, und die tat wohl. «Heilige Maria, bitt für uns!», betete sie. Über ihr, über der grauen Welt stand der Stern, und – da war auch die Muttergottes im blauen Mantel drüben von der Kirche, zu der Vroni das Wachsherz hinausgetragen hatte. Licht und rosig stand sie unter dem Stern, jetzt aber sank Vroni; schnell ging es abwärts. Der Stern und die Muttergottes wurden ganz klein, – hinab – hinab – und es wurde so finster und kühl; das war der Tod.

Vroni schauerte in sich zusammen, sie fühlte es kalt über Arme und Brust hinstreichen und erwachte. Grelles, rotes Licht umflimmerte sie. Sie schloss die Augen wieder und lag regungslos da. Der Kopf schmerzte, und die Glieder waren wie zerschlagen, als hätte sie einen weiten Weg gemacht. Es schien ihr auch, als wäre sie weit fortgewesen und als könnte sie sich nicht mehr zurechtfinden. Etwas Trauriges war geschehen; was war es? Vroni schlug wieder die Augen auf. Allenthalben noch das rote Licht, auf den Wänden, auf der Bettdecke, auf dem Polster neben ihr, und dort auf dem Tische blinkte etwas wie ein Rubin – ein leeres Fläschchen. – Oh! Jetzt wusste Vroni alles!

Sie hatte sterben wollen. War sie nicht tot? Warum lebte sie noch? Es war ihr doch, als ob alles aus gewesen wäre. Sinnend blinzelte sie in die Morgensonne und wusste nicht, wie ihr ward. Doch plötzlich erfasste sie eine köstliche Unruhe, wie eine warme Welle jungen Blutes ergoss es sich über ihr Herz: «Ich lebe!», jauchzte sie auf, sprang aus dem Bette und stürzte an das Fenster. Da stand die Sonne, eine mächtige purpurne Kugel, und um sie her, hoch am klaren Himmel, hingen verstreute Wölkchen, rosig angeleuchtet, dass sie wie ausgelassene Engelkinder ausschauten, welche im glashellen Blau schwimmen. Der Morgenwind kam und brachte die Düfte all der tauigen Gärten mit, über die er hingestrichen. Unter dem Fenster aber hatte sich über Nacht ein kleiner, im Gemäuer verlorener Fliederstrauch über und über mit blauen Blüten bedeckt. Vroni hob ihre nackten Arme in den Sonnenschein hinauf; sie lachte über das ganze Gesicht und rief: «Grüß Gott, Sonne!»

Von der Straße schaute ein Vorübergehender verwundert zu dem Mädchen hinauf, das ganz in Morgenlicht gebadet, lachend der Sonne die Arme entgegenstreckte; er musste auch lachen und antwortete: «Grüß Gott!»

Grüne Chartreuse

Das Nachtmahl war beendet. Der lange Fritz, mit dem blassen, diskreten Gesichte, servierte den Kaffee und die Liqueurflasche; dann schloss er lautlos hinter sich die Türe.
Miezi und Egon, in ihre Sessel zurückgelehnt, schwiegen beide. Egon blies nachdenklich den Rauch seiner Zigarette vor sich hin. Er fand, dass sich plötzlich etwas wie Müdigkeit, fast wie Traurigkeit, über dieses Restaurationskabinett breitete, mit seinen fest zugezogenen gelben Vorhängen, hinter denen der Regen an die Scheiben klopfte, mit seiner vornehmen Stille und der schwülen Luft, die nach Zigaretten und New-mown-hay roch. Seltsam! Vor wenig Wochen noch hätte der Gedanke, mit Miezi hier so vertraut und allein zu sitzen, ihn eine Seligkeit gedünkt. Gott! Wie krank vor Liebe war er damals gewesen! Und nun, da diese gefeierte, vielbegehrte, grausame Miezi sein war, nun diese Stimmung! Sinnend schaute er das Bild an, das der große Spiegel dort an der Wand ihm zeigte. Da lag er selbst im Sessel. Wie schmal er in dem schwarzen Gesellschaftsanzuge ausschaute! Wie bleich und müde das regelmäßige Gesicht sich gegen die Stuhllehne stützte. Das Leben genießen ist nicht immer eine leichte Arbeit, das, fand Egon, sah man ihm an. Und neben ihm Miezi; die Arme lagen schlaff auf den Seitenlehnen des Sessels. Den Kopf hatte sie ein wenig zurückgebogen; die Lampen des

Kronleuchters badeten ihr Gesicht in grellem Lichte, das es wunderbar weiß erscheinen ließ und der Haut einen matten Schmelz, etwas Überzartes verlieh unter dem sanften Flimmern der aschblonden Haare. Miezi schaute aus wie etwas sehr Kostbares und sehr Zerbrechliches; wie eine fremde, weiße Treibhausblume. Ihre Augen blickten starr empor, wie in tiefe und nicht lästige Gedanken versunken: «Was ihr nur heute sein mag?», sagte sich Egon. «Oh! Ich sehe! Sie wird gefühlvoll, und dann kommt die Lebensgeschichte!» Er kannte sie, diese oft erzählte, wunderliche Geschichte, voll großer Namen und großer Geldsummen, und die jedes Mal ein wenig anders lautete. Da kam ein Schloss vor, auf dem Miezi geboren war; eine Kindheit voll vornehmer Unschuld; endlich ein russischer oder serbischer Fürst, der Miezi entführte, eine Geldkatastrophe in Monte-Carlo ... Dann schob Miezi wohl gerne am linken Arm das Armband ein wenig hinauf und zeigte eine kleine, rote Narbe. Da hatte sie mit der Schere hineingestochen, als er sie verließ und sie sterben wollte. Ach ja! Wenn Miezi das erzählte, sah sie stets so hübsch sentimental aus, ... aber – Egon hatte die Geschichte schon so oft gehört und sie blieb doch so nebelhaft!

Miezi beugte sich jetzt vor, ergriff ihr Liqueurglas und nippte daran mit gespitzten Lippen; dann, Egon über das Glas hin anschauend, sagte sie ernst: «Das schmeckt nach Wald!»

«Ach ja, der Wald!», rief Egon gefühlvoll und trank sein Glas langsam aus: «Wer jetzt dort sein könnte – tief drinnen – allein mit ihm!»

Miezi sah Egon scharf an, dabei lag es wie Spott um ihre Lippen und in ihren Augen: «Geh! Was weiß so einer wie du vom Walde!»

«Ich!», erwiderte Egon und lächelte wehmütig. «Der Wald bedeutet für mich die Kindheit – die Jugend – Glück; ja, das einzige, ungetrübte Glück! Wenn ich so von Hause durchbrennen konnte und von der Chaussee ab in den Wald bog, immer geradeaus über die glatten, braunen Tannennadeln, zwischen den Tannen durch, die mir das Gesicht wie mit kleinen, kühlen Nägeln zerkratzten, das war Glück. Das verstehst du natürlich nicht; aber so ist es. Auf der kleinen Lichtung, die gelb vom Sonnenschein dalag, warf ich mich in das Moos, glatt auf den Bauch und trank den Duft der sonnenwarmen Tage und dachte an nichts und fühlte mich unbändig wohl. Wenn dann die Libellen sich auf meine Brust setzten und die Hummel dicht über mein Gesicht hinläutete, dann fühlte ich, dass ich zu ihm, dem Walde, gehörte – zu der Gesellschaft der Tannen und Hasen, und das machte mich stolz.»

Egon schwieg eine Weile, in seine Waldvision versunken, bis Miezi ihn mit einem scharfen: «Nun, und dann?» weckte.

«Ja, das war Leben!», fuhr Egon fort. «Alles, was später kam, war doch nur so zusammengedacht und nachgebildet; ja alles – selbst du, Miezi; denn auch die Liebe versteht der Wald besser. Im Frühling weht im Walde eine so mächtige Liebeslust, da muss ein jeder das Lieben lernen. Hier lockt der Haselhahn, auf dem trockenen Eichenwipfel girrt der Täuberich, von der Wiese klingt das tolle Lied des Birkhahns herüber; und erst des Abends, wenn der Himmel blass und silbern wird und es weiß aus dem Sumpfe aufsteigt, dann kommt es über die Waldwipfel einsam und schwarz mit feuchtem, wohligem Quarren herangeflogen, die Waldschnepfe, die in der Dämmerung auf Liebesabenteuer ausgeht. Siehst du, da kann keiner allein bleiben; ein jeder muss mittun und sich nach einer umsehen.»

«Nun und?», fragte Miezi wieder spöttisch.

Egon lächelte seiner Erinnerung zu: «Nun ja, natürlich; ich sah mich um und fand die Lisei. Sie stand gerade mit hochgeschürztem Röckchen im Bach und fing Forellen. Die gelben Haare fielen ihr in Strähnen in das schmale, wilde Gesichtchen – und alles war so blank in der Abendsonne – das Wasser und das Haar und die braunen Arme der Lisei; das Gold floss nur so an dem Mädel nieder. Da sprang ich denn zu ihr in das Wasser, mitten in all den Glanz hinein. Ja, das ist nun alles vorüber!», schloss Egon melancholisch. »Die Lisei hat wohl ihren langen Waldhüter genommen. Ich habe sie nicht mehr wiedergesehen. Wozu? Es ist doch alles vorüber.»

«Oh! recht hat sie gehabt, die Lisei», sagte Miezi und lachte dabei höhnisch und böse.

«Du spottest darüber», meinte Egon, «natürlich. Für dich ist der

Wald ja nur eine Dekoration; etwas, das keine Seele hat. Du kennst ihn nicht.»

Wieder lachte Miezi erregt: «Ich kann mir's denken, wie der Wald und die Lisei sich über so 'n junges Herrchen gefreut haben werden, das einmal seinem Hofmeister durchgeht, um die Nase ins Grüne hinauszustecken! Was so einer vom Walde weiß! – Da muss einer frühmorgens, wenn der Himmel noch rot ist, mit den Schafen in den Wald. Kalt ist's dann freilich. Das Moos ist noch steif von Reif und knistert wie Seide. Ja, und dann den ganzen Tag im Walde, jahraus, jahrein; da kann einer den Wald verstehen. Ich war so klein, als ich anfing, die Schafe in den Wald zu treiben, dass ich in der großen, rundgebogenen Wurzel meiner alten Tanne ausgestreckt liegen konnte wie in einem Bett. Später, da ging das nicht mehr. Der Friedel wollte die Wurzel durchhauen, damit ich darin sitzen könnte; das litt ich aber nicht. An meine Tanne durfte keiner rühren.»

«Ein Friedel war da auch!», warf Egon verwundert ein.

«Ja, der Friedel vom Steinhofbauern», sagte Miezi, als müsste das ein jeder wissen: «Der Wald war meine Stube. Am Morgen sprachen die Bäume alle durcheinander. Die großen hatten ruhige, tiefe Stimmen, aber das Unterholz wisperte so fahrig drein. Um Mittagszeit schliefen wir, die Bäume und ich. Am Abend aber, wenn der Himmel blank durch die Stämme leuchtete, dann fingen sie wieder an, aber anders als am Morgen, größer, heiliger war dann das Rauschen. Ich vergaß mit dem Zuhören das Heimtreiben; erst wenn der Igel auf der Mäusejagd an mir vorüberging, besann ich mich darauf, dass es spät war. Unseren Gendarm nannte der Friedel ‹den Igel›.» Miezi lachte ein frohes, kindliches Lachen. «Jesus!», fuhr sie fort, langsam, wie im Traume, sprechend: «War der Friedel ein närrischer Bub! Eines Abends, es war das letzte Jahr, als wir die Schafe heimtrieben, fasste er mich um, hob mich auf und wollte mich bis an unseren Gartenzaun tragen. Ich hab mich gewehrt; ich hab ihn gebissen und gekratzt; der Friedel aber war stark. Er trug mich bis an den Gartenzaun und setzte mich mitten in das Mohnbeet hinein, dass ich ganz nass vom Tau wurde … Und dann, weil ich den Wald gern bei Nacht sehen wollte, sagte der Friedel, ich solle nur kommen, er wolle mich dort erwarten. So bin ich denn fort, als die anderen schliefen. Zwischen den Äckern und in der Birkenschonung, da ging es, da war es hell; aber im Walde wurde es ganz finster, und die Tannen sahen schwarz und fremd aus und fassten sich feucht und kalt an, so dass ich sie nicht mehr kannte. Und auf den Zweigen saßen die Nachtraben und schnarrten und klatschten mit den Flügeln, als wollten sie mich foppen. Gott, die Angst! Und als die Eule zu rufen begann, so traurig, als geschähe ihr ein großes Leid, da lief ich – ich wusste nicht wohin –, ich lief, bis ich über eine Wurzel stolperte und niederfiel. Da lag ich nun und wagte nicht, mich zu regen. Plötzlich hörte ich es über mir rauschen – ganz tief und ernst; das klang wie: ‹ruhig, ruhig, ruhig›. Die Stimme kannte ich; das war ja meine alte Tanne. Ich drückte mich an ihren Stamm, ich griff nach einem niederhängenden Zweige wie nach einer lieben Hand und sagte: ‹Du bist's, nun ist's gut!› Da lachte der Friedel hinter mir im Dunkeln und sagte: ‹Und so ist's besser!› und hob mich zu sich auf, der schlimme Bub.» Miezi schwieg und schaute vor sich hin, als blickte sie auf etwas, das sehr weit fort läge.

«Ich wollte, ich wäre damals bei dir gewesen», sagte Egon zärtlich.

«Du!», erwiderte Miezi und sah ihn feindselig an. «Dich konnte ich damals nicht brauchen!»

«Aber das Schloss, Miezi, und der russische Fürst!», wandte Egon erstaunt ein.

«Geh!», sagte Miezi. «Was gehen mich deine dummen Schlösser und Fürsten an!» Dabei legte sie die Hand über die Augen und weinte.

Die Soldaten-Kersta

Es hatte angefangen ein wenig zu tauen. Der Novemberschnee auf dem Kirchenwege war nass, und der schwere Schlitten bewegte sich springend und rüttelnd vorwärts. Vier Rekrutenweiber saßen in ihm: Marri, Katte, Ilse und Kersta, die Tochter der Häuslerin Annlise. Sie kamen von der Trauung in der Kirche. Morgen sollten ihre Männer fort unter die Soldaten. Über die Brautkronen hatten sie große blaue Tücher gelegt; so saßen sie wie vier spitze, blaue Zuckerhüte in dem Schlitten und wackelten bei jedem Stoß. Der Rüben-Jehze kutschte sie. Sehr betrunken, peitschte er unbarmherzig auf die kleinen, zottigen Pferde ein. Die Männer kamen hinterdrein gefahren, je zwei in einem Schlitten. Es war viel getrunken worden, und sie sangen mit lauten, heiseren Stimmen. Die Frauen schwiegen und wackelten geduldig in ihren blauen Tüchern hin und her. Kersta war die Kleinste von ihnen. Mit einem runden, rosa Gesichte, runden, hellblauen Augen, einer runden Nase, sah sie wie ein Kind aus. Nur der Mund mit den herabgezognen Mundwinkeln war der ein wenig harte und sorgenvolle Mund der litauischen Bauerfrau. Unverwandt starrte sie in den grauen Nebel hinaus, der über dem flachen Lande lag. Wunderlich schwarz nahmen sich die Wacholderbüsche und die Saatkrähen in all dem Grau aus, während die entlaubten Ellern wesenlos wie kleine rötliche Wolken auf der Heide standen. Vor Kerstas Augen schwankte dieses ganze farblose Bild sachte, sachte, als säße sie auf einer Osterschaukel und würde langsam hin und her gewiegt. An jedem Kruge hatten sie Halt gemacht, und Kerstas langer blonder Thome war an den Schlitten der Frauen herangetaumelt mit der Branntweinflasche: «No, is die junge Frau totgefroren, was?» Dabei reichte er ihr die Flasche. Kersta lächelte dann ein wenig mühsam, denn die Lippen waren steif von der Kälte, und trank. Der Branntwein machte die Glieder angenehm warm und schwer, dazu nahm er die Gedanken fort, und das ist auch gut. Immer wesenloser wurde die graue Nebelwelt vor Kerstas Augen; selbst Jehzes breiter Rücken schien immer weiter fortzurücken. Dafür kamen aber die Eindrücke des Tages ihr mit einer bildlichen Deutlichkeit in den Sinn, wie Träume; immer wieder, immer dieselben, wie Menschen, die auf dem Karussell auf dem Jahrmarkte in Schoden an einem vorbeifliegen: Hochzeit – Hochzeit. – Am Morgen das Überwerfen des feinen, weißen Brauthemdes, fein und kalt, dass es Kersta bis in die Fußspitzen erschauern ließ; die Brautkrone, die so fest auf die Stirn gedrückt worden war, dass es schmerzte. Jetzt musste ein roter Streif auf der Stirne sein. Dann die Kirche. Feierlich kalt war's dadrin. Kerstas neue Schuhe klapperten hübsch auf den Steinfliesen des Fußbodens. Sie musste achtgeben, nicht auszugleiten wie auf dem Eise. Der Pastor hatte ein rundes, rotes Gesicht, und er schmatzte im Sprechen mit den Lippen, als schmeckte ihm etwas gut. Aber schön hatte er gesprochen; von dem Fortgehn der Männer und vom Treubleiben und von Gottes Wort. Kersta hatte geweint, natürlich! Soldatenfrauen weinen immer bei der Trauung, das weiß man. Weinen tut auch gut, weinen, sodass das Gesicht warm und nass wird, und dazu ganz tief seufzen, sodass die Haken am Mieder krachen. Sie hatte stärker geweint als die anderen Frauen, das konnte sie wohl sagen, wenn später darüber gestritten wurde: Nachher im Kirchenkruge war getrunken worden, und die Männer hatten untereinander Streit angefangen. Alles war gewesen, wie es auf einer Hochzeit sein muss. «Hochzeit-Hochzeit» bimmelten die Schellen an Jehzens kleinen Pferden, und Kersta begann ihren Traum wieder mit dem feinen, kalten Brauthemde. Die drei anderen Frauen schwiegen auch und schauten mit demselben stätigen Blick, der nichts zu sehen schien, in den Nebel. Nur als ein Hase vom Felde quer über den Weg setzte – da riefen alle vier: «Sieh – ein Hase» – und sie lächelten mühsam mit den steif gefrorenen Lippen.

Im Dorfe hielten sie vor dem Kruge. Dort standen schon die Hochzeitsgäste in ihren Festkleidern und schrien. An die blinden Fensterscheiben der Dorfhütten drückten sich bleiche Frauen- und Kindergesichter. Alle wollten die Bräute sehn. Das gab Kersta wieder ein starkes Festgefühl. Eine junge Frau sein, die von der Trauung kommt, ist eine Ehre, und der Hochzeitstag der schönste Tag des Lebens. Vor der Krugstüre wartete Kersta auf Thome, denn sie musste mit ihm zusammen in das Haus gehn. Sehr ernst stand sie da und sprach mit den alten Frauen über den Weg; selbst der Gemeindeälteste redete sie an, und die Mädchen starrten neugierig auf ihre Brautkrone. Kersta, die Tochter der Häuslerin Annlise, war es nicht gewohnt, von allen achtungsvoll und freundlich angesehen zu werden, sie war klein, arm, hatte nur eine Ziege und zählte bisher nicht mit. Aber wenn eine Hochzeit hält, dann ist sie schon was. Kerstas rundes Kindergesicht wurde rot und blank wie ein Apfel vor Stolz. Nun fuhren auch die Männer singend und schreiend vor. Thome kam mit unsicheren Schritten auf Kersta zu, fasste sie um den Leib und hob sie in die Höhe. «Klein is sie», sagte er, «aber schwer wie 'n Mehlsack.» Alle lachten. Kersta errötete vor Freude und war Thome sehr dankbar.

In der großen Krugsstube setzte sich die Hochzeitsgesellschaft an die weißen Brettertische. Alle wurden still und ernst und machten sich über die Milchsuppe mit Nudeln her. Ein lautes, gleichmäßiges Schlürfen war eine Weile der einzige Ton im Gemache. Dann kam das Schweinefleisch, dann das Schafffleisch, dann wieder Schweinefleisch. Der Dampf der Speisen erfüllte die Luft wie mit einem dichten, heißen Nebel. Kersta aß eifrig, aß so viel, dass sie sich endlich erschöpft zurücklehnte und die untersten Haken ihres Mieders aufspringen ließ. «Das ist nun die Hochzeit. Ja, schön ist sie!», sagte sie sich. Leicht strich sie mit der Hand über Thomes Rockärmel. Der war nun ihr Mann, der gehörte ihr. Gut ist es, wenn man einen Mann hat. «Trink, junge Frau, trink!», sagte Thome.

Draußen begann es zu dämmern; es wurde Licht in die Stube gebracht, Talgkerzen, die in Bierflaschen steckten. Im dunstigen Zimmer bekamen die kleinen, gelben Flammen bunt schillernde Lichthöfe. Die Musik – eine Geige, eine Klarinette und eine Ziehharmonika – spielte eine Polka. «Ja – tanzen!» Kersta seufzte ganz tief vor Behagen. Sie trat einen Augenblick vor die Haustüre hinaus. Der Abend war dunkel, ein feuchter Wind fegte über den Schnee hin, die Wolken, grau wie ungebleichte Leinwand, hingen ganz niedrig am Himmel. «Morgen gibt es Schnee», dachte Kersta. An der stillen Dorfstraße entlang kauerten die Hütten: Hie und da blinzelte ein schläfriges Licht hinter einer Fensterscheibe, ein Kind weinte, eine Frau sang ein Wiegenlied, immer dieselbe müde, langgezogene Notenfolge. Und dort unten, am Ende der Straße, das kleine, schwarze, stille Ungeheuer, das war die Hütte der Mutter Annlise. Morgen wird alles vorüber sein, als sei nichts gewesen. Kersta wird wieder dort unten mit der Mutter hausen und … Sie fuhr sich mit dem Ärmel über die Augen. Warum ihr das Weinen kam? Dazu war morgen Zeit genug!

Sie ging hinein und tanzte. Das war gut. Wenn man beständig und gewaltsam von einem rücksichtslosen Männerarm gedreht wird, wobei einem die große, heiße Männerhand auf dem Rücken brennt, das nimmt die unnützen Gedanken weg. Nur der Körper bleibt, mit dem warmen Rinnen des Blutes und dem Pochen des Herzens. Die Welt ringsum wurde für Kersta immer undeutlicher und traumhafter. Ernst und eifrig drehten sich die schweren Gestalten in dem dichten Tabaksqualm, die Männer schlugen im Takte mit den Absätzen auf, es klang wie fleißiges Dreschen auf der Tenne. So muss es sein! Das ist das große Vergnügen des Lebens!, fühlte Kersta. Später bekamen die Männer Streit, es wurde gerauft. Kersta griff ein wie die anderen Frauen, aber dieses Mal mit dem stolzen Gefühle, für ihren eignen Mann zu schreien und den anderen Männern in die Haare zu fahren. Endlich führten die Burschen und Mädchen singend das Paar die

Dorfstraße hinab, zu der Hütte der Annlise, wo das Brautbett aufgeschlagen war.

Während Kersta in der kleinen Stube das Licht ansteckte, warf Thome sich schwer auf das Bett. Er war sehr betrunken und schlief sofort ein. Kersta zog ihm die Stiefel aus, rückte das Kopfkissen zurecht, dann legte auch sie sich nieder. Die Glieder waren ihr wie zerschlagen. Wenn sie die Augen schloss, war es ihr, als schwankte das Bett hin und her wie ein Kahn. Wirklich schlafen jedoch konnte sie nicht. Wenn der Traum anfing, wenn sie wieder in der Kirche stand oder im Kruge sich drehte, dass die Bänder der Brautkrone wie Peitschenschnüre schwirrten, dann ließ etwas sie auffahren, als schüttele sie jemand. Sie starrte in die Dunkelheit hinein und sann: Etwas Schlechtes wartete auf sie; was war das doch? Ja so! morgen geht der Mann fort – und das alte Leben geht weiter – die Hochzeit ist vorüber und nichts – nichts Gutes mehr für lange Zeit? Draußen dämmerte der Morgen. Die Fensterscheiben wurden blau. Kersta richtete sich auf und betrachtete Thome. Er lag in schwerem Schlaf; das blonde Haar hing ihm wirr und feucht um die Stirn, das Gesicht war sehr rot, aus dem halb geöffneten Munde kam ein tiefes, regelmäßiges Schnarchen. Langsam strich Kersta mit der Hand über seine Brust, seine Arme. «Schlaf, schlaf!», sagte sie wie zu einem Kinde. Ihr Mann, der gehörte ihr wie ihr Hemd, ihr Garn, ihre Ziege, mehr als die Ziege, denn die gehörte auch der Mutter. Das war gut! Nun hatte sie das, was alle Mädchen wollten, um was sie alle beteten – einen Mann; und groß war er und stark. Aber was hatte sie davon, wenn sie ihn gleich wieder fortgeben musste? Gott, es war besser, über solch eine Schweinerei gar nicht nachzudenken! Kersta stieg aus dem Bette und nahm den Melkeimer. Sie wollte die Ziege melken.

Draußen wehte es stark, und es fiel ein feuchter Schnee. Die Ebene lag graublau in der Morgendämmerung da. Am Horizont, über dem schwarzen Strich des fernen Waldes hing ein weißes, blindes Scheinen. Wie jeden Morgen blieb Kersta stehn, schützte mit der Hand die Augen, zog die Nase kraus und schaute ernst und missmutig dem aufsteigenden Tage entgegen. Und die Dorfstraße entlang, vor den kleinen, grauen Häusern, standen andere Frauen mit ihren Melkeimern, wie Kersta die Augen mit der Hand schützend, und blickten ernst und missmutig in das graue Dämmern, als hätten sie von dem kommenden Tage etwas zu erwarten.

Kersta fror. Sie lief in den Stall, in den niedrigen Bretterverschlag, in dem die Ziege, das Schwein und die Hühner wohnten. Die Luft war hier warm und schwer. Die Hühner schlugen auf der Stange mit den Flügeln. Das Schwein grunzte gemütlich vor sich hin. Kersta kauerte bei der Ziege nieder und begann zu melken. Angenehm heiß rann die Milch über ihre Finger. Eine wohlige Schlaffheit überkam die kleine Frau. Sie stützte ihren Kopf auf den Rücken der Ziege und weinte, nicht das starke, offizielle Weinen wie bei der Trauung und wie sie heute in der Stadt weinen würde, wenn der Mann abfährt; nein! ein Weinen, wie sie es als Kind kannte. Die Tränen kamen leicht, badeten das Gesicht, als wüsche sie sich in lauwarmem Wasser; dabei wurde das Herz weich vor Mitleid mit sich selber. Im Weinen schlief sie ein, traumlos und süß. Die Ziege hielt ganz still, wandte den Kopf und sah die Schlummernde mit den gelben, friedlichen Augen mütterlich an.

Kersta erwachte davon, dass die Mutter neben ihr sagte: «Guter Gott! Is die beim Melken eingeschlafen! Was gehst du heute auch zum Melken!»

«Einer muss's doch tun», erwiderte Kersta schlaftrunken.

«Tun!», meinte Annlise, «und dabei schlafen.» Die Stimme der Alten war brummig wie gewöhnlich, dennoch hörte Kersta heute etwas wie schmunzelnde Achtung heraus. Na ja, mit einer Frau spricht man anders als mit einer Marjell: «Geh nur, mach Feuer, der Mann muss früh fort.»

Kersta sprang auf. Ja, richtig! Heute war noch kein gewöhnlicher Arbeitstag; heute durfte sie noch die Sonntagskleider anziehen und zur Stadt fahren; heute würde sie noch von allen bemerkt und bemitleidet werden. Das tröstete ein wenig.

Die Rekruten sollten in einem großen Schlitten von dem Gemeindeältesten zur Stadt gebracht werden. Die Mütter, Väter und Frauen wollten nachfahren, um im Bahnhof Abschied zu nehmen.

Während des Frühstücks sprach Thome nur von dem Prozess und gab seiner Frau Verhaltungsmaßregeln. Das kleine Dundur-Gesinde, links vom Dorf zum Walde hin, war von dem Peter Ruze in Besitz genommen worden; es kam aber Kersta zu, denn sie war das einzige Geschwisterkind des verstorbenen Wirtes, während Peter nur der Mann der Stieftochter war. Thome hatte in Kersta die Anwartschaft auf das Dundur-Gesinde geheiratet, und es war Kerstas Aufgabe, in seiner Abwesenheit ihren Anspruch durchzusetzen: «Geh zum Advokaten Jakobsohn, der is klug, die Juden sind immer die Klügsten, und billig is er auch. Lass dich nicht betrügen.»

Kerstas Gesicht nahm einen sehr verständigen Ausdruck an. Sie fühlte ihre Verantwortlichkeit wohl: «Ich werd schon machen», sagte sie, «dumm bin ich nicht.»

«Wenn du dumm wärst, hätte ich dich nicht genommen», schloss Thome die Unterhaltung.

Johlend bestiegen die Rekruten ihren Schlitten. Weiber und Kinder des Dorfes umstanden sie und weinten. Die vier Soldatenfrauen fuhren wieder zusammen in einem Schlitten. Es schneite jetzt stärker. Die spitzen, blauen Zuckerhüte, die sich wie gestern hin und her wackelnd gegenübersaßen, wurden weiß.

Im Walde sagte Marri: «Was hat man nu davon? Morgen is man wie gewesen.»

«Was soll man machen!», antworteten die drei anderen und seufzten.

Später, als sie am Meere entlangfuhren, bemerkte Ilse: «Wenn's nicht friert, fault der Roggen aus.»

Die anderen seufzten wieder und murmelten: «Ach Gottchen! Schlecht is schlecht.» Mehr wurde auf der Fahrt nicht gesprochen.

In der Stadt hatten sie kaum Zeit, um traurig zu sein. Man sieht sich nach allen Seiten um. Dann das lange Warten vor dem Rathause, bis die Männer herauskamen, das Essen in der Schenke, der Branntwein und die Wasserkringel, endlich der Abschied auf dem Bahnhof und das laute Weinen. Thome klopfte Kersta auf den Rücken: «Nu, nu, man stirbt auch nicht dort. Schick Geld, die Kost ist knapp dort.»

«Ja – ja.»
«Denk an den Prozess. Geh zum Advokaten.»
«Ja – ja.»
«Sei klug, sonst komm ich heim und bin betrogen.»
«Ja – ja.»

Als der Zug fort war, standen die Frauen noch auf dem Bahnhofssteig und jammerten: «Ach Gottchen! Ach Gottchen!» Kersta war die erste, die damit aufhörte; sie musste zum Advokaten.

Dort wartete sie in einer hübschen, warmen Stube. Der Advokat war ein kleiner, freundlicher Herr, der sie geduldig anhörte und ihr das Beste versprach. Er war sogar spaßig, er fasste Kersta unter das Kinn und sagte: «So 'n hübsches Soldatenfrauchen, muss nun lange fasten – ei – ei.» Das war schon ein gutes Zeichen für den Prozess.

Es wurde schon Abend, als die lange Reihe der Schlitten sich auf den Heimweg machte. Feuerfarbene Wolkenstreifen, riesig und spitz, liefen über den bleichen Himmel. Die Sonne, himbeerrot und wie von dem Meere plattgedrückt, verschwand langsam. Über das krause, graue Meer rann ein purpurner Schimmer. Die Wellen rauschten leise und seidig. Die Soldatenfrauen waren von dem Gehen und Stehen und Trinken und Weinen erschöpft. Stumpf und geduldig saßen sie da und schauten mit gedankenleeren Augen in das Abendlicht. Im Walde, als es dunkel wurde und der Mond über die schwarzen Schöpfe der Fichten aufstieg, da wurde den Verlassenen das Herz schwer. Weinen konnten sie heute nicht mehr; so sangen sie denn, das erste beste Lied, riefen klagend die Töne in den Wald hinein:

«Früher, Liebchen, gehe früher,
 Gehe nicht am Abend spät!
 Lose flattern deine Tüchlein,
 Dornbusch am Wege steht!»

Was war denn bei der ganzen Heiraterei herausgekommen? Das Leben in Annlises Hütte ging dahin wie früher. Kersta melkte die Ziege, ging in den Wald Reisig sammeln, webte. In den Dezembertagen, in denen es um drei Uhr nachmittags schon finster wird, kroch sie um sechs Uhr in ihr schmales Mädchenbett. Ein anderes hatte man nicht angeschafft; wozu denn! Um zwei Uhr nachts war sie mit dem Schlafe fertig und setzte sich wieder fröstelnd an den Webstuhl. Immer dasselbe; gedankenlos und freudlos, wie das Weberschiffchen, das gleichmäßig hin und her durch die grauen Wollenfäden schießt. Dass sie verheiratet war, merkte Kersta nur daran, dass sie die Zöpfe nicht mehr wie die Mädchen über den Rücken niederhängen ließ, sondern sie aufband. An den Festtagen ging sie nicht mehr zum Tanz in den Krug, und in der Sonnabendnacht schlich sich kein Jung mehr zu ihr. Die große Beschäftigung des Mädchenlebens fehlte ihr jetzt: das Denken an die Jungen, das Warten auf die Jungen, das Weinen um die Jungen. Mit wem sollte sie denn überhaupt noch reden? Die Mädchen sprachen von ihren Jungen, die Frauen sprachen von ihren Kindern, Männern, ihrem Haushalt. Kersta hatte nichts von alldem. Sie wurde schweigsam und mürrisch. Schlimme Augenblicke kamen, wenn sie im Bette lag, sich von der einen Seite auf die andere warf und nicht schlafen konnte. Um sie her alles still. Durch die kleinen Fensterscheiben blinzelten grell die Wintersterne. Dann hörte sie jeden Ton in den benachbarten Hütten. Das Kind der Bille schrie. Jehze kam heim. Er war betrunken, er stolperte über die Schwelle. Jetzt prügelte er die Bille; sie schrie und schimpfte. Kersta wurde sehr einsam zumute. Warum hatte sie nicht auch all das? Sie wollte ihren Mann, sie wollte Thome. Die Tränen liefen ihr über die Backen, und sie biss in ihr Betttuch.

Aber der Prozess war da. Der füllte ihr Leben, gab ihr Würde und Wichtigkeit. Einmal wöchentlich wanderte sie den vier Stunden langen Weg bis in die Stadt, um ihren Advokaten zu sprechen. Jeden Baum, jeden Stein kannte sie auf dem weiten Wege. Bei jedem Wetter war sie ihn gegangen, war es nicht so kalt, dass die Finger froren, dann strickte sie im Gehen ihren Strumpf. Alle kannten die kleine Frau mit dem roten Kopftuch, dem Strickstrumpf und dem großen Prozess. Im Walde riefen die Holzknechte sie an: «He, Soldaten-Kersta, wie geht's ohne Mann?»

Kersta blieb stehen und wischte sich mit dem Ärmel über das heiße Gesicht. «Gut. Wie denn anders.»

«Der Thome kann noch sechs Jahre fortbleiben – was?»

«Lass er bleiben – meinetwegen.»

Die Holzknechte lachten laut in den Wald hinein: «Eine, der das Fasten schmeckt! No, und der Prozess, wie steht's?»

«Gut. Wenn einer recht hat, ist ein Prozess immer gut.»

«So – so.»

Häufig begegnete ihr der Forstgehilfe, ein hübscher Jungherr, mit einem schwarzen Schnurrbart, braunen, ganz blanken Augen. Dazu eine Jacke mit grünem Kragen und eine silberne Uhrkette. Er hielt Kersta jedesmal an und sprach so spaßig. «Kleines Soldatenweibchen, wie geht's?»

Kersta errötete ein wenig und bog den Kopf zurück, um den Forstgehilfen anzusehn: «Wie soll's gehn!»

«Und der Thome kommt immer noch ohne Frau aus?»

«Oh! der hat dort genug, Polinnen und Jüdinnen!»

«So! Und du hast hier auch genug Mannsleute, was?»

«Genug sind schon da.»

«Gott! wäre ich so 'n hübsches Weibchen wie 'n Apfel, ich würde nicht warten, bis so einer von den Soldaten zurückkommt.»

«Wer wartet denn?» Kersta lachte laut, wie man lachen muss, wenn ein Jung einen Witz macht.

«So! nicht? Wir beide würden gut passen; du klein wie 'n Sperling, ich lang.»

«Gut, gut», rief Kersta, weitergehend. «Zu Georgi wollen wir einen Kontrakt machen.» Oh, sie verstand es auch, mit Jungen zu spaßen. Einmal packte der Forstgehilfe sie, wollte sie küssen und umwerfen, sie aber riss sich los und lief davon. Noch den ganzen Tag über musste sie darüber lachen. Zu Hause im Bett sah sie immer die Augen des Forstgehilfen vor sich, und als sie hörte, wie draußen die Jungen leise an die Fenster der Mädchen klopften, da machte sie das unruhig und ließ sie nicht schlafen.

Mit dem Frühling wurden die Gänge in die Stadt für Kersta leichter.

Sie konnte sich auf dem Rückwege Zeit nehmen, denn die Nächte waren ganz hell. Sie ging dann oft so langsam, Schritt vor Schritt, als könnte sie sich nicht entschließen, aus dem Walde hinauszukommen. «Im Frühling bei Nacht, da ist es eigen; man wird faul, ganz faul», sagte sie sich. «Und nicht einmal an den Prozess kann man dabei denken. Wunderlich!» Zwischen den hohen Föhren standen jungbelaubte Birken, als hätte jemand ein dünnes, grünes Tuch dort hingehängt. Oder etwas Weißes leuchtete im Walde, ganz weiß wie ein Mensch, der sich ein Bettlaken umgeworfen hat, das ist dann ein Faulbaum in voller Blüte; der duftet einem schon auf eine Werst entgegen. Auf der Waldwiese stehen Rehe, schwarz und still im Nebel wie in einem Teich von Milch. Und überall, von den Hügeln und Weiden, klingt das Singen der Mädchen herüber, die Lieder, die Kersta so gut kannte. Ja, als Mädchen ist man toll in solchen Nächten, keines kann schlafen. Kersta hatte das auch erlebt. Auch sie hatte nächtelang draußen gesessen, die Hände um die Knie geschlungen, hatte gesungen, immerzu gesungen, recht laut die Töne in die Nacht hineingerufen und dabei gewartet: wird nicht einer antworten? wird nicht einer kommen? wird ein blonder Schnurrbart nicht bald sich fest auf ihre Lippen drücken? Daran musste Kersta immer wieder denken, während sie langsam, mit schlaffen Gliedern, die Landstraße entlangging und in den Wald hineinhorchte.

In einer Nacht hörte Kersta es im Walde brechen. Ein Rehbock wurde aufgescheucht und bellte laut; wieder raschelte es, und der Forstgehilfe stand vor ihr. «Kleines, kleines Soldatenfrauchen!», sagte er. Der Mond stand gerade am Himmel, daher schienen die Augen und die breiten, weißen Zähne des Forstgehilfen so blank. «No – wieder unterwegs?»

Kersta blieb stehen und sah zu ihm hinauf. Ja, sie war wieder in der Stadt gewesen, wie denn anders.

«Heute ist gut spazieren.»

Ja, gut war's schon.

Der Forstgehilfe lachte, sah Kersta an und schwieg. Sie schwieg auch und wartete.

Endlich legte er seinen Arm um ihre Schultern und sagte: «Du und ich, du und ich. Komm!»

«Was nu wieder», meinte Kersta. Sie versuchte es, in dem rauen, spaßigen Ton zu sprechen, den man mit Jungen haben muss, allein, es kam unsicher und leise heraus; auch ließ sie sich willig von der Landstraße in den Wald führen. Als unter den Bäumen der Forstgehilfe ihr mit seiner großen, heißen Hand über die Wange und über die Brust strich, da wusste sie es, dass sie tun würde, was er wollte.

Der Morgen dämmerte, der Birkhahn war schon auf die Waldwiese herausgekommen und kollerte, als Kersta eilig ihrem Dorfe zuschritt. «Na ja!», dachte sie, «wenn eine bei Nacht mit einem Jungen im Walde ist, denn geht's mal nicht anders. Was kann man da machen!»

Von nun an fand sich der Forstgehilfe oft auf Kerstas Rückweg von der Stadt ein.

Mutter Annlise brummte: «Was du jetzt spät nach Hause kommst!»

«Der Prozess», meinte Kersta. «Gott! so 'n Prozess geht nicht so rasch wie 'n Ei kochen.»

Das Singen der Mädchen und das Klopfen der Jungen bei Nacht an den Mädchenfenstern beunruhigten Kersta nicht mehr.

Um die Zeit der Heuernte merkte Kersta, dass sie schwanger sei. Das war schlimm! Was nun? Sie ging in den Ziegenstall; wo keiner sie sah, und heulte eine Stunde, dann ging sie wieder still an die Arbeit. Als sie den Forstgehilfen traf, war sie sehr böse und schimpfte. Aber was half das? In sich gekehrt ging sie umher, bleich, mit fest aufeinander gekniffenen Lippen. Sie tat die schwere Sommerarbeit, war sehr unwirsch mit der Mutter, schlug die Ziege beim Melken und wanderte öfter denn je in die Stadt, den Prozess zu betreiben. Ging es mit dem Prozess schief, dann war sie verloren, dann schlug Thome sie und das Kind tot. Und überhaupt das Kind! Was weiß man! So 'n Kind wird geboren und stirbt, und Thome kam noch lange nicht. Dennoch musste sie immer wieder an das Kind denken, an die Wiege, an die Leinwand für die Laken, und wie es sein wird, wenn so was Kleines, Weiches, Warmes sich an sie drückt und sich bewegt und seine Lippen an ihre Brust legt. «Ach, ach – Dummheiten. Gebe Gott, dass nichts wird mit dem Kinde.»

Während der Kartoffelernte ließ sich Kerstas Zustand nicht mehr verbergen. Sie ging gerade, langsam und gebückt ihre Furche entlang und sammelte die Kartoffeln in ihren Rock, da hörte sie hinter sich die Bille sagen: «Na, die Kersta erwartet den Thome mit 'nem Geschenk. Der wird sich freuen.» Die anderen Frauen lachten laut, über den ganzen Kartoffelacker setzte sich das Lachen fort. Kommen musste das. «Nun ist's da», dachte Kersta. Ihre Knie zitterten, die Kartoffeln, die sie gesammelt, rollten wieder auf die Erde. Sie richtete sich auf und sah die Frauen mit dem bösen, hilflosen Blick der Tiere an, die nicht mehr entrinnen können. Dann beugte sie sich wieder auf die Furche nieder und sammelte schweigend weiter. Das Spotten nahm jetzt kein Ende. Wenn Kersta über das Feld gehn musste, um ihre Kartoffeln in den Wagen zu schütten, war es wie ein Spießrutenlaufen: «Sag, wo hast du das Geschenk machen lassen? In der Stadt? Ja, da kriegt man so was billig. Das kommt wohl beim Prozessmachen heraus. Oder hat's der Thome dir mit der Post geschickt?»

Kersta schwieg. Sie werden sich schon ausreden und aushöhnen, und dann wird Ruhe sein.

Schlimm war es auch mit der Mutter, die jammerte und schimpfte den ganzen Tag. Was half das! «Kommen wird, was kommt», sagte sich Kersta. «Das Leben is nu mal schwer.» Das machte sie ruhig und stumpf.

Im Winter, als Kersta in den Wald gegangen war, um Reisig zu holen, da überkamen sie die Geburtswehen. Die Frauen legten sie auf den Schlitten und zogen sie lachend und schreiend in das Dorf zurück. Kersta wurde von einem Mädchen entbunden. Das Kind war also da, und sterben wollte es auch nicht, es war ein kräftiges Ding mit braunen, blanken Augen im sorgenvollen Säuglingsgesicht. Die Leute im Dorf hatten sich an die Tatsache gewöhnt, dass Kersta ein Kind hatte. Es fiel niemandem etwas Witziges mehr darüber ein. Kersta selbst aber hatte außer dem Prozess jetzt noch etwas anderes, wofür sie leben konnte. Der Prozess war die Hauptsache, gewiss.

Aber so 'n Kind hat einen den ganzen Tag nötig, man wiegt es, man gibt ihm die Brust, an warmen Abenden sitzt man mit ihm auf der Türschwelle und singt: «Rai-rai-r-a-a-, tai-tai-ta-a.»

«Liebe Kersta!», schrieb Thome. «Ich schreibe Dir, damit Du weißt; mir ist's schlecht gegangen. Krank bin ich gewesen. Jetzt schicken sie mich nach Hause. Ich komme nächste Woche. Bleib gesund. Dein Mann Thome.» Kersta hatte den Brief vor dem Herdfeuer mühsam entziffert.

«Was schreibt er?», fragte die Mutter.

«Was soll er viel schreiben», erwiderte Kersta. Sie setzte sich auf die Ofenbank, denn sie fühlte sich ein wenig schwach.

«Is er gesund?», fragte die Mutter weiter.

Kersta antwortete nicht, sondern starrte in das Herdfeuer.

«Warum antwortest du nicht? Ich will doch wissen.»

«Zurück kommt er», warf Kersta mit ruhiger, verdrießlicher Stimme hin.

«So – so, zurück kommt er.» Auch die alte Frau schwieg jetzt und starrte ins Feuer.

«Wenn er dem Kinde nur nichts tut», dachte Kersta.

Die Mutter musste ähnliche Gedanken gehabt haben, denn sie sagte: «Die Wiege wirst du so stellen müssen, dass er es nicht immer unter den Augen hat.» Ja, das konnte man machen. Eine Weile saßen sie noch stumm beieinander, dann seufzten sie und standen auf, um schlafen zu gehen. Im Bett fragte die Mutter noch: «Mit dem Prozess ist's doch gut?»

«Wie dann soll's anders sein?»

«No denn!»

An einem Sonnabendnachmittag stand Kersta vor dem Kruge und wartete auf den Schlitten, der die entlassenen Soldaten aus der Stadt bringen sollte. Es fror. Am glashellen Himmel ging die Sonne rot unter. Alle Frauen des Dorfes waren vor dem Kruge versammelt. Sie wickelten die Hände in die Schürzen und sahen, die Nasen krausziehend, die Landstraße hinab. Da kamen die Männer! Sie schwenkten die Soldatenmützen und schrien.

«Was ist? Klein bist du geblieben, und lebendig bist du auch», sagte Thome, als er vor Kersta stand.

Kersta wurde rot. Dass der Thome so groß war, hatte sie fast vergessen. Sie wurde ordentlich verlegen. «Warum soll ich nicht lebendig sein?», antwortete sie scherzend, aber die Tränen spritzten ihr in die Augen, und sie streichelte Thomes Rockärmel! «Komm», sagte sie, «das Essen ist fertig.»

«Essen – ha – ha!» Thome lachte flott: «Die will mich auffüttern, ich bin ihr zu mager.» So gingen sie heim. Thome voran, Kersta hinterher.

Die Stube in der Häuslerei war geschmückt. Der Tisch weiß bedeckt. Zwei Talgkerzen brannten. Der Fußboden war mit Tannennadeln überstreut. Mutter Annlise stand am Herde und rührte im Kessel.

«Was, alte Mutter, Ihr lauft auch noch herum! Halten die alten Knochen noch beieinander?», rief Thome.

«Es geht, solange es geht», meinte Annlise. «Gut, dass du da bist.»

Thome setzte sich an den Tisch und ließ sich das Schweinefleisch auftragen. Er aß langsam und aufmerksam, kaute jedes Stück lange, dabei sah er Kersta an und sagte mit vollem Munde: «Wirtin – Dundur-Wirtin.»

Kersta saß ihm gegenüber, die Hände im Schoß gefaltet. «Eigen, wie hübsch so 'ne Mannsperson sein kann», dachte sie. Das Gesicht war zwar so braun geworden, dass der blonde Schnurrbart darin fast weiß erschien, aber die Schultern, die Arme, der Nacken! «Gut ist's, wenn ein Mann stark ist.»

Thome hatte jetzt den ersten Hunger gestillt. Er fuhr mit dem Handrücken über seinen Schnurrbart und lehnte sich im Stuhl zurück: «Also der Prozess, erzähl», sagte er.

Kerstas Gesicht nahm einen sehr überlegnen Ausdruck an, als sie zu berichten begann; lauter kluge Sachen, die der Advokat gesagt hatte, die sie gesagt und getan hatte. Das Gesinde war so gut wie ihres.

Thome hörte gespannt und achtungsvoll zu. «Was nicht alles an Verstand in so einer Kleinen stecken kann!»

Das feuerte Kersta noch mehr an. In der finstern Ecke des Zimmers begann ein leises Wimmern. Kersta, eifrig fortsprechend, erhob sich mechanisch, ging zu der Wiege hinüber, nestelte ihre Jacke auf, nahm das Kind und gab ihm die Brust. Sie erhob ein wenig die Stimme, um aus der Ecke verstanden zu werden. Dann plötzlich, mitten im Satze, blieb sie stecken. Mutter Annlise verließ leise das Zimmer. «Ja, nun kommt es», dachte Kersta. Thome kam schon auf sie zu, langsam, den Kopf vorgestreckt, als wollte er etwas fangen. Schnell legte sie das Kind in die Wiege zurück und stellte sich davor. Sie wurde sehr blass, schob die Unterlippe vor, und die runden Augen öffneten sich ganz weit und wurden glasklar wie bei geängstigten Tieren. Weil die Hände ihr zitterten, faltete sie sie über dem Bauch. So wartete sie. Jetzt kommt, was kommen muss.

«Was ist das?» Thome sprach leise, als würgte ihn einer.

«Was soll es sein?»

«Wo – wo kommt das Kind her?»

«Ein Kind – nu ja. Wo soll's denn herkommen?» Sie hatte das missmutig und trotzig herausgebracht. Jetzt aber drückte sie die Knöchel beider Hände in die Augen und begann zu schreien, laut, mit weit geöffnetem Munde, wie ein Kind, das über einer Untat ertappt worden ist.

«So – so – eine bist du», fauchte Thome. Er fasste ihr Handgelenk und zerrte sie in die Mitte des Zimmers. «Den Mann betrügen – was? Hündin – Hündin! Totschlagen werd ich dich und den Balg.» Er begann Kersta zu schlagen, unbarmherzig.

Sie jammerte – wehrte sich. Eine Faust wie Eisen – «ei – ei», dachte sie. «Der Mann ist stark. Gott! er schlägt mich tot.» – Wie das schmerzte – und doch – und doch – etwas war in alldem – das wie Befriedigung, wie Wollust aussah. Sie fühlte doch, dass sie einen Mann hatte. Thome war außer Atem. Er schleuderte seine Frau mit einem Fluch von sich, spie aus und setzte sich wieder an den Tisch, Kersta lag still am Boden. Die Glieder brannten ihr. Sie schielte zu Thome hinüber. War es nun vorüber? Fast hätte sie gewünscht, es wäre nicht vorüber, als dass er so dasaß und sich nicht um sie bekümmerte. Thome, den Kopf in die Hand gestützt, brütete vor sich hin. Da erhob sich Kersta mühsam, setzte sich auf die Ofenbank, rieb sich ihre zerschlagenen Glieder und weinte still vor sich hin. «Der arme Mann!», dachte sie dabei.

Die Kerzen waren tief herabgebrannt und hatten lange schwarze Nasen. Kleine harte Schneekörner klopften von draußen an die Fensterscheiben. Ein Heimchen begann eifrig im Herde zu schrillen. «Was wird er machen? Wird er mich heute Abend noch schlagen?», dachte Kersta. Thome trank einen Schnaps, gähnte, begann sich die Stiefel auszuziehen. Kersta stand auf und zog ihm die Stiefel aus. Dann entkleidete er sich und warf sich auf das Bett; das Bett krachte, als wollte es zerbrechen. Kersta musste lächeln. Na ja – ein so schwerer Mann! Sie löschte die Kerzen aus und setzte sich wieder auf die Ofenbank. Die glimmenden Kohlen im Herde warfen ein wenig rotes Licht und Wärme auf die nackten Füße der kleinen Frau, die bange und regungslos auf den Atem ihres Mannes horchte.

«Du», erscholl es plötzlich.

Kersta schreckte auf.

«Was sitzt du? Wirst du nicht schlafen?»

«Was soll ich sonst tun», erwiderte Kersta mit ihrer brummigsten Stimme. Als sie aber zum Bett hinüberging, wurde ihr warm um das Herz: Jetzt – war sie auch – wie andere Frauen!

In der ersten Zeit war das Leben in der Häuslerei schwierig. Die Wut über das ihm angetane Unrecht stieg immer wieder in Thome auf; dann gab es Geschrei und Schläge. Im Kruge erklärte Thome, er wolle die Frau und das Kind totschlagen. Das Kind musste beständig vor ihm versteckt werden. «Er wird sich schon gewöhnen», sagte Kersta ruhig. «Na ja, ein Mann ist einmal nicht anders. Was kann man da machen.» Und wirklich, Thome begann immer weniger von dem Kinde zu sprechen, dafür war umso mehr von dem Prozess die Rede. Sie berieten, wie viel Kühe, wie viel Schweine sie im Gesinde halten würden; darüber war genug zu sagen. Er vergaß das Kind, er sah es nicht mehr, spie nicht mehr aus, wenn er an der Wiege vorüberging. Kersta konnte dem Kinde die Brust geben, ohne sich zu verstecken.

Thome beschloss, selbst in die Stadt zu fahren, um nach dem Rechten zu sehen. Für ein Weib war die Kersta klug genug, aber, was so wirklich Verstand ist, hat doch nur ein Mann.

«Das ist schon richtig», meinte Kersta, «wer soll denn sonst Verstand haben?»

So fuhr er ab. Spätabends kehrte er ein wenig angetrunken und sehr aufgeräumt heim. Der Prozess war gewonnen. «Komm her, junge Dundur-Wirtin», rief er, «hier ist was für dich.» Er legte Kersta ein rotseidenes Tuch auf den Kopf. «Eine Wirtin muss Staat machen.»

«Ein Tuch, wozu war das nötig», meinte Kersta und lachte.

«Na – so», und halb abgewandt, wie verlegen, warf Thome eine Semmel auf den Tisch: «Und das da – hab ich gekauft – für – für den da ...»

«Für wen?»

«Nu – für den Balg.»

Kersta nahm die Semmel und drückte sie andächtig gegen ihr Mieder. – So – jetzt kam vielleicht auch für sie ein bisschen gute Zeit!

Der Beruf

Der alte Jahne, der Gemeindeabdecker, war gestorben und wurde bestattet. Die Beerdigung war groß und feierlich. Die ganze Gemeinde in Sonntagskleidern erschien auf dem kleinen Friedhof. Der Gutsherr hatte reichlich Branntwein gespendet. Der Schulmeister hielt am Grabe eine Rede. Er sprach davon, wie treu Jahne sein Amt verwaltet hatte; wie Gottes Segen auf seiner Arbeit geruht; wie er von allen geliebt und geachtet worden war. Die Frauen weinten, die Männer nickten andächtig. Recht hatte der Schulmeister! Jahne war ein guter Mensch gewesen. Durch dreißig Jahre hatte er die gefallenen Tiere abgezogen, die Kloaken gereinigt und den Komposthaufen im Gutshofe gebaut. Was wäre aus der Gemeinde ohne Jahne geworden! Gern gab jeder ihm, wenn er kam, Branntwein und gut zu essen und das Geld für die Arbeit. So war Jahne ein geachteter Mann und hatte ein hübsches Einkommen. Zwar durfte er nicht mit den andern an demselben Tische essen, durfte das Brot nicht anfassen, nicht aus dem Kruge trinken oder in dem Bette eines anderen schlafen. Naja! Das war mal so. Das brachte das Handwerk mit sich. Eine hübsche, helle Maisonne schien zu des alten Jahnes Bestattung. Der Friedhof war grellgrün von dem jungen Grase. Auf den Gräbern standen Anemonen, weiß wie Milchpfützen. Nach der Feierlichkeit saßen die Frauen noch ein wenig auf den sonnenwarmen Steinen der Friedhofsmauer, sonnten ihren Putz und schwatzten. Bille, die Frau des roten Jehze, führte das große Wort. Seit gestern war sie ja Frau des neuen Abdeckers. Das erhitzte Gesicht mit den runden Augen, der Stumpfnase, dem lippenlosen Munde, glich einem rosa Totenköpfchen und glänzte vor Stolz: «Ja, Glück habt ihr gehabt», sagte die Hofes Wäscherin.

«Klug muss man sein», meinte Bille. «Gleich, als der Jahne krank wurde, sagte ich zu Jehze: ‹Du nimmst die Stelle.› So 'n Mann is ja dumm! Nein und nein, er hat nich' das Herz dazu. Hat denn der Jahne mit dem Herzen gearbeitet?»

Alle lachten.

«Na –», fuhr Bille fort, «ich bin zum Herrn gegangen und habe gesagt: ‹Jehze bittet um die Stelle.› Der Herr war froh, denn er hält große Stücke auf den Jehze.»

«Was sagte der Jehze dazu?», fragte die alte Marri.

«Er schimpfte und schlug mich», erwiderte Bille, «aber, da half nichts; fest ist fest. Wenn der Herr einem die Ehre antut, kann einer nich' nein sagen.»

«Leichte Arbeit und die Einnahmen», meinte die Wäscherin, «nu ja, mehr als beim Wäschewaschen kommt dabei schon raus.»

Jehze kam langsam auf die Sprechende zu; kurz, breit, den großen Kopf tief zwischen den Schultern, das Gesicht voll roter Haare. Er lehnte sich an die Mauer, drehte eine Anemone zwischen den Fingern und murmelte: «Blumchen, Blumchen.»

«Von eurem Glück sprechen wir», sagte Marri.

Jehze kratzte sich den Kopf: «Ja, Glück –», meinte er, «es gibt verschiedenes Glück.»

«Nein», schloss Bille streng die Unterhaltung, «Glück is Glück, und Arbeit is Arbeit. Seidene Strümpfe kann nich' jeder zu stopfen kriegen.»

Endlich brach man auf. In der Knechtskaserne, bei Katte, der Tochter des Verstorbenen, war ein Festessen angerichtet. Allen voran ging Bille, sehr aufrecht in ihren bunten Tüchern, lächelnd. Es war heute auch ein wenig ihr Ehrentag. In der kleinen Knechtsstube setzten die Gäste sich an den weißen Brettertisch. Jehze, in seiner stillen, befangenen Art, ging auch an den Tisch, setzte sich auf die Bank und wischte sich die Lippen.

«Nee, Jehze – hier nicht», rief Katte, «dein Tisch is dort», und sie wies auf die Fensterbank, wo Bille schon thronte.

Alle lachten. «Der kennt seine Krippe noch nicht», hieß es. Jehze wurde sehr rot, erhob sich und schlich zu der Fensterbank hinüber.

«So», sagte Katte, «hier is dein Brot und dein Fleisch und dein Glas; alles für dich separat, wie für'n Grafen.»

«Wie denn anders», meinte Bille.

Das Essen begann, es wurde still im Gemache.

Plötzlich erscholl Billes scheltende Stimme: «Was is nu? Warum isst du nicht?»

Jehze war aufgestanden. Er zog den Kopf noch tiefer zwischen die Schultern; dabei haute er das Brot auf die Fensterbank. «Wenn ich nicht kann, so kann ich nicht», brachte er mühsam hervor, «so nicht – wie – wie – ein Gespenst.» Dann spie er aus und eilte – wie gejagt zur Türe hinaus.

Alle hielten im Kauen inne. Dann brach ein schallendes Gelächter los. «Ist der dumm!»

«Na ja – die Männer sind so», meinte Bille, «er wird sich gewöhnen. An was Gutes gewöhnt sich jeder.» Damit band sie Jehzens Brot und Fleisch in ein rotes Tuch ein. –

Schwüle Tage

Schon die Eisenbahnfahrt von der Stadt nach Fernow, unserem Gute, war ganz so schwermütig, wie ich es erwartet hatte. Es regnete ununterbrochen, ein feiner, schief niedergehender Regen, der den Sommer geradezu auszulöschen schien. Mein Vater und ich waren allein im Kupee. Mein Vater sprach nicht mit mir, er übersah mich. Den Kopf leicht gegen die Seitenlehne des Sessels gestützt, schloss er die Augen, als schlafe er. Und wenn er zuweilen die schweren Augenlider mit den langen, gebogenen Wimpern aufschlug und mich ansah, dann zog er die Augenbrauen empor, was ein Zeichen der Verachtung war. Ich saß ihm gegenüber, streckte meine Beine lang aus und spielte mit der Quaste des Fensterbandes. Ich fühlte mich sehr klein und elend. Ich war im Abiturientenexamen durchgefallen, ich weiß nicht durch welche Intrige der Lehrer. Bei meinen bald achtzehn Jahren war das schlimm. Nun hieß es, ich wäre faul gewesen, und statt mit Mama und den Geschwistern am Meere eine gute Ferienzeit zu haben, musste ich mit meinem Vater allein nach Fernow, um angeblich Versäumtes nachzuholen, während er seine Rechnungen abschloss und die Ernte überwachte. Nicht drüben mit den anderen sein zu dürfen war hart; eine glatt verlorene Ferienzeit. Schlimmer noch war es, allein mit meinem Vater den Sommer verbringen zu müssen. Wir Kinder empfanden vor ihm stets große Befangenheit.

Er war viel auf Reisen. Kam er heim, dann nahm das Haus gleich ein anderes Aussehn an. Etwas erregt Festliches kam in das Leben, als sei Besuch da. Zu Mittag mussten wir uns sorgsamer kleiden, das Essen war besser, die Diener aufgeregter. Es roch in den Zimmern nach ägyptischen Zigaretten und starkem englischem Parfüm. Mama hatte rote Flecken auf den sonst so bleichen Wangen. Bei Tisch war von fernen, fremden Dingen die Rede, Ortsnamen, wie Obermustafa, kamen vor, Menschen, die Pellavicini hießen. Es wurde viel Französisch gesprochen, damit die Diener es nicht verstehen. Ungemütlich war es, wenn mein Vater seine graublauen Augen auf einen von uns richtete. Wir fühlten es, dass wir ihm missfielen. Gewöhnlich wandte er sich auch ab, zog die Augenbrauen empor und sagte zu Mama: «*Mais c'est impossible, comme il mange, ce garçon!*» Mama errötete dann für uns. Und jetzt sollte ich einen ganzen Sommer hindurch mit diesem mir so fremden Herrn allein sein, Tag für Tag allein ihm gegenüber bei Tisch sitzen! Etwas Unangenehmeres war schwer zu finden.

Ich betrachtete meinen Vater. Schön war er, das wurde mir jetzt erst deutlich bewusst. Die Züge waren regelmäßig, scharf und klar. Der Mund unter dem Schnurrbart hatte schmale, sehr rote Lippen. Auf der Stirn, zwischen den Augenbrauen, standen drei kleine, aufrechte Falten, wie mit dem Federmesser hineingeritzt. Das blanke Haar lockte sich, nur an den Schläfen war es ein wenig grau. Und dann die Hand, schmal und weiß, wie eine Frauenhand. Am Handgelenk klirrte leise ein goldenes Armband. Schön war das alles, aber Gott!, wie ungemütlich! Ich mochte gar nicht hinsehn. Ich schloss die Augen. War denn für diesen Sommer nirgends Aussicht auf eine kleine Freude? Doch! Die Warnower waren da, nur eine halbe Stunde von Fernow. Dort wird ein wenig Ferienluft wehn; dort war alles so hübsch und weich. Die Tante auf ihrer Couchette mit ihrem Samtmorgenrock und ihrer Migräne. Dann die Mädchen. Ellita war älter als ich und zu hochmütig, als dass unsereiner sich in sie verlieben konnte. Aber zuweilen, wenn sie mich ansah mit den mandelförmigen Samtaugen, da konnte mir heiß werden. Ich hatte dann das Gefühl, als müsste sich etwas Großes ereignen. Gerda war in meinem

Alter, und in sie war ich verliebt – von jeher. Wenn ich an ihre blanken Zöpfe dachte, an das schmale Gesicht, das so zart war, dass die blauen Augen fast gewaltsam dunkel darin saßen, wenn ich diese Vision von Blau, Rosa und Gold vor mir sah, dann regte es sich in der Herzgrube fast wie ein Schmerz und doch wohlig. Ich musste tief aufseufzen.

«Hat man etwas schlecht gemacht, so nimmt man sich zusammen und trägt die Konsequenzen», hörte ich meinen Vater sagen. Erschrocken öffnete ich die Augen.

Mein Vater sah mich gelangweilt an, gähnte diskret und meinte: «Es ist wirklich nicht angenehm, ein Gegenüber zu haben, das immer seufzt und das Lamm, das zur Schlachtbank geführt wird, spielt. Also – etwas Tenue – wenn ich bitten darf.»

Ich war entrüstet. In Gedanken hielt ich lange, unehrerbietige Reden: «Es ist gewiss auch nicht angenehm, ein Gegenüber zu haben, das einen immer von oben herunter anschaut, das, wenn es was sagt, nur von widrigen Dingen spricht. Ich habe übrigens jetzt gar nicht an das dumme Examen gedacht. An Gerda habe ich gedacht, und ich wünsche darin nicht gestört zu werden.»

Jetzt hielt der Zug. Station Fernow! – «Endlich», sagte mein Vater, als sei ich an der langweiligen Fahrt schuld.

Es hatte aufgehört zu regnen. Die Linden um das kleine Stationsgebäude herum waren blank und tropften. Über den nassen Bahnsteig zog langsam eine Schar Enten. Mägde standen am Zaun und starrten den Zug an. Es roch nach Lindenblüten, nach feuchtem Laub. Das alles erschien mir traurig genug. Da stand auch schon die Jagddroschke mit den Füchsen. Klaus nickte mir unter der großen Tressenmütze mit seinem verwitterten Christusgesichte zu. Der alte Konrad band die Koffer auf.

«Lustig, Grafchen», sagte er, «schadt' nichts.» Merkwürdig, wir tun uns selber dann am meisten leid, wenn die andern uns trösten. Ich hätte über mich weinen können, als Konrad das sagte.

«Fertig», rief mein Vater.

Wir fuhren ab. Die Sonne war untergegangen, der Himmel klar, bleich und glashell. Über die gemähten Wiesen spannen die Nebel hin. In den Kornfeldern schnarrten die Wachteln. Ein großer rötlicher Mond stieg über dem Walde auf. Das tat gut. Beruhigt und weit lag das Land in der Sommerdämmerung da, und doch schien es mir, als versteckten sich in diese Schatten und diese Stille Träume und Möglichkeiten, die das Blut heiß machten.

«Bandags in Warnow müssen wir besuchen», sagte mein Vater. «Aber der Verkehr mit den Verwandten darf nicht Dimensionen annehmen, die dich von den Studien abhalten. Das Studium geht vor.»

Natürlich!, das musste gesagt werden, jetzt gerade, da ein angenehmes, geheimnisvolles Gefühl anfing, mich meine Sorgen vergessen zu lassen.

Es dunkelte schon, als wir vor dem alten einstöckigen Landhause mit dem großen Giebel hielten. Die Mamsell stand auf der Treppe, zog ihr schwarzes Tuch über den Kopf und machte ein ängstliches Gesicht. Die freute sich auch nicht über unser Kommen. Die Zimmerflucht war still und dunkel. Trotz der geöffneten Fenster roch es feucht nach unbewohnten Räumen. Heimchen hatten sich eingenistet und schrillten laut in den Wänden. Mich fröstelte ordentlich. Im Esssaal war Licht. Mein Vater rief laut nach dem Essen. Trina, das kleine Stubenmädchen, von jeher ein freches Ding, lachte mich an und flüsterte: «Unser Grafchen ist unartig gewesen, muss nu bei uns bleiben?» Die Examengeschichte war also schon bis zu den Stubenmädchen gedrungen. Ich spürte Hunger. Aber in dem großen, einsamen Esssaal meinem Vater gegenüberzusitzen erschien mir so gespenstig, dass das Essen mir nicht schmeckte. Mein Vater tat, als sei ich nicht da. Er trank viel Portwein, sah gerade vor sich hin, wie in eine Ferne. Zuweilen schien es, als wollte er lächeln, dann blinzelte er mit den langen Wimpern. Es war recht unheimlich! Plötzlich erinnerte er sich meiner.

«Morgen», sagte er, «wird eine praktische Tageseinteilung entworfen. Unbeschadet der Studien, wünsche ich, dass du auch die körperlichen Übungen nicht vernachlässigst. Denn ...», er sann vor sich hin, «zu – zum Versitzen reicht's denn doch nicht.»

«Was?», fuhr es mir zu meinem Bedauern heraus.

Mein Vater schien die Frage natürlich zu finden. Er sog an seiner Zigarre und sagte nachdenklich: «Das Leben.»

Es folgte wieder ein peinliches Schweigen, das mein Vater nur einmal mit der Bemerkung unterbrach: «Brotkügelchen bei Tische zu rollen ist eine schlechte Angewohnheit.»

Gut!, mir lag gewiss nichts daran, Brotkügelchen zu rollen! Endlich kam der Inspektor, füllte das Zimmer mit dem Geruch seiner Transtiefel und sprach von Dünger, von russischen Arbeitern, vom Vieh, von lauter friedlichen Dingen, die da draußen im Mondenschein schliefen. Zerstreut hörte ich zu und blinzelte schläfrig in das Licht.

«Geh schlafen», sagte mein Vater. «Gute Nacht. Und morgen wünsche ich ein liebenswürdigeres Gesicht zu sehn.»

«Ich auch», dachte ich ingrimmig.

Meine Stube lag am Ende des Hauses. Ich hörte nebenan in der leeren Zimmerflucht das Parkett knacken. Die Heimchen schrillten, als feilten eifrige kleine Wesen an feinen Ketten. Meine Fenster gingen auf den Garten hinaus und standen weit offen. Die Lilien leuchteten weiß aus der Dämmerung. Der Mond war höher gestiegen und warf durch die Zweige der Kastanienbäume gelbe Lichtflecken auf den Rasen. Unten im Parkteich quarrten die Frösche. Und dann drang noch ein Ton zu mir, dort aus dem Dunkel der Alleen, eine tiefe Mädchenstimme, die ein Lied sang, eine eintönige Folge lang gezogener Noten. Die Worte verstand ich nicht, aber jede Strophe schloss mit «Rai-rai-rah-r-a-h». Das klang einsam und traurig in die Sommernacht hinaus. Ich musste wirklich weinen. Es tat mir wohl, dabei das Gesicht zu verziehn wie als Kind. Dann legte ich mich zu Bett und ließ mich von der fernen Stimme im Park in den Schlaf singen: «Rai-rai-r-a-h.»

Ich hatte den Tisch an das Fenster gerückt und die Bücher aufgeschlagen; denn es war Studierzeit, wie mein Vater es zu nennen liebte. Draußen sengte die Sonne auf die Blumenbeete nieder. Der Duft der Lilien, der Rosen drang heiß zu mir herein, benahm mir den Kopf wie ein sehr süßes, warmes Getränk. Dabei leuchtete alles so grell. Die Gladiolen flammten wie Feuer, die Scholtias waren unerträglich gelb. Der Kies flimmerte. Alle standen sie unbeweglich in der Glut, müßig und faul unter dem schläfrigen Summen, das durch die Luft zog. Mir wurden die Glieder schlaff. Das Buch vor mir atmete einen unangenehmen Schulgeruch aus. Nicht um eine Welt konnte ich da hineinschauen. Nicht einmal denken konnte ich: Selbst die Träume wurden undeutlich und schläfrig. «Gerda – Gerda», dachte ich. Ja, dann kam das angenehm gerührte Verliebtheitsgefühl in der Herzgrube. «Ach Gott!, mir fallen die Augen zu! Nichts geschieht. Etwas muss doch kommen, etwas von dem, was da draußen hinter der warmen Stille steckt, etwas von den Heimlichkeiten.» Plötzlich fielen mir Geschichten ein, die wir uns in der Klasse erzählten, wenn wir die Köpfe unter die Bänke steckten, weil wir herausplatzen mussten mit dem Lachen. Ach nein – pfui!, hässlich! Also «Gerda» – – Der Kies knirschte. Langsam ging das Hausmädchen Margusch am Fenster vorüber. Vorsichtig setzte sie die nackten Füße auf den Kies, als fürchtete sie, er sei zu heiß. Sie wiegte sich träge in den Hüften. Die Brüste stachen in das dünne Zeug des weißen Kamisols. Das Gesicht war ruhig und rosa. Die Arme schaukelten schlaff hin und her. Teufel! Wohin mochte die gehn? Ach, die ging gewiss auch zu den Heimlichkeiten, die draußen in der Mittagsglut liegen und schweigen und an denen nur ich keinen Anteil habe!

Konrad kam. «Ankleiden», sagte er, «wir fahren nach Warnow.»
«Hat er's gesagt?»
«Wie denn nich'.»
«Wie fahren wir?»
«Jagdwagen und die Braunen.»
Unterwegs war es so staubig, dass mein Vater und ich die Kapuzen unserer Staubmäntel über den Kopf ziehn mussten. Ganz eingehüllt waren wir in die warme, blonde Wolke, die leicht nach Vanille roch und unleidlich in der Nase kitzelte. Ich wunderte mich, dass mein Vater heiter darüber lachte.

Er sprach viel, kameradschaftlich, fast sympathisch: «Was? ‹Antigone› hast du studiert? Na, die wird dir heute auch ledern vorgekommen sein. Bei diesen Damen kommt es doch auch auf Beleuchtung an, und Mittagssonne, die ist gefährlich. Was?» Was war es mit ihm heute? Freute er sich am Ende auch auf Warnow? Links und rechts flimmerten die Kornfelder. Der Klang der Sensen drang herüber. Arbeiter, die Gesichter von Hitze entstellt, standen am Wegrain und grüßten.

«Arme Racker!», sagte mein Vater. Nun bemitleidete er sogar die Arbeiter!

Vom Hügel aus sahen wir Warnow vor uns liegen: die Lindenallee, das weiße Haus zwischen den alten Kastanienbäumen, die weiß und roten Jalousien niedergelassen, alles in kühle grüne Schatten gebettet. Es wehte ordentlich erfrischend in unsere Sonnenglut herüber, als ob Ellita mit ihrem großen schwarzen Federfächer uns Luft zufächelte.

In Warnow war alles, wie es sein musste. Ein jedes Zimmer hatte noch seinen gewohnten Geruch. Der Flur roch nach Ölfarbe und dem Laub der Orangenbäume, die dort standen, der Saal nach dem von der Sonne gewärmten Atlas der gelben Stühle, das Bilderzimmer nach der Politur des großen Schrankes, und bei der Tante roch es nach Melissen und Kamillentee. Die Tante lag auf ihrer Couchette. Sie trug ihren weinroten Morgenrock, die Perlenschnur um den unheimlich weißen Hals. Das Gesicht war mager, freundlich, weiß von Poudre de riz, das rot gefärbte Haar sehr hoch aufgebaut. Neben ihr auf dem Tischchen stand die Alt-Sèvres-Tasse mit ein wenig Kamillentee darin.

«Da bist du, mein lieber Gerd», sagte die Tante mit ihrer klagenden Stimme, «Gott sei Dank!, jetzt werde ich ruhig. Du wirst Ordnung schaffen.»

Mein Vater behielt die Hand der Tante in der seinen und nickte zerstreut.

«Ach», fuhr die klagende Stimme fort, «ich, ein einsames, altes Frauenzimmer, was kann ich tun? Da ist auch mein kleiner Bill», wandte sie sich an mich, «armer Jung, muss zu uns in die Einsamkeit. Aber quält ihn nicht. Nur nicht quälen!» Dann wurde von der

Landwirtschaft gesprochen. Ich durfte Chéri, das Hündchen der Tante, streicheln.

«Heute ist Chéris Geburtstag –», erzählte sie, «ich habe einen Kringel backen lassen, und alle großen Hunde haben auch davon bekommen. Er wird acht Jahre alt. Ja, wir werden alt. Bill, willst du nicht hinausgehn zu den anderen? Die Marsowschen sind auch da. Jugend will zu Jugend. Was sollst du hier bei einer alten, kranken Frau. Gerd, willst du nicht auch die Mädchen begrüßen? Später haben wir viel miteinander zu sprechen. Ja – geht – geht.»

Unten auf dem Tennisplatz fanden wir die anderen. Die Mädchen in hellen Sommerkleidern, die Tenniskappen auf dem Kopf, ganz von wiegendem Blätterschatten umschwirrt. «Oho, Bill!», rief Gerda und schwenkte ihr Rakett. Alles glänzte an ihr wieder zart und farbig. Ellita stand sehr aufrecht da und schaute uns entgegen. Als mein Vater ihre Hand küsste, wurde sie ein wenig blass und blinzelte mit den Wimpern. Dann lachte sie nervös und griff mir in das Haar: «Da ist ja unser großer fauler Junge», sagte sie. Das mit dem faulen Jungen war taktlos. Aber wenn Ellita einem in die Haare fasste, so war das doch eigen. Die beiden Marsowschen Mädchen, in rosa Musselinkleidern mit goldenen Gürteln, waren wieder zu rosa. Dazu die blonden Wimpern, wie bei Ferkelchen. Mein Vater machte Witze, über die alle lachten. Er hatte es leicht, Witze zu machen!

«Komm», sagte Gerda mir leise. Sie lief mir voran die Kastanienallee hinunter. In der Fliederlaube setzte sie sich auf die Bank, ein wenig atemlos, sie hustete, dabei wurden ihre Augen feucht und rund, und sie lächelte dann so hilflos: «Gut, dass du da bist, Bill», sagte sie. Wir schwiegen.

«Warum sprichst du nicht?», fragte sie dann. «Ach ja!, es ist schade, dass du dein Examen nicht gemacht hast. Warum konntest du auch nicht lernen?»

Das empörte mich: «Hast du mich gerufen, um davon zu sprechen?»

Gerda erschrak. «Nein, nein. Es ist ja ganz gleich. Aber weißt du, der Vetter Went kommt.»

«So? Na gut», warf ich hin.
«Freust du dich?»
Ich zuckte die Achseln: «Ich liebe solche hübschen Männer nicht.» Das ärgerte wieder Gerda: «Das finde ich dumm», sagte sie und errötete: «Er kann doch nichts dafür, dass er hübsch ist. – Er – er soll Ellita heiraten.»
«Oh!»
«Ja, es ist alles hier so unverständlich. Ellita ist böse und traurig. Und ich weiß nicht ... Vielleicht kannst du etwas lustig sein. Nimm dich recht zusammen.» Damit lief sie wieder die Allee hinab. Die Füße in den gelben Stiefelchen spritzten den Kies um sich, sorglos wie Kinderfüße. Die blaue Schärpe flatterte im Winde. Den Nachmittag über mussten wir mit den Marsowschen Tennis spielen. Angenehm wurde es erst, als die Sonne unterging. Ich spazierte mit den Mädchen langsam an den Blumenbeeten entlang und machte sie lachen. Am Gartenrande blieben wir stehn und sahen über die Felder hin. Rotes Gold zitterte in der Luft. Der Duft von reifem Korn, blühendem Klee wehte herüber. Die blauen Augen der Mädchen wurden im roten Lichte veilchenfarben.

Die Marsowschen Mädchen ließen in tiefen Atemzügen ihre hohen Busen auf- und abwogen und sagten: «Nein – sieh doch!» Ihre Mieder krachten ordentlich; denn sie trugen noch hohe, altmodische Mieder. Gerda lächelte die Ferne an. Ich wollte etwas Hübsches sagen, aber wo nimmt man das gleich her! Durch die Kornfelder kamen Ellita und mein Vater gegangen. Ellita ohne Hut unter ihrem gelben Sonnenschirm. Mein Vater sprang über einen Graben wie ein Knabe. Ellita beschäftigte sich mit der Landwirtschaft und hatte meinem Vater wohl die Felder gezeigt.

Beim Mittagessen trank ich etwas mehr von dem schweren Rheinwein als sonst. Das Blut klopfte mir angenehm in den Schläfen, als ich später draußen auf der Veranda saß. Die Nacht war sternhell. Alle Augenblicke lief eine Sternschnuppe über den Himmel und spann einen goldenen Faden hinter sich her. Fledermäuse, tintenschwarz in der Dämmerung, flatterten über unseren Köpfen. Aus der Ferne kamen weiche, schwingende Töne. Die Mädchen saßen vor mir in einer Reihe und hielten die Arme um die Taillen geschlungen, helle Gestalten in all dem Dunkel. Schön, schön! Ich hatte das Gefühl, Emmy Marsow sei in mich verliebt, und Gerda – Gerda auch; alle. Warum bestand nicht die Einrichtung, dass man in solchen Sommernächten die Mädchen in die Arme nehmen durfte und küssen.

Ellita kam aus dem Hause. Sie blieb einen Augenblick stehn, aufrecht und weiß. «Bill», sagte sie dann, «komm mit mir ein wenig in den Garten hinunter, es ist so schön.»

«Gut!», erwiderte ich ein wenig verdrossen. Sie legte ihren Arm um meine Schultern und fasste meinen Rockaufschlag, was mich daran erinnerte, wie klein ich für meine achtzehn Jahre war. So gingen wir zwischen den Lilienbeeten den Weg hinunter. Ellitas Arm lag schwer auf meiner Schulter. Ich glaubte zu spüren, wie das Blut sich in ihm regte. Lieber wäre ich eigentlich auf der Veranda geblieben. Ellita war nie recht gemütlich. Jetzt aber begann ich langsam die Hand, die meinen Rockaufschlag hielt, zu küssen.

Ellita sprach schnell, ein wenig atemlos von gleichgültigen Dingen: «Gut, dass du diesen Sommer bei uns bist. Auch für Gerda. Sie ist so einsam. Wir reiten zusammen aus, nicht? Denk dir, den Talboth darf ich nicht mehr reiten, er ist so unsicher geworden.»

Über dem Gerstenfelde auf dem Hügel stieg eine rote Mondhälfte auf, es war, als schwimme sie auf den feinen schwarzen Grannen: «Das ist schön», meinte Ellita; «machst du noch Gedichte? Ach ja, das musst du.»

Während sie zum Monde hinüberschaute, blickte ich in ihr Gesicht. Es musste sehr bleich sein; denn die Augen erschienen ganz schwarz und glitzerten in dem spärlichen Lichte.

Schritte hörte ich hinter uns. Ellitas Arm auf meiner Schulter zitterte ein wenig. Der Duft einer Zigarre wehte herüber, dann hörte ich meinen Vater sagen: «Ah, ihr lasst euch vom Monde eine Vorstellung geben.»

«Ja, er ist so rot», erwiderte Ellita, ohne sich umzuschauen.

Als wir den Weg zurückgingen, schritt mein Vater neben uns her.

Ich hätte mich gern zurückgezogen, die Lebenslage verlor für mich an Reiz, allein Ellita hielt meinen Rockaufschlag fester als vorher. Ich sollte also bleiben. Mein Vater zog die Augenbrauen empor und sog schweigend an seiner Zigarre.

«Wie stark die Lilien duften», bemerkte Ellita.

Da begann er zu sprechen. Seine Stimme hatte heute einen wunderlichen Celloklang, den ich bisher nicht bemerkt hatte, so etwas wie eine schwingende Saite. «Hm – ja. Sehr hübsch – alles sehr hübsch. Weich und süß. Nur – so süße Watte ist mir immer ein wenig verdächtig.»

«Süße Watte, wieso?», fragte Ellita gereizt.

Mein Vater lachte, nicht angenehm, wie mir schien: «Hm! Sommernacht und Lilien und Einsamkeit, das ist ja schön; aber, mir, auf meinen Reisen, geht es so, wenn's ganz weich und süß um mich wird, dann denke ich an das Packen. Ich fürchte mich davor, mich zu versitzen, nicht weiterzuwollen, verstehst du? Man lässt sich gern von dem, was einen etwas glücklich macht, überrumpeln. An allem, was uns binden will, glaube ich, müssen wir ein wenig herumzerren, um zu sehen, ob wir nicht zu fest gebunden sind. Nicht?»

«Nein», sagte Ellita hart.

Ich hörte ihrer Stimme an, dass sie böse war. Warum? Gleichviel. Ich nahm jedenfalls leidenschaftlich für sie gegen meinen Vater Partei: «Nein. Ich behalte, was ich habe. Wenn es auch hässlich ist – oder meinetwegen gestohlen, wenn es mich ein bisschen glücklich macht ... Ein anderes?, weiß ich denn ...?» Es war, als könne sie vor Erregung nicht weitersprechen. Sie stützte sich schwerer auf mich; ich spürte, wie dieser Mädchenkörper von einem innerlichen Schluchzen sachte geschüttelt wurde. Ich hätte mitweinen mögen. Mein Herz klopfte mir bis in die Kehle hinauf.

Mein Vater sann vor sich hin, dann sprach die wunderlich schwingende Stimme weiter: «Ich habe einen guten Freund in Konstantinopel, einen Türken. Der sagte mir, wenn er ein Pferd ganz zugeritten hat, wenn er es ganz in seiner Hand hat, dann gibt er es fort und nimmt sich ein frisches. Zugerittene Pferde, an die man sich gewöhnt hat, meint er, sind gefährlich. Man wird unaufmerksam, und dann passiert ein Unglück.»

«Er ist sehr vorsichtig, dein alter Türke», meinte Ellita.

«– Ja – hm»; mein Vater schlug einen leichtern Ton an: «Er scheint dir nicht sympathisch zu sein, mein Türke? Aber richtig ist es, das Im-Zügel-Halten ist doch ein Genuss. Und das verstehen die Frauen so schön, ihr – unsere Frauen. Gut, was wild ist, lässt man eine Weile laufen und dann – ein Ruck – und es steht still, und es geht wieder, wie *wir* wollen ...»

«Wie kannst du das sagen!» Ellita schüttelte leidenschaftlich meinen Rockaufschlag. «Du glaubst, wenn du immer wieder sagst, ihr – könnt das, ihr seid solche herrliche Wesen, es ist eure Eigentümlichkeit, so zu sein – dann – dann werden wir so, wie du willst, dann tun wir, was du willst. Und wenn wir dann zu gefügig werden –; was – dann?, wie sagt der alte Türke –?»

«Ellita», unterbrach mein Vater sie hastig, dann lachte er gezwungen laut: «Ich denke, wir wollen uns über diese Philosophie nicht ereifern. Ich werde nicht sobald mehr deine Lilien angreifen. Übrigens ist es spät; Bill, geh und lass anspannen.»

Als ich mich von den beiden trennte, hörte ich deutlich, wie Ellita sagte: «Gerd, warum quälst du mich?»

Auf dem Heimwege sprachen wir kein Wort miteinander. Die Nacht hatte ihr einsames Singen in den Feldern und an den Wassern. Das Land lag farblos im Mondlichte da. Mir war, als hätte ich etwas Schmerzliches erlebt. Zu Hause kroch ich zu Bette, sehr schnell, als wollte ich mich vor etwas flüchten. Unten im Park sang wieder die Mädchenstimme ihr «Rai-rai-rah». Nebenan hörte ich das Parkett knarren. Es war mein Vater, der ruhelos durch die mondbeschienene Zimmerflucht auf und ab schritt.

Nach jenem mir so unverständlichen Gespräch mit Ellita war mein Vater mir zwar nicht sympathischer, aber interessanter geworden. Ich sah ihn mir den nächsten Tag besonders genau an. Er war ein wenig gelber in der Gesichtsfarbe, an den Augen zeigten sich die feinen Linien deutlicher. Sonst war er wie immer. Keine Spur von

Celloklang in der Stimme. Beim Frühstück fragte er Konrad: «Wer singt da des Nachts unten im Garten?»

«Ach», meinte Konrad, «das is' nur die Margusch, das Hausmädchen.»

«Was hat die des Nachts zu singen?»

Konrad lächelte verachtungsvoll: «Das is' so 'ne melancholische Person. Sie ging mit dem Gartenjungen, nu' is der auf dem Vorwerk, hat woll 'ne andere gefunden. Nu' is' die Margusch toll.»

Mein Vater winkte mit der Hand ab, was soviel hieß als: «Das ist ja gleichgültig.» Ich musste darüber nachdenken. Um alle, auch um die Hausmädchen, spannen sich diese sommerlich verliebten Dinge, die uns unruhig machen und des Nachts nicht schlafen lassen.

Am Nachmittage ging ich auf das Feld und legte mich auf ein Stück Wiese, das wie eine grüne Schüssel mitten in das Kornfeld eingesenkt lag. Die glatten Wände aus Halmen dufteten heiß und stark. Um mich summte, flatterte und kroch die kleine Geschäftigkeit der Kreatur. Ich schloss die Augen. Gab es denn nichts Verbotenes, das ich unternehmen konnte? Das geschähe meinem Vater schon recht, wenn ich einen ganz tollen Streich beginge.

«Zügeln», sagte er, «das Wilde zügeln.»

«Ich möchte wissen, was ich zügeln soll, wenn ich so abgesperrt werde? Nun kommt noch dieser Went. Die Mädchen sind immer um ihn herum, ekelhaft! Gerda machte ein besonderes Gesicht, als sie von ihm sprach.» Unruhig warf ich mich auf die andere Seite. In der Nacht musste etwas unternommen werden, wobei man aus dem Fenster steigt, Bier trinkt, zum Raunen der Sommernacht gehört.

Auf der Landstraße klapperten Pferdehufe. Ich spähte durch die Halme. Mein Vater und Ellita ritten dem Walde zu; sie im hellgrauen Reitkleide, den großen weißen Leinwandhut auf dem Kopfe. Sitzen kann die auf dem Pferde! Stunden könnte man sie ansehn. Ich wollte, ich wäre der dumme Went. Ob das immer so mit den Weibern ist, dass, wenn wir sie ansehn, es uns die Kehle zusammenschnürt, als müssten wir weinen? Mein Vater, der wird sich nicht versitzen. Immer ein Mädchen wie Ellita zur Seite und in den Wald geritten, keine Gefahr, dass der sich langweilt. Ich wollte gleich zu Edse, dem kleinen Hilfsdiener gehn, der musste sich für die Nacht etwas ausdenken.

Edse saß am Küchenteich, hatte Schuh und Strümpfe ausgezogen und kühlte seine Füße im Wasser.

«Du, Edse, können wir heute Nacht nicht etwas tun?»

«Was denn, Grafchen?» Edse bog seinen großen blonden Kopf auf die Seite und blinzelte mit den wasserblauen Augen.

«Irgendwas. Ich steig zum Fenster hinaus. Er merkt's nicht.»

Edse dachte nach: «Wenn kein Wind is, kann man Fische stechen auf dem See.»

Das war es: «Gut, und Bier muss da sein – und – und, werden auch Mädchen da sein?»

Edse spritzte ernst mit den Füßen das Wasser um sich: «Nee –», meinte er, «beim Fischestechen sind keine Mädchen. Der Krugs-Peter und ich.»

«Gut, gut. Ich weiß», sagte ich befangen.

Es ging bereits auf Mitternacht, als ich aus meinem Fenster in das Freie hinausstieg. Der Himmel war leicht bewölkt, die Nacht sehr dunkel. Wie ein warmes, feuchtes Tuch legte die Luft sich um mich. In den Kronen der Parkbäume raschelte der niederrinnende Tau und flüsterte heimlich. Ein Igel ging auf die Mäusejagd den Wegrain entlang. Eine Kröte saß mitten auf dem Fußpfad und machte mir nicht Platz. Alles nächtliche Kameraden des Abenteurers. Vom See her leuchtete ein flackerndes Licht. Edse und Peter waren schon bei dem Boot und machten Feuer an auf dem Rost. Ich ging quer durch ein feuchtes Kleefeld, dann durch einen Sumpf, in dem jeder Schritt quatschte und schnalzte. Das war gut, das gehörte dazu.

«Aha», sagte Edse und wischte sich mit dem Ärmel die Tränen fort, die der Rauch ihm in die Augen getrieben hatte. «War woll nich' leicht, wegzukommen?»

«Ja, es dauerte», sagte ich kühl. Edsens Vertraulichkeit missfiel mir: «Nun können wir losfahren.»

Peter stieß mit einer langen Stange das Boot lautlos über das Wasser.

Edse und ich standen mit unseren Dreizacken am Bootsrande und lauerten auf die Fische. Das Feuer auf dem Rost an der Bootsspitze erfüllte die Luft mit Rauch und Harzgeruch. Lange Schwärme von Funken zogen über das schwarze Wasser, zischten und flüsterten beständig. Wir schwiegen alle drei, sehr aufmerksam in das Wasser starrend. Wunderlich war die Glaswelt unten mit den fetten Moosen, den fleischfarbenen Stängeln, dem lautlosen Ab-und-zu langer Beine, dünner, sich schlängelnder Leiber. Zwischen den Schachtelhalmen zogen die Karauschen hin, breite, goldene Scheiben. Wo es klar und tief war, lagen die Schleien tintenschwarz im schwarzen Wasser: «Fettes Schwein», sagte Edse, wenn er einen am Eisen hatte. Nahe dem Ufer aber, auf dem Sande, schliefen die Hechte, lange, silbergraue Lineale. Ein angenehmes Raubtiergefühl wärmte mir das Herz. Wenn wir in das Röhricht gerieten, dann rauschte es an den Flanken des Bootes, als führen wir durch Seide, und hundert kleine, erregte Flügel umflatterten uns. Ein Taucher erwachte und klagte leidenschaftlich. Edse und Peter kannten das alles, sie waren Stammgäste in dieser wunderlichen Nachtwelt: «Aha, die Rohrschwalben», sagte Edse. «Na, na, geht nur wieder schlafen, kleine Biester. Was schreit der Taucher heute so, als wenn einer ihm seine Mutter abschlachtet?» Plötzlich wurde das Wasser von unzähligen Punkten getrübt.

«Es regnet», meldete Peter.

«Nicht lange», entschied Edse. Das Boot wurde unter eine überhängende Weide gestoßen, wir legten die Eisen fort und begannen zu trinken. Selbst das Bier schmeckte nach Rauch und Harz. Edse sprach von den Fischen, blinzelte in das Feuer, und wenn er trank, wurden seine Augen klein und süß. Zuweilen horchte er in die Nacht hinaus und deutete die Geräusche: «Das is' der Kauz. Jetzt bellen die Hunde am schwarzen Krug. Die fremden Arbeiter gehn jede Nacht zu den Marjellen.» Ich war ein wenig enttäuscht. Das Fischestechen war ja gut; aber es sollte doch noch etwas Besonderes kommen. Jetzt gähnte Peter, seinen Ho-ho-ho-Laut auf den See hinausrufend. Nein, so ging es nicht. Ich begann schnell zu trinken. Das half. Ein leichter

Schwindel wiegte mich. Die Gegenstände nahmen eine wunderliche Deutlichkeit an, rückten mir näher; die schwarzen Zweige, der Frosch auf dem Blatt der Wasserrose. Dabei hatte ich das Gefühl, als säße ich hier in einer gewagten und wüsten Lebenslage. Wenn Gerda mich so sähe, ihre Augen würden ganz klar vor Verwunderung werden. Mit der musste ich auch anders sprechen, sie war doch auch nur ein Weib: «Warum sprecht ihr nicht? Erzählt was!», befahl ich.

Edse grinste. «Ja», begann er langsam, «morgen wird's wieder gut, das Wetter.»

«Nicht so was», unterbrach ich ihn und spie mit einem Bogen in den See, «was anderes. Sag, was ist denn die Margusch für 'ne Person?»

«Dumm is' sie», meinte Edse.

Peter kicherte: «Da wollt ich mal heran zu ihr ...», aber Edse unterbrach ihn: «Das wollen Herrschaften nich' hören.»

Hören wollte ich es zwar, allein ich sagte nichts. Der Regen hatte aufgehört. Wir griffen zu den Eisen. Aber die Glieder waren mir schwer, und die Fische wurden mir gleichgültig. Auch kroch schon eine weiße Helligkeit über das Wasser und machte es spiegeln: «Ans Ufer!», kommandierte ich.

Während ich am Ufer auf einem Baumstumpf saß und zuschaute, wie die Jungen die Fische zählten, merkte ich, dass ich anfing, traurig zu werden. Wie die Nacht sich langsam erhellte, wie sie anfing, grau und durchsichtig zu werden, und die Gegenstände farblos und nüchtern dastanden, das war mir unendlich zuwider. «Jetzt noch was», sagte ich mit Anstrengung.

«So?», meinte Edse und gähnte.

«Gähne nicht», befahl ich, «dazu bin ich nicht herausgekommen. Zu Mädchen gehen wir.» Die Jungen schauten sich schläfrig an. Ich hätte sie schlagen mögen.

«Na, dann gehen wir zum ‹Weißen Krug›. Die Marrie und die Liese schlafen im Heu», beschloss Edse gleichmütig.

Wir schritten quer durch den Wald, schlichen gebückt durch das Unterholz, das seine Tropfen auf uns niederregnete, die Farnwedel schlugen nass um unsere Beine. Das war heimlich, das gab wieder

Stimmung. Jetzt noch durch einen Kartoffelacker, dann lag der «Weiße Krug» vor uns auf der Höhe der Landstraße. Sehr still schlief er in dem grauen Lichte des heraufdämmernden Morgens, selbst grau und schäbig. An dem Gartenzaun entlangkriechend, gelangten wir zum Stall: «Rauf», sagte Edse und wies auf die Leiter, die zum Futterboden hinaufführte.

Oben war es finster und warm. Das Heu duftete stark. Überall knisterte es seidig: «No», sagte Edse wieder. Vor mir lagen zwei dunkle Gestalten. Also die Mädchen. Ich setzte mich auf das Heu am Boden. Das Blut sang mir in den Ohren. Die Augen gewöhnten sich an die Dämmerung. Die Jungen raschelten im Heu und flüsterten. Jetzt musste ich etwas tun. Ich streckte die Hand aus und ergriff einen heißen Mädchenarm. Das Mädchen richtete sich schnell auf, griff nach meiner Hand, befühlte langsam jeden Finger. Dann kicherte sie, ich hörte, wie sie dem anderen Mädchen zuflüsterte: «Du, Liese, der Jungherr.» Nun hockten beide Mädchen vor mir, große, erhitzte Gesichter, von weißblonden Haaren umflattert, die nackten Arme um die Knie geschlungen. Sie sahen mich mit runden, wasserblauen Augen an und lachten, dass die Zähne in der Dämmerung glänzten.

«Was der für Hände hat!», sagte Marrie. Nun griff auch Liese nach meiner Hand, befühlte sie, betrachtete sie wie eine Ware und legte sie dann vorsichtig auf mein Knie zurück.

«Sei nicht dumm, komm», sagte ich mit heiserer Stimme.

Aber sie entzog sich mir: «Es is' Zeit, runterzugehn», meinte sie. Raschelnd, wie die Wiesel, schlüpften die Mädchen durch das Heu und glitten die Leiter hinunter.

«Es ist zu hell, da sind die Biester unruhig», behauptete Edse.

«Sie haben den Jungherrn an den Händen erkannt», meinte Peter und gähnte wieder sein lautes Ho-ho: «Muss man auch runter.»

Unten im kleinen Garten standen die Mädchen zwischen den Kohlbeeten. Sie traten von einem Fuß auf den anderen; denn die nackten Füße froren in dem taufeuchten Kraut. Die Arme kreuzten sie über den großen, runden Brüsten und sahen mich ernst und neugierig an.

«Stehn wie so 'n Vieh», äußerte Edse.

Da ging Marrie zu einem umgestürzten Schiebkarren, wischte mit ihrem Rock den Tau fort und sagte: «So, hier kann der Jungherr sitzen.»

Ich thronte auf dem Schiebkarren. Peter hatte angefangen, mit Liese zu ringen. Sie fielen zu Boden und wälzten sich auf dem nassen Grase.

«Er ist nicht schläfrig», bemerkte Marrie zu Edse und deutete auf mich, wie man von einem Kinde in seiner Gegenwart zu einem Dritten spricht. Dann brach sie einige Stängel Rittersporn und Majoran ab. «Da», sagte sie, «damit Sie auch was haben.» Als ich meine Hand auf ihre Brust legen wollte, trat sie zurück und lächelte mütterlich.

Peter und Liese hatten sich durch den Garten gejagt und waren hinter dem Holzschuppen verschwunden. Marrie wandte sich jetzt ruhig ab und ging, die Füße hoch über die Kohlpflanzen hebend, ihnen nach. Dann war auch Edse fort. Hinter dem Schuppen kicherten sie. Es wurde schon ganz hell, solch eine nüchterne, strahlenlose Helligkeit, die müde macht. Über mir sangen die Lerchen in einem weißen Himmel unerträglich schrill und gläsern. Ich fühlte mich sehr elend und allein mitten unter den Kohlpflanzen. Ein großer Zorn stieg schmerzhaft in mir auf; aber ein Zorn, wie wir ihn als Kind empfinden, wenn wir am liebsten die Hände vor das Gesicht schlagen und weinen. Ich stand auf und schlich mich durch den aufdämmernden Morgen heim.

Vetter Went war in Warnow angekommen. Von der kleinen Wiese im Gerstenfelde aus sah ich ihn, Ellita und meinen Vater wie eine Vision von bunten Figürchen fern am Waldessaum entlangreiten. Ich war so gut wie vergessen, an mich dachte niemand. Dann kam Went eines Tages zum Frühstück herübergeritten. Ich liebte ihn nicht sonderlich. Er war von oben herab mit mir und nannte mich «Kleiner». Dennoch war es angenehm, ihn anzusehen. Die scharfen, ruhigen Züge hatten etwas Festliches. Dazu das krause, blonde Haar, der ganz goldene Schnurrbart. Es musste etwas wert sein, mit dieser Figur und diesem Gesichte am Morgen aufzustehn, sie den ganzen Tag über mit sich herumzutragen, nachts damit schlafen zu gehn. Mit dieser Figur und diesem Gesicht konnte keiner sich ganz gehn lassen.

«Also durchgefallen?», sagte er mir. «Na, so beginnen wir alle unsere Karriere.»

Während des Essens sprach er mit meinem Vater über militärische Sachen. Mein Vater war heute besonders ironisch. Er widersprach Went beständig, setzte ihn mit kurzen Warums und Wiesos in Verlegenheit und lachte unangenehm. Wents «Nein, bitte sehr, lieber Onkel!» klang immer gereizter und hilfloser!

Später ging ich mit Went die Gartenallee hinab. Wir schwiegen. Went köpfte mit seiner Reitgerte die roten Floxblüten.

«Er hat was gegen mich», murmelte er endlich.

«Ja, natürlich», erwiderte ich, «gegen mich auch. So ist er immer.»

«Gegen dich?» Went lachte: «Ja so, wegen des Nachlernens.»

Das ärgerte mich: «Dir kann es gleich sein; aber ich bin in seiner Macht. Hier eingesperrt zu werden wie ein Kanarienvogel, ist lächerlich. Er ist ja gewiss ein feiner, patenter Herr; aber er denkt nur an sich. Die anderen liebt er nicht, wenn – wenn es nicht zufällig Damen sind.»

Went schaute überrascht auf: «Na, Kleiner, du machst dir keine Illusionen über deinen Erzeuger. Du hast übrigens unrecht. Hier ist es hübsch.»

Ich zuckte die Achseln: «Ach, so 'ne süße Watte.»

«Süße Watte? Wo hast du das her?», bemerkte Went.

Nach einigen Tagen sagte mein Vater mir beim Frühstück: «Wir fahren heute nach Warnow. Deine Cousine Ellita hat sich mit Went verlobt. Heute ist Verlobungsdiner.»

Ich brachte nur ein «Ach wirklich?» hervor.

Mein Vater beugte sich über seinen Teller und murmelte: «Wieder ist das Filet hart – ja», fügte er dann hinzu: «Ein freudiges Ereignis. Ich freue mich.»

Er sah heute müde aus, aber das stand ihm gut. Er bekam dadurch einen fein unheimlichen Römerkopf. Behaglich war es nicht, ihm gegenüberzusitzen, aber nicht alltäglich. Es war etwas an ihm, das neugierig machte.

Daran dachte ich, als ich im Wohnzimmer mich auf dem Diwan

ausstreckte. Die grünen Vorhänge waren vor der Mittagssonne zurückgezogen. Die Fliegen kreisten summend um den Kronleuchter. Die Blumen welkten in den Vasen. Draußen kochte der Garten in der Mittagsglut. Ich hörte es ordentlich durch die Vorhänge hindurch, wie das leise Singen eines Teekessels. Ich schloss die Augen. Heute war wenigstens etwas Angenehmes vor. Ich dachte an Gerda, ließ das schöne Liebesgefühl mir sanft das Herz kitzeln. Dann standen die beiden Krugsmädchen deutlich vor mir – in den graublauen Kohlpflanzen, die Haare voller Halme, und gleich darauf war es wieder Ellita, sie legte ihren warmen, königlichen Arm um meine Schultern und duftete nach Heliotrop. Ach ja, alle diese Mädchen, diese lieben Mädchen! Die Welt ist voll von ihnen! Das ließ mich tief und wohlig aufatmen.

Ich fuhr aus dem Halbschlummer auf. Es musste Zeit sein, sich anzukleiden. Die tiefe Ruhe im Hause war mir verdächtig. Dass die Fahrt nur nicht in Vergessenheit gerät! Ich beeilte mich mit dem Ankleiden, lief in den Stall, um Kaspar anzutreiben. Ich war froh, als der Wagen vor der Tür hielt. Konrad stand auf der Treppe und sah nach der Uhr.

«Kommt er?», fragte ich.

«Fertig is' er», meinte Konrad.

So warteten wir. Die Pferde wurden unruhig. Kaspar gähnte.

«Er hat's vergessen», bemerkte ich.

Konrad zuckte die Achseln: «Gemeldet hab ich. Noch 'n mal geh ich nich'.»

«Dann geh ich», beschloss ich.

Ich lief zu dem Arbeitszimmer meines Vaters, öffnete zaghaft die Türe und blieb regungslos stehen. Dort geschah etwas Unerklärliches. Mein Vater, in seinem Gesellschaftsanzuge, saß am Schreibtisch auf dem großen Sessel. Er stützte die Ellbogen auf die Knie, barg das Gesicht in die Hände, wunderlich in sich zusammengekrümmt, und weinte. Ich sah es deutlich – er weinte; die Schultern wurden sachte geschüttelt, die Stirn zuckte, das Haar war ein wenig in Unordnung geraten, der Saphir an dem Finger der über das Gesicht gespreizten

Hand leuchtete in einem Sonnenstrahl, der sich durch den Vorhang stahl. Angst erfasste mich, eine Angst, wie wir sie im Traum empfinden, wenn das Unmögliche vor uns steht. Ich zog mich zurück und schloss leise die Türe. Vor der Türe stand ich still. Ich fühlte, wie meine Mundwinkel sich verzogen, als müsste auch ich weinen.

«Er kommt schon», meldete ich draußen.

«Wie sehen Sie denn aus, Jungherr?», fragte Konrad.

«Ich sehe aus, wie ich will», antwortete ich hochmütig.

Ich setzte mich auf die Treppenstufen und sann dem Bilde nach, das ich eben gesehen hatte. Hier lag wieder alles unverändert alltäglich im gelben Sonnenschein vor mir, und dort drinnen saß die in sich zusammengekrümmte Gestalt mit den tragisch über das Gesicht gespreizten Händen. Etwas Unbegreifliches war in der Verschwiegenheit der Mittagsstunde entstanden.

Dann kam mein Vater, in seinen weißen Staubmantel gehüllt, das Gesicht ein wenig gerötet vom Waschen: «Du schimpfst wohl schon», sagte er lustig. Auf der Fahrt unterhielt er mich liebenswürdig. Er sprach ernsthaft mit mir über Familienangelegenheiten. Er freute sich über die gute Partie, die Ellita machte. Für eine starke Natur wie Ellita war es ungesund, Jahr für Jahr in der ländlichen Einsamkeit zu sitzen und sich in den kleinen Verhältnissen abzumühen. Solche Frauen müssen mitten in der großen Welt auf hohen, kühlen Postamenten stehen, sonst wird ihr Gemütsleben krank.

In Warnow saß die Tante in großer Toilette unter ihren Gästen auf der Veranda; neben ihr der alte Hofmarschall von Teifen, das Haar kohlschwarz gefärbt und unerträglich stark parfümiert. Die Mädchen trugen weiße Kleider und Rosen im Gürtel, die Herren hatten sich Tuberosen in das Knopfloch gesteckt. Die Ranken des wilden Weines streuten zitternde Schatten über all die Farben, machten mit ihrem grünlichen Grau die Gesichter blasser, die Augen dunkler. Der alte Marsow hatte eine weißseidene Weste über seinen runden Bauch gezogen und sprach sehr laut schlecht von den Ministern. Dazwischen erzählte die klagende Stimme der Tante dem Hofmarschall von einer Gräfin Bethusi-Huk, die vor langen Jahren in

Karlsbad freundlich zu ihr gewesen war. Ellita saß abseits. Sie streichelte nachdenklich die Federn ihres Fächers und machte ihr schönes, missmutiges Gesicht: «Ihr hättet alle auch fortbleiben können», stand darauf zu lesen.

«Wo ist der Bräutigam?», fragte mein Vater.

Er sei mit Gerda unten im Garten, hieß es.

«Der hat mit einer Schwester nicht genug», dröhnte die Stimme des alten Marsow. Niemand lachte über diese Taktlosigkeit.

«Bill, willst du nicht hinuntergehen, sie rufen», sagte Ellita.

Ich fand die beiden unten bei der Hängeschaukel. Went stand auf der Schaukel und schaukelte sich. Er flog sehr hoch, fast bis in die Zweige der Ulme hinauf. Tadellos fein sah er aus. Sehr schlank in seine blaue Uniform geknöpft, der Kopf in der Sonne wie mit Gold bedeckt. Gerda schaute zu ihm auf, die Lippen halb geöffnet, die Augen rund und wie in einen erregenden Traum verloren. Die Hand legte sie auf die Brust in einer Bewegung, die ich an ihr nicht kannte, ganz fest die rechte Brust zusammendrückend. Sie bemerkte es nicht, dass ich neben ihr stand, und die Eifersucht machte mich ganz elend.

«Tag, Gerda», sagte ich heiser.

Sie schreckte zusammen und sah mich mit dem unzufriedenen Blick eines Menschen an, der im Schlafe gestört wird. Das hatten beide Warnower Mädchen, sie konnten plötzlich aussehen wie schöne, böse Knaben.

«Ach du, Bill!», sagte sie. Freundlich klang das nicht.

«Ihr schaukelt hier?», fragte ich, um etwas zu sagen.

«Ja – sieh ihn», erwiderte Gerda, schaute empor, und wieder legte sich das Traumlächeln über ihr Gesicht.

Went hatte mit dem Schaukeln aufgehört und ließ die Schaukel ausschwingen. Er lehnte sich leicht gegen eine der Stangen, präsentierte seine gute Gestalt sehr vorteilhaft. Mir war er zuwider, wie er so dastand und sich von Gerdas Augen anstrahlen ließ.

«Statt zu schaukeln, solltest du zu den anderen gehen», rief ich zu ihm hinauf, «Ellita fragt nach dir.»

Er sprang ab: «Ellita schickt dich? Ist sie unzufrieden?», fragte er.

«Natürlich», log ich.

«So – so: Na, dann, Kinder, geh ich voraus.»

Ich fand, er sah aus wie ein ängstlicher Schuljunge. Eilig lief er dem Hause zu. Ich lachte schadenfroh. «Er hat Angst vor ihr», bemerkte ich.

«Er! Was fällt dir ein!» Gerda wandte sich böse von mir ab und setzte sich auf die Bank. Dann versank sie in Gedanken.

«Was habt ihr beide so viel miteinander zu besprechen?», fragte ich gereizt.

«Von Ellita sprechen wir natürlich, immer von ihr», erwiderte Gerda noch immer sinnend. «Went hat mir viel zu denken gegeben.»

«Er sollte lieber selbst für sich denken!» Ich war so böse, dass ich ein Ahornblatt mit den Zähnen zerreißen musste.

Gerda schaute auf. Wirklicher Kummer lag auf ihrem Gesichte, etwas Erstauntes und Hilfesuchendes. Die Augen wurden feucht: «Warum sprichst du so?, du weißt doch nicht …»

«Was hat er dich traurig zu machen», murmelte ich kleinlaut. Die Liebe schnürte mir die Kehle zusammen. Am liebsten hätte auch ich geweint, wenn das angängig gewesen wäre.

Gerda begann zu sprechen, schnell und klagend. Es war nicht für mich, das sie sprach, sie musste es heraussagen: «Warum muss Ellita so schlecht gegen ihn sein? Er liebt sie doch. Und nun kann sie ja fort von hier, hinaus. Das will sie doch. Er tut ihr nur Gutes. Aber sie war immer so, ich weiß, jetzt wird sie nicht mehr einsam sein und arm.»

«Arm?»

«Ja, Ellita sagt, wir sind arm.»

«Aber es ist doch alles so fein hier bei euch?», wandte ich ein.

«Ach!», meinte Gerda, «das ist nur wegen der Mama, weil sie bei Hof war und eine Beauté, da muss sie das haben.»

«Ach ja, das war damals, als sie sich so schrecklich tief dekolletierte, wie auf dem Bilde im Saal», bestätigte ich.

«Sei nicht dumm», fuhr Gerda mich an. «Gewiss sind wir arm und müssen immer hier sitzen. Und wenn alles verschneit ist und keiner zu uns kommt und in den Zimmern die Öfen heizen und Kerzen gespart werden, dann geht Ellita durch die Zimmer, immer auf und ab wie ein Eisbär, und spricht mit keinem und sieht Mama und mich böse an. Oder sie geht in ihr Zimmer und tanzt stundenlang allein Bolero, in der Nacht weint sie. Ich hör es nebenan. Sie tut mir leid, aber es ist auch zum Fürchten. Aber jetzt hat sie ja alles. Warum ist sie nicht froh? Warum quält sie Went? Warum weint sie nachts? Warum tanzt sie noch allein Bolero?» Jetzt hingen Tränen an Gerdas Wimpern, runde Tröpfchen, die in der Sonne blank wurden: «Ja – etwas Trauriges geht jetzt immer zwischen uns herum. Ich weiß nicht, was es ist.»

Ich wusste auf all das nichts zu sagen. Ich griff daher nach Gerdas Hand und begann sie zu küssen. Aber sie entzog sie mir: «Bill, sei nicht lächerlich. Komm, schaukle mich lieber.»

Sie setzte sich auf die Schaukel, bog den Kopf zurück, schaute mit verzückten Augen empor, ganz regungslos, nur die Füßchen in den weißen Schuhen bewegten sich nervös und ruhelos. Während ich die Schaukel hin und her warf, hing ich meinen trüben Gedanken nach: Natürlich war Gerda in diesen Went verliebt. Sie weinte um ihn, jetzt dachte sie an ihn und erlebte aufregende, traurige Dinge mit ihm, und ich war ein gleichgültiger Schuljunge, der arbeiten sollte und nicht mitzählte. Das kränkte mich so, dass ich nicht mehr schaukeln mochte.

«Warum schaukelst du nicht?», fragte Gerda aus ihrem Traum heraus.

«Weil ich nicht will», erwiderte ich. «Weil», ich suchte nach etwas Grausamem, das ich sagen könnte: «Weil ich nichts davon habe, dich zu schaukeln, damit du besser an deinen Went denken kannst.»

«Meinen Went?» Gerda errötete wie immer, wenn sie böse war, ein warmes Zentifolienrosa, das bis zu den blanken Stricheln der Haarwurzeln hinaufstieg.

«Gewiss, ihr seid alle in diesen Affen verliebt.» Es tat mir zwar leid, dass ich das sagte, aber gesagt werden musste es.

Schweigend stieg Gerda von der Schaukel, zog ihre Schärpe zurecht, dann, sich zum Gehen wendend, bemerkte sie mit einer

Stimme, die überlegen, erwachsen klang, die Gerda weit von mir fortrückte: «Weißt du, Bill, bei dem Allein-in-Fernow-Sitzen hast du recht schlechte Manieren bekommen. Es tut mir leid, dass ich mit dir gesprochen habe.»

«Bitte», sagte ich trotzig.

Gerda ging. Ich blieb noch eine Weile auf der Bank sitzen. Also die einzige Freude, die ich diesen Sommer hatte, war mir auch verdorben. Nicht einmal mich ruhig zu verlieben hatte ich das Recht. Die anderen liebten und wurden geliebt, sie hatten ihre Geheimnisse und ihre Tragödien; ich hatte nur die verschimmelten Bücher. Denn, wenn Gerda sagte, ich hätte schlechte Manieren, so war das nicht einmal etwas, das man Schmerz nennen kann. Na, sie sollten sehen. Ich würde mir schon etwas ausdenken!

Während des Mittagessens versuchte ich mein Elend niederzutrinken. Das brachte wieder ein wenig Festlichkeit in mein Blut. Ich fand die lange Tafel lustig. Wenn ich an den großen Rosensträußen vorüber auf die Mädchengesichter sah, erschienen sie mir sehr weiß mit unruhigem Glanz in den Augen und zu roten Lippen. Alles zitterte vor meinen Augen. Ich musste lachen und wusste nicht worüber. Ich saß zwischen den beiden Marsows. Die fetten weißen Schultern streiften meinen Rockärmel. Ich glaubte die Wärme der runden Mädchenkörper zu spüren. Sie kicherten viel über das, was ich ihnen sagte.

Mein Vater hielt eine Rede. Während er dastand, die Tuberose im Knopfloch, das Sektglas in der Hand, und ein wenig lächelte, wenn die andern über seine Witze lachten, versuchte ich an die Gestalt dort im Arbeitszimmer zu denken. Aber es schien, als hätten diese beiden Gestalten nichts miteinander zu tun.

Er sprach von Vorfahren, und von der Ehe, dass sie ein beständiges Friedenschließen sei. Darüber wurde gelacht. Dann wurde es ernst. Aber – hieß es – sie ist auch ein Postament, ein Altar – «unsere Ehen», auf dem die Frau – «unsere Frauen» geschützt und heilig steht. «Denn unsere Frauen sind die Blüte unserer adeligen Kultur, sie sind Repräsentantinnen und Wahrerinnen von allem Guten und Edlen, das wir durch Jahrhunderte hindurch uns erkämpft.» Das «unser» wurde mit einer weiten Handbewegung begleitet, welche die ganze Gesellschaft zusammenzuschließen und sehr hoch über die anderen, die nicht wir waren, emporzuheben schien. Alle hörten andächtig zu. Die alte Exzellenz nickte mit dem Köpfchen. Der alte Marsow lehnte sich in seinen Stuhl zurück, machte einen spitzen Mund und versuchte sehr würdig auszusehen. Ich fühlte selbst einen angenehmen Hochmutskitzel. Es war doch gut zu hören, dass man seine eigene Kultur hatte. Es wurde «Hoch» gerufen, und man stieß mit den Gläsern an. Der Schluss der Mahlzeit war für mich ein wenig verschwommen. Ich war froh, als es zu Ende war und ich auf die Veranda hinausgehen durfte.

Ich setzte mich in den Mondschein wie unter eine Dusche. Angenehme Gedanken gingen mir durch den Kopf.

Gerda erschien auf der Veranda. Sogleich war ich bei ihr. Ich fasste das Ende ihrer Schärpe: «Oh, Bill, du bist es. Warum bist du hier allein?», fragte sie.

«Ich bin hier allein», begann ich, «weil ich verzweifelt darüber bin, dass wir uns gezankt haben. Wollen wir uns versöhnen? Du weißt, wie sehr ich dich liebe.»

Sie trat ein wenig zurück, als wäre sie ängstlich: «Pfui, Bill», rief sie, «du hast zu viel getrunken. Schäm dich!»

Dann war sie fort. Was sollte ich tun. Sie fürchtete sich vor mir. Sie sagte pfui zu mir. Nun war alles aus. Nun hatte ich meinen großen Schmerz. Ich setzte mich auf die Bank, schlug die Hände vor das Gesicht, saß da – wie – wie er – dort im Arbeitszimmer. Weinen konnte ich nicht. Es war mehr Grimm gegen die da drinnen, was mir das Herz warm machte. Ich stieg auf die Bank und schaute durch das Fenster in den Saal.

Da saßen sie alle beieinander. Wie sie die Lippen bewegten, ohne dass ich ihre Worte hörte, wie sie den Mund aufsperrten, ohne dass ein Ton zu mir drang, das sah gespenstisch aus. Die Tante in ihrem weißen Spitzenburnus lag in der Sofaecke wie eine abgespielte Puppe, die man neu bekleidet hat. Der alte Marsow streckte sich in einem

Sessel aus, sehr rot im Gesicht. Die Exzellenz saß zwischen den Marsowschen Mädchen und schnüffelte mit der spitzen Nase wie eine Maus, die Zucker wittert. Und plötzlich machten sie alle andächtige, süße Gesichter; denn im Nebenzimmer sah ich Went am Klavier stehen. Er sang: «Sei mir gegrüßt – sei mir geküsst –», die Augen zur Decke emporgeschlagen, wiegte er sich sachte hin und her, und sein Tenor goss den Zucker nur so in Strömen aus. Wie unverschämt diese süße Stimme war! Wie sie den Raum füllte, die Leute kitzelte, dass sie die Gesichter verzogen, die Mädchen auf die feuchten, halb geöffneten Lippen zu küssen schien. Mir war zuwider. Währenddessen kamen, wie Bilder einer Laterna magica, zwei Gestalten vor meinem Fenster aufeinander zu. Ellita, aufrecht und weiß, den Kopf ein wenig zurückgebogen, die Lippen fest geschlossen. Oh!, die ließ sich nicht von der schmachtenden Stimme küssen! Ellita hatte eine Art zu gehen, die ihr Kleid ganz gehorsam ihrer Gestalt machte. Es schien mir immer, als müsste der weiße Musselin warm von ihrem Körper sein. Von der anderen Seite kam mein Vater. Sie standen sich gegenüber. Er sagte etwas, lächelte, strich mit der Hand über den Schnurrbart. Sie aber lachte nicht, ihr Gesicht wurde streng, böse – sie schaute meinem Vater gerade in das Gesicht wie jemand, der kämpfen will, der nach einer Stelle sucht, auf die eine Wunde gehört. Ich fühlte es ordentlich, wie ihr Körper sich spannte und streckte. Mein Vater machte eine leichte Handbewegung, sein Ausdruck jedoch veränderte sich, er biss sich auf die Unterlippe, seine Augen blickten scharf, erregt, gierig in Ellitas Augen, grell von der Lampe beleuchtet, sah ich, wie sie flimmerten, wie sie sich in Ellitas Gesicht festsogen. Sie beugte langsam den Kopf, schlug die Augen nieder, schloss sie. Sie wurde sehr bleich und stand da, demütig, als wäre alle Kraft von ihr genommen. Ich konnte das nicht mit ansehen. An alledem war etwas, das mich seltsam verwirrte.

Ich trat von dem Fenster zurück. Meine Gedanken irrten erregt um etwas herum, das ich doch nicht zu denken wagte. «Gibt es so etwas? Er und sie? Er und sie? So etwas also kann man erleben – so unheimlich ist das Leben ...? Da sitzen sie alle ruhig, und Went girrt sein ‹Sei mir gegrüßt, sei mir geküsst› – und mitten drin steht etwas Wildes – etwas Unbegreifliches.»

Jetzt rauschte eine Schleppe. Ellita kam durch die offene Glastüre die Stufen herab.

«Ellita», musste ich sagen.

«Du, Bill?», fragte sie. «Bist du hier allein? Komm, gehen wir hinunter.»

Sie legte wieder ihren Arm um meine Schulter, und wir gingen die Lindenallee hinab. Ellita sprach leise und mit fliegendem Atem: «Warum gehst du von den anderen fort? Bist du traurig? Hat dir jemand etwas getan? Sag? Ist Gerda schlecht mit dir gewesen? Du liebst doch Gerda, nicht? Ja, lieb sie nur; es ist ja gleich, was geschieht! Das kann dir keiner verbieten. Gerda wird wieder gut werden, das arme Kind.»

Die leise, klagende Stimme rührte mich, erfüllte mich mit Mitleid mit mir selber. Die Tränen rollten mir über die Wangen.

«Weinst du, kleiner Bill?», fragte Ellita. Es war so dunkel in der Allee, dass sie nicht sehen konnte. Mit ihrer kühlen Hand fuhr sie leicht über mein feuchtes Gesicht: «Ja, du weinst. Das schadet nichts. Weine nur. Hier sieht *er* uns nicht. Hier brauchen wir nicht Tenue zu haben.»

Schweigend gingen wir einige Schritte weiter. Hie und da huschte ein wenig Mondlicht durch die Zweige über Ellitas Haar, über das weiße Kleid, ließ den Ring an ihrem Finger, das kleine Diamantschwert an ihrer Brust aufleuchten, und dann wieder die weiche Finsternis voll Duft und Flüstern. Am Ende der Allee stand die alte Steingrotte, eine halbverfallene kleine Halle, die der Mond mit den sich sachte regenden Blätterschatten der Ulme füllte.

«Hast du mich Bolero tanzen sehen?», fragte Ellita plötzlich. «Komm, ich tanze dir vor.»

Ich setzte mich auf die Steinbank in der Grotte, und Ellita, mitten unter dem Blätterschatten, tanzte lautlos auf ihren weißen Schuhen, an denen die Schnallen im Mondschein aufblitzten. Sie warf die Arme empor, bog den Kopf, als hielte sie Trauben in die Höhe, und die halbgeöffneten Lippen dürsteten nach ihnen. Oder sie warf einen unsichtbaren Mantel stolz um die Schultern oder pflückte unsichtbare Blumen; alles mit dem weichen, rhythmischen Biegen des Körpers, den die Musselinschleppe wie eine weiße Nebelwelle mit ganz leisem Rauschen umfloss. Schweigend und eifrig tanzte sie. Ich hörte, wie sie schneller atmete. Das war geisterhaft, unwirklich. Alle Aufregung verstummte in mir. Es war mir, als sei ich weit fort, an einem Orte, den ich aus irgendeinem Traume kannte; jetzt blieb sie stehen, strich sich das Haar aus der Stirn und lachte: «Sieh, so. Das war gut. Jetzt gehen wir wieder zu den anderen. Jetzt haben wir wieder Tenue.»

Während wir dem Hause zugingen, sprach Ellita wieder ruhig und ein wenig gönnerhaft wie sonst. Drinnen im Saal lächelte sie Went an und sagte: «Hast du dich ausgesungen, mein Lieber?»

Zu Hause, in meinem Zimmer, fühlte ich mich bange und erregt. Das Leben erschien mir traurig und verworren. Schlafen konnte ich nicht. Aufdringliche und aufregende Bilder kamen und quälten mich. Die Nacht war schwül. Regungslos und schwarz standen die Bäume im Garten. In der Ferne donnerte es. Unten im Park sang Margusch wieder ihre ruhige, ein wenig schläfrige Klage. Diese Stimme tat mir wohl. Ich wollte ihr nahe sein, mich von ihr trösten lassen, die Augen schließen und nichts denken als: «Rai-rai-rah.»

Ich stieg aus dem Fenster und ging der Stimme nach. Über der Wiese stand ein schwarzer Wolkenstreifen, in dem es sich golden vom Wetterleuchten regte. Zuweilen schüttelte ein warmer Wind die Kronen der Linden. Am Teich unter den Weiden fand ich Margusch. Das große, blonde Mädchen kauerte auf dem Rasen, hatte die Arme um die Knie geschlungen, wiegte sachte den runden Kopf und sang, eintönig, als säße sie an einer Wiege:

«Näh ein Hemdchen auf der Weide,
  Mess es an dem Eichenstamm.
  Ach!, mein Liebster, wachse, wachse,
  Wie die Eiche grad und stramm!
  Rai – rai – rah ...»

Ich kam leise heran und hockte neben ihr nieder.

Sie schreckte ein wenig zusammen, dann sagte sie: «Gottchen, der Jungherr!»

«Ja, Margusch, sing weiter!»

Margusch schaute ruhig und müde über den Teich hin und zog die Knie fester an sich. «Ach!», meinte sie, «wozu ist das Singen gut! Warum schlafen Sie nicht, Jungherr?»

«Ich konnte nicht. Ich wollte nicht allein sein. Ich hörte dich singen, da kam ich.»

Margusch seufzte: «Ja, ja, den Herrschaften geht es auch nicht immer gut. Alle haben was. Der Herr gibt nu' auch sein Fräulein fort. Was kann man machen.»

«Sein Fräulein», das klang in dem Munde dieses Mädchens wie eine klare, melancholische Geschichte, eine Geschichte wie die zwischen Jakob und Margusch. «Jeder hat was.» Ich drückte mich nah an Margusch heran. Dieser heiße Mädchenkörper schien mir Schutz zu geben vor allem Unheimlichen, das mich quälte. Sie lächelte, legte ihren schweren Arm um mich, wiegte mich langsam hin und her und wiederholte: «Unser Jungherr is' traurig, unser Jungherr is' traurig.» Dunkle Wolkenfetzen zogen über den Mond. Der Teich wurde schwarz. Die Frösche schwiegen, nur ab und zu ließ einer sich vernehmen, als riefe er jemanden. Margusch streichelte meinen Arm: «Unser Jungherr is' traurig.» Erregt und fiebernd klammerte ich mich an dem warmen, ruhenden Mädchenkörper fest. Da gab sie sich mir hin, gutmütig und ein wenig mitleidig.

Es war finster geworden. Ein feiner Regen begann in den Weiden und im Schilf zu flüstern.

«Es regnet», sagte Margusch, «man muss heimgehen.»

Ich weigerte mich. Nur nicht in das Haus gehen, nur nicht allein sein! So saßen wir eng umschlungen da. Margusch summte leise vor sich hin. Es begann zu dämmern. Enten hoben sich aus dem Teich und flogen mit pfeifendem Flügelschlage dem See zu. Auf der anderen Seite des Teiches ging eine dunkle Gestalt die Allee hinauf dem Hause zu.

«Der gnädige Herr», flüsterte Margusch. «Der ist oft nachts draußen. Dort unten spaziert er auf und ab. Der kann auch nicht schlafen.»

Um die Mittagsstunde, als der Hof voll grellen Sonnenscheins lag, schlenderte ich langsam dem Stalle zu. Ich war müde, hatte Lust zu nichts, da war es das Beste, zuzusehen, wie Kaspar die Pferde putzte, das beruhigt und strengt nicht an. Am Stallteich stand Margusch und wusch einen Eimer.

«Nun, Margusch», sagte ich und blieb stehen.

Sie hob den Kopf und sah mich mit den glasklaren Augen gleichgültig an.

«Heiß is'», bemerkte sie.

«Aber vorige Nacht –», setzte ich leise hinzu.

Sie lächelte matt, seufzte und beugte sich wieder über ihre Arbeit.

Mein Vater kam aus dem Stall, er sah flüchtig zu mir herüber und wandte den Kopf ab.

Später, während des Mittagessens, als Konrad hinausgegangen war, hielt mein Vater sein Portweinglas in der Hand und sagte, eh er trank, das war immer der Augenblick, in dem er unangenehme Dinge vorbrachte: «Sich hier mit den Bauernmädchen einzulassen ist nicht empfehlenswert.» Ich errötete. Mein Vater trank und fuhr dann fort, indem er an mir vorbei zum Fenster hinaussah: «Abgesehen davon, dass diese Dinge für dich nicht zeitgemäß sind, du sollst nur deine Studien im Auge haben, so finde ich, dass Affären mit diesen Mädchen die Instinkte und Manieren vergröbern.» Eine peinliche Pause entstand. Mein Vater sann vor sich hin, dann sagte er, wie aus seinen Gedanken heraus: «Mein Freund in Konstantinopel sagte ger...»

«Natürlich!», dachte ich, «wo ein unangenehmes Beispiel nötig ist, da hat der alte Türke es gegeben!»

«Er sagte, er sei nur deshalb der feine Weinkenner geworden, der er ist, weil er wegen des Verbotes seiner Religion in der Jugend sich die Zunge nicht mit schlechten Weinen verdorben habe.»

Ich verstand sehr wohl, was der alte Türke meinte, nur erschien es mir wunderlich, dass mein Vater das zu mir sagte. Es machte mich verlegen. Ob er das merkte?

Jedenfalls tat er den Ausspruch, als er die Tafel aufhob: «Du bist jetzt in dem Alter, in dem man mit dir über diese Dinge vernünftig reden kann, hoffe ich.» Das ließ sich hören.

Ich hatte die Erlaubnis erhalten, mit Went auf die Rehpirsch zu gehen. Wir zogen gleich nach Mitternacht in den Wald und saßen bei einem Feuer auf. Der Waldhüter schnarchte unter einem Wacholderbusch. Went hüllte sich in seinen grauen Mantel, lehnte sich an den Stamm einer Tanne und blickte nachdenklich in das Feuer. Ich streckte mich behaglich in das Moos hin. Die Freude auf die Jagd war so stark, dass sie mich all meine Aufregungen vergessen ließ. Um uns herum war es sehr dunkel. Die heimlichen Töne des Waldes gingen unter den großen, stillen Bäumen hin, ein leichtes Knacken, ein vorsichtiges Gehen, ein plötzliches Flügelrauschen. Sehr ferne riefen zwei Käuzchen sich klagend an.

«So ist's doch gut?», fragte ich zu Went hinüber, «im Walde ist alles gleich.»

«Was ist gleich?», fragte Went streng zurück.

Ich hätte gewünscht, Went wäre heiter und kameradschaftlich gewesen, statt tragisch und erhaben zu sein. Gut sah er übrigens aus, wie er in das Feuer starrte.

«Du, Went», begann ich wieder, «wie ist es eigentlich, wenn man so aussieht wie du, so – dass alle Weiber sich in einen verlieben?»

«Teufel, Kleiner, was du dir für Gedanken machst.» Jetzt lächelte Went, und das wollte ich. «Gehört das auch zu den Examenarbeiten?»

«Das Examen hat hierbei nichts zu tun –», sagte ich gereizt, «man kann auch an die Weiber denken, wenn man nicht das Examen gemacht hat. Alle denken an Weiber.»

«Alle?»

«Ja, alle.»

«Dumm genug», bemerkte Went.

«Das ist so», fuhr ich fort, «ich habe das früher nicht gewusst, aber jetzt …»

Went schaute mich ironisch an: «Der Aufenthalt hier ist, scheint es, für deine Erziehung bedeutungsvoll.»

Ich errötete, ich hatte damals diese dumme Angewohnheit, und sagte heftig: «Denkst du auch schon über meine Erziehung nach? Das fehlt noch!»

«Trinken wir einen Cognac, Alter», besänftigte mich Went. Er holte seine Flasche hervor und trank zwei Cognacs schnell hintereinander. «So, das ist gut und macht keine Umstände. Da», meinte er befriedigt und reichte mir die Flasche. Wie gequält er dreinschaute! Er tat mir leid.

Während ich mir den Cognac eingoss, tat ich den Ausspruch: «Ja, es ist gut, dass wir uns nicht darüber zu quälen brauchen, ob der Cognac auch von uns ausgetrunken sein will, ob er das liebt. Uns schmeckt er eben.»

Das gefiel Went nicht. Er kehrte mir den Rücken zu und brummte: «Unsinn! Schlafe lieber.»

Ich aber wollte mich unterhalten. «Du – Went, sag, es muss ganz fein sein, Soldat zu sein?»

Das regte ihn auf, er wurde heftig.

«Hol der Teufel das Soldatsein. Sei froh, dass du keiner bist.»

«Warum?»

«Weil, Gott!, weil einen das sentimental macht!»

«Sentimental?», fragte ich. «Ich wüsste nicht, dass das für den Krieg nötig ist.»

«Mit dir kann man nicht vernünftig reden», fuhr mich Went an. «Krieg? Wo ist denn Krieg? Natürlich sentimental», seine Stimme klang, als zankte er sich mit jemandem. «Mit dem Dienst und den Rekruten und alldem, kommt dann so was, das nach Sentiment aussieht, so fallen wir jedes Mal darauf herein. Man weiß nicht, wie man das anfassen soll. Ihr anderen hier habt Zeit, ihr könnt auf euren Gefühlen sitzen wie die Henne auf ihren Eiern, und werdet ihr so – so –, kein Teufel kann das verstehen.» Nach diesem Ausbruch schloss er die Augen und tat, als schliefe er. Ich schlang meine Arme um meine Knie und starrte in das Feuer.

In letzter Zeit hatte ich wunderliche Dinge erlebt, unheimliche und unverständliche. Wenn ich Went etwas davon sagte, würde er nicht mehr so ruhig daliegen. Seltsam ist es, wie ein Mensch von dem anderen nichts weiß, und doch sitzt und lauert in dem einen Menschen gerade das, was dem anderen Schmerz bereiten kann. Das war eine Erkenntnis, die mir in jener Stunde plötzlich kam und mich ergriff, wie es in den Jahren zu geschehen pflegt. Es ist wie hier im Walde. Ich sitze auf dem kleinen, hellen Fleck. Um mich ist die Nacht ganz schwarz und voll von dem Knistern und Gehen unsichtbarer Wesen. Jeden Augenblick kann aus dem Dunkel etwas hervortreten, etwas Entsetzliches. Warum ist das so? Meiner jungen Seele tat es weh, diese Luft zu atmen, die voll drohender, unverstandener Schmerzen liegt. Ich drückte mich fest an den dicken Tannenstamm, legte die Hand auf seine taufeuchte Rinde. Diese Stillen hatte ich immer gern gehabt. Wenn auf der Treibjagd so eine alte Tanne mit ihren schwer niedergebogenen Zweigen und grauen Bärten dastand und mich vor dem Wild oder das Wild vor mir verbarg, da hatte ich sie als eine der großen Unparteiischen des Waldes empfunden, vornehm und kühl. Daran zu denken beruhigte mich jetzt. Ich konnte mich darüber freuen, dass mir so tragische und seltsame Gedanken kamen. Ich war doch ein ganzer Kerl. Das vermutete wohl keiner hinter dem kleinen Bill. Wenn Gerda das wüsste, die würde mich dann anders anschauen!

Es dämmerte bereits. Aus den Föhrenwipfeln flogen die Krähen aus und riefen einander ihre heiseren Nachrichten zu. Es war Zeit, aufzubrechen. Ich weckte den Waldhüter, weckte Went.

«Nu' geht's los», rief ich ihm zu.

«Schon!», sagte Went, gähnte und blickte missmutig in den aufdämmernden Morgen. Also nicht einmal die Aussicht auf einen Bock konnte ihn aufrichten. Dann stand es schlimm mit ihm!

Köstlich war es, leise und schweigend durch den Wald zu schleichen. An einer kleinen, sumpfigen Waldwiese nahm ich meinen Stand. Das Gras war grau von tauschweren Spinnweben. Eine Wasserratte schlüpfte durch die Halme, sprang mit leisem Geplätscher in die Wasserlöcher, kam mir ganz nahe. Sie hielt mich wohl für einen Baum, und das schmeichelte mir. Dann plötzlich standen zwei Rehe auf der Wiese, eine große Ricke und ein kleiner Bock. Die Ricke äste ruhig und sorgsam, den Kopf niedergebeugt, langsam vorwärts gehend. Der kleine Bock war zerstreut, hob häufig den Kopf, schüttelte ihn, machte kleine Sprünge. Vom Waldrand kam ein großer alter Bock herangetrabt. Ich sah deutlich sein ärgerliches, verbissenes Gesicht. Er begann sofort den jungen Bock zu jagen. Als dieser auf mich zusetzte, schoss ich. Ich hörte noch den alten Bock bellen. Der Kleine lag da und bewegte schwach die Läufe, wie steife, rote Bleistifte. Ich ging zu ihm, streichelte sein blankpoliertes Gehörn. Die Oberlippe war ein wenig hinaufgezogen. Das gedrungene, kindliche Gesicht sah aus, als lächelte es verschmitzt.

Als Went kam, war er verstimmt. Mein Schuss hatte auf der anderen Wiese seinen Bock verscheucht. Er sagte mir unangenehme Dinge, weil ich nicht den stärkeren Bock geschossen hatte, und wir zankten uns tüchtig auf dem Heimwege. Das verdarb mir die Freude. Mit müden, verdrossenen Augen sahen wir in die Sonne, die mit großem Aufwande von rosa Wolken und rotgoldenem Lichte über dem gelben Brachfelde aufging.

Nun kam eine stille Zeit. Die Leute klagten über zu große Trockenheit und fürchteten für die Wintersaat. Im Garten begannen die Stockrosen und Georginen zu blühen, und es roch nach Himbeeren und Pflaumen. Blauer Dunst lag über den Hügeln. Die Gänse wurden auf die Stoppeln getrieben. Davon, dass ich nach Warnow fahren sollte, war nie die Rede. Meinen Vater sah ich nur zu den Mahlzeiten. Sein Gesicht erschien mir grau und müde, er sprach wenig. Fiel sein zerstreuter Blick auf mich, so fragte er wohl: «Nun, wie geht es mit den Studien?» Aber die Antwort schien ihn nicht zu interessieren. Seine Gegenwart hatte für mich nicht mehr das Aufregende, das sie gehabt hatte. In diesen Tagen mit dem gleichmäßig blauen Himmel, dem gleichmäßig grellen Sonnenschein, den gleichmäßigen Geräuschen der Landwirtschaft, verlor alles an Interesse und Farbe. Ich hörte, in Warnow würde gepackt, die Möbel seien schon mit weißen Bezügen bedeckt. Nächstens sollte die ganze Familie abreisen. Auch das noch! Margusch sang nicht mehr im Park. Ich sah sie mit Jakob an der Schmiede stehen und lachen. Mir blieben die Bücher. Ich lag auf der Heide und studierte. Das ἀκτὶς ἀελίον der «Antigone» verschmolz untrennbar mit dem Schnattern der Gänse, dem Dufte der sonnenheißen Wacholderbüsche. Antigone sah wie Ellita aus und die ängstliche Ismene wie Gerda. Ach!, nicht einmal zu einem ordentlich verliebten Gefühle brachte ich es in dieser Zeit! Und kam der Abend, schlugen die Stalljungen mit den Milchmädchen sich in die Büsche, klang fern von der Wiese eine Harmonika herüber, dann fieberte all das unverbrauchte Leben in mir, und ich fluchte darüber, dass all die hübschen und heimlichen und die furchtbaren und erregenden Dinge nur für die anderen da waren.

Schweres rotgoldenes Nachmittagslicht floss durch die Parkbäume. Ich saß hoch oben auf einer alten Linde, die ihre Äste zu einem sehr bequemen Sitz zusammenbog. Der Baum war voll von dem Summen der Insekten wie von einem feinen, surrenden Geläute. Das macht schläfrig. Ich schloss die Augen. Unten auf dem Kiesweg wurden Schritte laut. Faul öffnete ich halb die Lider. Ellita und mein Vater kamen den Weg entlang. Ellita trug ihr blaues Reitkleid und den kleinen, blanken Reithut. Mit der Rechten hielt sie ihre Schleppe, in der Linken die Reitpeitsche, mit der sie nach Kümmelstauden am Wege schlug. An der Ulme mir gegenüber blieben sie stehen. Ellita lehnte sich an den Baum. Ihre Wangen waren gerötet. Ich sah es gleich, dass sie böse war. Die kurze Oberlippe zuckte hochmütiger denn je. «Gut, ja. Ich gehorche dir, du siehst es», begann sie.

Mein Vater stützte sich mit der Schulter leicht gegen ein Birkenstämmchen, kreuzte die Füße und klopfte nachdenklich mit seinem Stöckchen auf die Spitzen seiner Stiefel, jetzt neigte er den Kopf und sagte höflich: «Du weißt, wie sehr ich dir dafür danke.»

«Oh! Du hast mich wunderbar erzogen», fuhr Ellita fort, «das hast du wunderbar gemacht! Als du wolltest, dass ich das einsame kleine Mädchen vom Lande sein soll, das nur an dich denkt und auf dich wartet, da war ich es. Und jetzt soll ich wieder – wie sagtest du doch, ‹die Blüte der adeligen Kultur› – so war es – also – die Blüte der adeligen Kultur sein, gut – ich bin es.»

Mein Vater nahm seinen Strohhut vom Kopfe und fuhr sich mit der Hand über die Stirn. Er fing an zu sprechen mit leiser, diskreter Stimme, als führe er eine Unterhaltung an einem Krankenbette: «Ich komme jetzt nicht in Betracht. Nur du. Ist es dir ein Bedürfnis, mir all das zu sagen, mir Vorwürfe zu machen, bitte, tue es. Nur geh den vorgeschriebenen Weg weiter ... nur das.»

«Ich will keine Vorwürfe machen», sagte Ellita heftig. «Warum ließest du mich nicht weiter hier einsam sitzen? Ich hätte weiter auf dich gewartet und wäre schlecht gegen Mama und Gerda gewesen und hätte mich um das dumme Geld gesorgt, das nie da ist, wenn man es braucht ... und, wenn du dann kamst, hätte ich geglaubt, ‹das ist das höchste Glück› – schlecht sein –, mit dir schlecht sein, glaubte ich, sei groß ...»

«Sag es nur heraus», warf mein Vater ein und schaute wieder auf seine Stiefelspitzen.

«Gewiss», fuhr Ellita fort, «darum hätte ich dir keine Vorwürfe gemacht. Aber jetzt, wo all das nur eine hässliche Inkorrektheit sein soll, die vertuscht wird, jetzt schäme ich mich. Wie deine Nippfigur komme ich mir vor, die du wieder in den Salon auf die Etagere zurückstellst – sie soll wieder ihre Pflicht tun, repräsentieren.»

«Sehr hübsch», bemerkte mein Vater und lächelte matt.

Das brachte Ellita noch mehr auf: «Du siehst, ich habe von dir und deinem alten Türken gelernt, Vergleiche zu machen. Ach, wie das alles hässlich ist! Was ging es dich an, was aus mir wurde. Wenn ich in den Parkteich gegangen wäre wie Mamas kleine Kammerjungfrau um den neuen Gärtner, das wäre schöner gewesen als all dies jetzt.»

Mein Vater zuckte die Achseln. «Ich glaube», sagte er, «du und ich sind zu gut erzogen, um in ein Drama hineinzupassen.»

Da hob Ellita ihre beiden Arme empor, die Augen flammten, zwei große Tränen rannen ihre Wangen herab: «Gott, wie ich sie hasse, alle diese Worte – – nicht wahr, ich muss auf ein Postament – und bin ein Kunstwerk – und eine Kulturblüte, ich kenne deinen Katechismus gut. Wie ich das hasse!»

Gott!, wie schön sie war! Mein Vater schien das auch zu sehn. Er blickte sie einen Augenblick mit gierigen, flackernden Augen an, wie an jenem Abend in Warnow. Dann sagte er leise und sanft: «Es schmerzt mich, dich leiden zu sehen. Das geht vorüber. Du bist von denen, die sicher ihren Weg gehn, wie – wie Nachtwandlerinnen –, die dabei vielleicht auch ein wenig wild träumen.»

«Und ich könnte mich peitschen, dafür, dass ich von denen bin», antwortete Ellita und schlug mit der Reitgerte gegen ihr Knie. «Und dann – er – der arme Junge – er liebt mich doch?»

«Ehre genug für ihn», meinte mein Vater.

«Du bist sehr genügsam für andere!», höhnte Ellita.

Er lächelte wieder sein müdes Lächeln: «Gott!, ja – jetzt kommst nur du in Betracht.»

«Das klingt ja fast, als ob du mich noch liebtest?»

Mein Vater zuckte schweigend die Achseln.

Sie schwiegen beide, Ellita ließ ihre Arme schlaff niedersinken, wie ermüdet, und müde klang auch ihre Stimme, als sie kummervoll sagte: «Wozu? Jetzt ist ja alles gleich. Ich tu ja, was du willst. Das ist nun alles vorüber.»

«Ich danke dir, Kind», die Stimme meines Vaters klang wieder metallig und warm. «Wenn *du* nur in Sicherheit bist – wenn *sie* dir nichts tun dürfen, nur das.» Er trat jetzt ein wenig vor, eine flüchtige Röte auf Schläfen und Wangen: «Ich danke dir dafür, Kind – und – auch für – für das, was hinter uns liegt ... für das letzte Glück – das du einem alternden Manne gabst – –» Jetzt zitterte seine Stimme vor Erregung – er breitete die Arme aus.

Ellita drängte sich fester an den Baum, sie reckte sich an ihm hinauf – bleich bis in die Lippen: «Rühr mich nicht an, Gerd!», stieß sie leise hervor, und die rechte Hand mit der Reitgerte hob sich ein wenig.

Mein Vater trat zurück, bückte sich, hob den Handschuh, der ihr entfallen war, von der Erde auf und überreichte ihn ihr. Dann schaute er nach seiner Uhr und sagte ruhig: «Es wird spät. Du musst sehn, dass du vor dem Gewitter nach Hause kommst; denn wir kriegen es heute doch endlich.»

«Ja – gehn wir –», meinte Ellita.

Sie gingen wieder den Weg zurück. Wie friedlich und höflich diese beiden Gestalten nebeneinander herschritten; Ellita mit ihrem sachte wiegenden Gang, schmal und dunkel in dem Reitkleide, mein Vater ein wenig seitwärts gewandt, um sie beim Sprechen ansehn zu können; dabei machte er Handbewegungen, die seine hübschen Hände zur Geltung brachten.

Still auf meinem Aste zusammengekauert, blieb ich auf der Linde sitzen. Zuerst hatte ich das Gefühl eines Kindes, das sich fürchtet, bei einem Unrecht ertappt zu werden. Gedanken hatte ich nicht – Bilder kamen, begleitet von einer schmerzhaften Musik des Fühlens: das schöne, aufrechte Mädchen am Baum, das tränenfeuchte, böse Gesicht, die erhobene Hand mit der Reitgerte ... und der Mann mit dem kummervoll gebeugten Kopfe ... ich hörte die leise, heiße Stimme ... davon kam ich nicht los. Mit dem Herren, der zu Hause sagt: «*Mais c'est impossible, comme il mange, ce garçon*», mit Ellita, die wohlerzogen mit meinem Vater über die Landwirtschaft spricht, hatten diese beiden nichts gemein. Ich wollte gar nicht mehr von der Linde herunter. Die Welt da unten erschien mir jetzt unheimlich verändert und unsicher. Die Sonne sank tiefer. Die Linde stand voll roten Lichtes. Dann zog das Gewitter auf. Einzelne Tropfen klatschten auf die Blätter, die für Augenblicke schwarz und zitternd im blauen Lichte der Blitze standen. Im Garten hörte ich Konrads Stimme: «Jungherr – hu – hu!» Er rief zum Abendessen. Das gab es also noch wie immer. Widerwillig kletterte ich hinunter. Der Regen war stärker geworden, und eine Fröhlichkeit kam mit ihm über das müde Land. Alles duftete und bewegte sich sachte. Im Hof standen die Leute vor den Ställen und blickten lächelnd in das Niederrinnen. Die Mägde stapften mit nackten Füßen in den Pfützen umher und kreischten.

Im Esszimmer, unter der großen Hängelampe, war der Tisch wie gewöhnlich gedeckt. Mein Vater ging im Zimmer auf und ab und sagte freundlich, als ich eintrat: «Nun, dich hat der Regen noch erwischt.»

Wir aßen die wohl bekannten kleinen Koteletts mit grünen Erbsen. Alles war wie sonst, als sei nichts geschehn. Ich dachte an ferne

Kinderjahre, in denen das Kind deutlich in den dunklen Ecken unheimliche Gestalten sah, während die Erwachsenen unbekümmert sprachen und an den unheimlichen Ecken vorübergingen, als ob nichts dort stünde.

Mein Vater sprach vom Regen, von der Wintersaat, von der Abreise der Warnower. Er sprach ungewöhnlich viel und mit lauter, heiterer Stimme. Sein Gesicht war bleich, und die Augen glitzerten blank und intensiv graublau. Er goss sich reichlich Portwein ein, und seine Hand zitterte ein wenig, wenn er das Glas nahm. Als der Inspektor kam, wollte ich mich fortschleichen. Das Sitzen hier war mir eine Qual. Ich wollte zu Bette gehen. Vielleicht, wenn ich still im Dunkeln lag, konnte ich mich selbst als tragisch und wunderbar empfinden. Mein Vater jedoch sagte: «Bleib noch ein wenig, Bill, wenn du nicht zu müde bist.» Gehorsam setzte ich mich wieder. Der Inspektor ging.

«Trink einen Tropfen», sagte mein Vater und schob mir ein Glas hin. Dann schwiegen wir.

Es schien nicht, als hätte er mir etwas Besonderes mitzuteilen. Er dachte wohl über ein Thema nach. Als er endlich zu sprechen begann, war von Pferden, von dem neuen Schmied, dann von meinen Studien die Rede. Das hatte ich erwartet! Das schien ihn auch zu interessieren, er biss sich daran fest, pflegte seinen Stil. «Na, und wenn du dann das Examen hinter dir hast», hieß es, «dann tritt also die Wahl eines Studiums an dich heran. Es ist wohl diese oder jene Wissenschaft, die dich besonders anzieht: Ja!, aber meiner Ansicht nach darf das nicht bestimmend sein. Gott!, unseren Neigungen entlaufen wir ohnehin nicht. Von Anbeginn muss ein Studium gewählt werden, das sozusagen als neutraler Ausgangspunkt dienen kann, von da aus kann dann zu dem, was wir sonst wissen und erleben wollen, übergegangen werden. In unserer Familie ist die Jurisprudenz traditionell. Ein ruhiger, kühler Ausgangspunkt, der sowohl zu anderen Wissenschaften wie zum praktischen Leben die Wege offen lässt.» Er sprach so fließend und betonte so wirksam, als hielte er eine Rede in einer Versammlung. Dabei sah er über mich hinweg, als stünde die Versammlung hinter mir. Es war recht unheimlich!

«Vor allem», fuhr er fort und erhob die Stimme, «müssen wir von vornherein wissen, welch eine Art Leben wir leben wollen. Bei einem Hause, das wir bauen, entscheiden wir uns doch für einen Stil, machen einen Plan, nicht wahr? Na also! Wir bauen ein Haus, das einen besonderen Stil hat. Gut!» Er schnitt mit der flachen Hand durch die Luft, um vier unsichtbare Wände auf den Tisch zu stellen, dann wölbte er eine unsichtbare Kuppel über die unsichtbaren Wände: «Bin ich mir einmal des Stiles bewusst, dann kann ich an Ornamenten, Grillen, Liebhabereien manches wagen; denn ich werde all das mit dem Ganzen in Einklang zu bringen wissen. Weil ich mir des Stilgesetzes bewusst bin, kann ich jede Kühnheit wagen, ohne den Bau zu verderben.» Nun begann er mit der Hand an das Haus auf dem Tische die wunderlichsten Balkons zu kleben, zog Galerien die Wände entlang. «Irrtum ist Stillosigkeit», rief er und funkelte mit den Augen die Versammlung hinter mir an. «Das ist es! Jede architektonische Waghalsigkeit ist erlaubt, wenn wir sie schließlich mit den großen, edlen Linien des Ganzen in Einklang zu bringen verstehn.» Er sann ein wenig vor sich hin, schien das Haus auf dem Tische zu betrachten, versuchte hie und da noch einen Balkon anzubringen. Das gefiel ihm jedoch nicht recht. «Und dann», versetzte er langsam, «können wir auch genau den Zeitpunkt bestimmen, wenn es fertig ist, wenn es geschmacklos wäre, noch etwas hinzuzutun. Nur an stillosen Baracken kann man immer wieder anbauen. Unser Haus weiß, wann es fertig ist.» Er schlug mit der Hand auf den Tisch, mitten in das unsichtbare Haus hinein, als wollte er es zerdrücken, er lächelte dabei, nahm sein Glas, und während des Trinkens schaute er über sein Glas hin die Versammlung hinter mir an, trank ihr zu. Als er das Glas wieder niedersetzte, kam eine Veränderung über ihn. Er sank ein wenig in sich zusammen, das Gesicht wurde schlaff und alt, und die Hand klopfte müde und sanft die Stelle, auf der sie das Haus eingedrückt hatte. Als er mich ansah, war das flackernde Licht in seinen Augen erloschen. Er lächelte ein befangenes, fast hilfloses Lächeln. «Ja, mein Junge», sagte er, und es schien mir, dass seine Zunge ein wenig schwer war, «du sagst nichts. Was meinst du zu all dem?»

Oh!, ich meinte nichts! Ich hatte die ganze Zeit über dem Redner mit unsäglichem Grauen gegenübergesessen. Jetzt musste ich etwas sagen, und ich sagte etwas Sinnloses, über das ich mich wunderte, wie wir uns im Traume über das wundern, was wir sagen. «Ja – aber – der Turm von Pisa», bemerkte ich.

Mein Vater schien nicht weiter erstaunt. «Der!», meinte er nachdenklich, «der ist soweit ganz hübsch. Weil er schief ist, meinst du? Ja, da hat er unrecht. Wenn man schief steht, soll man umfallen, das wäre logischer. Aber – Gott! Das ist seine Sache!» Über diesen Gedanken lachte er leise in sich hinein und sah mich von der Seite an, als seien wir im Einverständnis.

Ich lachte auch, aber ich war mir selber so unheimlich wie mein Vater. Am liebsten hätte ich mich von beiden leise fortgeschlichen. «Ich bin müde», brachte ich tonlos heraus.

«Müde?», wiederholte mein Vater, ohne aufzusehn, «das kann schon sein. Gute Nacht ...» Dann bekam die Stimme wieder etwas von ihrem gewohnten Klange, als er hinzufügte: «Morgen dürfen die Studien nicht vernachlässigt werden.»

Wenige Tage später fuhren wir am Nachmittage zur Eisenbahnstation, um von den Warnowern Abschied zu nehmen. Mich regte das an. Dass die Mädchen fortreisten, war traurig; aber man wusste doch, warum man traurig war. Es würde geweint werden, man würde sich umarmen, hübsche, rührende Dinge sagen. Wie würde Ellita sich benehmen? Was würde er tun? Ich würde doch wieder ein wenig bewegte Dramenluft atmen dürfen. Später konnte ich dann ehrlich unglücklich sein, vielleicht konnte ich dichten.

Im Wartesaal war die ganze Familie versammelt. Die Tante weinte. «Ach, Gerd!», rief sie, «und du, mein kleiner Bill, jetzt geht es an das Scheiden.» Chéri kläffte unausgesetzt. Die Mädchen, in ihren grauen Sommermänteln, graue Knabenmützen auf dem Kopf, saßen auf den Bänken, die Hände voll Warnower Blumen. Ich setzte mich zu ihnen, wusste aber nichts zu sagen. Went rannte hin und her, um das Gepäck zu besorgen. Mein Vater sprach mit der Tante vom Umsteigen. Die Zeit verging, ohne dass etwas Besonderes getan und gesagt wurde. Ja, alle schienen heute verstimmter und alltäglicher denn je zu sein.

Endlich ging es an das Abschiednehmen. Da kam ein wenig Schwung in die Sache. Gerda küsste mich. «Wenn wir uns wiedersehn», sagte sie, «wollen wir wieder lustig sein, armer Bill.» Das trieb mir die Tränen in die Augen. Ich hörte meinen Vater etwas sagen. Ellita lachte. Er hatte wohl einen Witz gemacht. Dann saßen sie alle im Wagen. Wir standen auf dem Bahnsteig und nickten ihnen zu. Zu sagen hatte man sich nichts mehr.

Mit einem widerlichen Gefühle der Leere und Enttäuschung blickte ich dem abfahrenden Zuge nach. Das war wieder nichts gewesen! Melancholisch pfiff ich vor mich hin. Der Stationsvorsteher stand mitten auf den Schienen und gähnte in den gelben Nachmittagssonnenschein hinein. Als seine dicken Enten langsam an mir vorüberzogen, nahm ich kleine Steine und warf nach ihnen. Das tat mir wohl.

«Wer wird nach Enten mit Steinen werfen?», sagte der Stationsvorsteher ärgerlich. Am liebsten hätte ich ihn selbst mit Steinen beworfen!

«Fahren wir?», fragte Konrad.

Ich ging in den Wartesaal, nach meinem Vater zu sehn. Da stand er und spritzte sich mit einer kleinen, goldenen Spritze etwas in das Handgelenk. Als ich kam, steckte er hastig die Spritze in die Westentasche und ließ sein goldenes Armband klirrend über das Handgelenk fallen.

«Wieder die Migräne», meinte er.

Auf der Heimfahrt kutschte er selbst. Ich wunderte mich darüber, dass er dem Blessen heute durchließ, dass er nicht zog und alles dem Braunen überließ. Gesprochen wurde anfangs nichts. Ich dachte daran, dass Gerda mich geküsst hatte. So etwas kann man lange Zeit immer wieder denken. Eine gute Einrichtung für einen, der gezwungen war, so freudlos zu leben wie ich.

Plötzlich wandte sich mein Vater zu mir. Er lächelte ein gütiges, sehr jugendliches Lächeln, wie damals, als er im Garten Ellita den Handschuh aufhob. «Na», sagte er, «dir ist wohl auch ein bisschen trüb zumute?» Ich wunderte mich über das «auch». Er lachte: «Ja, das verstehn sie alle famos, hinter sich so – so 'ne Leere zu lassen – ha – ha. Das haben sie so an sich.» Er knallte mit der Peitsche. «Da bleibt nun nichts anderes übrig, als sich fleißig an die Studien zu machen.» Der Anfang der Betrachtung war hübsch gewesen und hatte mich gerührt. Schade, dass der Schluss so trivial war!

Faul und missmutig ging ich einige Tage umher. Ich war traurig, aber ohne sentimentalen Genuss. Wenn ich daran dachte, dass dort, wo die Mädchen – die anderen waren, das Leben bunt und ereignisvoll weiterging und ich das alles versäumte, dann bekam ich Wutanfälle und schlug mit dem Spazierstock den Georginen die dicken roten Köpfe ab. Meinen Vater sah ich wenig. Zu den Mahlzeiten war er oft abwesend oder aß in seinem Zimmer. Wenn wir uns begegneten, sah er mich fremd und zerstreut an und fragte höflich: «Nun – wie geht es?» Auch er begann uninteressant zu werden.

In einer Nacht hörte ich wieder Margusch unten im Park singen. Ich konnte nicht schlafen. Eine quälende Unruhe warf mich im Bette hin und her. So in der finstern Stille nahm alles, was ich erlebt hatte, und alles, was kommen sollte, eine wunderliche, feindselige Bedeutung an. Das Leben schien mir dann ein gefährliches, riskiertes Unternehmen, das wenig Freude bereitet und doch schmerzhaft auf Freuden warten lässt.

Die Nacht atmete schwül durch das geöffnete Fenster herein. Das «Rai-rai-rah» klang aus der Dunkelheit eintönig und beruhigt herüber, beruhigt, als wiederholte es beständig: «Es kommt ja doch nichts mehr.»

Es wurde mir unerträglich, dem zuzuhören. Ich kleidete mich an und stieg zum Fenster hinaus, um dem Gesange nachzugehn.

Die Nacht war schwarz. Einige welke Blätter raschelten schon auf dem Wege. Wenn ich auf die grüne Kapsel einer Rosskastanie trat, gab es einen leisen Knall. Plötzlich hörte ich Schritte hinter mir. Ich horchte, schlug mich zur Seite, drückte mich fest an einen Baumstamm. Der rote Punkt einer brennenden Zigarre näherte sich. Eine dunkle Gestalt ging an mir vorüber. Mein Vater war es. Er blieb stehn, führte die Zigarre an die Lippen. Im roten Schein sah ich einen Augenblick die gerade Nase. Ich hörte ihn leise etwas sagen. Als er weiterging, klang das eifrige Gemurmel noch zu mir herüber. Ich wartete eine Weile. Am liebsten wäre ich umgekehrt. Dieser einsame Mann, der der Nacht seine Geheimnisse erzählte, erschien mir gespenstisch. Es musste furchtbar sein, jetzt von ihm angeredet zu werden. Aber zu Hause in meinem Zimmer war ich allein. Das konnte ich jetzt nicht. Dort unten am Teich, bei dem großen, warmen Mädchen, würde es sicherer und heimlicher sein. Ich schlich weiter.

Margusch hockte an ihrem gewohnten Platz. Als ich mich zu ihr setzte, sagte sie: «Ach! wieder der Jungherr!»

«Ja, Margusch. Du singst wieder?»

Sie seufzte. «Man muss schon», meinte sie.

«Ist deiner wieder fort?», fragte ich.

«Alle sind fort», erwiderte sie mit ihrer tiefen, klagenden Stimme.

«Sieh, Margusch, deshalb müssen wir zusammen sein.»

«Ja, Jungherr, kommen Sie, was kann man machen?» Und wir drückten uns eng aneinander.

Ein später Mond stieg über den Parkbäumen auf. Mit ihm erhob sich ein Wind, der die Wolken zerriss und sie in dunkeln, runden Schollen über den Himmel und den Mond hintrieb. Es war ein Gehn und Kommen von Licht und Schatten über dem Lande. Das Schilf und die Zweige rauschten leidenschaftlich auf. Ein Enterich erwachte im Röhricht und schalt laut und böse in die Nacht hinein.

«Muss man nach Hause gehn», beschloss Margusch und blinzelte zum Monde auf.

«Schon?»

«Ja, wenn sie alle hier unruhig werden», meinte sie.

«Weißt du, dass er auch hier unten ist?», flüsterte ich.

Margusch nickte: «Ja, ja – er is' immer hier bei Nacht. Gehn Sie bei der großen Linde vorüber. Da geht er nicht. Ich komm nach. Zusammen können wir nicht gehn.»

Nachdenklich schritt ich den Teich entlang. Das starke Wehen um mich her, das bewegte Licht taten mir wohl. Es war mir, als hätte mein Blut etwas von dem sichern, festen Takte von Marguschs Blute angenommen. Ich glaubte zu spüren, wie es warm und stetig durch meine Adern floss, eine stille und sichere Quelle des Lebens.

Als ich scharf um die Ecke in die Lindenallee einbog, stutzte ich; denn ich stand dicht vor jemandem, der unten auf den Wurzeln der großen Linde saß. Es war dort so finster, dass ich nichts deutlich unterscheiden konnte; dennoch wusste ich sofort, es sei mein Vater. Ich trat ein wenig zurück und blieb stehn. Ich wartete, dass er mich anrede. Die Gestalt lehnte mit dem Rücken gegen den Baumstamm, etwas zur Seite geneigt. Der Kopf war gesenkt. Schlief er? Nein, ich fühlte es in der Dunkelheit, wie er mich ansah. Ich musste etwas sagen.

«Ich bin ein bisschen spazieren gegangen», begann ich beklommen. «Es war so schwül drinnen.»

Er antwortete nicht.

«Ist dir vielleicht nicht wohl?», fuhr ich zaghaft fort. «Kann – ich für dich – etwas …»

Die Wolken waren am Monde vorübergezogen, etwas Licht sickerte durch die Zweige, fiel auf den gebeugten Kopf des Sitzenden, beleuchtete den Schnurrbart, die dunkle Linie der Lippen, die, ein wenig schief verzogen, verhalten lächelten.

«Macht er einen Scherz? Muss ich höflich mitlachen?» – dachte ich. «Weil es so heiß war» – sagte ich stockend. Die Dunkelheit breitete sich wieder über die schweigende Gestalt. Ich lehnte mich gegen einen Baum. Die Knie zitterten mir. Ich muss zu ihm gehn, sagte ich mir; allein ich vermochte es nicht. In der leicht in sich zusammengefallenen Gestalt war etwas Fremdes, etwas Namenloses. Verlassen durfte ich ihn nicht; aber hier zu stehn war entsetzlich. Margusch bog um die Ecke. Als sie dort jemand stehn sah, zögerte sie.

«Margusch», rief ich, «Margusch – sieh – er – er – spricht nicht, ich weiß nicht …»

«Er schläft», meinte sie.

«Ach nein – ich – ich weiß nicht, ob er schläft.»

Margusch trat an ihn heran: «Gnädiger Herr» – hörte ich sie sagen, dann fasste sie ihn an, richtete ihn auf, lehnte ihn mit dem Rücken an den Baumstamm mit fester, respektloser Hand, wie man eine Sache aufrichtet. Etwas Blankes rollte über das Moos und klirrte auf einen Stein. Es war die kleine goldene Spritze.

«Er ist tot», sagte Margusch. Sie trat wieder zu mir, seufzte und meinte: «Ach Gottchen!, der arme Herr, der hat nu auch nich' mehr gewollt!»

Ich schwieg. Tot – ja, das war es, das hier so fremd bei mir gestanden hatte.

«Leute muss man rufen», fuhr Margusch fort. «So 'n Unglück. Sie wollen wohl nich' allein bei ihm bleiben?»

«Doch!», stieß ich hervor. «Ich – ich bleibe. Geh nur!»

Margusch ging. Gierig lauschte ich auf die Schritte, die sich entfernten; erst als sie verklungen waren, wurde ich mir bewusst, mit dem Toten allein zu sein. Das fahle Gesicht mit der hohen Stirn, die im Mondlicht matt glänzte, lächelte noch immer sein verhaltenes, schiefes Lächeln, die Augen waren geschlossen, die langen Wimpern legten dunkle Schattenränder um die Lider. Aber wenn der Mond sich verfinsterte, schien es mir, als bewegten sich die Umrisse der Gestalt, ich fühlte wieder, dass er mich ansah. Ein unerträglich gespanntes Warten und Aufhorchen wachte in mir; wie einem Feinde gegenüber. Ich glitt an dem Baumstamm, an dem ich lehnte, nieder, hockte auf der Erde und bedeckte mein Gesicht mit den Händen. Das, was mir dort gegenübersaß, hatte nichts mit dem, den ich kannte, zu tun; es war etwas Tückisches, Drohendes, etwas, das das Grauen, welches über ihm lag, gegen mich ausnützte und darüber lachte. Ich weiß nicht, wie lange wir uns so gegenübersaßen, endlich hörte ich Stimmen. Leute mit Laternen kamen. Ich richtete mich auf, gab Befehle, ruhig und gefasst.

Ihn hatten sie drüben im Saal aufgebahrt. Die Zimmerflucht war voll hellen Morgensonnenscheines und feiertäglich still. Ich saß schon geraume Weile allein im Wohnzimmer und schaute zu, wie die Blätterschatten über das Parkett flirrten. Nebenan hörte ich zuweilen die Dienstboten flüstern. Sie vermieden es, durch das Zimmer zu gehn, in dem ich mich befand, und war es nicht zu vermeiden, dann gingen sie auf den Fußspitzen und wandten den Kopf rücksichtsvoll von mir ab. Sie wollten mich in meinem Schmerz nicht stören.

Dieser Schmerz, über den wachte ich die ganze Zeit. Er enttäuschte mich. Ich hatte seltsame, furchtbare Dinge erlebt, ich hatte also einen großen Schmerz. Ich glaubte, das müsse etwas Starkes sein, das uns niederwirft, uns mit schönen, klagenden Worten füllt, mit heißen, leidenschaftlichen Gefühlen. Gab es nicht Fälle, dass Leute, die so Furchtbares erlebten, nie mehr lachen konnten? Nun saß ich da und dachte an kleine, alltägliche Dinge. Wenn die Gedanken zu dem zurückkehrten, was sich ereignet hatte, dann war es wie ein körperliches Unbehagen, mich fror. Alles in mir schreckte vor den Bildern, die kamen, zurück, sträubte sich gegen sie. Wozu? All das war nicht *mein* Leben. Ich brauchte das nicht zu erleben. Ich kann das fortschieben. Das gehört nicht zu mir. Und wieder führten die Gedanken mich zu den Vorgängen des Lebens zurück, zu der bevorstehenden Ankunft der Meinigen, zu dem Begräbnis und den Leuten, die kommen würden, den Pferden, die an die Wagen gespannt werden sollten, dem schwarzen Krepp, der aus der Stadt geholt wurde und den Konrad um meinen Ärmel nähen musste. Ich wusste wohl, ich sollte zum Toten hinübergehn, das wurde von mir erwartet. Allein ich schob es hinaus. Es war hier in der sonnigen Stille so behaglich, so tröstend, hinauszuhorchen auf die heimatlichen landwirtschaftlichen Geräusche, auf das Summen des Gartens. Ich wunderte mich darüber, dass ich nicht weinte. Wenn ein Vater stirbt, dann weint man, nicht wahr? Aber ich konnte nicht.

Der alte Hirte kam, um mir sein Beileid auszusprechen. Er faltete die Hände, sagte etwas von vaterloser Waise. Das rührte mich. Dann meinte er, nun würde ich wohl ihr neuer Herr sein, das freute mich, es machte mir das Herz ein wenig warm. Aber ich winkte traurig mit der Hand ab.

Der Pastor kam. Sein rotes Gesicht unter dem milchweißen Haar war bekümmert und verwirrt. Er klopfte mir auf die Schulter, sprach von harter Schickung, die Gott über meine jungen Jahre verhängt habe, und von Seinen unergründlichen Ratschlüssen: «Der Verstorbene war ein edler Mann», schloss er. «Wir irren alle. Die ewige Barmherzigkeit ist über unser aller Verständnis groß.»

Nach ihm erschien der Doktor. Seine zu laute Stimme ging mir auf die Nerven. Er schüttelte mir bedeutungsvoll die Hand: «Ein großes Unglück», meinte er, «dieses Morphium, das lässt einen nicht los. Mit dem Herzen des Seligen war es nicht ganz in Ordnung. Ein Unglück geschieht bald.» Er sprach unsicher und eilig, als wünschte er bald fortzukommen. «Also er weiß es auch» – dachte ich –, «und wir machen uns etwas vor.» Aber das würde der Selige loben. Das würde er Tenue nennen.

Als sie alle fort waren, beschloss ich, zu dem Toten hinüberzugehn. Es musste sein. Ich hatte das Gefühl, als läge er dort nebenan und warte. Ich war noch nie mit einem Toten zusammen gewesen; denn das – gestern Nacht, war kein Erlebnis, es war ein böser Traum. Als ich in das Zimmer trat, wo er aufgebahrt lag, war meine erste Empfindung: «Oh!, das ist nicht schrecklich!»

Konrad war da. Er hatte noch an dem Anzug seines Herrn geordnet. Jetzt trat er zur Seite und stand andächtig mit gefalteten Händen da. Ich faltete auch die Hände, beugte den Kopf und stand wie im Gebete da. Als ich glaubte, dieses habe lang genug gedauert, richtete ich mich auf. Da lag der Tote, schmal und schwarz, in seinem Gesellschaftsanzuge, mitten unter Blumen. Das Gesicht war wachsgelb, die Züge messerscharf, sehr hochmütig und ruhig. Die feine, bläuliche Linie der Lippen war immer noch ein wenig schief verzogen, wie in einem verhaltenen Lächeln. Eine kühle Feierlichkeit lag über dem Ganzen. Und rund um die stille schwarze Gestalt die bunten Farben der Spätsommerblumen; Georginenkränze wie aus weinrotem Samt, Gladiolen wie Bündel roter Flammen, große Spätrosen und Tuberosen, eine Fülle von Tuberosen, die das Gemach mit ihrem schweren, schwülen Dufte erfüllten. Konrad schaute mich von der Seite an. Ob er sich darüber wunderte, dass ich nicht weinte? Ich legte die Hand vor das Gesicht. Da ging er leise hinaus.

Nein, ich weinte nicht. Aber ich war erstaunt, dass der Tote so wenig schrecklich war, dass er ein festliches und friedliches Ansehn hatte. Ich konnte mich hinsetzen und ihn aufmerksam, fast neugierig betrachten, die schwere, kühle Ruhe, die ihn umgab, auf mich wirken lassen. Wie überlegen er dalag; geheimnisvoll wie im Leben, mit seinem verhaltenen, hochmütigen Lächeln: «Man muss wissen, wenn das Haus fertig ist» – klang es in mir. Jetzt verstand ich ihn. Das hat er gewollt. Aber Widerspruch und Widerwille gegen diese Lehre regte sich in mir, wie damals, als er die Lehren des alten Türken vorbrachte oder über gute Manieren sprach. O nein, das nicht! Nicht für mich! Alles, was in mir nach Leben dürstete, empörte sich gegen die geheimnisvolle Ruhe. Es war mir, als wollte der Tote mit seinem stillen Lächeln mich und das Leben ins Unrecht setzen. Er hatte das gewollt; aber ich – ich wollte das nicht, noch lange nicht. Ich brauchte nicht zu sterben, ich lehnte den Tod leidenschaftlich ab. Leiden, unglücklich sein – alles – nur nicht so kalt und schweigend daliegen! Ich erhob mich und verließ eilig das Zimmer, ohne mich umzuschauen.

Der Sonnenschein dünkte mich hier nebenan wärmer und gelber als dort drinnen. Ich ging an das Fenster, beugte mich weit hinaus, atmete den heißen, süßen Duft des Gartens ein. Große Trauermäntel und Admirale flatterten über dem Resedenbeet, träge, als seien ihre Flügel schwer von Farbe. Fern am Horizont pflügte ein Bauer auf dem Hügel, ein zierliches schwarzes Figürchen gegen den leuchtend blauen Himmel. Töne und Stimmen kamen herüber. Drüben hinter den Johannisbeerbüschen lachte jemand. Das Leben war wieder heiter und freundlich an der Arbeit; es umfing mich warm und weich und löste in mir alles, was mich drückte. Jetzt tat der stille, feierliche Mann dort nebenan mir leid, der all das nicht mehr haben sollte, der ausgeschlossen war. Ich musste weinen.

Edse, der kleine Hilfsdiener, ging unten am Fenster vorüber. Er blickte scheu zu mir auf. Es war gut, dass er mich weinen sah; denn ein Sohn, der nicht um seinen Vater weinen kann, ist hässlich.

Harmonie

Die Station war zwei Stunden von dem Schloss entfernt. Als Felix von Bassenow sich dort in seinen Wagen setzte, war die Sonne im Untergehn. Felix drückte sich behaglich in die Wagenecke und zog die Reisedecke über die Knie hinauf. Die nordische Frühlingsluft fühlt sich ein wenig scharf an, wenn man von dort unten aus der Sonne kommt: «Sieh – sieh!», dachte er, «hier sind ja auch Farben!» Die Wolken am letzten Abend in Amalfi waren nicht blanker gewesen, als er auf der Hotelterrasse stand und die kleine Engländerin neben ihm immer wieder: «Oh – luck – luck» sagte und ihn mit ihren seltsam wassergrünen Augen ansah, als meinte sie nicht den Himmel, sondern sich selbst. Aber beruhigter war es hier, und der Duft! Teufel! Man wagte kaum seine Zigarre anzustecken.

Der Wagen fuhr durch Felder hin. Ebnes, grellgrünes Land, über das seidige, blaue Schatten hinschillerten. Leute kamen von der Arbeit. Sie mochten Gerste gesät haben. Langsam ging einer hinter dem andern her, graue Gestalten, denen das Abendlicht die Gesichter rot malte. Weiber standen am Wege in ihren farbigen Kamisolen, sehr bunt und schwer in all dem Grün. Sie schützten die Augen mit der Hand und schauten dem Wagen mit einem starren Lächeln nach.

Felix freute sich, das wiederzusehen. Aber es war unterhaltend – wenn er die Augen schloss, war all das fort und ganz andere Bilder drängten heran, Stücke von Bildern, kleine, grelle Visionen, die nicht zur Ruhe kommen konnten, wie wirr durcheinanderfuhren, wie aufgescheucht. Immer viel tiefes Blau, gewaltsames Licht über großen, starren Linien. Ein roter Blütenzweig auf dem gelblichen Atlas einer Felswand. Die Berührung eines Frauenkörpers, einer Haut, in die es sich wie Bernstein mischte. Der leidenschaftliche Misston eines Kamelgeschreies in der Stille einer ganz blauen Nacht.

Wenn er dann wieder die Lider aufschlug, erschien das grüne Land, über das rote Lichter hinstrichen, in seiner Stille und Kühle fremd und unwahrscheinlich. Er musste darüber lächeln, wie all diese Bilder in ihm stritten, um für ihn wirklich zu sein.

Die Abendlichter verblassten. Der Weg führte jetzt durch den Wald. Unter den Bäumen war es finster. Hier und da leuchtete ein weißer Birkenstamm aus dem Schwarz des Nadelholzes, darüber wurde der Himmel farblos und glasig. Die bleiche Dämmerung der Frühlingsnacht sank auf die dunklen Wipfel nieder. Es war sehr ruhevoll. Dennoch schien es, als kämen sie im Walde, in dieser Luft, die erregend voll der bitteren Düfte von Knospen und Blättern hing, nicht recht zur Ruhe: ein Flügelrauschen, der verschlafne Lockton eines Vogels. Heimlich knisterte und flüsterte es im Dunkeln. Sehr hoch im weißen Himmel erklang noch das gespenstische Lachen einer Bekassine, und plötzlich begannen zwei Käuze einander zu rufen, leidenschaftlich und klagend.

Etwas wie heimliche Brunst atmete all das aus. Die beiden blonden Burschen auf dem Kutschbock, die abstehenden Ohren sehr rot unter den Tressenmützen, fingen an miteinander zu flüstern und zu kichern. Weit fort hinter dem Walde begann ein Mann zu singen, eine eintönige Notenfolge, ein langgezogenes, einsames Rufen.

Felix saß regungslos da. Die Lippen halb geöffnet, atmete er tief. Alles Fremde war fort. Er war zu Hause. Bei jeder Biegung der Straße wusste er, was nun kommen würde, und nun wusste er auch, dass er sich danach gesehnt hatte. Er hatte es satt, durch die Welt zu fahren, nur ein Gefäß für fremde Eindrücke, immer sich mit Schönheiten füttern zu lassen, die ihn nichts angingen, immer nur das zu haben, was alle andern auch hatten, nie die Hauptperson zu sein. Er wollte wieder Arbeit, Verantwortlichkeit, – Befehlen wie der Herr – etwas wie der liebe Gott sein, wollte es spüren, wie seine laute Stimme den großen, blonden Bauernjungen in die Glieder fährt.

Auf einer Waldlichtung stand der «Waldkrug». Durch die kleinen Fensterscheiben schielte etwas unreines, rötliches Licht in die Mainacht hinaus. Die «Krug»-Leute saßen vor dem Hause auf einer Bank, die Hände flach auf die Knie gelegt. Im Garten blühte der Faulbaum. Sein gewaltsamer Duft benahm fast den Atem.

Der Wagen hielt vor dem «Krug». Hier sollten die Pferde sich verschnaufen. Der Kutscher und der Diener bekamen Bier. Das war alte Gerechtigkeit.

Die Wirtin brachte das Bier. Sie stand wartend neben dem Wagen, eine junge Frau, groß wie ein Mann. Sie legte die Hände flach auf ihren mächtigen, gesegneten Leib und schaute aus den blauen Augen Felix schläfrig und unverwandt an, als sei er eine Sache.

Der Wirt trat heran, im roten Gesicht viel blondes Bartgestrüpp. Er begrüßte den Herrn und berichtete. Ja, er hatte die Tochter des früheren «Krügers» geheiratet. Der Alte war gestorben. Die Mutter lebte noch, aber war zu nichts mehr nutze. Das Land war schlecht. Rehe kamen heraus und taten den Feldern Schaden. Was konnte man machen!

Zerstreut hörte Felix der knarrend forterzählenden Stimme zu und schaute dabei zu der hohen Werfschaukel hinüber, die neben dem «Kruge» aufragte. Auf dem schmalen Brett standen ein Mädchen und ein Bursche, Brust an Brust und schaukelten. Immer wieder flogen die beiden schwarzen Figürchen in den dämmerigen Himmel hinauf und fielen immer wieder in den Schatten zurück, rastlos und schweigend.

Als Felix weiterfuhr, wollte er an dieses Bild denken, das beruhigte und machte ein wenig schläfrig, allein jetzt kamen andere Gedanken, Gedanken, die die ganze Zeit über da in ihm gewartet hatten, dass sie an die Reihe kämen.

Solche Frühlingstage waren es gewesen, als er vor zwei Jahren seine junge Ehe begann. Die Ehe hatte er sich immer hübsch gedacht, aber er hatte es nicht gewusst, dass sie so unterhaltend sein konnte. Es war zu merkwürdig, dieses kleine Mädchen mit dem schmalen, geistreichen Gesicht immer bei sich zu haben, zuzusehn, wie selbstherrlich dieses halbe Kind das Leben für sich zurechtbog, alles ruhig fortschob, was ihm nicht recht war, genau wusste, wie es das Leben wollte: «Nein, ich danke, das ist nicht für mich.» Damit tat Annemarie alles ab, was nicht zu ihr stimmte. Der echte letzte Spross einer Rasse, die immer davon überzeugt gewesen war, dass für sie die Auslese des Lebens bestimmt sei. Annemariens Vater, die Exzellenz, hätte auch um keinen Preis einen Wein getrunken, der ein wenig nach dem Korken schmeckte, und ihm schmeckte ein Wein sehr leicht nach dem Korken. Auch von ihm, ihrem Mann, konnte Annemarie nur eine Auslese gebrauchen, sie sah das, was ihr an ihm gefiel, das andere wies sie ab mit dem leichten, ein wenig grausamen Zucken der Lippen, das er fürchtete. Gott!, er hatte sich oft höllisch zusammennehmen müssen, um so zu sein, wie sie ihn sah.

Zwischen den hohen Föhren war es dunkel und feierlich still. In dieser Dunkelheit sah er Annemarie so deutlich wie eine Vision, das weiße Körperchen mit den abfallenden Schultern, den feinen Gelenken, den kleinen, spitzen Brüsten, diese Haut, die bleich und glatt war wie Blätter von Blumen, die im Schatten blühn.

Aus Bildern hatte er sich nie viel gemacht. Man steht einen Augenblick davor, und dann ist es gut. Aber in Rom, in einer Galerie, war da ein Bild gewesen, zu dem er öfters gegangen war. Da saß auch solch ein kleines, schmales Mädchen, eine Danae, stand im Katalog, auf einem blauen Lager, und das hatte auch den kühlen Perlmutterglanz auf den schmächtigen Gliedern, und das nahm die Liebe des Gottes mit einer vornehmen Selbstverständlichkeit hin, wie etwas Hübsches, das ihm zukäme. Vor diesem Bilde hatte er an Annemarie gedacht.

Zwischen den schwarzen Wänden der Föhren schien es wärmer. Der Frühling duftete hier schwüler. Felix' Lippen wurden heiß, in seinem Blute fieberte wieder das köstliche Gefühl, das ihn ergriff, wenn er Annemarie in die Arme nahm – das Gefühl, etwas sehr Erregendes und Kostbares zu halten. – Aber, da war ja das Andere, das Schreckliche gekommen, das Kind und der Tod des Kindes und diese grausame Krankheit. Annemarie kauerte auf ihrem Bette, die Augen angstvoll weit aufgerissen, und horchte hinaus und hörte Dinge, die sie schreckten, vor denen sie geschützt sein wollte, und er wusste nicht wie. Oder sie saß stundenlang teilnahmslos da und spielte mit kleinen, weißen, blanken Sachen, Perlmutterdöschen und Messerchen, die Sachen konnten nicht weiß und blank genug sein. Sie wurde in ein Nervensanatorium gebracht, und Felix ging auf Reisen. Es war vielleicht herzlos, dass er reiste, aber er wollte von diesem Mitleid loskommen, das wie eine Krankheit an ihm zehrte. Selbst einen Schmerz ertragen, das ging, aber gegen Mitleid konnte er sich nicht wehren.

Jetzt war Annemarie gesund. Frau von Malten, ihre alte Freundin und Gesellschafterin, hatte geschrieben: «Sie ist ganz wieder unser lieber Engel wie sonst. Ein wenig zart und reizbar, aber wie gern schützen wir sie vor allem, was sie verletzen könnte.»

Die Lichter des Schlosses schimmerten schon durch die Parkbäume. Der frisch gestreute Kies knirschte angenehm unter den Rädern. Über der Haustür des Schlosses hing ein Transparent, auf dem «Willkommen» stand, und im Dunkel bewegten sich Gestalten und sangen einen Choral. Felix freute sich darüber. Ein angenehmes Herrengefühl kitzelte ihm das Herz.

Frau von Malten, in ihrem schwarzen Schleppkleide, das schwarze Spitzentuch um das scharfe, gelbe Gesicht, stand im weißen Türrahmen des Speisesaals und begrüßte Felix mit ihrer diskreten, ein wenig traurigen Stimme: «Willkommen! Gott segne Sie.» Hinter ihr war der Saal ganz hell. Die Goldborten flimmerten im weißen Getäfel.

«Und Annemarie?», fragte er.

«Annemarie schläft schon», berichtete die diskrete Stimme, «sie darf noch nicht so lange aufbleiben. Oh! es geht ihr gut. Gott sei Dank!»

«– So – so.»

Während er auf das Essen wartete, ging Felix in der Zimmerflucht immer auf und ab. Überall war viel Licht und weiße Spitzenvorhänge. Es duftete nach Hyazinthen und Tazetten. Auf allen Tischen standen Schalen mit Frühlingsblumen. Und all das stand und wartete auf ihn. In einer Fensternische regte sich etwas. Da lehnte ein Mädchen, das ihn mit runden, grellblanken Augen neugierig ansah. Schweres, schwarzes Haar um ein erhitztes, bräunliches Gesicht, das gewaltsam errötete. Ein rotes Kleid, in dem sich volle Glieder ungeduldig regten.

«Ah», sagte Felix, «Sie sind wohl Mila – Mila, Frau von Maltens Pflegetochter?»

Mila verbeugte sich hastig.

«Ja – ja! ich weiß», fuhr Felix fort, «Sie sind die, welche die angenehme Stimme hat. Meine Frau schrieb mir davon. Sie lesen ihr vor. Ach! sprechen Sie etwas, damit ich die angenehme Stimme höre.»

Mila lachte und legte dabei den Handrücken auf den Mund wie ein Dorfkind.

«So – so», meinte Felix und ging wieder auf und ab. Das war auch gut, dass dieses Mädchen in der Fensternische ihm zuschaute. Er rieb sich vergnügt sachte die Hände, ging elastisch, ließ das Parkett unter seinen Schritten knacken. Ihm war ordentlich feierlich zumute.

Während des Essens saß Frau von Malten bei ihm und unterhielt ihn: «Neapel, ach ja! das musste schön sein, das würde Annemarie guttun: Sie hat viel Licht nötig. So war das Getäfel hier ihr zu dunkel, es musste weiß sein. Ich schrieb Ihnen davon. Der alte Heinrich? Ach, der wurde entlassen. Die Augen wurden ihm rot und tränten ihm zuweilen, Annemarie mochte das nicht. Oh! er ist sehr glücklich. Er wohnt in dem Häuschen hinter dem Park. Meine Mila haben Sie gesehn? Ja, ein gutes Kind. Sie hat eine angenehme Stimme. Sie ist noch zuweilen etwas laut, das fällt Annemarie auf die Nerven. Gott! man möchte die ganze Welt für sie wattieren.» Frau von Malten zog die Augenbrauen ein wenig hinauf und sah Felix mit ihren trüben, grauen Augen ernst an. Ja, Felix kannte das, hinter den Elegien der guten Malten steckte immer eine Lehre. Sie betrachtete Annemarie wie eine Kirche, und sie war der Küster, der jeden an die Heiligkeit des Ortes zu erinnern hatte.

Und dann ging die Türe auf, und lautlos auf weißen Pantöffelchen kam Annemarie. In dem langen blassblauen Nachtkleide sah sie größer aus, als Felix sie in der Erinnerung hatte. Die dunkelblonden Zöpfe fielen lang über den Rücken nieder. Sie musste geschlafen haben, denn ihre Augen hatten den frischen Glanz von Augen, die eben erwacht sind.

Felix sprang auf, sehr erregt und ein wenig befangen: «Annemarie», rief er, dabei hörte er es, dass seine Stimme innig klang, und es war ihm angenehm, die Arme leidenschaftlich auszubreiten. Er nahm die kleine, blassblaue Gestalt vorsichtig an sich.

Annemarie bog ruhig den Kopf zurück und ließ sich auf die Lippen küssen. «Malten wollte mich ausschließen», sagte sie und lehnte sich leicht gegen seinen Arm. «Ich sollte schlafen. Aber ich hörte deine Stimme. Eine Hausherrnstimme haben wir so lange nicht gehört.»

Die Malten bog den Kopf zur Seite und lächelte, die schmale Linie ihrer Lippen ein wenig schief verziehend.

«Jetzt musst du essen, du Armer», sagte Annemarie. Felix setzte sich und aß. Annemarie stützte die Ellenbogen auf den Tisch, das Gesicht in die Hände und schaute ihm zu. Felix fühlte den aufmerksamen Blick der blauen Augen langsam über sich hingleiten.

Sie sah sein Haar, seine Augenbrauen, seine Lippen an. «Ach! Du trägst den Bart spitz geschnitten» – bemerkte sie.

«Ja. Gefällt dir das?»

«Ja – das ist hübsch. Immer noch die schönen, langen Wimpern.»

Er blinzelte ein wenig mit den langen Wimpern, um sie zu spüren. Dann begann er von gleichgültigen Dingen zu erzählen, von Zügen und Unannehmlichkeiten mit dem Gepäck, mit betrügerischen Droschkenkutschern. Er hörte sich selbst kaum zu. Der Wein ließ eine angenehme Wärme durch seine Glieder rinnen, die ein wenig schwer von Müdigkeit waren. Er fühlte das Bedürfnis, zärtlich zu sein, griff nach Annemaries Hand, die kühl und geduldig in der seinen lag, er beugte sich vor, um den Duft des dunkelblonden Haares einzuatmen, den feinen, frischen Duft nach Waldblumen, die unter Tannen wachsen. «Und du», sagte er, «sprich von dir.»

Annemaries Augenlider wurden schon schwer, und der Blick wurde stätig, wie bei Kindern, wenn sie schläfrig werden. «Ich? Ach, mir geht's gut! Aber sprich weiter von diesen bunten Dingen, Eisenbahnen und Gepäck und Menschen. Ich sehe das alles ganz – ganz weit, und es ist angenehm, dass das so weit ist.»

Felix lachte: «Ja, das ist angenehm – und – und» – er wollte etwas Poetisches sagen – «und dass die Lapislazuli-Augen so nah sind.»

«Lapislazuli-Augen?», fragte Annemarie.

«Ja – mit goldenen Äderchen darin.»

«– So! das ist ja sehr schön», schloss Annemarie die Unterhaltung. «Gehn wir schlafen. Ich führe dich zu deinem Zimmer.»

Vor seiner Tür umarmte er Annemarie. «Jetzt wollen wir sehr glücklich sein», sagte er, und das kam wirklich ganz warm und geheimnisvoll heraus.

«O ja! natürlich werden wir glücklich sein», erwiderte Annemarie. «Gute Nacht – Lieber.»

Felix lag in seinem Bette noch eine Weile wach. Erregter und gerührter hatte er sich das Wiedersehen zwar gedacht. Dennoch war ihm feierlich und wohlig zumute. Hier war man doch ein anderer als da draußen. Wie in eine blanke Perlmuttermuschel, wie Annemarie sie liebte, kroch man hier herein. Gut! man war zuweilen gewöhnlich und trivial auf Reisen oder im Klub – aber eigentlich gehörte er hierher, das merkte er schon an den hübschen, reinen Gedanken, die ihn wiegten, als er sich im Bette, zwischen den Laken, die leicht nach Lavendel dufteten, ausstreckte.

Im Hause hörte er noch leise Schritte. Die Diener löschten die Lampen aus. Im Korridor raschelte eine Schleppe, und Frau von Malten flüsterte mit jemandem. Endlich wurde es ganz still. Draußen rauschte ein starker Frühlingsregen nieder. Dieses Rauschen sprach in Felix' Träume hinein, füllte sie mit einem weißen, blanken Niederrinnen, das kühl nach Waldblumen duftete, die unter Tannen blühen.

Am nächsten Morgen, eh Felix seine Zimmer verließ, ging er an das Fenster und schaute hinaus. Der Garten war ganz feucht und blank im hellgelben Sonnenschein. In der fetten, schwarzen Erde der Beete standen grellgoldene Krokus und dicke, dunkelblaue Hyazinthen. Ein leichter Wind trug ihm den Geruch der nassen Erde und der feuchten Knospen zu. Frauenstimmen ließen sich vernehmen. Annemarie, am Arm von Frau von Malten, ging den Gartenweg entlang, ohne Hut, unter einem blauen Sonnenschirm. Sie blieben an den Beeten stehn, beugten sich nah über die Blumen nieder, sprachen angelegentlich, lachten zuweilen, als hätte eine Blume einen Witz gemacht. Der alte Gärtner kam heran. Annemarie rief ihn, die klare, wohlausgeruhte Stimme erhebend: «Guten Morgen, lieber Gärtner. Hat es gefroren heute Nacht?»

Der Gärtner erzählte undeutlich in seinen Bart hinein etwas von Rosen und Mäusen. Es schien Felix, dass er sehr lange an all das, an Rosen und Mäuse, nicht gedacht hatte, und er fand es jetzt gut und hübsch, dass daran gedacht wurde.

Während des Frühstücks sagte Annemarie nachdenklich: «Am Vormittag gehst du wohl in deine Wirtschaft mit dem großen grauen Filzhut und den hohen Stiefeln. Wenn du am Fenster vorüberkommst, sprich laut. Du kannst ja jemand schelten. Es wird angenehm sein, dich zu hören – und dann kommst du zu uns – –.» Ernsthaft rangierte sie ihn in ihr Leben ein. «Später kommen auch der Papa und Onkel Thilo – und so – – –»

«Heute zu Mittag sollte der neue Kandidat kommen», meldete Frau von Malten leise.

Ach nein, Annemarie wollte das nicht: «Kandidaten haben feuchte Hände und Knöpfmanschetten.»

Felix lachte sehr laut darüber.

«Es ist garstig, dass ich das sage», meinte Annemarie, «aber warum lachst du jetzt so?»

«Gott! wie's kommt», erwiderte Felix ärgerlich.

Annemarie lachte, das Lachen, das sich so sorglos über das Gesicht breitete, ohne die strenge Reinheit der Linien zu stören: «Natürlich! Du kannst ja hier lachen, wie du willst. Ich frage nur. Aber der

Kandidat kommt heute nicht. Heute gibt es Krebssuppe, Waldschnepfen und pain d'ananas, und wir trinken Sekt. Später im blauen Zimmer, in der Dämmerung, erzählst du von den fremden Gegenden. Die Nachtigall singt. Wir öffnen das Fenster und hören zu. So soll es heute sein.»

Frau von Malten hielt in ihrer Hantierung inne und hörte aufmerksam zu, nahm all das wie einen Auftrag entgegen, die Schnepfen, den Sekt, die Dämmerung und die Nachtigall.

Felix setzte den grauen Filzhut auf, zog die hohen Stiefel an und ging auf den Hof hinaus. Dort stand er, schlug mit dem Stock in die Wasserpfützen und schaute das Haus an. Sehr weiß stand es da im Mittagslichte mit seiner etwas renommistischen Attika. Die Fensterreihe flimmerte. Er sah, wie von innen Frau von Malten an den Fenstern hinging und die weißen Vorhänge niederließ. Ja, so war es immer, mit Annemarie war man stets in einer Welt für sich – einer Welt für sie, und stets war die Malten da, um die Vorhänge gegen die Außenwelt vorzuziehn. Gut! er war stolz darauf, zu der Welt hinter den Vorhängen zu gehören. Dafür hatte er immer viel übrig gehabt. Die Bassenows zwar waren von jeher mehr für das Ländliche gewesen, aber seine Mutter war eine Raafs-Pelsock gewesen und hatte sich mit seinem Vater oft gestritten, weil nichts ihr vornehm genug war. Daher hatte er sich auch sofort in Annemarie verliebt. Die Elmts waren so vornehm, dass sie kaum leben konnten. Sie starben auch aus. Der Onkel Thilo heiratete nicht, um der letzte Reichsgraf zu Elmt zu sein. Aussterben ist vornehm. Und jetzt, dachte Felix, konnte er ruhig das Bassenowsche in sich spazieren führen, später kam der hübsche Tag, den Annemarie eingerichtet hatte – für das Raafs-Pelsocksche.

Pitke, der alte Inspektor, kam, die Nase sehr rot zwischen den weißen Haarsträhnen. Felix war jovial: «Na, mein alter Pitke. Man wird immer weißer. – Ja – jünger werden wir alle nicht.»

Sie gingen an den Ställen entlang. Der Kuhstall war voll von dem warmen Dampfe der großen, ruhenden Tiere. All das Gelb des Strohs nahm in der Sonne metalligen Glanz an. Man hörte die mächtigen Mäuler kauen und schmatzen und die Milch in die Eimer rinnen.

Denn es war Melkstunde. Neben den Kühen hockten die Mägde, schwer und heiß wie die Kühe, mit den breiten Händen in die angeschwollenen Euter fassend.

«Das sind Herrschaften», sagte Pitke und zeigte auf die Kühe, «fressen und sich bedienen lassen – was?»

Der fette Dunst der Tiere, der Milch, der Menschen legte sich warm und erschlaffend auf Felix. «Wie ruhig man hier wird! Man hat fast Lust, auch so unbewegt gleichmütig aus großen, starren Augen zu sehen wie die Kühe und still vor sich hin zu kauen.» Als die Mägde mit wiegenden Brüsten, den vollen Milcheimer in der Hand, an ihm vorübergingen, bemerkte er: «Auch eine Rasse.»

«Faul sind die Luders, daher werden sie dick», erwiderte Pitke.

Aber Felix hatte auch für sie was übrig! Seltsam! Aber hier mitten in all dieser ruhenden Kraft fühlte er sich auch stark. Er spürte die Breite seiner Brust, das Schwellen seiner Muskeln.

Als sie wieder in den Sonnenschein hinaustraten, stampfte Felix schwerer und breitbeiniger durch die Pfützen. Er fühlte das Gewicht seines Körpers. Pitke sprach von den Feldern, wies auf die grüne Fläche hinaus: «Dem da haben wir Kali zu fressen gegeben.» Plötzlich stockte er, dann fluchte er los: «Schockschwerenot! Mischka! Teufel von Polacke!» Nicht weit von ihnen fuhr ein untersetzter schwarzer Kerl einen mit Ziegeln beladenen Wagen den nassen Weg entlang. Ein Rad des Wagens war in ein zu tiefes Geleise geraten, die Pferde mühten sich umsonst, den Wagen herauszuziehen. Der Knecht hatte den Peitschenstiel umgedreht und hieb in sinnloser Wut auf die Tiere ein.

Felix fühlte, wie es ihm heiß durch die Adern rann. Dann war er bei dem Burschen, packte ihn, hob ihn empor, schüttelte ihn, ja, es war ordentlich ein Genuss, diesen schweren Körper zu schütteln, zu spüren, wie er sich vergebens sträubte. Dann ließ Felix ihn los. «Geh, hol Leute», sagte er. «Geht!», schrie er ihn an.

Pitke lachte: «Das war sehr hübsch. Der hat den Herrn gespürt.»

Felix lächelte geschmeichelt. Er rieb sich die Hände, er fühlte an seinen Fingern noch das grobe Tuch des Rockes und die stahlharten Muskeln des Burschen.

Beim zweiten Frühstück erzählte Felix die Sache mit Mischka, erzählte angeregt, lebhaft: «So fasste ich ihn, so hielt ich ihn.» Plötzlich brach er ab. Es war ihm, als habe seine Erzählung keinen Erfolg. Annemarie beugte ihren Kopf auf ihren Teller nieder und bemerkte: «Musst du das selbst machen. Kann nicht Pitke» – – dabei schaute sie sinnend auf seine Hände, als wären sie ihr in diesem Augenblick nicht sympathisch.

Felix zuckte verstimmt die Achseln: «– Gott! ich tu das sehr gern zuweilen.»

«So, das war etwas anderes», gab Annemarie höflich zu, «ja, es muss merkwürdig sein, wenn man so stark ist. Man sitzt ruhig, mit einem Mal fällt es einem ein: ‹Mein Arm ist sehr stark›, und dann muss man etwas heben, einen Tisch oder einen Mann. Thilo sagt, viele Herren sehen so aus, als ob sie immer nur an ihren schönen Bart denken. Aber manche sehen doch auch aus, als dächten sie immer an ihre Muskeln. Nicht wahr?»

Felix wollte auf diese Beobachtung nicht eingehn, er bemerkte vielmehr ironisch: «Thilo – ja, der hat ja im Leben nichts anderes zu tun als etwas zu sagen.»

Annemarie errötete: «Wieso? Er ist doch Abgeordneter.»

«Abgeordneter ist man doch auch nur, um etwas zu sagen.»

Es entstand ein befangenes Stillschweigen, bis Frau von Malten berichtete, die Equipage der Gräfin Proseck sei unten am Park vorübergefahren. Ob die Gräfin selbst darin saß? Und wohin mochte sie gefahren sein? Das blieb fraglich.

Das Frühstück ging zu Ende.

«Du weißt, jetzt musst du tanzen», sagte Annemarie zu Felix.

«Tanzen?»

Ja, der Arzt hatte ihr Bewegung verordnet, daher tanzte sie täglich mit Mila, Malten spielte. Aber jetzt hatten sie einen Herrn. «Mila, hol unsere Fächer, und setzen wir uns in den Saal.»

Der Saal war voller Sonnenschein. Das Licht brach sich in den Kristallen des großen Kronleuchters und übersäte die Wände mit kleinen Stücken Regenbogen.

Annemarie und Mila saßen in den gelben Atlassesseln wie in schwergoldenem Licht.

Felix tanzte zuerst mit Annemarie. Es war sehr genussreich zu fühlen, wie die Töne ihr in die Glieder fuhren, die ganze Gestalt mit Rhythmus erfüllten, selbst der schnellere Atem, der ihre Brust hob, schien im Walzertakt zu gehn. Dann kam Mila an die Reihe. Sie tanzte ein wenig schwer; kam sie in Schwung, so war der Schwung nicht leicht aufzuhalten.

«*Le dos, Mila, tenez vous droite*», rief Frau von Malten vom Klavier herüber. Aber wer konnte diesen wilden Mädchenkörper regieren! Später in seinem Zimmer saß Felix müßig am Fenster und hörte dem Schrillen der Spatzen zu. Er hatte die Milchbücher durchsehen wollen, aber nun war es ihm ganz gleichgültig, wie viel Milch die Kühe gaben. Etwas tun, das war keine Kunst, da konnte man bald einen Tag hinbringen. Aber stille sitzen und an hübsche, helle Dinge denken, das ist Kultur.

Das Abendlicht lag wie rötlicher Staub in der Luft, über den Wipfeln der Parkbäume. Die Stare schlugen erregt und unermüdlich. Es war merkwürdig warm für die Jahreszeit. Die Glastüren des Saales standen offen. Die Gesellschaft ging auf der Veranda auf und ab und wartete auf das Mittagessen. Die Damen hatten sich hübsch angezogen. Annemarie trug ihr teerosenfarbnes, leichtes Seidenkleid und rote Monatsrosen im Gürtel. Mila war in Weiß mit einem großen, kindlichen Spitzenkragen.

Felix lehnte mit dem Rücken gegen die Brüstung: «Geht – geht –», sagte er, «das sieht unwahrscheinlich gut aus.» Sie gingen langsam vor ihm auf und ab.

«Heute ist es nicht schwer, hübsch zu sein», bemerkte Annemarie – «nicht wahr, Mila? Heute ist so 'ne Festluft. Ich merke das gleich beim Atmen, ob ein Fest in der Luft liegt.»

In der Ferne sangen von der Arbeit heimkehrende Arbeiter. Annemarie blieb stehen und lauschte. «Jetzt sind die doch auch froh», sagte sie, etwas Ungeduld in der Stimme, als widerspräche sie jemandem.

«Was werden sie nicht», erwiderte Felix zerstreut.

«Nun also! Komm, gehn wir essen.»

Frau von Malten in ihrem schwarzen Atlaskleide legte bedächtig die Suppe vor.

«In der Tat! Frau von Malten versteht aus jeder Mahlzeit ein Fest zu machen», bemerkte Felix höflich.

«Malten! O ja!», bestätigte Annemarie, «und das ist auch nötig. Essen wird so leicht langweilig oder schlimmer noch. Ich höre es sehr gern, wenn Malten von der Wirtschaft spricht. Da kommt nicht immer so was von Stehlen und so vor. Ich glaube, Mozart sprach von seinen Kompositionen so wie Malten von ihrer Wirtschaft.»

«So!» Felix hob den Löffel mit einem Krebsschwanz zum Munde und liebäugelte mit ihm: «Es gibt wohl Leute, die sich beim Essen nicht so leicht langweilen.»

Annemarie hatte ihren Teller geleert und lehnte sich befriedigt zurück: «Ach ja! die armen Leute, die wenig zu essen haben. Natürlich! ich weiß. Aber sonst. Als Kind – wenn die Eltern nicht zu Hause waren und Mrs. Flemmers herrschte, fand ich das Mittagessen immer alltäglich. Sie bestellte gern Sauerbraten mit Salzgurken. Das schmeckt ja ganz gut, aber es macht traurig. Mich macht Sauerbraten mit Salzgurken heute noch traurig.»

Als der Sekt getrunken wurde, bekamen die Damen rote Flecken auf den Wangen und lachten über geringfügige Dinge. Felix fand es heute leicht, witzig zu sein.

Im blauen Zimmer brannte ein kleines Feuer im Kamin. Dort streckte man sich nach dem Essen in den großen Sesseln aus.

«Sonst las Malten jetzt die Kreuzzeitung vor. Es ist sehr interessant, sie weiß bei den Familiennachrichten alle Verwandtschaften.» Annemarie plauderte so ein wenig schläfrig vor sich hin: «Ach, Lieber, lass dich doch auch in den Reichstag wählen. Wenn Malten eine Rede von Onkel Thilo liest und da steht ‹Heiterkeit links›, dann sagt Malten immer ganz böse: ‹Ils rient, ils ne savent pas de quoi.›»

Frau von Malten meldete: «Die Nachtigall hat angefangen.» Im Nebenzimmer wurde das Fenster geöffnet, die Diener wurden ermahnt, leise zu sein, und man hörte zu. Annemarie lag regungslos da, die Hände im Schoß gefaltet, Mila schloss die Augen und öffnete die feuchten Lippen, als träumte sie angestrengt. Es war eine sehr leidenschaftliche Nachtigall. Wenn sie die Stimme steigerte, als schwelle ihr das Herz, klang es fast herbe, und dann wurden die Töne wieder süß und eindringlich. Felix streckte sich ordentlich vor Gefühl in seinem Sessel. Er hatte es selbst nicht geglaubt, dass so viel Gefühl in ihm stecke. Mila schlug die Augen auf, sah böse zum Fenster hinüber und sagte: «Ich seh sie.»

Alle wollten nun den dunklen Punkt im Fliederbusch sehn. Der Garten war weiß vom Mondenschein. Da hinaus musste Annemarie. Es wurde nach Tüchern gerufen. Wenn Annemarie etwas wollte, hatte es Eile, als fürchtete sie, es könnte etwas dazwischenkommen. Sie nahm Felix' Arm, und so gingen sie den Gartenweg hinab. Die Nacht war ungewöhnlich warm. Über der Wiese stand eine schwarze Wolkenwand, in der es unablässig wetterleuchtete.

«Unser erstes Gewitter», bemerkte Felix.

Ja, Annemarie spürte das im Blut: wie ein kleines Fieber. Als ob da drin auch so was Goldnes kommt und geht wie in den Wolken. Ah! Sie bog ihren Kopf zurück, atmete tief. «Morgen werden alle Bäume blühen, alle weiß sein.»

«Tut dir das gut?», fragte Felix. Er fühlte die Zärtlichkeit in sich stark werden, fast schmerzhaft, wie Mitleid.

«Ja, gut. Heute war ein schöner Tag. Ich fürchtete mich eigentlich vor ihm.»

«Vor mir?»

«Vielleicht auch vor dir. Man weiß nie. Plötzlich kommt etwas – ist da und man will dann gar nicht mehr leben.» Annemarie lachte vor sich hin: «Seltsam ist's, so in die Sterne zu sehn. Schwindelig macht es. Ich seh, wie sie hängen und sich bewegen. Durstig macht es auch, man möchte es trinken. Nicht wahr? So ein Getränk müsste es geben – blau und gold und kühl. Ich werde Malten fragen, die kennt alle Rezepte.»

Felix beugte sich über das Gesicht, das zu den Sternen aufsah, und küsste es. Hinter den Berberitzenhecken, wo das Gesindehaus lag, erscholl das Aufkreischen einer Mädchenstimme, dann Männerlachen. Annemarie schrak zusammen.

«Die Stallburschen und die Milchmädchen», erklärte Felix. «Die freuen sich auch dieser Nacht. Die regt sie auch auf.»

«Auch?», sagte Annemarie und richtete sich auf: «Ach ja, die haben ja da so ihre Sitten. Wollen wir tiefer in den Park gehn, dort wird es stiller sein.»

Im Park war das Schattennetz auf den beschienenen Wegen dichter. Der Teich schlief still und glatt. Das Mondlicht schwamm auf dem schwarzen Wasser wie goldenes Öl. «Hier müssen Veilchen in der Nähe sein, riechst du's?», fragte Annemarie.

«Ja», sagte Felix, obgleich er nichts roch. – In dem Laube begann es zu flüstern und ein Windstoß fuhr in die Wipfel. Felix nahm Annemarie auf die Arme und lief dem Hause zu. Das Gewitter. Sie lag ganz still – nur einmal sagte sie: «Das ist gut.»

Als Felix später, durch das stille, dunkele Haus, zu Annemarie hinüberging, fand er sie in dem weißen Zimmer, unter einer weißen Ampel, auf ihrem Bette sitzen, selbst ganz weiß, nur die Augen schienen fast schwarz in all dem Weiß und schauten ihm ruhig und sinnend entgegen.

«Danae», dachte er. Dann fiel es ihm ein, ob er in seinem weißen Flanell-Nachtanzug mit den gelben türkischen Pantoffeln ihr nicht lächerlich erschiene.

Es war zehn Uhr nachts. Die anderen hatten sich früher zurückgezogen. Felix ging in sein Zimmer, stieß das Fenster auf und pfiff melancholisch in die Mondnacht hinaus. «Hübsch, hübsch, aber hol's der Kuckuck», murmelte er, «wie in 'nem Glasladen geht man hier herum!»

So heute Abend wieder. Er war guter Laune gewesen, hatte Mila geneckt, Anekdoten erzählt, sich recht gemütlich gehen lassen, bis er gemerkt hatte, dass die Malten ergeben in den Schoß sah und Annemarie ihr gelangweiltes, spöttisches Gesicht machte. Was an ihm missfiel, wusste er nicht. Man war früher aufgebrochen, und ihm war die ganze Stimmung verdorben.

Alles hatte hier Nerven, alle Menschen, alle Möbel, alle Blumen. Er selbst bekam auch Nerven. War es denn natürlich, dass er hier saß und an seine eigene Frau dachte, wie als Knabe, wenn er verliebt war, nachts aus dem Fenster stieg, sich in den dunkeln Garten schlich, um unter den Pflaumenbäumen zu hocken, die kalten, taufeuchten Pflaumen zu essen und sich krank vor Liebe zu fühlen? Das war unnatürlich und unwahrscheinlich und musste anders werden.

Ärgerlich schlug er das Fenster zu.

Als Felix abends von der Schnepfenjagd nach Hause kam, fand er seinen Schwiegervater und den Onkel Thilo vor. Die dicke Exzellenz mit dem rosa Gesicht und der gelockten braunen Perücke begrüßte ihn, als hätten sie sich gestern erst gesehen. Thilo war förmlich, wie immer. Er sah prachtvoll aus mit dem klassischen Profil und dem seidigen, aschblonden Backenbart. Er lehnte sich in den Sessel zurück, schlug die schweren Augenlider nieder und erzählte Annemarie mit leiser Stimme eine Geschichte.

Annemarie hörte sehr aufmerksam zu, die Wangen leicht gerötet. Im Zimmer roch es nach Attkinsonschem Parfüm und englischen Zigaretten. Beim Mittagessen erzählte die Exzellenz Bismarckanekdoten, die alle schon kannten, Thilo sprach mit Frau von Malten über einen Malten, der Gesandter in Bukarest gewesen war. Am Ende der Mahlzeit verließen die Damen die Tafel, und die Herren tranken alten Portwein. Wenn Thilo da war, folgte man dieser englischen Sitte.

Die Exzellenz begann sehr leise von Weibern zu sprechen: «Man darf das nicht verwechseln. Es gab drei Tänzerinnen: die Pepita, die Petitpas und die Petitia. Ich hab sie alle drei gekannt. Die Petitpas aß Schaltiere besonders viel, sie sagte, diese Tiere machen die Haut durchsichtig. Wenn man zu ihr ging, musste man ihr Krabben mitbringen.»

Thilo strich vorsichtig seinen Bart: «Tänzerinnen», meinte er, «sind gut auf der Bühne und hinter den Kulissen, wenn sie sich die Schuhe binden oder üben. Hübsches Fleisch bei der Arbeit. Aber wenn das isst und spricht – nein.»

Felix erzählte nun seine Erfahrungen mit Tänzerinnen, die schienen jedoch Thilo nicht zu gefallen, er stand auf und ging zu den Damen hinüber.

Als Felix und sein Schwiegervater in das blaue Zimmer nachkamen, saß Thilo bereits zwischen Annemarie und der Malten und erzählte mit seiner leisen, singenden Stimme. Die beiden Frauen hingen an seinen Lippen und schauten auf, als die Herren eintraten, als würden sie in einer Andacht gestört. Die Exzellenz begann eine Patience zu legen. Felix setzte sich ein wenig abseits. Eine unbehagliche Verstimmung quälte ihn.

«Nun, und deine Reise?», fragte ihn Thilo.

«Oh! sehr hübsch», erwiderte Felix. Jetzt wollte er erzählen: «Gerade um diese Zeit voriges Jahr in Capri. Vollmond von der einen Seite, auf der anderen der Vesuv mit einem riesigen Feuerbusch auf dem Kopf, das Meer, Neapel mit den Lichtern – unglaublich.»

«Capri», sagte Thilo, «ist eine Theaterloge. Was wir von da aus sehn, kommt uns nicht wirklich vor.»

«Sehr gut», flüsterte Frau von Malten.

«Amalfi ist mir auch lieber», fuhr Felix fort. Er wollte sich seine Erzählung nicht fortnehmen lassen.

«Nach Amalfi solltest du mit deiner Frau reisen», unterbrach ihn Thilo. «Als ich auf der Hotelterrasse saß – fehlte Annemarie geradezu, sie gehört da hinein, das ist ihr Hintergrund, das blauseidene Meer – und so –»

«Nur des Hintergrundes wegen?», fragte Felix spöttisch.

«Warum nicht?», meinte Thilo. «Wenn man seiner Frau eine Toilette kauft, die ihr steht, kann man auch eine Reise machen, um ihr den rechten Hintergrund zu schaffen. Ich habe dich dort sehr vermisst –», wandte er sich an Annemarie, die leicht errötete.

«Weiber sind ja genug dort», murmelte Felix, mit dem deutlichen Bewusstsein, etwas Unpassendes zu sagen.

Thilo zog die Augenbrauen empor. «Gott! ja! Wenn ich diese Damen da sah, dachte ich, die wagen denn doch ein wenig zuviel, wenn sie sich dort hinstellen!»

Felix lehnte sich in seinen Sessel zurück und sog an seiner Zigarre. Gut! wenn Thilo doch alles besser wusste und sagte, sollte er sprechen. Die Malten meldete die Nachtigall, und nun hörte man zu.

Die Exzellenz klatschte zuweilen in die Hände und sagte: «*Brava – brava!*»

«Eine merkwürdige Nachtigall» – erklärte Thilo, «die singt, als hätte sie einen Konflikt hinter sich.»

«Ehekonflikt», kicherte die Exzellenz.

Felix lachte so laut auf, dass ihn alle ansahn. «Ich denke», sagte er, «dass es gut ist, dass wir nicht nach Ehekonflikten in den Fliederbusch steigen müssen und die Nacht durchsingen.»

Wirklich herzlich lachte nur Mila darüber.

«Mich rührt sie», sagte Annemarie. «Sie singt – als ob sie sich fürchtete – vor etwas, das kommen könnte, wenn alles still und dunkel und sie allein ist.»

«Leisten wir ihr deshalb Gesellschaft?», fragte die Exzellenz.

Felix lachte spöttisch: «Ja, wir sind hier so weichherzig, dass wir nächstens neben jedes Vogelnest eine Nachtlampe hängen werden, damit die Vögel sich im Dunkeln nicht fürchten.»

Als die andern sich zurückgezogen hatten, saßen Thilo und Felix noch eine Weile beisammen und rauchten. Sie hatten sich nicht viel zu sagen.

«Du bist wohl froh, wieder zu Hause zu sein», warf Thilo hin.

«Ja – o ja!», erwiderte Felix. Er hatte Lust, mehr zu sagen, diesem Manne, der alles wusste, den sie alle bewunderten und dem sie recht gaben, von sich zu sprechen. «Obgleich –», begann er zögernd, «wenn das Leben einmal gewaltsam gestört ist, dann ist es nicht leicht, dass es gleich wieder – einfach – selbstverständlich wird.»

Thilo warf seine Zigarette in den Kamin und stand auf. «Selbstverständlich?», wiederholte er. «Nein – das wird es wohl nicht sein. Und warum sollte es das auch? Gute Nacht.»

«Unangenehmes altes Orakel» – brummte Felix ihm nach.

Es war Felix, als rückte er von dem Leben seines Hauses weiter fort. Wenn er von draußen hereinkam, fand er, dass die andern sich gut unterhielten. Annemarie spielte vierhändig mit ihrem Vater, oder man saß auf der Veranda und setzte ein Gespräch fort, dessen Anfang er nicht gehört hatte, man lachte über Scherze, die gemacht worden waren, als er nicht da war. Am Vormittage saßen Annemarie und Thilo im blauen Zimmer und lasen Dante. Wenn er kam, hielten sie im Lesen inne, er wurde nach der Wirtschaft gefragt, nach dem Wetter. Annemarie war freundlich, wie wir es sind, wenn wir uns glücklich fühlen. «Warum bist du nicht bei uns, Lieber? Ach, die dumme Wirtschaft!», sagte sie zerstreut. Die Mahlzeiten kamen, die Patience, die Nachtigall, Felix war einsilbig. Was half es, etwas zu sagen, wenn Thilo ihn unterbrach, um etwas zu sagen, das die andern viel besser fanden?

Wenn er in seiner Wirtschaft umherging, trieb es ihn immer wieder an das Gartengitter. Er sah Annemarie und Thilo die Wege entlanggehn, vor den Blumen stehen bleiben. Thilo sprach, und Annemarie bog den Kopf zurück, um ihn anzusehen. Sie lachten. Felix versuchte es, ihnen nah zu kommen, zu hören. Er versteckte sich hinter Büsche, selbst ganz erstaunt darüber, dass er das tat. Annemarie stellte sich unter die Obstbäume, die voller Blüten, wie Alabasterkuppeln sich über sie wölbten. Sie lächelte ihr sorgloses Lächeln, wiegte sich leicht, wie berauscht von all dem Weiß. «Jetzt kommt er!», rief Thilo. Es war der Wind, der kam. Er fuhr in die weißen Wipfel. Die Blütenblätter regneten dicht auf Annemarie nieder. Sie bog den Kopf zurück, stieß einen kleinen Schrei aus. Die Blätter fielen über ihr Gesicht, hingen sich in ihr Haar. Thilo stand dabei, den Bart voller Kirschblüten, schlug seine schweren Augenlider auf und sah das Bild vor sich mit wohliger Verträumtheit an. Er hatte sich dieses Spiel erdacht, nannte das Blütenbäder, die er Annemarie verordnet hatte.

Felix wandte sich ab und ging auf das Feld. Er setzte sich an den Wegrain. Vor ihm pflügte ein alter Mann mit einem alten Pferde Wickenland auf. Blank und schwer legten sich die Erdschollen um. Das Pferd und der Mann gingen müde und faul immer wieder das

Stück Acker auf und ab. Das Land lag still unter der Mittagssonne da. Mitten im Felde blühte eine Weide, ganz bedeckt von weiß und gelben Puscheln, die süß nach warmem Honig dufteten. Der Baum war voller Bienen, sodass es klang, als singe er schläfrig vor sich hin.
Felix fühlte sich elend. Das lag ihm in den Gliedern, dem Herzen, der Kehle. Er wollte gar nicht darüber nachdenken. Die da drüben würden Gesichter machen, wenn sie wüssten, dass er hier saß und – und – eifersüchtig war. Der Schwiegervater würde lautlos lachen, Thilo würde die Augenbrauen hinaufziehen und aussehen, als wollte er sagen: «So etwas übergehe ich.» Und Annemarie? Ach Gott! ja! Er hatte Lust, einmal in dieses hübsche, glatte Leben einen Ton hineinzurufen, der sie alle aufhorchen machte.

«Wir wollen die Freuden des Landlebens genießen», sagte die Exzellenz. «Die Nachtigall und Milch, warm von der Kuh, haben wir gehabt. Jetzt wollen wir den Schnepfenstand und nasse Füße.»

Auf der langen Bankdroschke fuhr die Gesellschaft durch den Wald. Die Sonne schien rot durch die Tannen. Der Wald glich einer stillen, dämmerigen Stube, in der stark geräuchert worden ist.

An einem kleinen Sumpf wurde Halt gemacht. Dort stand das vorjährige Gras gelb und struppig zwischen den schwarzen Wasserlachen. Vorsichtig musste die Gesellschaft zwischen den verkrüppelten Kiefern und den kleinen, schlohweißen Birken von Hümpel zu Hümpel springen.

Felix stellte die Herren ab. Bei der Exzellenz blieb Frau von Malten, Annemarie bei Thilo und Mila bei Felix. Die Hände tief in die Taschen des grauen Paletots gesteckt, eine weiße Sportmütze auf dem Kopf, stand sie, ein wenig breitbeinig, da und schaute in die Höhe, wartete auf die Schnepfen. Sie sah dabei aus wie ein hübscher, etwas gewalttätiger Knabe. Böse schob sie die Unterlippe vor: «Wenn die da nebenan so laut sprechen», bemerkte sie, «dann ziehen die Schnepfen hoch.»

Nebenan hörten sie Thilo sprechen und Annemarie lachen. Felix zuckte die Achseln, aber lauschte angestrengt hinüber.

Der Himmel wurde rosenfarben. Die Vögel begannen zu lärmen. Das rote Licht regte alle auf. Die Hunde in den Bauernhöfen bellten, nicht das traurige Bellen der Nachtwache, sondern ein lustiges Sprechen der Unterhaltung.

Die Hüterjungen und Hütermädchen schrien aus Leibeskräften.

Dann – wurde es still.

«Sie kommt» – meldete Mila.

Vom Walde her tönte das ölige Quarren. Die Schnepfe flog sehr schwarz gegen den blassen Himmel, über die Birkenwipfel. Auf Felix' Schuss fiel sie. In der Ferne ließ sich eine zweite vernehmen. Felix wandte sich dem Ton zu. Als er geschossen hatte und laden wollte, sah er Mila die angeschossene Schnepfe in der Hand halten. Die breiten Finger der anderen Hand schob sie unter die Flügel der Schnepfe und drückte die Brust des Vogels zusammen, ruhig und aufmerksam. Das Schnepfengesicht mit den blanken Augenperlen und dem langen Schnabel schaute unverändert, fast gemütlich vor sich hin. Allmählich schlossen sich die Augen, der Kopf neigte sich in einer müden, hoffnungslosen Bewegung.

«Was tun Sie da?», fragte Felix.

«So muss man's doch machen» – erwiderte Mila, warf den toten Vogel fort, steckte die Hände wieder in die Taschen und sah empor, wachsam wie ein Hühnerhund.

Felix schaute das Mädchen an. «Teufel! das ist heißes Blut», dachte er – «und angenehm leicht zu verstehen.»

Mila merkte es, dass er sie ansah. Sie warf ihm einen flüchtigen, blanken Blick zu – zeigte in einem kurzen Lachen ihre grellweißen Zähne: «Es kommt wieder eine», meldete sie.

Es dunkelte schon. Man brach auf. Nebel flossen über den Sumpf. Erdkrebse begannen ihr helles, eintöniges Klingen an den schwarzen Wassern. Im Birkenwipfel hing ein Stück Mond.

«Komm», sagte Felix. Nahm Annemarie an seinen Arm und führte sie über den Sumpf.

Annemarie war sehr angeregt: «Köstlich ist es; wie hübsch sie hier alle im weißen Nebel schlafen gehen! Und die kleinen Tiere, die an den Wassern singen!»

«Ihr lachet viel?», fragte Felix.

«Ach ja! Thilo war auch köstlich!», erwiderte Annemarie.

Die Droschke fuhr durch den dunkeln Wald, wie zwischen hohen, schwarzen Wänden hin. Mila saß neben Felix und drückte ihre runde Schulter fest gegen seinen Arm. «Frech ist die Kröte», dachte er, aber sie war doch wenigstens eine, die nicht nur darauf wartete, ob Thilo etwas Geistreiches sagen würde. So zog er seinen Arm nicht zurück.

Da sagte Thilo schon mit seiner weichen Stimme, die so passend in die Frühlingsnacht hineinklang: «Ein merkwürdiger Tod, so 'n Schnepfentod! Man fliegt zum Stelldichein unter einem rosa Himmel. Und dann fällt ein Schuss, und es ist aus.»

«Ach, der Tod ist nicht schlimm», erwiderte Annemaries helle, beruhigte Stimme in die Dunkelheit hinein, «Vorhänge, die fest zugezogen werden –, das ist sicher. Und vielleicht …»

Die Exzellenz kicherte. Ihr war die Wendung des Gespräches zu düster. «Lieber wär's dem Schnepfenjüngling, dass der Schuss fällt, wenn er vom Rendezvous zurückkommt.»

«Warum?», meinte Thilo. «Ihm wird vielleicht eine Enttäuschung erspart. Sie sind nicht immer zur Stelle.»

«Sehr hübsch» – bestätigte die Malten.

Das Gespräch versiegte. Ein jeder träumte schweigend in die duftschwere Dunkelheit hinaus.

Felix wollte zur Stadt. Es war Pferdemarkt, bei der Gelegenheit sollte man auch ein wenig über die Wahlen sprechen.

«Du hast recht» – sagte sein Schwiegervater, «sich mit den Standesbrüdern zuweilen bei Rotwein für die Getreidezölle begeistern ist gesund.»

Felix freute sich auf diese Ausfahrt. Es hatte geregnet. Jetzt schien die Sonne wieder. Der Marktplatz war feucht und blank. Die Tiere glänzten, als wären sie frisch lackiert. Überall traf Felix Bekannte. «Was Teufel! Bassenow wieder da!» – «Ah, Bassenow, der Ausreißer. Na, jetzt haben wir ihn fest.» Es war hübsch, den Pferden auf die seidigen Flanken zu klopfen, ihnen ins Maul zu sehn und sie am Schweif zu ziehen und die Juden zu necken. Später im «Kronprinzen» gab es ein Frühstück. Man sprach sehr laut über Politik, schlug auf den Tisch, wurde ganz heiß von schneidiger Opposition. Als die älteren Herren fort waren, saßen die jüngeren noch beim Sekt zusammen. Die Zigarre zwischen den Zähnen, die Arme auf den Tisch gestützt, erzählten sie sich Weibergeschichten, nannten die Dinge beim rechten Namen, lachten ganz laut. Felix gab Reiseerlebnisse zum Besten, sehr starke Geschichten, die selbst den blonden Pankow verblüfften, der sich doch sonst für den Erfahrensten in diesen Sachen hielt. Aber, als man sich zum Jeu niedersetzte, musste Felix nach Hause fahren.

Er kutschte selbst, trieb die Pferde an. Der Sekt war ihm zu Kopf gestiegen. Er hatte viel und schnell getrunken, lachte noch vor sich hin über die Geschichten, die er erzählt hatte, und fühlte sich leicht und heiter. Das Leben erschien ihm eine gute, einfache Sache.

Zu Hause stellte er sich unter die kalte Dusche. Er dachte darüber nach, ob er ganz natürlich gewesen war, als er aus dem Wagen stieg und die anderen auf der Treppe begrüßte. Na – gleichviel.

Während des Mittagessens war er sehr aufgeräumt, erzählte, lachte – sehr unbefangen und natürlich, nur fand er, dass die andern nicht ganz unbefangen waren. Sie gaben ihm so schnell recht, antworteten so ruhig, als wollten sie es unterstreichen, dass nichts Besonderes an ihm sei. Annemarie schob ihren Teller zurück. Ihre Lippen zuckten hochmütig. Sie tauschte flüchtige Blicke mit der Malten. Wenn er schwieg, sprachen die anderen von gleichgültigen Dingen, die sie selbst nicht zu interessieren schienen.

Einer der Diener ließ klirrend die Kompottschale fallen. Felix sprang auf, sehr rot im Gesicht. «Was ist das?», schrie er. «Sind Sie betrunken?» Dabei klatschte er mit seiner Serviette wie mit einer Peitsche.

Die Malten winkte dem Diener fortzugehen.

«So ein Kerl!», sagte Felix und setzte sich wieder.

«Ein wenig ungeschickt noch», flüsterte die Malten.

Eine Pause entstand, die Frau von Malten endlich mit der Nachricht unterbrach: Ihre Schwester hätte geschrieben, in Mecklenburg regne es.

Dann begann die Exzellenz ziemlich unvermittelt eine alte Geschichte zu erzählen, von einem polnischen Grafen, der im Spiel all sein Geld verloren hatte und zuletzt sein Ohr setzte und als er darauf gewann, die Karte noch bog.

«Wie schrecklich», meinte Frau von Malten.

Mila lachte so heftig, dass man merkte, es war nicht das Ohr des polnischen Grafen, über das sie lachte, es war aufgespeichertes Lachen, das ausbrach.

«Unglaublich! So die Schüssel hinzuwerfen!», hörte Felix sich sagen. Er wusste, dass das lächerlich war, aber es kam wie von selbst heraus.

Niemand antwortete darauf, Annemarie biss sich auf die Unterlippe, machte ein Gesicht, als schmerze sie etwas, und hob die Tafel auf.

Drüben im Kaminzimmer war es nicht besser. Die Unterhaltung ging wieder ruhig und gleichgültig über Felix hinweg, als sei er ein Kranker und die anderen sprächen Dinge, die ihn nicht aufregen sollten. Annemarie, sehr bleich, schwieg, auf dem Gesicht den kühlen, abweisenden Ausdruck, der so viel heißen sollte wie – «O nein – danke – nicht für mich.» Dazu war es heiß und beklommen im Zimmer, der Duft von Thilos englischen Zigaretten fiel Felix auf die Nerven. Er saß still da und dachte darüber nach, wie er es machen sollte, um unbefangen das Zimmer zu verlassen. Endlich erhob er sich: «Ob es noch regnet?», warf er hin.

«Ach ja – wer weiß –», sagte die Malten.

«Ich will mal nachsehen» – dabei schlenderte er aus dem Zimmer auf die Veranda hinaus.

Es war sternhell. Das Narzissenbeet glänzte weiß aus der Dämmerung. Da sang ja auch die Nachtigall. Jemand stand vor dem Fliederbusch, eine Gestalt, die sich bückte, etwas von der Erde aufhob und gegen den Busch warf. Die Nachtigall verstummte, dann flatterte sie mit eiligen Flügelschlägen in die Dunkelheit hinein. Die Gestalt wandte sich ab und ging den Gartenweg hinab. Das waren die großen Schritte, das lässige Sich-Wiegen in den Hüften, das Mila annahm, wenn Frau von Malten sie nicht sah. Was wollte sie?

Felix ging ihr nach. Am Abhang blieb sie stehen, legte sich glatt auf den Rasen und rollte den Abhang hinab. Dabei stieß sie leise, schrille Schreie aus, wie das Pfeifen einer Fledermaus. Unten angekommen, stand sie auf und lief wieder den Abhang hinan. Felix ging ihr entgegen. «Werden Sie noch mal runterrollen?», fragte er.

Mila blieb stehen, atemlos, ihre Zähne leuchteten weiß im Sternenschein. «Ja», sagte sie.

«Ist das angenehm?»

«Ja, das ist gut, und drin ...»

«... erstickt man» – ergänzte Felix.

«Ameisen laufen einem über die Beine vom Sitzen» – meinte Mila.

«Ich möchte auch so runterrollen», versetzte Felix nachdenklich.

«Sie?» – Mila legte den Handrücken auf den Mund und lachte.

«Kommen Sie», sagte Felix. Gehorsam ging Mila neben ihm her. «Kommen Sie oft hierher so runterrollen?», fragte er.

Mila schwang beim Gehen die Arme hin und her, als könnte sie nicht genug Bewegung haben: «Oft? Ach nein, ich kann nicht oft heraus. Aber heute schläft die Alte unten bei ihr.»

«Die spricht, als wären wir im Einverständnis» – ging es Felix durch den Kopf – «wie zwei Dienstboten, wenn die Herrschaft sie nicht hört.» – «Und die Nachtigall, was hat die Ihnen getan?», fragte er weiter.

«Die? Ich mag sie nicht. Man muss ihr immer so lange zuhören.»

Sie bogen in die große Kastanienallee ein. Dort war es vollends dunkel. Felix blieb stehen, fasste schnell und hart nach dem Arm des Mädchens, zog es an sich. Mila atmete hastiger und lauter, aber sie ließ sich ruhig fassen, ja, sie duckte sich fast wie eine Birkhenne.

Sie setzten sich auf den Rasen und Felix nahm Mila wieder an sich – mit einem rauen, bösen Begehren, als wollte er es das Mädchen entgelten lassen – dass er so – so sein konnte.

Am Abend im Kaminzimmer sagte die Exzellenz: «Nun Thilo – du fährst morgen nicht mit mir?»

Thilo streichelte zart seinen Bart. «Nein – Annemarie hat mich aufgefordert, noch ein wenig hier zu bleiben. Wenn ihr mich also behaltet – – –»

«Ach ja», riefen Annemarie und die Malten zu gleicher Zeit.

«Sehr angenehm» – murmelte Felix, aber eine große Bitterkeit stieg in ihm auf. Warum wollte der bleiben? Er wandte den Kopf ab, denn er fühlte, dass er ein eigentümliches Gesicht machte. Keiner jedoch achtete auf ihn, nur Mila sah ihn mit ihren blanken Augen an. Das Mädchen hatte es jetzt aufgenommen, ihn so hungrig anzusehen, dass es ihn verlegen machte. Er rüttelte sich auf. Er wollte etwas Gleichgültiges sagen. «Den Pankow sah ich heute», berichtete er. «Er fuhr unten am Park vorüber.»

«So. Was sagte er?», frug die Exzellenz.

Felix lachte. «Er erzählte gleich einige tolle Geschichten. Ein netter Junge. Er wollte uns nächstens besuchen.»

«Der!», sagte Annemarie gelangweilt. «Ich mag ihn nicht. Seine Geschichten sind immer so lang und nicht ganz reinlich, und er lacht selbst so lange über sie.»

«Ja» – stimmte Thilo bei, «solche Menschen sind nicht angenehm, die in ihren Geschichten wie in einem warmen Bade sitzen, aus dem sie nur ungern wieder heraussteigen.»

Felix fuhr auf. «Ich mag ihn sehr. Wer soll denn zu uns kommen? Wir leben wie in einem verzauberten Schloss. Der eine darf nicht kommen, weil er Knöpfmanschetten trägt, der nicht, weil er lange Geschichten erzählt, Hermann darf nicht bedienen, weil er rote Augen hat. Nächstens wird jeder, der über unsere Schwelle kommt, ein Examen in Ästhetik ablegen müssen. Das ist lächerlich. Wo haben wir denn unser Diplom als Engel? Pankow ist mein Freund, und er wird kommen.» Es tat ihm wohl, dieses so laut und brutal herauszusprudeln.

«Gewiss, er soll kommen», sagte Annemarie mit ein wenig zitternder Stimme. «Ich sage nur, ob er mir gefällt oder nicht.»

Die Malten schnäuzte sich laut.

Thilo bog den Kopf zurück und schloss die Augen. Annemarie stand auf und ging hinaus, gefolgt von der Malten. Mila schlüpfte zur Türe und sah Felix an, als wollte sie ihm ein Zeichen geben.

Im Zimmer herrschte Schweigen. Die Exzellenz legte eifrig an ihrer Patience. Das Aufklappen der Karten war eine Weile der einzige Ton.

Endlich schlug Thilo die Augen auf und sagte: «Ich glaube, deine Frau ging ein wenig erregt fort. Ob du nicht nachschaust?»

Das kam Felix recht. «Erregt», rief er. «Man kann doch ein Wort sagen. Ich habe doch recht.»

«Vielleicht», meinte Thilo, «aber das ist doch so gleichgültig.»

«Wieso gleichgültig?» Felix erhob sich und ging erregt auf und ab. «Dieses ist doch mein Haus. Aber man wagt ja nicht mehr den Mund aufzutun. Überall stößt man an. Immer Missverständnisse.»

«Ja, das ist so die alte Geschichte», meinte Thilo. «Wir heiraten diese exquisiten Geschöpfe – wie – wie man sich ein kostbares Instrument kauft, das man nicht zu spielen versteht. – Wir alle.»

«Alle?» Felix blieb stehen und sah böse auf Thilo herab. «Du ja nicht!»

«Gott!», erwiderte Thilo gelangweilt. «Mir würde es nicht anders gehen. Die Frauen sind uns in der Kultur voraus.»

«Die armen Frauen! Sie würden weniger missverstanden sein, wenn sie mit den feinsinnigen Junggesellen verheiratet sein könnten.» Als Felix das gesagt hatte, war er selbst überrascht von der Bitterkeit seiner Worte.

Thilo lächelte matt.

«Entschuldige», brummte Felix, «ich wollte nicht unhöflich …»

«Oh!», unterbrach ihn Thilo. «Du brauchst dich nicht zu entschuldigen. Es ist witzig, was du da sagst. Ich muss mich entschuldigen. Ich rede dir da in deine Sachen hinein.»

«Jedenfalls habe ich recht», fuhr Felix sicherer fort. «Man muss sich nur seiner Frau aussprechen können.»

«Das ist wohl das berühmte Teilen von Leid und Freude?», fragte Thilo.

«Gewiss!»

«Merkwürdig!» Thilo sprach leise und tonlos vor sich hin. «Unsere Frauen werden so erzogen, dass ihnen bei Tisch die Schüssel zuerst gereicht wird, und wir erwarten von ihnen, dass sie vom Hühnerbraten alle Lebern nehmen – und von der Torte alle Früchte von oben. So wollen wir sie. Und dann plötzlich wollen wir mit ihnen teilen, das, was uns selbst nicht schmeckt.»

«Ach was!», sagte Felix, der nicht zugehört hatte. «Ich esse die Hühnerlebern sowieso nicht.» Er dachte daran, ob Annemarie in ihrem Zimmer vielleicht weinte, um seinetwillen weinte? Sollte er zu ihr gehen? Man spricht erregt miteinander, man versöhnt sich. Das bringt näher. «Ich will mal nachsehen», sagte er und verließ das Zimmer.

«Auch so ein Stück Unkultur», murmelte Thilo, als Felix fort war. «Dieser Genuss am Rechthaben. Als ob Unrechthaben nicht ebenso genussreich sein kann.»

Die Exzellenz lachte lautlos in sich hinein, dass ihr die Schultern bebten.

An der Türe zu Annemariens Zimmer hörte Felix die Malten und Annemarie sprechen und lachen. Geweint schien da drin nicht zu werden. Er war enttäuscht. Er fand Annemarie in ihrem Frisiermantel vor dem Spiegel sitzen, die Malten stand hinter ihr und bürstete ihr das lange dunkelblonde Haar.

Annemarie sah im Spiegel ihn eintreten. Das Gesicht, das eben noch gelacht, wurde ruhig und müde. «Ah, du bist's», sagte sie.

Felix war ein wenig befangen. «Ja, ich komme noch.» Er setzte sich. Die Malten verschwand lautlos. «Du warst erregt», fuhr er fort. «Ich wollte nachschauen. Hab ich dich gekränkt?»

Annemarie lächelte. «Nein, es war nichts. Ich hätte es nicht sagen sollen. Aber nun ist es vorüber. Wir brauchen nicht noch über Herrn von Pankow zu sprechen.»

«Pankow ist hier Nebensache», fuhr Felix auf. «Die Hauptsache ist, dass ich mir wie – wie beiseite geschoben vorkomme – wie – wie abgesetzt. Ich gehöre einfach nicht mehr dazu. Ich bin nicht so geistreich und so elegant wie Thilo, gut. Aber schließlich heiratet man nicht, um geistreich zu sein.»

«Thilo – warum Thilo?», fragte Annemarie und sah ihr Spiegelbild an, und beide, sie und das Spiegelbild, erröteten.

«Gerade er», sagte Felix heiser vor Erregung. «Es ist vielleicht lächerlich und unharmonisch, dass ich so fühle – aber es macht mich unglücklich – so zu leben –. Und ich habe ein Recht, hier glücklich zu sein – kein anderer – und – und auf meine Weise.» Felix schwieg und sah Annemarie hilflos an.

«Du Armer» – sprach Annemarie in den Spiegel hinein. Dabei sahen sie und das Spiegelbild sich an, als wollten sie sagen: «Nein – damit wollen wir nichts zu tun haben!» – «Was kann man da tun?», fuhr sie kummervoll fort. Mit beiden Händen ergriff sie ihr Haar, zog es nach vorn, kreuzte es über der Brust, als wolle sie sich in diesen braungoldenen Brokat einhüllen.

Felix schwieg einen Augenblick, als könnte er sich nicht entschließen, etwas zu sagen, dann brachte er kleinlaut heraus: Thilo könne ja fortfahren.

«Ja – das wird er wohl müssen» – meinte Annemarie leise und müde.

Beide schwiegen nun. Annemarie zog ihr Haar fester um ihre Brust und schaute in den Spiegel, als wartete sie auf etwas.

«Sie wartet darauf, dass ich gehe» – dachte Felix. Er stand auf, er versuchte es, seiner Stimme einen frischen Ton zu geben, als er sagte: «So wird noch alles gut. Es ist besser, man spricht sich aus. Nicht? Du bist wohl müde?» Er beugte sich auf sie nieder, küsste ihre kühle, bleiche Stirn: «Gute Nacht.»

Als er das Zimmer verließ, fand er im Vorzimmer die Malten eine beruhigende Limonade rühren.

Was nun? Er war mit sich, mit Annemarie unzufrieden. Sie – ernst und ablehnend ihr Spiegelbild ansehend, schien ihm fremder und ferner denn je. Und doch war der Wunsch, ganz zu ihr zu gehören, gerade so quälend stark. Schlafen konnte er nicht. Er fürchtete sich vor der Stille seines Schlafzimmers. In den Park hinunter zu Mila wollte er nicht. Nein – nicht jetzt! Er nahm sein Gewehr und ging dem Walde zu.

Das weite Land, das still unter dem Sternschein schlief, das Wehen, das über feuchte Wiesen hingestrichen war, taten wohl. Er bog in den Wald ab, ging durch die Finsternis. Die taufeuchten

Bärte der alten Tannen strichen über sein Gesicht. Ein Dachs ging schnaufend an ihm vorüber. Aus dem Dickicht trat der Waldhüter Peter zu ihm.

«Ach – der Herr! Der Herr will vielleicht den Birkhahn schießen, der auf die Wiese herauskommt?»

Ja – Felix entsann sich, dass Peter davon gesprochen hatte. Nun schritt der blonde Riese mit dem runden Knabengesicht neben ihm her und sprach von den Hähnen. Wie toll waren sie dieses Jahr.

«Du hast ja geheiratet?», fragte Felix.

«Ja – die Marri. Sie diente im Schloss und hat dort gelernt, gutes Brot zu backen.»

Felix erinnerte sich ihrer. «Ein großes, hübsches Mädchen.»

«So habe ich keinen Fehler an ihr gefunden», bestätigte Peter. «Ein bisschen böse ist sie.»

«Nun – und – haust du sie auch zuweilen?»

Peter lachte. «Wie's kommt. Ganz ohne dem geht's wohl nicht.»

Felix interessierte sich dafür: «Und – wie – worauf – schlägst du sie?»

«Wo's kommt, Herr –»

«Und dann?»

«Na, sie heult – und dann ist sie wieder hübsch freundlich. Wie schon die Weiber –»

«Ja wie schon die Weiber» – wiederholte Felix nachdenklich.

Auf der Wiese kroch Felix in die kleine, aus Wacholderzweigen zusammengebogene Hütte.

«Hier muss er kommen», sagte Peter und ging.

Die Dämmerung lag noch über der Wiese. Im Osten hing ein weißer Lichtstreif am Horizont. Vom nahen Walde kam ein leises, gleichmäßiges Rauschen herüber. Felix streckte sich aus. Eine leichte Schläfrigkeit machte ihm die Lider schwer. Nachtfalter streichelten mit kühlen Sammetflügeln seine Wangen. Sehr hoch über sich hörte er schon die Morgenschnepfen quarren. Gott! wie fern – fern und wesenlos schien ihm zu Hause sein Zimmer – der Nachttisch mit dem Leuchter – und dann das weiße Zimmer mit der weißen Ampel.

Alles fern – wer wusste hier davon! Hier ruhte – rauschte man und atmete ganz tief. Mehr brauchte man nicht.

Die Dämmerung wurde durchsichtiger. Spinnweben bedeckten die Wiese wie mit grauen Tüchern. Eine Elster begann irgendwo zu plaudern. Dann erwachten am Waldrande auf ihren Tannen auch die Birkhähne und fauchten. Jetzt rauschte es, und sie flogen heran.

Einer saß dicht vor der Hütte, blies sich auf, drehte sich, kollerte eifrig und unablässig. Und eine Henne kam heran, schaute zu, wartete, dass an sie die Reihe in diesem wunderlichen Tanze käme. Von allen Seiten antworteten andere Hähne. Über die ganze Wiese waren die seltsamen kleinen Gestalten verstreut, die sich unermüdlich drehten. Felix schoss nicht. Es tat ihm wohl, zuzusehen, dieser eintönigen und doch leidenschaftlichen Musik zuzuhören. Das war so selbstverständlich! Die Wolken wurden rosenfarben. Die ersten Sonnenstrahlen fielen schräg auf die Wiese. Der Tau auf den Halmen begann zu flimmern.

Plötzlich schwieg alles. Es rauschte ringsum. Die Hähne flogen auf. Was gab es? Felix spähte über die Wiese hin.

Auf der anderen Seite stand ein buntes Figürchen, ein Bauernmädchen. Es hatte sein helles Kattunkleid sehr hoch über dem kurzen, roten Unterrock aufgeschürzt und ging, die Beine in den weißen Strümpfen hoch über das tauige Gras hebend, quer über die Wiese. Das große, rosa Gesicht glänzte in der Morgensonne.

«Es ist Sonntag», fiel es Felix ein. «Die geht zur Kirche.»

Aus dem Waldrande trat ein Bursche, auch sonntäglich gekleidet, die Mütze im Nacken, das Gesicht rot vom Waschen. Beide, das Mädchen und der Bursche, blieben stehen, sahen sich an – gingen langsam gerade aufeinander zu. Nun waren sie beisammen, die breiten, lachenden Gesichter eng beieinander. Der Bursche griff nach dem Mädchen, mit ruhigen, festen Händen, als wollte er eine Frucht pflücken. Das Mädchen schlug nach ihm, und doch gingen sie eng umschlungen dem Walde zu, verschwanden unter den Zweigen der Tannen.

«Die gehn heute nicht mehr zur Kirche», sagte sich Felix.

Er machte sich auf den Heimweg. Die Nacht hatte ihn beruhigt und gestärkt. Gott! Das Leben war einfach, man muss es nur mit ruhiger, fester Hand angreifen, so wie der Bursche dort nach den Brüsten seines Mädchens griff. Mit Thilo wollte er offen sprechen. An den Masken, die man sich vorband, erstickte man ja. Das mit den Masken gefiel ihm. Das wollte er Thilo sagen. Der liebte solche Bilder.

Die Fenster des Schlosses flimmerten in der Sonne. Der Garten war voller Tulpen und Narzissen. Gerade standen sie in ihren Beeten – ganz rein – ganz parfümiert. So hatten sie die ganze Nacht gestanden und auf den Tag gewartet. Die ließen sich nie gehen. So etwas verlangte Annemarie wohl? Na, aber eine Narzisse war er nun einmal nicht. Darein musste sie sich finden.

In seinem Zimmer legte er sich zu Bett und schlief fest in den Tag hinein.

Es war Mittag vorüber, als Felix aufstand. Vor seinem Fenster auf dem Rasenplatz sah er Annemarie und Thilo Federball spielen. Das hatte Thilo statt des Tanzens nach dem Frühstück eingeführt. «Das Tanzen passte ihm wohl nicht mehr», dachte Felix und streckte sich. Er fühlte sich heute angenehm jung und energisch.

Später fand er Thilo auf der Veranda nachdenklich seine Zigarre rauchend. Zerstreut fragte er nach der Jagd.

Felix lehnte sich an das Gitter und sah in den Garten hinab. «Ich wollte dir etwas sagen», begann er, die Worte energisch unterstreichend. «Es ist nicht leicht. Aber du wirst es mir nicht übel nehmen. Es ist immer besser, man spricht sich offen aus.» Er schaute auf.

Thilo stand ruhig da und sah auf die langgewordene Aschenspitze seiner Zigarre nieder. Endlich sagte er, die Worte nachlässig dehnend: «Davon kann ich nur abraten. Solche Aussprachen und Offenheiten sind einem später immer unangenehm.»

Felix errötete; jetzt musste das mit den Masken kommen. «Im Gegenteil. Wenn man immer eine Maske tragen soll, daran erstickt man ja.»

Thilo lächelte. «Ich glaube, Masken sind nicht zu verwerfen», meinte er, als handelte es sich um eine ruhige Unterhaltung. «Ich habe es immer richtig gefunden, dass die Griechen ihren Schauspielern Masken vorbanden. So konnte es ihnen nie passieren, dass Ödipus aussah wie der Herr, der gestern in der Kneipe Bier trank und Rettich aß, oder Antigone wie die Dame, die im Restaurant die Ellenbogen auf den Tisch stützte und Zigaretten rauchte.»

«Das ist hier ganz gleichgültig» – fuhr Felix auf. «Ich will mit dir etwas besprechen, was mir am Herzen liegt – offen – wie unter Verwandten. Es fällt mir schwer ...»

«Ich rate von solchen Aussprachen immer ab», unterbrach ihn Thilo.

Felix schwieg. Das hatte er nicht erwartet. Er drückte mit beiden Händen das Eisengitter so fest, dass ihm die Hände schmerzten. Was sollte er nun sagen?

Thilo entschloss sich, mit dem kleinen Finger die lange Aschenspitze seiner Zigarre abzustreifen, und die gelassene, diskrete Stimme sagte: «Diese Nacht sind mir einige Geschäfte eingefallen, die erledigt werden müssen. So kann ich eure freundliche Einladung, noch bei euch zu bleiben, leider doch nicht annehmen. Ich fahre heute mit deinem Schwiegervater. Es tut mir sehr leid – aber – –»

«So. Ach – sehr schade», murmelte Felix. Er machte dabei ein enttäuschtes Gesicht. Dann war ja alles gut und all seine Entschlüsse umsonst. Alles machte sich von selbst.

Thilo sprach von einem Durchhau in den Parkbäumen, der sich gut machen würde. Felix stimmte ihm eifrig zu.

Annemarie und Thilo gingen langsam und schweigend den Gartenweg hinab zur Fliederlaube. Dort setzten sie sich.

«Wohin gehst du dann?», fragte Annemarie.

«Ich suche mir irgendein Schiff» – antwortete Thilo, «um mich eine Weile auf dem Wasser herumzutreiben. Das wird das Richtige sein!» Er blickte Annemarie sinnend an, wie wir ein Bild ansehn, in das wir uns hineinleben.

Sie schloss die Augen, hielt unter diesem Blick wie unter einer Liebkosung still.

«Wir Vierziger», fuhr Thilo fort, «gehn sorgsam mit unseren Gefühlen um. Haben wir mal eins, das wertvoll ist, dann gehen wir damit in die Einsamkeit, suchen die richtige Umgebung.»

«Ich sehe es deutlich», sagte Annemarie. «Wie du allein auf dem Schiffe sitzest und auf das dämmerige Meer hinaussiehst.»

Thilo nickte. «So wird es sein. Es ist merkwürdig, wie deutlich unsere Visionen werden, wenn wir in der Dämmerung auf das Meer hinaussehn. Wunderliche Stunden. Du weißt:

– – *l'ora che volge il desio*
Ai naviganti e intenerisce il cuore».

Annemarie lächelte, das rührende Frauenlächeln, das die Tränen entschuldigen soll, die fließen wollen.

«Und du», fragte Thilo und beugte sich vor.

Sie zuckte leicht mit den Schultern. «*Desio* – davon kann man auch leben?»

Thilo nahm vorsichtig Annemaries Hand, die auf der Rücklehne der Bank lag, und legte sie auf seine Handfläche. «Du» – sagte er – «du musst immer ganz du sein. Nichts Fremdes hereinlassen. Du bist eben ein Einfall des Schöpfers, der keine Striche verträgt.» Er sann einen Augenblick vor sich hin und strich leicht über die Hand, die regungslos auf der seinen lag: «Könntest du» – sagte er zögernd – «könntest du etwas wie eine Schuld – das Symbol einer Schuld – um – um meinetwillen ertragen? Sieh – so etwas wie eine Schuld austauschen, das bindet fester, als die – Ringe tauschen.» Er hatte leise mit seiner singenden Stimme gesprochen – nun hielt er inne. Als Annemarie schwieg, zog er sie sachte an sich heran, beugte sich über sie und berührte ganz leicht mit seinen Lippen ihre fest geschlossenen Lippen.

Hastig richteten sie sich wieder auf.

«Nahrung für die Vision», sagte Thilo und lächelte. Dann sah er nach der Uhr, stand auf: «Ich muss nachschaun. Dein Vater wird leicht ungeduldig. Du bleibst noch?»

Annemarie nickte. Als Thilo fort war, ließ sie die Tränen ruhig über das bleiche, unbewegte Gesicht fließen.

Der Kies knirschte. Felix kam eilig heran. «Wo bleibst du?», rief er. «Sie wollen fahren. Wie? du – du weinst?»

«Ach ja – ein wenig», erwiderte Annemarie. «Es tut mir leid, dass sie fortfahren.»

«Natürlich. Schade» – brachte Felix hastig und kleinlaut heraus. «Was ist da zu machen! Komm jetzt. Sie warten.»

Das Feld war frei. Ein anderes Leben sollte beginnen. Felix ließ seiner guten Laune freien Lauf. Beim Mittagessen erzählte er viel, neckte die Malten und Mila, strich zärtlich über Annemariens Hand. Er merkte es wohl, dass seine gute Laune nicht sympathisch war, allein, er wollte sich nicht stören lassen. Im Kaminzimmer, als Frau von Malten die Kreuzzeitung vorlas, war es auch nicht so recht gemütlich. Annemarie, einen beruhigt glücklichen Ausdruck auf ihrem Gesicht, schien mit ihren Gedanken sehr weit fort zu sein. Dieses Zimmer, diese Stunde waren noch so voll von Thilos Gegenwart. Mila benützte die Gelegenheit, ihren heißen Blick nicht von Felix abzuwenden – und Felix sog an seiner Zigarre und dachte törichte, gewaltsame Dinge. Wie wär' es, wenn er jetzt etwas sagte – etwas täte, das wie ein Gewitter in diese Ruhe schlug, etwas, das niemand erwartete, das Annemarie auffahren, weinen machte, das die kühlen Glaswände, die hier Mensch von Menschen trennten, zerbrach?

Die Fenster standen offen. Die Nacht atmete süß in das Zimmer. Es rauschte zuweilen in den Linden, vor dem Fenster. Frau von Malten war bei den Familiennachrichten und ließ die alten Namen feierlich klingen.

Unterdes war ein tolles Blühen über die Natur gekommen. Der Flieder umgab das Haus wie mit einem Wall von weiß und blass violetten Musselinen. Wie lange Reihen bunter Flämmchen umsäumten die Tulpen die Gartenwege. Zu jeder Tageszeit konnte man Annemarie diese Wege auf und ab gehen sehen, das Gesicht beruhigt und glücklich. Sie sang leise vor sich hin oder blieb stehn und horchte hinaus.

«Sie ist immer mit ihm zusammen, immer», sagte Felix. Wenn er sich zu ihr gesellte, nickte sie zerstreut, sprach von gleichgültigen Dingen, von «seiner Wirtschaft», von dem Garten, unterhielt sich freundlich und wohlerzogen, wie wir mit einem Besucher sprechen, von dem wir hoffen, dass er bald gehn werde. «Der Flieder ist schön dieses Jahr, nicht wahr?»

«Das macht dich glücklich?»

«Ja – ich hör ihn ordentlich. Von jeher hab ich gefunden, dass Farben klingen. Thilo sagt, er hört das auch.»

«Der! Natürlich», brummte Felix.

«Er sagt», fuhr Annemarie fort, «der Flieder klingt so, als ob fern in einer Kirche am Pfingstsonntage Kinder auf dem Chor singen.»

«So! Ich höre nichts», schloss Felix ärgerlich die Unterhaltung und wandte sich zum Gehn.

Annemarie nickte wieder freundlich und bog in einen Seitenweg ein, eilig, als stünde dort einer und wartete auf sie.

Oder er kam am Vormittag zu ihr. Er wollte es machen wie die andern. Der Ehemann kommt zwischen den Geschäften, in hohen Stiefeln, für einen Augenblick zu seiner Frau, trinkt einen Schnaps – sagt dieses und jenes.

Im Vorzimmer gab Frau von Malten dem jüngeren Diener Unterricht. Sie kam immer wieder zur Tür herein, und er musste sie bei dem großen Sessel anmelden. Oder sie setzte sich, und er musste sie immer wieder zu Tisch bitten.

Annemarie saß in ihrem Zimmer. Sie hatte die Perlschnur, die sie zu tragen pflegte, abgenommen und ließ sie langsam durch die Finger gleiten.

«Ah! Du bist es», sagte sie, wenn Felix eintrat. «Hast du deinen Schnaps gehabt?» Sie hörte ihm zu, sie tat, als sei es selbstverständlich, dass er da saß. Aber Felix fühlte es wohl, er hatte sie gestört, hatte sie in etwas unterbrochen. Und wenn er fortgehen würde, würde sie ihr eigentliches Leben wieder aufnehmen. Mila kam, ihr vorzulesen. Annemarie schaute auf die Perlen nieder und sagte kurz: «Nein, danke. Wir lesen nicht.»

Felix war überrascht von dem Ausdruck von Widerwillen, mit dem sie das sagte. Mila machte kehrt, dass die Röcke sausten.

«Lässt du dir nicht vorlesen? Hat Mila keine angenehme Stimme mehr?», fragte Felix.

«Nein», erwiderte Annemarie, ohne aufzuschauen, «ihre Stimme ist mir nicht mehr angenehm.»

«Oh!», sagte Mila am Abend im Park, «die Alte merkt nichts. Aber sie, sie kann mich nicht mehr leiden. Wenn ich ins Zimmer komme, schickt sie mich fort, und wenn ich ihr die Hand küsse, macht sie, als ob ein Hund ihr die Hand leckt.»

«Sprich nie von ihr – nie», fuhr Felix sie an, fasste sie an die Schulter und schüttelte sie.

Mila weinte. Sie bog ihr Gesicht, das blank vor Tränen war, auf seines nieder und küsste ihn, als wollte sie ihre ganze Wut in diese Küsse legen.

«Diesem Leben ist nicht anzukommen», dachte Felix, als er wieder am Wickenacker stand, dem weißen Pferde, dem alten Mann und den blanken Erdschollen zusah. – «Nicht anzukommen.» –

Aber sie und er wussten es besser. Etwas geschah, von dem der Tag mit seiner hübschen Ordnung nichts verriet. Kein Wort, kein Blick erinnerte daran. Aber Felix musste dieses Bild immer mit sich herumtragen. Nachts – wenn es stille war, wenn in den dunkeln Zimmern die Möbel unter ihren weißen Bezügen schliefen, die Blumen in den Vasen welkten – das hübsche Uhrwerk der Malten angehalten war –, dann kauerte in dem weißen Zimmer, unter der weißen Ampel, das weiße Figürchen auf dem Bette. Die Augen, sehr dunkel in all dem Weiß, schauten ihm angstvoll entgegen. Und der schmale, kühle Körper lag regungslos in seinen Armen, das bleiche Gesicht hatte den Ausdruck hochmütig verschlossener Qual. – Nach solchen Nächten war das Herz ihm wund von einem bittern, grausamen Machtgefühl. Und doch – er musste das immer wieder erleben.

Eine seltsame Unruhe quälte Felix, nahm ihm den Schlaf. Er trieb sich draußen auf den nächtigen Straßen umher. Diese weißen Nächte des Sommeranfangs lagen so gespenstisch über dem Lande, hingen voll schwüler Träume. Aus den Bauerhöfen klangen hier und da Harmonikatöne, die schläfrig und doch ruhelos eine hüpfende Melodie in die Dämmerung hinaussangen. Am Feldrain im Grase lag ein Bauernbursche, lang hingestreckt, das Gesicht den Sternen zugewandt, und schlief. Felix ging die Landstraße entlang, sich selbst fremd, wie wir es uns sind, wenn wir uns im Traum sehen, fremd in einer fremden Traumwelt. Hinter ihm lag das Schloss zwischen seinen Fliederhecken. Im weißen Zimmer kauerte die weiße Gestalt und horchte angstvoll hinaus – ob nicht ein Schritt – sein Schritt – sich nähere. Unten im Park saß Mila und weinte, weil er nicht kam, und er irrte hier auf den stillen Straßen umher. Warum – warum musste das sein? Er konnte es nicht verstehen!

Er streckte sich am Wegrain aus, er wollte liegen wie jener Bursche dort, das Gesicht den Sternen zugewandt, schlafen, eingewiegt von dem müden Tanzlied der fernen Harmonika.

Ein Stück Mond hing wieder in den Wipfeln der Parkbäume. Felix lag auf dem Rasen unter der Kastanie. Mila saß neben ihm, hielt seine Hand und küsste sie mit regelmäßigen, kurzen Küssen. Zwischen jedem Kuss wiederholte sie: «Mein Herr – mein Herr.» Vor ihnen lag der Teich. Eine lichtgrüne Pflanzendecke breitete sich über das Wasser. Froschlöffel und Schachtelhalme waren aufgeschossen und fingen das Mondlicht wie in einem Gitterwerk. «Mein Herr – mein Herr», wiederholte Mila mit ihrer weichen Stimme. Felix hörte es wie im Halbtraum, und noch ein Ton drang zu ihm, ein helles Singen – das näher kam. Er fühlte, wie Mila seine Hand fest drückte, er fuhr auf. Die Stimme war ganz nah: «Annemarie», dachte er. Da ging sie auch schon an ihnen vorüber, langsam. – Einen Fliederzweig hielt sie in der Hand und bewegte ihn sachte, als schlüge sie den Takt zu ihrem Lied. Die Schleppe des weißen Musselinkleides rauschte leise auf dem Kies. Es war, als wendete sie den Kopf einen Augenblick nach der Seite, wo die beiden im Schatten saßen. Felix sah deutlich das schmale Gesicht – ruhig und fremd, die Lippen waren im Singen halb geöffnet. So ging sie vorüber. Der Gesang entfernte sich, wurde schwach, dann kam er wieder deutlicher über das Wasser, wie ein Wiegenlied klang es, ein Lied, das eine Mutter im Schein der Nachtlampe an einer weißen Wiege singt, wenn ihr die Augen halb zufallen. Jetzt war sie auf der andern Seite des Teiches. Die helle Gestalt ging den Brettersteg entlang, der in das Wasser hineingebaut war. Am Ende des Stegs blieb sie stehen, wiegte den Fliederzweig und sang.

Felix war aufgesprungen. «Annemarie!», rief er.

Aber die weiße Gestalt war fort. Ein Ton im Wasser. Wildenten flogen aus dem Schilf auf. Das Mondlicht auf dem Wasser drüben wurde einen Augenblick unruhig, fuhr kraus hin und her.

«Geh – ruf», stöhnte Felix auf. Er stürzte an den Teich, warf seinen Rock ab, sprang in das Wasser. Er musste hinüber. Mit seidigem Knistern schob sich die grüne Pflanzendecke vor ihm zurück. Das Wasser war lauwarm. Mitten im Teich lag eine Insel von Froschlöffeln. Felix musste hindurch. Die kleinen, aufrechten Blüten streuten ihm Blütenstaub in das Gesicht, der leicht nach Honig duftete. Nun war er mittendrin, da hielt etwas seinen Fuß. Er stieß kräftig mit den Armen. Da fasste es ihn an den Arm, und wie er los wollte, drängte es von allen Seiten heran, umschlang ihn mit weichen, kühlen Fingern. Atemlos kämpfte er gegen dieses Netz, das wich und wieder herandrängte, nachgebend und undurchdringlich. Er fuhr mit den Händen hinein, wie in einen Knäuel kalter, seidenglatter Glieder, er zerriss sie, hörte sie leise knirschen. Er vergaß alles in der Wut dieses Kampfes gegen das stumme, tückische Leben um ihn her. Und wenn er einen Augenblick stille hielt, um aufzuatmen, dann sah er um sich den Teich ruhig und mondbeglänzt. Nur die großen Blätter der Wasserrosen wiegten sich sachte. Eine letzte, verzweifelte Anstrengung und er war frei, um ihn klares Wasser. Wohlig atmete er auf, streckte sich, wiegte sich auf dem Wasser –, da sah er den Steg, und er wusste es wieder, warum er hier war: «Sie wartet – sie ist in Not.» Eilig schwamm er zum anderen Ufer. Hier musste es sein. Das Wasser war tief und klar. Ein blühender Fliederzweig schwamm darauf. Felix tauchte einmal und dann wieder – es war ihm, als hielt er ein Kleid – einen Arm – eine Hand. Er schwamm zum Ufer, die kleine, kalte Hand fest in der seinen.

Er hob Annemarie an das Land, beugte sich über sie, riss hastig die Kleider von ihrem Körper, kniete vor ihr und sah sie an. Die Brust, die Glieder waren blank von Wasser und durchsichtig weiß. Das Gesicht fremd und streng in seiner tiefen Ruhe; die Lippen halb geöffnet. Der bläuliche Schmelz der Zähne schimmerte zwischen ihnen hervor. Die Oberlippe war ein wenig hinaufgezogen, hochmütig und abwehrend. Es war, als hätte Annemarie sich müde ausgestreckt und sagte: «O nein – ich danke – nicht für mich.»

Sentimentale Wandlungen

Mimi setzte sich in ihrer Sofaecke zurecht, ein wenig müde. Ihre Pflicht war getan: Sie hatte den Tee eingeschenkt, sie hatte einem jeden etwas gesagt. Nun saßen sie wohlversorgt um sie her und sprachen. Mimi nahm ihre Teetasse, rückte den Korb mit dem Kuchen näher zu sich heran und begann zu essen und zu trinken. Sie war hungrig. Neben ihr saß die alte Fürstin, dick und weich. Die Schmelzen an ihrem Mantel und Hut klapperten leise, wie bereifte Tannennadeln im Winde. Sie sprach von ihren Enkeln. Sie war gerade bei dem jüngsten, Egon, der sehr begabt war. Alle Enkel der Fürstin waren sehr begabt. Ihnen gegenüber in dem großen Sessel lag die Gräfin Mathilde. Das verstand sie – auch auf dem kleinsten Stuhl goss sie sich hin, als läge sie im Bett. Das klassische Profil unter dem großen schwarzen Hut hielt sie regungslos dem neben ihr sitzenden Leutnant von Werden zugewandt, der es mit seinen hervortretenden blauen Augen und seinem Monokel anstrahlte. Frau von Selinsky, ganz in schwarze Trauerschleier gehüllt, erzählte mit ihrer erregt klagenden Stimme dem Dichter Ebert von Fallingbot etwas von einer wahren Leidenschaft. Er hörte ihr müde, ein wenig gelangweilt zu, als Mann, der die menschlichen Leidenschaften nur allzu gut kennt. Am lautesten sprach das alte Fräulein von Wegmann. Der Tee berauschte sie, und sie lebte ohnehin davon, sich zu begeistern.

Durch das Fenster drang der letzte Tagesschein in das Zimmer, kalt und bleich von all dem Schnee, der draußen im Garten lag, ein Licht, das die Gestalten seltsam unstofflich erscheinen ließ, dunkel und flach wie Papierpuppen. Hugo, Mimis Gatte, trat ein. «Ah», sagte Mimi und lächelte ihm entgegen. Er erschien nur selten zu ihren Nachmittagstees, und doch liebte sie es so sehr, ihn den Damen zu zeigen. Er sah so elegant aus mit dem spitzgeschnittenen, blonden Bart, der Stirn, die schon ein wenig zu hoch wurde, dem gütigen, etwas spöttischen Lächeln. Mit ihm kam Fred von Trehlen, der jüngste aller Attachés, Mimis Kamerad von der Tanzschule her. Gott, hatte der heute eine hohe schwarze Krawatte! Als er sich verbeugte, errötete er über das ganze runde Knabengesicht bis hinauf zu den blonden Haaren, die so hübsch kraus waren wie ein Lammsfellchen.

«Kommen Sie hier zu mir, Fred», sagte Mimi. «Sie essen gern Kuchen.» Sie reichte ihm Tee, wagte ihn aber nicht anzusehen, weil sie sonst hätte herauslachen müssen über die hohe schwarze Krawatte.

«Ich spreche hier eben von der Gräfin Alexandrine», wandte sich Fräulein von Wegmann in ihrer aufgeregten Art an Hugo. «Sie wissen doch, dass der Leutnant von Thalen nach Afrika geht?»

Ja, Hugo wusste das.

«Nun – sie schickt ihn fort – sie. Verstehen Sie. Einfach und groß bringt sie dieses Opfer. Herrlich, was?»

«Was, was?», fragte die alte Fürstin.

«Sie sieht, sie muss ihn lieben», erklärte Fräulein von Wegmann. «Dafür kann sie nichts. Aber sie schickt ihn fort. ‹Gehen Sie, mein Freund›, hat sie zu ihm gesagt. Herrlich!»

«Ja», warf Herr von Fallingbot müde hin, «das ist mehr als Tugend, das ist Stil. Übrigens scheint mir das Opfer, das Martyrium auch in unserer Kultur für die Frau die höchste Form des Genusses zu sein.»

«Die heilige Julia am Kreuz als Bild der höchsten Wollust des Weibes», bemerkte Fred und wurde sehr rot.

Mimi sah ihn erstaunt an. Wo hatte er das her?

Aber Fräulein von Wegmann wollte sich ihr Thema nicht nehmen lassen: «Donnerstag auf der großen Abendgesellschaft hat sie Abschied von ihm genommen. Sie hat ihm die Hand gereicht und gesagt: ‹Leben Sie wohl, Herr von Thalen› – nichts weiter. Aber der Ausdruck des Gesichtes – eine Tragödie! Ach, diese Frau wandelt sicher und rein am Rande jedes Abgrundes hin.» Fräulein von Wegmann sprach, als rezitierte sie ein Gedicht.

Hugo machte ein ernstes, andächtiges Gesicht und sagte: «Ja, eine wundervolle, heroische Frau.»

Mimi fühlte, dass sie gegen die Gräfin Alexandrine war, und sie musste etwas gegen sie sagen. Kam es ungeschickt heraus, umso schlimmer. «Ja – aber der Graf, der Gatte», begann sie. «Der muss doch dazu ein recht dummes Gesicht machen, wenn seine Frau so – so Opfer bringt.»

«Wirklich lieben wir nur die Frau», sagte Herr von Fallingbot gelangweilt, als würde er gezwungen, eine alte Regel immer wieder einzuschärfen, «die uns ein Opfer gebracht hat. Das Opfer ist sozusagen die Farbe der Frau.»

«Wo sollen wir denn alle einen Leutnant herbekommen, um ihn nach Afrika zu schicken?», entfuhr es Mimi in einem fast ungezogenen Ton.

Herr von Fallingbot lächelte sie an, wie man ein Kind anlächelt, und Hugo sagte abweisend: «Du kennst wohl die Verhältnisse nicht, Kind.»

Mimi biss sich auf die Unterlippe. Gut! Sie konnte ja auch schweigen. Sie war froh, als ihre Gäste gingen.

«Adieu, Maus», sagte Hugo, «ich muss noch fort, aber heute Abend bleib ich bei dir.»

«Ah!» – Mimi machte wieder ein zufriedenes Gesicht: »Ich geh noch mit Fred spazieren.»

«Tu das!»

Mimi stellte sich vor den Spiegel und betrachtete sich genau – das ganz runde, rosa Gesicht – zu viel blondes Haar – der Mund ein wenig zu breit und zu rot, die Taille zu rund. Nein, so sah keine heroische Frau aus! Fred stand hinter ihr und schaute sie auch an. Mimi lachte.

«Hören Sie, Fred», sagte sie, «was Sie da von der Heiligen und von dem Opfer sagten, war Unsinn.»

«Wieso?», protestierte er. «Das ist meine Ansicht. Ich bewundere die Gräfin Alexandrine.»

«Natürlich!», höhnte Mimi. «Darauf fliegt ihr alle – darauf fallt ihr alle herein. Warten Sie, ich geh mich anziehen.»

Es dämmerte schon, die durchsichtige Dämmerung der klaren Winterabende. Die Laternen wurden angesteckt und standen strahlenlos wie Stückchen gelben Glases in der weißen Helligkeit. Es fror. Die Schritte der Menschen auf den Straßen, die Zweige der Bäume, alles knisterte. Mimi streckte die Hände tief in den Muff. «Nun los!», kommandierte sie – und sie gingen schnell, ein wenig vorgebeugt, ließen den scharfen Luftzug sich um die Wangen pfeifen. Diese Luft, die wie mit kleinen Nadelspitzen die Haut kitzelte, legte beiden etwas wie unternehmungslustige Ausgelassenheit in das Blut. Sie sahen sich an und lachten. Drüben im Park war es schon still. Die Bäume waren dicht verschneit, standen weiß und regungslos da – und am Ende der Allee hing am Himmel noch orangefarbenes Abendgold. Es war ganz feierlich.

«Wie eine weiße Kirche», sagte Fred.

«Bitte, dichten Sie jetzt nicht», unterbrach ihn Mimi.

«Was haben Sie?», fragte Fred. «Hab ich Sie geärgert?»

«Nichts hab ich», meinte Mimi. «Sehn Sie, hier ist's glatt, hier können wir rutschen.» Zu beiden Seiten des Weges zogen sich blanke Eisstreifen hin. Mimi begann zu laufen und zu gleiten. Sie lachte, breitete die Arme aus: «Wie der Wind mich treibt. Es geht von selbst. Hinein – hinein in den apfelsinenfarbenen Himmel. Kommen Sie nach, Fred!»

Sie bewegte die Arme wie Flügel. Fred lief ihr nach. Auch er lachte. «Famos!», rief er. «Machen Sie den Mund auf. Dann ist's, als ob man alles hereintrinkt – das Weiß und den gelben Himmel – wie ein großes Gefrorenes.»

«Ja – ja», antwortete Mimi. «Es schmeckt wirklich nach Apfelsinen und Tannen – sehr gut – Orangeneis.»

Fred wurde poetisch: «Leben trinkt man – ich bin so voll davon – es geht über – auf Sie – spüren Sie es?»

Mimi blieb atemlos stehn. «Ihr Leben auf mich?», sagte sie. «Danke, behalten Sie's, ich hab selbst genug.» Sie ließ die Arme sinken: «Jetzt bin ich müde. Da unten am Himmel wird's auch schon grau.»

Sie setzten sich auf eine Bank. Das Gold am Himmel war verblasst, dafür stieg über den weißen Wipfeln, sehr hoch in einem leeren Himmel, ein lächerlich runder Mond auf.

«Warum sind Sie plötzlich so ernst?», fragte Fred.

«Gott! Ich kann doch auch einmal aufhören zu lachen», erwiderte Mimi.

«Das können Sie. Sie können alles», bestätigte Fred leise und begeistert. «Nur so plötzlich sind Sie traurig.»

Ja, wirklich, sie war traurig, fiel es Mimi ein, daher schwieg sie nachdenklich.

«Das kommt so über uns», fuhr Fred fort, «wenn etwas sehr schön ist. Nicht wahr? Wenn ich bei Ihnen bin, fühl ich das oft – ich weiß nicht: Ist es Traurigkeit oder Glück. Liebe ist es auf jeden Fall.»

Er nahm ihre Hände, streifte die Handschuhe von ihnen ab. Mimi schloss die Hände, und Fred hielt diese kleinen, kalten Fäuste und küsste sie immer wieder, dabei murmelte er: «Ah, Veilchenseife, das sind überhaupt keine Hände, das sind kalte, glatte, kleine Steine, die stark nach Veilchen duften.»

Mimi ließ ihm ihre Hände. Sie war zu müde, um sie ihm zu entziehen, und die warmen Lippen, die sich immer wieder auf ihre Hände drückten, taten ihr wohl. Sie schaute ernst zum Mond auf und sagte langsam, in Gedanken versunken, vor sich hin: «Das ist nun eine Liebeserklärung?»

«Gewiss ist das eine», sagte Fred erregt. «Immer hab ich Ihnen Liebeserklärungen gemacht – von jeher, schon in der Tanzstunde – immer, immer.»

Mimi entzog ihm ihre Hände. «Wozu?», meinte sie.

«Wozu?», rief Fred. «Ich weiß es nicht. Man lebt, man sagt es so ins Blaue hinein. Wozu? Weiß man das denn? Man muss, man denkt –

vielleicht – kommt plötzlich das Herrliche. Es ist so wie hier in den dunkeln Alleen: Man geht, man weiß nicht wohin, aber man hofft immer, wenn man um die Ecke biegt, wird der Himmel ganz hell vor einem stehen, ganz ...»

«Apfelsinenfarben», ergänzte Mimi.

«Ja.»

Mimi sah ihn erstaunt an. Seine Stimme zitterte, klang geheimnisvoll eindringlich. Dann sprach sie wieder sinnend vor sich hin: «Ob der Leutnant von Thalen ihr solche Liebeserklärungen gemacht hat?»

«Was geht der uns an», sagte Fred böse. «Ach, Mimi, Sie wissen nicht, wie stark ich das fühle. Wenn ich jetzt nach Hause gehe, sitze ich einsam in meinem Zimmer, mache mir Tee und denke immer dasselbe: an die Hände und die Veilchenseife und an Sie. Und wenn ich zu Bette gehe, denke ich noch immer daran, bis ich davon träume.»

«O wirklich?» Mimi betrachtete sein mondbeglänztes Gesicht, das hübsche Knabengesicht, das wirklich ein Leiden ausdrückte, etwas Hilfloses und Trauriges. Ihr wurde das Herz schwer. Sie streichelte seinen Arm. «Armer Fred!», sagte sie. «Aber jetzt müssen wir gehn.»

Sie gingen heim über die hell beschienenen, ganz silbernen Wege. In den dunklen Alleen nahm Mimi Freds Arm. «Das wird ihn freuen», dachte sie, und sie hatte plötzlich das Gefühl, als wären sie beide unglücklich, als hätten sie einen gemeinsamen Schmerz, den sie schweigend durch die schweigende Ruhe der weißen Wege hintragen. Das war traurig und doch angenehm. Aber in den hellen Straßen war das fort, und als sie sich dem Haus näherten, freute sich Mimi, dass Hugo am Kamin bei der Lampe saß und auf sie wartete.

Ja, Hugo saß am Kamin bei der Lampe mit dem großen rosa Schirm und las die Zeitung. Wie köstlich gemütlich das aussah! Sein schöner, blonder Bart, sein Gesicht, die zu hohe Stirn, alles war rosa im Lampenschirm.

«Warum so spät?», fragte er väterlich und sah auf, kleine, freundliche Falten an den Augenwinkeln. Mimi antwortete nicht. Sie ging zu ihm und küsste ihn auf die zu hohe Stirn. «Ich bin hungrig», sagte sie dann. Sie freute sich auf das Abendessen, auf die Wärme am Feuer, auf den stillen Abend, da sie gemütlich und sicher bei dem großen, gütigen Mann sitzen konnte.

Nach dem Essen streckte Mimi sich in dem großen Sessel am Feuer aus. Sie war angenehm müde. Sie blinzelte zu Hugo hinüber, sie sagte etwas, sie wusste selbst nicht was. Zuweilen kam die Erinnerung an die weiße Nacht draußen, an Fred; aber flüchtig, wie an etwas Fernes, Fremdes. Plötzlich fuhr sie auf: «Du fährst morgen?»

Hugo nickte: «Du weißt, vor Weihnachten sind auf dem Gut Rechnungen abzuschließen und so.»

«Nimm mich mit!», schlug Mimi streng vor.

«Ach nein», meinte Hugo. «Das große, kalte Haus. Ich habe zu tun. Das geht nicht.»

Das kränkte sie, sie wusste selbst nicht warum. Sie machte ein ernstes Gesicht, schwieg, dachte nach. Sie hatte Lust, irgendeinen Streit anzufangen. «Ich wundere mich», begann sie, «dass du dich heute Nachmittag so stark für die Gräfin Alexandrine begeistern konntest.«

«Begeistern!», sagte Hugo. «Ich finde, sie ist eine wunderbare, heroische Frau. Ich verehre sie sehr.»

«Ich fand es lächerlich», erklärte Mimi jetzt ziemlich erregt. «All diese Männer, die süße Gesichter machten, weil die Gräfin Alexandrine sich in den Leutnant von Thalen verliebt und ihn deshalb nach Afrika fortschickt. Ja, wollt ihr denn das?»

Hugo lächelte und begann den Fall freundlich zu erklären: «Ich bewundere die ehrliche Tat dieser Frau. So etwas kann man nicht verallgemeinern. Jede Seele ist etwas für sich, ein Einzelfall, Gott sei Dank. Diese Frau ist eine heroische, leidenschaftliche Natur. Du kennst sie nicht. Du urteilst über sie wie über eine Tragödie, die du nicht gesehen und nicht gelesen hast.»

«Die anderen alle schienen sie gelesen zu haben, du auch», warf Mimi höhnisch ein.

«Nun», erwiderte Hugo, «eine Frau, die gesellschaftlich so im Vordergrund steht, kann nichts dafür, wenn ihr Leben aufmerksam beobachtet wird.»

«Ich», platzte Mimi jetzt heraus, «ich natürlich bin gar nicht heroisch.»

Hugo lachte: «Nein, Kind, du bist nicht heroisch. Du hast das, Gott sei Dank, nicht nötig. Du bist nicht da, um Tragödien zu erleben. Für dich ist der Friede. Das ist dein Teil. Vom blonden Zopf bis in die Fingerspitzen und Fußspitzen bist du Friede, rosa und blonder Friede.»

«Wie langweilig das klingt», rief Mimi.

«Aber glücklich», meinte Hugo.

Mimi lächelte überlegen: «Ihr Männer glaubt, dass ihr alle Frauen kennt, wie – wie ein Buch, das ihr gelesen habt. Mich natürlich, mich hast du auch schon durch und durch gelesen. So 'n Friede liest sich schnell.»

«Nicht nur gelesen», erwiderte Hugo, «sondern auswendig gelernt. Wenn du nicht da bist, bete ich dich mir her wie ein Kindergebet.»

Mimi machte ein geheimnisvolles Gesicht: «Ja, ja, so 'n dummer kleiner Vers, den man bald behält. Gut, gut!» Sie lehnte sich zurück und schloss die Augen. Sie wollte an Fred denken, an seine leidenschaftlichen Augen, an seine Lippen, die sich immer wieder auf ihre Hand drückten. Wenn Hugo wüsste. Und sie kam sich voll tragischer Rätsel vor.

Am nächsten Tag war Hugo schon frühmorgens abgereist. Mimi fand die Zimmer, die still im bleichen Winterlicht dalagen, fand das einsame Gedeck auf dem Frühstückstisch leer und langweilig. Das war wohl dieser Friede, mit dem sie bis in die Fingerspitzen hinein voll sein sollte! Sie ging aus. Ein weißer Schneenebel erfüllte die Luft. In ihm bekamen alle Farben, die Kleider, Hüte, Gesichter eine hübsche, weißverschleierte Helligkeit, als seien sie alle, wie kostbare Sachen, vorsichtig in ganz dünnes Seidenpapier gewickelt worden. Das heiterte Mimi auf. Als sie um eine Ecke bog, stand Fred vor ihr. Sie war nicht überrascht. Es war ihr, als müsste das so sein.

«Ah, Mimi!», sagte er. «Ich wusste, dass ich Ihnen begegnen würde. Ich ging aus, weil ich das wusste.»

«Wirklich?», fragte Mimi interessiert. «Gibt's das?»

«Es wäre traurig, wenn es das nicht gäbe!», rief Fred. «Kommen Sie dort in die Konditorei, trinken Sie einen Maraschino, und ich erzähle Ihnen was.»

In der Konditorei roch es angenehm nach süßem Kuchen und Bonbons. Der Maraschino war so süß, dass Mimi die Augen zukneifen und mit den Wimpern blinzeln musste. «Haben Sie gestern wieder einsam Tee getrunken?», fragte sie.

«Gewiss!», versicherte Fred. «Und an Sie gedacht. Ich sehnte mich so unbändig nach Ihnen, dass ich glaubte, ich könnte Sie zwingen, zu kommen, Ihre Seele zwingen. Ja, ich glaube, sie war da.»

«Nein, gewiss nicht», protestierte Mimi.

«Doch!», fuhr Fred fort. «Und als ich einschlief, träumte ich von Ihnen – träumte ich – ich kann Ihnen nicht sagen –»

«Ich verbiete Ihnen, mir Ihren Traum zu erzählen», unterbrach ihn Mimi und wurde ein wenig rot.

«Ich tu es ja nicht», versicherte Fred, «ich wollte Sie bitten, mit mir heute in den Wald zu fahren. Wir gehen spazieren, die Sonne geht unter und so –»

«Was fällt Ihnen ein?», sagte Mimi streng.

Aber Fred bestand darauf. «Warum nicht? Was kann das Ihnen ausmachen? Sie können doch auch mal etwas Ungewöhnliches tun. Ein Almosen für mich. Sie können sicher an jedem Abgrund hingehen.»

«Das sagte Fräulein von Wegmann schon von der Gräfin Alexandrine», meinte Mimi.

«Ach die! Die soll gehen, wohin sie will», wehrte Fred ungeduldig ab. «Aber Sie, Mimi – Sie können alles tun.»

«Sind Sie der Abgrund?», fragte Mimi.

«Gewiss!», bestätigte Fred. »Und später essen wir im Waldhäuschen Omelette mit Preiselbeeren.»

«Ich esse keine Preiselbeeren», wandte Mimi ein.

«Dann mit Aprikosen», fuhr Fred fort. «Ich hole Sie ab – nicht?»

Mimi war nachdenklich. «Ja – aber ich weiß nicht, ob ich fahre» – schloss sie die Unterhaltung.

In dem schweren Nachmittagslicht wurde das Land golden, ein mattscheinendes Gold. Es lag auf dem Schnee, auf den Bäumen; eine seltsam blonde Welt, aus der die roten Dächer und Fabrikschornsteine grell und lästig hervorstachen. Fred und Mimi saßen im geschlossenen Wagen. Die Fenster hatten sie heraufgezogen, eine große rote Decke bedeckte ihre Füße. Fred machte ein sehr glückliches Gesicht, aber er war ein wenig befangen, er sprach viel, so auf das Geratewohl: «Nein, sehen Sie, Mimi, wie gelb alles draußen ist! Wie eine Landschaft auf einem gelben Glas. Wissen Sie, solche Gläser, wie man sie in Karlsbad am Brunnen bekommt. Auch der Wagen ist voller Gold. Ihr Gesicht sieht aus wie ein Weihnachtsapfel, den man angefangen hat zu vergolden.»

Mimi war ernst. Sie tat höfliche Fragen: «Was ist das für eine Fabrik – wohin geht der Zug dort?» Sie unterhielt sich, als säße sie wohlerzogen neben einem Besucher, der sie nicht besonders interessierte.

«Hier steigen wir aus», sagte Fred. Der Wagen hielt am Waldesrand.

Fred half Mimi aus dem Wagen, höflich und achtungsvoll, ganz Attaché. Mimi lächelte jetzt. So in all dem Licht zu stehen machte sie lächeln.

«Wir kriegen noch einen ganz roten Sonnenuntergang!», rief Fred begeistert.

Sie gingen einen schmalen Waldweg entlang, wie durch einen weißen Korridor. Die dichtverschneiten Tannen streckten große Hände in weißen Pelzhandschuhen über sie aus. Sie mussten sich bücken, um unten durchzukommen. Es roch angenehm nach feuchten Tannennadeln. «Hier ist's fast heilig», sagte Fred, der hinter Mimi herging. «Ach, ich bin Ihnen so dankbar! Es ist der schönste Augenblick meines Lebens.»

«Sprechen Sie jetzt nicht davon», unterbrach ihn Mimi.

«Nein, nein», meinte Fred, «wir wollen still durch dieses hübsche, weiße Schweigen hingehen.» Er wurde poetisch: «Eine Welt von weißen Kopfkissen.»

Mimi lachte: «Kopfkissen – Unsinn.» Ja wirklich, diese Welt tat ihr gut. Man badete sich geradezu in all dem Weiß. Das unangenehme Gefühl, das sie beunruhigt hatte, war fort.

Jetzt wurde der Wald lichter. Die Sonne ging unter. Der Wald wurde ganz rosa, ein derbes Rosa, wie Sonntagsschürzen von Dorfmädchen.

«Hübsch», sagte Mimi, «wie die alten Sèvrestassen zu Hause.»

«Kommen Sie», sagte Fred. «Eine Bahn von rosa Porzellan.»

Sie fassten sich an den Händen und glitten den Weg hinab. «Ich kann nicht mehr», rief Mimi, sie stolperte und fiel in den Schnee, aber sie lachte: «Oh, oh, ich ertrinke in rosa Watte.»

Fred holte sie heraus. «Sie sind nass, wir müssen machen, dass wir in die Stube kommen.»

Im Wald war es schon dämmrig. Mimi hing sich schwer an Freds Arm. Die Dämmerung in den weißen Gängen war ein wenig unheimlich. Geräusche erwachten, gedämpft, heimlich, wie Schleichen auf weichen Strümpfen. Mimi schmiegte sich eng an Fred, der den Arm um ihre Taille legte und immer flüsterte: «So ist's gut, liebe, liebe Mimi.»

Im Wirtshaus war ein Zimmer bereit. Im Ofen brannte ein Feuer, das nach Harz und nassem Tannenholz roch. «Wir sind nass», sagte Fred, zog Mimi den Mantel aus, setzte sie in den Sessel am Ofen, kniete nieder, zog ihr die Schuhe und Strümpfe aus. «Ganz kalt, ganz kalt», murmelte er, «kalte Puppenfüße.»

Mimi bog den Kopf zurück, schloss die Augen. Wie weit, weit fort von der gewohnten Mimi – dieses Zimmer mit dem schwarzen Rosshaarsofa, darüber ein Öldruck: ein grüner Jäger, der auf einen schwarzen Gemsbock schießt. Vor der Tür fremde Männerstimmen. Ihr zu Füßen Fred, der ihre nackten Füße in seinen heißen Händen hielt. Jetzt küsste er ihre Füße. Wie seltsam!

Die Wirtin kam herein mit Tellern und Schüsseln. Auch eine Traumgestalt: Sie hatte den größten Busen der Welt. Mimi drückte ihr Taschentuch auf den Mund, weil sie so über diesen Busen lachen musste, und Fred presste seinen Mund gegen Mimis Knie, um sein Lachen zu dämpfen. Sie lachten, dass ihnen die Tränen kamen. Es roch gut nach Omelette. Mimi wollte essen. Sie setzten sich an den Tisch. Es gab Omelette mit Aprikosen und einen kleinen, säuerlichen Sekt, der in der Nase kitzelte.

«Es ist doch furchtbar unpassend, dass ich hier bin, und noch ohne Strümpfe», bemerkte Mimi.

«Liebe ist nie unpassend», erwiderte Fred ernst.

Mimi nippte nachdenklich an ihrem Glas. «So?», meinte sie. «Ich denke gerade so – – jetzt bin ich betrunken, nicht wahr? Wenn die Dinge im Zimmer zu nicken anfangen, dann ist man betrunken?»

«Natürlich», bestätigte Fred. «Kommen Sie, wir setzen uns ans Feuer.» Er setzte Mimi wieder in den Sessel, wickelte sie in die Decke, kniete neben ihr, küsste ihre Hände – schweigend, mit fliegendem Atem.

Mimi schloss die Augen, ihr war sehr heiß, das Blut sang ihr in den Ohren. Jetzt beugte Fred sich über sie, legte die Hände auf ihre Schultern – jetzt küsste er ihren Mund. Wie heiß seine Lippen waren! Mimi richtete sich auf. Freds Gesicht war ganz nahe dem ihren. Es war rot und hatte seltsam blanke Augen.

«Warum fahren wir nicht?», sagte Mimi. «Ich will heim.»

«Jetzt?», erwiderte Fred, und seine Stimme klang böse.

«Ja!», rief Mimi heftig. «So gehn Sie – machen Sie! Heim will ich!»

Fred ging hinaus, die Rechnung zu bezahlen; als er zurück kam, fand er Mimi dasitzen und weinen.

«Schnell», sagte sie. Sie legte Hut und Mantel an, eilig, als gälte es, einer Gefahr zu entfliehen.

Nun saßen sie im Wagen, Gott sei Dank!

«Was haben Sie, Mimi?», fragte Fred.

Sie wusste nicht, was sie hatte – sie wollte nach Hause. Als sie aus dem Wagen stieg, flüsterte Fred: «Auf morgen.»

«Ich – ich weiß nicht», antwortete sie und lief die Treppe hinauf.

«Wollen Frau Baronin essen?», fragte Lina, die Kammerjungfer.

Mimi stand mitten in ihrem Zimmer und sann. «Nein, Lina», sagte sie, «ich will – ich will ein Bad.»

Eine seltsame Nacht verbrachte Mimi. Sie konnte nicht schlafen, sie dachte an den rosa Wald, an die Wirtsstube, die dicke Wirtin, den säuerlichen Geschmack des Sektes, und das war unerfreulich und quälend. Sie dachte auch an Fred, aber auch er war fremd. Sie musste es immer wieder fühlen, wie er ihre Füße küsste, ihre Lippen. Das kam immer wieder, verfolgte sie, lauerte ihr auf. Am nächsten Morgen blieb sie lange im Bette liegen. Sie hatte nicht den Mut, den Tag zu beginnen, und als sie doch aufstand, wusste sie nicht recht, was anzufangen. Ein seltsam ungeordnetes, unbehagliches Gefühl ließ sie nicht zur Ruhe kommen, ein Gefühl, wie wir es wohl nach einer Nacht im Schlafwagen haben, wenn kein Raum da ist, um sich ordentlich zu waschen und anzukleiden. Am Nachmittag begann sie Fred zu erwarten, ein freudloses, bohrendes Warten.

Dann kam er. Er brachte Blumen und war feierlich. Er legte den Arm um ihre Taille, sie nahm ihn aber schweigend fort. Sie gingen spazieren in den Park. Der Abend war grau, es tropfte von den Bäumen. Die Dämmerung war heute alltäglich und melancholisch. Fred sprach von seiner Liebe und vom einsamen Teetrinken. Mimi wurde das Herz weich. Sie erlaubte es, dass er den Arm um ihre Taille legte und sie küsste. Das war doch wenigstens nicht alltäglich.

Zu Hause, allein vor dem Kamin, weinte Mimi, sie wunderte sich selbst darüber. Und dann war in ihr ein eifriges Räsonieren und Debattieren, das sie an sich nicht kannte und das sie todmüde machte. Was war denn geschehen? War sie denn in Fred verliebt? Die Fahrt und der Kuss und dieses Warten auf ihn! Das war wohl der Abgrund, von dem Fräulein von Wegmann sprach. Angenehm war das nicht; darauf zu verzichten war nicht heroisch. Ob das auch alles in Hugos Verschen stand, das er auswendig kannte und herbeten konnte? Ganz Friede! Du guter Gott! Aber das musste aufhören. Sie fühlte sich unglücklich, sie wollte ihre Ordnung haben. Fred musste fort. Morgen wollte sie es ihm sagen, freundlich, aber bestimmt. Der arme Junge! Der Gedanke daran bewegte ihr Herz mit einem sanften Mitleid, mit einer milden Traurigkeit, wie wir sie empfinden, wenn wir ein hübsches, melancholisches Buch gelesen haben.

In der Nachmittagsdämmerung saßen Fred und Mimi sich im Salon gegenüber. Mimi sprach ernst, aber eindringlich: «Sehen Sie, Fred, es muss sein. So kann es nicht bleiben. Ich will nicht immer an Sie denken müssen und warten.»

«Also Sie haben an mich gedacht?», schaltete Fred ein.

«Ja – nein. Ich weiß nicht. Aber das muss vorüber sein. Ich habe viel geweint. Das macht mich krank. Wozu? Sie gehen zu den Ferien fort und lassen sich dann versetzen.»

Fred war sehr bleich, seine Stimme klang so seltsam. «Wie Sie wollen», sagte er leise. «Ich tue, was Sie wollen. Sie müssen ruhig und glücklich sein. Ich? – Gleichviel?» Dann saß er schweigend mit gebeugtem Kopf da.

Wie er ihr leid tat! Sie fuhr ihm leicht mit der Hand über das krause Haar. «Machen Sie sich nichts draus, kleiner Fred», sagte sie.

Er nahm ihre Hand und drückte sie an seine Augen, die ganz feucht waren: «Ich komme morgen Abschied nehmen.»

«Ja – ja.»

Den Abend verbrachte Mimi in gerührter Stimmung. Sie dachte an Fred, aber es war ein wohltuendes, starkes Fühlen, als hörte sie einem traurigen Lied zu. Der Diener brachte einen Brief von Hugo. Er kam morgen Abend. «Ah», sagte Mimi. Schon die Nachricht gab ihr etwas von dem gemütlichen Sicherheitsgefühl, das Hugos Gegenwart um sich verbreitete.

Was sollte sie ihm zu essen bestellen?

Am Vormittag ging Mimi aus, um frische Blumen für die Zimmer zu kaufen, dann kam die Schneiderin. Erst am Nachmittag fiel es ihr ein: «Heute kommt Fred, um Abschied zu nehmen.» Halt! Ja, was sollte sie ihm sagen?

Als er kam, sah er verändert aus, so bleich und ruhig. Er setzte sich zu ihr. «Also, ich reise heut Abend.»

«Wohin?»

Er zuckte die Achseln: «Gleichviel! Seien Sie glücklich, Mimi – wenigstens Sie» – er konnte nicht weitersprechen.

«Oh, Fred», sagte Mimi erschrocken und hatte Tränen in den Augen. Sie hätte ihn so gern getröstet. «Wissen Sie was», begann sie frisch, «ob – ob Sie nicht hierbleiben?»

Fred sah erstaunt auf, dann lächelte er matt: «Sie sind gut, Mimi, aber nein, Sie sollen Ihren Frieden wiederhaben.»

Mimi errötete. «Ich – ich glaube, das wird mir nichts machen. Ich habe es mir überlegt. Es ist vorüber. Wirklich! Meinetwegen können Sie ruhig bleiben, glaub ich.»

Was für ein seltsames Gesicht er machte: Er verzog es, als schmerzte es ihn. Dann stand er auf.

«Gewiss», wiederholte Mimi unsicher, «Sie können ruhig bleiben.»

«Ich verstehe», sagte er mit einem fremden Schnarren in der Stimme. «Ich danke Ihnen, Baronin; aber was sollte mich hier noch halten?» Damit verbeugte er sich und ging.

Mimi schaute ihm erstaunt nach. Dann sann sie. «Baronin» hatte er gesagt, und dieses Gesicht! Schön war das! Wo er das herhatte! Der liebe Junge. Das ergriff sie ordentlich. Hugo wollte sie das nicht erzählen, der würde am Ende lachen – und diese Erinnerung sollte ihr heilig sein!

Im Rahmen. Skizze

Herr Stein, der Kammerdiener des Fürsten, stieg langsam, ein wenig mühsam, die Treppe zu dem unteren Geschäft hinab. Gott, er war wie zerschlagen. Er machte auf dem Treppenabsatz sogar einmal Halt, blieb am geöffneten Fenster stehen, schaute auf den Garten hinab, der im rotgoldenen Nachmittagslichte des Spätsommertages still dalag. Stein gähnte. Ho – ho, es war, als wollte er all die warme Luft, all den süßen Duft der Nelken und Tuberosen in diesen weit offenen Mund mit den langen, kränklichen Zähnen hineintrinken. Dann ging er hinüber in das kleine, hellblaue Zimmer, in dem er mit dem Küchenchef seine Mahlzeiten einzunehmen pflegte.

Dort fand er Frau Bleicher, die Wirtschafterin, müßig und auch ein wenig schläfrig, am Fenster sitzen. Sie begrüßte ihn mit einem traurigen Kopfnicken. «Wie steht's?», fragte sie.

Stein winkte matt mit der Hand und ließ sich seufzend in den Sessel sinken. «Unverändert», sagte er; «wir werden eine schwere Nacht haben.»

«So, also heute Nacht?», meinte Frau Bleicher.

Stein verzog sein weißes, faltiges Gesicht, als habe er einen sehr bitteren Geschmack im Munde.

«Wollen Sie nicht ein Glas Portwein und einen Zwieback?», schlug Frau Bleicher vor. «Gott, Sie sind so angegriffen!»

Stein bat darum: «Man schläft ja nicht mehr», fügte er ergeben hinzu.

Frau Bleicher ging den Wein holen. Da kam auch der Küchenchef für einen Augenblick herein, das Gesicht sehr rosig unter der weißen Mütze, auf den Wangen winzige, schwarze Bartkoteletten, wie Tintenflecke. Herr Cochin war Franzose; er sprach aber Deutsch mit geschlossenen Zähnen wie ein Engländer, denn er interessierte sich für Pferde. «Nun?», fragte er. Stein winkte traurig mit der Hand; da pfiff Cochin leise durch die Zähne und bemerkte: «Alles hat sein Ende.»

Frau Bleicher, die den Wein gebracht hatte, griff das auf: «Ach ja! Sie haben es gut, Herr Stein, für Sie wird gesorgt sein. Aber wir anderen! Wie das alles werden wird, weiß keiner.»

Stein trank langsam seinen Wein. «Ich», sagte er feierlich, «ich würde unter keinen Umständen hier bleiben. Die Verhältnisse hier würden dann nicht mehr mein Fall sein.»

Frau Bleicher verstand das wohl. «Ja, wenn die Baronin hier allein …»

«Einfach vom Lande», meinte Cochin und dämpfte die Stimme, «der Vater war Bierbrauer.»

Stein nickte: «Aus der Ballettschule hat er sie herausgenommen.»

Das begeisterte Cochin: «Teufel, ja, schneidig! Mit dreiundsiebzig Jahren heiratet er noch so 'ne junge Ballettratte – ganz einfach. Der gibt nicht nach bis zuletzt. Und wie er zu Pferde saß! Wenn man ihn heute noch aufs Pferd setzen würde, er würde sitzen wie angegossen. Das ist 'ne Rasse!»

«Was hat der gelebt!», seufzte Frau Bleicher. «Aber hübsch abgetragen sah er zuletzt schon aus.»

«Wer ist bei ihm?», fragte Cochin.

«Die Baronin und der Assistenzarzt», erwiderte Stein und erhob sich: «Na – die beiden! Das ist auch nicht, wie es sich gehört – das Getuschel – nicht im Rahmen – Gott! Alles will gelernt sein. Ich geh jetzt, Cochin, dass Ihr Diner pünktlich fertig ist, die alte Fürstin sitzt nur so mit der Uhr in der Hand da …» Damit stieg er wieder langsam und diskret in den oberen Stock hinauf.

Die Baronin Vally von Gumpenhof, die junge Gemahlin des alten Fürsten, kam aus dem Krankenzimmer ihres Gemahls. Die lange Zimmerflucht lag still vor ihr. Die schon tief stehende Sonne malte rote Flecken auf die Bilder an der Wand. Es roch nach Firnis und welkenden Blumen. Durch das geöffnete Fenster kam das sommerliche Klingen herein, das vor Sonnenuntergang so emsig und hastig wird. Hinter den geschlossenen Vorhängen eines Nebengemaches hörte man Frauenstimmen flüstern. Dort hielt die alte Fürstin, die Schwester des Herzogs, ihren Nachmittagscercle. Ach, nein! Dahinein wollte Vally nicht gehen, nicht um eine Welt! Sie stand mitten in einem grellen Sonnenstrahl und blinzelte mit den Wimpern, sehr blond, mit ihrem ein wenig wild sich lockenden Haar, das runde Gesicht etwas bleich und müde, wie bei Kindern, wenn sie abends schläfrig werden. Und plötzlich hob sie die Arme empor, streckte sich und gähnte ganz herzhaft, ganz ohne Zwang.

«Das tut gut», sagte jemand hinter ihr.

Sie ließ sich nicht stören, sondern erwiderte ruhig: «Natürlich, wenn man gar nicht mehr schlafen darf! Ach, schlafen!»

Hinter ihr stand Egon von Wehren, der Assistenzarzt, ein hübscher Junge mit einem Mädchengesicht, in das ein blonder, stark aufgedrehter Schnurrbart zwei ganz goldene Ausrufungszeichen hineinschrieb.

Er kniff ein wenig die Augen zusammen, indem er Vally ansah, was seinem Gesicht einen süßen Ausdruck verlieh. «Nicht wahr», sagte er, «jetzt müsste man hinausgehen können, unten in den Park – auf den Abhang. Die Sonne liegt noch drauf. Und dort stehen solche kleine Blumen, die nach Vanille und Honig duften – dort müsste man sich ausstrecken und schlafen, und ...»

«Schweigen Sie doch!», unterbrach ihn Vally. «Warum mir das Herz schwer machen; jetzt kommt die Toilette und dann – ach! – dieses Diner! Wissen Sie, was ich jetzt möchte?»

«Schlafen?»

«Nein, außer dem. Ich möchte unten im Fluss baden. Einfach alles ausziehen und im Wasser stehen, und das fließt so an mir hin, so, als ob kühle Seide an mir hingezogen würde.» Sie strich sich mit beiden Händen über die Brust und schauerte ein wenig zusammen, als spürte sie das Wasser.

«O ja!», rief Egon begeistert. «Und ich würde am Ufer stehen und immerzu Lindenblüten in das Wasser werfen.»

«Sie?» Vally zuckte die Achseln. «Sie wären gar nicht da.»

«Es ist ja nur eine Fantasie», entschuldigte sich Egon.

«Ja, aber bitte im Rahmen», meinte Vally und lachte: «Zum Schlafen ist keine Zeit mehr; höchstens kann ich noch in den Stall gehen und ein Weilchen bei dem Braunen sitzen. Das beruhigt.»

Damit ging sie.

Stein ging zu seinem Herrn hinein. Im Krankenzimmer waren die Vorhänge vor die Fenster gezogen. Eine Lampe mit grünem Schirm gab ein dämmeriges Licht. Als Stein leise eintrat, fuhr eine Nonne aus ihrem Sessel auf. «Sie können essen gehen», flüsterte Stein, und die Flügelhaube glitt zur Tür hinaus. Stein ließ sich schwer in den Sessel fallen, und sofort nahm sein Gesicht den langgewohnten Ausdruck geduldigen Wartens an.

«Stein», erklang eine schnarrende Stimme hinter den Gardinen des Bettes.

Stein trat an das Bett: «Durchlaucht befehlen?»

Der Fürst lag auf dem Rücken ganz gerade da. Die Arme streckte er lang auf der Bettdecke aus. Der Kopf erschien seltsam klein in all den Kissen, ein wenig schwarz gefärbtes Haar und zwei schwarze Bartbüschel auf der Oberlippe stachen grell aus all dem Weiß hervor. In dem Dämmerlicht sah es aus, als verziehe er das Gesicht, aber es waren nur die vielen Fältchen, die Spuren langer Ausdrucksgewohnheiten, mit denen das Leben dieses Gesicht über und über beschrieben hatte. Der lange Körper war eckig wie ein Gerüst. Es schien, als trüge er Epauletten unter dem Nachthemd. Die Augen – schmale, schwarze Striche – zwischen den bleichen Lidern sahen Stein an: «Stein», sagte er: «jetzt ist wohl Dinerstunde?»

«In einer halben Stunde, Durchlaucht.»

«Ja, ja», er besann sich, dann sagte er fest: «Pünktlich. Die Fürstin hält darauf. Wer hat nachgefragt – hat …?»
«Der Hof hat zweimal hergeschickt», berichtete Stein.
«So … so … Und … und …», der Fürst strengte sich an, um seine Stimme schnarrend und befehlerisch zu machen, und sprach schnell, als habe er Eile: «Friedrich soll morgens den Rappen ausreiten – auf Trense – die Trauerlivreen müssen nachgesehen werden. – Ordnung – immer die Ordnung einhalten. Zum Diner wird der Mouton Rothschild serviert – die Fürstin trinkt ihn gern – glasweise servieren – wozu soll der Sanitätsrat meinen Mouton austrinken – Ordnung – wie sonst.» Hier wurde die Stimme schwach, und die Worte wurden undeutlich.

Stein wartete eine Weile. Nein, der Fürst war wieder weit fort in seiner Traumwelt. Da ging Stein sich in den Sessel niedersetzen.

Das Diner hatte heute etwas Gedämpftes. Allen Stimmen war es anzumerken, dass sie etwas von dem Krankenzimmerton beibehalten. Die alte Fürstin, eine große, fein ziselierte Nase und ein zu weißes Gebiss im hageren Gesicht, hielt die Unterhaltung in Fluss. Sie sprach vom Wetter und von einem Gott sei Dank! unbedeutenden Automobilunfall eines Prinzen, immer in einem weichen Ton verhaltener Trauer. Herr von Trausch, der Sekretär, sekundierte leise und geläufig. Die Gräfin Degen, Gesellschaftsdame der Baronin, nickte wehmütig. Nur der Sanitätsrat ließ seine Stimme rücksichtslos dröhnen. Vally schwieg und aß. Sie aß sonst so gern, aber das Krankenstubengeflüster, dazu die gerührten Blicke, mit denen die Fürstin sie ansah, verdarben ihr alle Freude an der Mahlzeit. Als der Diener die Gläser mit dem Mouton hereinreichte, nippte die Fürstin an ihrem Glase, ein unendlich wehmütiges Lächeln auf den Lippen: «Sein Mouton», sagte sie; die anderen nippten auch an ihren Gläsern, und es war wie ein Trauergottesdienst. Dann beugte die Fürstin sich zu Vally und flüsterte: «*Chère enfant*, quäl dich nicht länger. Du willst hinübergehen; in solchen Augenblicken ist alles zu entschuldigen.»

Vally schaute verwundert auf: «Stein ist dort», meinte sie.

Aber die Fürstin sah sie voll Erbarmen an: «Geh nur – es ist so natürlich!»

Vally stand auf und ging. Sie hörte noch, wie die Fürstin zur Gräfin Degen sagte: *«La pauvre enfant, c'est un supplice pour elle.»*

Egon hatte sich auch erhoben: «Ich muss, glaube ich, auch ...», murmelte er: «Ja, schauen Sie mal nach!», rief der Sanitätsrat. Egon folgte Vally.

Als sie zusammen langsam durch den großen Saal gingen, sah Vally Egon von der Seite an und lächelte: «Hat man Sie auch vor der süßen Speise fortgeschickt?», fragte sie.

«Sie hätten wohl gern noch die Timbales gegessen?», meinte Egon.

Vally zuckte die Achseln. «Natürlich ess ich sie gern. Aber so ein Mittagessen, bei dem man um den Tisch sitzt wie um ein offenes Grab, das ist auch nicht das Wahre.» ...

Das Krankenzimmer lag am Ende der Zimmerflucht. Durch die halboffene Tür sah man im grünen Dämmerlicht der Lampe Steins bleiches, geduldiges Gesicht. Vally blieb im Vorzimmer stehen, als müsste sie sich besinnen. Egon sah sie fragend an. Da machte sie ein weinerliches Gesicht und sagte: «Ich kann den Essigäther nicht riechen.»

Die Türen zu einem Balkon standen offen. Draußen lag Mondschein über dem Garten. Egon wies schweigend darauf hin; da ging Vally auf den Balkon hinaus, stützte sich mit beiden Armen auf das Geländer und schaute in die Nacht hinein. Egon war ihr gefolgt. So lehnten sie eine Weile schweigend nebeneinander. Rund und weich legten sich die großen, dunkeln Kuppeln der Bäume auf den ganz mit Silber getränkten Himmel.

In den Beeten standen gerade und still die hochstämmigen Rosen. Ein Tuberosenbeet leuchtete sehr weiß aus der Dämmerung. Der Springbrunnen stand ganz im Mondlicht, blank wie eine silberne Flamme.

«Das ist schön», sagte Egon innig.

«Schön?», wiederholte Vally. «Ich weiß nicht. Das ist so – so – zu sehr im Rahmen.»

«Im Rahmen?», fragte Egon erstaunt. «Was ist's damit? Das sagten Sie heute schon einmal!»

Vally seufzte: «Ach Gott! Im Rahmen bleiben, das ist etwas sehr Schweres. Er sagte das immer. Das hat mir schon böse Stunden gemacht, ‹Kind›, sagte er, ‹Naturfrische, Naivität, Ursprünglichkeit, das adoriere ich.› Er sagte immer – ‹adoriere›. ‹Aber im Rahmen bitte, immer im Rahmen unserer gesellschaftlichen Position.› Und glauben Sie, das ist leicht, im Rahmen zu bleiben? Geträumt hab ich von diesem Rahmen. Gewiss! Ich träumte, ich steh in so 'nem dicken, schweren Goldrahmen, und wenn ich mich rühren will, stoße ich immer an dieses dumme, alte Gold. Das ist ein sehr böser Traum.»

«Aber jetzt – jetzt», flüsterte Egon. Er bog sich nah zu ihr hin, um ihr in das mondbeglänzte Gesicht zu sehen.

Sie unterbrach ihn: «Nein, nein, sagen Sie das nicht, das ist hässlich.» Dann sprach sie verträumt, ein wenig klagend in die Nacht hinaus: «Seltsam, gerade in diesen Tagen muss ich so stark an früher, an zu Hause denken. Das ist alles wieder ganz nah. Unten am Brauhaus standen Linden. Dort roch es gut nach Malz und nach Lindenblüten. Ich stand dort oft still und roch das. Das war so, als ob man was sehr Gutes zu essen bekäme. Hübsch war es, mit nackten Füßen ins Korn hineinzugehen. Der Vater war böse, wenn er das sah. Es stach in die Füße, und die Ähren kitzelten die nackten Beine, glatt und warm von der Sonne. Man musste immerzu lachen.»

«Wie hübsch müssen Sie gewesen sein», meinte Egon andächtig, «so durch das Korn gehend – gehend und lachend.»

«Hübsch sein», fuhr Vally fort, «ja, das quälte mich von jeher, das wollte ich – wunderschön sein. Manchmal glaubte ich zu fühlen, dass ich es sei. Man fühlt dann so die eigene Haut wie ein sehr teures Kleid, das man anhat. Das machte mich sehr froh.» Sie lachte vor sich hin: «Ich hatte gehört, sich in Milch baden macht schön. Eines Morgens, es war noch dämmrig, ging ich in den Stall. Die Mägde waren eben mit dem Melken fertig. Da stand noch der große Kübel mit der frischen Milch. Ich zog mich schnell aus und stieg hinein. Ganz warm war die Milch – und ich tauchte mich hinein, und ich fühlte, wie ich schön wurde. Da kam der Vater. War der böse! Er schnallte sich seinen Leibriemen ab und – mein Gott! Aber mein Bad hatte ich doch gehabt.»

«Ganz rosa in all der weißen Milch!», flüsterte Egon. Er ließ seine Hand am Geländer hin bis zu Vallys Hand gleiten und nahm die kleine, kräftige Hand mit den kurzen, ein wenig breiten Fingern.

Vally seufzte. «Gehen wir hinein», sagte sie. «Sie bleiben bei mir. Stein geht essen. Die Schwester sitzt im Vorzimmer, und allein … ich weiß nicht … die Nacht ist lang … ich fürchte mich so vor dem, was kommen wird.»

Sie gingen in das Krankenzimmer. Dort setzte Vally sich in den großen Sessel, bog den Kopf zurück, schloss die Augen und dachte an zu Hause – an die Linden am Brauhause, an die warmen Kornähren. Egon saß in einer Ecke, aber sie fühlte es wohl, dass er sie ansah, beständig ansah, und das tat ihr wohl. Der Kranke hinter seinen Gardinen murmelte unablässig mit der fremden Traumstimme. Wie bedrückend das war! Vally wollte lieber an das kleine Mädchen denken mit den nackten Füßen, dessen einzige Sorge es gewesen war, ob es nur schön genug werden würde.

«Vally!», ertönte plötzlich die Stimme vom Bett her, jetzt wach und schnarrend. Vally trat an das Bett: «Setz dich, Kind!», sagte der Fürst. Vally setzte sich gehorsam. «Ich wollte mich bei allen – besonders aber bei dir entschuldigen. Es tut mir leid, dass ich euch alle die Mühe verursache. Nichts zu machen. Auch diese Situationen müssen ihren ordnungsmäßigen Verlauf nehmen. Entschuldige mich auch bei den anderen.» Er schwieg, dann begann wieder das heftige, unverständliche Gemurmel.

Vally kehrte zu ihrem Platz zurück, sehr bleich, und die Augen schauten groß und rund und voll kindischer Angst zu Egon hinüber. Egon stand leise auf und trat hinter sie, er beugte sich über die Lehne des Sessels. Vally fühlte, dass er die Hände auf ihre Schultern legte. Sie schloss die Augen. Ja, das war gut! Jetzt warme Menschenhände – warme Menschengegenwart. Sie langte zu den Händen, die auf ihren Schultern lagen, hinauf, hielt sie, sie sollten bleiben. Da beugte Egon sich auf sie nieder und küsste ihre Lippen. Vally hielt ganz still. Ein Rascheln ließ sie beide auffahren. Dort am Bett hatte eine Hand die Gardine fortgezogen, die schmalen schwarzen Streifen der Augen zwischen den bleichen Falten der Augenlider sahen die beiden an. Dann ließ die Hand die Gardine fallen. Egon und Vally standen bleich und regungslos da. Sie warteten. Ein Glockenton schrillte auf. Der Kranke hatte die Schnur gezogen. «Stein», sagte die schnarrende Stimme. Egon ging den Diener rufen. Vally stand noch da. Sie biss sich in den Finger, denn ihre Zähne schlugen aneinander. Leise trat Stein ein und ging an das Bett seines Herrn.

«Durchlaucht befehlen?»

«Stein», die Stimme des Fürsten klang scharf und ärgerlich: «Sie haben zu bleiben. Sorgen sie dafür, dass hier nicht Leute hereinkommen, die sich nicht der Situation gemäß zu benehmen verstehen. Ich kann verlangen, dass alles so geschieht, wie es sich für solche Augenblicke schickt. Verstanden?» Er seufzte und kehrte das Gesicht der Wand zu, als könne er jetzt wieder beruhigt an die mühevolle Arbeit des Sterbens gehen. Stein wendete sich um und sah Vally mit seinem weißen, säuerlichen Gesicht schweigend an. Vally senkte den Kopf wie ein gescholtenes Kind und ging aus dem Zimmer.

Seine Liebeserfahrung

3. August 1900

Jetzt musste ich das Buch schreiben, ich fühlte es deutlich. Die Gedanken begannen schwer in mir zu werden, zu drücken, wie reife Früchte auf die Zweige drücken. Mit zweiunddreißig Jahren ist eine Entwicklung nicht abgeschlossen. Der Strich, den ich jetzt unter meine Weltanschauung setzen muss, muss noch nicht definitiv sein. Allein etwas ist fertig in mir und will herausgestellt sein, will als ein anderes neben mir stehen. Ich muss es auf die Arme nehmen, wie die Mutter das Kind, das sie geboren hat.

Gut! Ich wollte mein Buch schreiben und richtete mein Leben danach ein. In solchen Zeiten müssen wir unser Leben so ordnen, wie es Frauen tun, die guter Hoffnung sind und wissen, dass sie nun nicht mehr für sich allein leben. Der Hochsommer ist eine günstige Jahreszeit. Die Straße vor meinen Fenstern ist still und voll grellgelben Sonnenscheins. Hunde liegen auf den heißen Steinen, strecken alle viere von sich und schlafen. Kinder sitzen auf den Schwellen der Haustüren, die Hände um die nackten Beine geschlungen, und sind in der Hitze auch still und schläfrig geworden. Die wenigen Passanten drücken sich die schmalen Schattenstreifen an den Dachvorsprüngen entlang. Dieser unerträglich flimmernden Welt mit ihrem heißen, unreinen Atem seh ich es sofort an, dass ich in ihr nichts zu versäumen habe.

Ich ziehe die gelben Vorhänge vor mein Fenster, das gibt eine angenehme goldige Dämmerung. Hie und da sticht durch eine Spalte ein scharfer, blanker Sonnenstrahl in die Dämmerung, und in diesem Sonnenstrahl kreisen einige Fliegen brummend und unermüdlich umeinander. –

Ich höre das gern. Diese endlose, übellaunige kleine Geschichte, die sie sich erzählen, beruhigt mich. Im Klub hatte ich gesagt, dass ich verreise. Josef hatte den Befehl, keinen Besuch vorzulassen. Die meisten waren ja ohnehin fort aus der Stadt, wer sollte kommen! Mit Frau Meirike hatte ich ein Gespräch über den Küchenzettel. In dieser Zeit musste sie die schweren, feurigen Suppen vermeiden, die sie so gut zu machen versteht und die ich so gern esse. Mehr Bouillon, viel Geflügel, Spargel, zuweilen einen Fisch. Einen lebhaften Mosel habe ich mir für diese Zeit angeschafft. Der Schneider brachte den Anzug aus blauem Sommerflanell, ganz lose gemacht. Mit Blumen in den Zimmern war ich vorsichtig, in meinem Arbeitszimmer durften keine stehen. Aber im Nebenzimmer stand eine Schale voller Zentifolien, diese gesunden roten Kugeln, die einen frischen, starken Rosenduft haben, nicht die perverse Mischung mit Tee oder Vanille oder Zederholzdüften. Die beste Arbeitszeit ist der Vormittag. Nachmittags zur Zigarre musste ich etwas lesen (statt der großen schweren Henry Clay rauchte ich jetzt eine kleine blonde Bock), und dazu hatte ich den Livius ausgewählt. Der würde mich nicht stören und erzählt mit so schön beruhigender Stimme. Und alles, was geschieht, erscheint so ordentlich für seinen Zweck zugeschnitten, wie die Holzstückchen eines Geduldspieles, die ja doch alle ineinanderpassen, um das Bild, die Größe des Römischen Reiches zu geben. Das verleiht ein angenehm geordnetes Gefühl, dabei kann man den Kopf nach hinten sinken lassen und die Augen schließen … die Gedanken vergehen … Diese Decius mit der Familieneigentümlichkeit – sich zu opfern – wie die Gicht in anderen Familien – sehr – aristokratisch. – Das ist sehr erfrischend. Wenn ich erwache, dann kann ich wieder bis zum Abend arbeiten.

Wenn es unten auf der Straße lebhaft wird, die Kinder zu lärmen beginnen, ein Geschwirr ganz hoher, schriller Stimmen wie von einer Schar betrunkener Vögel, und wenn bunte Abendlichter aus dem Nebenzimmer in mein Schreibzimmer kommen, wenn der weiße Gipskopf der Marietta Strozzi errötet – dann mache ich einen Spaziergang – der Gesundheit wegen. Die Luft in den Straßen ist eine bedrückende, staubige Zimmerluft. Die Vorstadt ist unerträglich mit ihren grau und rot gestreiften Überbetten, die sich in den geöffneten Fenstern lüften, mit ihren heißen, dampfenden Menschen. Draußen setze ich mich in einen der kleinen Biergärten. Das Buch spricht in mir weiter, und über meinen Schoppen hinweg sehe ich die Menschen und die bunten Plakate an den Bäumen und die Radfahrer wie ferne, fremde Bildchen, die mich nichts angehen. Wenn die Laternen angesteckt werden, bleich und glasig in die Dämmerung, gehe ich heim, und die ganze Nacht liegt vor mir für die Arbeit. Ich kann das Fenster an meinem Schreibtisch öffnen. Unten auf der Straße wird es immer stiller – ein «Gute Nacht» höre ich zuweilen und das Zuschlagen der Haustür. Die Lichter in den Fenstern erlöschen. Dort über die niedrigen Dächer ragt ein höheres Haus. Dort im vierten Stock entkleidet sich ein Mädchen bei offenem Fenster. Das Viereck des Fensterrahmens ist voll des gelben Lampenlichts, und ich sehe eine weiße Gestalt, die vor einem Spiegel steht und ihr langes, sehr schwarzes Haar emporhebt, um es auf dem Scheitel aufzubinden. Dann erlischt auch dieses Licht, und ich bin mit meinem Buche allein.

Ich habe mir für das Manuskript ein sehr edles Papier angeschafft, leicht gelblich getönt, glanzlos, die heraldische Lilie als Wasserzeichen. Auf dem Umschlag habe ich mit veilchenfarbener Tinte den Titel geschrieben: «Die goldene Kette» – darunter den Vers der «Ilias», über den Plato so geheimnisvoll spricht:

«Auf, wohlan, ihr Götter, versucht, dass ihr all' es erkennt!
Eine goldene Kette befestigend oben am Himmel
Hängt dann all' ihr Götter euch an und ihr Göttinnen alle,
Dennoch zöget ihr nie vom Himmel herab auf den Boden!»

So muss es gehen.

4. August

Kleine, vernachlässigte Verpflichtungen können sehr störend werden. Wir wollen sie vernachlässigen, wir wollen sie vergessen, aber sie haken sich in uns fest, melden sich mit kleinen, flüchtigen Stichen. Sie sind lästig wie die Sommerfliegen, die wir immer vertreiben und die sich immer wieder uns ins Gesicht setzen. Das ist nicht Pflichtgefühl – nur eine Unvollkommenheit in unserem Vorstellungsmechanismus.

Solch eine lästige kleine Verpflichtung ist mir heute zugefallen.

Ich ging nach dem Essen aus, um mir eine goldene Feder zu kaufen. Die Straße war wie ein überheizter, staubiger Korridor. Kaum ein Mensch, dem ich begegnete, nur Hunde, alte Schuhsohlen, Papierfetzen sonnten sich auf den heißen Pflastersteinen. Wie ich um die Ecke biege, fährt ein Wagen an mir vorüber, ein hübscher, kleiner Korbwagen mit zwei falben Ponys bespannt. Ein auffallender kirschroter Kutscher sitzt auf dem Bocke und im Wagen ein Herr, der seinen Panama schwenkt und «Ach – Herr von Brühlen» ruft. Der Wagen hält, und ich muss herantreten. Es ist der Baron Daahlen-Liesewitz, der alte Weltreisende. Gerade dem hätte ich nicht begegnen wollen. Er war mit meinem Vater befreundet, und ich bin ihm einen Besuch schuldig. Ich war ihm früher einmal begegnet und hatte ihm gesagt, dass ich verreise – und nun –: «Wieder hier», sagte der Baron.

Ja, ich war wieder hier, das ließ sich nicht leugnen. «In Arbeit» – murmelte ich.

«So? – Fleißig also!», meinte der Baron. «Schön, schön. Aber die Abende sind frei – was? Jetzt muss man die Abende genießen. Mir – ja mir macht die Hitze nichts. Wenn man so 'n tropischen Fieberbazillus im Blut hat – der friert leicht und wird dann unruhig. Wir sehen Sie doch bei uns – bestimmt? Ganz ohne Formen. Es ist hübsch da draußen. Ich kündige Sie meiner Frau an. Wenn Sie mich im Stich lassen, gibt's eine Enttäuschung – also?» – Ein starker Hustenanfall unterbrach ihn. Erkältet hat er sich auch auf seinen Weltreisen. Er drückte mir die Hand und fuhr ab. Fatal!

Er schaut gut aus, der alte Bursche. Das Gesicht quittengelb. Solche Reisende sind immer leberleidend. Das dichte Haar und der Vollbart sind schon grau, aber ein seltsam farbiges Grau, wie das Fell junger Mäuse. Dazu die fieberblanken Augen. Er wohnt da draußen vor der Stadt in seinem schönen Landhause und lässt sich von seiner jungen Frau pflegen, der alte Egoist. Er mag sich den Magen tüchtig an den Genüssen der fünf Weltteile verdorben haben. Die Frau soll so etwas wie eine Schönheit sein, sagte Fred Spall, der ein Verwandter von ihr ist. Also ich gehe morgen hin, damit auch das abgetan ist – aber meine Abende dort verbringen, o nein! Die kann ich besser anwenden, als bei dem alten Daahlen mit seiner kranken Weltleber zu sitzen.

5. *August*
Ich habe das Manuskript von der «Goldenen Kette» fortgelegt. Seine Stunde war doch noch nicht ganz gekommen, das weiß ich jetzt. Etwas will noch erlebt sein. – Es soll erlebt werden, ganz – rücksichtslos – bis zur Neige. – Also –
Der Gang durch die Vorstadt war wieder qualvoll. Wie reinlich ist der Winter, der die Menschen in ihre Häuser treibt. Und was nicht alles jetzt auf die Straße herauskriecht und herausschaut und sich breitmacht. Der Mensch ist ein Höhlentier und soll in seiner Höhle bleiben – nur abends auf Raub ins Freie hinaus. In der langen Kastanienallee war es besser. Viel gelbe, von der Hitze getrocknete Blätter liegen schon auf dem Wege und rascheln und duften herbstlich. Auf den Bänken sitzen Kindermädchen, große erhitzte Gestalten, seltsam von graugrünen Schatten und grellen Sonnenlichtern gefleckt. Von der Allee muss ich dann wieder in den Sonnenschein abbiegen. Links und rechts Haferfelder voller Mäher. In all dem Rot und Gold stehen Mäher knietief in weißen Leinwandhosen. Die Feldgrillen lärmen wie toll, als wollten sie das Dengeln und Schwirren der Sensen übertönen.
Mitten in dem schweren Nachmittagslicht – sehe ich vor mir das Daahlensche Haus, ein großer, fast gewaltsam dunkler Würfel mit kaffeebrauner Fassade. Über dem Portal auf den schrägen Giebel-

seiten rekeln sich plumpe Steinfrauen, die ihre riesigen, kaffeebraunen Brüste sonnen. Hinter dem Hause erheben sich kühl und dunkel die alten, starken Bäume.

Zögernd ging ich über den Kiesweg auf die Freitreppe zu. Ich blieb vor einem großen Beete stehen, auf dem alle möglichen Sommerblumen ungeordnet durcheinanderdufteten, Skabiosen, Ziererbsen, Feuerlilien, ein großer Topf brennender Farben. All das duftete sehr warm und süß mit einem Gemisch scharfen Geruchs von Apothekerkräutern.

Ich bin mein Lebtag viel in Gesellschaft gegangen – dennoch – wenn ich zu fremden Menschen gehe – ist immer noch ein Rest von Befangenheit in mir. Das kommt wohl daher, dass ich zu deutlich empfinde – was der Mensch, vor den ich hintrete, denkt – ich sehe mich mit seinen Augen. Endlich entschloss ich mich, hineinzugehen. Der Diener, der mich empfing, hatte wohl dort geschlafen, auf der einen Wange stand ein roter Fleck. Sein weißes, schwammiges Gesicht war korrekt ausdruckslos, dennoch dachte er – «Was hat der durch die Hitze herzurennen?»

Den Baron fand ich in einem dämmrigen Wohnzimmer. Rote Vorhänge waren vor alle Fenster gezogen. Ganz in weißen Flanell gekleidet, saß er auf seinem Sessel. Auch er hatte eine rote Wange und musste geschlafen haben. Er empfing mich mit einem Hustenanfall, dann freute er sich laut über mein Kommen: «Das ist recht … – Setzen Sie sich. Ein heißer Gang, was? Aber hier ist's kühl. Das verstehe ich, darin bin ich raffiniert. Über die Kühlung in den Zimmern hab ich sozusagen wissenschaftlich nachgedacht.» Er sprach wie jemand, der lange geschwiegen hat und seiner Stimme Motion machen will. Ab und zu schaute er zur Tür hinüber und murmelte: «Wo meine Frau bleibt?» Als Schritte im Nebenzimmer hörbar wurden, rief er: «Claudia» – da kam seine Frau. Ein sehr schlankes, feines Figürchen – ganz farbig – gleich fiel mir die unendlich feine Linie der abfallenden Schultern auf. Der blaue Musselin des Kleides floss so eng am Körper nieder, dass die Knie im Gehen leicht gegen den Stoff stießen, am Gürtel trug sie einen etwas zu großen Strauß weinroter Skabiosen.

Der Kopf erschien mir zuerst überraschend; ganz leichtes, hellrotes Haar umgab ihn, das Gesicht darunter weiß und ruhig – und darin große braunrote Augen, farbig und samtig, wie die Blätter mancher Chrysanthemen.

«Hier hab ich uns den Herrn von Brühlen eingefangen», sagte ihr Mann.

Sie kam aufrecht und langsam heran, reichte mir die Hand – sah mich an – wie wir ein neues Möbel ansehen – und sagte einfach: «Es freut mich sehr.» Dann setzte sie sich auf das Sofa – saß da gerade – die Hände auf den Sitz gestützt.

Der Baron plauderte weiter: «Wir sitzen hier in unserer Einsamkeit wie Spinnen und warten, ob sich jemand in unser Nest verirrt. Zuweilen fahre ich aus. Ein Jagdzug – da hab ich Sie gefangen. Ja – ja –»

Die Baronin sah mich an mit einem stetigen gleichgültigen Blick. Ich fühlte es, dass sie sich von dieser Jagdbeute nicht viel versprach.

«Am Tage arbeiten wir» – fuhr der Baron fort – «an meinem großen Reisewerke.»

«Sie auch, Baronin?», fragte ich.

«Ja, ich auch», sagte sie. In ihrem Blick lag jetzt etwas Erstauntes. Ich wusste, sie wunderte sich darüber, dass ich so dasaß und sie nicht einmal betrachtete.

Gut – ich will sie betrachten, und da fiel mir auf, wie wunderschön ihr Mund war – diese schmalen hellroten Linien, an den Winkeln etwas heraufgebogen und in ihrem Schwung, ich weiß nicht, welch seltsame Bewegungs- und Ausdrucksbereitschaft. Jetzt lächelte sie ein wenig, die Lippen noch immer fest geschlossen, sie las wohl auf meinem Gesicht etwas wie Überraschung.

«Gewiss arbeitet sie mit», fuhr der Baron fort – «was ich vormittags schreibe, muss sie mir nachmittags vorlesen.»

«Sehr interessant» – wandte ich mich an sie.

«O ja», erwiderte sie mit einer Stimme, in der etwas Herbes anklang, wie oft in Stimmen eben erwachsener Mädchen. «Wenn's nur nicht so heiße Gegenden wären.»

Der Baron lachte laut los: «Heiß! Natürlich, wir sind gerade im Herzen von Afrika. Aber meine Frau würde verlangen, ich soll im Sommer über Spitzbergen schreiben und im Winter, wenn es friert, über Afrika –» Aber das Lachen brachte ihm den Hustenanfall.

Claudia erhob sich, nahm ein Glas Wasser vom Nebentisch und ein Pulver, brachte es ihm, stand neben ihm, bis der Anfall vorüber war, ruhig und dienstgewohnt. Der Diener brachte den Tee, und Claudia schenkte ein, und weil ihr Gatte sich noch nicht erholt hatte, tat sie auch etwas für die Unterhaltung und bemerkte: «Ja, abends ist es sehr schön hier bei uns.»

Da konnte der Baron wieder sprechen: «Oh, wer das kennt, der kommt wieder. – Kommen Sie nur recht häufig – kommen Sie täglich. Abends sind uns Freunde immer willkommen – nach der Arbeit.» Er sprach weiter von sehr heißen Nächten im Kapland, von den großen Ameisen, die die Stiefel anfressen.

Claudia saß wieder still da – sie ließ das Gespräch an sich vorüberklingen wie ein langgewohntes Geräusch. Ich hörte auch nicht zu. Aber während wir da in der roten Dämmerung dieses Zimmers uns gegenübersaßen, fühlte ich deutlich, wie Claudia und ich ein jeder sich mit der Gegenwart des anderen auseinandersetzten. Das ist solch eine Unterhaltung ohne Worte – von Körper zu Körper, von Wesen zu Wesen – geheimnisvoll – aber gewiss – Was wir sagen, ist ja gleichgültig – auf dieses stumme Frage- und Antwortspiel des Menschen zum Menschen kommt es an.

Ich erhob mich, um mich zu verabschieden.

«Also wir sehen Sie bald, kommen Sie nur. Fred Spall, unser Vetter – Sie kennen ihn doch – kommt auch, sobald er kann.» – –

Ja, ich kannte Fred Spall. Als ich im Flur Hut und Stock nahm, sah ich, dass Claudia in der offenen Wohnzimmertür stand, die Schulter leicht an den Türpfosten gelehnt. Sie blickte durch die geöffnete Haustür in das rötliche Flimmern des Abends hinaus.

«Wie hell das ist», sagte sie und blinzelte mit den Wimpern – «wir leben hier so in der Dämmerung, dass man Augen wie ein Kauz kriegt.» –

Ich blieb noch bei ihr stehen. Etwas Besonderes musste ich jetzt sagen, fühlte ich. «Wenn man jetzt da hinausgeht», begann ich, «das ist wie ein Bad in Rotgold.»

«Ein sehr warmes Bad», sagte sie nachdenklich.

«Wenn die Sonne untergeht», fuhr ich fort, «kommt die kühle, blaugraue Dusche.»

Jetzt lächelte sie wirklich mit ein wenig geöffneten Lippen. Ich war zufrieden und ging. Als ich an dem großen bunten Beet vorüberkam, sah ich Claudia an der Haustür stehen – schmal und blau – das Haar flimmerte in der Sonne, die Augen schützte sie mit der Hand und schaute den Weg hinab. Das alte, schwere Portal legte sich seltsam wie ein dunkler Rahmen der Einsamkeit um das farbige Figürchen. –

In der großen Allee war es schon lebhaft. Viel Kinder und Radfahrer – Arbeiter, die aus den Fabriken kamen, Ladenmädchen in hellen Kleidern, Pappschachteln in der Hand. Alle sprachen und strengten ihre Stimmen an, wollten Lärm machen, als seien sie betrunken von dem Flimmern des rötlichen Staubes, der die Luft erfüllte. Ich konnte das jetzt nicht brauchen. Ich bog in einen Seitenweg ein, suchte eine einsame Bank auf, um mich nichts als tüchtig verstaubte Jelängerjeliebersträucher. Ein Laubfrosch knarrte auf einem Zweige, dort saß ich lange und rauchte eine Zigarre nach der anderen.

Was wir noch denken nennen, ist sehr oft eine Beschäftigung, bei der wir selbst wenig dazutun. Man sitzt da und kommt sich wie eine Laterna magica vor, in die eine fremde Hand die Glasbildchen hineinschiebt und langsam hin- und herzieht. – Ein Zimmer mit roter Dämmerung – Claudia kommt herein, langsam und aufrecht – Claudia sitzt auf dem Sofa – Claudia sieht mich an – sie schenkt Tee ein – sie steht unter dem großen Portal – immer wieder diese Bilder. Es ist merkwürdig, wie lange wir dasselbe denken können.

Und dazu eine beständige begleitende Gefühlsmusik, die auch kommt und geht ohne unser Hinzutun – wie das Kreisen unseres Blutes. Ich kann jetzt den Laubfrosch verstehen, der Stunden hindurch dasselbe vor sich hin knarrt. Es war dunkel geworden. Drüben in der großen Allee wurde es still. In den Zweigen hingen die Lichtpünktchen der angesteckten Laternen.

Ich erhob mich – ich war hungrig geworden und ging durch die kleinen Seitenwege der Stadt zu. Überall begegnete ich Gestalten, die paarweise – eng beieinander, Hand in Hand schweigend die laue Dunkelheit tranken. Am Rande der Stadt liegt «Bohrers Weinstube». An Sonntagen ist sie recht belebt, aber heute am Montag war es dort still. – Von der offenen Veranda aus sieht man auf die weite Ebene hinaus, Wege, Felder. Zwei Gäste waren nur auf der Veranda, ein alter Herr, der seinen Hut abgenommen hatte. Seine Glatze war gelb und blank im Gaslicht – und ein Mann mit einem faltigen grauen Gesicht. Beide saßen stumm vor ihrem Weinglase und starrten in die Dunkelheit hinaus, die über der Ebene lag. Die Kellnerin, ein verkümmertes kleines Wesen, mit geröteten, übernächtigten Augenlidern, saß unter einer Gasflamme und las ein Buch. Als ich mich an den Tisch setzte, wischte sie mit der Serviette über die Augen – der Roman hatte sie gerührt – und kam zu mir, um mich leise zu fragen, was ich wünschte. «Ist es traurig, was Sie da lesen, Fräulein», fragte ich.

«Sehr traurig», sagte sie bekümmert. Der Wirt ging die Veranda hinab – ein schmaler junger Mann mit einer goldenen Brille. Vor jedem von uns Gästen machte er tief und traurig eine Verbeugung, als wüssten wir alle um ein trauriges Ereignis – dann blieb er stehen und schaute auf die dunkle Ebene hinaus. Ich dachte meine Gedanken weiter, nur dass sie hier plötzlich etwas Tragisches annahmen. Ein Ereignis hatte heute bei mir begonnen, das war sicher, aber jetzt wollte es mir scheinen, als sei es tragisch. Wie es auch kommt, es soll gründlich durchlebt werden. Ich wollte in meinem Leben immer zu viel den Regisseur spielen, wir leben unser Leben doch dann nur ganz, wenn wir es verstehen, unser eigenes Publikum zu sein. – Nur das. Ich bin ein Gedankenpedant. Was war es, was ich erlebte? Verliebtsein – was ist das? Definitionen sind immer falsch, aber sie beruhigen. Ich habe das Bedürfnis der Überschriften. –

Es ist seltsam ergreifend, auf weite, von Dunkelheit verschlungene Flächen hinauszuschauen. Wir alle – der alte Herr, der Mann mit dem faltigen Gesicht, der Wirt und sein alter, räudiger Hund, ich – wir sehen wie gebannt da hinaus. Der Hund stößt zuweilen ein heiseres, asthmatisches Heulen aus. Hunde müssen ihre Gedanken aussprechen. Dort unten leuchteten nur einzelne Lichtchen ferner Wohnungen, winzige rote Pünktchen, die blinzelten, als wären sie in Not vor der großen Dunkelheit. Darüber ein dunstiger Himmel mit bleichen, verwischten Sternen. Und plötzlich erwachte in dieser stillen Dunkelheit eine Stimme – dort fern auf einem Wege ging ein Mann und sang laut und heiser – eine klagende Tonfolge, dann ein Vorschlag, dann wieder la-la-la. Sehr einsam klang diese Stimme so in der Dunkelheit, verloren, irrend – suchend. Und dann auf der anderen Seite der Wiese erklang eine zweite Stimme, eine schrille Frauenstimme, die dieselbe Notenfolge sang, la-la-la und der kleine Vorschlag. Die beiden Stimmen begegneten sich – verschmolzen dicht ineinander, wurden zuversichtlich in diesem Beieinandersein. Der alte Herr, der Mann mit dem faltigen Gesicht, der Wirt, alle hoben die Köpfe und lauschten, der Hund spitzte die Ohren, die Kellnerin sah von ihrem Buch auf. Es war, als hätten wir alle darauf gewartet, dass die beiden Stimmen sich begegnen. Plötzlich schwieg der Gesang. Es wurde wieder still in der Dunkelheit. «Zahlen», sagte ich und stand auf.

Im Heimgehen fiel es mir ein: Natürlich, das ist es, nur das. Wir gehen allein in dunkler Einsamkeit, das ist unser Beruf. Und singen in die Dunkelheit hinein. Und plötzlich antwortet einer – singt mit – wir glauben, die Einsamkeit fällt von uns ab – nur das. Alle die Paare, da in der Allee auf den Bänken, saßen nah beieinander, indem sie sich ein Leben zu zweien phantasierten. Diese Formulierung beruhigte mich.

Zu Hause fand ich auf dem Schreibtisch das Manuskript der «Goldenen Kette». Ich habe es fortgeschlossen. Für eine Zeit lang habe ich anderes zu tun. An meiner Lebensordnung braucht nichts geändert zu werden. Nun werde ich der Frau Meirike sagen, sie kann jetzt mehr Blumen in die Zimmer stellen, Sommerblumen, die stark duften. Edellupinen, wohlriechende Erbsen und die braunroten Chrysanthemen mit den geschwollenen goldenen Herzen. – –

6. August
Es überraschte mich heute Morgen, als Josef die Vorhänge von den Fenstern zurückzog und einen Strom gewaltsamen Sonnenlichtes in das Zimmer ließ, dass das gestrige Erlebnis fort war oder doch nur wie ein Traumbildchen vor mir stand, das vor der Morgensonne in eine verschleierte Ferne rückte.

Etwas war doch geblieben, eine mir ungewohnte Freude daran, den Tag zu beginnen, als stände etwas Angenehmes bevor. Und als ich dann meinen Tee trank, die Zeitungen und die Briefe las, wollte der gestrige Besuch bei Daahlens fast ein gewöhnliches Gesicht annehmen. Ein Teebesuch – eine hübsche Frau – was weiter. Ich konnte das Mystisch-Verhängnisvolle darin nicht mehr so recht finden, dessen ich gestern doch so sicher war. Ich musste plötzlich an die Zeit denken, da ich als Gymnasiast in den Sommerferien meine Cousine Alma liebte und am Morgen erwachte, froh, den verliebten Tag zu beginnen. Aber es war doch da – nur dass am Morgen unser Denken wacher ist, und dieses Denken ist dem Fühlen gegenüber so plump. Das Feinste unseres Denkens liebt die Dämmerung wie Claudias Augen.

Am Vormittag bin ich gewohnt zu arbeiten. «Die goldene Kette» muss zurückgestellt werden. Einer leichten, etwas mechanischen Arbeit bedurfte ich jetzt. Ich begann einen platonischen Dialog zu übersetzen: «Die Liebenden» – eine etwas pädagogische Liebe.

Ein sicheres Zeichen, dass etwas in mir vorgeht, war eine gewisse Unruhe – die machte, dass ich nach einiger Zeit die Feder fortlegte und ausging. Ich hatte ohnehin noch etwas mit meinem Schneider zu besprechen. Ich ging also in die Mittagsglut hinaus in die Stadt, die um diese Zeit wie eine große gemeinsame Wohnstube (schlecht gelüftet) aussieht. Ein jeder tut, als sei er allein. Niemand wundert sich, wenn ich vor fremden Haustüren auf fremden Bänken sitze – vor den niedrigen Fenstern stehe und zuschaue, wie da drinnen der Mittagstisch gedeckt wird. Männer in Hemdsärmeln lehnen zu den Fenstern hinaus. Mädchen stehen an den Haustüren, gähnen und strecken die Arme – wie im Bett. Das unterhielt mich. Diese ganze Welt war für mich so beiläufig, ich war hier zu Besuch, um die Zeit zu vertreiben. Meine Wirklichkeit war die dämmerige Wohnstube da draußen, das bunte Figürchen unter dem alten Steinportal. Und ich begann mich wieder stark darauf zu freuen.

Der Gang hatte mich ermüdet. Nach dem Essen, als ich den Livius zur Hand nahm, wurden mir die Augenlider schwer. Ich legte mich zurück. Die Fliegen brummten in einem Sonnenstrahl, die Lupinen und Erbsenblüten dufteten sehr süß. Es war köstlich sentimental ruhevoll. Nur eigentümlich, nicht an Claudia dachte ich, sondern an Alma – die Cousine, die ich als Gymnasiast geliebt hatte. Sie trug weiße Kleider, breite, bunte Schärpen, einen über den Rücken niederhängenden Zopf und Schnürstiefelchen. Wenn sie die Gartenwege entlangging, folgte ich ihr gern, stach mit einem kleinen Spaten ihre Fußspuren aus dem Wege – legte den Sand in ein Körbchen und trug ihn zu einem stillen Platz im Park, dort häufte ich ihn zu einem Hügel auf, dem Almahügel – das Monument meiner Liebe.

Mit dem Umkleiden, um zu Daahlens zu gehen, begann ich ziemlich früh. Als ich vor dem Spiegel stand, fiel es mir auf, dass wir doch recht fremd unserer äußeren Erscheinung, unserem Gesicht gegenüberstehen. Ich lächle und will in dieses Lächeln eine ganz innige Bedeutung legen, ich fühle es – wie es vom Herzen warm in die Lippen steigt, und nun seh ich dieses Lächeln – fremd – mir unverständlich. Unser Äußeres führt doch die Aufträge, die unser Wesen ihm gibt, nur sehr obenhin aus. Mein Gesicht, regelmäßig, etwas feierlich, ist darin, glaube ich, recht ungelenk, nur die Augen, graublau, mit einem intensiven, ernsten Blick – die führen manchen Auftrag besser aus.

Die Sonne war schon im Untergehen, als ich in die große Allee einbog. Der Duft der von der Hitze getrockneten Blätter auf dem Weg, des reifen Hafers, der in Garben auf dem Felde stand – gab mir sofort alles wieder, was ich gestern erlebt hatte.

In der Villa waren heute die Vorhänge zurückgezogen. Die Fenster und die Glastüren zur Veranda standen offen. Von dem ein wenig tiefer liegenden Garten – aus dem Schatten der mächtigen alten Bäume – wehte es kühl und ein wenig feucht in die Zimmer. Claudia kam mir an der Verandatür entgegen. Sie trug ihr blaues Kleid und eine Korallenschnur um den Hals. Die braunroten Augen sahen mich wieder mit dem ruhig wartenden Blick an. «Oh», sagte sie, «wie hübsch, dass Sie kommen. Mein Mann wird sich freuen. Er ist eben in sein Zimmer gegangen, um etwas an dem Manuskript zu ändern, das wir heute gelesen haben.»

Wir lehnten am eisernen Geländer der Veranda und schauten in den Garten hinaus. «Ja», sagte ich, «ich habe mich den ganzen Tag darauf gefreut.» Ich wunderte mich, dass das so einfach herauskam, denn ich hatte mir viel kompliziertere Dinge zurechtgelegt.

«Heute wird es hübsch hier», bemerkte Claudia, «ein wenig Mond ist schon da.»

Die Sonne war untergegangen, die Luft wurde blau. Über den zackigen Wipfeln der großen Ahornbäume hing eine schmale, weiße Mondsichel. Wir schwiegen. So an dem Gitter zu stehen, nebeneinander und in das Herabdämmern hineinzublicken – ihre Gegenwart zu fühlen, war wunderbar ruhevoll. Aber endlich musste doch etwas gesagt werden.

«Wie heimlich dunkel diese Wege sind», begann ich, «dort unten höre ich auch Frösche.»

Claudia nickte: «Ein kleiner Weiher ist unten. Die Frösche, ja, die höre ich kaum mehr, ich bin sie so gewohnt. Die Wege – ja, sie sind sehr heimlich, später im Jahr etwas unheimlich, wenn so die Blätter rascheln. Mein Mann darf abends nicht heraus dann. Ich gehe gern in der Dunkelheit da umher.»

«Allein?», fragte ich.

«Ja», sagte sie, «oder nein, Julchen geht hinter mir her.»

«Julchen?»

«Ja – Sie kennen sie nicht – natürlich. Unsere Mamsell. Sie ist schon lange hier.»

«Julchen», meinte ich, «klingt so gemütlich. Ich glaube nicht, dass es unheimlich sein kann, wenn Julchen hinterhergeht.»

Sie lächelte ein wenig. «Gott! Ich bin an Julchen so gewöhnt, dass ich sie vergesse. Es ist wie mit den Fröschen.»

«Ich möchte dieses Julchen doch sehen», meinte ich.

«Ich will sie Ihnen mal zeigen», sagte Claudia.

Wir schwiegen wieder.

Unten am Weiher begann ein melancholischer Wasservogel immer den gleichen hellen Ton vor sich hin zu singen, und aus den feuchten, dunklen Gängen des Parkes wehte uns, ich weiß nicht welche Traurigkeit an. Ich hatte plötzlich starkes Mitleid mit der kleinen Frau, die einsam hier durch die raschelnden abendlichen Herbstwege ging – aber Mitleid, das fast körperlich wohl tat. Das war mir neu und interessant an mir. Aber das ist wohl immer so, wenn uns ein anderes Leben ganz nahe kommt.

«Und dann?», fragte ich.

Claudia warf den Kopf ein wenig zurück, um mich anzusehen. «Wie?»

«Ich meine, was Sie dann tun nach diesem Gange?»

Ich fragte sie aus, wie wir ein kleines Mädchen nach seinem Tage ausfragen. Es war mir, als hätte ich ein Eigentumsrecht auf dieses Leben.

«Dann», sagte sie und zuckte leicht mit den Schultern, «dann lese ich meinem Manne vor.»

«Wieder das Manuskript?»

«Nein, andere Reisebeschreibungen. Er liebt es, den Fehlern der anderen auf die Spur zu kommen. Er sagt, die anderen lügen.»

«Das mag wohl sein.»

«Ja, das werden sie wohl», meinte Claudia, unendliche Gleichgültigkeit im Ton.

Hinter uns erscholl Daahlens knarrende Stimme. «Bitte, mein Lieber, versuch doch nur zehn Kilometer auf diesen Steinen zu gehen, ja ja.» Er sprach mit dem Baron Spall – Fred Spall. Sehr lärmend begrüßte er mich: «Ach, das ist schön. Also Sie haben wir auch eingefangen. Das wird gemütlich. Schön hier, was? Das ist 'n Garten. Mystisch heiliger Hain.» Lebhaft sprach er auf mich ein.

Ich hörte nicht zu, ich musste hinübersehen, zu Spall hinübersehen, der sich neben Claudia an das Gitter lehnte, sich vertraulich zu ihr beugte – er war ja ein Vetter – und etwas erzählte und lachte. Claudia blickte gerade vor sich hin, und ihr schöner Mund zuckte so seltsam wie in einer Qual. Natürlich, ich verstand. Spall war verliebt in sie, und sie mochte ihn nicht, den schönen Spall mit dem schmalen Mädchengesicht, den sentimentalen Augen und den blanken, blonden Locken. In dem hübschen Mädchengesicht nahm sich das Monokel im linken Auge und das böse Lächeln der knabenhaft roten Lippen fast gespensterhaft aus.

«Und das Essen, Claudia, Kind», rief Daahlen, «wie weit ist's denn?»

«Gleich», sagte Claudia, «Julchen holt den Wein.»

Daahlen lachte sehr laut. – «Sehr gut, unsere Vorsehung heißt Julchen. Wir wandeln im heiligen Haine, und Julchen sorgt für den Leib.»

Das Abendessen war sehr gepflegt, und Daahlen lachte und erklärte und sprach von den Speisen aller fünf Weltteile. Er ließ kaum einen anderen zu Wort kommen. Nur Spall unterbrach ihn zuweilen, um eine Stadtnachricht mitzuteilen. Daahlen fragte dann weiter, und sie begannen wild zu klatschen. Ich schwieg so viel wie möglich, es war mir angenehm, mit Claudia zusammen zu schweigen, es war, als verstünde sich unser Schweigen. Claudia, nah auf ihren Teller niedergebeugt, aß aufmerksam die kleinen, guten Sachen, Eier à la Meyerbeer, Hühnersteaks mit Krebssoße.

«Sie essen gern?», fragte ich sie halblaut.

«Ja», sagte sie ernst, «wenn es etwas Unterhaltendes ist.»

Spall hatte das gehört und lachte: «Das ist echt Claudia, verlangt von dem armen Hühnerkotelett, es soll sich essen lassen und dabei unterhaltend sein.» Er hatte dabei eine Art, sie mit den sentimentalen Augen anzusehen, als gehöre sie ihm.

Claudia errötete leicht und schob missmutig die Unterlippe vor wie ein böses kleines Mädchen: «Na ja, dabei ist doch nichts.»

«Echt weiblich», dozierte Daahlen. «Die Frauen sagen wie die Römer zu den Gladiatoren: ‹Stirb, aber gefal mir.› Mir fallen da die – Neger ein.»

Ich hörte nicht recht, wie es bei den Negern war, ich dachte an Spall.

Der konnte mich nicht beunruhigen. «Nein, mein Lieber, so kommst du ihr nicht nah, mit diesen Augen, die keine Distanz halten!»

Die Fenster zum Garten hin standen offen. Die tiefe Dunkelheit der großen Bäume schaute herein. Über den schwarzen Wipfeln hatte die Mondsichel jetzt ein starkes weißes Leuchten.

«Hören Sie die Frösche – unsere Tafelmusik», sagte Daahlen.

Nach dem Essen gingen wir wieder auf die Veranda hinaus, saßen in bequemen Korbstühlen. Der Diener brachte kalte Ente in silbernen Bechern. Die große Ruhe der Nacht machte auch Daahlen eine Weile schweigsam. Dabei wandte er sich an mich und sprach von einer Mondnacht am Kongo. Claudia und Spall saßen etwas abseits. Spall sprach leise. Einmal antwortete Claudia, schnell, hart, wie mir schien. «Du arbeitest für mich, mein Lieber», dachte ich. Ich wunderte mich, wie glücklich und sicher ich mich fühlte.

Spall erhob sich. – «Komm», sagte er, «wir wollen ein wenig zu den Fröschen gehen.»

Claudia erhob sich auch, machte einige Schritte, dann wandte sie sich hastig – ja, ich täusche mich nicht, Hilfe suchend zu mir. «Ach, Herr von Brühlen, ich wollte Ihnen ja den Weiher zeigen.»

Ich stand ein wenig zögernd auf. Konnte ich Daahlen allein lassen? In dem Lichte, das durch die Tür auf die Veranda fiel, sah ich deutlich, wie Spalls hübsches Gesicht sich verzog.

Er kehrte kurz um und setzte sich in seinen Stuhl zurück. «Ach so – dann will ich Daahlen nicht allein lassen», meinte er. «Machen wir ein Ecarté?»

Claudia und ich gingen in den Garten hinunter. Es machte mich zuerst ein wenig befangen, so allein mit ihr in die Nacht hineinzugehen. Unter den Bäumen war es kühl wie unter einem Kirchengewölbe und sehr dunkel. Ich hörte nur den leisen Ton ihrer Schritte und der leichten Musselinschleppe auf dem Kies. Dann sprachen wir von dem Garten und von der Hitze und von Lavendel, glaube ich, der von der Terrasse her zu uns herüberduftete. Höflich und ruhig waren unsere Stimmen, aber ich empfand es deutlich, wie die Dunkelheit uns eng verband. Wir waren einander viel näher, als unsere

Stimmen einander waren; ich spürte deutlich, als hätte ich sie gefasst, ihre Hand in der meinen, schmal und kühl wie nächtliche Blumenblätter; ich fühlte, wie ich den Arm um ihre Taille legte, der Skabiosenstrauß an ihrem Gürtel musste jetzt ein wenig feucht vom Tau sein. Gott, die wirklich äußere Berührung ist doch immer das letzte Symbol, die letzte Hilflosigkeit dieser heimlichen Zwiesprache unserer Körper. Ich weiß nicht, wie das Gespräch darauf kam, aber Claudia sagte: «Sie heißen Magnus?»

«Ja, Magnus!», erwiderte ich. «Ich bedaure das. Man heißt eigentlich nicht Magnus.»

«Ein Familienname?»

«Ja, mit dem Namen geht es wie mit dem Leberflecken, den ein Ahne hat, und dann taucht er immer wieder auf.»

«Ich liebe meinen Namen auch nicht», meinte Claudia sinnend. «‹Claudia› klingt so, wie – wie etwas, das nicht lebt.»

«Claudia», wiederholte ich und versuchte etwas Musikalisches in den Ton zu legen, das misslang jedoch. «Früher stellte ich mir dabei eine große römische Gestalt vor, schwere, gerade Gewandfalten.»

«Und jetzt?»

«Jetzt – ich las den Namen gestern im Livius und da, da spürte ich den Duft von dem großen Beet dort vor Ihrer Treppe.»

«Ach, das», sagte Claudia, «das riecht nach Einsamkeit.»

«Nach Einsamkeit?»

«Ja, finden Sie das nicht? Wenn die Nachmittagssonne grell daraufscheint und die Blumen so warm durcheinanderduften, das ist so einsam – so einsam.»

Wir blieben am Weiher stehen, eine grüne Pflanzendecke lag auf dem Wasser. Der Mond legte ein wenig weißes Licht auf die schwarze Fläche.

«Was steht da drin?», fragte ich – denn mitten im Teich stand eine große, dunkle Gestalt und schien ihre Arme in die Finsternis hinauszustrecken.

«Das dort», sagte Claudia, «ist eine Danaide aus Stein, aber ihre Hände und das Sieb sind fortgebrochen.»

«Na, dann hat sie also Ruhe», bemerkte ich.

Claudia lächelte ein wenig. «Ja – ja – nun hat sie Ruhe.»

Langsam gingen wir am Ufer entlang, hörten den Fröschen zu, die unter der Pflanzendecke eifrig plauderten, erzählten, der eine dem anderen das Wort vom Maul nahm. Ich war in ganz unwahrscheinlicher Stimmung, sehr weit von allem, was mir sonst wirklich schien, allein mit Claudia in dieser dämmerigen Welt, über der es wie Schmerz lag, aber wie Schmerz, den ich mit Claudia gemeinsam zu tragen hatte, als gingen wir eng verbunden einen gemeinsamen Leidensweg. Das ist, glaube ich, sehr charakteristisch für meinen Zustand. Claudia bog in einen dunklen Laubengang ein, der ein wenig steil hinauf dem Hause zuführte. Die Dunkelheit brachte sie mir wieder ganz nah – mir war es wieder, als nähme ich ihre kleine Gestalt, ja, als küsste ich ihren wundervollen kühlen Mund.

«Sie lieben nicht die Einsamkeit, Baronin?», fragte meine Stimme höflich.

«Ach Gott!», erwiderte Claudia. «Ich bin sie so gewohnt – so – so – wie –»

«Julchen», schlug ich vor.

Sie lächelte. «Ja – wie Julchen.»

«Sind Sie so viel allein gewesen?», fragte ich, was vielleicht zu dreist war.

«Das ist es nicht», meinte sie. «Einsam – ist man, glaube ich, wenn man wartet – sitzt und wartet. Warten macht einsam.»

«Sehr richtig», schaltete ich ein – was stillos war.

«So bei uns zu Hause», fuhr Claudia fort. «Wir waren fünf Schwestern, immer nur ein Jahr zwischen uns – wir waren immer zusammen. Wir kamen wenig hinaus – wir gingen auch ungern ins Dorf. Unsere Kleider saßen so schlecht. Ich glaube, mein Konfirmationskleid war das erste, das nicht zwei Schwestern vor mir getragen hatten, ich war so klein. Es war kein Geld da, und wir mussten sehr sparen.» Sie lachte mit dem harten Unterton des Lachens halb erwachsener Mädchen.

«Oh!», sagte ich nur, was ich jetzt bedaure.

«Ein Schusterjunge sagte, wenn wir vorübergingen – ‹ach, die fünf Modejournale›. Beliebt waren wir nicht. Auch zu Hause, wenn was passierte, waren immer die fünf Komtesschen schuld.»

Ich hätte etwas sagen sollen, ich sagte jedoch nichts – ich liebte Claudia nur sehr stark in diesem Augenblicke.

«So trieben wir uns in dem großen Garten umher», erzählte Claudia weiter, und ich glaubte ihrer Stimme anzuhören, dass sie lächelte. «Viel wurde für diesen Garten nicht getan. Nur Kohl war da gepflanzt, und die Obstbäume waren vermoost. Aber viel Stachelbeeren waren da. Auch die waren zurückgegangen, sie waren klein und haarig geworden. Bei denen lagen wir gern. Wenn die Sonne auf Stachelbeerbüsche scheint, das riecht nach warmer Wolle, nicht wahr?»

«Ja – ich – ich erinnere mich recht –»

«Ja, und das ist einsam, wir lagen da, aßen die kleinen haarigen Beeren – und warteten, dass etwas kommen sollte.»

Gott! Wie deutlich ich sie sah, die Mädchen mit den hellroten Haaren und schlecht sitzenden Kleidern und den schönen, wartenden Gesichtern bei den besonnten Stachelbeerbüschen – – «Und es kommt immer», sagte ich.

«Ja – natürlich», erwiderte Claudia.

«Und dann», fuhr ich fort – ich unterstrich die Worte –, «dann müssen wir gehorchen.» Vielleicht etwas lebhaft kam das heraus.

Claudia blieb stehen. Ihre Stimme wurde jetzt leise vor Erregung: «Nicht wahr, wir müssen – ganz gleich, wir müssen.»

Das war, glaube ich, etwas Entscheidendes, was ich da gesagt hatte.

Wir traten aus dem Dunkel der Bäume auf die Terrasse vor dem Hause hinaus. Auf der Veranda, wie ein gelbes Lichtbildchen in all dem Schwarz, sahen wir die beiden Herren beim Schein zweier Kerzen mit Weingläsern bei den Karten sitzen, die Profile hell beschienen. Um Spalls Kopf legten die blonden Locken ein schwaches goldenes Glänzen.

Claudia lachte lustig auf. «Das ist hübsch», meinte sie. Ich wunderte mich, dass sie nach der Erregung, die wir beide eben gefühlt hatten, so lachen konnte.

Als wir auf die Veranda kamen, bemerkte Spall spöttisch: «Nun – in Lyrik gemacht?» Dabei sah er Claudia wieder mit dem seltsam gierigen Besitzerblick an.

Claudia wandte sich ab und trat in den Schatten an das Geländer zurück. «Du treibst sie gewaltsam zu mir her mein Lieber», dachte ich.

«Famos, da unten», begann Daahlen, «Stimmung, nur zu viel Stimmung. Meine Frau liebt das. Ich nenne das Depression kneipen.»

Bald darauf gingen Spall und ich fort. Unterwegs bemerkte Spall: «Eine merkwürdige Frau – meine Cousine» –

«Eine charmante Dame», erwiderte ich. Das war das Kälteste, was ich fand, das errichtete gleichsam eine Barriere um Claudia.

So – und jetzt will ich schlafen – nicht denken.

Diese Gefühle dürfen wir nicht jeden Abend sorgsam wie unsere Kleider zusammenfalten und fortlegen. Mir ist's, als säße ich in einem Traum und müsste mit ihm sehr behutsam umgehen, um nicht zu erwachen.

8. August

Das kann ich wohl jetzt schon mit Bestimmtheit sagen, die Liebe ist eine Beschäftigung – eine Beschäftigung, welche die Tage ausfüllt.

Bisher in meinem Leben habe ich, glaube ich, wenig für andere getan. Es hat sich so gemacht, dass ich alles nur für mich tat. Jetzt ist es mir, als täte ich alles, auch das Geringfügigste, für einen anderen – für sie. Bisher ließ ich die Menschen nicht nahe an mich herankommen – ich musste allein sein können. Jetzt ist es mir, als sei ich nie allein – ich spüre immer die Gegenwart eines andern – ihre Gegenwart. Und was tue ich denn all diese Tage voll grellen Sonnenscheins hier hinter meinen gelben Vorhängen im starken, süßen Duft der Erbsenblüten und Edellupinen. Ich übersetze Plato, sehe Korrekturen nach, ordne meine Bibliothek, aber eigentlich tue ich immer etwas anderes – und immer dasselbe. Fühlen ist die Hauptbeschäftigung. Ich verstehe die Feldgrille jetzt, die den langen Sommertag hindurch bis in die Nacht hinein eifrig, leidenschaftlich denselben Ton vor sich hin geigt, als wäre dieser Ton das einzig Wichtige in der

Welt. Dieses sind Beobachtungen, die ich gesichert halte. Zu Daahlens wollte ich diesen Abend nicht gehen. Das schien mir richtig zu sein. Claudia sollte wieder einmal allein durch den Park gehen, allein im Mondenschein am Weiher stehen. In solchen Augenblicken des einsamen Fühlens wachsen unsere Empfindungen klarer und stärker als in den beruhigenden und berauschenden Augenblicken des Zusammenseins. Ich ging aber am Abend zur Allee hinaus, setzte mich auf eine Bank und sah zu, wie die Abendsonne in den Fenstern der Daahlenschen Villa brannte. Dort wollte ich sitzen, bis die Dunkelheit kam. Es würde mir guttun, meinte ich, umgeben zu sein von der flüsternden Gemeinde der Liebespaare.

Zu mir auf die Bank setzte sich ein kleines Ladenfräulein, ein rundliches, blondes Mädchen. Sie legte die Pappschachtel, die sie trug, neben sich auf die Bank. Müde streckte sie die Füße von sich, klappte die Spitzen der gelben Schuhe aneinander. Den kleinen Knabenstrohhut schob sie ein wenig zurück, einige feuchte blonde Löckchen kräuselten sich auf der Stirn. Das Gesicht war rund und rosa, hübsch weich waren die nemophilenblauen Augen zwischen die ein wenig fetten Augenlider gebettet. So ein ruhevoller Friede lag über der Gestalt. Es war ordentlich beruhigend, dass dieses Mädchen neben mir saß. Sie schaute zu mir herüber und dann wieder fort – wie sie das alle tun. Diese Mädchen brauchen alle ruhig und sicher dieselbe Methode – wie beim Bügeln oder Handschuhanziehen. Wenn sie sich bewährt hat, wozu eine neue suchen? So begann ich mit ihr zu sprechen: – Es war heiß.

Ja, es war heiß.

Sie wollte wohl hier warten, bis es kühl würde.

Freilich, das wollte sie.

Wartete sie sonst noch auf jemanden?

Nein, auf wen denn?

Nun, man ist doch zu zweien an Sommerabenden.

Das wohl – aber sie hatte keinen.

War er fort?

Ja – fort. Ein tiefer Seufzer straffte die rot und weiß gestreifte Bluse.

«Sie heißen Toni?», sagte ich.

«Wie wissen Sie?»

«Sie sehen so aus.»

«Ja, Toni Ledrer, ich bin bei Großmann im Handschuhladen in der Herrnstraße.»

«Oh, ich weiß, das ist der große Laden, in dem es immer so dämmerig und feierlich ist. Eine strenge ältere Dame mit einer goldenen Brille sitzt an der Kasse, und die jungen Mädchen streichen ganz still und ernst den Kunden die Handschuhe über die Hände.»

«Die Alte ist böse», beichtete Toni, «und sprechen darf man gar nicht und wenig sitzen.»

«Dann kommen Sie abends hierher, um zu sitzen und zu sprechen?»

«Ja, wenn wer da ist zum Sprechen», meinte Toni träumerisch. «Ich wohne so hoch, da sind die Nächte so heiß. Man hat keine Lust, zu Bett zu gehen.»

«Sie haben wohl so eine kleine Lampe mit gelbem Licht und stehen ganz weiß vor dem Spiegel und heben die Arme hoch, um sich das Haar aufzubinden» – –

Toni sah mich erstaunt an: «Nun ja – wie soll man das anders machen?»

Die Dämmerung war gekommen. Durch die Blätter der Kastanien blitzte der Mond.

«Gehen wir ein wenig», schlug ich vor.

Toni stand gehorsam auf, strich ihr Kleid glatt und nahm die Pappschachtel. Langsam gingen wir die Allee hinab und bogen in die kleinen, finsteren Nebenwege ein.

«Nehmen Sie nicht meinen Arm?», fragte ich.

«Ich bin so frei», erwiderte Toni.

Sie nahm meinen Arm, wie all diese Mädchen unsere Arme nehmen. Sie hängen sich ein wenig schwer ein, drücken unseren Arm leicht gegen ihre Brust. Zu sagen hatten wir uns nichts. Es war auch genug, so aneinandergelehnt zu spüren, wie unser Blut den gleichen Takt hielt – es tanzte zusammen. Und Tonis hatte einen friedlichenergischen Takt. Wenn an einer Biegung des Weges plötzlich die Mondhälfte in einem hellen, leeren Himmel sichtbar wurde, dann blinzelte Toni hinauf und sagte: «Wie schön. Ach, überhaupt der Mond.»

«Gehen wir zu ‹Bohrer› essen», schlug ich vor.

«Das ist ja nicht nötig», meinte Toni, «heute am Werktag.»

Wir gingen doch hin. Auf der stillen Veranda erregte unser Erscheinen Aufsehen. Der alte Herr, der Herr mit dem faltigen Gesicht, die kleine, bleiche Kellnerin, alle hoben die Köpfe und sahen uns ernst und vorwurfsvoll an. Der alte Hund, der am Eingang saß und zum Mond emporschaute, knurrte leise.

«Was wünschen Sie?», flüsterte die Kellnerin.

Wir setzten uns in eine Ecke. Die Ebene vor uns war voll eines weißen, nebeligen Lichtes und einsamer denn je. Toni streckte wieder unter dem Tische die Füße von sich und legte die Hände flach auf den Tisch, dann aß sie langsam, sorgfältig, kaute die Bissen, indem sie zum Monde aufsah. Wir tranken einen kleinen, säuerlichen Schaumwein. Toni seufzte zuweilen so tief, dass die weiß und rot gestreifte Bluse krachte.

«Warum seufzen Sie?», fragte ich.

«Weil es hier so gut – so gut ist», meinte sie. «Man hat seine Ruh» – und sie gähnte diskret.

Ja, mir wurde auch so wohlig und schläfrig zu Sinn. Es war mir, als hätte ich den ganzen Tag über gearbeitet und dürfte nun die Glieder von mir strecken und ruhen. Ich wollte mich ein wenig unterhalten. «Ist es schwer, den Leuten die Handschuhe anzuziehen?», fragte ich.

«Ach», sagte Toni, «ich bin daran gewöhnt. Ja, manche halten die Hand schlecht. Aber wollen wir nicht von Handschuhen sprechen.»

Nein – wir wollten nicht von Handschuhen und den Mühsalen des Lebens sprechen. Wozu auch sprechen!

«Es ist spät», sagte Toni endlich, und wir gingen. In den schmalen Wegen zwischen den Jelängerjelieberbüschen blieb sie stehen, ganz nah vor mir.

«Ich gehe hier hinab», sagte sie.

Ich küsste sie. Ihre Lippen waren weich und warm, wie die Lippen eines schläfrigen Kindes.

«Sonntag bin ich um zwei Uhr schon frei», bemerkte sie im Fortgehen.

Auf dem Heimwege hielt das angenehme, beruhigte Gefühl an. Aber als ich in mein Zimmer trat, war wieder Claudias erregende Gegenwart da. Ich legte mich gleich zu Bett – ich war müde und habe gut und fest geschlafen.

Aber im Einschlafen dachte ich wieder an Toni, es war mir, als würde ich von dem ruhigen, kräftigen Takt ihres Blutes in Schlaf gewiegt. Für das, was mir mit diesem Mädchen begegnet, muss sich doch auch eine Formel finden lassen. – –

10. August

Heute war ein schlechter Tag. Gleich beim Erwachen spürte ich das. Frühmorgens war ein Gewitter niedergegangen, das wirkte wohl noch auf meine Nerven. Die Luft war kaum abgekühlt, die Sonne stach wieder.

Eine unangenehme Nüchternheit war in mir, die allem widersprach, was ich gefühlt hatte, die höhnte und mit allem in mir zankte. Claudia war fern und fremd. An allem war überhaupt nichts. Dazu kam noch, dass Josef beim Frühstück erzählte, er sei heute Morgen der Baronin Daahlen begegnet. «Sie ritt. Der Stallknecht ritt hinter ihr. Der Baron Spall war auch dabei.»

Dieser Bericht erregte in mir ein Gefühl unendlichen Widerwillens – so ein körperliches Unbehagen. Ich musste den Tee und das geröstete Brötchen, das ich eben sorgsam mit Butter bestrichen hatte, stehen lassen.

Die eigentlichen Erscheinungen der Eifersucht sind das nicht. Ich bin nicht eifersüchtig auf Spall. Claudia hasst Spall, das habe ich an ihren Blicken, an der müden Art, wie sie sich von ihm abwendet, gesehen. Claudia wird nur einer Liebe gehorchen, die bis zum Äußersten mit der Distanz zwischen ihr und dem Geliebten kämpft. Erst wenn beide sagen: «Wir können nicht mehr» – dann, dann gehorcht sie.

Das habe ich verstanden. Aber dennoch ... So werde ich mich denn recht elend bis zum Abend hinziehen.

Ein seltsam unwirkliches Leben, das ich führe. Nur dort auf der Veranda wird es wirklich, vor dem dunklen, feuchten Garten, in der Traumbeleuchtung des Mondes, bei dem leisen Ton von Claudias Musselinschleppe auf dem Kies. So fühlen wohl die Fledermäuse, wenn sie am Tage in den finstern Ecken wie kleine, schwarze Teufel an der Wand hängen und durch eine Spalte in das Tageslicht blinzeln, ob das dumme Licht noch da sei, das allem widerspricht, was sie abends erleben, wenn sie mit dem kleinen, schrillen Jauchzer über die mondbeglänzten Wipfel flattern.

Nachts
Heute begegnete mir etwas Eigenes, eine Kleinigkeit, die mir doch einen nicht unwichtigen Zug zu dem Bilde von Claudias Leben lieferte.

Claudia war mir heute nicht recht nah. Sie schwieg viel; wenn sie sprach, klang es leicht gereizt, wobei der herbe Unterton ihrer Stimme besonders deutlich herausklang. Ihr Mund hatte heute eine herrlich bitter-tragische Linie. Spall bemühte sich, sehr glänzend und ausgelassen zu sein. Daahlen lachte viel über ihn, aber Claudia schien das zu ärgern. Spall hat auch so eine verwandtschaftlich aufdringliche Art, mit ihr zu verkehren – als gehörten sie zusammen. Ungeschickter kann man nicht sein. Ich fand wenig Gelegenheit, mit Claudia zu sprechen. Wir unterhielten uns eine Weile über das Gewitter und über Pferde. Ich war sehr reserviert und formell – was richtig war. Dennoch wollte ich ihr einige Worte sagen, leise und erregt und bedeutsam, Worte, die sie empfinden musste, als drückte ich flüchtig ihre Hand und sagte – «Ich weiß – wie – wir – beide leiden» – – aber mir fiel das Rechte nicht ein, Daahlen war heute besonders in Erzählerlaune und nahm mich ganz in Beschlag. Er schilderte mir einen schwierigen und langwierigen Weg, den er irgendwo in Afrika gemacht haben wollte. Schließlich zwang er mich, mit ihm in sein Arbeitszimmer zu gehen, um diesen uninteressanten Weg auf der großen Karte, die dort an der Wand hing, zu verfolgen.

Als wir wieder auf die Veranda heraustraten, waren Spall und Claudia fort. Sie mochten wohl in den Garten hinuntergegangen sein.

Daahlen erzählte weiter, aber es schien mir, als verwirrte sich der Weg, als kämen wir nicht recht vorwärts. Zuweilen hielt er inne, spähte in den Garten hinab, über dem jetzt sehr hell ein großes Stück Mond hing, und murmelte: «Sind sie das?»

«Nein» – sagte ich – «das Weiße, das ist das Tuberosenbeet.»

«So – so», meinte er – – «hm – macht nichts – *allons – allons!*»

Im Mondlicht sah ich deutlich, dass sein braunes, scharfes Gesicht mit dem mausgrauen Bart sich wunderlich verzog – wie bei einem stechenden Schmerz.

«Na ja, also», fuhr er fort – «wir waren also fünf Kilometer von dem Dorfe Biri-biri.» – Er war aber nicht bei der Erzählung, sondern sah beständig in den Garten hinaus, und ich hörte nicht zu, sondern sah auch in den Garten hinab, und wir warteten beide gespannt.

«– Da sind sie!», entfuhr es mir plötzlich.

«Wo – wo?», fragte Daahlen. «Ja – ich seh – na also.»

Claudia und Spall traten jetzt aus dem dunklen Laubgang auf die hellbeschienene Terrasse hinaus.

«Er ist eifersüchtig, der Arme» – dachte ich – «ja, es wird vielleicht der Augenblick kommen, da wir ihn schonen können.» Das Leben ist grausam. Aber mir war es auch lieb, dass die beiden wieder zur Veranda hinanstiegen.

«Also – so kommen wir glücklich nach Biri-biri», berichtete Daahlen erleichtert und setzte sich knarrend in den Korbstuhl.

Claudia und Spall kamen auf die Veranda. Claudia ging, als sei sie müde. Daahlen erzählte weiter, als sähe er sie nicht.

Am anderen Ende der Veranda standen zwei Stühle. Spall schlenderte darauf zu, warf sich in den einen und rückte den anderen für Claudia zurecht. Claudia machte auch einige zögernde Schritte zu ihm hin – dann wandte sie sich schnell ab – ja, ich weiß es – mit Widerwillen, mit Angst, ich sah das deutlich in den Umrissen der zarten, leicht in den Falten des Musselinkleides schwankenden Gestalt. Entschlossen kam sie zu mir herüber und setzte sich auf den Sessel, der neben mir stand – schutzsuchend – – zu mir gehörig. Seit meinen Knabenjahren hatte ich nicht mehr dieses starke Freudengefühl empfunden, das uns von Kopf bis Fuß mit einer süßen Wärme erfüllt. Nun kam eine köstliche Stunde – Claudias Hand lag auf der Armlehne ihres Sessels, meine auf der Lehne des meinen. Unsere Hände waren einander nah – sie sehnten sich nacheinander, sie fühlten einander. Hätte ich wirklich Claudias Hand ergriffen, so wäre das trivial gewesen. So etwas tut Spall vielleicht. Aber so war es gut. Die Ahornwipfel standen still und schwarz im Mondlichte. Daahlens Stimme erzählte jetzt ruhig knarrend, sprach die barbarischen Negernamen tönend in die nächtliche Stille hinein.

12. *August. Sonntagnacht*
Zu Daahlens wollte ich heute nicht gehen. Besuche am Sonntage sind nicht stilvoll. Aber ich ging um zwei Uhr schon aus. Der Tag war sehr hell – blitzblank, wie in Sonntagskleidern. In den Straßen roch es nach den Sonntagsbraten, die durch die geöffneten Fenster herausdampften.

Die große Allee war noch einsam. Hier und da ein geputztes Dienstmädchen, das Gesicht rot vom starken Waschen, das auf seinen Sonntagskameraden wartete. Ich bog zur Daahlenschen Villa ein. Ich wollte beobachten, wie der Anblick dieses Hauses, das in Mondschein und Dämmerung mir zu einem erregenden Traumbilde geworden war, in der Wirklichkeit des gelben Mittagslichtes auf mich wirke. Das schien eine nötige Ergänzung. Das Haus mit seinen niedergelassenen Jalousien stand da sehr still, wie schlafend im Sonnenschein. Nur an der einen Schmalseite, dort, wo die Küchenräume liegen, war ein Stuhl in einen schmalen Schattenstreifen hinausgestellt. Dort saß eine Frau in blauen, weißgetüpfelten Kleide – ein großes, bleiches Gesicht mit mehreren Kinnen unter einer weißen Haube, runde, schwarzgefasste Brillengläser. Das war wohl Julchen. Sie hielt ein Buch und sang mit näselnder Stimme einen Choral. Das hatte so den zitternden, schläfrigen Takt, nach dem die Kohlweißlinge das große, bunte Beet vor der Freitreppe umflatterten. Ich ging um das

Haus herum, außen am Gartengitter hin. Ich wollte die Terrasse im Tageslicht sehen. Da war sie. Da war auch Claudia.

Sie trug ein weißes Batistkleid und einen großen weißen Batisthut und ging die Lavendelstreifen entlang, die den Weg einfassen, um mit einer Gartenschere Lavendel abzuschneiden. Als sie bis nah an das Gitter kam und sich aufrichtete, erblickte sie mich. Ich grüßte. Sie lächelte ein wenig und nickte. Als sie so dastand, das Gesicht blassrosa unter dem grellen Gekräusel des Haares, gefiel sie mir so stark, dass es mir die Kehle zuschnürte. Seit meinen Knabenjahren war mir das nicht mehr begegnet, dass ich so stark empfand, dass ich fast weinen wollte. Claudia fühlte das – sie musste das fühlen – sie hielt still – in der Hand den großen Lavendelstrauß, die Augen weit offen, schaute sie mich an, als wollte sie sagen: «Du siehst, so ergeht es uns beiden.»

«Ach, Herr von Brühlen», versetzte sie dann, «guten Morgen! Wollen Sie nicht ein wenig hereinkommen und meine Lavendel riechen? Da im Gitter ist die kleine Tür.»

Ich trat zu ihr in den Garten. Sie streckte mir den sommerwarmen Lavendelbusch entgegen.

«Ich schneide ihn gern», sagte sie, «und lege ihn zu der Wäsche. Das riecht so gut altmodisch.»

«Ja, meine Mutter hatte die Schränke auch voll davon», meinte ich. Ich war befangen. Meine Stimme klang ein wenig atemlos, das Herz schlug mir heftig.

«Sie gehen schon so frühzeitig spazieren?», fragte Claudia.

«– Ja – ich – ich wollte den Garten und – und vielleicht Sie, Baronin, um die Zeit sehen. – Bisher ist mir das so – so visionär, Dämmerung – und Mondschein – ich glaubte –»

«Und nun?», fragte Claudia neugierig.

«– Nun? – Ja – das Visionäre bleibt – nur – die Vision hat andere Farben – jetzt eine Vision in Weiß, Rotgold und Lavendelblau –»

Claudia hatte sich auf einen umgestürzten Schiebkarren gesetzt, der auf dem Wege lag, und schaute aufmerksam zu mir auf. «Das ist gut», meinte sie. «Wir dürfen Visionen nicht – wie man sagt –

materialisieren – sagt man nicht so? – Visionen sind doch unverantwortlich.»

«Wie?»

Claudia schaute nachdenklich auf ihren Strauß nieder: «Ich träume gern, das ist so angenehm. Man liegt und ist an dem, was man erlebt, nicht schuld – tut nichts dazu. – Es nimmt und trägt einen mit sich fort.»

«Das tut das Leben ohnehin – ob wir wollen oder nicht», bemerkte ich ziemlich erregt.

Claudia schaute auf, ein wenig verwundert. «Ja – nicht wahr?», sagte sie.

Dann entstand eine Pause. In meiner Unterhaltung mit Claudia kommen diese Pausen häufig. Ich glaube, es sind die Augenblicke, in denen unser Gefühl besonders stark zusammenklingt.

«Sie haben schon gearbeitet, Baronin?», begann ich formell. Das schien mir wichtig.

«Mit meinem Mann – das Manuskript – ja», erwiderte Claudia obenhin.

«Das war wohl interessant?»

«Gott!», sagte Claudia und zuckte leicht mit den Schultern, sie schob die Unterlippe vor. Diese Bewegung hatte so sehr etwas von einem trotzigen kleinen Mädchen, dass ich an die fünf Komtesschen in dem großen Garten denken musste, die stets an allem Unheil schuld waren. «Gott – ich hasse diese Neger mit ihren unmöglichen Namen und ihren dummen Sitten. Aber wissen Sie, was ich noch mehr hasse?»

«– Nein!» –

«Die Kilometer. – Immer – und überall sind sie da. Man denkt, Afrika – da ist Licht und große Blumen und Farben. Nein – es ist nur ganz voll von diesen langweiligen Kilometern.»

«Ja, die lassen sich nicht gut vermeiden», bemerkte ich ziemlich geistlos. Aber so war es vielleicht richtig in diesem Moment, da sie gegen ihren Mann sprach.

«Wieso», sagte Claudia wegwerfend – «ich geh – aber ich geh nicht Kilometer.»

Wieder stockte die Unterhaltung. Ich hätte jetzt kameradschaftlich scherzen müssen. Aber ich war zu erregt.

«Sehen wir Sie heute Abend?», fragte Claudia.

«Ach, heute, sonntags», erwiderte ich zögernd.

«Gott! Unter Freunden», meinte Claudia. Dieses «unter Freunden» sollte eine Barriere sein. Ja, wir wollen Barrieren zwischen uns setzen, gefällig gegen unser Gewissen sein, das doch stärker ist.

Eine Glocke erscholl im Hause.

«Oh – Zeit, sich anzukleiden», rief Claudia erschrocken, wie ein kleines Mädchen, das zu spät zur französischen Stunde kommt. Wir reichten uns flüchtig die Hand, und ich ging nachdenklich meinen Weg zurück.

In der Allee auf der gewohnten Bank saß Toni. Sie trug eine weiße Seidenbluse, einen goldenen Gürtel und zu viel Rosen auf dem Hut. Ihr Gesicht war erhitzt und die Augen gerötet.

«Du hast geweint?», fragte ich.

Sie fuhr mit dem Handrücken über die Augen und machte ein böses Gesicht. «Ich warte so lange», sagte sie – «ich dachte, Sie kommen nicht.»

«Ah – das ist's! Na also gehen wir.» Toni erhob sich und nahm meinen Arm, sicher, ein wenig rau. Sie nahm von mir Besitz, als von ihrem Sonntagsrecht. Sie gefiel mir heute nicht besonders. Schweigend gingen wir die Allee hinab. Auf einer Bank saß ein Mädchen mit einer hellen Bluse und zuviel Blumen auf dem Hut.

«Die weint auch», sagte ich.

Da wurde Toni beredt: «Nun ja. Die Woche plagt man sich und freut sich auf den Sonntag und zieht sich seine guten Sachen an, und dann kommt er nicht –»

«Ja – ja, das ist unrecht», sagte ich. Wie verständlich das war. Die Liebe ist hier so klar – eine Einrichtung – ein Recht.

Wir gingen aus der Stadt hinaus über die große Ebene hin. Die Wege waren hier laut von sonntäglichen Spaziergängern. Überall die geputzten Mädchen erhitzt und zufrieden am Arm ihres jungen Mannes. Anfangs verstimmte mich alles, aber dann überkam mich beruhigend das Gefühl, eingereiht zu sein in eine Ordnung, fast in einen Beruf. Wir gingen weit hinaus, dort wo es einsam wird. Die Sonne stach auf das Weideland nieder. Eine Kiesgrube lag dort. Wacholder, Heidekraut, Katzenpfötchen wuchsen an den Wänden. Ein großer Stein lag auf dem Grunde und sonnte sich. Wir stiegen hinab – streckten uns dort aus. Toni nahm ihren Hut ab, streckte ihre Glieder – blinzelte mit den Augen in die Sonne. «Ah! Das ist gut», stöhnte sie. – Das ganze Behagen der Sonntagsfaulheit kam über sie, strahlte ordentlich von ihr aus.

Ich lag auf dem Rücken. Wacholder, Wermut, Schafgarben dufteten so warm, als säßen wir in einer Küche, in der Kräuter gekocht würden. Kleine Schmetterlinge, bronzefarben und stahlblaue Farbenfleckchen, flirrten vorüber. Leise vor sich hin singend, bummelten Hummeln durch die Luft und hingen ihre Samtleiber an die Glocken des Benediktenkrautes.

Toni plauderte vor sich hin von anderen Sonntagen, an anderen Ausflugsorten mit anderen Herren – wie das so schön gewesen sei.

Ich schloss die Augen. – Ich wollte wieder die Vision in Rotgoldweiß und Lavendelblau haben. – Gott! Aber auch auf mir lag die feiertägliche Trägheit. Das mit der Vision und Claudia und mir – das war so kompliziert, und das faule rosa Mädchen neben mir war so einfach und selbstverständlich. Mir vergingen die Sinne, ich schlief wohl ein wenig.

Dann hörte ich Toni vor sich hin singen, eintönig und schläfrig. Ich schlug die Augen auf. Auf ihren Ellenbogen gestützt, lag sie da – die Füße hoben und senkten sich taktmäßig.

Zwischen den Lippen hielt sie einen Grashalm und in der Hand einen Wacholderzweig, mit dem sie langsam auf den Boden schlug. – «Rai – la – la – la.»

«Toni», sagte ich, «hast du – früher einmal – das Vieh gehütet?»

Toni schaute auf. «Sie haben geschlafen. – Das Vieh? Ja, da unten bei uns habe ich die Schafe gehütet.»

«Dann lagst du so den ganzen langen Tag.»

«Ja – lang – lang war der Tag.»

«Und wenn du den langen Tag so dalagst, wartetest du da immer auf etwas?»

Toni dachte nach. «Warten? Ich weiß nicht. Ja, ich wartete, dass die Mutter zum Essen ruft.»

«Ach ja – auf das Essen hast du gewartet – natürlich. Du – komm näher.»

Toni schob sich über das Gras zu mir hin – schmiegte sich an mich. «Ist's so gut?», fragte sie.

Ja, so war's gut. Ich weiß nicht, wie lange wir dort unten in der Kiesgrube geblieben sind. Die Sonne schien schon schräg über die Ebene. Musikklänge kamen zu uns herüber.

Das regte Toni auf. «Das ist die Musik von ‹Deibler› – und das von ‹Bohrer›», sagte sie.

«Du willst wohl dahin?»

«Ja, da müssen wir auch noch hin», erwiderte sie bestimmt.

Nun und dann gingen wir zum «Deibler». In dem großen Biergarten unter den staubigen Bäumen saßen die Menschen Kopf an Kopf. Die Luft war schwer von Bierdunst. Erhitzte Kellnerinnen schleppten große Portionen Kalbsbraten und Schweinebraten und Papierservietten heran. An allen Tischen die geputzten Mädchen mit ihren jungen Leuten. Auf den Gesichtern lag es wie Abspannung, in den Augen wie schläfrige Enttäuschung. Die Männer hatten vom Trinken rote Köpfe und waren recht laut. Zwei stritten sich, und das Mädchen weinte. Die Militärkapelle schmetterte einen Marsch. Später kam ein Kornettsolo, Schuberts «Ständchen». Die Leute, wieder still, streckten sich vor süßem Gefühl auf den Bänken. Die Mädchen schauten starr vor sich hin und verzogen ein wenig das Gesicht, als wollten sie weinen.

«Nun?», fragte ich Toni.

«Sehr schön!», erwiderte sie. Die Arme unter der Brust gekreuzt, saß sie da, in den Augen auch den schläfrigen, enttäuschten Blick. Die Traurigkeit dieses zu Ende gehenden Sonntags lag schwer auf uns allen. Dagegen gibt es nur eines – zusammen nach Hause gehen – sich aneinanderdrücken und vergessen.

«Komm», sagte ich zu Toni.

Wenn das jetzt nicht hier stünde, so wäre es für mich fort, als sei es nicht gewesen. So muss wohl der Sonntag sein für alle die, welche arbeiten. Es bleibt von ihm nichts Erregendes, nur etwas Müdigkeit – einige welke Feldblumen. Die Arbeit kann wieder beginnen, und man kann an den nächsten Sonntag glauben. Auch ich gehe heute wieder daran, an meiner erregenden und rätselvollen Liebeserfahrung zu arbeiten.

13. August nachts

Der Mond steht jetzt rund und hell über dem Daahlenschen Park. Claudia hielt sich heute von mir fern. Einen Augenblick sprachen wir miteinander, gleichgültige Dinge, und ihre Stimme hatte etwas Fremdes – etwas Gläsernes und Lebloses. Ich verstand das. Auch ich bemühte mich, ganz kalte Höflichkeit – gleichsam fern von ihr zu sein. Ich weiß, wir litten beide.

15. August

Heute spielte ich mit Daahlen auf der Veranda Schach. Claudia und Spall sprachen am anderen Ende der Veranda miteinander ziemlich leise, aber ich hörte ihren Stimmen an, dass sie sich stritten.

«Was habt ihr denn?», fragte Daahlen.

Da kam Claudia zu uns, setzte sich still neben mich. Spall ging bald. Unter tiefem Schweigen spielten wir die Partie zu Ende, dann wandte ich mich zu Claudia. Sie hatte sich tief in ihren Sessel hineingesetzt, ein wenig in sich zusammengekrümmt. Die Augen weit offen, starrte sie zum Monde auf. Das Gesicht erschien vom Mondlicht bleich, die Augen sehr dunkel.

Ich musste zu ihr sprechen, gleichviel was, nur damit der Ton meiner Stimme sie liebkose. «Nicht wahr, Baronin, der Vollmond gibt uns einen Rausch – einen kühlen Rausch?»

Daahlen griff das auf. «Sehr gut. Der Mondschein hat etwas Frappiertes. Hier nicht, in Afrika. Oh! Sie verstehen sich auf Nuancen – Sie sind ein Lebenskünstler.»

«Wie ist das, ein Lebenskünstler?», fragte Claudia, und es klang gereizt, fast feindselig.

«Ein Lebenskünstler, liebes Kind», dozierte Daahlen, «lebt eben ein Kunstwerk, lebt so, dass andere sich an seinem Leben erbauen können wie an einem Kunstwerk.»

«So», meinte Claudia und lachte böse und maliziös. «Das muss nicht amüsant sein, so – so druckfertig zu leben. Wenn man ein Kunstwerk macht, dann weiß man, denke ich, auch immer im Voraus, was kommen muss.»

Ich hielt es für richtig, bedeutungsvoll einzuschalten: «Das wissen wir doch ohnehin.»

Aber Claudia widersprach eigensinnig. «Das finde ich nicht.»

«Wir wollen nur nicht daran glauben», fuhr ich fort, und auch meine Stimme klang gereizt.

Claudia zuckte leicht mit den Schultern.

Daahlen begann ganz unmotiviert, wohl um uns zu beschwichtigen, von den Niams-Niams zu erzählen.

Dann ging ich. So muss es sein. Wir kämpfen und leiden beide.

16. August
Liebe treibt eines zum anderen, nicht damit wir eines das andere glücklich machen, wie man sagt. Diese Glücksrechnung geht die Liebe nichts an. Vielleicht bereiten wir einander Schmerz. Weiser ist es, nicht zu lieben. Liebe ist alogisch, und wir kämpfen gegen sie an, aber sie ist stärker als unsere Logik, und das ist ihr Zauber.

17. August
Claudia ist still und bleich. Wir haben kein Wort miteinander gesprochen, das – uns etwas anginge. Aber sie sitzt still neben mir, unsere Hände liegen nah beieinander und sehnen sich nacheinander.

18. August
Mir ist zuweilen, als fühlte ich ein tiefes Erbarmen mit Claudia und ihrer Hilflosigkeit. Ich kann ihre Hilflosigkeit an der meinen messen.

21. August

O dieses wunderliche Traumleben, ein Leben unter Ausnahmegesetzen.

Einen seltsamen Abend, eine seltsame Nacht und einen seltsamen Tag habe ich durchlebt. Bei Daahlens saßen wir wie sonst auf der Veranda und tranken kalte Ente. Spall war sehr unterhaltend. Er witzelte ständig und machte den alten Herrn lachen. Claudia lachte auch, ein etwas gezwungenes lustiges Lachen. Sie war unruhig, ging auf der Veranda auf und ab, blieb zuweilen stehen und schaute in den Mond – plötzlich dann ernst – etwas Gespanntes, fast Angstvolles lag in dem Ausdruck ihres bleichen Gesichtes. In der Hand hielt sie ein kleines Batisttaschentuch und drehte das so fest zusammen, als wollte sie es zerreißen. Spall und Daahlen begannen eine Partie Schach. Ich trat zu Claudia. Merkwürdig war es, wie sich ihre Erregung mir mitteilte. Ja, der Nerv in mir gehorchte den Schwingungen des fremden Wesens.

Meine Stimme klang unsicher, als ich sagte: «Wir haben so lange den Weiher nicht gesehen.»

«Ja, gehen wir noch einmal zum Weiher hinunter», erwiderte Claudia freundlich.

Wir stiegen in den Garten hinab. Anfangs sprachen wir aufs Geratewohl von allerhand, von den Rosen, an denen wir vorübergingen, von den Kröten, die dick und runzelig mitten auf dem hell beschienenen Wege saßen. Eine Weile gingen wir auch schweigend nebeneinanderher. Im Dunkeln unter den Bäumen sagte ich: «Sie sind heute heiterer» – und in Gedanken nahm ich sie fest an mich, die ganze, kleine, vor Erregung und Qual bebende Gestalt.

«War ich sonst nicht heiter?», fragte Claudia.

«Ja – diese Tage über, glaube ich, waren Sie nicht recht heiter.»

«Ich weiß nicht, ob ich heiter bin», fuhr Claudia sinnend fort. «Geht es Ihnen zuweilen auch so? Es kommt eine Müdigkeit – so eine unendliche Faulheit, weiterzuleben. Als Schulmädchen hatte ich solch ein Gefühl, wenn ich den französischen Aufsatz bis zum letzten Augenblick aufgeschoben hatte, und nun kam die Faulheit, stillsitzen wollte ich – schlafen – ja tot sein lieber und im Grabe Ruhe haben, lieber als diesen Aufsatz schreiben über *La cruche va à l'eau tant qu'elle se casse.*»

«Aber der Aufsatz wurde doch geschrieben», warf ich ein.

«Ja, geschrieben wurde er.»

«Solche Stimmungen überkommen uns», bemerkte ich, und es war wichtig, dass ich das sagte, obgleich ich fühlte, dass meine Stimme dabei nicht den rechten Tonfall hatte: «Solche Stimmungen überkommen uns meist in Augenblicken, in denen wir uns anschicken, mit allen unseren Kräften dem Leben zu dienen.»

«Oh – glauben Sie?»

Wir waren an den Weiher gekommen. Hell beschienen stand die Danaide in dem schwarzen Wasser und streckte ihre händelosen Arme lässig vor sich hin.

«Die hat Ruhe, so sagten Sie doch?», fragte Claudia. «Die Hände sind fort, wir müssen ruhen.»

«Das kommt so über uns», begann ich wieder. Ich weiß nicht, ich brachte heute alles nur mühsam heraus. Jetzt musste ich etwas Schönes sagen, allein es kam gesucht und nicht ganz echt heraus. «Denken Sie sich einen Rosenstrauch über und über voller Knospen, solche dicken, roten Knospen, die bereit sind, alle zu gleicher Zeit zu springen. Gut! Er steht da in der Mondnacht, schwer von Knospen, mutlos und müde –: ‹Ach, das ewige Blühen beginnt wieder. Könnte man doch seine Ruhe haben!› Das hindert ihn aber nicht, den nächsten Morgen ganz rot von Rosen zu stehen.»

Claudia sah forschend zu mir auf. «Das ist hübsch. Sie sind eine Art von Dichter.»

«Ich? Ach Gott, nein!»

Wir waren am Weiher entlanggegangen und stiegen jetzt den schmalen Laubgang hinauf.

«Sie, natürlich», sagte Claudia, und ich hörte Spott aus ihrer Stimme heraus. «Sie kennen solche Stimmungen, Sie sind ja ein Lebenskünstler.»

Das ärgerte mich. «Sagen Sie das doch nicht, was bin ich denn für ein Lebenskünstler? Ich warte, wie alle, auf die Hand, die etwas Wertvolles in mein Leben hineinlegt. Wir sind ja doch alle einer auf den andern angewiesen, damit aus unserm Leben etwas wird.»

Claudia lachte: «Wie hübsch Sie das sagen. Wenn man das so hübsch sagen kann, dann, glaube ich, braucht man es gar nicht mehr zu erleben. Nicht? Aber auf andere warten. Und wenn nun ein Pfuscher kommt?»

Wieder das fremde, kranke Lachen, das grell in die Finsternis hineinklang. Über uns flog eine Krähe rauschend auf. Irgendwo in der Dunkelheit standen Nachtviolen und dufteten schwül.

«Ach bitte, lachen Sie nicht – so», entfuhr es mir angstvoll.

Sie schwieg, blieb stehen, lehnte sich gegen einen Baumstamm. Ich stand vor ihr. Ich verstand nicht und war daher befangen und ratlos. Da hörte ich einen leisen Ton.

«Sie weinen?», fragte ich.

«Oh – es ist nichts», erwiderte Claudia. «Die Nerven. Das hab ich zuweilen. Verzeihen Sie nur einen Augenblick.»

Ich wartete. Ich stand da und horchte auf das leise Schluchzen, mir war, als nähme mein Atem auch den langen, stoßweisen Takt des Weinens an. «Jetzt», dachte ich, aber ich sagte und tat nichts. Warum? Nun versteh ich es. Diesem hilflos vor mir schluchzenden Kinde gegenüber durfte ich nichts tun – so nicht. Aber noch ein solcher Augenblick und es geschah, was doch geschehen muss. Ich durchlebte ihn, diesen Augenblick. – Stumm würde ich ihre Hand fassen – eine kühle Hand, die feucht von Tränen ist –, und wir würden zu der Veranda hinaufsteigen und vor den einsamen alten Mann hintreten und ihm sagen: «Wir können nicht anders» – und in all die Süßigkeit unserer Liebe würde sich die Bitterkeit unserer Grausamkeit und unseres Mitleids mischen.

«So, nun ist es vorüber», sagte Claudia, «gehen wir.»

Wir gingen weiter.

«Ich danke Ihnen», fuhr Claudia fort. «So was ist dumm. Wir wollen's den anderen nicht sagen. Ach nein. Vor einem anderen hätte ich mich so geschämt – aber Sie sind so gut, so – so wie eine Tante.»

«Eine Tante», fuhr ich auf.

«Ja, so gemütlich, so zuverlässig –»

Ich schwieg. Ich war verletzt. Jetzt verstehe ich das. Sie zürnte mir, weil ich sie geschont hatte. Das musste so sein.

Als wir auf der Terrasse an den Rosenbeeten vorübergingen, riss Claudia sich eine Rose ab, nur den feuchten, roten Kopf einer Rose, und kühlte damit die Augen. Auf der Veranda bei den Kerzen mit den Windgläsern saßen Daahlen und Spall. Spalls laute, heiter erzählende Stimme klang bis zu uns auf die Terrasse hinab. Daahlen lachte.

Claudia blieb stehen. «Wie sie da sitzen», sagte sie und dann wie aus tiefen Gedanken heraus: «Wissen Sie, was ist Mitleid? Das ist doch so, wie Menschen, die uns auf der Straße nicht auszuweichen verstehen. Nicht wahr? Fremde Schmerzen, die uns nicht vorüberlassen wollen.»

Ich war freudig überrascht, dass sie denselben Gedanken hatte, der mir dort unter den Bäumen gekommen war! «Ja», sagte ich, «wir müssen daran vorüber, wenn unser Weg daran vorüberführt.»

Sie bog den Kopf zurück und schaute zum Monde auf. Wie bleich ihr Gesicht war, ihr herrlicher Mund lächelte ein seltsames, unvergessliches Lächeln. Den rechten Arm hob sie empor und bewegte wie triumphierend die Hand, in der sie fest die rote Rose zerdrückte. «O ja, wir müssen vorüber», sagte sie leise. Dann ging sie schnell die Treppe zur Veranda hinauf.

Die beiden Herren dort waren sehr heiter. Spall erzählte Anekdoten.

Claudia stellte sich zu ihnen, wollte mitlachen, lachte ein wenig mühsam, die Augen immer noch seltsam erregt.

Spall schaute erstaunt zu ihr auf, erhob sich dann, nahm einen Schal, der auf einem Stuhle lag, legte ihn Claudia um die Schultern und sagte: «Du bist blass, du frierst.»

Mir missfiel das. Es sah aus, als sei es sein Recht und seine Pflicht, für sie zu sorgen. Die ganze Lebenslage war mir jetzt zuwider. Ich verabschiedete mich. Da wollte auch Spall gehen und schloss sich mir an. Während wir die Allee hinabschritten, sprach Spall beständig, ich weiß nicht was, ich hörte nicht zu. Eine starke Aufregung arbeitete in mir. Beständig wiederholte ich mir alles, was Claudia gesagt hatte, deutete – legte es aus mit philosophischer Gewissenhaftigkeit.

In der Stadt vor dem Hause des Klubs blieb Spall stehen: «Gehen wir hinauf?», fragte er.

Ich zögerte. Er war mir ziemlich unangenehm mit seiner krampfhaften Heiterkeit.

«Kommen Sie», drängte er, «auf eine Stunde. Ich habe diese Nacht noch etwas vor und kann nicht schlafen gehen.»

«Renommist!», dachte ich – ging aber mit. Ich fürchtete mich, nach Hause zu gehen. Es war mir, als lauere dort ein Umschlag meiner Stimmung auf mich, etwas Quälendes und Trauriges.

Im Klub herrschte sommerliche Leere. Im Spielzimmer saßen einige alte Herren beim Whist. Im Lesezimmer gähnten ein unbeschäftigter junger Arzt und ein unbeschäftigter junger Rechtsanwalt hinter ihren Zeitungen. Wir setzten uns in das Speisezimmer.

«Ich muss Sekt trinken», sagte Spall.

So tranken wir denn Sekt.

Spall versank in Gedanken. Sein hübsches, freches Knabengesicht nahm einen ältlichen, fast kranken Ausdruck an. Mit einem Ruck fuhr er dann auf. «Sie spielen nicht?», fragte er.

«Nein, ich mache mir nichts draus.»

«Ich spiele gern», fuhr Spall fort, «Hasard nur, dabei fühlt man sich so angenehm aufrichtig als Automat.»

«Automat?»

«Ja, wir glauben wohl, wir berechnen. Ein Automat hält auch das Uhrwerk, das er im Leibe hat, für Verstand, aber das ist Unsinn, es schnurrt in uns, und wir müssen auf die Neune oder den Buben setzen. Angenehme Unverantwortlichkeit – was?»

Es fiel mir auf, dass Claudia auch das Wort «angenehm unverantwortlich» gebraucht hatte, und das war mir peinlich.

«Geschmacksache», warf ich mürrisch hin.

Spall lächelte sein erfahrenes, böses Lächeln. «Das ist auch der Reiz bei den Weiberaffären.» Er sah mich sinnend an über den Rand seines Glases hin. «Wie stehen Sie eigentlich zu den Weibern?», fragte er.

Er war mir sehr unsympathisch. «Gott», erwiderte ich gereizt, «zu den Weibern steh ich gar nicht. Das ist so, als fragte man mich, wie ich zu den Tagen stehe. Zu den Tagen steh ich nicht. Ich kenne nur einen Montag, Dienstag – und jeder Montag ist von dem anderen verschieden, und zu jedem steh ich anders.»

Spall nickte: «Sie haben recht, aber gemeinsam bei diesen Weibergeschichten ist das Automatengefühl. Es schnurrt in uns, und wir tun alles um eines Weibes willen, und dann schnurrt es wieder, und es ist aus. Da können wir nichts dazutun.»

Ich antwortete nicht, all dies missfiel mir gerade deshalb, weil es mich an ein Gespräch erinnerte, das ich mit Claudia gehabt hatte. Spall erzählte nun ein Erlebnis mit einer Tänzerin. Ich hörte nicht zu. Ich trank recht schnell und hing meinen erregten Gedanken nach.

Spall sah nach der Uhr. «Oh – es ist spät», rief er, «ich muss fort.»

«Don-Juan-Pose», dachte ich. So gingen wir denn. Als wir uns trennten, rief ich ihm ironisch ein «Viel Glück» zu.

«Danke, danke», sagte er.

Ich war froh, allein zu sein. Der Wein gab mir eine angenehme, vertrauensvolle Sicherheit, etwas Triumphierendes. Ich saß in der schweigenden Allee auf der Bank, sah in den Himmel hinein, der weiß vom Mondlicht war, und dachte daran, dass Claudia vor mir geweint hatte, um meinetwillen, und wenn ein Weib vor uns weint, dann ist es hilflos uns gegenüber. Und später dann die kleine Feindseligkeit. Ich musste lächeln. Nach Hause zu gehen, wagte ich nicht, ich traute der Stille meines Schlafzimmers nicht. Und als ich im aufdämmernden Morgen doch endlich heimging und mich schlafen legte, da kam das, was ich fürchtete … ein kurzer, unruhiger Schlaf, dann ein langes Wachliegen mit bohrenden Gedanken, die alles, was ich erlebt hatte, zerpflückten, farblos, bedeutungslos machten. Es war sehr quälend. Als Kind, da ich das einzige Kind war, war ich gewohnt, still für mich und sehr eifrig zu spielen. Ich verlor mich ganz in die Welt meiner Kinderphantasie. Aber zuweilen mitten im Spiel kam eine Ernüchterung über mich, das quälende Bewusstsein, dass es kein Pferd, sondern ein Stuhl, kein Schiff, sondern ein Sofa sei.

Unendliche Mutlosigkeit ergriff mich, und ich weinte. «Was weinst du?», fragte mich meine Mutter. «Ich kann nicht spielen», sagte ich dann. Daran musste ich denken, als ich mich ruhelos in meinem Bette hin und her warf. Ich beschloss, nicht aufzustehen. Ich wollte es machen wie die Fledermäuse, in meinem dunklen Winkel bleiben und ärgerlich nach den Spalten schielen, durch die der Tag hereinschaut. Als Josef hereinkam, sagte ich ihm, ich wollte nicht aufstehen. Ich gestattete ihm nicht, die Vorhänge aufzuziehen, ließ Licht anmachen und mir den Tee an das Bett bringen. Ich tat, als sei ich krank, trank den Tee, rauchte eine Zigarette und ließ mich von Josef unterhalten.

«Gestern», berichtete er, «war ich bei ‹Zierer› wegen der Hemden des Herrn Barons. Da war auch der Baron Spall. Er kaufte eine Reisedecke, eine sehr schöne, teure Reisedecke.»

«Gott, Josef», seufzte ich, «bist du langweilig! Deine geselligen Talente nehmen ab. Was geht mich die Reisedecke des Barons Spall an? Erzähle lieber, wie du als Junge da oben bei euch mitgenommen wurdest, wenn dein Vater auf die Güter mähen ging und ihr bei den Pferdehütern schlieft und wie die Pferde dich mit feuchten, kühlen Nasen beschnupperten.»

«Ja, das war so», begann Josef. Er hatte das schon oft erzählen müssen, wenn ich verstimmt und mutlos war. Ich hörte ihm zu, ließ dann das Licht auslöschen und versuchte wieder zu schlafen. Wirklich schlief ich sanft ein und bin sehr erquickt erwacht. Ich habe mit Appetit gegessen, habe dieses geschrieben und gehe zu Daahlens. Ich bin wieder mit Claudia und mir zufrieden, ich bin wieder Claudias und meiner sicher, ich verstehe uns beide, mich erwärmt ein gutes Festtagsgefühl, wie wir es haben, wenn sich etwas Schönes ereignet, das in unserem Leben mitzählt.

Nachts
So soll es hier stehen, deutlich und nüchtern – wie ich das Erlebnis eines anderen sehe – ein Text, bei dem ich mir die Exegese vorbehalte.

Also: Es war die Zeit des Sonnenunterganges, als ich zu Daahlens ging. Mir war leicht und sicher zumute. Ich lebte gern. Ich liebte Claudia sehr stark. Ich konnte mich an dem Sonnenuntergang erfreuen, an den großen, kupferfarbenen Wolken, ganz dunkel, wie ein veilchenfarbener Hecht in einem rosafarbenen Wasser. Hübsch. Die Leute, denen ich begegnete, schienen auch fröhlich. Die Herren trugen den Hut in der Hand, die Mädchen lächelten dem roten Lichte zu. In einem Hause wurde Mendelssohn gespielt; die selbstverständliche Süßigkeit, die so ohne Weiteres einleuchtete, gefiel mir heute. Ein Paar kam mir entgegen. Es war Toni mit ihrer Pappschachtel, am Arm eines blonden jungen Mannes. Sie nickte mir zu, machte sich von ihrem Begleiter los, um mich zu begrüßen.

«Ach, Herr Magnus, Sie –»

«Ja – Toni – wie geht es?»

«Danke, gut. Ach, hab ich auf Sie auf der Bank gewartet, und Sie kamen immer nicht. Einmal gingen Sie vorüber und sahen mich gar nicht.»

«– Oh, wirklich», murmelte ich verlegen.

«Ich war sehr böse. Aber jetzt ist's vorüber –»

«Sie haben einen – andern?», fragte ich zögernd.

Sie lächelte selig. «Ja, einen Ophthalmologen. Ein lieber Mensch.»

«So. Viel Glück.»

«Danke. Gleichfalls, Herr Magnus.» Und sie nahm wieder den Arm ihres Ophthalmologen.

«Gut, gut», dachte ich. «Die lieben Mädchen.»

Als ich über den Vorplatz der Villa ging, sah ich an der Schmalseite des Hauses wieder Julchen sitzen, in ihrem blauen Kleide, die Brille auf der Nase, die Haube ganz rot vom Abendlicht. Sie hatte eine Schüssel auf dem Schoße – eine andere stand neben ihr auf der Erde, und sie schälte, kleine, goldgelbe Birnen. Als ich sie grüßte, nickte sie ernst.

An der Haustür musste ich zweimal schellen, ehe mir geöffnet wurde.

«Die Herrschaft zu Hause?», fragte ich leichthin und wollte eintreten.

«Der Herr Baron ist krank. Der Herr Baron empfängt heute nicht», sagte der Diener und machte ein feierliches, ausdrucksloses Gesicht.

«Krank? Es ist doch nicht schlimm?»

Die Ausdruckslosigkeit des Dienergesichtes nahm etwas Gequältes an.

«Nun denn, ich wünsche gute Besserung.»

War das nicht um die rasierten Lippen wie das Zucken eines säuerlichen Lächelns? Ich blieb auf dem Vorplatz stehen und dachte nach: Da war etwas nicht in Ordnung.

Ich beschloss, Julchen zu fragen.

Als ich vor ihr stand, sah sie mich über die Brillengläser hinweg streng an.

«Ach, Fräulein Julchen, es ist doch nicht schlimm, hoffe ich, mit dem Baron?»

Julchen schälte eifrig an ihrer Birne weiter und zog die Augenbrauen hinauf. «So was greift an», meinte sie und begann wieder eifrig ihre Birne zu schälen. «Heute Morgen, als er den Brief fand, hatte er einen so starken Anfall, dass wir den Doktor holen wollten, aber er wollte das nicht.»

«Ah, der Brief», sagte ich, als verstände ich, und wirklich, etwas in mir verstand sofort das, was mir doch unbegreiflich war. «Und wie – wie kam das?», fuhr ich auf das Geratewohl fort.

Julchen warf die geschälte Birne klatschend in die Schüssel, die auf der Erde stand.

«So gegen zwei Uhr muss sie fortgegangen sein. Der Portier von drüben ist in der Nacht von der Kneipe heimgekommen. Da hat er einen Wagen in der Allee stehen sehen. Da wird er wohl auf sie gewartet haben.»

«Er?»

«Ja, der Herr von Spall. Und die Gemüsefrau, als sie zur Stadt gekommen, ist dem Wagen begegnet. Sie werden wohl bis zur nächsten Station gefahren sein.»

«Das werden sie wohl», sagte ich mechanisch.

Julchen schüttelte traurig den Kopf: «So was! Zu still war es ihr hier, das hab ich gemerkt. Solche unruhigen Augen. Wenn ich mit ihr unten im Garten spazieren ging, dann rannte sie, rannte sie, sodass es schwer war, ihr nachzukommen, und dann blieb sie auf einmal stehen und packte mich an dem Arm, fest, dass es recht wehtat, und sagte: ‹Julchen, Sie haben auch tüchtig geliebt.› – ‹Ach, Frau Baronin›, sagte ich, ‹was werde ich schon viel geliebt haben.› Dann lachte sie und sagte: ‹Ja, ja, Julchen. Sie sind ein ausgebrannter Vulkan.› – ‹Wie Frau Baronin meinen›, sagte ich. Was kann unsereins viel sagen! Der Herr von Spall hat mir gleich nicht gefallen. Ach ja. So gut wie bei uns wird sie es anderswo nicht leicht finden. Da hab ich mit Mühe ihr zuliebe heute Schnabelerbsen besorgt, weil sie die so gern isst. Nun ist sie fort.» Julchen seufzte und beugte den Kopf tiefer auf ihre Birnen nieder. «Wird auch schon ruhiger werden», murmelte sie.

Ich fand nichts Rechtes zu sagen, ich stand, bis ich fühlte, dass ich eine lächerliche Figur machen müsste. «Ich gehe ein wenig in den Garten», sagte ich.

Julchen nickte: «Ja, Herr von Brühlen, es ist ja so jetzt keiner drin.»

Langsam ging ich zwischen den Blumenbeeten hin. Ich fühlte anfangs nur sehr großes Erstaunen. Spall und sie – war es möglich? Wie ist das? Ich verstehe nicht. Diese Frau von Daahlen, die mit Herrn von Spall durchgegangen war, schien mir so fremd. Ich ging zum Weiher hinab, hörte den Fröschen zu. Eine tiefe, fette Froschstimme erzählte zuerst etwas allein. Dann fielen die anderen ein, alle zusammen, eifrig und heiser, und aus ihren Reden klang es immer wieder wie «Spall – Spall –» heraus.

Als ich nun dort stand, überkam mich ein schmerzvolles, weiches Gefühl, ein sehr starkes Vermissen. Alles in mir dürstete nach Claudias Gegenwart, nach jenem geheimnisvollen Verstehen, jener Vertraulichkeit meines Körpers und des ihren. Das war doch gewesen. Mein Gott – warum war sie nicht da! Ich stieg den finsteren Laubengang hinan, den ich mit ihr gegangen war. Die Nachtviolen dufteten wieder im Dunkeln.

Ich lehnte mich an den Baum, an dem sie gestanden und geweint hatte. Hier bekam mein Schmerz etwas Pathetisches, das fast wohl tat. Wie deutlich sah ich sie vor mir, ihren Mund sah ich, vor allem ihren wunderschönen Mund, bis der Gedanke, dass ein anderer über diesen Mund herrscht, mich auffahren ließ, wie von einem körperlichen Schmerz getroffen. Und er, der andere, war immer da gewesen, auch wenn mein Begehren sich am heißesten an sie herangedrängt hatte, um ihn hatte sie hier geweint, an ihn gedacht. Und ich, was hatte ich denn hier getan? Eine demütigende Wut schüttelte mich, eine Wut, als dächte ich an einen Schlag, den ich empfangen und versäumt hatte, zurückzugeben. Ich eilte auf die Terrasse, ich wollte fort aus diesem Garten, in dem ich mir selbst zum lächerlichen Gespenst wurde.

Auf der Terrasse begegnete mir ein Diener. «Der Herr Baron lassen bitten», sagte er, «ob der Herr Baron nicht einen Augenblick heraufkommen wollen.»

«Ich?»

«Ja, der Herr Baron lassen bitten.»

«Gut, gut, ich komme.»

Ich folgte dem Mann, aber ich dachte dabei: «Es ist unmöglich, dass ich da hinaufgehe.» Ich ging aber doch.

Daahlen begrüßte mich mit einer hastigen, aufgeregten Freundlichkeit. «Da sind Sie, mein junger Freund. Ich sah Sie da unten herumirren. Danke, dass Sie gekommen sind. Diese Einsamkeit macht einen ja verrückt.»

Er sah angegriffen, älter als sonst aus. Das Gesicht war vergilbtes Pergament, die Augen blank und tiefliegend. «Setzen Sie sich doch», fuhr er fort, «hier ist eine Zigarre. So, wollen wir gemütlich plaudern.» Er sah mich forschend an. «Oh», meinte er, «Sie brauchen sich nicht zu beunruhigen, ich werde nicht von meinen Geschichten sprechen. Jeder hat seine Geschichten, nicht wahr? Aber es gibt noch andere Themata – Gott sei Dank.» Er lächelte und legte die Hand auf ein Buch, das aufgeschlagen vor ihm auf dem Tisch lag. «Da lese ich ein Buch über Afrika, eine Reise von Buonaventura Meyer. Gut. Ich kenne ihn, ein vernünftiger Mensch. Er hat die Gegenden gesehen, die ich gesehen habe, dieselben Neger, dieselben Sitten, nicht wahr? Aber er sieht etwas ganz anderes, als ich gesehen habe. Ich frage mich, lügt der, oder lüge ich? War er betrunken, als er das sah, oder war ich betrunken? Wie erklären Sie das?»

Ich musste antworten und begann zu sprechen, ohne zu wissen, was ich sagen würde. «Das kommt wohl daher, dass alles, was wir sehen, wir ganz allein sehen. Es hat sozusagen jeder sein eigenes Afrika. Es hängt zum Beispiel ein Bild in meinem Zimmer, das ich liebe. Es wird mir gestohlen, oder ich muss es verkaufen. Da ist es dann ein Trost, dass das Bild, welches ich gesehen habe und geliebt habe, nicht gestohlen oder verkauft werden kann, das ist einzig, das – das» – ich verwirrte mich, denn ich sah an Daahlens Gesicht, dass ich taktlos wurde.

«Das ist nicht wissenschaftlich», sagte Daahlen streng.

«– Nein, wissenschaftlich nicht», stotterte ich.

«Ja, aber die Wissenschaft.» Daahlen begann begeistert von der Wissenschaft zu sprechen, er wurde warm, inbrünstig, ja fast sinnlich. Es klang wie eine Liebeserklärung des Ehemannes an seine ihm ewig treue Gattin. Da öffnete der Diener die Türen des Speisezimmers und meldete das Abendessen.

Wir aßen Hammelkoteletts mit Schnabelerbsen, die für Claudia besorgt waren, und tranken alten Steinwein. Daahlen trank viel und sprach unausgesetzt von sehr fern liegenden Dingen, von Dingen, die alle jenseits des Ozeans lagen. Und er hatte das Bedürfnis, sich selbst zu bewundern: «Ja, mein Lieber, was ich durchgeführt und erlebt habe, dazu gehört eiserner Wille, davon wissen unsere Klubherrchen nichts. Die Sinne schnell wie beim Raubtier, Geistesgegenwart und Energie, ich sage Ihnen, man fühlt die Energie im Blute, wie eine Faust, die uns hält und treibt und schiebt.» Er wuchs immer mehr in seinen eigenen Augen.

Die Fenster zum Garten hin standen offen. Ein Wind hatte sich draußen erhoben. Er trieb die Wolken schnell über den Mond. Licht und Schatten wechselten, als stünde dort oben eine mit dem Erlöschen kämpfende Flamme. Die alten Bäume rauschten, und plötzlich fuhr ein Windstoß in das Zimmer und brachte die Düfte all der

Rosen da draußen mit. Daahlen schwieg. Sein Gesicht nahm einen weichen, hilflosen Ausdruck an. Und auch ich dachte: «Claudia, Claudia» – es war mir, als sei sie durch das Zimmer gegangen. Selbst der Diener neigte das bleiche Gesicht ein wenig auf die Schulter und schaute mit seinen ausdruckslosen Augen wehmütig ins Leere.

«Sie», sagte Daahlen zum Diener, «sagen Sie Fräulein Julchen, sie soll uns von dem ganz alten Kognak schicken, den in der Ecke, sie weiß, und die großen englischen Gläser gut mit Eis auskühlen. Dieser Kognak», wandte er sich an mich, «hat noch im Keller Ludwigs XVIII. gelegen, während der Katastrophe mag ein Kellermeister ihn gestohlen haben; ich habe ihn von einem Pariser Bekannten. Ich sage Ihnen, dieser Kognak ist unter den Spirituosen, was das Genie unter den Menschen ist.»

Der Kognak kam. Daahlen beugte sich über sein Glas und atmete den starken Duft ein. «Ah, das wärmt die Seele.» Als der Diener gegangen war, beugte Daahlen sich nach mir vor und schaute mich aus verschleierten Augen an und sagte leise: «Lieber, junger Freund, was werden Sie denken, wenn ich Ihnen sage, ich habe es gewusst, dass so etwas kommen würde.»

«Wie das», murmelte ich und schaute ihn mit Abneigung an.

Daahlen nickte wehmütig. «Man wird feige mit dem Alter, wo bleibt die schöne Energie? ‹Es muss etwas geschehen, du musst handeln›, sagte ich mir in schlaflosen Nächten, aber sehen Sie, ich setzte mir eine Frist. Diesen Monat noch Ruhe und Gemütlichkeit, dann Strenge, *le mari jaloux* – na, und da habe ich denn diese Gnadenfrist in kleinen Bissen genossen, so wie manche Kinder ihren Kuchen krümchenweise essen, damit er ewig daure. Ich sage Ihnen, wenn sie mir eine Stunde mein Manuskript vorlas, zerhackte ich diese Stunde in so kleine Teilchen, dass sie dreimal so lang erschien. Das lernt man mit dem Alter. Ich denke da an eine Geschichte in Ostafrika. Ich hatte mich dem Leutnant von Marlow angeschlossen, der eine Strafexpedition machte. Nun war da ein junger, schokoladenfarbener Bursche, der sich schwer vergangen hatte – Verrat oder sowas. Er sollte erschossen werden, aber nicht an Ort und Stelle, sondern wir mussten noch so an zehn Kilometer marschieren. Nun, nach vier Kilometern beginnt der Bursche die Füße zu schleppen, als könnte er vor Müdigkeit nicht. ‹Er soll sich erholen›, sagt Marlow. ‹Hören Sie›, sage ich zu Marlow, ‹der kann doch nicht müde sein, was sind für den vier Kilometer?› Was antwortet mir Marlow? ‹Für den Burschen sind diese vier Kilometer so gut wie vierzig. Der lebt jetzt nicht so obenhin wie wir, der lebt jede Sekunde durch, und das macht müde.› Verstehen Sie das?»

Ich antwortete nicht. Mir war dieser afrikanische Vergleich zuwider.

Daahlen stützte den Kopf in die Hand und sann trübe vor sich hin. «Einen Monat wollte ich in ihr noch die Claudia sehen, die ich kannte, und dann wollte ich mich mit der anderen Claudia auseinandersetzen. Sie hat nicht so lange gewartet.»

Er richtete sich auf, wurde stolz, ganz Tigerjäger. «Und ich hätte gehandelt, mein Lieber, die alte Energie ist nicht ganz fort. Ich kann schrecklich sein, mein Lieber. ‹Alles Ding hat seine Zeit›, steht in der Bibel, ‹Steine sammeln und Steine zerstreuen.› Oh, ich hätte Steine zerstreut.» Er lachte höhnisch und goss sich den Kognak in die Kehle. Aber dann wurde er gleich wieder gefühlvoll, er legte seine Hand auf die meine und sagte: «Ich war Ihnen auch sympathisch, ich weiß. Nun sitzen wir beide da.»

Ich stand auf, ich wollte gehen. Es war mir unerträglich, der Bundesgenosse dieses alten Mannes und seines Schmerzes zu sein.

«Sie gehen schon?», meinte Daahlen, «ich danke Ihnen, mein junger Freund; über die Einsamkeit kommen wir nicht hinweg, da helfen alle Veranstaltungen nichts.»

Ich ging hinaus. Die Nacht war jetzt dunkel und warm. Über mir in den Bäumen der Allee flüsterte ein leichter Regen. Es gibt Augenblicke, in denen uns die Welt sehr unwahrscheinlich vorkommt, in denen wir gleichsam neben uns selbst einhergehen, wie neben einer wunderlichen und unverständlichen Erscheinung. Ich weiß, dass ich in dem Augenblick nicht an Claudia, sondern an Toni dachte. Wenn sie jetzt ein wenig schwer an meinem Arme hinge, meinen Arm leicht gegen ihre Brust drückte und mich mit den friedlich lüsternen nemophilenblauen Augen ansähe, das wäre beruhigend klar und verständlich.

Jetzt sitze ich in meinem Zimmer und habe all das niedergeschrieben. So war es. Aber was ist es, was ich erlebt habe? Mir fällt jetzt der Abend auf der einsamen Veranda bei ‹Bohrer› ein. Die weite, dunkle Ebene, die einsame Stimme, die dort erwachte, und die andere, die ihr antwortete. War es vielleicht nur ein Echo? Sind unsere sogenannten Liebeserfahrungen nicht vielleicht alle nur ein Echo unserer selbst? Ist das vielleicht die Formel dafür? Das wäre dann gut, und es ginge mich nichts an, was diese Frau von Daahlen und dieser Herr von Spall miteinander haben. Mein Liebesverhältnis wäre gesichert. Aber, warum tut das so weh? Warum lässt das solch einen hässlichen, demütigenden Schmerz zurück?

Der Morgen graut hinter den Vorhängen. Ich werde Josef wecken und ihm befehlen, dass er die Koffer packe. Ich muss fort. Ich will in ein Fischerdorf an der Ostsee reisen, dort still sitzen, die Füße im warmen Sande, und den Wellen zusehen, wie sie rufen und antworten, miteinander gehen und vergehen. Das wird mir jetzt guttun. Warum? Auch dafür wird sich die Erklärung wohl finden lassen.

Gebärden

Alexander von Berch saß allein in seinem Junggesellensalon und ließ sich langsam von der Winterdämmerung einhüllen. Es war Weihnachtsabend, und da sitzt ein geistvoller Junggeselle gern eine Weile so da und gibt sich einer gerührten Nachdenklichkeit hin. Etwas Melancholie, Einsamkeitsgefühle, Kindheitserinnerungen, wenn sie kommen. Vor ihm auf dem Tisch lag in einer Papiertüte ein Orchideenstrauß und duftete fremd und schwül zu ihm herüber. Alexander war für den Weihnachtsabend zu seiner von ihm geschiedenen Gattin eingeladen und wollte ihr die Blumen bringen. Diese Alice, diese kleine blonde Frau, mit den zu blauen Augen, hatte ihm im Beginn ihrer Ehe sehr gut gefallen. Ihre sentimentale Vorliebe für Szenen und Versöhnungen, ihre Passion, sich missverstanden und als Opfer zu fühlen, fand er damals unterhaltend. Allein mit der Zeit wurde er all dieses sterbensmüde. Er fand den Umgang mit jemandem schwer, von dem er jeden Augenblick wusste, was er sagen und welches Gesicht er machen würde. Es ist möglich, dass er gegen die kleine Frau unfreundlich und ungerecht war, jedenfalls erwachte damals in ihm das Bedürfnis nach so etwas, was man einen «Roman» nennt. So kam denn die Geschichte mit der Schauspielerin, der rothaarigen Maja. Die hielt er damals für dämonisch, für eine Tigerin. Eine törichte und ziemlich triviale Geschichte, wenn er sie jetzt überdachte. Ach, diese sogenannten Tigerinnen sind ja meist gute Mädchen, nur dass sie sich alle in den Kopf setzen, schlechte Literatur zu lesen. Alice tat, was man in solchen Fällen zu tun pflegt, sie zog zu ihrer Mutter, und es kam zu einer sehr korrekten Scheidung, bei der Alexander vornehm und edel war. Vornehm und edel zu sein wurde jetzt, da er frei war, sein Beruf. Er konnte ganz seiner Kultur leben.

Berch, hieß es in der Gesellschaft, ja Berch ist ein Lebenskünstler und abgeklärt. Das war es. Abgeklärt sein war nun seine Aufgabe, das macht uns anderen und uns selbst sympathisch. Jetzt war er Alicens Freund, beriet sich mit ihr über die Erziehung ihrer Tochter, gab ihr finanzielle Ratschläge, aß bei ihr. Jetzt hatte die kleine Frau sich mit dem schönen Assessor von Trutsch verlobt. Eine Torheit, aber da war denn Alexanders wohlwollende Weisheit umso nötiger. Er stand auf, es war Zeit zu gehen; die Kindheitserinnerungen kamen ja doch nicht.

Draußen stand ein sehr blanker, frostiger Sternhimmel über den weiß verschneiten Wipfeln des Stadtparks. Durch die Fenster fiel das Licht brennender Christbäume gelb und unruhig in das Schweigen der blauen Dämmerung.

«Gut», dachte Alexander, «anheimelnde Feststimmung, könnte man sagen. Selbst die verschneiten Bäume sind festlich, scheint es.» So wollte er sein, anscheinend teilnehmend an den Festen, im Grunde aber wie die stillen, weißen Bäume, ganz für sich, kühl in seiner eigenen Welt. In diesem Gedanken gefiel er sich, aber er begann schneller zu gehen, denn zwischen den verschneiten Bäumen, seinen Gesinnungsgenossen, wurde es empfindlich kalt. In Alicens Hause war nur ein Fenster erleuchtet, was ihn wunderte.

«Was gibt es hier?», fragte er den Diener.

«Die Baronin hat Migräne», meldete dieser.

Im Wohnzimmer fand Alexander Sally, sein Töchterchen, und das Kinderfräulein trübsinnig in der Dämmerung sitzend ... «Ach, Papa», rief Sally, und er hörte der Stimme an, dass dem Kinde die Tränen nahe waren: «Fräulein und ich singen hier schon eine Stunde ‹Stille

Nacht›, aber es kommt zu nichts. Mama sitzt in ihrem Zimmer und hat Migräne. Mamas Bräutigam ist auch nicht gekommen; sie haben sich heute Morgen gestritten.»

«Sally», unterbrach sie das Kinderfräulein, «von Mama sagt man nicht, dass sie sich streitet.»

«Gleichwohl», meinte Sally, «wie es bei Mama heißt, aber wir haben keine Weihnachten.»

«Sei ruhig, mein Kind, du sollst deine Weihnachten haben», sagte Alexander mild und strich mit der Hand über das Haar des Kindes.

Er ging zu Alice ins Boudoir hinüber. «Darf ich eintreten, liebe Freundin?»

«Ach, Sie, lieber Freund», tönte es leise und klagend zurück. Auch hier herrschte tiefe Dämmerung. Der scharfe Duft von Peau d'Espagne schlug Alexander entgegen. Ja, so duftete es immer, wenn Alice Seelenkämpfe hatte. Alexander setzte sich zu ihr in einen Sessel und sagte heiter und weich: «Nun, die Feststimmung lässt auf sich warten.»

«Ach», meinte Alice, «mir ist die ganze Stimmung verdorben worden.»

Alexander lehnte sich in seinem Sessel zurück, sprach nachdenklich vor sich hin: «Da bedaure ich Sie, liebe Freundin, aber das ist ja das Wundervolle bei Ihnen, den Frauen, diese Stimmungsopfer. Die Umgebung erwartet, dass es gemütlich und poesievoll sei. Sally erwartet, dass ihre Mutter Goldschaum an den Fingern hat und unter dem Christbaum engelhaft lächelt usw., und das alles geschieht trotz Migräne oder Melancholie oder kleinen Herzenskämpfen. Die Frauen betrachten Stimmungen eben als Pflichten und bringen ihnen die großen Opfer.»

«Wie Sie uns verstehen», flüsterte Alice.

«Ja – hm», meinte Alexander; «aber wo bleibt denn der Bräutigam?»

Alice beugte sich vor, ihre Stimme wurde wieder klagend. «Ach Gott, Ihnen, lieber Freund, Ihnen kann ich es ja sagen, das Herz tut mir so weh. Ich hatte heute morgens mit Guido einen kleinen Streit, oh, nichts Besonderes, aber er war gleich so kalt, so abweisend, so innerlich steif, nichts von Wärme. Unsere Seelen waren sich gar nicht nahe, aber gar nicht!»

«Das kommt vor», beruhigte sie Alexander. «Sehen Sie, wir Männer sind alle innerlich steif und schwerfällig; wir fühlen, aber der Ausdruck unserer Gefühle ist die Frau, die wir lieben, sie löst diesen Ausdruck aus, sie gibt ihn uns.»

«Wie hübsch», warf Alice ein.

Draußen erklang die Türglocke. «Sie sehen», sagte Alexander, «da kommt er.»

Alice sprang auf. «Ich kann ihn jetzt nicht sehen.»

«Das sollen Sie auch nicht; sie verschließen sich geheimnisvoll in die Weihnachtsstube. Schicken Sie uns Weihnachtspunsch heraus, ich plaudere mit dem jungen Freunde, die Türen öffnen sich dann ... oh, es wird alles noch sehr schön.»

Alice reichte ihm die Hand. «Wie gut und klug Sie sind, ich glaube doch, mein eigentliches Talent ist die Freundschaft.»

In der Bibliothek fand Alexander den Weihnachtspunsch und den schönen Referendar. Guido war befangen und förmlich, Alexander wurde umso jovialer. «Setzen wir uns gemütlich; eine Zigarre gefällig? So ein Weihnachtspunsch ist etwas wert.»

«Wie... geht es Alice, sie war nicht ... ganz ...?», fragte der Referendar zögernd.

«Migräne und Melancholie sind als für den Abend nicht passend fortgeschickt worden», erwiderte Alexander.

Nun errötete der Referendar wie ein Knabe. «Hat sie mit Ihnen gesprochen? Ist sie böse auf mich? Ach, ich weiß nicht, ich verstehe es wohl nicht, ich finde wohl nicht den rechten Ton, aber ich bin eine verschlossene Natur; wenn man von mir Gefühlsergüsse verlangt, dann zieht sich das Gefühl zurück, ich kann nichts dafür, dann wird es ganz kühl in mir, ich weiß nicht, was ich sagen soll, und sage gerade das Verkehrte.»

Alexander lächelte wohlwollend. «Ach, das gibt sich; ich glaube, wir machen alle den Fehler, dass wir zuerst die Gefühle haben wollen und dann erst die entsprechenden ausdrucksvollen Bewegungen machen. Nein, zuerst die ausdrucksvollen Bewegungen, das nötige Gefühl kommt dann von selbst. Sie wollen stolz sein, gut, Sie richten sich stramm auf, werfen den Kopf zurück, kreuzen die Arme über die Brust, Sie werden sehen, wie Sie sich gleich stolz fühlen. Na, so ist es auch mit dem Zart- und Liebevollsein. Unsere ganze moderne Ehe ist doch solch eine Form vor dem Inhalt. Man macht, als wollten zwei Leute, die sich wenig kennen, immer miteinander leben, als hätten sie das Bedürfnis, ganz einer für den anderen da zu sein. Nun – und dann kommt das wirklich zuweilen.»

«Ich glaube, ich verstehe», warf der Referendar aufmerksam ein.

Der Ton einer Glocke erscholl. «Ah, die Christbaumglocke», sagte Alexander, «kommen Sie. Vor allem, mein junger Freund, Situationen schaffen, Gefühle finden sich dann schon; und in Ihrem Falle ist ein Christbaum eine brillante Situation.»

Unter dem Christbaum fanden sie Alice, sehr blond, sehr hübsch in ihrem weinroten Kleid, die Augen zu den Lichtern des Christbaumes aufblickend. Neben ihr stand Sally, ein wenig befangen und steif. «Freue dich doch», sagte das Kinderfräulein, «klatsche doch in die Hände.» Da klatschte das Kind in die Hände, Guido trat auf seine Braut zu, legte sanft seinen Arm um ihre Taille, beugte sich vor und schaute ihr in die Augen. Alice lächelte ein wenig, ihre Augen wurden feucht. Sie strich sachte über Guidos Rockärmel und flüsterte: «Mein böser Liebling!» Alexander hatte sich diskret in eine entfernte Ecke gesetzt; er bog den Kopf ein wenig zur Seite und schaute nachdenklich in die Lichter. Er hatte das Gefühl, das Bild wohlwollender, ein wenig geheimnisvoller Einsamkeit zu sein. Als Sally an ihn herantrat, legte er ihr seine Hand auf den Kopf, in der anderen hielt er des Kindes Hand und schaute sehr ernst vor sich hin. «Vater und Kind!», fühlte er. Sally wurde unruhig, und er fand die Kinderhand zu warm, um sie länger zu halten. «Geh zu deiner Mama», sagte er ihr leise. Sally lief zu ihrer Mutter hinüber und schmiegte sich an sie. Jetzt legte Guido dem Kinde die Hand auf das Haar. So standen sie alle drei. Alexander betrachtete das Bild, und es erfasste ihn eine Ergriffenheit über sich selbst. Er stand leise auf und verließ unbemerkt das Zimmer. Draußen nahm er Hut und Mantel, um fortzugehen.

Das war das Richtige. Er wollte die Glücklichen allein lassen, und er, eine einsame, dunkle, geheimnisvolle Gestalt, wollte noch in den nächtlichen, verschneiten Wegen umherirren und seinen großen, kühlen Gedanken nachhängen. So ging er durch die Parkwege, wieder angenehm ergriffen von der eigenen Melancholie und abgeklärten Resignation.

Aber es war kalt, er schlug den Pelzkragen auf, die Füße in den Lackstiefeln froren ihn. So war er denn um sein Abendessen gekommen. In ein Restaurant wollte er um keinen Preis gehen. Die dort saßen jetzt bei den Weihnachtskarpfen, die waren bei Alice immer vortrefflich. An solchen Abenden konnte Alice sehr hübsch und sehr liebenswürdig sein. Er sah ordentlich, wie der schöne Referendar, erhitzt vom Essen, sich in seinen Stuhl zurücklehnte und nach dem Glase mit dem guten, feinen Mosel griff. Wäre er klug, so würde er vorher ein kleines Stück Schweizerkäse nehmen, ohne Brot, nur so, um den Geschmack des Weines zu erhöhen, und dann gleich die Zigarette. War dieses heimliche Fortgehen nicht vielleicht falsch gewesen, ein unnützer Effekt? Die dort dachten vielleicht nicht mehr daran. Eine große Missstimmung ergriff Alexander, so etwas wie Unsicherheit und Zweifel vor seinem eigenen Bilde; dazu hatten die weißen Bäume rings um ihn etwas Abweisendes, Feindseliges und schütteten ihm lautlos den feuchten Schnee hinter den Kragen. Er wollte heimgehen. Sein Diener war nicht zu Hause und hatte gewiss vergessen, das Schlafzimmer zu heizen.

Ja, zu Hause fand er das Schlafzimmer kalt. Wäre es wärmer gewesen, so hätte er vielleicht noch am Fenster gestanden und sinnend in die Nacht hinausgesehen; so aber entkleidete er sich schnell und ging zu Bett. Fröstelnd wickelte er sich in die Decken; die Missstimmung dauerte fort, er musste wieder an die Karpfen denken, und das ärgerte ihn, weil es kleinlich war. Er sah sich nicht mehr so, wie er wollte. Er drehte das Licht ab. Im Bett begann es behaglich warm zu werden; eine nicht unangenehme Müdigkeit machte ihm die Augenlider schwer. Es war doch ganz hübsch gewesen. Den verwickelten Verhältnissen dort um Alice Form und Stil zu geben, das war doch eine achtbare Leistung. Er gähnte. Ja, mit dem Leben stilvoll spielen, das ist es. Er streckte sich im Bett und schloss die Augen. Nun war er wieder seiner selbst sicher und sehr abgeklärt.

Die sentimentale Forderung

Durch das Rinnen und Tropfen des Wintermorgens schien die Sonne glitzernd in das kleine Speisezimmer und erfüllte es mit einem unruhigen, blonden Licht. Auf dem Fensterbrett stand die Reihe der Hyazinthen, dicke, gesunde Köpfe, rot und blau, bunt wie die Sonntagsschürze eines Dorfmädchens. Magdalene saß an ihrem Frühstückstisch. Vielleicht den Hyazinthen zuliebe hatte auch sie ein gewaltsam rosa Morgenkleid angezogen. Ihre Augen waren glashell und gut ausgeschlafen, das runde Gesicht war rosa trotz des tragischen Zuges, der auf ihm lag. Magdalene fühlte sich so unglücklich, dass sie hier mitten im Sonnenschein fror und die Glieder ihr schwer und schlaff wurden. Ja, sie fühlte sich selbst zu schwach, um zu weinen.

Da hatte sie wieder einen langen Brief ihrer Freundin Melanie erhalten, ein regelrechtes Kondolenzschreiben. Melanie redete sie darin «Du arme, unglückliche Frau» an, sie sprach von einem schweren Schicksal, das Magdalene mit Würde zu tragen wissen werde. «O ja», hieß es, «ich bin überzeugt, Du wirst Deine Würde, Du wirst die Würde von uns Frauen zu wahren wissen, denn gegen diese Damen, wie die Sander, müssen wir Ehefrauen alle zusammenstehen. Du wirst tun, was jede von uns in solchem Augenblicke tun muss.» Gewiss, Magdalene wusste, was Melanie von ihr erwartete.

«Ich gehe zu meiner Mutter zurück», hatte sie zu Botho zu sagen, und dann war alles aus.

Sie kannte diese Ada Sander, die große Tragödin; als Medea, als Maria Stuart hatte sie sie auf dem Theater gesehen, das starre, regelmäßige Gesicht, die länglichen, grüngrauen Augen, die Statuenbewegungen. War denn das etwas, was man so ganz einfach lieben konnte? War das etwas, das vom Theater heruntersteigen und in den sonnigen Alltag ihrer Ehe hineinkommen konnte, um ihr ihren Mann zu nehmen und sie elend zu machen? Aber es war geschehen, und Melanie konnte ruhig sein, Magdalene verstand es, die Würde der Ehefrauen hochzuhalten. «Friedrich», sagte sie zum Diener, «helfen Sie Jeannette, meinen Reisekoffer herunterbringen.»

«Verreisen gnädige Frau?», fragte der Diener.

«Ja, ich verreise.»

«Soll ich auch den Koffer des gnädigen Herrn herunterbringen?»

«Nein, der Koffer des gnädigen Herrn wird nicht heruntergebracht», erwiderte Magdalene, und ihre Stimme wurde ganz tief vor Erregung.

Eine Weile saß Magdalene regungslos am Frühstückstisch und dachte immer wieder: «Alles ist aus, alles ist aus!» Botho war in der Nacht sehr spät heimgekommen und zögerte daher mit dem Aufstehen. Jetzt hörte sie ihn kommen. Sie wandte sich nicht nach ihm um. Botho erschien, das Gesicht gerötet vom starken Waschen, das blonde Haar schief gescheitelt. Er lächelte sehr freundlich und sah aus wie ein sympathischer Gymnasiast, der kein ganz gutes Gewissen hat.

«Guten Morgen, Seelchen», sagte er und beugte sich über Magdalene, um sie zu küssen.

Sie wandte das Gesicht ab. «Ach lass das, wozu!», meinte sie.

«Was, was, was gibt es denn?», fuhr Botho auf und wurde dunkelrot.

Der Diener brachte den Tee. Botho setzte sich auf seinen Platz und beugte sich über seine Tasse. Beide schwiegen eine Weile. Als der Diener gegangen war, schaute Botho scheu zu Magdalene hinüber und fragte: «Warum stehen die Reisekoffer da draußen?»

«Weil ich zu meiner Mutter reise», antwortete Magdalene in einem ihr selbst fremden Ton, denn dieses feierliche «meine Mutter» war ihr ungewohnt.

«Ah, so plötzlich», meinte Botho. «Gut, ich reise mit.»

«Nein, mein Lieber, du bleibst hier, hier – hier bei deinem Fräulein Sander. Ich gehe überhaupt zu meiner Mutter zurück. Ich räume den Platz. Ich verzichte. Ich will meinen Mann nicht mit dieser Dame teilen. Sie soll ihn nehmen. Was kann ich machen. Wie es jetzt ist, ist es meiner nicht würdig, Melanie sagt es auch. Ich kann unglücklich sein, aber ich lasse mich nicht erniedrigen, und ich gehe zu meiner Mutter zurück, und du kannst bei deiner Schauspielerin bleiben, und ... und ... überhaupt ... wir lassen uns scheiden.» Magdalene war außer Atem, es tat wohl, die Erregung so herauszusprudeln, die Worte zu überstürzen und mit einer bösen, schrillen Stimme, die sich überschlug wie die Stimme eines Schulmädchens, das mit seiner Gefährtin zankt.

Botho hatte sie mehrmals unterbrechen wollen. «Aber Magdalene, Kind» – allein vergebens. Er saß da, das Gesicht rot und bestürzt, in seiner krampfhaft geschlossenen Hand zerdrückte er krachend die Frühstückssemmel. Als Magdalene nun schwieg und ihn mit feuchten, blitzenden Augen anschaute, begann er zu sprechen, und er versuchte, ruhig, wohlwollend, ja väterlich zu sprechen: «Aber Kind, höre auch, was ich sage; ich kann verlangen, dass du mich erst hörst.»

Magdalene zuckte die Achseln und wurde höhnisch. «Ach, was kannst du zu sagen haben! In solchen Fällen sagt ihr immer dasselbe. Nun sage, ich höre.»

Langsam und deutlich, als gälte es ein schweres Problem zu erklären, begann Botho zu sprechen: «Ich glaube, du missverstehst die Lebenslage, missverstehst mich und missverstehst vor allem die gute und große Frau, die Ada Sander doch ist.»

«Ich will das alles auch gar nicht verstehen», warf Magdalene ein. «Sie mag gut und groß sein – bitte.»

Botho wurde auch warm. «Aber, so verstehe doch, Kind, unsere

Ehe, du, meine Liebe zu dir, das steht doch alles ganz abseits, da kann doch niemand eindringen, das kann doch niemand antasten und stören, das ist doch etwas ganz in sich Geschlossenes, etwas Vollkommenes, da kann nichts anderes heran, das lässt sich mit nichts anderem vergleichen, unser Eheglück ist einzig.»

«Und Fräulein Sander?», schaltete Magdalene herausfordernd ein.

«Ada Sander», fuhr Botho fort und drückte nervös das Frühstücksbrötchen fester in der Hand zusammen, «das ist etwas ganz anderes. Kannst du nicht verstehen, dass neben dir, neben unserem Glück, neben dem heiligen Einzigen, das unsere Ehe ist, in mir ein Bedürfnis, ein … ein … wie soll ich sagen, eine sentimentale Forderung lebt, die außerhalb des Kreises unseres häuslichen Glückes liegt, die …»

«Die bei Fräulein Sander liegt», warf Magdalene ein.

«Jawohl», bestätigte Botho, «bei Ada Sander. Aber dadurch wird dir nichts genommen, das hat mit dir und unserer Ehe nichts zu tun, das ist eine ganz andere Welt. Kann ich mich nicht in unserer Häuslichkeit vollkommen glücklich fühlen und doch das Bedürfnis haben, nach Ägypten zu reisen und die Pyramiden zu sehen? Müsste deshalb unser liebes, sonniges Speisezimmer auf die Pyramiden eifersüchtig sein? Meine Gefühle für Ada Sander können nicht einmal denselben Namen wie meine Gefühle für dich haben.» Botho lehnte sich in seinen Stuhl zurück, ein wenig erschöpft und sehr zufrieden mit seiner Auseinandersetzung.

Magdalene hatte ihm aufmerksam und verwundert zugehört. Jetzt machte sie wieder ein böses, eigensinniges Gesicht und kreuzte die Arme über der Brust, was sie sonst nie tat.

«Mehr hast du nicht zu sagen? Nein, mein Lieber, ich danke für einen Mann mit … mit einer sentimentalen Forderung, und ich will keinen Mann, den ich mit so einer Pyramide teilen muss. Es ist unnütz, noch weiter darüber zu sprechen, ich weiß, was ich zu tun habe, was ich tun muss. Ich reise.» Botho wollte noch etwas sagen, aber Magdalene unterbrach ihn: «Bitte, sprechen wir nicht mehr davon, quäle mich nicht länger, die Rücksicht kann ich von dir wenigstens verlangen.»

Was sollte Botho tun? Diese Magdalene, die jetzt so bleich und entschlossen, die Arme über der Brust gekreuzt, vor ihm saß, erschien ihm so fremd, und er fühlte sich ihr gegenüber ganz hilflos. Er stand auf und ging.

Draußen auf der Straße blieb er stehen. Den Hut im Nacken schaute er ratlos in das Tropfen und Blitzen des Morgens hinein. «Ach, ach», dachte er, «was tue ich nun? Wer sagt mir, was ich nun tun soll?» Und dann kam ihm der Gedanke: «Ada, die ist klug, die ist die einzige, die Rat wissen wird. Ich fahre zu Ada.»

Magdalene saß noch am Frühstückstisch, sehr gerade, das Gesicht streng und eigensinnig, aber allmählich wurden die Züge weicher, sie verzogen sich so wie die Linien eines Kindergesichts, das zu weinen beginnen will, und Tränen rannen über ihre Wangen, ganz blank im Morgensonnenschein. Sie wusste nicht, wie lange sie dagesessen hatte, als der Diener sie aus ihrem Sinnen aufschreckte. Er brachte eine Karte. «Gnädige Frau, eine Dame ist da», sagte er.

«Eine Dame», wiederholte Magdalene mechanisch und starrte auf die Karte. Dann wurde sie dunkelrot. Deutlich stand da zu lesen: «Ada Sander, Hofschauspielerin.»

«Nein, auf keinen Fall», rief sie, «sagen Sie, ich empfange nicht, das ist ganz ausgeschlossen.»

«Die Dame meint, nur einen Augenblick», wandte Friedrich ein, aber Magdalene winkte mit der Hand. «Nein, nein, gehen Sie, ich will nicht.» Doch als Friedrich sich zum Gehen wandte, hielt sie ihn an: «Warten Sie, meinetwegen soll sie kommen, führen Sie sie in den Salon.» Das war ja wie ein Traum, in dem alles Unmögliche und Schreckliche, an das wir denken, auch sofort da ist. Jetzt war ja alles gleich; sie konnte auch diesen Traum zu Ende träumen, sie konnte auch das noch erleben.

Im Salon fand sie die Schauspielerin, die hohe, biegsame Gestalt, die sie vom Theater her kannte, das regelmäßige, feierliche Gesicht, das die schwarzen Scheitel in einen Ebenholzrahmen einschlossen. Das sherrybrandyrote Kostüm mit schwarzem Pelzwerk, der rote Hut mit schwarzen Federn – «alles vollkommen», dachte Magdalene.

Ada Sander verneigte sich leicht und begann zu sprechen mit einer metalligen, tönenden Stimme, die nicht für ein Wohnzimmer gemacht zu sein schien. «Sie entschuldigen die Störung, gnädige Frau, mein Besuch überrascht Sie.»

«Ja, was wünschen Sie?», brachte Magdalene leise hervor. Es bedrückte sie, dass sie beim Sprechen zu der großen Frau emporsehen musste, wie ein Kind zu einer Erwachsenen. «Bitte», sagte sie dann und wies auf einen Sessel. Sie selbst setzte sich ziemlich weit fort in eine Sofaecke; ihre Glieder wurden ordentlich steif vor Energie, ihre Würde zu wahren. Aber warum sprach denn die Person nicht? Die merkwürdigen grüngrauen Augen mit ihren feinen, schwarzen Strichen unter den Augenlidern sahen Magdalene forschend und fast mütterlich an. Jetzt begann sie zu sprechen, wieder mit dieser Stimme, die nur für große Worte gemacht zu sein schien: «Was ich zu sagen habe, ist nicht leicht zu sagen, es ist daher am besten, ich sage es ganz einfach. Wir Frauen verwirren unsere Herzensangelegenheiten, glaube ich, dadurch, dass wir nicht offen zueinander sind. Im Grunde sind wir Frauen darin alle einig, dass unser einziges Recht auf einen Mann seine Liebe zu uns ist. Äußere Rechte haben da doch keine Bedeutung. Hätte ich einen Mann, so würde ich mit dem Augenblick, da ich sehe, dass er eine andere liebt, alle meine Rechte als hinfällig betrachten. Er wäre dann eben etwas, das mir nicht mehr gehört. Verzichten würde mir da als selbstverständlich erscheinen.»

Magdalene hatte zugehört, ein wenig vorgebeugt, die Augen ganz groß, die Lippen halb geöffnet. Maßloses Erstaunen malte sich auf ihrem Gesicht. «Wie? Was?», stammelte sie. «Ich verstehe nicht, Sie sagen, Sie wollen, ich soll Ihnen ganz einfach meinen Mann abtreten.»

Die Schauspielerin nickte kaum merklich, und es war wie ein Lächeln, das einen Augenblick diesen Mund mit den schmalen, unnatürlich roten Lippen bewegte.

Magdalene wurde es ganz heiß vor Entrüstung; sie sprang auf, jetzt wollte sie reden. «Nein, gewiss nicht, ich denke nicht daran.

Wie dürfen Sie so etwas sagen! Und übrigens sind Sie da ganz im Irrtum. Er liebt Sie überhaupt gar nicht. Das mit Ihnen ist nur so, das ist nur so eine sentimentale Forderung; Sie sind für ihn so etwas wie eine Pyramide, sagt er, er will gar nicht, dass ich ihn abtrete. Er würde sich schön bedanken dafür. Gewiss behalte ich meinen Mann, und wie dürfen Sie hier bei mir von solchen Dingen sprechen.» Magdalene hielt einen Augenblick inne. Ihr gegenüber schaute sie das feierliche, bleiche Gesicht der Schauspielerin mit dem kaum merklichen wohlwollenden Lächeln und den forschenden mütterlichen Blicken an.

«Sie sind Ihrer Sache sehr sicher, gnädige Frau», sagte Ada ruhig.

«Das bin ich auch!», rief Magdalene triumphierend. «Liebe ... das ist gar nicht Liebe, was die Männer zu solchen Damen, wie Sie sind, haben.»

Jetzt errötete Ada, zuckte leicht mit den Achseln und schwieg.

«Nein, sagen Sie nichts», fuhr Magdalene fort, «ich will nichts mehr hören, bitte, gehen Sie, gehen Sie gleich.»

Ada erhob sich. «Ja, dann will ich gehen», sagte sie. «Es war vielleicht doch gut, dass man sich ausgesprochen hat.»

Sie nickte Magdalene zu, gütig, wie man einem Kinde zunickt, dann war sie fort.

Magdalene stand noch da und horchte auf das Zuschlagen der Haustür. Was war geschehen? Sie begriff noch die Möglichkeit eines solchen Erlebnisses nicht, nur eins war ihr klar, jetzt musste sie gleich etwas tun, etwas retten, einer Gefahr vorbeugen. «Friedrich», rief sie, «bringen Sie den Koffer des gnädigen Herrn herunter ...»

Ada Sander hatte sich in ihren Wagen gesetzt und fuhr die Straße hinab; plötzlich ließ sie halten. Auf dem Trottoir stand Botho und winkte ihr erregt zu. Mit großen Sprüngen wie ein Knabe kam er auf den Wagen zugelaufen. «Haben Sie mit ihr gesprochen?», rief er. «Was hat sie gesagt?»

Ada lächelte ihr müdes, mitleidiges Lächeln. «Ach, Kleiner, Sie können ruhig sein. Gehen Sie nur nach Hause. Man hat wieder ganz von Ihnen Besitz ergriffen.»

Botho fasste leidenschaftlich die Hand der Schauspielerin. «Wie soll ich Ihnen danken! Ja, Sie sind groß, Sie sind klug. Wie haben Sie nun das gemacht?»

«Das ist ja gleich», erwiderte Ada und lehnte sich ein wenig fröstelnd in die Wagenecke zurück. «Nur eins, Kleiner, ich glaube, Sie werden es aufgeben müssen, sentimentale Forderungen zu stellen. Fahren Sie, Kutscher.»

Osterwetter

Am Nachmittage dieses Ostersonntags war das Haus ganz still geworden. Alles drängte hinaus in den Frühling, der so überraschend, fast gewaltsam, während der Festtage über das Land gekommen war. Nur Frau Malwida von Albesch selbst ging ein wenig ruhelos in ihren einsamen Zimmern auf und ab. Sie hörte zu, wie die resedenfarbene Seide ihrer Schleppe auf dem Parkett leise rauschte; wie die Goldsächelchen, die sie an sich trug, sachte klingelten. In der Elastizität ihres Ganges lag etwas, das ihr selbst wohl tat. Sie fühlte sich fast schlank. Und dann empfand sie es heute wieder wie einst in jüngeren Jahren als etwas Körperliches, das ausstrahlt und wärmt, dass sie schön und stattlich war. All dieses war nun festlich genug, allein sie wusste nicht recht, was sie mit dem Festgefühle beginnen sollte. Sie trat an das Fenster des Wohnzimmers und öffnete es weit. Sie musste doch ein Auge auf die beiden Brautpaare haben, die sich dort unten im Garten ergingen: Aglaja und ihr Lieutenant spazierten die Kastanienallee auf und ab, sie weiß und schmal, der blonde Kopf ganz golden im Nachmittagslicht. Er hatte seinen Arm um ihre Taille gelegt. «Auch ein Geschmacksfehler der heutigen Brautpaare, sich öffentlich in solch zärtlichen Stellungen zu zeigen», dachte Malwida. Edith und ihr Assessor hatten sich in die Fliederlaube zurückgezogen. Wie unpassend. «Edith!», wollte sie rufen, aber sie fühlte sich plötzlich zu träge dazu. Diese warme, fast schwüle Luft um diese Jahreszeit hatte etwas, das immer aufs Neue überraschte, fast erschütterte. Ein sommerblauer Himmel, ein Licht, stark und golden wie im Juni, und dazu die fiebernde Erregung des Vorfrühlings. Die Bäume wiegten leise ihre Zweige, an denen dicke Knospen saßen, als durchrieselte ein wohliger Schauer ihre braune Nacktheit. Mitten unter ihnen stand ein Kirschbaum, über und über in Blüte, ein weißes Wunder. In dem Beete vor dem Fenster saßen die Krokus mit ihren harten Fayencefarben in der fetten schwarzen Erde, und kleine feuerfarbene Tulpen standen da sehr grell in all dem Grüngrau ringsum; Malwida öffnete ein wenig die Lippen und trank den bitteren Duft der Knospen und den feuchten Atem der Erde. All das ergriff sie so stark, dass es fast wehe tat. Auf der Spitze des Birnbaumes saß ein Amselvater und schmetterte, und dieses Schnalzen und Pfeifen der aufgeregten kleinen Vogelgestalt klang wie der wahre Ausdruck von dem, was über dem Lande lag, ein Rufen, eine Ungeduld, ein fieberndes Warten. Malwida ließ sich ein wenig matt in den Sessel sinken. Nein, sie wollte sich nicht einsam fühlen. Es war eine angenehme, feiertägliche Stunde, in der es gut tut, still vor sich hin zu träumen. Ja, aber was sollte sie träumen. Da war die Vergangenheit, die Zeit, da sie jung und glücklich gewesen war. Gewiss, allein zwischen der Vergangenheit und der Gegenwart lag so viel Trauriges. Der Tod ihres Gatten, die ersten Witwenjahre, in denen sie mit einer Art schmerzlicher Wollust ganz ihrem großen Schmerze lebte. Und dann das allmähliche Abklingen dieses Schmerzes. Mein Gott, es ist nicht leicht, nur einer Vergangenheit zu leben, wenn um uns her alles, die Menschen und die Natur, mit Liebe und Glück immer wieder von vorn anfangen.

Malwida war wieder in das Leben hineingekommen, sie zog wieder ihr resedafarbenes Seidenkleid an und freute sich, wenn sie gut aussah. Aber was half das, für sie war ja doch alles zu Ende. Die Vierziger waren da, was konnte denn noch Schönes und Erregendes kommen. Die anderen dort draußen gingen alle zu zweien, Arm in Arm, durch den Frühling, sie hatte allein am Fenster zu sitzen, zuzuschauen und an die Vergangenheit zu denken. Sie lehnte den Kopf zurück und schloss die Augen. Wirklich, die Stille in den Zimmern fiel ihr auf die Nerven. Wo nur der Major blieb. Es war doch merkwürdig, dass man zu einer alten Freundin für die Festtage zum Besuch kommt und dann auf Stunden spazieren geht und sie allein lässt. Seine diskrete, lyrische Stimme wäre ihr jetzt gerade recht gewesen. Seine Augen konnten sie noch zuweilen mit so zeremoniell altmodischer Verliebtheit ansehen wie damals, als er noch ein sehr junger und sehr gefühlvoller Lieutenant war. Das war vielleicht nur eine alte Gewohnheit, aber man fühlte sich wenigstens unter diesen Blicken nicht allein. Malwida erhob sich, um zum Fenster hinauszuspähen. Sie wurde wirklich ungeduldig. Ah, da erschien er unten in der Gartenpforte sehr aufrecht in seinem schwarzen Gehrock, den grauen Hut auf dem Kopfe, eine kleine gelbe Frühlingsblume im Knopfloch, und sein langer Schnurrbart war ganz voll blanken Sonnenscheins.

«Endlich», sagte Malwida und setzte sich wieder in ihren Sessel zurück.

«Nun, verehrte Freundin», sagte der Major von Albeida, als er in das Zimmer trat, während er mit der Hand leicht einige Locken über seinem schon stark gelichteten Scheitel zurechtschob, «ich fürchte, ich störe Sie in einer angenehmen Träumerei.»

Malwida lächelte jetzt wirklich ein ganz verträumtes Lächeln. «Ach nein, dazu habe ich Zeit genug gehabt, kommen Sie, setzen Sie sich zu mir.»

Der Major rückte einen Sessel an das Fenster und setzte sich. Sein Gesicht war leicht gerötet, die guten lavendelblauen Augen glitzerten.

«Er sieht wirklich jung aus», dachte Malwida, während sie ihre Augen nachdenklich auf seinem Gesicht ruhen ließ. «Haben Sie sich den Frühling angesehen?», fragte sie.

«Den Frühling», erwiderte der Major und lachte ärgerlich, «ist denn das überhaupt Frühling; das ist ja ein Krampf, ein Fieber, überall spürt man die Übereilung. Na, wir bekommen auch heute ein

Gewitter, sehen Sie drüben die schwarze Wolkenwand und wie es in ihr wetterleuchtet. In dieser Jahreszeit, das ist unnatürlich. Man fühlt ordentlich, wie es einem auch im Blut so blank herumarbeitet.»

«Ist das angenehm?», fragte Malwida.

Der Major zuckte die Achseln: «Betrunken macht es. Alles ist heute betrunken, die Natur und die Vögel sind betrunken, und erst die Menschen, und immer zwei zusammen, immer paarweise, einen einzelnen sieht man gar nicht mehr. Wenn man dort so allein herumgeht, kommt es einem vor, als beginge man einen Etikettenfehler, man kommt sich geradezu lächerlich vor.»

Malwida hob die Hand und ließ sie wieder müde auf die Armlehne des Sessels zurückfallen, was sehr resigniert aussah. «Alleinsein, mein Freund, das ist das Alter.»

«Oho!», rief der Major und richtete sich stramm auf. «Erstens, das Alter und Sie, meine Gnädige, haben nichts miteinander zu tun, und dann – das Alter, das ist eine Einrichtung, eine Einrichtung der anderen, derer, die unseren Platz haben wollen, Sache des Avancements. Ich kriege den blauen Brief und muss meinen Abschied nehmen, weil ich zu alt bin, sagen die Herren oben; aber muss ich das glauben? Ich denke nicht daran, ich weiß das besser, nichts hat sich in mir geändert, ich bin derselbe Albeida, der ich war. Ich versichere Sie, meine Gnädige, das Alter ist eine Konvention, eine Verschwörung der Jüngeren, und wir brauchen uns das nicht gefallen zu lassen.»

«Aber, Albeida», sagte Malwida leise.

Albeida beugte sich vor, und er legte jetzt in seine Stimme einen weichen, schwingenden Baritonklang: «Und Sie, gnädige Frau, fühlen Sie nicht, dass Sie heute dieselbe, aber auch ganz dieselbe sind wie damals vor zwanzig Jahren, als wir zusammen dort auf dem Rasenplatz auch an einem Frühlingsabend miteinander Reiffangen spielten. Sie trugen so ein hübsches, kleingeblümtes Mousselinkleid und ein schmales rotes Samtband um den Hals, und wenn ich den Reif recht hoch warf, hoben Sie die Arme so hübsch, und hinter Ihnen stand ein rosa Abendrot, von diesem zärtlichen Rosa, für das man heutzutage kein rechtes Verständnis mehr hat. Und ich hatte dabei so meinen kleinen Aberglauben. ‹Fängt sie den Reif›, sagte ich mir, ‹dann›, na ja –»

«Was dann? sagen Sie doch», drängte Malwida, als der Major innehielt.

«Ich denke», meinte er, «es war Jean-Jacques Rousseau, der als Knabe mit kleinen Steinen nach einem Baumstamm warf. Traf er den Stamm, so war das ein Zeichen, dass Jean Jacques in den Himmel kommt, traf er ihn nicht, nun – dann nicht.»

«Aber Albeida», sagte Malwida wieder ganz sanft.

Der Major sprach jetzt leise und legte seine Hand vorsichtig auf Malwidas Hand: «Nein, wir machen nicht Platz; diese Brautpaare da draußen, die glauben, für sie ist dieser Frühling da, und die Liebe und das Sich-Verloben, aber wo steht denn das geschrieben? In diesen Sachen gibt es keinen blauen Brief, nicht wahr, Malwida? Wir geben keine Rechte auf.» Jetzt küsste er ihre Hand.

Malwida wartete einen Augenblick. «Würde er doch weiter sprechen», dachte sie; diese leise, heiße Stimme wiegte sie in eine sehr süße Schlaffheit. Als er jedoch schwieg, sagte sie wie aus einem Traum heraus: «Ach, Albeida, man ist so mutlos.»

«Mut», erwiderte er, «ist mein Beruf, Mut hat man immer, wenn man ihn haben will.»

Während sie sprachen, waren sie eine Weile von grellroten Abendlichtern ganz übergossen gewesen. Dann verblassten die Lichter, und die Dämmerung brach herein. Der Garten draußen wurde dunkel und still. Die Amsel auf dem Birnbaum schwieg längst. Die dunkle Wolkenwand am Horizont hatte sich am Himmel emporgeschoben, es donnerte in der Ferne, und zuweilen stand der Garten ganz im blauen Licht. Die beiden am Fenster schwiegen jetzt. Ja, so war es recht, dachte Malwida, so still da zu sitzen, Hand in Hand, und zu fühlen, dass man auch wieder ganz zu der wunderbar erregten Frühlingswelt gehörte, die draußen in der Dunkelheit flüsterte. Im Garten erwachte jetzt ein Ton, ein Lachen, Malwida fuhr auf. «Meine Brautpaare, ich habe sie ganz vergessen.»

«Kommen Sie, liebe Freundin, wir wollen sie holen gehen.»

Allein, als sie unten im Garten waren, vergaß Malwida, nach den Brautpaaren zu rufen. Ein wenig schwer auf Albeidas Arm gestützt, wandelte sie den Kiesweg entlang. Über dem Hause war der Mond emporgestiegen, rund und weiß, und in seinem Schein legten die Bäume schwarz und deutlich ihre mageren Schatten auf die gelben Wege. Von Osten her hatte sich die Wolkenwand höher in den Himmel hinaufgeschoben und kroch langsam dem Mond entgegen, blauschwarz und voll der flimmernden Unruhe roter und blauer Blitze. Malwida schritt wie durch einen Traum hin. Es war ihr, als sei sie wieder das junge Mädchen im kleingeblümten Mousselinkleide und als lägen die Welt und das Leben wieder vor ihr, geheimnisvoll verschleiert und voll süßer Versprechungen. Albeida sprach leise zu ihr. Es war da wohl die Rede von der Einrichtung eines Heims oder von so etwas. Sie hörte nicht zu. Nur das zärtliche Singen seiner Stimme empfand sie angenehm wie eine Liebkosung. Als sie bis an das Buchsbaumlabyrinth am Ende des Gartens gekommen waren, wurde es plötzlich dunkel. Die Wolke hatte den Mond überdeckt, ein lauter Donner grollte, und flüsternd fielen große Regentropfen nieder. «O wie dunkel», rief Malwida.

«Fürchten Sie sich, Liebe?», fragte der Major.

«Nein, nein», sagte sie.

Sie ließ seinen Arm los, begann ein wenig die Hecke entlangzulaufen und lachte dabei ein Lachen, das sie schon lange nicht mehr von sich gehört hatte: «Albeida, wo bin ich?», rief sie.

Aber sie geriet ein wenig außer Atem, sie war das Laufen nicht mehr gewohnt, dann war auch Albeida bei ihr. Er legte den Arm um ihre Taille, sie lehnte sich gegen seine Schulter. «Sind wir Kinder!», flüsterte sie.

«Ja», sagte Albeida, «aber jetzt müssen wir vernünftig sein, es regnet stärker, wir müssen nach Hause.»

«Ja, ja, laufen wir.» Und wirklich, Hand in Hand liefen sie durch den Regen bis an das Haus. Im Vorzimmer angelangt, blieben sie stehen, beide außer Atem, der Major keuchte ein wenig. Vom Wohnzimmer her klangen die hellen Stimmen der jungen Leute zu ihnen herüber.

«Albeida», sage Malwida und fasste den Arm des Majors, ihre Stimme klang angstvoll, «die Kinder dürfen heute noch nichts erfahren.»

«Nein, das ist unser Geheimnis», entgegnete er.

Im Wohnzimmer fanden sie die beiden Brautpaare in einer Reihe auf dem Sofa sitzen. Sie schauten die Eintretenden neugierig und belustigt an. Das helle Gemach, das große Kaminfeuer, die acht blanken, kritischen Augen, all das erschütterte wunderlich Malwida, es war ihr, als fiele etwas Warmes und Schwüles, das sie eingehüllt hatte, von ihr ab, sie fror.

«Aber Mama», sagte Aglaja, «wie unvorsichtig, nun bist du nass geworden, natürlich hast du morgen wieder einen entzündeten Hals.»

«Und wie du gelaufen bist», sagte Edith. «Du bist ja ganz außer Atem, du bist wirklich unglaublich, Mama.»

«Setzen Sie sich an den Kamin, liebe Freundin», meinte der Major, und Malwida dachte, würde er doch hier nicht mit dieser zärtlichen Stimme sprechen.

Nun saßen sie am Kamin und tranken Tee. Der Major fühlte sich sehr gemütlich, Malwida fand, dass er solche Ehemannsstellungen einnahm, und das missfiel ihr. Der Referendar sagte jetzt etwas, und die vier auf dem Sofa begannen zu lachen; alle vier zugleich, hell und andauernd. Malwida kannte bei ihren Töchtern dieses Lachen mit dem Untergrund von Ungezogenheit, dann schwiegen sie wieder dort auf dem Sofa. Sie saßen da wie in einer Theaterloge, schauten mit blanken, spöttischen Augen die beiden am Kamin an, als warteten sie auf etwas Unterhaltendes. Malwida fand das unerträglich. «Wenn der Major nur jetzt nichts sagen würde», dachte sie, aber da begann er schon: «Eine denkwürdige Naturerscheinung, dieses Gewitter – unser Gewitter», fügte er leise und innig hinzu.

Malwida tat, als hörte sie nicht.

Aber nun hatte auf dem Sofa der Lieutenant etwas gesagt, und das helle, anhaltende Gelächter brach wieder los. Nein, so ging es nicht weiter.

«Benehmt euch doch ein wenig ruhiger», fuhr Malwida ihre Töchter an, «wie kann man so kindisch sein. Übrigens ist es Zeit, zu Bett zu gehen.» Und sie erhob sich, um das Zeichen zum Aufbruch zu geben.

In ihrem Zimmer hatte Malwida Eile, ins Bett zu kommen, sie wollte Stille und Dunkelheit um sich haben, allein, als die Stille und Dunkelheit da waren, lasteten sie auf ihr. Es war ihr eine Qual, an das eben Erlebte zu denken. Wie fremd und gespenstisch erschien ihr das alles, fremd und gespenstisch vor allem diese Malwida, die an der Buchsbaumhecke entlanggelaufen war und girrend gelacht hatte. Und dann der zärtliche Major mit den wunderlich glitzernden Augen. Nein, sie mochte daran nicht denken, sie wollte schlafen, sie war todmüde. Der Schlaf kam, aber unruhig und voller Träume. Sie stand im Traume wieder an der Buchsbaumhecke, der Major neben ihr. Er legte seinen Arm um ihre Taille, ja, er küsste sie. Aber die Brautpaare waren auch da und lachten ihr helles und hartes Lachen. Malwida und der Major begannen zu laufen, und die Brautpaare liefen ihnen nach und lachten immerzu. Gehetzt und atemlos erwachte sie. Draußen strömte der Regen nieder, ein heftiger Wind rüttelte an den Läden. Irgendwo war eine Tür offen und knarrte verdrießlich und klagend in die Nacht hinein. Eine furchtbare Traurigkeit schien Malwida durch die Nacht zu schleichen. Was war denn geschehen? Ja, morgen, morgen musste sie es ihren Kindern sagen. Wie sie sich davor fürchtete. Sie sah Aglajas böses und Ediths spöttisches Gesicht vor sich. «Kinder, ich bin auch Braut», würde sie sagen. Das war ja unmöglich, das war zu lächerlich. Wie ruhig und gemütlich könnte sie nicht den morgigen Tag erwarten, wäre all das nicht geschehen. Ihre Zimmer, ihr Kaminfeuer, ihr ganzes friedliches Leben warteten auf sie, und nun war der Major da und diese ganze fatale Liebesgeschichte, die so plötzlich wie aus einem unheimlichen Hinterhalt sie angefallen hatte.

Unendliche Mutlosigkeit und Müdigkeit erfassten sie. Warum ließ man ihr denn nicht ihre Ruhe. Wie ein körperlicher Schmerz nagten diese Gedanken an ihr und warfen sie ruhelos im Bette hin und her. Sie musste einen Entschluss fassen. Gut, sie wollte morgen früh aufstehen und an Albeida schreiben. Er war edel und diskret, und dann war es, als sei nichts geschehen. Das half. Sie wurde ruhiger und schlief wieder ein.

Kalt und grau schlich der Morgen durch die Fenstervorhänge, als Malwida erwachte und nach ihrer Kammerzofe Jenny klingelte. Sie hatte Migräne, und ihr Hals schmerzte, wie Aglaja es vorausgesagt hatte. Während des Ankleidens war sie streng gegen Jenny. Als sie in das Wohnzimmer hinüberging, schalt sie den Diener, weil er nicht geheizt hatte; endlich setzte sie sich an ihren Schreibtisch, um an den Major zu schreiben.

«Lieber Albeida», begann sie, dann hielt sie inne. Wie sollte sie es sagen? Sollte sie von einem Opfer sprechen, das sie ihren Kindern brachte? Es war wirklich schwer. Der Major war eine gute, treue Seele, und sie mochte ihn nicht kränken. Während sie noch nachdachte, hörte sie knarrende Schritte, und der Major erschien, ein wenig bleich, ein wenig ältlich in dem unfreundlichen Lichte dieses Regenmorgens. Aber er lächelte freundlich und küsste Malwida die Hand. «Schon auf, verehrte Freundin!»

«Ja», sagte Malwida, «ich habe nicht gut geschlafen. Aber ich freue mich, dass Sie gekommen sind. Ich – ich wollte eben an Sie schreiben. Bitte, setzen Sie sich. So. Aber es ist besser so. Sie sind gut und fein und rücksichtsvoll. Sie ersparen mir das Schreiben und wohl auch das Sprechen.» Sie sah ihn dabei bittend an.

Der Major machte ein sehr ernstes, ja entschieden böses Gesicht, aber er schwieg und verneigte sich förmlich.

Malwida wandte den Kopf ab und schaute zum Fenster hinaus. «Ach», dachte sie, «wie traurig das alles ist.» Da hörte sie den Major mit etwas heiserer Stimme sagen: «Ein merkwürdiger Wetterumschlag.»

«Ja», erwiderte Malwida, ohne ihn anzuschauen. Sie wollte etwas Melancholisches und doch Tröstliches sagen: «Es kommen so Träume über uns, und da ist so ein nüchterner, grauer Morgen gut, er zwingt uns, zu erwachen.»

Da lachte der Major plötzlich, aber es klang ziemlich freudlos. «O ja, es gibt Träume, bei denen gerade das Erwachen das Fatale ist. So träume ich auch noch zuweilen, dass ich avanciere, dass ich Oberst werde, und da ist es denn nicht besonders angenehm, immer wieder als – alter Major a. D. zu erwachen.»

Malwida wandte sich schnell ihm zu und legte die Hand auf seinen Arm. «Albeida», sagte sie einschmeichelnd, «seien Sie nicht bitter, ich bitte Sie darum.»

Der Major wurde wieder förmlich. «Ich bitte Sie um Entschuldigung, gnädige Frau. Aber es ist vielleicht entschuldbar, dass einer ein wenig zusammenzuckt, wenn ihm eine Anweisung auf Lebensglück unerwartet mit einem dicken schwarzen Strich durchstrichen wird.»

Malwida schüttelte traurig den Kopf. «Nein, Albeida, nicht durchstrichen, ausradiert, ganz zart und vorsichtig, und dann ist alles wie früher.»

Der Major zog ein wenig die Augenbrauen empor, erwiderte jedoch nichts. Sie schwiegen nun beide und schauten in den niederrinnenden Regen hinaus, beide bleich, kummervoll und ältlich.

Da wurden im Nebenzimmer Stimmen laut, junge, scharfe Stimmen, helles, ausgelassenes Lachen. Malwida schreckte ein wenig zusammen.

Auch der Major horchte auf. «Die da», sagte er leise, «die sind glücklich.»

Malwida lächelte matt. «Ach ja, das ist ihr Beruf.»

Albeida strich seinen Schnurrbart in die Höhe, klemmte sich ein Monocle in das Auge und erhob sich. «Merkwürdig», sagte er, «das ist ein Beruf, für den ich nie den Befähigungsnachweis erbringen konnte.»

Die Verlobung

Elly hatte sich mit dem Grafen Hans von Trim-Bausach verlobt. Die Partie war sicherlich die glänzendste, welche ein junges Mädchen machen konnte. Der Graf war reich, Edelmann und Weltmann. «*Il n'est pas un homme, mais un gentilhomme, qui a vu le monde*», sagte die alte Französin Lonne. Dazu war er schön, von jener anständigen, imposanten Schönheit, welche doch die einzig gesellschaftsfähige ist. Was aber die Hauptsache war, «der Graf ist so unendlich vertrauenerweckend», meinte Frau von Merten, Ellys Mutter. «Elly ist noch ein Kind, und wenn ich sie dem Grafen in die Arme lege, so habe ich das Gefühl, als vollendete ich recht eigentlich ihre Erziehung, ja, es ist fast, als ob ich sie in eine sehr vornehme und teure Pension gäbe.»

Also das Brautpaar saß im Bibliothekszimmer auf dem kleinen Sofa am Fenster beieinander. Elly schaute am Gesicht ihres Bräutigams vorüber zum Fenster hinaus auf den altbekannten Goldregenstrauch, der im warmen Maiwinde bedächtig, fast schläfrig seine gelben Blütendolden wiegte, als sei nichts geschehen. Und doch erschien Elly die Lebenslage seltsam unwirklich und traumhaft. Da saß dieser fremde, imposante Herr neben ihr, der braungoldene Backenbart, die strenge, gerade Nase, die hohe Stirn, über der sich das blonde Haar schon ein wenig lichtete, waren ihr ganz nah, und eine fremde, gepflegte Herrenhand griff nach der ihren. Sie fühlte, dass ihre

Wangen brannten, und sie bedauerte das. Es war ihr ohnehin nicht angenehm, dass sie ein so kindlich rundes Gesicht hatte; wenn die Backen nun zu rot wurden, dazu das weiße Pfingstkleid mit der rosa Schärpe, dann war das Schulmädchen fertig. Der Graf sprach nicht. Er beugte sich ein wenig vor, lächelte und schaute seiner Braut in die Augen. Es ist nun nicht sehr gemütlich, wenn jemand uns so starr in die Augen sieht, aber es war doch feierlich, und er musste es wissen, meinte Elly, was man in solchen Augenblicken tut, er hatte ja schon so ungeheuer viel geliebt und hatte sich gewiss zuweilen verlobt. Die Augen des Grafen waren blank und stachelbeergrün, die Wimpern lang und dunkel. Hübsch, dachte Elly, aber nun war sie doch neugierig, wann er zu sprechen anfangen und was er dann sagen würde. Ja, nun sprach er, die Stimme war tief, ging dann zuweilen höher hinauf, zitterte ein wenig. Was er sagte, klang, als läse er aus einem schönen Buche vor. «Elly, Elly, ich habe meinen ganzen Mut zusammennehmen müssen, um meine Hände nach solch einem Glücke auszustrecken, nach solch einem reinen Glücke. Du selbst kannst es ja gar nicht fühlen, welch eine ungeheure Fülle von Glück für die anderen in solch einem kleinen Mädchen steckt. Das ist einfach unbegreiflich, einfach fabelhaft. Natürlich verdiene ich solch ein Glück nicht, aber ich sagte mir, keiner, absolut keiner verdient es, das gab mir Mut, ein unverdientes Glück auf mich zu nehmen ...»

Das klang sehr schön. Elly wurde wunderlich und andächtig zu Mute; und das Seltsame war, dass sie mit Andacht an sich selbst dachte, sich selbst fühlte. Sie hatte nicht gewusst, dass sie all das war, was der Graf sagte, aber jetzt fühlte sie die schönen Worte körperlich wie einen angenehmen feierlichen Schauer, etwa wie den Schauer, den sie empfunden hatte, wenn die Mutter vor dem Balle ihr die kühle Perlenschnur um den Hals legte. Dann aber machte ein kindischer Gedanke sie zerstreut. Sie schaute durch das Fenster auf den Hof hinaus. Die Mägde in ihrem Pfingststaat gingen steif und langsam die Landstraße entlang, der Haushund lag im gelben Nachmittagslichte, die vier von sich gestreckt, und schlief, ein Enterich zog über den Rasenplatz und rief verdrießlich nach etwas, und diese ganze langgewohnte heimatliche Alltäglichkeit schien sich so gar nicht darum zu kümmern, dass Elly, die doch zu ihr gehörte, jetzt etwas ganz anderes, Hohes geworden war, etwas wie ein unverdientes Glück, nach dem man kaum die Hände auszustrecken wagte. Sie hatte Lust, zu lachen, blickte dann aber erschrocken den Grafen an.

Dieser tat gerade eine Frage an sie: «Wirst du auch versuchen, mich ein wenig zu lieben?»

«Ja», sagte Elly, und sie fand, dass dieses Ja etwas zu kurz heraus kam. Jetzt beugte der Graf sich vor und küsste sie. Sein Bart duftete leicht nach Heliotrop. «Also so ist das», dachte Elly.

«Jetzt müssen wir zu deinen Eltern hinausgehen», meinte der Graf. Sie erhoben sich, er legte die Hand um ihre Taille. Elly dachte flüchtig an die Stecknadeln, mit denen die Zofe Lina so gern die Schärpe befestigte. Dann gingen sie hinaus.

Im großen Wohnzimmer fanden sie viele Menschen versammelt. Alle waren sie da beisammen, die Eltern und die alte Französin Lonne, die Freundinnen Mimi und Berta auch in weißen Kleidern und mit zu roten Wangen, Frau von Bardan, die bleiche, schlanke Frau, die Elly ihrer Schönheit und ihrer Kleider wegen so sehr bewunderte. Im Hintergrunde des Zimmers standen sogar die Stubenmädchen und die Diener, und aus dem grünen, sich sachte regenden Lichte, das durch die Blätter der Ulme vor den Fenstern in das Gemach fiel, schauten alle diese Gesichter dem eintretenden Brautpaare mit einem eigentümlich starren, andächtigen und doch gespannten Lächeln entgegen. Elly hatte das Gefühl, als sei etwas mit ihr vorgegangen, das sie für diese ihr so vertrauten Menschen plötzlich zu etwas Merkwürdigem und Fremdem machte, zu etwas, das man achtungsvoll und ein wenig verlegen betrachtet. Nun kam ihre Mutter auf sie zu, umarmte sie heiß und weinte. Es war Elly unangenehm, dass sie nicht auch weinen konnte. Und dann der Vater, er küsste Elly auf die Stirn. Er hatte seinen langen schwarzen Rock an und machte das würdevolle, ernste Gesicht, das er in der Kirche zu machen pflegte, wenn der Pastor die Fürbitte für die Gutsherrschaft sprach. Lonne hüllte Elly in ihren Patschouliduft. Mimi und Berta küssten Elly, aber so steif und vorsichtig, und wurden dabei über und über rot. Wie seltsam sie alle waren. Nur als Frau von Bardan sie in ihrer hübschen, milden Art umschlang und sie so seltsam aus schönen, feuchten Augen anschaute, da konnte Elly auch ein wenig weinen, sie wusste nicht, warum, aber sie war ihr dankbar dafür.

«Jetzt trinken wir auf das Wohl des Brautpaares», sagte Herr von Merten, und der Diener begann Sekt umherzureichen. Der Graf stieß mit allen an, leerte sein Glas, lehnte jedoch ein zweites ab, denn er war es nicht gewohnt, um diese Zeit Sekt zu trinken. Elly fand das dumm, denn sie sah, dass es ihren Vater verlegen machte. «Natürlich», sagte er, «aber das ist nun unsere ländliche Tradition, zu einer Verlobung muss Sekt getrunken werden, und wäre es um sechs Uhr morgens.»

Der Graf lächelte liebenswürdig. «Gewiss, Traditionen – überhaupt Traditionen sind nicht nur sehr hübsch, sondern auch wertvoll und nötig.»

Dann setzte man sich um den runden Tisch, die anderen fuhren fort, Elly mit andächtigem Lächeln anzuschauen. Ein Gespräch wollte sich nicht recht machen, bis der Vater und der Graf endlich von einem Minister zu sprechen begannen, da ging es, zugleich aber war es Elly, als hörte das Traumhafte, das Ungewöhnliche und Erregende der Lebenslage auf. Ein fremder Herr war zu Besuch gekommen und sprach mit dem Vater über uninteressante Dinge, nichts war geschehen. Die Nachmittagssonne schien in die Zimmer und brachte wie immer die Müdigkeit und die unklare Sehnsucht des zu Ende gehenden Feiertages mit. Der einzige Unterschied war, dass Elly neben dem fremden Herrn am Tische saß, statt bei Mimi und Berta in der Fensternische zu stehen und zu kichern. Jetzt kicherte man dort über sie, das hatte sie davon. Ihr Blick fiel dann auf Frau von Bardan. Die junge Frau saß ein wenig entfernt von den anderen, den Kopf auf die Lehne des Sessels zurückgebogen, und schaute Elly an, sie schaute sie an, wie wir ein Bild betrachten, das uns erregt, fast quält, und die Erregung dieses schönen, bleichen Gesichtes teilte sich Elly mit. Es war wunderlich, aber plötzlich spürte sie wieder in sich und um sich jenes ereignisvolle Schwingen, das sie stets fühlte, wenn es ihr schien, als seien die großen, geheimnisvollen Dinge des Lebens im Anzuge.

«Jetzt muss das Brautpaar den Verlobungsspaziergang machen», sagte die Mutter.

«Ein Brautpaar», meinte der Vater, «ist ungesellig, einem Brautpaar sind wir ja doch alle ganz uninteressant.»

Als Elly am Arm des Grafen vor das Haus trat und langsam den Weg hinabging, sah sie, wenn sie sich umschaute, wie die Hausbewohner auf die Freitreppe hinausdrängten, um ihnen nachzuschauen, Stühle wurden gebracht, ein jeder wollte einen guten Platz haben. Es war wie ein begieriges Publikum, das seine Sitze in einem Theater einnimmt. Das regte Elly sehr an. Unterdessen war es abendlicher geworden, die Maiwelt duftete herb und frisch, die Vögel lärmten wie toll. Und so war es gut. Sie begann ihre Verlobung zu genießen. Um die Unterhaltung brauchte sie sich nicht zu bemühen, das würde der Graf bei seiner Übung schon machen. Da begann er auch mit seiner hübschen, lyrischen Stimme zu sprechen. Er sprach vom Flieder. «Flieder, ja Flieder, wie er blüht. Ist es nicht, als wolle er besonders für uns den heutigen Tag schmücken? Liebst du Flieder, liebe Elly?» Es war allerdings sehr hübsch, wie auf den ansteigenden Hügeln zu beiden Seiten des Weges die Fliederbüsche dicht gedrängt standen, ein sanftes, hellblaues Wogen, dazwischen der kräftigere Purpur des persischen Flieders, dahinter weißer Flieder, der grellweiße Schaum dieser unendlich weich gerundeten Farbenwellen. «Eigentlich wie Wolken, nicht wahr, liebe Elly», sagte der Graf, «in den Tropen habe ich solche Abendwolken gesehen.»

«Ich finde, das sieht aus wie die Musselinkleider der Frau von Bardan», hörte Elly sich selbst mit Schrecken sagen, aber sie kannte das an sich, sie sagte immer solche Dinge, die sie um die Welt nicht hätte sagen sollen. Noch heute Morgen hatte Mimi, die alles wusste, behauptet, ganz gewiss habe der Graf «auch Frau von Bardan geliebt».

«So, hm», meinte der Graf. Nach einer Pause setzte er hinzu: «Ich kenne die Musselinkleider der Frau von Bardan nicht.» Das klang wie ein Verweis, und die Unterhaltung war gründlich gestört. Sie gingen eine Weile schweigend weiter, dann bogen sie in einen Seitenpfad ein, mitten hinein in all das Fliederblau. «Oh, da steht ja eine einsame Bank», rief der Graf, «wie für uns geschaffen, komm, setzen wir uns.» Und als sie saßen, nahm der Graf den Hut ab und wiegte den Kopf hin und her. «Schön, schön, hier hast du wohl oft allein mit deinen Mädchengedanken gesessen, liebe Elly.»

Ja, hier hatte Elly allerdings öfter gesessen.

«Nicht wahr», fuhr der Graf fort. «Du wirst mich ganz in dein Mädchenleben einführen, in deine Beschäftigungen. Ich höre, du hast einen kleinen Garten, den du selbst bearbeitest.»

Ja, Elly hatte einen kleinen Garten, denn Mama wünschte es, aber sie hasste die Arbeit darin, denn sie konnte keine Regenwürmer sehen. – Freilich, Regenwürmer ließen sich dabei schwerlich vermeiden. Der Graf wiegte noch immer sachte den Kopf, und Elly dachte, sollte er wirklich nicht mehr wissen, was er sagen soll. Nicht weit von ihnen auf dem Nebenwege knirschten Schritte auf dem Kies. Ein Paar ging da vorüber, das kleine blonde Milchmädchen und der Gärtnerbursche, beide festtäglich gekleidet, die Gesichter rot vom Waschen. Der Bursche hatte seinen Arm um die Schultern des Mädchens gelegt, jedes von ihnen hielt zwischen den Lippen eine Fliederdolde. So wandelten sie langsam und festtäglich faul dahin und verschwanden zwischen den Fliederbüschen.

«Ah, ah», sagte der Graf, «auch ein Brautpaar.»

«Ja, und die haben sich auch nichts zu sagen», sprach es zu ihrer eigenen Überraschung aus Elly heraus. Erschrocken blickte sie zum Grafen auf, und sie traute ihren Augen kaum, er lächelte, aber das strenge, überlegene Weltmannsgesicht errötete, wie sie oder Mimi zu erröten pflegten. Er tat ihr leid, und sie wollte etwas Beruhigendes sagen; da griff er vorsichtig nach ihrer Hand, legte sie flach auf die seine und strich sachte darüber hin. «Du hast recht», meinte er, und seine Stimme klang weniger imposant als vorhin, «ich bin ungeschickt, aber wir, die wir uns für die Geschickten halten, die alles kennen und alles gesehen haben, wir sind immer ungeschickt vor solch einem jungen Mädchen, wie du es bist. Natürlich, denn du bist für mich das Unbegreifliche, Unverständliche, ganz Fremde, das zu begreifen und dem nahe zu kommen ich für das Glück halte, das ich jetzt durchaus haben muss. Gewiss weiß ich nicht, was ich sagen soll; ich wage von dem Meinen nichts herauszugeben, denn ich fürchte, etwas in dir zu erschrecken, zu stören. Ich will ja von mir fort zu dir, und da komme ich mir vor wie einer, der sich expatriieren will und die Sprache des Landes seiner Sehnsucht noch nicht kennt.»

Elly war nachdenklich geworden. «Ich denke, das ist sehr hübsch», sagte sie zögernd, «aber ich glaube nicht, dass es so ist, das heißt, dass ich so bin. Was kann denn an mir nicht zu verstehen sein, und wenn du verstanden hast, ist es vielleicht nichts. Lonne sagte von meinen französischen Aufsätzen, dass die Handschrift so schlecht ist, dass man sie nicht lesen kann, und ‹lorsqu'on l'a déchiffrée, cela ne vaut guère la peine›. Aber etwas anderes wollte ich fragen. Mit den schönen, interessanten Frauen, so mit den Frau von Bardans, da kannst du, da könnt ihr, ich meine die Herren, die sie lieben, sprechen, da sprecht ihr von Liebe oder so, die sind nicht unbegreiflich, nicht wahr?»

Der Graf strich wieder sinnend über Ellys Hand und sprach langsam zu den Fliederbüschen hinüber: «Nein, die sind nicht unbegreiflich, aber das ist ganz etwas anderes, das hat mit dir nichts zu tun. Zwei fassen sich an der Hand, weil sie glauben, dann das Hässliche des Lebens eher vergessen zu können. Natürlich können sie miteinander sprechen und verstehen sich, ein jeder kennt des andern Wunden, des andern Schuld, Spießgesellen des Lebens, die nichts voreinander zu verbergen brauchen. Und das gibt dann etwas Schwüles und Trauriges, das als Liebe durch die Welt geht. Nein, damit haben wir nichts zu tun. Ich sehne mich nur nach meinem unbegreiflichen, kleinen Mädchen, vor dem ich nicht weiß, was ich sagen soll, vor dem ich ungeschickt und verlegen werde. Ach, Kind, wenn du wüsstest, welch eine Wonne es ist, wieder einmal recht herzhaft verlegen zu werden, verlegen vor dir.»

Elly hatte ernst zugehört, sie dachte einen Augenblick nach, dann sagte sie sinnend: «Ich weiß nicht, ob ich das alles recht verstehe, aber mir scheint dieses Schwüle und Traurige, von dem du sprachst, etwas sehr Schönes zu sein, und ich denke es mir doch sehr angenehm, so geliebt zu werden, wie ihr die – die Frau von Bardans liebt.»

Jetzt beugte der Graf sich vor und küsste dieses Mädchengesicht, das in der Abendluft kühl geworden war wie eine Fliederdolde. «Ach, Kind», sagte er, «ein jeder wird mit der Liebe geliebt, die er selbst geschaffen hat, und keine gleicht der andern. Die Liebe, mit der du geliebt werden wirst, ist deine ganz eigene Erfindung, ist dein Geheimnis, die kannst nur du geben, und ich bin bereit, alles, alles zu verlernen, nur um dieses von dir zu lernen.»

Hinter den Hügeln über die blauen Fliederwipfel stieg ein fast weißer Mond am glashellen Himmel auf, der Tau tropfte leise raschelnd in den Büschen, und die Blüten atmeten ihren berauschend starken, bitteren Duft aus. Das Brautpaar saß jetzt schweigend da, Hand in Hand, und schaute zum Monde auf.

«So muss es sein», dachte Elly, «ganz so. Eine Verlobung ist doch etwas sehr Schönes. Nur eines möchte ich wissen, wie eigentlich diese Elly ist, mit der Hans sich verlobt zu haben glaubt; von der er glaubt, dass sie neben ihm sitzt und dass er ihre Hand hält.»

Geschlossene Weihnachtstüren

Helmar von Alderkaß saß vor seinem Spiegel und strich mit der Bürste sanft über seinen blonden Schnurrbart. Er musste sich heute Nachmittag allein ankleiden, denn sein Diener Josef hatte sich freigebeten. Der Bursche behauptete, verlobt zu sein, und wollte den Weihnachtsabend im Kreise seiner zukünftigen Schwiegerfamilie verleben. Das auf korrekte Gleichgültigkeit stilisierte Dienergesicht unter dem Weihnachtsbaum, bräutlich gemütlich, das war gar nicht auszudenken, gespenstisch. Während Helmar langsam fortfuhr, sich anzukleiden, überdachte er den Abend, der vor ihm lag. Er liebte es, wenn er in Gesellschaft ging, im Voraus ein wenig Regie zu spielen. Man legt sich das eine oder das andere gute Wort zurecht. Es ist nützlich, auch diese Dinge sorgsam zu behandeln, sonst wird das Gesellschaftliche trivial und wir mit ihm. Zuerst musste er zur Baronin Helene gehen. Was war diese kleine Frau mit den schillernden Augen und den winzigen Händen, die vor Erregung immer noch kühler als ihre vielen Ringe waren, was war sie für ein wunderbar überirdisches Wesen, stets bereit, mit ihm den Alltag zu verlassen, um sich in ganz seltene Gedankenfernen zu verlieren. «Sprechen Sie, Alderkaß», pflegte sie zu sagen, wenn sie beisammensaßen, «sprechen Sie von Ihren, wissen Sie, von den ganz großen Dingen. Mir ist es dann, als legten Sie den Arm um meine Taille und wir flögen weit fort, dorthin, wo eine fremde, kühle, überirdische Luft mir den Atem benimmt. Das macht mich schwindelig und glücklich.» Und dann konnte Helmar sprechen. Sie verstand ihn vielleicht nicht, aber das farbige Fieber ihrer Augen, die kühl erregte Hand, die sich auf die seine legte, der schwüle Orchideenduft, den sie an sich hatte, all das gab ihm etwas wie einen kleinen überirdischen Rausch. Er wollte ihr einen Opal an einer dünnen, goldenen Kette schenken. Er musste dazu etwas sagen. Was denn gleich? Etwa «der Opal ist ein Wunderstein. Andere beten um das täglich Brot, Sie, liebe Freundin, beten, ‹mein tägliches Wunder gib mir heute›. So gehört der Wunderstein zu Ihnen.» Das klang zwar ein wenig süß, allein in solchen Lebenslagen müssen wir den Mut unserer Sentimentalität haben. Das war alles gut, nur war da noch der Mann, der gute Kurt, der mit seinen treuen blauen Augen Helene und Helmar, wenn sie sich zusammen in das Übersinnliche verloren, erstaunt, verlegen und ein wenig melancholisch ansah. Er störte nicht, aber er fiel Helmar auf die Nerven, wie alles, was nicht auf seinem richtigen Platz steht. Gleichviel. Später wollte Helmar zu Ebinghausens gehen, zu Verena. Dieses schöne blonde Mädchen liebte ihn mit einer so andächtigen Liebe, dass ihre Gegenwart ihn mit einer köstlichen Feierlichkeit vor sich selber erfüllte. «Bei Ihnen, Verena», hatte er einmal gesagt, «komme ich mir vor wie eine Kirche, in der ein wunderschönes Wesen betet.» Zuweilen allerdings hatte er bei Verena Lust, nicht mehr Kirche zu sein, sondern von ganz irdischen Dingen zu sprechen, aber er fürchtete, ihre Andacht zu stören. Er wollte ihr heute einen Saphir schenken. Er konnte so etwas von einem Stück in Gold gefassten Himmel sagen oder ähnliches. Nun, das würde sich schon finden. Mit seinem Anzug war er jetzt fertig und ging hinaus.

Die Straßen waren leer. Bleich brannten die Gasflammen in der bleichen Winterdämmerung. Draußen in den Anlagen standen die weißen Bäume regungslos auf dem weißen Schnee, und der einzige Ton war dort das leise Knistern des Frostes, ein Knistern wie das an einer schweren Brokatdecke. Helmar blieb stehen und sah empor. Die Sterne waren sehr hell, und ihr Flackern und Blinzeln brachte ein wunderbares, reges, blankes Leben in diese Unermesslichkeit. Davon wollte Helmar sich ganz erfüllen. Es war so genussreich, sich da hineinzuversenken, sich gleichsam von der kosmischen Bewegung mit aufnehmen zu lassen. Es war, als öffnete sich hier auf der kleinen, etwas dunklen Erde weit ein Fenster, und er konnte Weltraumluft atmen, ja, sich fast als Weltkörper unter Weltkörpern fühlen; Helmar schauderte in sich zusammen. Die Weltraumluft war ein wenig kalt. Er schlug den Kragen auf und ging weiter. «Aber doch sehr angenehm», dachte er, «solche kosmischen Augenblicke; schon deshalb, weil wir nach ihnen uns umso mehr auf das Allerirdischste, auf die Gegenwart eines schönen Weibes freuen.» Helene sprach auch immer so gern vom Weltraum, und sie hatte eine hübsche singende Art zu sagen: «Ach, Alderkaß, der Weltraum!» Noch vorigen Abend, als sie neben ihm am Fenster stand und zu den Sternen aufsah, stieß sie plötzlich das Fenster auf, hob die Arme empor, atmete tief und rief: «Ach, Alderkaß, spüren Sie es, spüren Sie es, wie das nach Sternen duftet?» Oh, eine wunderbare Frau, er freute sich heute recht auf sie.

«Die Frau Baronin ist im Boudoir», meldete der Diener. Im Boudoir herrschte Dämmerung.

«Nein, wir brauchen kein Licht, gehen Sie», rief Helene dem Diener zu.

In dem unsicheren Schneelicht stand sie da, eine weiße, sehr schlanke Gestalt. Sie reichte Helmar ihre kühlen Hände und sprach erregt, hastig, als eilte sie einem Ziele zu: «Nicht wahr, lieber Freund, so ist es besser, in der Dämmerung, besser auch für das, was ich Ihnen zu sagen habe, denn ich habe Ihnen etwas zu sagen. Kommen Sie, setzen Sie sich.»

Sie drückte sich in die dunkelste Ecke des Sofas, sodass Helmar sie kaum zu sehen vermochte. «Nun?», sagte er, «was ist es? Heimlichkeiten? Die große Mystik wird ja heute vertraulich, wird zu hübschen kleinen Heimlichkeiten.»

«Ach ja», meinte Helene, und es klang wie Ungeduld aus ihrer Stimme. «Kurt ist ausgegangen, er ist heute so geschäftig. Den ganzen Tag baut er bei verschlossenen Türen an Überraschungen für mich.»

«Der gute Kurt», warf Helmar ein.

«Gewiss ist er gut», fuhr Helene fort. «Das ist es ja, davon wollte ich sprechen. Ah, Alderkaß, unsere Freundschaft, unsere Liebe, ja ich kann sagen Liebe, denn wir beide wissen, wie wir das Wort verstehen, war mir ein so hohes Glück, ein so heiliges Glück. Ja, aber, Ihnen kann ich das sagen, denn Sie verstehen alles, und was Sie verstehen, heben Sie so hoch empor. Aber sehen Sie, Kurt, der Arme leidet. Er versteht Sie nicht, er versteht uns nicht. Er ist eifersüchtig. Nein, nein, sagen Sie nichts, ich weiß, das klingt furchtbar hässlich. So etwas dürfte sich an Sie nicht heranwagen, aber was kann ich tun? Der Schmerz dieses guten Menschen, mein Mitleid mit ihm, diese Eifersucht, das sind Dinge, die in unsere Freundschaft nicht hinein dürfen. Dazu ist sie mir zu heilig. Dazu sind Sie mir vor allem zu groß, und daher ist es wohl besser, ist es wohl würdiger, um seinetwillen, und ich habe es ihm versprochen – und vor allem um Ihretwillen.»

Ihre Stimme hatte im Sprechen ein ekstatisches Schwingen angenommen, etwas wie eine andächtige Melodie. Jetzt hielt sie inne, als suchte sie nach dem letzten, ausdrucksvollsten Ton.

«Was haben Sie ihm versprochen?», fragte Helmar. Er dämpfte seine Stimme, aber es klang doch trocken und gereizt.

«Sie sagten einmal», fuhr Helene fort, «ach, das war so schön, damals verstand ich es nicht, jetzt verstehe ich es, Sie sagten: ‹Im Opfer werden nicht die Götter, denen wir opfern, sondern wir, die Opfernden, verklärt.› Das ist es, Alderkaß, was ich für Sie tun muss.»

Beide schwiegen eine Weile und sannen in die Dämmerung hinein. Nebenan hörten sie kurze, geschäftige Schritte ab und zu gehen.

«Was soll nun geschehn?», fragte Helmar endlich leise.

«Sie wissen es, lieber Freund», erwiderte Helene ebenso leise. «Sie verstehen.»

«Ich verstehe, dass ich gehen soll», sagte Helmar.

«Ja, Alderkaß, gehen Sie, gehen Sie Ihre hohen, schönen Wege weiter, ich muss in mein kleines, gewöhnliches Schicksal zurück.»

Draußen auf der Straße blinzelte Helmar zu den Sternen auf, aber keine kosmischen Gefühle wehten ihn an, er war ärgerlich. «Also das

Weihnachtsgeschenk für Kurt ist», dachte er, «dass sie auf mich verzichtet.» Dann ging er schnell vorwärts, er hatte Eile, zu Verena zu kommen und sich an ihrer andächtigen Liebe aufzurichten.

Bei Ebinghausens war es auch dämmerig, und hinter verschlossenen Türen hörte man geschäftig ab- und zugehende Schritte. Helmar fand Verena im kleinen Wohnzimmer einsam und müßig im Dunkeln sitzend.

«Ah, Alderkaß», rief sie ihm entgegen mit ihrer hübschen tiefen Stimme, «auf Sie habe ich gewartet, kommen Sie, setzen Sie sich zu mir nieder.»

«Das will ich», meinte Helmar, «so neben Ihnen zu sitzen, gerade das brauche ich jetzt, nur das.»

«Wie gut das ist», fuhr Verena fort. «Licht lassen wir nicht anzünden, nicht wahr, schon weil ... ich habe Ihnen nämlich etwas zu sagen, und Sie wissen, ich kann mir das dumme Erröten nicht abgewöhnen, und da ist es im Dunkeln besser.»

«Also hier muss auch etwas im Dunkeln gesagt werden», dachte Helmar, unangenehm berührt. Er bemühte sich jedoch, heiter zu sein. «Das wird Ihnen nichts helfen, liebe Freundin, ich höre es an Ihrer Stimme, wenn Sie erröten.»

Verena lachte, ein wunderlich erregtes, nervöses Lachen, das in einen tiefen Seufzer ausklang. «Ach, Alderkaß, wie schön wäre es, könnte es heute so wie immer sein, Sie sitzen neben mir und sprechen von den großen, wundervollen Dingen, von denen nur Sie sprechen können, und ich höre zu und wundere mich darüber, dass ich Sie fast verstehe. Aber Sie wissen, in Familien passiert immer etwas, so Familienereignisse und so – ja – und so habe ich mich mit dem Vetter Alfred verlobt.»

«Oh, wirklich!», stieß Helmar ein wenig heiser hervor, und er war zufrieden, dass es dunkel war, denn er fühlte, dass sein Gesicht sich wunderlich verzog.

«Ach, bitte, sagen Sie nichts», versetzte Verena hastig, «ja, ich habe mich verlobt, die Eltern haben sich so darüber gefreut, und Alfred, der gute Junge, ist so glücklich.»

«Aber Sie, Sie, sind Sie glücklich?», fragte Helmar, und es klang ordentlich böse.

«Ich? Ja natürlich bin ich glücklich», erwiderte Verena langsam, und in ihrer Stimme klang ein leichtes Zittern, etwas wie ein feuchter, singender Ton. »Ich liebe doch Alfred. Man verlobt sich, und man ist glücklich. Das ist doch immer so bei Familienereignissen.»

Helmar beugte sich nahe zu ihr hinüber: «Aber Sie weinen? Sie sollten nicht etwas tun, worüber Sie weinen müssen.»

Verena versuchte zu lachen, jenes rührende Lachen der Frauen, die ihre Tränen verleugnen wollen. «Ach, lassen Sie mich ein wenig weinen. Es ist dumm, aber vor Ihnen schäme ich mich nicht, Sie sind groß und klug, Sie verstehen alles. Als Kind, wenn wir im Gebirge waren und ich mit meiner Mutter im Tale spazieren ging, dann sah ich hoch oben über uns auf den Bergen Leute gehen, unendlich hoch, sie schienen zur Hälfte schon im Himmel zu stecken, und wenn ich das sah, fing ich an zu weinen. Ich weinte, weil ich nicht auch dort oben ging, aber hätte ich dort hinauf sollen, so hätte ich mich zu Tode geängstigt, denn ich leide furchtbar an Schwindel. Aber so ist es immer. Ich muss etwas so stark bewundern, dass mir ist, als müsste das Herz mir springen, und dann weine ich, vielleicht weil ich nicht auch so bin oder weil es mir nicht gehört.»

«Verena», sagte Helmar, und seine Stimme verlor ihre gewohnte schöne Haltung, «Sie weinen, weil Sie dort hinauf gehören. Mein Gott, Kind, tun Sie nicht etwas, worüber Sie weinen müssen.»

Aber Verena sprach jetzt wieder ganz ruhig. «Nein, Alderkaß, ich bin glücklich, und vielleicht, weil ich verstanden habe, dass mein Glück gerade so ausschaut, habe ich ein bisschen geweint. Sie sagten einmal etwas Wunderschönes, wie war das doch?»

«Ach, was werde ich da doch gesagt haben», warf Helmar müde ein. Er wünschte in diesem Augenblick, er hätte statt all seiner großen Worte etwas ganz Einfaches gesagt, etwas so Einfaches, wie Alfred, der gute, dumme Junge es gesagt haben musste.

«Doch, es war sehr schön», fuhr Verena fort, «es war so schön, dass man ordentlich spürt, wie es einem zu Kopf steigt. Ich habe es in meinem Buch, in das ich alle Ihre Aussprüche hineinschreibe. Also, Sie sagten, erst wenn wir das Leben als Tragödie empfinden, hören wir die Harmonie heraus, denn sieghafte Harmonie ... ja, sieghaft war es, also sieghafte Harmonie ist das Grundwesen jeder wahren Tragödie. War es nicht so?»

«Gott», meinte Helmar verstimmt, «man sagt so etwas einmal, in einem besonderen Augenblick, in einer besonderen Stimmung hat das vielleicht einen Sinn, aber im nächsten Augenblick hat das wohl kaum einen Sinn mehr.»

«Nein, nein, Alderkaß», rief Verena, «das dürfen Sie nicht sagen, bitte, sagen Sie das nicht, das ist immer und überall wahr und schön. Aber, nun habe ich gedacht, habe ich begriffen ... ich bin gar keine Tragödie, ich bin nur so ein gewöhnliches, passendes Stück, in das junge Mädchen aus guter Familie hineingehen dürfen und in dem am Schluss sich alle verloben. Als mir das klar wurde, tat mir das ein wenig leid, tat mir das ein wenig weh, und ich habe etwas darüber geweint, aber das lässt sich nicht ändern. Alfred sagte vorigen Tag zu mir: ‹Du kannst tun, was du willst, die Natur hat doch nur mich im Auge gehabt, als sie dich schuf. Nur mich›, sagte der gute Junge. Er ist so bescheiden.» Verena hielt inne.

Helmar fühlte es wohl, dass er jetzt etwas sagen müsste, etwas Schönes und Bedeutendes, aber ihm fiel nichts, gar nichts ein. Ihn erfüllte nur ohnmächtiger Zorn gegen all die großen Worte, die er zwischen sich und diesem schönen Mädchen aufgetürmt hatte und die ihm den einfachen geraden Weg versperrten, den der gute Alfred gegangen war.

Jetzt beugte sich Verena nahe zu ihm heran, sie legte ihre Hand auf die seine, er fühlte die Wärme ihrer Nähe, das Schneelicht erweckte bleiche Funken auf den Diamanten in ihren Ohren.

«Alderkaß», sagte sie weich, «aber Ihnen werde ich immer dankbar sein für alles, was Sie mir gegeben, und später in meinem kleinen gewöhnlichen Leben werden so andächtige Stunden kommen, in denen ich daran denken werde, in denen ich das Buch mit Ihren Aussprüchen lesen werde, und dann werde ich vielleicht wieder ein wenig weinen, wie damals als Kind unten im Tal, wenn die Leute über mir so sehr hoch auf den Bergen hingingen. So, und nun sagen Sie auch etwas Gutes und Freundliches.»

Was sollte er sagen? Er brachte es mühsam und gepresst zu etwas ganz Trivialem, wofür er sich selbst hätte schlagen mögen. «Ich hoffe – ich wünsche, Fräulein Verena – dass Sie recht glücklich sein möchten. Und jetzt, denke ich, muss ich gehen.»

«Ja, gehen Sie, mein Freund», erwiderte Verena herzlich, «ich höre, Alfred ist gekommen, und so Familienereignisse und Verlobung und Weihnachtsbaum, das passt nicht zu Ihnen. Das ist zu eng, glaube ich.»

«Also, dann leben Sie wohl, Fräulein Verena.» Helmar war aufgestanden und suchte im Dunkeln nach Verenas Hand. Da geschah das Wunderbare, dass sie seine Hand ergriff und sie einen Augenblick andächtig mit ihren heißen Lippen berührte.

«Verena, Kind, was tun Sie!», rief Helmar.

«Lassen Sie mich, Alderkaß, das tut mir gut», erwiderte Verena.

Dann war Helmar wieder draußen allein in der weißen Stille des Winterabends. Hinter ihm schnappte die Haustür ins Schloss. Diesen kurzen, trockenen Ton hatte er heute schon einmal gehört, diesen Ton, der ihm ein spöttisches «Ab! Ab!» zuzurufen schien.

Unschlüssig machte er einige Schritte. Wohin sollte er gehen? «Deine hohen, schönen Wege», hatte Helene gesagt. Wo waren nur heute Abend diese hohen, schönen Wege?

Langsam ging er die Straße hinab. Er wollte in die kleine Weinstube, dort würde es eng und warm sein, dort würde die blonde Marie ihn empfangen mit ihrem runden Dorfmädchengesicht und dem breiten, unumwundenen Lachen. Sie würde bei ihm am Tisch sitzen und von kleinen, friedlichen Dingen sprechen. Niemand würde dort Opfer bringen oder heroisch auf ihn verzichten. Keiner würde dort seine großen Worte zitieren. Das war es, wonach er sich jetzt sehnte; denn es fror ihn bis in die Seele hinein.

Die Weinstube war leer, Helmar war der einzige Gast. Nur eine Gasflamme brannte, der Raum war ein wenig überheizt, die Stühle und Tische, Gläser und Flaschen standen da, wie in einem Wohnzimmer, das eben für den Festtag geordnet worden ist. Die blonde Marie empfing ihn. «Ach, der Herr Baron, wer hätte das gedacht.»

«Ja, Marie, ich komme zu Ihnen, ich habe gedacht, hier wird es am besten sein.»

«Ich weiß, ich weiß», meinte Marie, «der Herr Baron liebt es, wenn es still um ihn ist und er ungestört nachdenken kann.»

«Ach, was», sagte Helmar ärgerlich, «ich will gar nicht nachdenken. Bringen Sie den Wein und setzen Sie sich zu mir.»

Marie brachte den Wein, setzte sich, strich ihre Schürze glatt und sah Helmar mit den hübschen hellblauen Augen ein wenig schläfrig an.

«Erzählen Sie etwas, Marie», sagte Helmar.

«Ich? Ach Gott, was kann ich einem so klugen Herrn erzählen.» Sie legte die Hand vor den Mund und gähnte diskret.

Helmar machte ein finsteres Gesicht: «Was sprechen Sie da? Übrigens habe ich hier etwas für Sie.» Er zog den Saphir und den Opal aus der Tasche und schob sie dem Mädchen über den Tisch hin zu. Das runde Gesicht wurde über und über rosa. «Nein, Herr Baron, das ist zu schön, das ist zuviel, das muss ich ihm doch gleich zeigen.»

«Ihm?», fragte Helmar.

«Ja, er ist gekommen, mich abholen, wir gehen gleich miteinander fort, Weihnachten feiern.»

«Ja so», meinte Helmar nachdenklich, «wer ist er denn?»

«Er ist doch Schreiber bei der Rückversicherungsgesellschaft, ich will ihn doch gleich dem Herrn Baron vorstellen.» Sie lief zur Tür, öffnete sie und rief: «Oskar!» Ein langer, schmaler Jüngling im schwarzen Gehrock mit glattgebürstetem rotem Haar erschien und verbeugte sich zeremoniell. «Das ist er», sagte Marie. Sie lächelte dabei befangen und strich leicht mit der Hand über den Ärmel des schwarzen Gehrocks. «Ich habe ihm viel vom Herrn Baron erzählt. Aber jetzt müssen wir wohl gehen. Der Herr Baron will allein sein, will nachdenken, aber wir werden heute Abend noch viel von dem Herrn Baron sprechen. Ach ja, Herr Baron ist unser Ideal.»

Die hellblauen Augen schauten einen Augenblick andächtig zur Decke empor, dann nickte Marie Helmar zu, nahm Oskars Arm, und beide gingen hinaus. Wieder schnappte eine Tür ins Schloss.

Helmar war wieder allein. Irgendwo hinter den verschlossenen Türen hörte er Kinderstimmen. Dort mochten sie wohl ihre Weihnachten feiern. Auf einem Stuhl am Ofen lag eine große, gelbe Katze und schnurrte gleichgültig vor sich hin. Ihr ging es vielleicht wie ihm, sie passte wohl auch nicht zu Familienereignissen und Weihnachtsfeiern. Trübselig goss er den Wein in sein Glas. «Ideal! – Ideal! Von dem ‹ein Ideal sein› kann kein Mensch leben.»

Frühlingsnacht

Waldschnepfen sollten geschossen werden. Sie gingen der kleinen Waldwiese zu, Arwed ging den anderen voraus, sein Gewehr hatte er über die Schulter gehängt, und Ritas Gewehr trug er in der Hand. Er fühlte sich sehr glücklich, er konnte nicht anders, diesen plötzlichen, knabenhaften Glücksempfindungen gegenüber war er wehrlos, wenn er es auch immer wieder erfahren musste, wie schnell sie wieder fort waren, um einem ebenso törichten wie knabenhaften Elend zu weichen. Ja, heute kränkte es ihn nicht einmal, dass die beiden, Rita und der fatale Vetter Frank, hinter ihm hergingen und so vertraulich miteinander plauderten und lachten. Rita hatte ihm heute Nachmittag ganz aus freien Stücken gesagt, «wenn wir Schnepfen schießen gehen, stehe ich natürlich bei dir». Natürlich, das klang doch wie Zusammengehörigkeit. Und dabei hatte sie ihr kindliches, kameradschaftliches Gesicht gemacht, in dem die Augen rund und intensiv blau wurden. Wenn sie so etwas sagte und dabei dieses Gesicht machte, dann schmolz alles in Arwed, und er musste, er konnte nicht anders, er musste immer wieder daran glauben, dass nun alles gut sei. Auch jetzt vergaß er es, wie dieses Mädchen ihn sein ganzes Leben hindurch gequält hatte, schon damals, wenn sie als Kind mit schlanken Beinen in langen schwarzen Strümpfen während der Sommerferien zu ihnen kam und sie miteinander zwischen den Levkojenbeeten des Gartens herumtobten. Schon damals konnte Rita gerade in Augenblicken, da Arwed glaubte, am besten mit ihr zu stehen, plötzlich ernst werden und die runden Augen zusammenkneifen, dass sie blanke, blaue Striche wurden, und sagen »Geh«, und schon damals hatte er dann das Gefühl, als sei alles aus und als könne er nie mehr froh werden. Und seitdem war es immer so gewesen, Rita gegenüber konnte er diese Knabenempfindungen nicht loswerden; dieses Mädchen herrschte über sein Blut, dagegen ließ sich nichts tun, das hatte er nun verstanden. Rita hatte eine Art, mit ihm umzugehen, dass er sich immer wieder für verlobt mit ihr hielt, und dann war es immer wieder nichts. Noch gestern Abend hatte er sich von ihr getrennt mit der festen Überzeugung, sie seien verlobt, und heute Morgen tat Rita, als wisse sie von nichts. Dazu kam noch dieser Vetter Frank mit seiner verdammten Schönheit. Er hatte eine Art, mit den Mädchen leise, hochmütig und freundlich zu sprechen, als seien sie kostbare kleine Sachen, die ihm gehören. Dabei schaute er unverwandt auf ihre Lippen, und sie alle, auch Rita, bekamen dann einen seltsam ernsten, hilflosen Ausdruck, sahen aus wie Mädchen, die träumen, und zwar träumen, dass der Vetter Frank sie küsst. Widerwärtig! Allein, all das konnte Arwed jetzt vergessen, all das war jetzt fort. Ihm klang nur das «Natürlich stehe ich bei dir» in den Ohren. Das war doch wieder fast eine Verlobung oder doch der Anfang einer Verlobung. Und Arwed pfiff eine sehr schmelzende Melodie leise vor sich hin.

Abendschein lag auf den Waldwiesen. Die durchsichtigen Birkenschöpfe waren voll goldroten Lichtes, und ganz berauscht davon saßen die Amseln mitten darin, schlugen mit den Flügeln und schmetterten. Der Wind brachte die Düfte junger Tannentriebe und springender Birkenknospen mit. Lerchen stiegen gerade in einen rosa Glashimmel hinauf. «Das ist festlich», dachte Arwed, «an einem solchen Abend muss man an alles Gute glauben können. An einem solchen Abend muss man sich lieben, wenn man allein beieinander steht. Es liegt Verlobung in dieser süßen Luft.» An einer kleinen Tanne blieb er stehen und ließ die beiden anderen herankommen. Er lächelte und rieb sich vergnügt die Hände, über jeder Schulter ein Gewehr. «So, hier bleiben wir», rief er, «du, Frank, gehst weiter, dort bis zu den Erlenbüschen.»

Frank blickte Arwed einen Augenblick ein wenig mitleidig an, dann schaute er wieder vor sich nieder. Er war sparsam mit dem Aufschlag seiner großen Augen, als seien sie etwas Kostbares, das nur selten aus dem Futteral genommen werden durfte. «Du scheinst dich ja sehr auf die Waldschnepfen zu freuen», sagte er, «du hast ja so rote Backen, als ob du vom Schneeballwerfen kämest.»

Arwed errötete. «Für meine Backen kann ich nichts», erwiderte er gereizt, «und gewiss freue ich mich auf die Waldschnepfen und auf alles. Solch eine Lebenslage ist doch dazu da, dass man sich freut.»

«Ja so, ich weiß», meinte Frank, «du bist sehr für Lebenslagen.»

«Für Lebenslagen», wiederholte Arwed ärgerlich. «Lebenslagen lassen sich nicht vermeiden, und wenn sie gut sind, so genießt man sie, wenn man das noch kann. Übrigens musst du auf deinen Platz gehen, denn die Schnepfen werden gleich kommen.»

«Gut, gut», versetzte Frank gleichmütig, «wenn du mich los sein willst.» Er nickte und schlenderte dem Erlengebüsche zu.

Rita hatte sich auf einen Baumstock gesetzt. Fest in ihren braunen Paletot geknöpft, den kleinen braunen Filzhut ein wenig über die Stirn hinaufgeschoben, schaute sie Arwed an, aber mit ihrem guten kameradschaftlichen Gesicht, die Augen rund und ohne Spott, das Lächeln, das die Lippen ein wenig öffnete, lustig und ermutigend.

«Warum schaust du mich so an?», sagte Arwed.

«Weil du wirklich so komisch froh aussiehst», erwiderte Rita.

Arwed musste zu seinem Ärger wieder erröten. «Das ist dir wohl nicht recht», sagte er ein wenig scharf, «ja, du hast ein so weiches Herz, dass, wenn du jemanden froh siehst, du ihn am liebsten gleich unglücklich machen möchtest, um ihn dann bemitleiden zu können.»

Rita nahm diesen Spott nicht übel, wie Arwed gefürchtet hatte. Sie schaute über die Wiese hin und sagte freundlich: «Ach Unsinn, es ist ja heute hier wirklich sehr hübsch. Frank sagt, der Abend ist heute wie ein sehr süßes rosa Bonbon.»

Arwed zuckte die Achseln: «Gott, der mit seinen Konditorvergleichen! Nein, der Abend ist – ist –», er suchte nach einem Ausdruck, er wollte etwas entscheidend Gefühlvolles sagen, «der Abend ist – wie eine Liebeserklärung.»

«Ach ja», meinte Rita, «das ist wahr, wollen wir ganz still sein und ihr zuhören.»

Es war gewiss sehr angenehm, so still beieinander zu stehen, zu hören, wie die Vögel allmählich stiller wurden, zu sehen, wie die Abendlichter auf der Wiese verblassten, und sich eins zu wissen in einem seltsam weichen und doch erregenden Gefühl. »Aber wenn etwas Entscheidendes geschehen soll», dachte Arwed, «dann müsste doch gesprochen werden.» Er wagte es jedoch nicht.

«Sie kommt», sagte Rita, stand auf und spannte den Hahn ihres Gewehres. Fern vom Walde tönte ein weiches Knarren herüber. «Hübsch», flüsterte Rita, «das klingt wie eine Tür, die sich leise und ganz heimlich öffnet.»

«Ja, ganz heimlich», bestätigte Arwed im selben Flüsterton, als handle es sich um ein Geheimnis zwischen ihm und Rita. Der Ton kam näher, und mit ihm stieg in Arwed die Jagderregung auf, die so wohlig das Blut erwärmt. Jetzt sah Arwed die Schnepfe. Sie flog schnell und hoch und ein wenig seitab von ihnen, und Arwed schoss, und wie ein brauner Federball stürzte der Vogel aus seiner Höhe nieder und fiel klatschend in eine Wasserlache. In großen Sätzen lief Arwed, die Schnepfe zu holen. Er nahm sie, schwenkte sie und rief ausgelassen: «Das war ein Schuss, was?» Aber er verstummte, denn Rita blickte nicht auf, sie schaute aufmerksam auf ihr Gewehr nieder, an dem sie den Hahn abspannte, und als sie dann aufsah, waren ihre Augen schmal und böse. »Warum schießest du mir vor, sie kam doch auf meiner Seite.»

«Aber Rita», entschuldigte Arwed kleinlaut, «sie flog für dich doch viel zu hoch und schnell.»

Rita zog ergeben die Augenbrauen empor und hing sich ihr Gewehr über die Schulter. «Für mich zu hoch», wiederholte sie, «natürlich. Warum eine Schnepfe, die für dich nicht zu hoch ist, für mich zu hoch sein soll, ist zwar nicht ohne Weiteres klar, aber wahrscheinlich ein Naturgesetz. Zu Melanie sagt ihr Mann auch immer, wenn er allein ins Theater gehen will: ‹Kind, ich glaube, das Stück ist für dich zu differenziert.›»

«Aber Rita», protestierte Arwed, «ich konnte doch nicht wissen ...»
Allein Rita unterbrach ihn: «Ach bitte, entschuldige dich nicht, es ist möglich, dass du recht hast, aber ich gehe jedenfalls zu Frank hinüber, vielleicht sind die Schnepfen dort weniger differenziert.»

Arwed schaute Rita nach, bis sie hinter den kleinen Tannen verschwand. Er spürte ordentlich wie einen Schmerz den enttäuschten und verblüfften Ausdruck seines Gesichtes. Dann stieg der Zorn in ihm auf, und er warf die Schnepfe heftig zu Boden. So war es immer, immer kam so etwas dazwischen, und wieder war alles aus. Konnte er denn von diesem Mädchen nicht loskommen, musste er denn immer sich quälen lassen. Solange der Zorn dauerte, war es erträglich, aber als er vorüber war, kam dieses jämmerliche Gefühl, das er selbst verachtete und das ihn doch so elend machte. Eine Schnepfe kam geflogen, aber Arwed schoss nicht, die Lust an der Jagd und an allem war dahin, er starrte nur immer zum Erlengebüsch hinüber, wo Rita jetzt bei Frank stand. Seltsam, welch ein widerwärtiges Fieber diese Vorstellung in sein Blut legte; ein Fieber, das die Glieder schwer, die Lippen trocken machte. Eine durchsichtige Dämmerung lag jetzt über der Wiese, irgendwo in einem Gewässer klagte eine Unke leise vor sich hin, am farblosen Himmel hing der Mond bleich und unregelmäßig wie abgegriffen. Vom Walde her kamen Schnepfen; sie flogen drüben in das Erlengebüsch, eine, und jetzt wieder eine. «Warum schossen die beiden dort nicht?», fragte sich Arwed. Dieser Gedanke stach ihn wie mit Messern, er begann vorwärts zu gehen, vorsichtig wie auf der Pirsch, hinter den kleinen Tannen Deckung suchend. Nun war er dem Erlengebüsch ganz nahe, und er spähte, von einem Wacholdergebüsch verborgen, zu dem Platz hinüber, wo die beiden stehen mussten. Ja, nun sah er sie, und er wusste es im selben Augenblick, er hatte es erwartet, sie so, gerade so zu sehen, und er sah sie mit einer qualvollen Deutlichkeit. Rita stand da, sehr schlank in ihrem braunen Paletot, die Arme hingen schlaff am Körper nieder, den Kopf hielt sie ein wenig zurückgebogen, und über dem Gesicht mit den geschlossenen Augen lag der seltsame, hilflose Traumausdruck. Frank stand vor ihr, hielt sie an beiden Schultern fest, beugte sich über sie und küsste sie. Unerträglich deutlich sah Arwed das alles, sah die Spitzen an Franks Schnurrbart, sah den großen Ring an seiner linken Hand, Ritas Filzhut am Boden, ringsum die Erlen mit Blütentrauben wie mit Glöckchen behängt. Dann schloss er plötzlich die Augen, als schmerzten sie ihn. Er wandte sich ab und begann eilig dem Walde zuzugehen. Er fand, dass es plötzlich kalt geworden war, schauerte in sich zusammen und schlug den Kragen seines Paletots hinauf.

Im Walde herrschte schon tiefe Dämmerung. Aus dem Moose stieg ein starker, feuchter Duft auf. In den großen, schwarzen Tannen raschelte leise der Abendtau. «Das musste gut tun», dachte Arwed, hier wollte er so vor sich hin gehen, gehen und nicht denken, ringsum die dunklen Baumgestalten mit ihrem beruhigten Flüstern – gehen und nicht denken, das musste doch möglich sein, wir müssen doch etwas wegschieben können, das wehe tut. Sich gedankenlos von der Dunkelheit zudecken lassen wie dieser nächtliche Wald, das war es, was er wollte.

So eilte er vorwärts, gerade hinein, wo der Wald am dichtesten war. Der Mond musste höher gestiegen sein, denn zuweilen lag ein Lichtflitter auf dem Moose, dann wurde aber die Finsternis wieder so schwarz, dass Arwed nur mit Mühe seinen Weg finden konnte. An dem Dufte spürte er es, wenn er an einer Birke vorüberkam, die dort im Dunkel stand. Etwas berührte seine Wange wie mit weichen kleinen Tierpfoten, das war dann ein blühender Weidenzweig, der ihn streifte. Er kam an einer hellbeschienenen Waldlichtung vorüber, über der weißer Nebel lag, und ein Fuchs ging langsam und nachdenklich darüber hin, als wate er durch weiße Watte. Ein Rehbock schreckte auf, brach durch das Unterholz und begann böse und leidenschaftlich zu schmälen. Arwed blieb stehen und lauschte. Ja, wer so laut und leidenschaftlich und böse in die Nacht hinausschreien könnte, wer den ganzen schlafenden Wald für einen Augenblick mit seinem Zorn erfüllen könnte, dem musste wohl sein. Und er wurde sich dessen bewusst, dass er die ganze Zeit über nichts anderes gedacht, nichts anderes gefühlt, nichts anderes gesehen hatte als das Bild dort an den Erlenbüschen. Er hatte gekämpft, davon loszukommen, es tat weh, es machte unendlich müde und ließ ihn doch nicht los. Er setzte sich auf einen Baumstamm, er wollte eine Zigarette rauchen und kühl und vernünftig überlegen. Er ersann sich Reden, die er Rita halten wollte, sehr hochmütige, schneidend kalte und höhnische Reden, oder er wollte Frank etwas antun; er hätte ihn ja gleich dort bei den Erlen erschießen können. Ein anderer hätte das vielleicht gekonnt. Das war es. In Arweds erregten Gedanken sprach da einer hinein, der auch in ihm saß und scheinbar ein gänzlich Unbeteiligter war, der höhnte und verachtete: Natürlich kannst du und wirst du von all dem nichts sagen und nichts tun, es wird bei der alten, jämmerlichen Geschichte bleiben. Arwed sprang auf und eilte weiter, einen Augenblick besann er sich, wo war er denn? War das nicht der Weg zum Katzensee, dem schwarzen Wasser, das mitten im Walde lag? Merkwürdig, warum war er auf diesem Wege? Wollte er am Ende –? Wenn er das wirklich wollen könnte. Ihm wurde ganz seltsam zumute, es war wie ein leichter Schwindel, als schaute er in eine Tiefe hinab. Aber warum sollte er das nicht wollen? Andere taten das auch, und dann wäre er sich und den ganzen Jammer los. Du tust es ja doch nicht, wendete der gänzlich Unbeteiligte ein, aber Arwed wollte daran festhalten. Wir wissen nie, was wir wollen können, was wir tun werden. Den beiden zu Hause geschähe es schon recht, wenn er es täte. Man wird ja sehen. Jedenfalls wollte er bis zu dem See gehen, und er eilte weiter in einer Erregung, die fast wohl tat, als erwartete ihn dort am Katzensee etwas Spannendes, Überraschendes, das zu erleben er ungeduldig war.

Als er unter den Bäumen hervortrat, lag ein Stück Sumpfland vor ihm, mitten darin ein kleines Wasser. Grell vom Monde beschienen, nahm es einen harten metalligen Glanz an. Ringsum dampften die Nebel, diese weißen Schleier, die das Mondlicht auffingen, regten sich ganz sachte, wallten und atmeten. Das lautlose Leben des bleichen Lichtes da zwischen den regungslosen schwarzen Baumwänden war unwahrscheinlich wie eine Traumvision. Arwed blieb ein wenig erschüttert stehen. Hier, ging es ihm durch den Sinn, hier kann alles geschehen.

Plötzlich bemerkte er, dass sich dort am Rande des Wassers etwas bewegte. Eine Gestalt richtete sich auf, ein Mädchen war es. Arwed wunderte sich nicht darüber, wie wir uns im Traume über nichts wundern, weil wir das Unerwartete doch heimlich erwarten. Das Mädchen stand da in einem kurzen Rock, die nackten Füße sehr weiß auf dem schwarzen Moorboden. Ein dunkles Tuch zog es sich fester um die Schultern und trat behutsam dicht an das Wasser heran. Jetzt stand die Gestalt im vollen Licht, sie hob die nackten Arme empor, faltete die Hände über den Kopf und legte sie auf ihren Scheitel. Den Kopf zurückgebogen, schaute sie zum Monde auf, und auf dem runden hellbeschienenen Gesicht lag es wie tiefer Ernst und zugleich der Ausdruck einer gespannten Aufmerksamkeit, der Ausdruck eines Menschen, der mit schmerzhafter Anstrengung auf etwas wartet. «Das ist ja die blonde Marie von der Mühle», dachte Arwed. Im Wasser erhob jetzt ein Frosch laut seine verdrießliche knarrende Stimme, als machte es ihm Freude, etwas Misstönendes und Unfreundliches in die Feierlichkeit der Mondnacht hineinzurufen. Die blonde Marie ließ die Arme sinken, schaute auf das Wasser nieder und horchte regungslos, bis der Frosch kurz abbrach und schwieg. Dann trat sie wieder ein wenig vor, das Wasser musste ihre nackten Füße berührt haben, denn sie schauerte in sich zusammen und bedeckte die Augen mit den Händen. «Fräulein Marie», sagte Arwed und kam näher. Das Mädchen hob den Kopf und lauschte. Arwed stand jetzt dicht hinter ihr. «Fräulein Marie, was tun Sie?»

Marie wandte sich nach ihm um. «Oh, Sie sind es», meinte sie, und die Stimme klang verdrossen wie die eines Menschen, den wir aus tiefem Schlafe wecken.

«Mädchen, das dürfen Sie nicht tun», sagte Arwed und griff nach ihrem Arm, und sie ließ es geschehen, ließ sich willig fortziehen, als sei plötzlich alle Kraft von ihr gewichen. Arwed hob einen grauen Mantel, der neben ihr am Boden lag, auf und hüllte sie hinein. «Nein, so etwas tun wir nicht», meinte er, als spräche er heiter einem Kinde zu. Er führte sie über die Lichtung in den Schatten der Bäume hinein, dort lag ein vom Winde geworfener Fichtenstamm, und auf diesen setzten sie sich.

Marie seufzte tief, so tief, als wollte sie ihren ganzen Körper mit Frühlingsluft volltrinken, und lehnte sich dann ein wenig schwer an Arweds Schulter.

«Musste das sein?», fragte Arwed leise.

Marie zuckte die Achseln. «Ach, es wird ja doch nicht besser, was kann man da machen. Aber ich hätte es getan.»

«Ist es um den Gerichtsschreiber Mieksche?», fragte Arwed weiter.

Marie nickte. «Mieksche», meinte sie müde, «ist ein schöner, aber schlechter Mensch, und so…»

«… Ja, ja, und so kommt es», bemerkte Arwed nachdenklich. Sie schwiegen und schauten auf den weißen Reigen des Nebels hinaus. Plötzlich begann der Frosch im Wasser laut seine verdrießliche Nachricht in die Nacht hinauszurufen.

Marie lächelte ein wenig. «Der», sagte sie, «fing auch an zu rufen. Als er schwieg, wollte ich warten, bis er wieder ruft, dann wollte ich's tun.»

«Und wie war es?», forschte Arwed. «Was fühlten Sie?»

Marie schloss die Augen. «Ich weiß es nicht, es ist fort, ganz fort. Aber Sie, warum sind Sie hier? Wollten Sie auch – –»

Da Arwed schwieg, fuhr sie in ihrer eintönig singenden Weise zu sprechen fort: «Ach ja, jeder hat seinen Kummer. Aber, warum muss das so sein. Der eine ist schön, und der andere muss deshalb unglücklich sein und wie krank, und kann nicht mehr leben. Warum?»

«Ja, warum?», wiederholte Arwed.

Dann saßen sie wieder aneinander gelehnt, schweigend da, vor sich das Weben des bleichen Lichtes um die blanke Scheibe des Sees, hinter sich schwarz den Wald. Und durch die Dunkelheit irrten heimliche Töne, ein Rauschen, ein Knistern, ein Rascheln, eine beständige, leise Bewegung wie die Unruhe von Schlafenden, denen der Frühling das Blut erhitzt. Dort irgendwo rann ein Wasser wach und eifrig, als ließe die Lebenslust ihm keine Ruhe, und es müsste in die Finsternis hineinlachen. Über den Wipfeln aber erklang das pfeifende Schwingen eines Wildentenzuges. Sie mochten in ihrem stillen Waldtümpel vor dem Dufte der Birken und des jungen Schilfes nicht Schlaf finden und mussten auf und sehr hoch und sehr schnell in die weiße Mondnacht hinausfliegen.

«Vielleicht», sagte Marie langsam wie aus dem Traume heraus, immer noch mit geschlossenen Augen, «vielleicht kann man es doch ertragen, dass – dass …»

«… dass der Mieksche so schön ist, ja, das werden wir ertragen müssen», ergänzte Arwed. Er nahm Mariens Hände, die schwer und warm, wie schlafend in den seinen lagen, sie lächelte ein wenig.

«Dann», meinte sie, «kann der da unten im Wasser wieder rufen. Wir kommen nicht. Wir bleiben hier, bei den anderen.»

Landpartie

Da stand Oswald von Ramm auf der Freitreppe seines Landhauses, in seinen zitronengelben Staubmantel gehüllt, die Kapuze über den Kopf gezogen, und betrachtete nachdenklich die Equipage, die vor dem Hause hielt, den altmodischen Landauer, die dicken, schläfrigen Pferde und Gregor, den alten Kutscher, der in seiner verblichenen Livree ziemlich krumm auf dem Kutscherbock saß.

«Was man so elegant nennt, ist das gerade nicht», sagte jemand neben Oswald. Es war sein fünfzehnjähriger Sohn Kurt.

Nun musterte Oswalds Blick die schmale, hoch aufgeschossene Gestalt seines Sohnes. «Ich weiß nicht», sagte er, «warum du heute die kurze Hose angezogen hast. Übrigens sieht man auch, dass der rechte Strumpf ausgebessert ist.»

Kurt zuckte die Achseln. «Die Mama sagt, für so eine Landpartie ist das gut genug. Aber wir können ruhig sein, die Mama reißt uns alle heraus, die ist heute wieder großartig.»

Da kam auch Frau von Ramm mit ihrem Vater, dem alten Baron Lundberg. Sie war ein wenig atemlos, und das hübsche, runde Gesicht war erhitzt und sah ziemlich missmutig drein. «Also endlich kommt es dazu», meinte sie.

Oswald lächelte gleichmütig und betrachtete den weißen Strohhut mit den hellgelben und hellroten Rosen, den seine Frau trug, den

Staubmantel aus mottenfarbener Seide und das blasslila Musselinkleid. «Allerdings, Malwina, Kind», bemerkte Oswald, «du hast dich heute sehr schön gemacht.»

Malwina errötete und entgegnete scharf: «Wieso schön? Etwas muss man doch schließlich anziehen.»

«Allerdings, allerdings», bestätigte Oswald.

«Nun, steigen wir ein.»

«Gregors Livree sieht entsetzlich aus», meinte Malwina, als sie in den Wagen stieg.

Oswald zuckte die Achseln. «Weil die Prinzessin Adelheid geruhen, alle fünf Jahre einmal eine Landpartie zu arrangieren, deshalb kann ich dem Kutscher nicht eine neue Livree anschaffen.»

Endlich saßen alle im Wagen, Kurt kletterte zu Gregor auf den Kutschbock, und die dicken Pferde zogen faul und widerwillig an. Der heiße Junitag ging zu Ende, die schrägen Sonnenstrahlen ließen einen fliederfarbenen Schimmer über den Saatfelder hinzittern, die Luft war voll eines glitzernden Staubes, und auf den großen Klettenblättern, den Glockenblumen und Schafgarben des Wegrains lag dieser Staub wie ein dichter, blonder Schleier. Auf den Weiden, an denen sie vorüberfuhren, lagen die Hüterkinder mitten unter ihren Schafen platt auf dem Bauch, der lange, sonnige Tag hatte sie kraftlos und gedankenlos gemacht.

Malwina, sehr hübsch mit ihren siebenunddreißig Jahren, aber schon ein wenig stark geworden, lehnte sich seufzend in die Wagenecke zurück und unterdrückte ein Gähnen. «Ach Gott», sagte sie, «dass die gute Prinzessin Adelheid sich auch nichts Besseres ausdenken konnte, als heute eine Landpartie zu machen.»

Der alte Baron Lundberg kicherte lautlos vor sich hin, sein kleines Gesicht wurde dabei ganz rot, und die Barthaare standen darin weiß wie bereiftes Moos. «Um das Vergnügen zu haben, uns zu sehen», meinte er, «hat die Prinzessin wohl kaum diese Landpartie veranstaltet.»

Malwina zog ihre hübschen Augenbrauen gelangweilt empor. «Ach, lieber Vater, das weiß ich auch, es ist ja nur, weil Olga Landen ihre Freundin, die Sängerin, diese Ria Riviera, bei sich hat. Auf die ist die Prinzessin neugierig, die will sie sehen. Übrigens, wenn ich, wie Olga, verlobt wäre, würde ich mir nicht gerade eine Sängerin einladen. Wozu ihren Leutnant in Versuchung führen?»

«Aber, liebes Kind», wollte Oswald sie unterbrechen, allein Malwina fuhr kampflustig fort: «Dir, mein Lieber, dir gönne ich es ja. Diese Ria war ja auch deine Liebe. Nun, ich bin Gott sei Dank nicht mehr in dem Alter, in dem mich so etwas aufregt, ach nein! Wie gleichgültig mir das ist.»

Und sie drückte sich fest in die Wagenecke, als fühlte sie sich bei dieser Gleichgültigkeit ordentlich behaglich.

Oswald zuckte nur ein wenig müde die Achseln.

Dann begann der alte Baron wieder zu kichern und sagte: «Ja, was soll denn eine ältliche, unverheiratete Prinzessin anderes tun, als neugierig sein und zusehen? In kleinen Vorstadtläden sieht man zuweilen bleiche Brezeln an den Fensterscheiben lehnen und auf die Straße hinabsehen. Sie werden selten gewechselt, essen will sie niemand, sie sind nur dazu da, um auf die Straße hinabzuschauen und um gesehen zu werden.»

Malwina seufzte. «Ach ja, mit ihrer bleichsüchtigen Gräfin Reichenau und dem langweiligen Kammerherren dort in dem alten Schloss hat die arme Prinzessin auch kein heiteres Leben.»

«Wieso auch?», fragte Oswald.

«Nun, gewiss», entgegnete Malwina kampfbereit, «wer hat denn hier ein heiteres Leben, ich vielleicht?»

Sie fuhren jetzt eine Strecke durch den Wald wie durch einen warmen, grünen Korridor, große Fliegen umsummten sie verdrießlich und eintönig, eine schwüle Schläfrigkeit lag über den Bäumen. «Ach», dachte Kurt oben auf seinem Kutschbock, «ich weiß nicht, warum das alles plötzlich so traurig ist, so traurig wie in einer Schulstube.» Dann plötzlich hörte der Wald auf, und vor ihm lag eine weite Ebene, ein Stück Weideland, ein Bach, in dem sich grellgrünes Schilf leise wiegte, dahinter blühende Wiesen. Kurt ließ einen lauten Pfiff ertönen; ja, das war etwas anderes – hier war wieder Ferienluft. An dem

Bache tummelten sich bunte Figürchen, Damen in hellen Kleidern, Herren mit Panamahüten und Sommeranzügen. Zwei Lakaien in grün und goldener Livree schlugen Klappstühle auf und breiteten Teppiche aus.

Malwina hatte ihr Glas vor die Augen genommen und spähte neugierig hinüber. «Aha», meldete sie, «die Prinzessin im rosa Hut, die kann sich auch nicht entschließen, alt zu werden. Die Reichenau natürlich in Grün, immer, was ihr am wenigsten steht. Da sind die Landens – die Baronin Olga, der da ist wohl Olgas Leutnant – so, so, da ist also die Sängerin, ganz in Weiß, mit einem gelben Schäferhut, ganz wie auf der Bühne. Ist die bleich! Natürlich gepudert.»

Der Wagen war über das Weideland hingefahren und hielt jetzt. Man stieg aus.

«Ach, liebe Frau von Ramm», sagte Olga Landen. «Sie kennen meine Freundin Ria Riviera noch nicht.»

Malwina reichte der Sängerin die Hand und lächelte übertrieben freundlich. «Nein», sagte sie, «aber mein Mann hat mir viel von Ihnen erzählt», dabei sah sie Ria neugierig ins Gesicht, in das bleiche Gesicht, mit dem zu roten Mund, mit den regelmäßigen Zügen, in denen es wie erregte Spannung lag, und den ein wenig müden, graublauen Augen, denen ein kleiner schwarzer Strich unter dem Augenlide etwas Gequältes gab.

«Gemalt!», dachte Malwina.

Oswald verbeugte sich sehr formell und dachte: «Ach, endlich einmal ein echtes Stück Welt.»

Dann ging man zur Prinzessin. Prinzessin Adelheid begrüßte ihre Gäste mit ihrem stetigen, geduldigen Lächeln. Ihr langes, bleiches Gesicht mit den starken Zügen sah aus wie eines jener Fürstengesichter, die auf den Stichen des achtzehnten Jahrhunderts so erhaben aus den Allongeperücken hervorschauen, nur dass über dem Gesicht der Prinzessin Adelheid etwas wie ein leerer Friede lag, der es ein wenig traurig machte.

«Wir wollen uns hierhersetzen», sagte sie, «ich hoffe, wir werden sehr lustig sein; der Abend ist so schön, nicht wahr?»

Man setzte sich auf die Polster und Teppiche, die Diener reichten Sandwiches und Erdbeerbowle herum, die Herren durften sich Zigaretten anstecken.

«Bitte, ganz ungeniert», sagte die Prinzessin.

Allein die Heiterkeit wollte nicht kommen. Die Damen nippten an ihren Bowlengläsern und schauten zu Ria hinüber, die ein wenig abseits auf einem Klappstuhl saß, als erwarteten sie von ihr die Unterhaltung des Abends.

Die Prinzessin begann die Konversation: «Nicht wahr, Fräulein Riviera, das Bühnenleben ist sehr interessant, ich denke es mir so anregend.»

Ja. Ria bestätigte das.

«Interessant, aber ungesund für die Nerven», schaltete Frau von Landen ein.

«Ach, und Wagner!», fuhr die Prinzessin fort. «Sie singen Wagner ja so schön, ich liebe ihn sehr, er ist aber, glaube ich, sehr schwer.»

«Wagner ist unmöglich», warf der dicke Landen ein, der in seinem weißen Sommeranzug, rot und vergnügt, ein Sandwich in der Hand, sich vor Ria aufgepflanzt hatte. «Erinnern Sie sich, mein gnädiges Fräulein, wie ich Ihnen vorgestellt wurde; es war nach einer Wagner-Vorstellung. Sie hatten beim Souper kaum die Kraft, zu sprechen. Ich liebe Opern, die den Damen noch Kraft zum Soupieren lassen.» Er lachte, aber es lachte niemand mit.

Ria schien die Damen zu enttäuschen, denn sie begannen leise miteinander von ihren eigenen Angelegenheiten zu sprechen. Frau von Landen erzählte Malwina von dem Einmachen unreifer Stachelbeeren, und die Prinzessin interessierte sich auch dafür. Olga rief ihren Bräutigam streng zu sich, saß dann aber schweigend und ernst neben ihm. Kurt und die vierzehnjährige Erika Landen zankten sich leise, und die Gräfin Reichenau, sehr blass unter ihrem grünen Hut, nagte an ihrer bleichen Unterlippe und schaute aus den hellblauen Augen Ria starr an, versunken wie in einen erregenden Roman.

Der zu Ende gehende Tag über der weiten Ebene, die Musik der abendlichen Mücken, all das breitete, ich weiß nicht welche, enttäuschende Alltäglichkeit über diese Gesellschaft. Erika und Kurt schwiegen jetzt und machten Gesichter, als wollten sie weinen. Nur um Ria war die Unterhaltung lebhafter. Die Herren hatten sich zu den Füßen der Sängerin auf den Rasen hingestreckt, Oswald und der schöne Kammerherr mit seinen bronzefarbenen Bartschleiern, die ihm von den Wangen niederwallten. Der alte Baron Lundberg rückte seinen Stuhl näher an Ria heran und sprach von schönen Sängerinnen, die er vor vierzig Jahren gekannt hätte.

«Erinnern Sie sich, mein gnädiges Fräulein», schnarrte der Kammerherr, «des kleinen roten Salons im Grand Hôtel nach der ‹Walküren›-Aufführung? Dort waren wir lustig. Der Fürst war geradezu ausgelassen. Es war eine schöne Zeit.»

Auf der anderen Seite fing Oswald an, von Venedig zu sprechen, leise und in einem ihm sonst ungewohnten, gefühlvollen Ton: «Damals in der Gondel, erinnern Sie sich, der Himmel war schwefelgelb über dem Canal Grande; wir waren wie berauscht, und später das Essen bei Danieli, ja, eine schöne Erinnerung.»

Malwina schaute böse zur Gruppe hinüber. «Wie sich alle an sie heranmachen», dachte sie. «Was für ein unangenehm süßes Blinzeln die Männer bekommen, wenn sie mit solch einer Dame sprechen.» Frau von Landen war Malwinas Blick gefolgt und flüsterte: «Mir ist dieser Besuch auch nicht recht, sie hat sich so verändert. Mein Gott, wir leben ja in einer so verschiedenen Welt; Olga mag sie auch nicht recht.»

Ria war einsilbig; sie schaute auf die Ebene hinaus, auf das leise Nicken der Halme, auf das sanfte und freie Atmen der Weite in dem roten Lichte. In der rosa Luft hingen Lerchen, und all das erschütterte und quälte sie, es war so ungewohnt groß und friedlich, und sie fühlte darin die komplizierte Enge ihres Lebens wie etwas schmerzhaft Bedrückendes. Dazu diese Herren mit ihren Erinnerungen. Es war, als wären lang verschlossen gestandene Restaurationskabinetts geöffnet, in denen es dumpfig nach Plüsch, nach abgestandenen Parfüms und Zigarettendampf riecht. Es war ihr unerträglich, hier in der Reinheit dieses Abends dazusitzen, als verkörperte Erinnerung an lustige oder sentimentale Augenblicke dieser Herren.

Die Sonne ging hinter dem Waldsaum unter, eine farbige Erregung zitterte über das stille Land, der Bach wurde ganz rot, und die blühende Wiese lag da wie rotes Gold. In der Gesellschaft schwigen plötzlich alle, hoben die Gesichter, lächelten mit halbgeöffneten Lippen, als wollten sie das farbige Leuchten in sich hineintrinken.

Der dicke Landen sagte etwas und lachte selbst sehr laut darüber.

«Ach, Herr von Landen», meinte die Prinzessin, «sagen Sie es uns auch, wir lachen auch gern.»

Allein er mochte es nicht wiederholen.

«Kinder», rief Frau von Landen Kurt und Erika zu, «geht ein wenig spazieren», und Malwina flüsterte sie zu: «Wenn Landen Witze macht, muss man die Kinder fortschicken, das kenne ich.»

Aber da wollten die anderen auch gehen, das rote Abendlicht hatte sie aufgeregt, sie mussten sich bewegen. Frau von Landen nahm Malwinas Arm und Olga den der Gräfin Reichenau. Ria wurde den Herren überlassen.

«Die armen Männer», meinte Frau von Landen, «sollen sich einmal ausleben.»

Malwina lachte feindselig.

Man ging den Bach entlang; das Schilf begann stärker zu duften, die Fische schnalzten im Wasser, auf dem die Abendlichter verblassten. Das Hinschmelzen der Farben in der durchsichtigen Dämmerung breitete etwas unendlich Weiches und Zärtliches über die Ebene. Das Land wurde sentimental.

Der Kammerherr war aufgelöst in Gefühl, er nahm seinen Panama ab und strich sich mit der Hand über die schon ein wenig zu hohe Stirn. «Ja, mein gnädiges Fräulein, das einsame Landleben macht uns überempfindlich, so erschüttert mich Ihre Gegenwart, der Hauch der großen Welt, den Sie mitbringen, und die Erinnerungen ... die Erinnerungen! Es ist mir, als ob ich hier auf unserer alten Wiese eine Kamelie stehen sähe.»

«Eine Kamelie auf der Wiese wäre mir unangenehm», entgegnete Ria gereizt.

Dann begann Oswald zu sprechen, auch sehr weich und lyrisch:

«Ja, mit den Erinnerungen ist es eigen. So erinnert mich heute hier alles an Venedig, unser Bach, unser Licht, unsere Luft, alles ist heute venezianisch. Erinnern Sie sich, mein Fräulein –?»

Ria blieb stehen; ihre Augen schauten noch gequälter drein als sonst, zwischen den feingemachten Augenbrauen stand eine kleine aufrechte Falte. «Nein, Herr Baron», sagte sie mit ein wenig bebender Stimme, «ich erinnere mich nicht, ich kann mich nicht erinnern, ich komme mir ja wie ein Gespenst vor, wie das Gespenst Ihrer Erinnerungen.» Dabei wandte sie sich um, griff nach ihrer Schleppe und begann zu laufen.

«Sehen Sie unsere Primadonna», sagte Frau von Landen.

«Ein neuer Effekt», meinte Malwina.

Ria lief, bis sie Kurt erreichte, der gelangweilt über die Wiese schlenderte. Hier war einer, der keine Erinnerungen hatte. Sie legte ihren Arm um die Schulter des Knaben. «Kommen Sie», sagte sie, «wir wollen laufen.» Dabei sprach sie ein wenig atemlos: «Nicht wahr, im Bache fangen Sie Krebse, das tat ich als kleines Mädchen auch; man steigt in den Bach, das Wasser kitzelt lauwarm an den Füßen, die Krebse sind ganz kühl, wenn man sie anfasst, und wenn man sie in den Korb tut, dann flüstern sie so.»

Kurt war dunkelrot geworden und lächelte fast schmerzhaft. Dieser Frauenarm um seine Schultern, das leise Klingen der Armbänder, das starke Orchideenparfüm, all das verwirrte ihn unendlich.

«Wir wollen noch auf den Mond warten», sagte die Prinzessin, als die Gesellschaft wieder um sie versammelt war. Es dunkelte bereits stark. Die Juninacht brach an mit ihrer wunderlichen Dämmerung, in der wir das Land wie durch graue Glasscheiben sehen, der Bach begann zu dampfen, von der Wiese kam ein feuchtes Wehen und brachte das starke, süße Duften der blühenden Gräser und des blühenden Klees mit. In den Saatfeldern huben die Wachteln zu schnarren an, und ringsum im Grase ließen Feldgrillen sich vernehmen, aber zögernd und abgebrochen, als wollten sie ihre Geigen stimmen.

Die Gesellschaft war sehr still geworden. Nur der alte Baron Lundberg rückte an Ria heran und sprach leise von längst verstorbenen

Primadonnen, und die Prinzessin erzählte Frau von Landen ein wenig klagend von einer armen Frau mit zwei kranken Kindern, der sie viele Wohltaten erwiesen hatte. Die anderen schwiegen und lauschten in sich hinein auf die süße Spannung, welche die Sommernacht mit sich bringt. Der eine und der andere seufzte wohl. Alle hatten sie das Gefühl, als versäumten sie etwas, als ginge eine Erregung durch die Dämmerung, an der sie keinen Teil hatten, als würde ein himmlisches Fest hier gefeiert, zu dem sie nicht geladen waren.

Ria spürte, dass eine Hand ihren Fuß drückte. Es musste der Kammerherr sein: Ärgerlich zog sie ihren Fuß zurück. Ihr war wunderlich zumute, sie hätte weinen mögen, die Sommernacht erschütterte sie so stark, sie wollte auch zu dieser großen, flüsternden Geborgenheit gehören, in der ein jedes ruhig, sicher und glücklich sein Liebenslied vor sich hinsingt, sie wollte dazugehören und fühlte sich doch so ausgeschlossen, so weit davon, mit der Unruhe ihres gequälten und unklaren Lebens.

«Fräulein Riviera», sagte die Prinzessin, «es ist wohl nicht gut für die Stimme, abends draußen zu singen?»

«Ja, singen», dachte Ria, «das könnte befreien.» Sie erwiderte: «Oh, an einem so warmen Abend geht das schon.»

«Das wäre wunderschön», meinte die Prinzessin.

Ria begann zu singen, irgendeine Opernarie, die erste beste, die ihr einfiel; anfangs flatterten die Töne wie mühsam und unsicher in die Dunkelheit hinein, als fürchteten sie sich vor der Weite, in die sie hinaussollten, unendlich einsam und schmerzlich klangen sie, dann aber erstarkten sie, wurden sicher und voll. Es tat Ria unendlich wohl, die Qual ihrer Seele, all das Dumpfe und Schwüle, all das Wunde und Gebrochene, ihre Begehrlichkeit und ihre Hoffnung in die Nacht hinauszurufen, in die Töne hineinzulegen und sie als Boten ihrer Sehnsucht durch die kühle, duftende Ferne hinauszusenden, damit sie sich im Nebel, in dem Wehen rein badeten und Kinder der Sommernacht würden. Ganz fern auf der Wiese erwachte eine Stimme, dort sang oder rief jemand. Es war einer jener langgezogenen, weichen Töne, wie sie auf dem Lande durch die Nacht irren, und diese fremde

Stimme, die der ihren begegnete, sich ihr anschloss, diese Gefährtin der Dämmerung, sie tröstete Ria, es war, als nähme sie die Einsamkeit von ihr, die eben noch so bitter sie bedrückt. Dann plötzlich ging der Mond auf, riesengroß und rot stand er fast gewaltsam über dem bleichen Lande. Die Sängerin schwieg.

Eine Weile war die Gesellschaft ganz still, dann rief die Gräfin Reichenau: «Der Prinzessin ist schlecht geworden.»

Da fuhr alles auf. Ein wirres Durcheinander entstand, nach dem Wagen wurde gerufen, die Frauen riefen nach ihren Männern, eilig, ängstlich, als müssten sie sie vor etwas schützen.

Malwina nahm Oswalds Arm: «Nein, solch ein Singen mag ich nicht», sagte sie. «Man fühlt sich ja dabei wie – wie – nackt.»

Ria wollte noch einen Augenblick allein sein, sie ging einige Schritte die Wiese entlang, dem Monde entgegen. Hinter sich hörte sie Malwinas erregte Stimme: «Kurt! Kurt!» rufen, und als Ria an ein Erlengebüsch kam, fand sie Kurt. Er lag platt auf dem Boden und weinte. «Was tun Sie hier?», fragte Ria und kniete neben dem Knaben nieder.

«Nichts», sagte Kurt und machte ein böses Gesicht.

«Doch, Sie weinen», sagte Ria. «Warum weinen Sie? Weinen Sie, weil ich gesungen habe?»

Über das bleiche Gesicht des Knaben zuckte eine wunderliche Erregung: «Ja – ich weiß nicht – was war es, was Sie sangen? Gräfin Reichenau sagte, sie singt Liebe, und Mama sagte, so singt man überhaupt nicht.»

«Oh, sie sagte das?»

«Ja», fuhr der Knabe leidenschaftlich fort, «wissen Sie, dass sie alle gegen Sie sind, alle? Oh, wie sie von Ihnen sprechen! Aber ich – ich bin für Sie.»

Die Sängerin lächelte ihr müdes, gequältes Lächeln. «Nun», sagte sie, «dann ist es gut, wenn Sie für mich sind.» Und sie küsste den Knaben auf die tränenfeuchten Augen.

Bunte Herzen

In Kadullen wurde im Sommer schon um vier Uhr gespeist, um den Abend für sommerliche Unternehmungen freizuhaben. Dann lag das Nachmittagslicht stetig auf der langen, weißen Gartenfront und den drei schweren Giebeln des Landhauses. In den geradlinigen Beeten glänzten die Levkojen wie krause, hellfarbige Seide, und der Buxbaum duftete warm und bitter. Ein Diener stellte sich auf die Stufen der Gartenveranda und läutete mit einer großen Glocke, das Signal, dass es Zeit sei, sich für das Mittagessen anzukleiden.

Der Hausherr, der alte Graf Hamilkar von Wandl-Dux, kam schon fertig angekleidet mit seinem Gast, dem Professor von Pinitz, in den Garten hinaus. Graf Hamilkar, sehr lang und schmal in seinem schwarzen Gehrock, hielt sich ein wenig gebeugt. Den Panama zog er tief in die Stirn. Das glattrasierte Gesicht mit dem langen, lippenlosen Munde hatte etwas Asketisches, wie es jene Gesichter haben, auf denen alles, was das Leben hineingeschrieben hat, beruhigt, gleichsam widerrufen erscheint. Mit langen Schritten begann er den Gartenweg hinabzuschreiten. Der Professor vermochte kaum Schritt zu halten, denn er war kurz und dick, die weiße Weste saß sehr prall über dem runden Bauch, und das Gesicht war rot und erhitzt unter dem kannelfarbigen Bartgestrüpp. Er erzählte dem Grafen einen merkwürdigen Traum, den er gehabt hatte, dafür interessierte er sich jetzt, denn er wollte eine Theorie des Traumes schreiben, und der Graf teilte ihm das Material mit, welches er einmal auch über dieses Thema gesammelt hatte. Graf Hamilkar hatte immer gesammeltes Material für die Bücher, welche die anderen schreiben wollten, er selbst hatte nie eins geschrieben, «ich wusste nie», pflegte er zu sagen, «welches meiner Bücher ich schreiben sollte, und so kam es denn zu keinem».

«Also denken Sie sich», berichtete der Professor, «ich war beim Kollegen Domnitz, im Traum nämlich. Nun, Domnitz legt mir beide Hände auf die Schultern, macht ein ganz feierliches Gesicht und sagt mit einer ganz tiefen Stimme, die er sonst nie hat: ‹Kollege, ich habe die Grundform, die Urform der Schönheit gefunden, einfach die Schönheit an sich.› Ich sage Ihnen, das fuhr mir so durch alle Glieder, so eine Art Schreck oder Freude oder Rührung, gewiss, das Weinen war mir so nahe. Das sind Empfindungen, wie wir sie nur im Traum haben können: ‹Nein, wirklich›, sage ich, ‹wo ist sie denn?› – ‹Da›, sagte er, und ja – und zeigt sie mir.»

«Er zeigt sie Ihnen?», fragte der Graf und blieb stehen, «ja, wie sah sie denn aus?»

Der Professor kniff die Augenlider zusammen, als wollte er einen Gegenstand scharf betrachten. «Sie sah aus», meinte er, «ja, sie sah eigentlich ganz einfach aus, wissen Sie. Eine schmale weiße Tafel ähnlich den Grabsteinen auf den jüdischen Friedhöfen, ein Meter hoch, denke ich, oben abgerundet und in der Rundung ein Gesicht, nur zwei Punkte die Augen; ein vertikaler Strich die Nase, ein horizontaler Strich der Mund – nichts weiter. Was sagen Sie dazu, was?»

«Eigentümlich», sagte der Graf und schaute über den Professor hinweg in den Garten hinaus.

«Ja, aber was das Wunderbarste ist», fuhr der Professor fort, und seine Stimme wurde leiser, als spräche er von sehr geheimnisvollen Dingen, «ich sagte sofort: ‹ach ja›; denn es leuchtete mir sogleich ein, ich wusste, das ist die Schönheit an sich; ja, mir war es, als hätte ich das eigentlich schon längst gewusst. Wie erklären Sie sich das?»

«Ja, das ist schwierig», erwiderte der Graf ein wenig zerstreut und schaute noch immer in den Garten hinaus.

Drüben zwischen den Stockrosen und Malvenbeeten war es jetzt lebhafter geworden. Eine Schar junger Mädchen und junger Leute ging den Weg hinab dem Hause zu, helle Sommerkleider und Flanellanzüge und ein eifriges Stimmengewirr. Der Professor schwieg nun auch und wandte sich nach den Kommenden um. Da waren seine beiden Töchter, große Mädchen in grellrosa Batistkleidern und gelben Schäferhüten und sehr erhitzt. Beide lachten zu gleicher Zeit in einem hohen, ein wenig schrillen Diskant. Neben ihnen schritt der Leutnant von Rabitow vom Alexanderregiment, ein wenig steifbeinig in seinem weißen Tennisanzug. Die beiden Neffen des Hauses, Egon und Moritz von Hohenlicht, beides Studenten, beide sehr blond, den Scheitel tief bis zum Nacken herabgezogen, waren mitten auf dem Wege stehen geblieben und fochten mit ihren Raketts. Fräulein Demme, die Gouvernante, trieb scheltend die vierzehnjährige Erika vor sich her, und Erika setzte aus Opposition die dünnen Beine in den schwarzen Strümpfen nur lässig in Bewegung. Die beiden alten Herren ließen diese Welle jugendlichen Lebens wohlgefällig an sich vorüberrauschen. Beide lächelten ein wenig.

«Sehen Sie, Professor, das dort ist auch sofort einleuchtende Schönheit, eigentlich Schönheit an sich», begann der Graf und wies zu einem Beet voll dicker dunkelroter Rosen «Sultan von Zansibar» hinüber, an dem seine siebzehnjährige Tochter Billy stand.

Es war sehr hübsch, wie das Mädchen im hellblauen Sommerkleide dort bei den Rosen stand, das runde Gesicht rosa und lächelnd, ohne Hut. Im grellen Sonnenschein hatte ihr Haar einen ganz warmen Braun wie alter Portwein, und das Ganze war farbig wie ein Blumenbeet. Neben Billy stand Marion Bonnechose, die Tochter der französischen Gouvernante, die mit Billy zusammen erzogen worden war, klein und dunkel, im hageren, etwas gelblichen Gesichte zu große braune Augen, die Billy gespannt und wachsam anschauten.

«Gewiss», sagte der Professor, «Komtesse Sibylle ist unzweifelhaft sehr schön, aber die Schönheit an sich in meinem Traum war einfach eine halbrunde weiße Tafel.»

Die jungen Leute waren im Hause verschwunden, und auch Billy und Marion liefen dem Hause zu, die Hände voll roter Rosen. Der Garten wurde wieder still. Der Graf bog ein wenig den Kopf zurück und zog in seine lange weiße Nase die Düfte der Spätsommerblumen, reifer Pflaumen und Sommerbirnen ein mit dem Ausdruck eines Genießers, der einen kostbaren Wein trinkt. Vom Tennisplatz her kam noch ein Nachzügler, Boris Dangellô. Er ging langsam und nachdenklich, den Kopf gesenkt, nur als er an den beiden Herren vorüberkam, grüßte er, das feine, bleiche Gesicht lächelte, aber die Augen behielten den sinnenden Ausdruck, als wollten sie ihre sentimentale Schönheit nicht stören.

«Auch Schönheit», bemerkte der Professor, «Ihr Neffe, Herr von Dangellô, sieht ungewöhnlich gut aus.»

Aber da war etwas, das den Grafen verstimmte. «Für einen jungen Menschen», sagte er streng, «ist es nicht vorteilhaft, so gut auszusehen, das zerstreut und zieht ab.»

«So, so», murmelte der Professor, «ich weiß nicht, ich habe darüber keine Erfahrung.»

Sie waren jetzt bis an das Ende des Gartenweges gekommen, blieben einen Augenblick stehen und schauten über das Gartengitter hinweg auf die Stoppelfelder und gemähten Wiesen. Dahinter legte der Wald einen blauschwarzen Rahmen um das Bild, das gelb von Sonnenschein war, dieser dichte Tannenwald, der sich ununterbrochen bis an die russische Grenze hinzog.

«Ich weiß nicht, ob ich mich täusche», begann der Professor wieder, «aber es will mir scheinen, als sei in der heutigen Generation das gute Aussehen verbreiteter als in meiner Jugendzeit. Sie sehen jetzt alle gut aus.»

«Möglich», erwiderte der Graf, «aber vielleicht liegt das auch an uns. Wir haben jetzt die richtige Distanz, und Sie wissen, dass Bilder schöner werden, wenn wir den richtigen Abstand haben. Aber vor allem, Professor, wir haben das nötig. In unserem Alter wollen wir hübsche Jugend um uns haben, wir verlangen Schönheit von der Jugend. Das ist sehr egoistisch. Wir genießen das behaglich. Aber die arme Jugend. Glauben Sie, ‹schön sein› sei bequem? Schönheit kompliziert das Schicksal, legt Verantwortungen auf und vor allem: Es stört unsere Abgeschlossenheit. Denken Sie sich, Professor, Sie wären sehr schön. Mit jedem Menschen, der Ihnen begegnet, bindet Ihr Gesicht an, wirkt auf ihn, drängt sich ihm auf, spricht zu ihm, ob Sie wollen oder nicht. Schönheit ist eine beständige Indiskretion. Wäre das angenehm?»

«Ich ... ich kann mich da wohl nicht recht hineindenken», erwiderte der Professor.

Der Graf lächelte sein unterdrücktes, etwas schiefes Lächeln. «Ach ja, uns beiden sind diese Schwierigkeiten erspart geblieben.»

Dann wandten sie sich um und schritten wieder dem Hause zu.

Auf der Veranda fanden sie schon Komtesse Betty, die Schwester des Grafen, die ihm, seitdem er Witwer war, den Haushalt führte und seine Kinder erzog. Sie war feierlich angezogen in ihrem langen Spitzenburnus. Das weiße Gesicht mit den rosa Bäckchen schien sehr klein unter der großen Spitzenhaube nach der Mode der sechziger Jahre. Tante Betty saß wie an einem Krankenbett neben dem Liegestuhl, auf den sich ihre älteste Nichte Lisa hingestreckt hatte. Lisa, die geschiedene Fürstin Katakasianopulos, lehnte ihren Kopf müde zurück und schloss halb die Augen. Die braunen Löckchen fielen ihr wirr in einer Art Opheliafrisur in das blasse, feine Gesicht. Sie trug ein schwarzes Spitzenkleid, denn seitdem ihre Ehe geschieden worden war, liebte sie es, sich in Schwarz zu kleiden. Sie hatte ihren Griechen in Biarritz kennengelernt und eigensinnig darauf bestanden, ihn zu heiraten. Als nun aber der Fürst Katakasianopulos sich als unmöglicher Ehemann erwies, war die Familie froh, ihn wieder los zu sein.

Lisa jedoch behielt seitdem etwas Tragisches, das Tante Betty als Krankheit behandelte und mit der sorgsamsten Pflege umgab. Auch der Hauslehrer, ein stattlicher Hannoveraner, und Bob, der Jüngste der Familie, hatten sich eingefunden.

«Wie ist das Befinden, Frau Fürstin?», sagte der Professor.

Lisa lächelte matt. «Ich danke, ein wenig müde.»

«Ruhe haben wir nötig», meinte Tante Betty.

Im Hintergrunde echote Bobs ungezogene Stimme ein: «Möde.»
Der Graf schaute seine Tochter unzufrieden an. «Gegen zu lyrische Nerven», sagte er, «wäre etwas Beschäftigung vielleicht ratsam.»
«Aber Hamilkar», wehrte Tante Betty ab.
Lisa zog resigniert die Augenbrauen empor und wandte sich zum Hauslehrer, um eine liebenswürdige Unterhaltung zu beginnen: «Ist es in Ihrer Heimat jetzt auch so heiß, Herr Post?»
Oben in der Tür des Gartensaals erschien Billy im weißen Kleide, rote Rosen im Gürtel, und wie sie die Stufen zur Veranda herabstieg, schauten alle zu ihr auf und lächelten unwillkürlich. Sie lächelte auch, als brächte sie etwas Gutes. Bob gab der allgemeinen Stimmung Ausdruck, indem er rief: «Billy sieht heute wieder erster Güte aus!» Boris folgte ihr und nahm sie sofort in Beschlag, um halblaut mit ihr zu sprechen. Er sprach mit Damen immer halblaut, als sei das, was er sagte, Vertrauenssache.
Alle Hausgenossen waren nun versammelt, nur die Frau Professor fehlte. Die ließ stets auf sich warten.
«Ach ja, meine Frau», meinte der Professor, «die beweist mir zur Genüge, dass die Zeit etwas Subjektives ist. Sie hat immer ihre eigene Zeit.»
Endlich kam sie, erhitzt und mit flatternden roten Haubenbändern. Man konnte zu Tisch gehen.
Graf Hamilkar liebte diese Lebenslage, wenn er oben an der langen Tafel saß, die Reihen der jungen Gesichter entlangblickte und das Schwirren der gedämpften Stimmen hörte. Das erheiterte ihn. Er pflegte dann die Unterhaltung, wollte sie angenehm und harmonisch. Allein heute kam etwas wie ein Misston hinein.
Man sprach von Politik. Der Professor war Patriot und nationalliberal. Er unterbrach sich im Essen seiner Erbsen, fasste mit Daumen und Zeigefinger ein Croûton, gestikulierte damit und sagte begeistert: «Bitte, in der Wissenschaft als Gelehrter, da folge ich der Vernunft und Logik ganz unbedingt, wohin sie mich auch führen; aber in der Politik, da ist es anders, da kommt ein wichtiger Faktor hinzu, ein Affekt, die Liebe zum deutschen Vaterlande. Verstand und Logik

müssen die Herrschaft mit der Liebe teilen, was sage ich, teilen – sie müssen sich der Liebe unterordnen; ja geradezu unterordnen. So bin ich auch ganz bereit, aus Liebe zum Vaterlande zuweilen unlogisch zu sein. Ja, mein lieber Graf, das bin ich.» Er schaute sich triumphierend um und lachte.

«Gewiss, gewiss», meinte der Graf, «es wäre ja überhaupt schlimm, wenn wir nicht hin und wieder bereit wären, unlogisch zu sein.»

Da beugte sich Boris vor und begann zu sprechen mit seinem ein wenig singenden slawischen Akzent und dem rollenden «r»: «Sie haben sehr recht, Herr Professor, aber es muss nicht immer nur die Liebe sein, es kann auch der Hass sein. Uns Polen ist auch der Hass heilig.»

Der Graf zog die Augenbrauen empor und beugte sich über seinen Teller. «Ich habe bemerkt», versetzte er mit einer Schärfe, die alle überraschte, «dass Hass als Beschäftigung verdummt.»

Boris erbleichte. Er wollte auffahren. «Ich muss doch bitten, Onkel», aber dann zuckte er die Achseln und lächelte ironisch. Billy und Marion, die ihm gegenübersaßen, erröteten beide und schauten ihn angstvoll an. Die beiden Kinder unten am Tisch kicherten. Es gab eine unangenehme Pause, bis der Professor wieder hastig zu sprechen begann.

Boris schwieg, schaute gekränkt vor sich hin und lehnte alle Speisen ab. Auch Billy und Marion hatten jede Freude am Essen verloren und waren froh, als die Mahlzeit zu Ende ging.

Die Sonne schien schon ganz schräg durch die Obstbäume, als auf der Gartenveranda der Kaffee genommen wurde. Graf Hamilkar rauchte eine Zigarette und schaute behaglich den Garten hinab, der jetzt wieder voller Leben war. Um diese Stunde wurden ihm stets die Augenlider ein wenig schwer. Drüben an der Buchsbaumhecke gingen Boris und Billy auf und ab. Boris sprach eifrig, machte mit seiner schmalen weißen Hand weite Bewegungen und ließ seine vielen Ringe in der Sonne blitzen. Darin lag etwas, was dem Grafen missfiel; aber er wollte sich in dieser angenehmen Lebenslage nicht ärgern. Als er dann aufstand und in sein Zimmer hinüberging, um ein wenig zu ruhen, begegnete ihm seine Schwester. Er blieb stehn, legte einen Finger an die Nase und sagte: «Betty, was ich dir sagen wollte.»

«Was denn, Hamilkar», sagte die alte Dame und bog ihren Kopf sehr weit zurück, um ihrem Bruder in die Augen zu sehen. Der Graf deutete durch das Fenster zur Buchsbaumhecke hinaus: «Die beiden dort, du solltest ein wenig achtgeben.»

«Ach, Hamilkar», meinte Betty, «lass doch die Jugend sich unterhalten. Wir waren doch auch einmal jung.»

Der Graf lächelte wieder sein unterdrücktes, schiefes Lächeln. «Gewiss, Betty, wir waren auch einmal jung, und es wäre doch gut, wenn unsere Kinder von dieser unserer Erfahrung einigen Nutzen hätten. Die polnischen Liköraugen geben einen ungesunden Rausch; wir haben an dem griechischen Rausche gerade genug gehabt. Du solltest ein wenig achtgeben.»

Damit ging er in sein Zimmer und streckte sich auf seinem Sofa aus. Er liebte diese halbe Stunde des Ruhens. Er schloss die Augen. Die Fenster standen weit offen. Vom Garten tönten die Stimmen herein, wie sie sich riefen, suchten, vereinigten und dazu immer das unermüdliche Wetzen der Feldgrillen. «Wie die eifrig bei der Arbeit sind», dachte der Graf, «wie eilig die das haben, das klingt ja, als haspele ein jeder schnell einen Faden von einer Spule. Wie sie schnurren, diese Spulen, wie die Unruhe in ihnen fiebert.» Er fühlte sich angenehm abseits von dieser Unruhe. Im Halbschlummer schienen die Stimmen sich zu entfernen, zu sänftigen. «Ja ja, so muss es sein, die unruhigen Stimmen entfernen sich, verhallen, und dann – Stille. Ja, so wird es sein – vielleicht – man wird ja sehen.»

Unten an der Buchsbaumhecke aber gingen Boris und Billy noch immer auf und ab. Boris sprach leidenschaftlich auf Billy ein. Er war ganz bleich von Beredsamkeit und verstand es, ein wunderbar unumwundenes Pathos in seine Worte zu legen. «Ich weiß, dein Vater liebt mich nicht, er will mich demütigen. Natürlich, man liebt uns hier bei euch nicht. Wir sind die Unbequemen der Geschichte. Eigensinnige Idealisten liebt man nicht. Wer mit einem Schmerz geboren wird, wer für einen Schmerz erzogen wird, ist unsympathisch, ich weiß. Unglücklich sein ist hier bei euch unmodern, es ist nicht *comme il faut*.»

«Ach, Boris, warum sprichst du so», sagte Billy mit vor Erregung heiserer Stimme, «wir hier, wir alle, haben dich gern.»

Boris zuckte die Achseln. «Wir alle, ach Gott, das ist ja auch gleichgültig. Aber du, Billy, ich weiß, du bist gut, du bist für mich, aber nein, nicht so, wie ich es verstehe. Sieh, wir Polen, die wir alle mit einer Wunde im Herzen umhergehen und deshalb einsam sind, wir verstehen die Liebe anders. Wir verlangen eine Liebe, die bedingungslos unsere Partei nimmt, ohne zu fragen, ohne sich umzuschauen, die ganz, ganz, ganz für uns ist. Aber», und Boris machte eine Handbewegung, als werfe er eine Welt von sich, «aber, wo finden wir solch eine Liebe!»

Die Sonne hing jetzt, eine himbeerrote Scheibe, über dem Waldsaum. Billy blieb stehen, schaute mit weit offenen Augen die Sonne an. Das dunkle Blau dieser Augen wurde blank von Tränen, und zwei kleine rote Sonnen spiegelten sich in ihnen. «Ach, Boris, warum musst du so sprechen», brachte sie mühsam heraus, «du weißt doch – was soll ich tun, was kann ich tun.»

«Du kannst alles», versetzte Boris geheimnisvoll.

Billys Herz schwoll schmerzhaft von unendlichem Mitleid für den schönen, bleichen Jungen vor ihr, und es schien ihr in diesem Augenblicke wirklich, als könnte sie für ihn alles tun.

Der Garten war jetzt ganz rot vom Abendlicht. Überall standen die Mädchen und die jungen Leute beieinander, von dem bunten gewaltsamen Lichte wie von einer Festbeleuchtung aufgeregt. Egon von Hohenlicht machte die Professorentöchter lachen, immer beide zu gleicher Zeit. Moritz ging mit Marion zwischen den Levkojenbeeten umher, und sie sprachen von Billy. Selbst das kleine Fräulein Demme und der stattliche Hannoveraner standen ein wenig abseits beieinander und flüsterten. Lisa hatte den Liegestuhl auf den Rasenplatz unter dem Birnbaum hinaustragen lassen. Dort lag sie regungslos, als fürchtete sie das schöne rote Licht, das über sie hinfloss, durch eine Bewegung in Unordnung zu bringen. Der Leutnant von Rabitow hatte sich zu ihren Füßen auf den Rasen hingestreckt.

«Ach wie schön das ist», sagte Lisa mit einer sanft klagenden Melodie in der Stimme, «wenn man das so sieht, würde man nicht glauben, dass auch so viel Schmerz auf dieser Erde ist.»

«Allerdings», meinte der Leutnant, «aber daran dürfen wir nicht denken. Wenn ich abends mein Bad genommen habe, Toilette gemacht habe und auf die Straße hinuntergehe – die Restaurants sind hübsch erleuchtet, wenn ich scharf um die Ecken biege, karamboliere ich mit lieben kichernden Mädchen, und ich denke dann ein wenig nach und sage mir, wohin gehst du jetzt – na, dann schlage ich es mir auch aus dem Sinn, dass morgen wieder Dienst ist und Rekruten usw.»

«Sie sind, glaube ich, glücklich, Herr von Rabitow», sagte Lisa leise. Auf der Veranda aber saßen Komtesse Betty und Madame Bonnechose beieinander, falteten die Hände im Schoß und sagten andächtig: «*Ah, la jeunesse, la chère jeunesse.*»

Nur die beiden Kinder waren unzufrieden. Bob und Erika standen auf dem Gartenwege und grollten, weil es nicht zu einer Unternehmung kam, zu einem Spaziergang, oder zu einem gemeinsamen Spiel.

«Wenn alle sich immer nur verloben», meinte Bob, «dann kommt es natürlich zu nichts. Boris legt auf Billy Beschlag, als ob sie Polen wäre.»

«Das wird ihm nichts helfen», bemerkte Erika, «Papa ist gegen die Partie, das weiß ich.»

Die Sonne war untergegangen. Vom Wald und den Wiesen her kam ein feuchtes Wehen und schüttelte an den Zweigen der alten Obstbäume. Eintönig und klagend ging das Singen der Bauernmädchen die dämmerige Landstraße entlang.

Bob hatte sein gemeinsames Spiel durchgesetzt. Jemand stand an einem Baum und zählte, die anderen versteckten sich. Billy lief zu dem dichten Berberitzengebüsch hinüber. Dort war es dunkel, es roch nach den Brettern einer alten Holzkiste, die dort stand, nach Gartenerde und den säuerlichen Trauben der Berberitzen. Billy war ein wenig atemlos, ihr Herz klopfte so stark, sie hörte es klopfen, es klang wie leise Schritte, die eilig, eilig einem unbekannten Ziele zulaufen. Eine große Erregung ließ Billy in sich zusammenschauern, eine Erregung, die das Allvertraute ringsumher fremd erscheinen lässt, bedeutungsvoll und gleichsam schwer von heimlich heranschleichenden Ereignissen. Billy war zu jedem Erlebnis bereit. Boris' weiche Stimme schien alle Schranken, in die dieses Kind sorgsam eingehegt worden war, niederzureißen. Ach ja, Boris' Leben, das so voll großer Gefühle und großer Worte war, mitleben zu dürfen, das war es, was Billy jetzt haben musste.

«Billy», hörte sie eine leise Stimme im Dunkeln. Es war Boris. Billy wunderte sich nicht darüber, sie hatte die ganze Zeit ihn so leidenschaftlich gefühlt, dass seine Gegenwart ihr selbstverständlich erschien. «Ja, Boris», antwortete sie ebenso leise.

Er stand jetzt ganz nahe vor ihr, sie spürte das starke, süße Parfüm, das er zu gebrauchen liebte.

«Billy», sagte er, «ich komme, um Gewissheit von dir zu haben.»

Er schwieg, aber Billy vermochte nichts zu sagen, sie wartete. Das Ereignis, dessen Heranschleichen sie gespürt, stand jetzt vor ihr.

«Sieh, Billy», fuhr Boris fort, und seine Stimme klang ein wenig trocken, dozierend, «ich muss es wissen, ob du in meinem Leben das bist, auf das ich unbedingt bauen kann. Ich kann mir mein Leben ohne dich nicht denken, aber gerade deshalb darf ich mich nicht täuschen, wenn ich mich hier täuschen würde, könnte es mein Untergang sein.»

Er wartete wieder.

«Aber Boris, du weißt doch –», begann Billy, aber er unterbrach sie ärgerlich: «Nein, ich weiß nicht, ich kann es nicht wissen, du verstehst mich nicht, das ist alles ganz anders.»

Billy war das Weinen nahe, die strenge Stimme, die aus dem Dunkeln auf sie einsprach, quälte sie unsäglich. «Doch, gewiss verstehe ich dich. Warum soll ich dich nicht verstehen. Warum sagst du das? Sprich doch morgen mit dem Papa, alle verloben sich, warum muss es denn bei uns so furchtbar traurig sein.» Das Weinen war ihr nahe, müde setzte sie sich auf die alte Holzkiste. Da hörte sie Boris leise lachen, es war das kurze, hochmütige Lachen, mit dem er seine Aufregung zu verbergen liebte.

Dann setzte er sich auch auf die Holzkiste, nahm Billys Hand, hielt diese kühle Mädchenhand in der seinen wie etwas Zerbrechliches und Kostbares und begann wieder zu sprechen: «Nein, nein, du verstehst mich nicht. Natürlich werde ich mit deinem Vater sprechen, ich will ja korrekt sein; aber was wird das helfen, dein Vater hasst mich, ich habe mir mein Glück immer erkämpfen müssen, und ich will das auch, und du musst das auch wollen. Es ist alles gleich, hörst du, alles, es kommt nur auf das eine an, dass du und ich zueinanderkommen. Ich sehe nur dich, und du sollst nur mich sehen, was daraus wird, darf uns nicht kümmern, nur du und ich, du und ich.» Er sprach noch immer leise, aber seine Stimme nahm wieder ihren leidenschaftlich singenden Ton an. Er berauschte sich wieder an seinen Worten, an seinem Selbst. «Kannst du das nicht, dann sage es gleich, es ist besser, dann gehe ich fort, es ist gleich, was aus mir wird. Sterben kann ich, aber getäuscht werden, das geht über meine Kraft. Kannst du das, sag, sag?» Und er drückte ihre Hand und schüttelte sie.

«Ja, ich kann», erwiderte Billy gehorsam.

«Also», fuhr Boris fort, «wir gehen einen Weg aufeinander zu, von beiden Seiten sind hohe Mauern, und wir sehen nichts, nur diesen Weg, und du siehst mich, und ich sehe dich und wir gehen aufeinander zu, nur das, verstehst du?»

«Ja», sagte Billy, und wirklich sah sie diesen gelben Weg zwischen den grauen Mauern unter einem hellgrauen Himmel und zwei einsame Gestalten, die aufeinander zu gehen.

«Es ist ja gleich», fuhr Boris fort, «ob unsere Liebe tragisch ist, es kommt eben nur auf diese Liebe an. Wir Polen können nichts dafür, wenn wir als Abenteurer geboren werden, daran ist die Geschichte schuld, aber Abenteurer brauchen ganz sichere Gefährten, bist du das? Sag.»

Jetzt nahm er sie fest an sich und küsste sie. Die großen Worte, das große Mitleid, diese Lippen, die sie küssten, diese Hände, die fieberhaft nach ihr griffen, all das tat ihr weh. «O Gott», dachte sie, «wäre das doch schon vorüber.» – «Bitte», flüsterte sie, «geh jetzt.»

Boris ließ sofort von ihr ab, stand auf und sagte höflich: «Wenn du es wünschest. Aber, Billy, ich fürchte, du bist mir noch recht fern.»

«Ich will aber nicht fern sein», rief Billy weinerlich, und nun kamen auch die Tränen.

Boris stand einen Augenblick schweigend da, dann sagte er leise «gute Nacht», und ging.

Billy blieb auf der Holzkiste sitzen, schlug die Hände vor das Gesicht und weinte. In den Berberitzenbüschen raschelte der Nachttau. Dort irgendwo durch das Dunkel schwirrte eine Fledermaus und stieß ihr angstvolles und unendlich einsames Pfeifen aus. Billy fror, sie fürchtete sich auch. Es war ihr, als käme in der Finsternis etwas heran, das sie nehmen und sie forttragen wollte. Aber was konnte sie tun, jetzt war auch alles gleich. Sie gehörte zu Boris und seinem schönen, unverständlichen Schmerze. Sie hörte Schritte, jemand stand neben ihr.

«Billy, bist du hier?»

Es war Marion.

«Ja, Marion.»

«– Weinst du?»

«Ja, ich ... ich weine.»

Marion setzte sich zu Billy auf die Holzkiste, ihr war auch sehr weinerlich zumute. Beide schwiegen eine Weile, dann fragte Marion: «War er hier?»

«Ja», erwiderte Billy.

«Und hat er», fuhr Marion fort, «hat er etwas gesagt? Seid ihr verlobt?»

«Ja, ich glaube», meinte Billy, «aber es ist doch alles sehr traurig.»

Die beiden Mädchen saßen wieder schweigend nebeneinander. Draußen im Garten hörte man Stimmen, jemand rief: «Billy! Marion!», dann wurde es still.

«Komm», sagte Billy und stand auf, «aber wir gehen nicht zu den anderen, ich mag niemanden sehen, ich mag keinen Tee, wir wollen zu uns hinaufgehen, ohne dass jemand uns sieht.»

Über dem Dach des Hauses war der Mond emporgestiegen, der

Garten war plötzlich hell, und die Schatten der Bäume lagen hart und schwarz auf den beschienenen Wegen. Die beiden Mädchen schlichen an den Büschen die Buchsbaumhecke entlang, zuweilen blieben sie stehen und horchten zur Veranda hinüber. Dort saßen die anderen, Billy hörte die Stimme des Professors, dann die Stimme ihres Vaters. «Der Tod, lieber Professor», sagte der gerade, «ist uns deshalb unverständlich, weil wir auf ihn die Maßstäbe des Lebens anwenden. Es ist wie mit dem Traum. Wenden Sie auf einen Traum die Maßstäbe des Wachens an, und Sie werden sich nie in ihm zurechtfinden.»

«Mein Gott», flüsterte Billy verachtungsvoll, «sie sprechen über den Tod.» Hurtig schlüpften die beiden Mädchen in das Haus. Oben im Giebel lagen ihre beiden Zimmer nebeneinander, und sie hatten einen großen gemeinsamen Balkon, der auf den Garten hinausging. Billys Zimmer war hell von Mondschein, sie zündete daher kein Licht an. «Ist es gekommen?», fragte sie Marion.

«Ja», meinte Marion, «heute mit der Post», und holte ein kleines Paket hervor. Beim Licht des Mondes öffneten es die beiden Mädchen; es enthielt eine weiße Porzellanbüchse, «Anadyomenit» stand auf dem Deckel, und darin war eine weiße Salbe, die süß nach Rosen duftete. «Hier ist auch eine Anweisung», sagte Marion; sie hielt einen Zettel gegen das Mondlicht und las: «Man bestreiche das Gesicht dünn mit der Salbe und setze es dann eine halbe Stunde einem milden Lichte, am besten dem Lichte des Vollmondes aus. Die Haut wird durchsichtig, lilienweiß …»

«Gut, gut», unterbrach Billy die Vorlesung, «fangen wir also an.» Schweigend und eifrig machten sie sich an die Arbeit; sorgsam strichen sie vor dem Spiegel die Salbe über ihre Gesichter, rückten Stühle auf den Balkon hinaus, saßen regungslos da und schauten zum Monde auf, der ihnen gegenüber rund und gelb über den Wipfeln der alten Ahornbäume hing. Nur selten sagte eine ein Wort.

«Du weißt», bemerkte Billy einmal, «er hat ganz lange Wimpern.»

«Ja», sagte Marion, «und sie sind ein wenig hinaufgebogen.» Dann schweigen sie wieder.

Unten in der Ahornallee ging Boris rastlos auf und ab. Er rauchte

Zigaretten und sann. Er fühlte sich, er sah sich heute besonders stark und deutlich, sich, den geliebten, schönen Jüngling mit dem tragischen Ausnahmeschicksal. Das gab ihm eine feierliche Erregung. Aber er wusste auch, er war sich ein bedeutsames Erlebnis schuldig. Billy gehörte dazu natürlich, das stand fest, und nun schmiedete er Pläne, dichtete eifrig an dem Schicksal des schönen, geliebten Jünglings. Zuweilen am Ende der Allee blieb er stehen und schaute zu dem Hause hinauf, hinauf zu dem Balkon, auf dem die weißen Gestalten der beiden Mädchen regungslos dasaßen, die blanken Gesichter dem Monde zugewandt.

Drüben zwischen den Blumenbeeten ging die Fürstin Katakasianopulos langsam hin und her, sehr schlank in ihrem schwarzen Kleide, sehr bleich im Mondlicht. Aber, wer sah das. Auch sie fühlte sich als kostbares Werkzeug für köstliche Erlebnisse. Allein wo waren die, denen diese Erlebnisse bestimmt waren. Am Ende des Gartenweges blieb sie stehen und schaute sinnend auf die weißen Nebel, die von der Wiese aufstiegen. Sie war mit ihrem Manne einst einen Monat lang in Athen gewesen. Vielleicht sehnte sie sich nach Griechenland. Möglich. Aber warum ging Boris allein in der Allee auf und ab? Warum blieb der Leutnant dort bei den anderen? Sie kam sich vor wie ein Fest, das einsam in seinem Schmucke dasteht und von dem alle, die es feiern sollen, nichts wissen. Aber von der Veranda tönte die ruhig forterzählende Stimme des Grafen Hamilkar in die Mondnacht hinaus. Er erklärte dem Professor noch immer den Tod.

Ein sehr heller Augustmorgen lag über Kadullen. Im Hause war es noch still. Nur Komtesse Betty ging durch die sonnigen Zimmer und ließ die Fenstervorhänge herab, denn der Tag versprach heiß zu werden. Dann ging sie in den Garten hinaus, um Rosen zu schneiden. Zuweilen hielt sie in der Arbeit inne und schaute blinzelnd in den Sonnenschein hinein, sah zu dem Gartenburschen hinüber, blickte den Küchenmägden nach, die mit großen Körben voller Gemüse aus dem Gemüsegarten kamen. Überall regte sich schon emsig das behäbige und geregelte Leben. Das tat gut. Wenn das eigene Leben sich sachte dem Ende zuzuneigen beginnt, muss man sich an dem starken jungen Leben der anderen wärmen, die Hände voll großer, kühler Rosen haben und mit geöffneten Lippen den Morgenduft dieses Gartens eintrinken. Dort von der Allee her grüßte jemand. Ach ja, das war Moritz, der zum See hinunterging, um zu baden. Der arme Junge. Seitdem er so stark in Billy verliebt war, kam er aus dem Wasser gar nicht mehr heraus, immer wieder war er unterwegs zum See. Die lieben Kinder, wie sie einander liebten und einander Schmerz bereiteten, und wie hübsch das alles war. Ja, das Leben, das liebe Leben. Ob zwischen dem Leutnant und Elsa etwas zustande kommt. Komtesse Betty wollte mit Madame Bonnechose darüber sprechen; die hatte in solchen Dingen einen sehr scharfen Blick. Sie nahm ihre Rosen zusammen und ging in das Haus hinein.

Sie war erstaunt, um diese Zeit schon Boris im Wohnzimmer zu finden. In seinem Anzug aus rahmfarbener Seide mit dem nelkenroten Gürtel saß er wartend in einem Sessel, bleich, sehr hübsch und ein wenig feierlich.

«Wie? Du schon auf, mein Junge», sagte die alte Dame.

«Ja», meinte Boris ernst, «ich habe etwas vor, ich habe den Onkel fragen lassen, ob er mich gleich nach dem Frühstück empfangen will, ich muss mit ihm sprechen.» Komtesse Betty sah ihren Neffen unsicher, ein wenig ängstlich an.

«Ach so, ja warum soll er dich nicht empfangen. Aber, was ist denn? Ist es wegen … wegen –»

Boris nickte: «– Ja, wegen Billy.»

«Lieber Boris», sagte die alte Dame und bog den Kopf ein wenig zurück, um ihrem Neffen in die Augen zu sehen, «muss das gerade jetzt sein? Das wird Billy so aufregen – und den Onkel, und mich und uns alle, und wir sind gerade so glücklich und so gemütlich beieinander. Kannst du damit nicht warten?»

Aber Boris wurde noch feierlicher: «Das tut mir leid, liebe Tante, dass ich eure Gemütlichkeit stören muss. Das ist, fürchte ich, nun einmal die Rolle, zu der ich bestimmt bin», und er lachte bitter, «nein, gemütlich bin ich nicht, aber ich tue, was ich tun muss.»

«So, so», sagte Komtesse Betty ängstlich, «ja dann – vielleicht geht alles gut. Ich gehe gleich zu Billy hinauf, vorläufig muss sie jedenfalls im Bett bleiben, ich bringe ihr das Frühstück.» Geschäftig eilte sie fort, und Boris setzte sich wieder bleich und entschlossen auf seinen Sessel und wartete.

Als Boris zu seinem Onkel gerufen wurde, fand er diesen in seinem Schreibzimmer am Fenster sitzend. Er rauchte seine Morgenzigarre und schaute auf den Hof hinaus. Dort regte sich emsig die landwirtschaftliche Vormittagsarbeit. Im Teich wurden Pferde geschwemmt, ganz blank in der Sonne. Erntewagen fuhren vorüber, grellgelb gegen den blauen Himmel. Flüchtig wandte sich der Graf zu seinem Neffen um, nickte ihm zu und schaute dann gleich wieder zum Fenster hinaus.

«Guten Morgen, Boris», sagte er, «du willst mich sprechen, schön, bitte, setze dich.»

Als Boris sich gesetzt hatte, war es ganz still im Zimmer. Er hatte so viel große Worte vorbereitet; aber hier in diesem Zimmer vor diesem alten Manne, der mit seinen Gedanken so sehr weit fort von allem zu sein schien, von allem, was Boris anging, schien all das Vorbereitete nicht mehr zu stimmen. «Ob er wirklich nur sich für die vorüberfahrenden Erntewagen interessiert», dachte Boris, «oder ob er Komödie spielt aus Bosheit?»

«Wie der Bursche dort oben auf dem Gerstenfuder liegt», begann jetzt der Graf, «so ganz königlich hingerekelt. Der hat wirklich Besitzgefühl jetzt, wenn ihm auch kein Halm gehört. Der hat mehr Besitzgefühl in diesem Augenblick als ich hier an meinem Fenster. Merkwürdig, nicht?» Er wandte sich Boris zu. Als er den gespannten Ausdruck auf dem bleichen Gesicht sah, zog er ein wenig die Augenbrauen empor und bemerkte: «Ja so, du willst von dir sprechen, also, bitte.» Dann schaute er wieder zum Fenster hinaus.

«Ja, Onkel», sagte Boris, und seine Stimme klang gereizt und kampflustig, «ich wollte dir sagen, ich … ich liebe Billy.»

Der Graf zog an seiner Zigarre und sprach dann langsam und stark durch die Nase: «Gewiss, das ist verständlich. Das ist natürlich. Es wird vielleicht manchem anderen ebenso gehen. Billy ist ein ungewöhnlich hübsches, junges Mädchen, da verlieben die jungen Leute sich in sie, das war von jeher so.»

«Aber Billy liebt auch mich», stieß Boris entschlossen hervor.

Sein Onkel schaute ihn aus den grauen Augen scharf an, das Gesicht blieb ruhig, nur die Nase schien noch weißer zu werden: «Lieber Boris, auch in meiner Jugend verliebten wir uns in junge Mädchen, wir sagten wohl auch zuweilen, ‹ich bin in die und die verliebt›, aber zu sagen, ‹dieses junge Mädchen ist in mich sterblich verliebt›, das galt damals für nicht geschmackvoll.»

Boris errötete, aber er fühlte, wie er seine Sicherheit zurückgewann, so eine angenehme Kampfstimmung machte ihm das Herz warm. Er konnte sogar wieder seine Lippen zu dem traurigen und hochmütigen Lächeln verziehen, von dem eine Dame ihm gesagt hatte, «das ist so hübsch, dass es schwer sein muss, später nicht zu enttäuschen».

«Vielleicht ist es geschmacklos», sagte er, «aber es gibt Lebenskrisen, in denen wir auch über den Geschmack hinweggehen, ich wollte nur sagen, dass Billy und ich miteinander einig sind. Ich bin geschmacklos, gut, aber nur, weil ich klar sein möchte.»

«So, so», erwiderte Graf Hamilkar, und die Zigarre zitterte ein wenig in seiner Hand, «dann werde ich auch klar sein müssen. Da ich von jeher mich für dich interessiert habe, so bin ich häufig in die Lage gekommen, dir aus all den Schwierigkeiten herauszuhelfen, in die dein Leichtsinn oder, um mich weniger klar auszudrücken, deine interessante Natur dich verwickelt hat. Da du nun all das weißt, was ich von dir weiß, so wirst du verstehn, dass ich für das Glück meiner Tochter auf dich in keiner Weise gerechnet habe.»

Jetzt fand Boris seine Beredsamkeit wieder, er fand all die großen Worte wieder, die er sich gestern in der Ahornallee zurechtgelegt hatte, und er musste sich von seinem Stuhl erheben, um sie zu sprechen.

«Ich weiß, Onkel, alles, was du für mich getan hast. Ich kenne auch meine Fehler. Aber das entscheidet hier nicht. Billys Liebe ist für mich ein unverdienter Glücksfall. Solch ein Glück ist immer unverdient. Aber die Hände nicht darnach ausstrecken wäre für mich ein Selbstmord, ja geradezu Selbstmord.»

«Mein Lieber», unterbrach ihn der Graf, «von dem Worte ‹Selbstmord› als rhetorischer Wendung ist im Interesse des guten Geschmacks dringend abzuraten.»

Boris wurde heftig, seine Stimme nahm eine scharfe Diskantlage an: «Ich kümmere mich nicht um rhetorische Wendungen und um Geschmack. Es handelt sich hier um mein Schicksal, aber das wäre ja gleich, das wäre dir gleich. Aber es handelt sich um Billy, Billy gibt mir mein Recht, und wenn ich auch leichtsinnig bin und unwürdig und eine schlechte Partie und unsympathisch, Billys Liebe ist mein Recht.» Er war zu Ende und setzte sich auf seinen Stuhl zurück. Das hatte wohlgetan.

Der Graf strich sanft seine weiße Nase und versetzte: «Das Recht, dich in meine Tochter zu verlieben, kann ich dir nicht absprechen, ebenso wenig das Recht, mich um die Hand meiner Tochter zu bitten, aber was du da eben gesagt hast, klang eher so, als hieltest du in Billys Namen bei mir um deine eigene Hand an.»

«Ich wollte offen und loyal gegen dich sein», erwiderte Boris.

«So, wolltest du das?», meinte der Graf. «Du nennst das loyal, wenn du als Gast in meinem Hause hinter meinem Rücken mit meiner siebzehnjährigen Tochter, wie du es nennst, einig wirst.»

«Es war vielleicht nicht korrekt», sagte Boris müde und überlegen, «aber, mein Gott, wenn etwas so Starkes hier im Herzen und hier im Kopf sich festsetzt, dann sprechen wir es eben aus.»

Scharf und böse erwiderte der Graf: «Ein anständiger Mensch behält eben neun Zehntel von dem, was ihm durch Herz und Kopf geht, für sich.»

«Du willst mich beleidigen, Onkel», Boris lächelte dabei sein hübsches, melancholisches Lächeln, «gut, gut. Wir Polen können unsere Köpfe und Herzen vielleicht weniger im Zaum halten als ihr Deutsche; deshalb sind wir *doch* anständig.»

«Es ist sehr wohlfeil, mein Lieber», höhnte der Graf, «seine Fehler seiner Nation in die Schuhe zu schieben; die kann sich nicht wehren. Übrigens …» Er hielt inne, seine Zigarre war ausgegangen; er zündete sie umständlich an, und als er wieder zu sprechen begann, war die Gereiztheit aus seiner Stimme fort, es war wieder der beschaulich näselnde Ton. «Die Diskussion ist hier wohl unfruchtbar, wir sind dazu, beide, in der Sache zu wenig objektiv. Ich bedaure also, deinen Antrag ablehnen zu müssen.»

Boris erhob sich und verbeugte sich formell. «Dann kann ich wohl gehen», sagte er.

«Ja», erwiderte der Graf, «der Gegenstand wäre so weit erschöpft. Es wäre noch hinzuzufügen, dass ich dich bitten muss, deinen Besuch bei uns heute abzubrechen.»

Boris verbeugte sich wieder.

«Nachmittag natürlich», fügte der Graf hinzu.

«Danke», sagte Boris und ging dann sehr aufrecht hinaus.

Graf Hamilkar tat einen langen Zug aus seiner Zigarre und schaute wieder zum Fenster hinaus. Er wünschte wieder einen Erntewagen zu sehen und einen Burschen, der schläfrig hoch oben in den heißen gelben Halmen lag. Im Hof hinter einem Busch hatte die ganze Zeit über Marion gestanden und zu ihm in das Fenster hineingeschaut. Jetzt, da Boris gegangen war, lief auch sie dem Hause zu. «Der Aufklärungsdienst der Jugend gegen die Alten», dachte der Graf. Er lehnte den Kopf zurück und schloss die Augen.

Er war ein wenig müde. Natürlich würde sie gleich kommen. Wie er seine Tochter kannte, so würde sie sich den Rausch der Treue, des Bekennens, des Mutes, vor den bösen Vater hinzutreten, nicht entgehen lassen. Gott, wie das Leben immer wieder dieselben alten Rollen verteilte. Widerlich. Jetzt ging die Tür. Er öffnete nicht die Augen, eine unendliche Trägheit machte ihm die Augenlider schwer. Er hörte, wie Billy in das Zimmer trat, nahe an ihn herantrat und vor ihm stehen blieb. Da öffnete er die Augen und lächelte ein wenig. «Nun, meine Tochter?», fragte er, «komm, setze dich zu mir.»

«Nein, Papa», erwiderte Billy, «ich möchte lieber stehen.»

«Gut, steh.» – «Er musste auch stehen, als er seine Rede hielt», dachte

Graf Hamilkar. Billy stand da in ihrem weißen Kleide, rote Nelken im Gürtel, die Arme niederhängend und die Hände leicht ineinander verschlungen. Das Gesicht war bleich und die Augen sehr blank. «Entschlossen sieht sie aus», ging es dem Grafen durch den Sinn, «Charlotte Corday vor der Badewanne Marats.»

«Ich wollte nur sagen, Papa», begann Billy, «dass ich *für* Boris bin, dass ich auf Boris' Seite stehe. Wenn du ihn auch beleidigst und fortschickst, ich bin für ihn, ich muss das.» Sie sprach ruhig, nur dass sie beim Sprechen die roten Nelken aus ihrem Gürtel zog und nervös zerpflückte.

Der Graf nickte: «Gewiss Kind, ich habe das nicht anders erwartet. Ich fürchte, wir werden einander nicht überzeugen. Du wirst Boris immer anders sehen, als ich ihn sehe. Unsere Augenpunkte sind eben zu verschieden. Auch über das, was du fühlst, werden wir nicht einer Meinung sein. Du hältst das für etwas Dauerndes, ja für etwas Ewiges, nicht? Und ich für etwas Vorübergehendes. Ich könnte mich nun auf meine Erfahrung berufen und sagen, ich habe mehr Dinge vergehen sehn als du. Aber du wirst mir einwenden, das, was du erlebst, sei noch nie erfahren worden, sei einzig. Wir kommen nicht zusammen. Da bleibt also nichts übrig als die altbewährte Regel, dass ich bestimme und du gehorchest. Ich verwalte dein Leben und habe es dir, wenn du anfängst es selbst zu verwalten, ungeschmälert zu überliefern. Die Zugabe des polnischen Vetters aber würde ich für eine unvorteilhafte Belastung dieses mir anvertrauten Kapitals halten.»

«Ich will aber lieber, dass es belastet ist und ... und ... und alles, was du sagst, aber mit Boris», rief Billy und warf die Nelken zornig zur Erde.

Der Graf zuckte leicht mit den Achseln. «Ja, mein Kind, darin sind wir eben verschiedener Ansicht, und meine Ansicht ist vorläufig die herrschende.»

Billy schwieg. Sie ließ jetzt ihre Arme schlaff niederhängen, ihre Augen wurden ganz rund und klar, und es kam ein wunderlicher Ausdruck in sie von Hilflosigkeit, ja von Angst. «Dann – dann –», brachte sie mühsam heraus, «dann weiß ich nicht.»

Ein unendlicher Widerwille gegen seine Vaterrolle stieg in ihm auf, war er denn wirklich dazu da, um dieses schöne Wesen zu quälen? Aber als er zu sprechen begann, klang seine Stimme noch um einiges kühler und ironischer: «Geh jetzt, meine Tochter. Vielleicht gewährt es dir einige Beruhigung, zu denken, dass für den Schmerz, den du jetzt empfindest, nicht du selbst verantwortlich bist, sondern ich. An solchen kleinen Hilfshypothesen, wie der Professor sagen würde, ist das Leben reich, und warum sollen wir sie nicht benutzen.»

Billy hörte ihn nicht mehr, die klaren Augen schienen auf etwas hinauszustarren, über das sie sich wunderten und das sie erschreckte. Dann plötzlich machte sie kehrt und ging hinaus.

Der Graf fuhr sich mit der Hand über das Gesicht. Ein verteufeltes Gefühl, das Mitleid. Es ist eigentlich ein starkes körperliches Unwohlsein. Dann bückte er sich und hob die Nelken auf, die Billy zerpflückt hatte. Er wollte sie in der Hand halten.

An diesem schwülen Tage war auch das Leben in Kadullen wunderlich gespannt. Überall standen Leute zu zweien beieinander und flüsterten mit ernsten Gesichtern. Die Professorstöchter saßen ein wenig verlassen auf der Veranda und sprachen leise miteinander. Zuweilen gesellte sich Egon zu ihnen und machte ihnen lau und zerstreut den Hof. Billy hatte sich in ihr Zimmer zurückgezogen, und Komtesse Betty brachte viel Himbeerwasser zu ihr hinauf; und Marion jagte beständig zwischen Billys Zimmer und dem Garten hin und her, um Nachrichten zu überbringen. Keiner fand es gemütlich. Lisa ging unter ihrem roten Sonnenschirm zwischen den Blumenbeeten umher. Diese Liebesgeschichte, an der sie keinen Teil haben sollte, machte sie unruhig. Der Leutnant war auf die Hühnerjagd gegangen. Natürlich, das kannte sie an den Männern; wenn es galt, sich zu entscheiden oder sonst die Lebenslage schwierig wurde, gingen sie immer auf die Hühnerjagd. Diese armen Tiere schienen nur dazu da zu sein, um über unangenehme Lebenslagen hinwegzuhelfen. Jetzt suchte sie Boris, sie wollte mit ihm sprechen. Wer konnte den Liebenden besser Rat erteilen als sie. Aber er war nicht da. Es hieß, er sei auf die Wiese hinausgegangen. Gut, dann wollte Lisa mit Billy ein

Gespräch haben. Aber als Marion das Billy meldete, wurde diese sehr heftig: «Nein, sie soll nicht kommen. Was wird sie sagen, und sie wird von ihrem alten Griechen sprechen. Der Fall mit ihrem Katakasianopulos ist ganz anders wie mein Fall. Sag ihr das. Sie kann mir nicht helfen, mir kann niemand helfen.» Und sie drückte das Gesicht in die Kissen und weinte. Ratlos stand Marion vor ihr.

«Und Boris ist verschwunden», klagte Billy wieder, «geh zu Moritz, sag ihm, er soll Boris aufsuchen, er soll achtgeben auf ihn, er soll bei ihm bleiben. Geh schnell.» Marion stürmte wieder die Treppe hinab.

Sie fand Moritz im Park faul und kummervoll unter einem Baume hingelagert. Er blinzelte Marion schläfrig an, als sie ihren Auftrag ausrichtete. «Was, auf ihn achtgeben», sagte er, «was wird ihm geschehn? Dem geht es ja gut. Von mir aus kann er sich auch – – –»

«Sie will es», sagte Marion.

Seufzend richtete Moritz sich auf, nahm sein Badetuch, das neben ihm am Boden lag, hing es sich über die Schulter und schlug widerwillig den Weg zur Wiese ein.

Auf der gemähten Wiese glitzerten allerort Spinnweb über dem kurzen Grase. Schwalben flogen ganz niedrig an der Erde hin. Die Sonne stach unerbittlich herab.

«Unglaublich», murmelte Moritz, «bei solcher Hitze diesen polnischen Narziss suchen zu müssen. Wo wird er denn sein? Er wird hier irgendwo liegen.»

Wirklich fand er Boris unter einer Weide glatt auf dem Rücken im Grase liegend. Als Moritz vor ihm stehen blieb, schaute ihn Boris gleichgültig an und fragte: «Was willst du?»

«Ich?», sagte Moritz, «ich will eigentlich nichts, aber Billy schickt mich, ich soll auf dich achtgeben.»

Boris antwortete nicht, sondern starrte wieder zum Himmel auf. Da legte sich Moritz auch in das Gras. Dieser schöne Pole im gelben Seidenanzug war ihm unendlich zuwider. Wie er da lag, gleichsam schwer und satt von der Bewunderung all der schönen Weiber, die an ihm hingen. Er hätte ihn schlagen mögen. Dennoch war es ihm ein Bedürfnis, in seiner Nähe zu sein, denn etwas von Billy war da, wo Boris war, er wusste um sie, er war die dumme, widerwärtige, verschlossene Türe, hinter der das stand, was Moritz jetzt allein begehrte. Vor dieser Tür zu sitzen war schmerzvoll, aber dieser Schmerz war eben jetzt die einzige Beschäftigung, die ihm blieb.

«Nachdenklich?», bemerkte Moritz endlich.

«Ja», erwiderte Boris mit seinem lyrischen Stimmton, «wer mit seinem Leben nicht fertig ist, hat eben noch manches zu überdenken.»

Moritz lachte höhnisch: «Na, du hast in dein Leben ja schon hübsch viel hineingepackt.»

«Das alles ist noch nichts», sagte Boris schläfrig.

Moritz dachte jetzt darüber nach, was er sagen könnte, dann begann er: «Sag mal, wie war es damals in Warschau mit der Tänzerin Zucchetti? Du hattest doch ein Verhältnis mit ihr?»

Aber Boris ärgerte sich nicht. «Wie es war? Ja, wie soll ich das jetzt noch wissen. An so etwas erinnert man sich doch nicht. Du könntest mich ebenso gut fragen, wie die Flasche Sekt war, die ich am 12. August vor drei Jahren getrunken habe. Ich weiß das nicht.» Und behaglich, als läge er im Bett, wandte er sich um, legte sich mit dem Bauch in das Gras, um sich von der Sonne den Rücken wärmen zu lassen.

«Gut», fuhr Moritz eigensinnig fort. «Du hast aber genug tolle Sachen um ihretwillen angestellt, also hast du sie geliebt.»

«Wenn ihr das im Deutschen Liebe nennt», entgegnete Boris, «so tut mir eure arme deutsche Sprache leid.»

«So?» Moritz wurde gereizt. «Was ist denn die polnische Liebe?»

«Die polnische Liebe», sagte Boris und gähnte diskret, «die polnische Liebe ist etwas unendlich Heikles. Es genügt eine Bewegung oder ein Wort, damit von Liebe nicht mehr die Rede sein kann, sondern – nun, mein Gott – sondern von allem anderen.» Boris richtete sich ein wenig auf, kniff seine großen Augen ganz schmal zusammen und schaute träumend zum Walde hinüber, der dort drüben einen sehr schwarzen Strich in all die Helligkeit hineinzeichnete. «Da war einmal eine sehr schöne Frau. Sie war unsere Nachbarin. Ich stand mich sehr gut mit ihr. Sie pflegte mich nachts um zehn Uhr in ihrem

Park zu erwarten. Nun gut. Einmal hatte ich mich verspätet, statt zehn war es drei viertel elf Uhr geworden. Wie ich nun komme und sehe, sie steht da unter dem Baum und sie hat doch gewartet, da freue ich mich, und in dem Augenblicke liebe ich sie wirklich ganz stark. Aber, als ich näher komme, macht sie ein strenges Gesicht und sagt: ‹Nun, du bist pünktlich, das muss man sagen, auch ist es recht ritterlich, eine Dame so lange warten zu lassen.› Das klang so spitz und säuerlich und alltäglich, dass von Liebe nichts mehr da war. ‹Eine Gouvernante, die mit einem Schüler spricht, der sich verspätet hat›, dachte ich.»

«Was tatest du?», fragte Moritz.

«Ich machte eine Verbeugung und sagte: ‹Ich bin nur gekommen, gnädige Frau, um zu melden, dass ich heute nicht kommen werde.› Nun, und dann ging ich.»

Moritz zuckte die Achseln: «Daran finde ich nichts Besonderes. Das sind so Dinge, die man erlebt, um sie später zu erzählen.»

«Ihr erlebt nichts, und ihr erzählt nichts», schloss Boris, legte seinen Kopf wieder auf den Rasen und zog sich den Hut über die Augen.

Die beiden jungen Leute schwiegen, Boris schien zu schlafen, Moritz saß an den Stamm der Weide gelehnt da und schaute auf die Ebene hinaus, über die ein gleichmäßiges Summen erklang, die tief beruhigte Geschäftigkeit eines sonnigen Werktages. Das machte ihn traurig und mutlos. Er empfand sich selbst unangenehm deutlich als uninteressant und alltäglich. Die Mädchen verliebten sich in andere, die seltenen Erlebnisse waren für andere da, ja er fühlte sein glattes, semmelblondes Haar, sein rundes Gesicht, seine hellblauen Augen als etwas, das ihm wehtat. Und plötzlich kam ihm eine sehr ferne Erinnerung. Er musste ein sehr kleines Kind gewesen sein, als er drüben auf dem Gut in Westpreußen mit der alten Wärterin in der sonnigen Gartenecke saß. Die Alte schlief, das magere Gesicht von der Wärme gerötet, die Luft war voll eines gleichmäßigen, schläfrigen Klingens. Die großen Klettenblätter, von der Sonne erhitzt, strömten einen starken, säuerlichen Geruch aus, und das Kind empfand es wie etwas, das immer so bleiben würde. Hinter dem Zaun aber, von unten im Dorf, tönte zuweilen das Lachen und Schreien von Kindern herüber, der Kinder, welche etwas erlebten. Moritz fuhr auf, «Unsinn», murmelte er, beugte sich vor und begann Boris zu schütteln. «Du, schlafe nicht!»

«Was gibt es», fragte Boris, «wozu die Brutalität?»

«Du sollst baden kommen», sagte Moritz.

«Baden?», wiederholte Boris, schlug die Augen auf und schaute Moritz scharf und sinnend an, als wollte er aus ihm etwas herauslesen. «Gut, gehen wir also baden», beschloss er dann.

Der See war sehr blau und voll harter, sich sachte wiegender Lichter. Zwischen den Schachtelhalmen und dem Kolbenrohr lagen Wildenten regungslos wie blanke Metallsachen.

«Hübsch», sagte Boris, «in diesen Farbentopf zu steigen ist allerdings schick.»

«So», meinte Moritz ironisch, «du glaubst also, der See wird dir gut stehen.»

«Ja, das wird er wohl», erwiderte Boris und begann sich auszukleiden. «Du schwimmst wohl sehr gut?»

«Es geht, und du?»

«Ich schwimme sehr gern», berichtete Boris, «aber es regt mich auf; ich habe nicht das Gefühl, als sei das Wasser mir befreundet.»

«Das heißt auf Deutsch, du schwimmst schlecht», bemerkte Moritz trocken.

Boris lachte: «Du sprichst ein besonders gutes Deutsch.»

Das Wasser war lau. «Man fühlt sich hier wie in warmer Milch», dachte Moritz, als er langsam in das Lichtgeflimmer hineinschwamm. Alle Traurigkeit, alle «diese Dummheiten» waren fort, nur ein starkes, stilles Lebensgefühl wärmte ihm die Glieder. Er legte sich auf den Rücken, er wollte sich wie die Enten wohlig und faul vom Wasser wiegen lassen. Die Libellen setzten sich auf seine Brust, Wasserpflanzen kitzelten wie mit kleinen, nassen Fingern seine Haut, über ihm flatterten Möwen mit hellgrauen Flügeln, sie schauten auf ihn nieder und riefen schrille Töne herab, die wie das Lachen der beiden Professorentöchter klangen. «Billy, Billy», murmelte er. Er konnte das jetzt ohne

Schmerz sagen, es war nur der Ausdruck des tiefsten Behagens. Dann dachte er an Boris, er hob ein wenig den Kopf. Teufel, war der Mensch verrückt, so weit hineinzuschwimmen. Boris' Kopf tauchte wie ein dunkler Punkt dort drüben zwischen den Sonnenflittern auf, aber er kam ja nicht vorwärts, jetzt war er verschwunden, jetzt war er wieder da. In kräftigen Stößen begann Moritz der Stelle zuzuschwimmen, er kam noch gerade zurecht, um Boris am Arm zu packen, der in ein Netz von Wasserrosen und Froschlöffeln verstrickt, noch einmal auftauchte, die Augen unheimlich weit und schwarz in dem bläulichen Gesicht. Moritz zog ihn mit sich fort, und als er Grund zum Stehen fand, nahm er ihn in seine Arme, um ihn zum Ufer zu geleiten. Er redete ihm freundlich zu: «Wasser geschluckt, mein Alter, ja das ist verdammt, wenn man in den Salat dort hineingerät. Wart, wir sind gleich im Trocknen.» Boris spie das Wasser von sich und rang mit dem Atem. Am Ufer legte er sich in das Gras, er fühlte sich zum Tode ermattet und schloss die Augen. Moritz saß neben ihm und schaute ihn an. Plötzlich richtete sich Boris auf, er schlang die Arme um seine Knie und schaute mit den noch immer angstvoll aufgerissenen, wunderlich dunklen Augen vor sich hin.

«Schlafe doch», sagte Moritz freundlich.

«Ich kann nicht», erwiderte Boris, «sobald ich die Augen schließe, ist es mir, als wickelten sich diese verfluchten glatten Stängel wieder um meine Beine und zögen mich hinunter. Ein wunderliches Gefühl. Ich hatte den Gedanken, nun kommt das Sterben; aber das zu denken, dazu war keine Zeit, ich fühlte so maßlose, schmerzhafte Wut gegen diese Stängel, gegen das Wasser, das mich herabdrückte, alle zusammen gegen einen, so etwas Ähnliches muss ich gefühlt haben.» Boris sann eine Weile schweigend vor sich hin, das schöne Gesicht war ganz bleich und böse, dann plötzlich lächelte er sein hochmütiges, leichtsinniges Lächeln. «Du hast mir also das Leben gerettet, Bruder», begann er wieder.

Moritz zuckte die Achseln. «Ach was», meinte er.

«Doch, doch», fuhr Boris fort. «Du bist mein Lebensretter, ich danke dir. Aber eins möchte ich wissen, du hassest mich doch, wie?»

Moritz errötete: «Was werde ich dich viel hassen!»

«Natürlich hassest du mich», versicherte Boris. «Nun möchte ich wissen, als du mich dort so in der letzten Not fandest, dachtest du da nicht, ‹wenn ich jetzt ruhig zusehe, dann bin ich ihn los›? Oder hattest du nicht einen Augenblick Lust, die Hand auf meinen Kopf zu legen und so ein wenig zu drücken? Wie?»

Moritz schaute Boris verwundert an: «Nein, so etwas denkt man doch nicht.»

Boris legte sich wieder zurück, die Hände im Nacken verschränkt. Die Erregung des eben Erlebten zitterte noch in ihm nach und trieb ihn, zu sprechen, verträumt, ein wenig wie im Rausch. «Ach wirklich, an so etwas denkt man nicht, was seid ihr für Menschen, ich habe gleich daran gedacht, als du mir sagtest, wir sollen baden gehen; man hat schließlich keinen Katechismus als Seele im Leibe. Tun, ja das ist etwas anderes, man tut manches nicht, aber denken! Ich liebe es, solch eine Tat ganz nah an mich herankommen zu lassen. Es ist so, als ob wir etwas Seltenes, das uns nicht gehört, doch für einen Augenblick in die Hand nehmen und halten dürfen. Und dann, es ist so herrlich aufregend diese Spannung, wirst du es tun oder wirst du es nicht tun. Solche Lebenslagen müssen wir aufsuchen; gleichviel, ich bin dir dankbar, es war sehr unangenehm dort unten. Ich habe nicht geglaubt, dass man sich so allein fühlt, wenn man stirbt, nur so unter Froschlöffeln und den Tauchern, die sich nichts draus machen. Nein, der Tod muss eine gemeinsame Unternehmung sein. Also ich bin dir sehr dankbar für die Lebensrettung.»

«Bitte, bitte», warf Moritz gleichgültig hin, während er sich ankleidete.

«Ja, sehr dankbar», fuhr Boris fort, «wir sollten von jetzt ab eigentlich Freunde sein, so 'ne Freundschaft schließen.»

Moritz war jetzt fertig angekleidet. Er blieb vor Boris stehen, schaute mit Abneigung auf ihn nieder und sagte: «Wegen des bisschen Wassers, das du geschluckt hast, nein, ich danke.» Dann ging er.

Das Mittagessen war ungemütlich genug. Graf Hamilkar und der Professor sprachen zwar eifrig von fern liegenden Dingen, als sei nichts geschehen, aber Komtesse Betty lächelte nur zerstreut und dachte an andere Dinge. Die einzige Sensation war, dass Lisa heute nicht in Schwarz erschienen war, sondern ein malvenfarbenes Musselinkleid trug mit welkrosa Bändern. Boris, sehr bleich, unterhielt sich mit ihr so höflich, als sei er ihr eben vorgestellt.

«Empfang bei der Königin von Polen», flüsterte Bob Erika zu. Die Kinder waren heute unerträglich und mussten immer wieder zur Ordnung gerufen werden. Billys Stuhl blieb leer. Sie lag oben in ihrem Zimmer auf dem Bett, halb ausgekleidet, die Haare hingen ihr wirr in das heiße Gesicht, und sie war sehr ungeduldig gegen Marion. Immer wieder musste Marion ihr wiederholen, was Boris gesagt hatte. «Ganz wörtlich will ich's wissen, du sagst es nicht wörtlich.»

«Doch», versicherte Marion, «so war es: ‹Sage Billy, es ist besser, wir sehen uns heute nicht mehr, wir nehmen auch nicht Abschied voneinander, sie soll warten, sie wird Nachricht von mir haben, und dann wird mein und ihr Schicksal ganz in ihrer Hand liegen.›»

«‹Schicksal› sagte er gewiss nicht, es ist gar nicht sein Stil», klagte Billy, «und dann entscheiden – was soll ich entscheiden, ach, es ist schrecklich. Und du sagst, Lisa hat heute ihr helles Musselinkleid an, warum denn?, und Boris ist natürlich wütend, weil der Papa ihn beleidigt hat.» Sie warf sich wie im Fieber hin und her. «So lass doch die Vorhänge herunter, diese Nachmittagssonne ist zum Sterben traurig; und du machst auch solch ein Gesicht, als wüsstest du etwas, das ich nicht weiß. So sag es.»

«Ich weiß aber nichts», beteuerte Marion weinerlich.

«Ach, dann geh, ich will niemanden sehen. Bob kann kommen, der ist noch der Einzige, der kann hier so ungezogen sein, wie er will, das wird mich erfrischen.» Aber als Bob kam, war er nicht ungezogen, sondern befangen. Billy in ihrer Erregung war ihm fremd und unheimlich. Da schickte Billy auch ihn fort. «Geh, du bist ein dummer, langweiliger Junge.»

Bob ging, aber in der Tür wandte er sich gekränkt um und bemerkte: «Von unglücklicher Liebe verstehe ich nichts.»

Nun lag Billy da und horchte auf die Töne, die unten durch das Haus gingen, auf die Stimmen, auf das Zuschlagen der Türen, und sie wartete. Das war jetzt ihr Geschäft. Er hatte es ja gesagt, der arme gekränkte, beleidigte Boris. Wenn sie an das Unrecht, das ihm geschehen war, dachte, dann schwoll ihr Herz vor ungeduldigem Verlangen, etwas für ihn zu tun, ihm und der ganzen Welt zu zeigen, dass sie für ihn, nur für ihn sei. Der Sommernachmittag summte vor den Fenstern, im Hause wurde es still, und es schien Billy, als sei sie in dieser schläfrigen Stunde mit ihrer Erregung ganz allein in einer Welt, die nichts von Erregungen und nichts von Ereignissen wissen wollte. So hielt auch sie still, die Augen zur Decke emporgerichtet. Es schien ihr, als hätte sie unendlich lange so dagelegen, bis endlich der Ton kam, der Ton, auf den sie gewartet. Billy richtete sich auf. Das Rollen eines Wagens, der unten im Hofe hielt, Stimmen, das Zuschlagen von Türen, wieder das Rollen des Wagens, das immer schwächer wurde, endlich langsam verklang. «Er ist fort», stöhnte sie und sank in ihre Kissen zurück. Große Tränen rannen über ihre Wangen; aber eine innere Spannung hatte sich gelöst. Einer fährt fort, den wir lieben, und wir weinen, das ist doch wenigstens verständlich, und so schlief sie weinend ein.

Als Billy erwachte, war das Zimmer rot von Abendlicht, vom Garten tönten Stimmen herauf, sie hörte die Zwillinge lachen, und auf der Veranda hielt der Vater dem Professor einen Vortrag. Eine neue Lebensunruhe erfasste Billy, sie stand auf, um aus dem Fenster zu schauen. Ja, dort ging Lisa in ihrem hellen Musselinkleide und sprach eifrig auf den Leutnant ein, der ein wenig steifbeinig neben ihr herging. «Die Arme», dachte Billy, «will auch ihre Liebesgeschichte haben.» Aber es schien Billy, als gäbe es nur eine Liebesgeschichte in der Welt, und das war ihre eigene, alles andere war nur Pfuscherei. Missmutig kehrte sie zu ihrem Bett zurück; dort zu den anderen konnte sie noch nicht hinunter. Wo nur Marion blieb!

Als Marion kam, musste sie erzählen. Wie sah er aus, als er fortfuhr? Wie nahm er vom Vater Abschied? Marion hatte natürlich das, worauf es ankam, nicht gesehn, aber eine Botschaft überbrachte sie.

«Aber, bitte, ganz wörtlich», ermahnte Billy.

«Ja, gewiss, so sagte er», berichtete Marion: «'Kommen Sie morgen um zwölf Uhr mittag zu der Linde, die am Ende des Parks außerhalb des Zauns steht. Dort soll Billy Nachricht haben. Sagen Sie Billy, nur sie hat zu entscheiden.'»

«Ach», jammerte Billy, «wieder dieses entsetzliche Entscheiden! Was ist das? was wird dort an der Linde sein?» Und die beiden Mädchen saßen beieinander und flüsterten über dieses Rätsel, über das sie immer sprechen mussten. Im Zimmer wurde es dämmerig, und das Rätsel wurde immer drohender. Billy ertrug es nicht länger, sie schickte Marion fort: «Geh, du sagst ja immer dasselbe. Schick die alte Lohmann zu mir. Die ist die Einzige, die ich von euch ertragen kann. Sie soll ihre alten Geschichten erzählen.»

Die Lohmann kam mit ihrem kleinen gelben Gesicht unter der schwarzen Haube und den von Gicht zusammengezogenen Händen. Sie war eine alte Kinderfrau, die jetzt in einem Stübchen des Untergeschosses ihr Alter damit verbrachte, hinter den Geranienstöcken am Fenster zu sitzen und das Gnadenbrot zu essen. Die Alte kauerte an Billys Bett nieder und begann mit klagender Stimme: «Unser Komtesschen hat es auch schwer, alle haben es schwer, anders ist es nicht»; aber Billy unterbrach sie gereizt: «Aber Lohmann, habe ich dich dazu kommen lassen. Deine alten Geschichten sollst du erzählen, bemitleiden kann ich mich schon selbst.» Und Lohmann erzählte die so oft schon erzählten Geschichten, wie sie als kleines Mädchen mit ihrer Mutter ganz früh im Morgengrauen Milch und Käse zur Stadt brachte. Im Winter war es sehr kalt, in einer kleinen Schänke wärmten sie sich, da saßen auch die anderen Marktfrauen in dicke Tücher gehüllt wie große graue Kugeln, und die kleine Lohmann bekam Warmbier, das war heißes Bier mit Milch und Zucker. Billy sah das alles, das wollte sie sehen, die kleine Schänke voll der grauen Kugeln, es roch nach feuchter Wolle und dem überheizten Ofen, und vor den Fenstern die blaue, kalte Dämmerung des Wintermorgens. Das war traurig und friedlich und so weit, weit fort von allen rätselhaften Entscheidungen.

«Du, Lohmann», fuhr Billy auf, «Warmbier wäre noch das Einzige, was ich jetzt nehmen könnte, geh, mache mir Warmbier!»

Mühsam ging der Abend zu Ende. Die Lohmann hatte Warmbier gekocht, es schmeckte jedoch so schlecht, dass Billy es nicht trinken konnte. Komtesse Betty und Madame Bonnechose kamen und saßen an Billys Bett, sahen sie teilnahmevoll an, sprachen über Billys Husten, über Arzneimittel, sprachen vorsichtig über gleichgültige Dinge, besorgt, nicht etwas Gefährliches zu berühren; Billy war froh, als sie alle fort waren und die Nacht begann. Sie wollte versuchen, zu schlafen, allein in der Stille und Dunkelheit wurde das Leben wieder sehr bedrohlich und dazu nüchtern wie Zahlen, die zusammengerechnet werden sollten. Als sie ein wenig einschlief, dauerte dieses Rechnen und Raten fort, und dann hatte sie bei alledem immer etwas zu entscheiden, und sie wusste nicht was und wie. Es mochte ein Uhr sein, als sie erwachte; nein, schlafen wollte sie nicht, das war kein Vergnügen. Durch die Fenstervorhänge drang ein wenig weißes Licht. Sie sprang aus dem Bett, um zum Fenster hinauszuschauen, der Mond schien sehr hell. Still und wach standen die Obstbäume auf den Rasenplätzen und die Stockrosen in den Beeten, und die Helligkeit legte etwas Festliches über den schweigenden Garten. Da wollte Billy dabei sein. Sie kleidete sich eilig an und ging zu Marion hinüber, um sie zu wecken: «Marion, du kannst schlafen? Ich habe nicht ein Auge zugetan, komm, steh auf!»

«Ich bin eben ein wenig eingeschlafen», sagte Marion entschuldigend, «was ist geschehen? wohin müssen wir?»

«Wir müssen in den Garten hinunter zu den Johannisbeeren», sagte Billy.

Gehorsam stand Marion auf und kleidete sich an. Über die kleine Hintertreppe gelangten die beiden Mädchen in den Garten. Billy atmete tief auf; das war es, der feuchte, süße Atem der Blumen, dieses unwahrscheinliche Licht, das den Himmel, den Garten, die Wiese mit den weißen Nebeln, alles so unendlich weit erscheinen ließ, das gab ihr wieder den Rausch, ohne den sie jetzt nicht leben konnte. Hier vermochte sie wieder «Boris! Boris!» zu denken und jenes wunderliche Brennen im Blute zu fühlen, das ihr Mut zu allem gab. Im Obstgarten waren die Erdbeerbeete, die Stachel- und Johannisbeerbüsche grau und glitzernd von Tau, vom Gemüsegarten dufteten die Suppenkräuter gewaltsam herüber, und auf den Kieswegen saßen versonnene Kröten. Die Mädchen stellten sich an einen Johannisbeerbusch und begannen schweigend die kühlen, feuchten Trauben zu essen.

«Ja, jetzt ist es anders», bemerkte Billy endlich.

«Wie das?», fragte Marion geschäftlich.

«Mir ist», sagte Billy, «als wäre wieder alles ganz leicht, als könnte ich über alles entscheiden. Ich fürchte mich gar nicht, und wenn es noch so tragisch ist.»

«Tragisch», bemerkte Marion ein wenig undeutlich, denn sie hatte den Mund voll von Johannisbeeren, «tragisch ist so, wie auf dem Theater.»

Von der anderen Seite des Busches ertönte Billys unterdrücktes Lachen: «Aber Marion!» Dann richtete Billy sich auf, hielt eine Traube in die Höhe gegen den Mondschein, sah sie an und sagte feierlich: «Tragisch ist traurig, aber traurig wie seine Augen, traurig, aber doch wunderschön, schöner als alles, was lustig ist.» Dann bog sie den Kopf zurück und ließ die Traube langsam in ihren geöffneten Mund gleiten, und sie fühlte sich in dieser Bewegung ganz festlich, ganz schön, ganz der Mondnacht zugehörig.

Allmählich verlor der Mondschein an Glanz, eine graue Helligkeit mischte sich in ihn und verdrängte ihn, ein Licht, das durch verstaubte Fensterscheiben zu dringen schien.

«Der Morgen kommt», sagte Billy ernst, «komm, gehen wir.»

«Wohin gehen wir?», fragte Marion.

«Wir warten auf die Sonne», bestimmte Billy.

Die beiden Mädchen gingen an das Ende des Gartens, dort, wo die Wiese beginnt, und setzten sich auf eine Bank. Ein wenig bleich und fröstelnd drückten sie sich aneinander, aber Billy saß dennoch ganz aufrecht, die Augen groß und wach, die Lippen wie bereit zu einem erregten Lächeln. Noch fühlte sie die ganze angenehme Festlichkeit jenes Traurigen, das doch wunderschön war. Die Nebel auf der Wiese wurden durchsichtig, der Himmel fast weiß, im Busch begann eine Elster zu plaudern, und eine Krähe flog sehr schwarz und schwer in der glasigen Dämmerung. Eine Traumwelt, und Billy empfand auch jene Ergebung, die wir im Traume haben, denn der Traum gibt uns alle Wunder auch ohne unser Zutun. Dann kam Farbe, ein Zug rosenroter Wölkchen legte sich auf den Himmel, über den schwarzen Waldwipfeln sprühte es rot, und dann plötzlich war alles voll von der Aufregung eines purpurnen und goldenen Lichtes.

«Ah, da ist sie», sagte Billy, und die beiden Mädchen starrten regungslos wie betäubt auf die aufgehende Sonne. Aber, als die Sonne höher stieg und die Farben alle in dem gleichmäßigen gelben Licht ertranken, da wurde Billys Gesicht wieder ernst und sorgenvoll, da war der Tag wieder mit seinen Verantwortungen und Entscheidungen. «Komm», sagte Billy zu Marion, und sie schlichen wieder in das Haus in ihr Zimmer hinauf.

«Werden wir jetzt schlafen?», fragte Marion.

«Wie kannst du daran denken», erwiderte Billy, «um zwölf musst du bei der Linde sein, komm, setze dich hierher.» Sie rückte einen Sessel für Marion heran, sie selbst stieg in ihr Bett, aber sie lehnte aufrecht in den Kissen. So saßen die beiden Kinder beieinander, die Augen fielen ihnen zuweilen zu, dann schlummerten sie, aber wie wir auf der Reise im Eisenbahnwagen schlummern und immer wieder auffahren, in der Angst, etwas zu versäumen. Im Laufe des Morgens klopfte Komtesse Betty zweimal an die Tür, aber sie wurde nicht eingelassen. «Nein, nein, wir schlafen», hieß es. Als Lina, die Kammerjungfer, kam, wurde ihr das Frühstück bestellt. «Sehr viel», sagte Billy, «Tee und Eier, Schinken, Brot, sehr viel, hören Sie.» Sie fühlte einen wahren Reisehunger.

Bald wurde Billy sehr unruhig, sie fragte Marion immer wieder, ob es nicht Zeit sei, und es war erst elf Uhr, als Marion schon zur Linde hinabgehen musste. Billy saß still in ihrem Bett mit brennenden Wangen, die Hände gefaltet, und lauschte in sich hinein auf die seltsame Spannung ihres Wesens. Ja, es war alles da, das starke

Verlangen nach Boris, die schmerzhafte Rührung bei dem Gedanken an ihn, der Mut zu allen Möglichkeiten und die Angst vor dem, was nun kommen musste. Aber immer wieder empfand sie eine wunderliche Fremdheit jener Billy gegenüber, die all dieses fühlte und all dieses erlebte. Die bekannten Töne des Hauses drangen zu ihr, unten im Garten lachten die Zwillinge, im Korridor schalt Madame Bonnechose ein Dienstmädchen, und am offenen Fenster des unteren Geschosses sang die Lohmann einen Gesangbuchvers. Allein die Billy, die unglücklich liebte, die entschlossen war, ihrem Vater nicht zu gehorchen, die entscheiden musste, sie gehörte nicht mehr zu diesem altgewohnten Leben. Wo blieb jedoch Marion? Billy hob die nackten Arme hoch über den Kopf empor, rang die Hände ineinander und stöhnte: «Ach, ach!, warum kommt sie nicht!» Endlich lief es leise auf dem Korridor hinunter und Marion erschien erhitzt und atemlos. Die beiden Mädchen sprachen nichts, Marion reichte Billy stumm einen Brief, setzte sich und starrte sie angstvoll an. Billy war ganz ruhig geworden, sie hielt den Brief in der Hand, ohne ihn zu öffnen. «Wie war es?», fragte sie.

«Dort an der Linde», berichtete Marion leise, «dort stand ein kleiner Judenjunge. Er hatte sehr große schwarze Augen, über den Ohren hingen ihm zwei fest zusammengedrehte schwarze Locken, und er trug einen langen Rock wie ein Erwachsener, der brachte den Brief. Es war recht unheimlich.»

«Natürlich war es unheimlich», bemerkte Billy, lehnte sich in die Kissen zurück und schickte sich an, ihren Brief zu öffnen und zu lesen.

Boris schrieb. Eine Überschrift fehlte. «Heute Nacht», hieß es dann, «gegen Mitternacht, bin ich bei der Linde unten am Park und warte. Niemand darf davon wissen. Auf der einen Seite steht alles, was Du bisher für Dein Leben gehalten hast, auf der andern stehe ich – entscheide. Willst Du mich, dann komme. Kommst Du nicht, dann verzeihe ich Dir und gehe wieder einsam meinen dunkeln Weg. Wir sehen uns nie wieder. Einem so großen Glücke nahe zu kommen und dann wieder von ihm fort zu müssen ist tödlich.» Auch die

Unterschrift fehlte. Billy ließ den Brief sinken, sie brauchte nicht zu entscheiden, sie wusste, dass sie zu ihm gehen würde. Es schien ihr, als habe sie hier kaum mitzusprechen, die andere, die fremde Billy, handelte, und die musste bei Nacht zu der Linde hinabgehen. Billys Blicke fielen auf Marion, deren Augen unendlich erwartungsvoll an ihr hingen. Billy lächelte und schüttelte ein wenig den Kopf und sagte: «Nein, ich kann dir nichts sagen.»

Marion antwortete nicht, aber ihre Augen füllten sich mit Tränen. Sie erhob sich und schlich leise aus dem Zimmer; sie war sehr unglücklich. Die ganze Zeit über war es ihr gewesen, als sei Billys Liebesgeschichte auch die ihre, die Liebe zu Boris, die Aufregungen und Schmerzen hatte sie geteilt, in Billy hatte sie sich geliebt gefühlt, und nun plötzlich wurde sie beiseitegeschoben und war wieder nur die Marion Bonnechose, die von allen Komtessenschicksalen ausgeschlossen wurde.

In Billy aber fuhr reges Leben. Sie klingelte nach Lina, sie wollte ihr neues Musselinkleid mit dem rosa Nelkenmuster anziehen, sie rief nach ihrem Korallenhalsband; dabei war sie freundlich und gesprächig mit der Kammerjungfer. Lina musste von dem Förster erzählen, mit dem sie zeitweilig verlobt war.

Der Tag war sehr schwül geworden, im Westen türmten sich graublaue Wolken.

«Wir bekommen ein Gewitter», sagte Graf Hamilkar, als er auf der Gartentreppe stand und in den heißen Duft des Gartens hineinroch. Komtesse Betty stand neben ihm, neigte den Kopf zur Seite und blinzelte zu den Wolken auf. Über die Gartenwege jagten sich Bob und Billy. Der Graf folgte ihnen mit den Blicken, dann wandte er sich zu seiner Schwester: «Die Gefühlskrise scheint einen guten Verlauf zu nehmen», bemerkte er.

Komtesse Betty jedoch machte ein erschrockenes Gesicht. «Ach, Hamilkar, ich weiß nicht, diese Heiterkeit ist nicht natürlich, ich ängstige mich so um das Kind. Madame Bonnechose meint auch …»

«Ängstige dich nicht, liebe Betty», unterbrach sie der Graf, «was auch Madame Bonnechose meint. Die Liebe wird von den jungen

Leuten gern als eine Macht angesehn, die elementar, unvernünftig, aber unwiderstehlich ist, gut, dann muss dieser Macht eben eine andere Macht entgegengesetzt werden, die auch für elementar, für unvernünftig und unwiderstehlich gilt. Nun, liebe Betty, diese Macht darzustellen, das ist jetzt meine Rolle.» Er lächelte sein schiefes, spöttisches Lächeln und ging in das Haus, um seine Nachmittagsruhe zu halten.

Billy war müde vom Laufen. «Es ist genug», rief sie Bob zu. Sie strich sich das Haar aus dem heißen Gesicht und sann einen Augenblick vor sich hin. Was sollte sie jetzt tun?, denn tun, tun musste sie etwas, nur nicht stille sein und hineinschaun in das Dunkele, das hinter diesem Tage lag. Als das kleine Fräulein Demme an ihr vorüberging, nahm sie ihren Arm und sagte: «Kommen Sie, Fräulein, wir wollen Pflaumen essen und von Herrn Post sprechen.» Allein in diesen Nachmittagsstunden, in denen die Sonne wie eine schwere, goldene Schläfrigkeit über dem Garten lag, war es schwer, das Fieber wach zu erhalten, dessen Billy jetzt bedurfte. Schließlich suchte sie Moritz auf, er sollte sie auf dem Gartenteich hin und her rudern.

«Wie, du und ich?», fragte Moritz ein wenig erstaunt und errötete.

«Natürlich, du und ich», sagte Billy.

Das schien das Rechte zu sein. Es tat Billy wohl, sich halb liegend im Bug des Bootes auszustrecken, vor sich Moritz' erhitztes, friedliches Gesicht, die blauen Augen, die sie mit behaglicher Andacht unverwandt anschauten. Das Wasser war sehr schwarz, hie und da lag eine grüne Pflanzendecke darauf, die unter dem Kiel des Bootes leise rauschte. Wie müde beugten sich die alten Weiden über das Wasser, und eine sichere, befriedigte Ereignislosigkeit wohnte hier, eine Ereignislosigkeit, die Billy schwach und feige machte. «Warum kann es nicht so bleiben», dachte sie. Wie die kleinen Karauschen regungslos an der Oberfläche des Wassers im Sonnenschein liegen, nur zuweilen ein wenig die Flossen regend, um zu spüren, dass sie leben, das musste guttun. Aber plötzlich fiel es sie wie ein Gewissensbiss an. Es war ihr, als versäumte sie, als verriete sie etwas. Sie fuhr auf. «Fahr ans Land», befahl sie. Verwundert schaute Moritz auf.

«Ja, ja, ans Land», wiederholte Billy ungeduldig. Und am Lande, als Moritz sie aus dem Boote hob, fühlte Billy, dass sie etwas tun müsse, was der vornehmen Gelassenheit dieses stillen Teiches, der kleinen Karauschen, der alten Weiden widersprach, ihr in das Gesicht schlug, und sie beugte sich vor und küsste Moritz.

«Aber Billy, ich verstehe nicht», stammelte Moritz und wurde dunkelrot, aber Billy war schon fort.

Der Abend kam mit dem Tee auf der Veranda. Da der Mond spät aufging, lag der Garten in tiefer Dunkelheit da, die Wolkenwand war am Himmel höher hinauf gestiegen, während der westliche Himmel noch voller Sterne hing. Zuweilen huschte das blaue Licht eines Wetterleuchtens über den Garten, und ein plötzliches Wehen schüttelte an den Bäumen, sodass man allerorts das Obst in den Rasen fallen hörte. Auf der Veranda waren nur die roten Spitzen der brennenden Zigarren sichtbar, und die Stimmen der Sprechenden nahmen etwas Weiches, Beruhigtes an, als wollten sie zu den verhallenden Tönen stimmen, die durch die Nacht irrten.

Lisa saß neben dem Leutnant und sprach von Griechenland. «Sehen Sie, Marathon, was war mir früher Marathon?, eine Jahreszahl, vierhundertneunzig, glaube ich, aber an jenem Abend, so im Abendrot über der Ebene, es klingt unwahrscheinlich, aber ich sagte zu – zu Katakasianopulos, ich sagte ‹Katakasianopulos, ich fühle Miltiades›.»

«Allerdings, sehr merkwürdig», meinte der Leutnant. Er war jetzt so passioniert für die Jagd, dass er täglich auf Rebhühner ging, abends sehr müde war und nur matt der Unterhaltung folgen konnte.

Der Professor sprach mit Graf Hamilkar wieder über Träume. «Der Traum ist für uns eine Wirklichkeit wie jede andere», meinte er.

«Ja», versetzte der Graf ein wenig undeutlich, denn er nahm die Zigarre beim Sprechen nicht aus dem Munde, «nur eine Wirklichkeit, die wir beim Erwachen immer wieder durchstreichen. Das sind so Erlebnisse, die wir immer wieder in den Papierkorb werfen.»

«Schön, sehr schön», fuhr der Professor eifrig fort, «aber das tun wir in dem sogenannten wachen Leben auch. Wenn ich erwache, so sehe ich den Traum mit meinen wachen Augen an, und dann erscheint er mir unwirklich; aber diese wachen Augen sind eben nicht auf den Traum eingestellt. Und dann, mit allen Erlebnissen geht es so, was ich in einem Augenblick erlebe, daran glaube ich fest, und im nächsten Augenblick sehe ich darauf zurück, und es erscheint mir unwirklich und falsch, und ich streiche es aus. Also bitte, der Himmel, der ist jetzt für mich die große, schöne Halle, in der die vielen blanken Lichtchen beieinanderstehen in der hübschen Sommernacht und sich einander zublinzeln. Das ist wirklich, was geht das mich an, ob ich morgen vielleicht ihn durch ein Teleskop ansehe, also durch ein Auge, das nicht für mich berechnet ist, und er dann ganz anders ausschaut. Sehen Sie, eine Sternschnuppe. Die Litauer sagen, wenn sie eine Sternschnuppe sehen: ‹Da geht einer zu seinem Mädchen.› Gewiss, jetzt ist für mich diese Sternschnuppe einer, der zu seinem Mädchen geht. Das ist mein Erlebnis. Bitte, morgen streiche ich es wahrlich aus und denke dabei an Asteroiden oder solche Sachen, deshalb ist es für mich doch heute einer, der zu seinem Mädchen geht, bitte.» Alle hatten zum Himmel aufgeblickt und den Stern gesehn, der eilig durch das Dunkel glitt, in weitem Bogen an den anderen Sternen vorüber, als wollte er ihnen ausweichen, hastig und heimlich.

«Dieses Ausstreichen», meinte Graf Hamilkar, «wenn wir's nur auch dann könnten, wann wir wollen.»

Billy sah noch immer zu den Sternen auf. Dieses mit dem ‹Stern, der zu seinem Mädchen geht› hatte ihr plötzlich die ganze freudige Ungeduld ihrer Liebesgeschichte wiedergegeben, und sie fühlte sich wie zugehörig zu jener großen heimlichen Gemeinde derer, die unten auf Erden still und hastig durch die Nacht ihrer Liebe entgegeneilen.

Oben in ihrem Zimmer küsste Billy Marion und sagte: «Diese Nacht wollen wir schlafen, ganz tief schlafen. Aber Marion, sieh mich doch nicht so an, als ob ich gestorben wäre.» Marion wollte etwas sagen, schlich aber dann ängstlich und schweigend hinaus.

«Lina», befahl Billy der Kammerjungfer, «morgen wünsche ich lange zu schlafen, und keiner, hören Sie, keiner soll mich stören!»

Allein geblieben, begann sie leise und geschäftig hin und her zu gehen. Sie kleidete sich um, zog ein braunes Tuchkleid an, setzte ihren Hut auf, hüllte sich in ihren Regenmantel, nahm ihren Regenschirm in die Hand, schrieb auf einen Zettel: «Ich bin bei ihm» und legte ihn auf die Toilette und saß dann da wie eine Reisende, die im Wartesaal auf den Zug wartet. Draußen donnerte es zuweilen. Unten im schlafenden Hause riefen durch die stillen Zimmer die altbekannten Stimmen der Uhren einander zu.

Billy stieg über die Hintertreppe leise in den Garten hinab. Am Himmel hing schweres Gewölk. Die Nacht war heute ganz voll Stimmen und Tönen, ein Windstoß fuhr in die Bäume und ließ sie erregt aufrauschen. Welke Blätter liefen auf dem Wege raschelnd vor Billy her. Irgendwo knarrte ein Fensterladen, ächzte ein Zweig. Es war, als irrte ein Ereignis durch die Dunkelheit und weckte den schlafenden Garten. Billy ging sehr schnell, so schnell wie als Kind, wenn sie durch das dunkele Wohnzimmer in die helle Kinderstube kommen wollte. Ein Blitz fuhr über den Himmel und riss die Dunkelheit wie eine schwarze Decke von dem Teich, von den nachdenklich über das Schilf gebogenen Weiden, von den still in all dem Schwarz liegenden Wasserrosen; aber all das schien so fremd, als hätte es Billy nie gesehen. Sie hastete weiter, sie dachte und fühlte nur eins, dort an der Linde bei ihm sein, dort war Sicherheit, dort war alles überstanden. Als sie aus dem Park hinaustrat, erhellte wieder ein Blitz das Land, und sie sah eine schwarze Gestalt, die spitze Kapuze des Regenmantels über den Kopf gezogen, am Stamm der Linde lehnen.

«Boris!», rief Billy aus.

«Still!», erwiderte Boris, «komm.» Er legte ihren Arm in den seinen und zog sie mit sich fort. Sie gingen über eine feuchte Wiese, dann an einem Gerstenfelde entlang, in dem ein Wachtelkönig aufgeregt schnarrte, als gäbe er ein Signal.

«Wohin gehen wir?», fragte Billy leise.

Boris blieb stehen. «Du fragst?», sagte er, «wenn du dich fürchtest, führe ich dich zurück. Ich führe dich bis an das Haus, ganz sicher, noch ist es Zeit.»

«Und du?», fragte Billy zögernd.

«Ach ich!», erwiderte Boris, und das klang so kummervoll, so unendlich einsam, dass Billy wieder von jenem schmerzvollen, bewundernden Mitleid geschüttelt wurde, das sie Boris gegenüber ganz wehrlos machte.

«Nein, nein», rief sie, «gehen wir.»

Sie überschritten nun ein Stück Sumpfland, das weiß von Wollgras war und unter ihren Schritten leise schnalzte.

«Das klingt so», bemerkte Billy, «wie Küsse, von denen Kammerjungfern sprechen», und sie lachte dabei. Sie hatte das starke Bedürfnis zu lachen, etwas Lustiges zu sagen. Hinter dem Sumpf begann der Wald. Boris blieb ab und zu stehen, um sich in der Finsternis zurechtzufinden, pfiff einmal leise, und ein Pfiff antwortete. Endlich gelangten sie auf dem Waldwege an einen Wagen; ein Mann stand dort, Billy sah das im Schein eines Blitzes für einen Augenblick, dann wieder tiefes Dunkel. Boris sprach leise mit jemand, es war von Gewitter und schlechtem Wege die Rede. Sie hörte, wie Pferde ihre Geschirre schüttelten, dann schob Boris sie in den Wagen, stieg selbst hinein, schlug die Tür zu, und langsam setzte sich auf dem holperigen Waldwege das Gefährt in Bewegung.

Der Wagen war eng und dunkel, die heraufgezogenen Glasfenster klirrten leise, dahinter lagen der Wald und die Nacht wie schwarze Sammetvorhänge. Zuweilen warfen Blitze ein jähes blaues Licht in dieses Dunkel. Es begann heftig zu regnen, ein lautes gleichmäßiges Rauschen umgab die Fahrenden, die Tropfen trommelten auf dem Verdeck des Wagens und klopften an die Scheiben. Boris seufzte auf, ein tiefer Seufzer des Behagens und der Erleichterung. Er zog Billy zu sich heran, er drückte sie fest an sich, dass es fast schmerzte, er schüttelte sie ein wenig.

«So ist es gut, so ist es gut!», flüsterte er. Seine Stimme klang nicht mehr tragisch, sondern knabenhaft und ausgelassen. Und dann wurde er besorgt: «Aber du frierst, natürlich, ich habe für einen Mantel gesorgt, ich habe für alles gesorgt!» Er hüllte sie in einen großen seidenen Mantel, der leicht nach Moschus roch. «So ist es gut, nicht wahr, das ist der Mantel der alten Frau von Worsky. Mein Freund

Ladislas hat ihn mir gegeben, du weißt, er wohnt dort an der Grenze in Padony mit seiner alten Mutter; ein guter Junge!, er hat viel für uns getan, er kennt dort alle an der Grenze, er hat uns die Wege geebnet, vielleicht sehen wir ihn noch diese Nacht. Ist der Mantel warm?»

«Ja», meinte Billy, «aber er riecht nach Madame Bonnechose.»

Boris ärgerte sich: «Verflucht! Er soll nicht nach Madame Bonnechose riechen; nichts soll nach deinem Zuhause riechen. Das ist fort, versunken.»

«Über die Grenze, sagst du?», fragte Billy.

Boris' Stimmton nahm wieder etwas Gequältes an, als er antwortete: «Ja – ich weiß nicht, frag jetzt nicht, dir bleibt ja doch nichts anderes übrig, es wird schon alles gut, aber jetzt denken wir überhaupt nicht. Das ist es, wonach ich mich gesehnt habe, das ist es, was ich haben musste, ich wäre gestorben, wenn ich es nicht gehabt hätte, hier so mit dir zusammensitzen, eng, eng, und um uns ist es ganz dunkel und schwarz, alles ist fort, ist ausgelöscht, die dumme Welt trommelt an den Wagen und kann nicht herein, und du und ich sind ganz allein und haben nichts anderes zu tun als beieinander zu sein. Fühlst du das? sag?» Und er drückte sie wieder fest an sich und schüttelte sie ein wenig.

«Ja, ich glaube», antwortete Billy, «aber sprich noch, sprich noch so.»

«Wozu ist denn», fuhr Boris fort, «das ganze Leben da, als nur für solche Augenblicke, in denen wir alles vergessen können. Dafür plagt man sich doch, lässt sich demütigen und pumpt Geld, damit für eine kurze Zeit alles von einem abfällt und wir nur eines fühlen und eines denken: Billy!» Er küsste sie ganz fest auf die Lippen. «Nicht wahr, du fühlst, wie das alles abfällt von dir, es wird ganz blass und wesenlos, der langweilige Garten zu Hause und Josef mit der Tischglocke und der Tee mit den Butterbrötchen und diese Billy mit dem weißen Kleid, die nichts tun und nichts denken durfte. All das ist unwirklich, und es gibt nur ein Wirkliches, das bin ich. Sag, fühlst du das?»

Billy lehnte den Kopf an Boris' Schulter und schloss die Augen. Gewiss, das war alles sehr fern, der Garten, ihr Zimmer mit niedergelassenen Vorhängen, die schlafende Marion, die altbekannten Stimmen der Uhren in den stillen Zimmern, fremd und unwirklich, als gehöre es nicht zu ihr. Aber hier der Wagen mit seiner Enge und Finsternis, das Rauschen des Regens, das Klirren der Fensterscheiben, waren die wirklich?, waren die Hände wirklich, die sie fassten, drückten und schüttelten, als gehörte sie nicht mehr sich selbst, als gehörte sie einem anderen, die Lippen, die sich heiß auf die ihren drückten, diese Stimme, die leise und leidenschaftlich in die Dunkelheit hineinsprach. Und sie selbst, wer war sie denn mit dem Körper, mit dem Blut, in denen sich ein seltsames Fieber hervorwagte. Sie fühlte, wie die Billy, die sie gekannt und an die sie geglaubt hatte, in ihr hinschmolz, es war ihr, als ließe etwas sie los, das sie bisher gehalten hatte, und nun trieb sie dahin, und alles war jetzt gleich, es gehörte ja doch nicht zu ihr, jenes Brennen und Fiebern, dem zu lauschen und zu gehorchen jetzt ihr einziges Geschäft war. Sie schwiegen nun beide. Der Regen schien stärker zu werden, immer häufiger huschte das eilige Licht der Blitze über den schwarzen Wald. Der Wagen kam nur mühsam vorwärts, schüttelte und wiegte sich. Eine große Müdigkeit machte Billy die Glieder schwer, als gehörten sie ihr nicht, und unvermerkt glitt sie in den Traum hinüber, in jenes qualvolle Träumen des beginnenden Schlafes, in dem die Traumgestalten uns so aufdringlich nahe kommen. Es war das Gesicht ihres Vaters, das vor Billy auftauchte, dicht vor ihr, so dicht, dass die lange, weiße Nase Billys Nase berührte wie etwas Kaltes, und in den strengen, eisengrauen Augen regten sich kleine, goldene Punkte wie stets, wenn er böse war. Sie hörte ihn auch sprechen, die ruhige, ein wenig näselnde Stimme: «Ja, wenn das mit dem Ausstreichen immer so ginge», sagte er. Ein starker Donnerschlag ließ Billy auffahren, sie wusste nicht, wo sie war, nur etwas Schweres und Trauriges lastete auf ihr. Sie fror.

Auch Boris neben ihr war aufgeschreckt, wie angstvoll griff er nach ihr. «Wir haben geschlafen», sagte er, «nein, das können wir nicht, dann kommt wieder alles Mögliche, vor allem der Morgen kommt dann, dieses verfluchte Licht, wie das herankriecht.» Fröstelnd drückten sie sich aneinander. «Es sollte gar nicht mehr Tag werden, sterben sollten wir jetzt, nicht wahr, so in einem Blitz, plötzlich eine starke, blaue Helligkeit und dann wieder diese gute, warme Finsternis.»

Plötzlich hielt der Wagen. Boris ließ das Wagenfenster hinunter und steckte den Kopf heraus. Durch das Niederrinnen des Regens blinzelte ein gelbes Licht, ein Hund bellte wütend. «Was gibt es?», rief Boris. Dann öffnete er ungeduldig den Wagenschlag und sprang hinaus. Billy hörte ihn aufgeregt sprechen; eine brummende Männerstimme antwortete ihm, dann mischte sich noch eine Stimme hinein, hoch und schnarrend, die heiter und gesellschaftlich klang, als lachte ein Herr in einer Quadrilleunterhaltung über seinen eigenen Witz. Billy, allein geblieben, fürchtete sich, sie fürchtete sich vor der Dunkelheit, vor den Stimmen draußen, vor dem, was geschehen würde, und dem, was sie getan hatte, so die einfache, schmerzhafte Furcht des kleinen Mädchens mit dem schlechten Gewissen. Boris öffnete wieder den Wagenschlag. «Komm», sagte er, «wir müssen aussteigen, der Kerl weigert sich weiterzufahren, der Weg soll unmöglich sein, eine Brücke soll kaputt sein, was weiß ich!» Er war offenbar sehr ärgerlich. Er half Billy aus dem Wagen und führte sie durch die Wasserlachen einige morsche Stufen hinauf. «Vorsichtig, hier ist alles verfault», sagte wieder die hohe, schnarrende Stimme. Sie traten in einen Flur, in dem es nach Rauch und Zwiebeln roch, von da in ein Wohnzimmer, in dem ihnen eine schwere überheizte Luft entgegenschlug. Hier war es hell, zwei Kerzen brannten auf einem weißgedeckten Tisch, an der Seite über einem kleinen Schenktisch hing eine qualmende Petroleumlampe. Geblendet blinzelte Billy in das Licht, das Zimmer schien ihr voller Menschen zu sein. Jemand nahm ihr den Mantel ab, und die schnarrende Stimme sagte: «Ihre Augen müssen sich erst an den Glanz des Wolfschen Salons gewöhnen, Komtesse.»

«Setz dich, setz dich», rief Boris und schob sie zu dem großen, schwarzen Sofa, das vor dem gedeckten Tische stand, hin.

Jetzt erst unterschied Billy die Gestalten im Zimmer. Da war ein langer Jude mit schwarzem Bart und grellen braunen Augen, er lächelte ganz süß. In der halb offenen Tür drängten sich Kinder im Hemde, unter wirren, schwarzen Haaren schauten sehr große Augen dunkel wie Onyxkugeln unverwandt zu Billy hinüber. Hinter dem Ladentisch saß eine Jüdin, der falsche, rotbraune Scheitel war ein wenig zu tief in die Stirn gerückt, das gelbe, regelmäßige Gesicht, die langen, braunen Augen drückten eine starre, hochmütige Geduld aus. Neben Boris stand ein Herr im Reitanzuge, er trug Sporen an den Stiefeln, sein feines, scharfgeschnittenes Gesicht lachte, er zeigte dabei sehr weiße Zähne unter einem kleinen Schnurrbart, der ihm wie zwei tintenschwarze Kommas auf der Oberlippe saß. «Mein Freund Ladislas Worsky», stellte Boris vor, «das ist ein Freund! Bei dem Wetter ist er hinübergeritten, nur um uns zu sehen und uns vor irgendeiner Brücke zu warnen.»

Ladislas zeigte wieder seine weißen Zähne. «Oh», meinte er, «das ist das Verdienst meiner alten Reitstute, die findet den Weg bei jedem Wetter und in jeder Dunkelheit, vielleicht weil sie nur ein Auge hat. Aber Freund Wolf, den Samowar heran und was sonst da ist. Der Kindersegen soll abtreten, machen Sie es etwas gemütlich, und Mutter Wolf, machen Sie ein liebenswürdigeres Gesicht. Boris, mein Alter, keine Verstimmungen! Setzen wir uns zum Souper.» Und er setzte sich an den Tisch, beugte sich zu Billy vor, sah sie mit den blanken Augen aufmerksam und ein wenig frech an und begann sich zu unterhalten, heiter und höflich, als säße er in einem Salon.

«Souper, nun ja, was man so nennt, die Delikatessen unseres Freundes Wolf können wir nicht brauchen. Eier allenfalls, in die dringt das Alte Testament nicht ein. Da habe ich mir denn erlaubt, von unserer alten Mamsell zu Hause heimlich ein kaltes Huhn herauszulocken und es mitzubringen.» Er wickelte das Huhn aus einem Papier, legte es auf den Teller und begann es zu zerlegen, sehr sauber und regelrecht; ein wenig zu zierlich und dann wieder zu schwungvoll waren dabei die Bewegungen der weißen Hände mit den vielen blitzenden Ringen. Er sprach dabei immerfort vom Wetter, vom Wege, vom Juden Wolf, und Billy antwortete, als sei er ein junger Herr, der seinen ersten Besuch machte, und sie musste ihn empfangen. «Bitte, dieses Stück, Komtesse», sagte er und legte Billy einen Hühnerflügel auf den Teller, «das ist ein spanisches Huhn; meine Mutter interessiert sich für Hühnerspezialitäten. Aber Boris, du sprichst ja nicht, *tu n'es pas en train, mon vieux*, du hast unrecht, Bruder. Du hast allen Grund, guter Laune zu sein, kolossal viel Grund.» Dabei verbeugte er sich leicht gegen Billy, «aber das wollen wir schon machen; Wolf, geben Sie von Ihrem sündigen Sekt her; unser Freund Wolf nämlich hat immer Sekt auf Lager, um damit auf heimlichen Wegen die Barbaren jenseits der Grenze zu beglücken.»

Essen konnte Billy nicht, die blau und weißen Teller, die Messer und Gabeln, das Tischtuch, alles war ihr zuwider. Drüben hinter dem Schenktisch saß noch immer die Jüdin, das gelbe, regelmäßige Gesicht unbewegt, die mandelförmigen Augen schauten Billy an, gleichgültig, hochmütig und geduldig, «ich ertrage dich, weil ich muss», schienen sie zu sagen. Diese Augen quälten Billy, es war ihr, als sei sie noch nie so angeschaut worden. Sie zwang sich, von diesen Augen fortzusehen, auf Ladislas Worsky zu hören, der eifrig in seiner Unterhaltung fortfuhr. Jetzt sprach er von Literatur: «Bourget, ach ja, natürlich, sehr fein, aber er will das Frauenherz analysieren, so wie Schmetterlinge auf Nadeln stecken, aber das ist ja gerade das Ding auf der Welt, das sich nicht analysieren lässt. Sie kennen nicht Bourget, Komtesse? Ach ja, die deutschen jungen Damen lesen keine Romane, sie lesen nur Schiller. Nun, Ihr Schiller – – –.» Billy war ihm dankbar für seine Unterhaltung, für das Übereleganten seiner Bewegungen, für die weißen Manschetten, die er immer wieder aus dem Rockärmel hervorzog, und für die schmalen, frauenhaften Hände voller Ringe. All das legte etwas Bekanntes, etwas Heimatliches in diese fremde, feindliche Umgebung. Billy antwortete, lachte ein wenig, bemühte sich zu tun, als säßen sie auf der Gartenveranda in Kadullen, ja, sie ahmte ein wenig die Weltdamenmanieren ihrer Schwester Lisa nach. Der Sekt kam.

«So, bitte, ein anderes Gesicht, Bruder», rief Ladislas Boris zu und schenkte den Wein ein. «Aber so ist er immer», wandte er sich an Billy, «*je connais mon Boris*. Stört ihm etwas sein Programm, dann ist es fort mit der guten Laune, er hat uns immer mit seiner schlechten Laune die halben Sonntage verdorben, nur weil der nächste Tag

Montag war. Ja, das ließ sich nicht ändern. Da hatten wir in Prima einen Kameraden, du weißt, Boris, Andreijsky, ein toller, lustiger Junge. Nun plötzlich erschießt er sich. Warum? Man sprach da von Krankheit und solchen Sachen. Nein, ich weiß, er erschoss sich, weil die Ferien zu Ende waren, einfach, weil die Ferien zu Ende waren, er hasste die Schule wie die Sünde. So ist Boris auch.»

«Da muss ich doch bitten», bemerkte Boris.

«Nun, nun», meinte Ladislas, «ärgere dich nicht, Bruder, du hast gar keinen Grund. Morgen früh ist die Brücke wieder gemacht, hier bist du in Sicherheit, in der reizendsten Gesellschaft, der glücklichste Mensch, also stoßen wir an, auf Ihr Wohl, Komtesse!, auf die Erfüllung aller Wünsche!»

Sie ließen die Gläser aneinanderklingen. Boris lächelte matt, das begeisterte Ladislas. «So ist's recht, mein Alter. Sehen Sie, Komtesse, ich bin solch ein harmloser Mensch, seh ich einen anderen glücklich, dann bin ich wie berauscht. Ich erlebe nie etwas, aber mir ist zumute, als sei das hier mein Abenteuer, als ob Sie und ich, na, gleichviel –.» Er sprang von seinem Stuhle auf, ergriff sein Glas und begann zu singen:

«Treibt der Champagner
Das Blut erst im Kreise» usw.

Er sang mit einem hübschen Bariton und mit schwungvollen Theaterbewegungen.

Der Jude rief «bravo» und klatschte leise in die Hände. In der Tür erschien wieder die Schar der Judenkinder und schaute mit runden, grellen Augen in das Zimmer. Boris und Billy hörten lächelnd zu, nur das Gesicht der Jüdin blieb unbewegt und blickte mit müder Verachtung die drei dort am Tische an.

Die leichtherzigen Noten von Mozarts Melodie füllten den qualmigen Raum wie mit etwas Glänzendem und Kostbarem. Boris wiegte sich leicht auf seinem Stuhl, schlug mit den Fingern den Takt auf den Tisch, und als Ladislas zu Ende war, nickte er ihm zu und meinte: «Ja, ja, Bruder, das war das Richtige.»

«Nicht wahr?», rief Ladislas. Er freute sich so sehr über die Wirkung seines Gesanges, dass er Boris umarmte und auf beide Wangen küsste. Dann setzte er sich wieder an den Tisch, füllte die Gläser. «Erlauben Sie, Komtesse», sagte er, «dass ich Ihnen die Hand küsse, ich bin so froh, an diesem Glück hier teilnehmen zu dürfen.»

Boris lachte ein wenig mitleidig. «Das war immer dein Talent, mein guter Ladislas! Teilnehmen. Erinnerst du dich, wie du als Student eine Zeit lang keinen Wein trinken durftest und mit deinem Selterswasser doch immer früher betrunken warst als wir mit unserem Wein, nur aus Teilnahme. Du bist dazu geboren, in Prokura glücklich zu sein.»

«Bravo!», rief Ladislas, «*un mot charmant!* Du fängst wieder an, witzig zu werden, Gott sei Dank, du hast allen Grund dazu, Bruder, wenn man, wie du, auf der Seite der Wippschaukel steht, die hoch oben ist und nicht allein dort steht – im Gegenteil.»

Boris wurde wieder ernst. «Ganz schön, aber vielleicht müssen wir doch ein wenig von Geschäften reden.»

Aber Ladislas war empört: «Erbarm dich, Bruder! Warum sollen wir von Geschäften reden! Warum sollen wir die Komtesse damit langweilen? Was ist auch da zu reden, es ist alles geordnet, es wird alles glatt gehen, nein, ich weiß etwas Besseres, wir machen ein Spielchen, da sind Karten, die habe ich mitgenommen. Sie spielen doch, Komtesse? Irgendein Spiel.»

Nein, Billy spielte kein Spiel, aber sie wollte zuschauen, die Herren sollten nur spielen. Sie lehnte sich in das Sofa zurück, die überheizte Luft und der Wein machten ihr den Kopf schwer, machten sie schläfrig und ruhig; Ladislas' «es wird schon alles glatt gehen» klang ihr angenehm in die Ohren. Natürlich, wenn sie nur jetzt schlafen könnte.

«Also ein Ecartéchen», sagte Ladislas und mischte die Karten. «Sehen Sie, Komtesse, ich spiele sehr gern Karten. Warum? Weil das Kartenspiel symbolisch ist. Bitte, Boris, kupiere.»

Billy konnte nicht anders, sie legte die Hand vor den Mund und gähnte.

«Du bist müde, Kind», sagte Boris, «leg dich ein wenig nieder.»

«Freilich», rief Ladislas, «es ist für alles gesorgt.» Er sprang auf und öffnete die Tür zu einem Nebenzimmer: «Bitte. Aber vordem, Komtesse, erlauben Sie, dass ich von Ihnen Abschied nehme, ich reite gleich wieder fort, ich muss zeitig zu Hause sein, damit meine Mutter von meinem nächtlichen Unternehmen nichts merkt.» Er küsste Billys Hand: «Ich danke Ihnen, Komtesse, für das Glück dieser Stunden.» Das klang so gefühlvoll, dass Billy fast gerührt wurde.

Im Nebenzimmer brannte trübe eine Kerze auf einer Kommode. Weiß und goldene Porzellanvasen standen da voller Papierrosen, an der Wand hing eine jüdische Kusstafel. Den meisten Raum im Zimmer aber nahmen zwei mächtige Betten ein, auf denen sich Berge von Federkissen in rot-baumwollenen Bezügen türmten.

«Ja, lege dich nieder», sagte Boris und strich mit der Hand über Billys Haar, «ach Billy, wenn du fühlen würdest wie ich.»

«Warum sagst du, dass ich nicht fühle wie du», erwiderte Billy ein wenig gereizt, «das ist unfreundlich.»

«Nein, nein, ich bin nicht unfreundlich», meinte Boris, «schlafe jetzt, ich muss mit Ladislas manches besprechen.»

Billy legte sich auf das Bett, und Boris ging hinaus. Sie hörte die beiden jungen Leute draußen sprechen, anfangs schienen sie Karten zu spielen, dann flüsterten sie eifrig miteinander in polnischer Sprache schnell und zischend. Billy schloss die Augen und lag regungslos da, schlafen wollte sie, aber dann schien es ihr, als stünde neben ihr etwas, etwas, das drohte, das heranschleichen wollte, es schien ihr, als müsste sie wachen, als müsste sie auf ihrer Hut sein. Sie schlug wieder die Augen auf, die Flamme der Kerze wurde von einem Zugwinde leicht bewegt, irgendwo im Hause wimmerte ein Kind, ein leiser, unendlich kummervoller Ton, und um sie her lagen die roten Federkissen mit ihrem widerwärtigen üppigen Schwellen und atmeten einen süßlichen Staubgeruch aus. Sie warfen große Schatten an die Wand, und die runden, weichen Formen zitterten sachte. Ein unendlicher Ekel schüttelte Billy, warum war sie hier, was hatte sie hier zu tun? Ja so, sie liebte ja Boris. Wie war das doch?, konnte sie es nicht wieder haben, dieses heiße Gefühl des Mitleids und der

Sehnsucht, das alles in ihr veränderte, ihr Mut zu allem gab und das Unmöglichste selbstverständlich machte. Auch dazu war sie jetzt zu müde. Schlafen wollte sie jetzt – irgendwo, wo es still und sicher und rein wäre. Sie schloss wieder die Augen, um nicht dieses Zimmer zu sehen, wollte an zu Hause denken, allein auch diese Gedanken gaben keine Ruhe, sie schmerzten. Also an etwas ganz Friedliches wollte sie denken, etwas, das keine Vorwürfe machen konnte, an die Möbel im Gartensaal, wie sie unter ihren weißen Baumwollebezügen in der Dunkelheit standen, an die großen Blumensträuße, die dort in den Vasen welkten und ihre Blätter mit einem ganz leisen Ton auf den Tisch niederregnen ließen. Ja, daran, nur daran wollte sie denken.

Sie musste doch ein wenig geschlafen haben, denn als sie jetzt auffuhr, schien es ihr, als sei sie fort gewesen irgendwo, wo sie geborgen war, wo sie bekannte Stimmen hörte, und nun fiel sie wieder jäh in diesen fremden Traum hinein. Es war noch da, dieses Zimmer, mit der dumpfen Luft, die Wände mit den sachte zitternden Schatten, die weichen roten Kissen saßen um sie her und warteten, alle waren sie noch da und mussten weiter geträumt werden. Und dann stand da noch jemand vor dem Bett ganz regungslos. Es war Boris, aber auch er seltsam fremd und unheimlich. Das flatternde Licht der Kerze ließ Schatten über sein Gesicht hinfahren, und es schien, als verzöge es sich, nur die dunklen Flecken der Augen waren unbeweglich auf sie gerichtet. Müde und mutlos lehnte sich Billy in die Kissen zurück und schloss die Augen.

«Was ist geschehen», sagte sie ganz leise.

«Nichts ist geschehen», erwiderte Boris ebenso leise.

«Ist er fort?», fragte Billy weiter.

«– Ja, Ladislas ist fort.»

«Warum stehst du so da?»

Als Boris nicht antwortete, wiederholte Billy die Frage weinerlich und klagend. Da hörte sie, wie er am Bette niedersank. Er umschlang sie mit seinen Armen, sie fühlte, wie sein Gesicht kalt und schwer auf ihrer Brust lag, wie ein seltsames Beben seinen Körper schüttelte, als weinte er.

«Du sagtest doch, es wird alles gut werden», sagte Billy, und ihre Stimme klang wieder weinerlich und gereizt. «Warum sprichst du nicht? Ich weiß ja nicht, ich glaubte, dass ich bei dir sein muss, daher ging ich mit. Du sagtest doch, es wird alles gut werden.»

Boris klammerte sich fester an Billys Arm, er schob sich hinauf, jetzt lag er mit dem Oberkörper auf ihr, sein Gesicht war dem ihren ganz nahe, nun küsste er sie mit trockenen, hungrigen Lippen. «Ja», flüsterte er, «es wird alles gut, wenn du nur willst. Aber ich fürchte mich so furchtbar vor dem einen ...»

«Du fürchtest dich auch», erwiderte Billy tonlos, «ja dann –»

«Nein, hör», fuhr Boris fort, und sein Flüstern wurde seltsam heiß und leidenschaftlich, «wenn du nur willst. Ich fürchte mich vor morgen, wenn es grau und hell wird, und wir müssen etwas tun und müssen sorgen, und die Menschen kommen, und alles ist so hässlich, die anderen und wir, und unsere Liebe, ach Billy, das habe ich nie ertragen können, so der nächste Morgen nach einem Glück –»

«Wir können es doch nicht ändern, dass es Morgen wird», meinte Billy immer noch mit dem gereizten Ton.

«Doch, wir können das», sagte Boris atemlos vor Erregung, und seine Hände pressten sich um Billys Schultern so fest, dass es sie schmerzte. «Wir sind doch beisammen, wir können so glücklich, so glücklich sein, dass wir keinen Morgen mehr sehen wollen. Das gibt es. Du wirst sehen. Komm, du und ich, und dann vertragen wir nichts als zu sterben.» Er stammelte das, ganz nah auf sie hinabgebeugt, das Gesicht bleich und böse, und seine Hände zerrten fiebrig an Billys Kleid.

«– Wie können wir denn sterben?», versetzte Billy müde.

«Wie – ist gleich», erwiderte Boris ungeduldig, «du wirst sehen, wir können dann nicht weiterleben.»

Billy schlug die Augen auf und schaute Boris scharf und angstvoll an. «Hast du das schreckliche, kleine Revolver, welches du mir zu Hause im Garten zeigtest, und von dem du sagtest, dass es dein Freund sei?», fragte sie.

«Ja, ja, aber warum davon sprechen», antwortete Boris ungeduldig, «wir denken jetzt nur an uns, an unser Glück. Willst du, sag? Wir sind einer bei dem anderen, und nichts ist da als nur wir, und wir sterben lieber, als dass irgend etwas anderes nahe kommt.»

Billy richtete sich ein wenig auf, sie schob Boris' Hände, die heiß an ihrem Körper entlangfuhren, wie etwas Lästiges fort. Ihre Augen wurden groß und klar vor Angst, aber ihre Lippen zuckten wie in einem spöttischen und ein wenig verächtlichen Lächeln: «Glücklich sein – hier bei diesen hässlichen roten Kissen. Ach bitte geh jetzt. Du – du bist wie das andere hier, ich fürchte mich auch vor dir!»

Boris ließ Billy los und richtete sich auf. Jetzt kniete er vor dem Bett, ließ die Arme schlaff niederhängen und nagte an seiner Unterlippe. Sein Gesicht trug den Ausdruck kummervoller Enttäuschung. Billy lehnte sich wieder in die Kissen zurück, wandte das Gesicht zur Wand und schloss die Augen. Regungslos lag sie da wie ein geängstetes Kind und horchte gespannt auf das leiseste Geräusch. Boris schwieg eine Weile, dann sagte er einmal: «Aber Billy», und dies war wieder die Stimme, die sie kannte; aus ihr wehte es sie an wie der duftende Atem des heimatlichen Gartens, und der Boris, den sie kannte, und die Billy, die sie kannte, und ihre Liebe – alles war für einen Augenblick wieder da. Sie wollte sich umwenden, allein sie schloss die Augen nur noch fester, sie wusste, wenn sie die Augen aufschlüge, dann wäre das alles doch fort. Sie hörte sich selbst sagen, überlegen und verdrossen: «Sterben, nein, gewiss nicht. Wenn du sonst nichts weißt!»

Wieder schwieg Boris, und Billy wartete in angstvoller Spannung. Da hörte sie, wie er sich erhob, einige Schritte machte, vor sich hin murmelte: «Ja, das ist etwas anderes, da ist nichts zu machen», und dann langsam und zögernd aus dem Zimmer ging. Sie hörte, dass er die Tür nur anlehnte, im Nebenzimmer auf und ab schritt, stehen blieb, etwas in ein Glas goss und wieder auf und ab ging. Sie lauschte aufmerksam dem leisen ruhelosen Knarren dieser Schritte, lauschte mit jener schmerzhaften Wachsamkeit, mit der wir etwas verfolgen, das uns droht, das uns angreifen will. Denn dieser Ton wurde seltsam ausdrucksvoll. Billy glaubte aus ihm kurze, ärgerliche Worte, eine missmutig vor sich hin scheltende Stimme herauszuhören. Als dann der Rhythmus dieser Stimme sich änderte, hielt Billy in Erregung den Atem an. «Jetzt geht er auf den Fußspitzen», sagte sie sich, «jetzt nähert er sich der Tür.» Boris trat wieder sachte in das Zimmer und blieb an dem Bettende stehen. Sie hörte deutlich das leise Aneinanderklingen der Berlockes an seiner Uhrkette, dann wurde es ganz still. Billy rührte sich nicht, sie wartete mit der Ergebung, die wir im Traum haben, auf deren Grund unbewusst die Hoffnung ruht, das Erwachen wird kommen und uns von den Traumereignissen erlösen.

Boris begann zu sprechen, klanglos, müde: «Natürlich schläfst du nicht. Du willst mich täuschen. Bitte, bitte, lass dich nicht stören. Ich bitte nie zum zweiten Male. Man versteht mich, oder man versteht mich nicht. Du verstehst mich nicht, gut, gut, es ist immer dasselbe. Ihr versteht immer nicht.» Er hielt inne, und es war wunderlich, wie das Mädchengesicht mit den geschlossenen Augen, den fest aufeinandergepressten Lippen errötete und erbleichte. «Es wundert mich nur», fuhr Boris fort, «dass du hierhergekommen bist. Um korrekt zu sein, dazu brauchen wir nicht hier zu sein. Ja, aber so ist es immer, man glaubt zusammen sehr hoch zu stehen, hoch über allem, was klein und dumm ist, man glaubt, nun kommt der große Augenblick, auf den man sein ganzes Leben gewartet, und dann ist es wieder nichts, man ist doch allein, und du, du bist doch dort unten geblieben in der Welt von – von – Madame Bonnechose.»

Er schwieg wieder, und Billy dachte: «Lachte er jetzt?» Es war in seiner Stimme etwas gewesen, das so klang. Sie drückte die Augenlider fester zu; nicht um eine Welt hätte sie dieses traurige und hochmütige Lachen sehen wollen, vor dem sie sich immer gefürchtet hatte, auch in Augenblicken, in denen sie Boris am stärksten liebte. Boris machte einige Schritte, blieb wieder stehen: «Nur Verantwortung auf mich nehmen, sonst nichts, nein, ich danke. Aus etwas, das ganz schön und groß hätte sein können, machst du etwas Hässliches und Albernes. Da spiele ich nicht mit. Lächerlich zu sein verstehe ich nicht, dazu haben wir Polen kein Talent.» Wieder machte er einige Schritte, wieder wartete er, ja, er wartete, das wusste Billy, allein, es kam ihr keinen Augenblick der Gedanke, sie könnte die Augen aufschlagen, sie könnte zu ihm sprechen, ihn zurückrufen, sie hatte nur einen Gedanken, ganz still liegen, sich nicht regen; dann geht vielleicht auch das vorüber. Boris war jetzt an der Türe, sie hörte das leise Knarren der rostigen Türangeln, und auf der Schwelle sagte er noch mit einer Stimme, die seltsam fremd und verändert klang, mit der Stimme eines, der irgendwo ganz allein, kummervoll und hoffnungslos zu sich selber spricht: «Nein, das nicht, das bin ich so müde, immer nur für ein Missverständnis leben.» Er ging und lehnte die Tür wieder an, und Billy hörte, wie er im Nebenzimmer hin und her schritt und sich dann auf das alte knackende Sofa warf.

Das Gewitter hatte aufgehört, beruhigt und gleichmäßig rann ein feiner Regen nieder und klopfte ganz sachte an die Fensterscheiben. Billy lag noch immer still da. Warum sollte sie sich regen? Warum sollte sie die Augen aufschlagen? Um sie her war nichts, das zu ihr gehörte, das teil an ihr hatte, nichts, das sie als Leben empfand. Ein nie erlebtes Gefühl des Alleinseins ergriff sie körperlich, etwas, das sie krank machte, sie frieren ließ.

Boris hatte mit seiner seltsam veränderten Stimme von Glücklichsein und Sterben gesprochen. Diese Worte hatte sie schon einmal gehört zu Hause zwischen den Johannisbeerbüschen, aber dort klang es anders, dort klang es traurig und schwül und süß, sie verstand es dort, und es erschien ihr als etwas Mögliches und Leichtes, wenn Boris es wollte. Allein hier – sterben, das war unverständlich und widerwärtig wie alles andere hier, das war eben dieses furchtbar rätselhafte Gefühl der Einsamkeit, das jetzt kalt über sie hinkroch. Sie muss daliegen, und das Leben ist unendlich weit, sie sieht es wie einen Fleck ganz gelb von Sonnenschein, ganz bunt von Herbstblumen, und bekannte Figuren gehen durch diesen Sonnenschein; vor dem Waschhause steht die Wäscherin mit der weißen Schürze, am Nelkenbeete kniet der Gärtner mit dem großen gelben Strohhut, und unter dem Birnbaum steht ihr Vater und zieht den Duft der Augustbirnen und der Pflaumen in seine lange weiße Nase. Billy sieht das, spürt das, riecht das, und doch lebt das alles ohne sie, ja sie selbst ist dort, sie sieht sich, ihre Liebe ist dort, Boris, alles, aber sie kann nicht zu sich selber hinkommen. Billy richtet sich auf, die Augen weit offen, der Mund sehr rot im weißen Gesicht und um die Lippen den entschlossenen, eigensinnigen Zug, den sie anzunehmen pflegten, wenn Billy fühlte, dass sie etwas haben musste, nach dem sie sich sehnte.

Sie stieg leise aus dem Bett, schlich zur angelehnten Türe und schaute durch den Spalt. Boris lag auf dem Sofa und schlief. Das Haar hing ihm wirr in die Stirn, das bleiche Gesicht trug den gramvollen und zugleich hilflosen Ausdruck, den ein schwerer Schlaf über ein Gesicht breitet. Auf dem Tisch stand die Sektflasche und ein halbgeleertes Glas. Die Kerze war tief niedergebrannt, und der einzige Ton im Zimmer war ein leises Stöhnen, das aus Boris' halbgeöffnetem Munde drang, klagend und dann wieder wie in kleine, hohe, wie spöttische Laute umschlagend. Billy zog die Türe vorsichtig an. Geschäftig nahm sie nun ihren Mantel und ihren Hut, ging an das Fenster und öffnete es. Der Zugwind verlöschte die Kerze; draußen schien es noch dunkel, der Regen flüsterte in der Finsternis, die großen Tannen rauschten, ein lautes, tiefes Rauschen, ein herrlich befreites Atmen aus unendlich weiter Brust, und Billy musste auch atmen, ganz tief, sie schwang sich auf das Fensterbrett und sprang hinaus.

Der Wind trieb ihr den Regen in das Gesicht und benahm ihr den Atem. Sie stand einen Augenblick da, leicht vorgebeugt, wie jemand, der im Seebade steht und erwartet, dass eine Welle über ihn hingehe. Dann lief sie in die Finsternis hinein mit festen, eigensinnigen Schritten. Über dem nassen Wege lag eine matte, blinde Helligkeit. Dieser folgte Billy. Klatschend sprang das Wasser an ihren Beinen hinauf, wenn sie in die Pfützen trat, von ihrem Hut rannen kleine, kalte Bäche hinter ihren Mantelkragen. Alles war gegen sie, alles war feindlich, was da rings um sie her flüsterte, gurgelte, kicherte und rauschte. Es war furchtbar, und sie fürchtete sich auch, aber sie hatte es nicht anders erwartet, und sie musste eben vorwärts. Dabei fand sie in sich etwas, das sie bisher nicht in sich gekannt hatte, sie fand in sich das erregende Gefühl böser Wachsamkeit und gleichsam verbissener Neugier, die das Wesen des Mutes sind. Denken konnte sie nicht, sie hatte nur auf der Hut zu sein. So stürmte sie fort. Der Weg wurde jetzt dunkel. Die großen Tannen rauschten ganz nahe um sie her, zuweilen schlug ein nasser Zweig nach ihr oder wollte sie festhalten, und dann stieß sie ihn von sich, ingrimmig und kampflustig. Eine große, traumhafte Resignation dem Unbekannten und Lauernden gegenüber machte sie fast gefühllos. Wunderlich war es dabei, wie die ganze Zeit über ein Bild vor ihr stand und empfunden und gesehen werden wollte. Sie sah sich selber deutlich, als ginge sie neben sich selber her, die schmale Gestalt im braunen Regenmantel, den nassen Hut auf dem Kopf, ein wenig vorgebeugt, wie sie die fremden schwarzen Wege entlanglief, unaufhaltsam und willenlos wie eine Kugel, die eine kräftige Hand hinausgeschleudert hat, vorwärts über die Wurzeln, die sich ihr hinterlistig in den Weg stellten, unter Zweigen durch, die sie aufhalten wollten und sie mit Wasser überschütteten, an großen, dunklen Vögeln vorüber, die über den Weg rauschten und erschreckende Klagetöne in die Nacht hineinriefen. Aber das musste so sein, so war das Leben außerhalb der Gartengitter von Kadullen, so war es, wenn man sich wieder zu den Gartengittern von Kadullen durchkämpfen musste. Und es war Billy, als fühlte sie, dass da in der finsteren Welt um sie her viele solche einsame Gestalten schwarze Wege hinabliefen, eilig, eilig. Diese Kameradinnen der Nacht empfand sie so stark, dass sie ihr unheimlich und dennoch ein wenig tröstlich waren. Der Weg wurde immer deutlicher und blanker, Bäume und Sträucher standen jetzt deutlich in einem grauen Licht, Nachtraben klatschten mit den Flügeln, der Tag kam. Aber Billy schaute nicht auf. War es furchtbar, diesen Traum zu träumen, so fürchtete sie sich dennoch davor, aus ihm zu erwachen. Sie wusste, dann würde dieses Fieber des Mutes und der gedankenlosen Ergebung von ihr weichen, dann würde sie keine Kraft mehr haben. Den Kopf auf den Weg niedergebeugt, stürmte sie weiter, zuweilen war sie mitten in einem weißen Nebel, dann ging sie wieder über Moos hin wie über grün und roten Sammet. Merkwürdig still war es um sie geworden, Regen und Wind mussten aufgehört haben. Plötzlich ging sie ganz in rotem Licht. Sie fühlte dieses Licht wie etwas, das wehe tut, sie kniff die Augen zusammen und beugte den Kopf tiefer. Allmählich wurde das Licht golden, überall lag greller Glanz, überall flimmerte es, in der Luft begann es zu summen, im Moose zu rascheln. Billy fühlte, wie um sie her geschäftiges Leben erwacht war, und sie ging schneller, es war wie ein Wettlauf mit diesem Tage, der so ruhig und wach in all seinem Glanze herankam.

Wie lange Billy so gegangen war, wusste sie nicht, es schien ihr unendlich lange. Die Sonne stand schon hoch am reinen, blauen Himmel und stach unerbittlich herab. Es schien Billy, als müsste sie eine sehr warme Last mit sich forttragen, dazu wurden ihr die Füße so schwer, bewegten sich langsam und mechanisch wie Dinge, die nicht zu ihr gehörten, sie waren ihr gleichgültig wie alles an ihr, sie fühlte sich wie eine wunderliche Sache, die mühsam durch den Sonnenschein fortgetrieben wird. Da plötzlich auf einer kleinen, grell beschienenen Waldlichtung sank sie auf einen Mooshügel nieder. Köstlich war es, die Beine von sich zu strecken, den Rücken in das warme Heidelbeerkraut zurückzulehnen. Etwas Schöneres konnte es im Leben nicht geben. Um die Lichtung standen junge Föhren und Tannen blank wie Metall und so regungslos, dass die Tropfen, die noch hier und da an ihren Nadeln hingen, gefroren schienen. Alles war regungslos unter diesem gelben Lichte, die Halme, die Moosblüten, die kleinen blauen Falter, eine Hummel kroch in die Glocke eines Benediktenkrautes und blieb dort hängen wie verzaubert. Im Dickicht kam ein Fuchs daher, den Kopf suchend niedergebeugt, und plötzlich blieb auch er stehen, ohne ein Glied zu regen, und starrte vor sich hin, die Lichter durchsichtig wie grünes Glas, gebannt von dem gewaltsamen Schweigen der Stunde. Billy saß da, und auch auf ihr lastete diese Regungslosigkeit, die so wunderbar wohltat, dieser köstliche Rausch des Lichtes, des Schweigens und all der heißen Düfte, welche die Blätter, die Tannennadeln, die großen, sich sonnenden Schwämme ausatmeten. Auch sie starrte vor sich hin, sie fühlte, wie auch ihre Augen so glashell wurden wie die Lichter des Fuchses dort und alles in ihr nur dazu da war, die sonnige Stille zu trinken. Aufgeregt erscholl jetzt der Ruf des Eichelhähers, als wollte er jemand rücksichtslos wecken. Der Fuchs war fort, und auch Billy fuhr auf, sie lehnte sich zurück, hob die Arme empor, streckte sich und machte ein Gesicht, als wollte sie weinen. Etwas sehr Schönes war vorüber. Mühsam erhob sie sich, was half es, sie musste ja doch weiter.

Ein breiter Waldweg, mit kurzem Rasen bedeckt, führte durch eine junge Föhrenschonung hin, und als der Weg eine Biegung machte, lag ein Stück Heideland vor Billy, mitten darin standen einige Häuschen, standen da mit dem goldbraunen Gebälk, silbergrauen Dächern wie kleine, blanke Kästchen auf der rotblühenden Heide. Eine Kuh blökte dort langgezogen und schläfrig, ein Hahn krähte, und Rauch stieg aus dem Schornstein gerade in den Himmel. Billy blieb stehen; das hier ergriff sie so stark, sie wusste nicht warum; die Augen wurden ihr feucht, und doch musste sie lächeln. Sie ging gerade auf das Haus zu, ein niedriger Lattenzaun umhegte einen Garten, in den Billy durch die halbgeöffnete Tür eintrat. Lange Gemüsebeete, Stachelbeerbüsche. Hie und da legten blau blühende Zichorien und dunkelroter Mohn grelle Farbenflecken in den gleichmäßigen Glanz des Mittaglichtes. Überall standen Bienenkörbe umher. Vor einem derselben kniete ein Mann und machte sich mit den Bienen zu schaffen. Billy ging auf ihn zu, er hörte wohl den Kies unter ihren Schritten knirschen, er hob den Kopf, ein altes, wie von unten nach oben zusammengedrücktes, kleines Gesicht schaute Billy aus trüben, ganz hellblauen Augen ruhig an.

«Guten Morgen», sagte Billy.

«Guten Morgen», erwiderte der Mann, die Hände hatte er vorsichtig vor sich hingestreckt, denn sie waren dicht mit Bienen wie mit goldgelben Sammethandschuhen bedeckt. Als Billy schwieg, wandte er sich wieder seinem Bienenstocke zu.

«Bin ich weit von Kadullen?», begann Billy wieder.

«Zu gehen drei Stunden», erwiderte der Mann, ohne aufzuschauen. Wieder schwiegen beide.

Der starke Duft der Küchenkräuter in den Beeten, der säuerliche Geruch des Honigs, das leise Summen der Bienen, all das legte sich über Billy wie eine unendlich wohlige Trägheit. «Hier ausruhen», dachte sie. «Darf ich hier sitzen?», fragte sie und wies auf einen Schiebkarren, der umgekehrt auf dem Kieswege lag. Der alte Mann nickte nur, während er die Bienen vorsichtig von seinen Händen streifte, und Billy setzte sich, streckte die Füße von sich, ließ die Arme schwer niederhangen, seufzte tief auf, mehr brauchte sie nicht. Ach, es war ja doch nicht so schwer, zu leben.

«Sie sind das Fräulein aus Kadullen?», sagte der alte Mann endlich wieder, «ich komme da oft hin, um Honig zu bringen. Sind wohl nass, wie?»

«Ja.»

«Sind wohl in der Nacht im Regen draußen gewesen, nun wollen Sie wohl nach Hause?»

Ja, Billy wollte nach Hause.

Der alte Mann nahm seinen Strohhut ab und fuhr sich bedächtig mit der Hand über den nackten, blanken Schädel. «Man kann anspannen», meinte er. Dann wandte er sich zur anderen Seite und rief: «Lina!» Drüben vor dem kleinen Stall stand eine rote Kuh, und davor hockte ein Mädchen im blauen Leinwandkleide und melkte die Kuh. Das Mädchen richtete sich langsam ein wenig mühsam auf, stand einen Augenblick da, verzog das Gesicht vor dem Sonnenschein, schaute missmutig zu Billy hinüber und wischte sich die großen, roten Hände an der weißen Schürze.

«Komm nur», sagte der Alte.

Da kam Lina langsam die Gemüsebeete entlang, auf dem großen, starken Körper saß ein kleiner Kopf, ein pausbäckiges, sehr erhitztes Kindergesicht unter der schweren Fülle brauner, fetter Haare. Die Hände hielt sie noch immer auf ihrer Schürze, als wollte sie es verbergen, dass sie guter Hoffnung war. Vor Billy blieb sie stehen und fragte verdrossen: «Was denn, Vater?»

«Nimm das Fräulein mit hinein», sagte der Vater, «ziehe ihr trockenes Zeug an, gib was zu essen, nachher, Fräulein, fahren wir.»

Lina wandte sich um und schritt dem Hause zu.

Billy erhob sich, um ihr zu folgen, da schaute der Alte verschmitzt, so von der Seite auf die beiden hin, wies mit dem Daumen auf seine Tochter und sagte: «Die is auch liederlich gewesen.» Lina schaute nach Billy zurück, fuhr sich mit dem Handrücken über die Augen und lächelte ein wenig. Das Wohnzimmer, in welches Billy geführt wurde, musste frisch getüncht worden sein, denn es erschien ihr so überraschend grellweiß. Der Sonnenschein lag so wunderlich schwer und honiggelb auf den weiß und roten Kattunbezügen der Möbel und den Tannenbrettern des Fußbodens. Dazu kam noch ein eifriges, lautes Durcheinander von Vogelstimmen, die einander überschreien wollten, überall an der Decke und am Fenster hingen Vogelbauer mit Kanarienvögeln, es mochten ihrer zehn oder zwölf sein, und die Tierchen, vom Lichte erregt, schlugen, als seien sie berauscht vom eigenen Gesange.

«Oh, die Vögel», sagte Billy überrascht.

«Die!», meinte Lina verdrießlich, «die bellen den ganzen Tag.»

Billy musste sich auf das Sofa setzen, und Lina begann sie zu entkleiden. Sie zog ihr die Schuhe aus, die Strümpfe. «Die kleinen Füße», murmelte sie, «in einer Hand halte ich so 'n Fuß wie 'n Vogel.» Sie war ganz in ihre Arbeit versunken und sprach vor sich hin wie ein Kind, das still in einer Ecke mit seiner Puppe spielt. «Die feine Wäsche, und durch und durch nass, und 'n Haut wie Seide haben wir, so, so, und nun kommt das Hemd, ganz neu ist es, für die Hochzeit habe ich es mir gemacht.»

«Für die Hochzeit?», fragte Billy, die willenlos den großen, vorsichtigen Händen gehorchte.

«Die Hochzeit, nu ist ja doch nichts damit», meinte Lina, während sie geschäftig zwischen den Kästen und Billy hin- und herging. «So, dieses Kleid hier, mir ist es ein bisschen zu eng, für Fräulein wird es gut sein. Ne, ne, es ist doch zu weit, das muss man zusammenstecken», und die beiden Mädchen begannen über das zu lose Kleid zu lachen, ganz laut, ganz hilflos. Lina setzte sich, schlug sich auf die Knie und hielt sich die Seiten. Die Kanarienvögel versuchten das Lachen der Mädchen zu überschreien.

Nun war Billy fertig. Sie ließ sich einen Spiegel geben, betrachtete sich aufmerksam, dann legte sie den Spiegel befriedigt fort und sagte: «Sehr gut, Ihre Kleider sind beruhigend wie Baldriantropfen.»

Lina ging hinaus, um etwas zum Essen zu besorgen, und Billy lehnte sich in das Sofa zurück und schloss die Augen. Ja, es war ihr wirklich, als hätte sie mit ihren Kleidern die Sorgen und Unruhen der früheren Billy abgelegt. Mit dem blau- und weißgetüpfelten Leinwandkleide, mit dem großen Kragen und dem groben Hemde, das ihr die Haut rieb, schien es ihr, als hätte sie etwas von dem sorglosen, fast schamlosen Frieden eingesogen, mit dem Lina ihren von der Mutterschaft entstellten Körper faul und bequem an den Gemüsebeeten des Gartens entlangbewegte.

Nun brachte Lina Milch, ein blankes, braunes Brot und sehr viel Honig. Billy begann zu essen; zuerst heißhungrig, dann langsam mit Genuss, fast mit Andacht, sie erinnerte sich nicht, dass ihr je etwas so gut geschmeckt hatte.

Als sie satt war, stützte sie die Arme schwer auf den Tisch. In den ungewohnten Kleidern trieb es sie, Bewegungen zu haben, die sie sonst nicht hatte, die Lina vielleicht haben konnte. Ihre Wangen waren wieder gerötet, ihre Augen blank, und Lebensungeduld wärmte ihr Blut. Lina saß ihr gegenüber, die Hände flach auf die Knie gelegt, und schaute sie aus den kleinen, blauen Augen stetig und geduldig an.

«Ich denke», meinte Billy, «wir gehen jetzt zu der Kuh, den Hühnern, zu den Bienen.» Das war es, in diesem komischen blauen Kleide wollte sie sich draußen im Hofe umtun; ja, sie war überzeugt, sie würde ganz so faul und gemütlich wie Lina zwischen den Gemüsebeeten entlanggehen können. Als sie jedoch aufstand, fühlte sie, dass ihre Beine steif waren und sie schmerzten. «Ach nein, bleiben wir lieber», sagte sie, «sprechen wir lieber etwas.» Allein die Ruhe des großen, erhitzten Mädchens ihr da gegenüber machte sie ungeduldig. Konnte man diese Ruhe nicht aufstochern, wie sie als Kind die kleinen, stillen Ameisenhügel aufgestochert hatte, sodass sie gleich voll aufgeregten Lebens wurden. «Fürchten Sie sich nicht?», fragte Billy plötzlich.

«Fürchten?», erwiderte Lina, «warum? Ach so, Sie meinen deshalb, ne, was kann man sich da viel fürchten?»

«Aber manche sterben daran», bohrte Billy weiter.

Lina fuhr sich mit dem Handrücken über die Augen und lächelte ein wenig. «Ja, manche sterben.»

Die beiden Mädchen schwiegen eine Weile und lauschten dem Lärm der Kanarienvögel. Dann begann Lina zu fragen mit ihrer tiefen, ein wenig singenden Stimme: «Und Ihrer ist auch fort?»

Billy errötete. «Ja, fort», murmelte sie unsicher.

Lina seufzte. «Ja», meinte sie, «es ist ein Kreuz mit den Männern; immer gehen sie fort. So geht es uns allen.»

Billy schwieg, aber sie empfand es wie Sicherheit und wie Frieden, dieses «uns», das sie einreihte in die Schar der Mädchen, die ruhig und stark das Leben auf sich nehmen.

Draußen hörte man das Rollen eines Wagens. Gleich darauf erschien der alte Mann in der Tür, eine Peitsche in der Hand, und sagte: «Jetzt können wir fahren, Fräulein.» Billy musste sich einen sehr großen, gelben Strohhut aufsetzen, und dann fuhren sie.

Der kleine Wagen rüttelte stark, der schwere Schimmel trabte gleichmütig dahin und schüttelte sich geduldig die Bremsen ab, die ihn umkreisten. Die kleinen Schellen, die an seinem Geschirr befestigt waren, klingelten eine schläfrig eintönige Melodie. Eine Weile fuhr der Wagen noch durch die Föhrenschonung wie zwischen stillen, blauen Wänden hin, dann hörte der Wald auf, die Landstraße war da und weite Felder. Über alldem lag ein heißer, blonder Staubschleier. Das Land erschien Billy so feierlich leer. «Man sieht keine Leute», sagte sie.

Der Alte begann anhaltend und leise zu lachen. «Weil es Sonntag ist. Na ja, wenn man des Nachts spazieren geht, weiß man nicht mehr, was für 'n Tag wir haben, aber so ist's nu mal mit den Mädchen; die Lina steht nu auch da.»

«Kann er sie nicht heiraten?», fragte Billy zaghaft.

Der Alte schlug ärgerlich auf seinen Schimmel ein. «Heiraten? Wen denn? Wo ist denn der zum Heiraten? Wo ist denn unser schöner

Maschinist von der Sägemühle? Weil er gelbe Katzenaugen hat, laufen sie ihm alle nach. Die Anna in der Wassermühle ist nun auch so weit. Ja, da hilft nichts; wie das Frühjahr kommt, sind die Marjellen in der Nacht draußen, unruhig wie die Bienen vor dem Gewitter, man kann sie hauen, man kann sie anbinden, hast du nicht gesehen – sind sie fort. Jetzt um diese Zeit ist schon seltener», setzte der Alte hinzu und warf einen Seitenblick auf Billy.

Sie lächelte. «Ja», dachte sie, «in der Frühlingsnacht, wenn wir unruhig werden wie die Bienen vor dem Gewitter, da gibt's das vielleicht, dieses Glücklichsein und dieses Sterben, von dem Boris gesprochen hatte, aber dort – – –», sie schauerte in sich zusammen, sie wollte nicht daran denken, sie hatten noch lange zu fahren, später würde sie alles überlegen. Gut, gut, aber jetzt nicht denken, nur dem schläfrigen Klingeln der kleinen Schellen zuhören.

Allmählich jedoch wurde die Gegend bekannter, hie und da stand zwischen seinen Feldern im Sonntagsrock ein Bauer, dessen Gesicht Billy sich erinnerte, und endlich tauchte in der Ferne Kadullen auf zwischen den großen Parkbäumen; ein kühler, grüner Fleck im sonnengelben Lande.

Billy richtete sich auf; sie wurde plötzlich ganz wach; es war fast qualvoll, wie jäh all das Traumhafte von ihr abfiel und die frühere Billy wieder da war mit der Verantwortung für das, was sie getan, mit der Angst und Scham vor all denen dort. Sie sah deutlich Marions Augen, Tante Bettys hilfloses kleines Gesicht und des Vaters strenge weiße Nase. Sie hatten ja wohl den Zettel gefunden, den sie zurückgelassen. Was stand doch auf dem Zettel? «Ich bin bei ihm», Gott, wie das dumm klang! Und nun näherten sie sich immer mehr dem Hause. Wenn sie nur unbemerkt über die kleine Treppe in ihr Zimmer kommen könnte, in Linas Kleidern würde niemand sie erkennen, und oben in ihrem Zimmer würde sie die Türe zuschließen, niemand hereinlassen und schlafen – schlafen. Vielleicht nahm das etwas von ihr, vielleicht war dann, wenn sie erwachte, alles anders, alles besser.

«Ach bitte», sagte sie, «wir halten an der kleinen Türe der Parkmauer drüben.» Der Alte nickte gleichmütig, lenkte in den Seitenweg ein und hielt vor der kleinen Tür in der Parkmauer. Als Billy ausgestiegen war, blieb sie einen Augenblick stehen und sagte zögernd: «Ich muss wohl bezahlen.»

«Schon gut», antwortete der Alte verdrossen, «ich gehe ohnehin in den Hof den Honig abliefern.»

«Aber nicht gleich», bat Billy.

«Weiß schon, weiß schon», murmelte der Alte, «kenne die Dummheiten.»

Billy verschwand hinter der Tür. Vorsichtig eilte sie die kleinen Wege entlang, alles war still und menschenleer, das Haus mit niedergelassenen Jalousien lag da wie schlafend. Vorsichtig näherte sich Billy der Hintertreppe. Aus den Fenstern des Gesindehauses tönten langgezogene Töne eines Chorals, das Gesinde hielt seine Sonntagsandacht. Vor dem Waschhause stand die Wäscherin, legte die Hand vor die Augen und schaute in den Sonnenschein hinaus. Wo hatte Billy das eben gesehn? Ja, dort drüben im Traum. Nun lief sie leise die Treppe hinauf, jetzt war sie in ihrem Zimmer. Auch hier hatte alles unverändert auf sie gewartet, und der bekannte Duft des Zimmers, das bekannte Licht, alles erschütterte sie so, dass Tränen mühelos und schmerzlos ihr Gesicht überströmten. Sie verschloss die Tür, riss sich hastig die Kleider vom Leibe und verkroch sich in ihr Bett. Weinen und schlafen wollte sie, nur das. Dann, wenn sie erwachte, nur ganz wieder zu all diesem zu gehören, das hier so unverändert, so still und hochmütig auf sie gewartet hatte.

Es war da ein wunderlicher Sonntag über Kadullen aufgegangen. Die Nachricht von Billys Heimkunft verbreitete sich schnell. Die Wäscherin hatte es dem Diener gesagt, der Diener meldete es Komtesse Betty, dann kam der alte Bienenzüchter in die Gesindestube und erzählte seine Geschichte. Er wurde zum Grafen geführt und da verhört, aber was half es, die Sache blieb so unverständlich wie zuvor. Warum war sie fortgegangen? was war geschehen? Marion wurde zu Billy hinaufgeschickt, meldete jedoch, Billy lasse niemand ein, wolle schlafen. Kummervoll saßen Komtesse Betty und Madame Bonnechose auf der Gartentreppe neben Lisa, die sich auf einen

Liegestuhl hingestreckt hatte, denn sie fühlte sich sehr matt von all diesen Aufregungen. Die beiden alten Damen schwiegen, was sollten sie sprechen, sie verstanden *la chère jeunesse* nicht mehr. Nur zuweilen murmelte Madame Bonnechose: «*C'est incompréhensible.*»

Komtesse Betty nickte, aber Lisa lächelte versonnen und sagte: «Verstehen, verstehen kann ich das alles.»

«*Mais, chère Lisachen, dites-nous donc, ce que vous savez*», drängte Madame Bonnechose.

Lisa schüttelte den Kopf. «Es gibt Dinge, die wir verstehen und für die es doch keine Worte gibt. Als ich damals mit Katakasianopulos auf der Ebene von Marathon stand, war es mir, als verstünde ich ganz deutlich all den Schmerz, der über uns kommen sollte, aber aussprechen, das hätte ich nicht gekonnt.»

«Ach, liebes Kind», sagte Komtesse Betty kleinlaut, «das hilft uns jetzt nun nichts mehr.»

Marion kam und meldete wieder einmal, dass oben bei Billy alles ganz still sei.

«Ach Gott, ach Gott», seufzte Komtesse Betty, sie konnte nicht so ruhig stillsitzen, sie erhob sich und ging zu ihrem Bruder hinüber.

Graf Hamilkar lag in seinem Zimmer auf dem Sofa, er hielt die Augen geschlossen, sein Gesicht war wunderlich fahl, die Züge schienen spitzer und schärfer als sonst. Als seine Schwester vor ihm stehen blieb, öffnete er die Augen und schaute sie mit einem Blick an, der gleichgültig war wie der Blick eines Menschen, der uns zwar anschaut, aber mit seinen Gedanken und Träumen sehr weit von uns fort ist.

«Immer noch keine Gewissheit», sagte Komtesse Betty weinerlich. «Sie lässt niemand zu sich herein, sie sagt, sie will schlafen.»

«Sie soll schlafen», erwiderte der Graf.

«Ja, aber sie kann uns doch zu sich hereinlassen», klagte die alte Dame weiter, «was ist denn das alles? all diese Geschichten?, das ganze Haus flüstert. Die Professors fahren heute fort und tragen es in die ganze Gegend hinaus, und du, Hamilkar, du sagst auch nichts.»

Der Graf richtete sich ein wenig auf. «Nein, Betty», sagte er, «ich sage nichts, weil ich nichts weiß. Dass die anderen Leute sprechen, können wir nicht ändern, wir sollten nur sprechen, wenn es nötig ist. Das Kind soll schlafen, dann soll es dir alles sagen und dann, Betty, werde ich auch das Meinige sagen. Ist es bald Frühstückszeit?»

«Ach Hamilkar», erwiderte Komtesse Betty eingeschüchtert, «du wirst zum Frühstück doch nicht erscheinen, du bist so angegriffen.»

Der Graf legte den Finger an die Nase und sagte scharf: «Ich werde erscheinen, und ich hoffe, dass es pünktlich wie immer sein wird. Ich habe auch nicht gehört, dass ihr einen Choral gesungen habt, habt ihr eure gewohnte Andacht noch nicht gehalten?»

«– Nein, in der Aufregung, siehst du», entschuldigte die alte Dame, aber der Graf war unzufrieden. «Du hast unrecht, Betty, haltet eure Andacht wie jeden Sonntag; aber wenn ich bitten darf, im Bibeltext und im Gebet keine Anspielungen auf die Ereignisse, eine ganz gewöhnliche Andacht. Wir können nichts dafür, dass hier etwas zu uns hereingekommen ist, das nicht zu uns gehört, es ist aber kein Grund da, davor zu kapitulieren, wir bestehen auf unsere Art, also.»

Müde lehnte der Graf sich zurück und schloss die Augen, seine Schwester schaute ihn erschrocken an. «Wie ist dir, Hamilkar?», fragte sie, «du bist so bleich?»

Der Graf winkte ungeduldig mit der Hand. «Es geht», meinte er, «Blutumlauf und Herzschlag lassen sich von uns nun mal nichts dreinreden, das Schlimme ist nur, dass sie sich beständig um unsere Angelegenheiten kümmern. Da liegt ein Fehler im Kontrakt, den wir unser Leben nennen. Es ist übrigens das Alter, Betty, nur das, und das ist ja schließlich verständlich.»

Komtesse Betty verließ leise das Zimmer, draußen sagte sie kummervoll zu Madame Bonnechose: «*Chère amie*, mein Bruder verlangt, dass wir die Andacht abhalten, da ist nichts zu machen, bitte rufen Sie die Kammerjungfern und den Diener, *o ma chère, il est terriblement philosophe.*»

Das Leben auf Kadullen kapitulierte nicht, die Andacht wurde abgehalten, zum Frühstück erschien Graf Hamilkar bleich und müde, aber die Unterhaltung zwischen ihm und dem Professor stockte nicht. Sie sprachen von der gelben Rasse und, als wäre das noch nicht fern genug, vom Bismarck-Archipel. Auf den anderen Anwesenden lag ein verlegenes Schweigen. Egons und Moritz' Plätze waren leer, denn auf die Nachricht von Billys Verschwinden waren sie fortgeritten und noch nicht zurück. Lisa wies die Speisen von sich und schaute mit ihren schönen Augen über die Köpfe der Anwesenden hinweg.

«Lisa ist heute ganz in Marathon», flüsterte Bob Erika zu. Selbst Herr Post und Fräulein Demme machten ernste, ja ein wenig hochmütig abweisende Gesichter. Herr Post hatte vor dem Frühstück zu Fräulein Demme gesagt: «Man sieht doch, diese sogenannte vornehme Kultur hält nicht stand, es ist doch manches innerlich faul», worauf Fräulein Demme, ihre kurzen Locken schüttelnd, geantwortet hatte, «es fehlt eben an innerer Freiheit.»

Nach dem Frühstück fuhren Professors fort, sie nahmen einen eiligen und zu herzlichen Abschied. Komtesse Betty hatte Tränen in den Augen. «Es war mir», sagte sie später, «als sei Billy gestorben und die Professors hätten einen Kondolenzbesuch gemacht.»

Dann kamen die Nachmittagsstunden mit der stetigen Klarheit des Hochsommertages, mit dem stillen Brennen der Farben auf den Beeten, der sonntäglichen Ereignislosigkeit, dem kummervollen Beieinandersitzen und Warten.

«Ach Gott, wenn man nur wüsste, worauf man wartet», seufzte Komtesse Betty. Oben aber, hinter der verschlossenen Tür, lag das arme Rätsel, und vor der Tür stand Marion den Kopf gegen die Tür gelehnt, die Augen zu groß in dem kleinen, bleichen Gesicht.

Einmal wurde die Stille durch den eiligen Hufschlag eines Pferdes gestört, ein Reiter sprengte auf den Hof, er stieg ab und trug einen Brief zu Graf Hamilkar hinein, dann ritt er wieder fort, und wieder lag sonntägliche Stille auf dem Hause.

«Was ist nun das wieder», klagte Komtesse Betty, «Hamilkar sagt auch nichts, jeder sitzt wie eine Sphinx vor seinem Geheimnis.»

Und Lisa, auf ihrem Liegestuhl, sagte in Gedanken versunken: «Selbst wenn sie von uns gehen, haben sie etwas Hilfeflehendes, als wollten sie uns sagen: ‹hilf mir von mir selber›.»

«Qui? monsieur Boris?», fragte Madame Bonnechose.

«Nein», erwiderte Lisa, «Katakasianopulos.»

«– Ah, ma chère, maintenant il ne s'agit pas de monsieur de Katakasianopulos», meinte Madame Bonnechose ärgerlich.

Endlich, nach dem Mittagessen, als die Sonne schon rot über dem Waldrande stand, verbreitete sich die Nachricht: Marion ist bei Billy drin.

Billy hatte sehr tief geschlafen. Jetzt lag sie auf ihrem Bette, die Arme im Nacken verschränkt, die Wangen gerötet, die Augen wunderbar blank. Sie schaute forschend zu Marion auf, die vor ihr stand und sie angstvoll anblickte.

«Vor allem», sagte Billy, «sieh mich nicht so an, als ob ich gestorben wäre. Du hast Augen, die einen ansehen können, als ob man eine Spinne wäre.»

«– Ach Billy, das ist nur, weil du gerade so wunderschön bist.»

Billy lächelte ein wenig, «nun ja, das kann ja sein, setze dich her und erzähle. Also *du* fandst den Zettel?»

«– Ja.»

«Du trugst ihn natürlich zu Tante und deiner Mutter?»

«– Ja.»

«Was sagten sie?»

«– Mama sagte, ‹la pauvre petite, elle est perdue.›»

«So, ‹perdue›, sagte sie. Erzähle doch weiter.»

Marion war dem Weinen nahe. «Ich weiß doch nicht, Tante ging zu deinem Vater hinein. Deine Vettern ritten fort, um dich zu suchen, Moritz sagte: ‹Hätte ich diesen Polen nur vor der Pistole.› Ich kochte für Tante und Mama Baldriantee.»

«Marion, Marion», unterbrach Billy, «Erzählen ist nicht deine Sache.»

«Nein», sagte Marion, «*du* sollst ja erzählen.»

Billy wurde ernst: «Ach so, dazu haben sie dich hergeschickt, gut. Lass die Vorhänge nieder und setze dich dort ans Fenster, sieh mich nicht an!» Sie schloss die Augen, und ihr Gesicht nahm einen gequälten Ausdruck an. «Ich ging fort in der Nacht, du weißt, ich musste. Es war auch ganz leicht. Ich konnte ihn nicht allein und beleidigt fortgehen lassen, ich wäre vor Mitleid gestorben. Und dann fuhren wir, es regnete, blitzte, endlich konnten wir nicht weiter. Wir stiegen in einem Kruge aus, da war ein Freund von Boris und ein alter Jude, und eine Jüdin saß da und rührte sich nicht und sah mich an, so wie Leute uns zuweilen in schrecklichen Träumen ansehen. Dann wurde gegessen und Champagner getrunken, Boris' Freund sang, und die Herren spielten Karten, aber da fing es an, da wurde alles anders, es wurde alles ganz traurig, und ich verstand nicht mehr, warum ich da war. Ich ging ins Nebenzimmer und legte mich auf das Bett. Alles roch nach Staub und sehr schlechtem Parfüm, da waren furchtbare rote Kissen, irgendwo weinte ein Kind, alles war entsetzlich hässlich und traurig. Ich habe nicht geglaubt, dass etwas so hässlich sein kann. Boris kam herein. Auch er war ganz fremd. Hier bei den Berberitzen hatte er schon von Glücklichsein und Sterben gesprochen, aber dort, dort klang es furchtbar. Und er war böse und ging hinaus, und ich stellte mich schlafend. Sag, Marion, könntest du lieben und tragisch sein oder glücklich sein und sterben, wenn eine der dicken grünen Raupen, vor denen wir uns so fürchten, auf dich herunterfällt und über dich hinkriecht, und du kannst sie nicht fortnehmen, und sie kriecht immer über dich hin. Sieh, so war alles dort, alles. Als alles still wurde und Boris schlief, sprang ich aus dem Fenster und lief, lief.»

«– Liebst du ihn nicht mehr?», fragte eine zaghafte Stimme von der Fensternische her.

Billy schwieg einen Augenblick, dann rief sie leidenschaftlich: «Marion, frag nicht solche Dinge. Ja, wahrscheinlich – – natürlich, hier werde ich ihn wieder lieben. Aber ich will nicht mehr davon sprechen, sie sollen mich nicht quälen. Geh, sag ihnen, was du willst, aber heute will ich Ruhe haben. Tante kann kommen und neben meinem Bett sitzen, aber sie darf nichts fragen, darf nicht von unangenehmen Dingen sprechen, sie kann von ihrer Jugend erzählen, wenn sie will.»

Billy wandte ihr Gesicht der Wand zu, und Marion schlich leise aus dem Zimmer.

Es dämmerte bereits, als Komtesse Betty zaghaft in das Zimmer ihres Bruders trat.

Graf Hamilkar saß auf seinem Sofa ein wenig in sich zusammengesunken und schaute zum Fenster hinaus. «Nun Betty», sagte er, ohne sich umzuschauen.

Die alte Dame blieb vor ihm stehen, sie stützte sich mit den Händen auf die Lehne eines Stuhles, das bleiche Gesicht ihres Bruders erschreckte sie, es schaute so unnahbar böse drein, als sähe er da draußen vor dem Fenster auf etwas hinab, was er verachtete.

«Nun?», sagte er wieder.

«Sie hat es Marion gesagt», begann Komtesse Betty, und sie erzählte leise, zögernd, die Stimme hatte etwas wunderlich Ratloses. «Das arme Kind», schloss sie, «ganz allein in der Nacht, was sie gelitten hat, der schlechte Mensch! Was sagst du, Hamilkar?»

«Ich», sagte er und wandte sich seiner Schwester zu. Die Worte kamen jetzt überdeutlich, scharf und näselnd heraus. «Ich sage, Betty, was erziehen wir da für Wesen?, die können ja nicht leben. Denen kann man ja das Ding, das wir Leben nennen, gar nicht anvertrauen. Ein Stubenmädchen, das zum Stallknecht schleicht und sich verführen lässt, weiß, was es will; aber was wir da erziehen, Betty, das sind kleine, berauschte Gespenster, die vor Verlangen zittern, draußen umzugehen, und, wenn sie hinauskommen, nicht atmen können. Das ist's, was wir erziehen, Betty.»

«Ich verstehe dich nicht, Hamilkar», sagte die alte Dame, die ganz bleich geworden war, «sie ist ein Kind, sie weiß nicht, sie wird vergessen, die anderen werden vergessen, es wird alles gut werden. Gott hat sie behütet.»

Eine leichte Röte stieg in das bleiche Gesicht des Grafen, und eine starke Erregung machte ihn ein wenig atemlos: «Dass sie das nicht vergisst, dafür hat der interessante Herr gesorgt, dafür hat er gesorgt, dass diese lächerliche Tragödie an dem Mädchen hängen bleibt wie eine hässliche Krankheit. Er hat es für gut befunden, sich dort in dem Judenkruge zu erschießen – da.»

Er hielt seiner Schwester ein Papier hin, das er die ganze Zeit in seiner Faust gehalten und zu einem kleinen, runden Ball zusammengeknittert hatte. Komtesse Betty nahm diesen kleinen Ball, mechanisch, mit zitternden Fingern faltete sie das Papier auseinander, strich es glatt, versuchte zu lesen. Es waren einige Zeilen von Ladislas Worsky, in denen er Boris' Tod meldete. Eingeschlossen war ein kleiner Zettel, auf den Boris geschrieben hatte: «An Billy. So gehe ich denn allein. Boris.»

Komtesse Betty ließ das Blatt auf ihre Knie sinken und schaute vor sich hin, gedankenlos, fast ausdruckslos; nur als der Graf jetzt böse auflachte, fuhr sie in furchtbarem Schrecken auf. «Das ist ein Abgang, was?», sagte er, und er sprach jetzt schnell und keuchend: «Das sind diese Leute, die ihr Leben damit verbringen, wie die Schauspieler vor dem Spiegel zu stehen und sich Gesten einzuüben für ein Publikum. ‹Ich liebe – wie steht mir das. Ich bin unglücklich, ich sterbe – wie steht mir das, was werden die anderen dazu sagen.› Tod und Leben – – – Toilettensache, und ein hübsches Mädchen, das uns liebt, ist auch nur Toilettensache, wie eine Gardenie, die man sich ins Knopfloch steckt, und wir erziehen unsere Mädchen als Gardenien für solche nichtsnutzige Snobs. Und das heißt dann Liebe, mit diesem Worte werden sie gefüttert und betrunken gemacht. Schön herabgekommen diese Liebe und das Leben und das Sterben, wenn sie zu Affären für Kinderstuben und Snobs geworden ist.» Er brach ab, die Erregung benahm ihm den Atem. Er lehnte sich müde zurück und schloss die Augen.

Komtesse Betty weinte still in ihr Taschentuch hinein.

Nach einer Pause begann der Graf wieder in seiner ruhigen, langsamen Weise: «Weine nicht, Betty, ich bin heftig geworden, entschuldige.»

Komtesse Betty hob ihr tränenfeuchtes Gesicht zu ihm auf und sagte flehend: «Aber sie darf es heute nicht erfahren.»

Graf Hamilkar zuckte die Achseln – «Heute oder morgen, zu ihr und zu uns gehört das jetzt einmal.»

Komtesse Betty erhob sich, trocknete sich die Augen und meinte: «Hamilkar, wie bleich du bist, du solltest zu Bett gehen.»

Der Graf lächelte wieder sein verhaltenes, gütiges Lächeln: «Ja, Betty, ich werde zu Bette gehen. In aller Not bleibt uns dieser Ausweg immer.»

Billy hatte wieder tief und fest geschlafen, es musste um Mitternacht sein, als sie erwachte, sie fühlte sich ausgeruht, wach und hatte Hunger. Den Tag über hatte sie ja böse alle Speise zurückgewiesen, sie überlegte, essen musste sie. Sie entschloss sich, zu der Mamsell Fräulein Runtze hinabzugehen und sich etwas geben zu lassen. Leise, um Marion nicht zu wecken, kleidete sie sich an, stieg in den unteren Stock hinab, um an die Tür der Mamsell zu klopfen.

Es dauerte lange, bis Fräulein Runtze verstand, wer da bei ihr klopfte, und als sie es verstand, war sie sehr erschrocken, «Ach Gott, Komtesse Billy! was gibt es denn? wieder ein Unglück?, essen wollen Sie? Na ja, das kommt davon, wenn man den ganzen Tag nichts essen will.» Leise vor sich hin scheltend, ging sie vor Billy her in die Speisekammer. Dort fand sich kaltes Huhn und ein wenig Madeira. Billy begann heißhungrig zu essen. Als sie das Glas nahm und mit gespitzten Lippen von dem Madeira nippte, blinzelte sie über den Rand des Glases zur Mamsell hinüber, die vor ihr stand, das große Gesicht erhitzt vom Schlaf, eng von der weißen Nachthaube eingerahmt, die Mundwinkel ernst und unzufrieden herabgezogen.

«Nun Runtze, was sagen Sie zu dem allem?», fragte Billy.

«Mir hat es sehr leidgetan», erwiderte die Mamsell kühl und förmlich.

«– Warum?»

Die Runtze wandte sich dem Holzgestelle zu, an dem die Würste hingen, und begann mit der Hand sanft eine Wurst zu streicheln. «Nun ja», meinte sie, «eine Komtesse muss wie eine Mandel sein, die ich gut in warmes Wasser eingeweicht habe und aus der Schale pelle, schön weiß.»

Billy hatte sich wieder über ihren Hühnerflügel gebeugt. «So, so», sagte sie während des Essens, «aber Bonnechose sagt, *cette pauvre* Runtze hat auch ihren Roman und ihre unglückliche Liebe gehabt.»

Die Mundwinkel der Mamsell zogen sich noch tiefer und säuerlicher herab. «In unserem Stand passiert alles Mögliche, da liebt man eine Zeit lang, und dann liebt man wieder nicht und hat seine Ruhe. Aber bei Herrschaften ist das anders. Wenn unten im alten Sofa in meinem Zimmer ein Loch im Überzuge ist, so ist mir das einerlei, ich stopfe das mal, wenn ich Zeit habe, aber oben die Herrschaftszimmer müssen blank sein, dafür sorge ich jeden Morgen.»

«Er war doch ein Müller?», fragte Billy geschäftsmäßig.

«– Ja, Müller.»

«Blond?»

«– Nein, rothaarig.»

Billy, nun gesättigt, lehnte sich in ihren Stuhl zurück. «So, rothaarig, das kann ganz hübsch sein, und das Gesicht gepudert von Mehl und dazu das rote Haar. Aber jetzt bin ich fertig.» Sie stand auf. «Ich danke Ihnen, Runtze, Ihr Essen war sehr gut.»

«Das ist die Hauptsache», meinte die Mamsell, «man liebt, und dann liebt man wieder nicht, aber essen muss der Mensch immer.»

Billy ging hinaus, aber zu ihrem Zimmer, das so voll beängstigender Träume war, mochte sie nicht hinaufsteigen. Sie ging den Korridor hinab bis zur Außentür, die in den Garten führte. Es war ja ohnehin die Stunde, in der sie umzugehen pflegte in letzter Zeit. Sie kam sich selber geisterhaft und unheimlich vor. Allein der Garten war köstlich, heimatlich. Ein Stück Mond und sehr helle Sterne standen am Himmel. Der Nebel war von der Wiese bis in den Garten gekommen. Er schlich über die Rasenplätze und die Beete. Die Blumen standen schwarz in den weißen Schleiern. Eine sehr starke Freude wärmte Billys Herz, als sie fand, dass diese vertraute Wirklichkeit hier auf sie gewartet hatte und dass sie wieder zu all diesem gehörte. Sie ging die Kieswege entlang, sie fuhr mit der Hand den Rosen und Georginen über die taufeuchten Köpfe, sie aß von den Johannisbeeren, sie stand unter den Berberitzen und atmete den feuchten Erdgeruch ein, der aus der alten Kiste dort aufstieg. Aber wie sie so ging, kam eine stärkere Erregung über sie. All diese Orte sprachen von Boris, sie sah ihn, sie fühlte ihn wieder, und die Sehnsucht nach ihm machte sie wieder elend und krank. Langsam war sie wieder zum Hause zurückgekommen, stand vor der still verschlafenen Gartenfassade, sah wieder Boris auf der Gartenveranda stehen oder die Gartenwege hinabgehen und mit den verträumten Augen in die Abendsonne sehen, sie hörte ihn wieder mit der feierlichen, singenden Stimme über den Schmerz um das Vaterland sprechen. Wie würde sie ohne all das weiterleben können? Plötzlich fiel ihr auf, dass es durch das schlafende Haus wie eine lautlose Unruhe ging. Da war Licht in Lisas Fenster, und hinter den Vorhängen bewegte sich Lisas Schatten hin und her. Billy erkannte deutlich die Gestalt im langen Nachtkleide und dem über den Rücken niederhängenden aufgelösten Haar. «Warum schläft sie nicht?», dachte sie, «warum geht sie umher, es ist doch meine, nicht ihre Liebesgeschichte?» Aber nebenan Tante Bettys Fenster war auch erleuchtet. Da war auch der Schatten von Tante Bettys großer Nachthaube und neben ihr noch eine große Nachthaube. Wie die beiden Nachthauben sich leise zueinander bewegten, wackelten und zitterten. Warum schliefen sie alle nicht? War es ihretwegen? Und dort auf der anderen Seite, auch hier Licht, auch hier hinter den Vorhängen ein ruhelos auf und ab gehender Schatten. Jetzt näherte sich der Schatten dem Fenster, der Vorhang wurde aufgezogen, das Fenster geöffnet, Billy sah, wie ihr Vater sich hinausbeugte, mit den Händen riss er das Hemd auf der Brust auseinander, in dem kargen Mondlicht schien sein Gesicht ganz weiß, nur der geöffnete Mund und die Augen legten schwarze Schatten hinein. So stand er da und trank gierig und angstvoll die Nachtluft ein. Billy wich hinter die Buchsbaumhecke zurück. Es fröstelte sie vor Angst. Mein Gott, was hatten sie alle! War es nicht, als sei sie gestorben und als schliche sie nun als Geist ums Haus, um zu sehen, wie sie da drinnen alle um sie trauerten. Vorsichtig sich im Schatten haltend, ging sie zu der Ahornallee hinüber. Es trieb sie, von dort aus zu dem Balkon und dem Fenster ihres Zimmers hinaufzuschauen. Auf der Bank, ihrem Fenster gegenüber, saß jemand und schlief, den Kopf auf die Brust gesenkt. Es war Moritz. Billy blieb vor ihm stehen. Der gute Junge, hier hatte er gesessen und zu ihrem Fenster aufgeschaut, und dieser Gedanke gab ihr das Gefühl einer angenehmen, warmen Geborgenheit.

Moritz wurde unruhig, schlug die Augen auf und sah sie an. «Ach, Billy, du», sagte er, als hätte er sie erwartet. Billy lächelte ihn an. «Hast du hier gesessen, Moritz, um zu meinem Fenster aufzusehen?»

«Ja», erwiderte Moritz verdrossen.

«Das ist gut», sagte Billy. Sie setzte sich neben ihn auf die Bank und lehnte sich leicht gegen seinen Arm. «Liebst du mich noch?»

«Ja», erwiderte Moritz im selben verdrossenen Tone, «aber das kann dir ja gleichgültig sein.»

«Ach nein», meinte Billy klagend, «das ist sehr wichtig, ich komme mir vor wie gestorben, und wenn man sehr geliebt wird, dann – – dann wird man, glaube ich, wieder lebendig.»

Moritz schwieg einen Augenblick, und als er zu sprechen begann, da machte eine große Erregung seine Stimme stockend und ungelenk. «Ach, Billy, wenn ich dir helfen könnte.»

«Wie kannst du das, Moritz», antwortete Billy, und er hörte ihrer Stimme an, dass sie weinte. «Ich – – ich – sehne mich so schrecklich nach Boris.» Der Arm, an den sich Billy lehnte, zitterte ein wenig, es war, als strafften sich die Muskeln an ihm.

«Der – –», zischte Moritz mit geschlossenen Zähnen, «du darfst an den nicht denken ... wie konnte er dir das antun ... er durfte nicht sterben ... und nicht so sterben, und wenn das Leben ihm auch noch so ekelhaft war ... das tut man nicht, wenn man liebt, das war gemein.»

Es wurde einen Augenblick ganz still. Moritz fühlte nur, wie der Mädchenkörper sich ein wenig schwerer an ihn lehnte.

Endlich begann Billy, und es klang wie die leise Klage eines Kindes: «Ist er tot?»

«Wie, Billy, du wusstest nicht – –»

«Doch, ich wusste es, ich fühle jetzt, dass ich's gewusst habe, die ganze Zeit – und schon damals dort, als ich von ihm fortging.» Sie schwieg eine Weile, es wurde so still, dass sie den Nachttau in den Blättern rascheln hörten. Plötzlich richtete Billy sich auf, sie stand vor Moritz, weiß und aufrecht, sie strich sich das Haar aus der Stirn, Mondlicht lag auf ihrem Gesicht, das wunderlich bleich und ruhig schien, und in fast geschäftsmäßigem Tone sagte sie: «Kommst du mit, Moritz?»

«Wohin willst du, Billy?»

«Ich muss doch zu ihm, das siehst du ein; ich habe ihn doch schon einmal verlassen. Er darf doch dort nicht allein in der schrecklichen Stube sein. Die Jüdin sieht ihn an, und die Kinder stehen in der Tür. Nein, ich will ihn nicht wieder verlassen, aber wieder allein durch den Wald – bitte, Moritz, komm mit.» Sie schwankte ein wenig, stützte sich auf Moritz' Schulter und sank dann still und schwer vor ihm nieder.

Billy war lange krank gewesen. Jetzt, an einem sonnigen Septembernachmittage, durfte sie zum ersten Male in den Garten hinaus. Auf dem Rasenplatze unter dem Birnbaum saß Billy in Tücher gehüllt, das Gesicht schmal und durchsichtig blass, in den Augen den träge genießenden Blick der Genesenden, der gern lange auf den Gegenständen ruht.

Auf dem anderen Rasenplatz lag Lisa auf ihrem Liegestuhl, Madame Bonnechose saß neben ihr und strickte an einem roten Kinderstrumpf. Komtesse Betty und Marion liefen beständig an den Georginenreihen entlang zwischen dem Hause und den Rasenplätzen hin und her. Graf Hamilkar machte seinen Nachmittagsspaziergang. Er ging langsam den Gartenweg entlang, stützte sich schwer auf seinen Stock, zuweilen blieb er stehen, roch in den Duft des reifen Obstes, der Blumen und der welkenden Blätter hinein und machte ein ernstes, böses Gesicht, ja er ärgerte sich. Hier lagen nun diese beiden schönen Wesen, vom Leben geknickt, zerzaust, hinterlistig angefallen. Warum? Warum diese Barbarei? Warum diese Verschwendung? Er zog die greisen Augenbrauen unzufrieden empor und blinzelte zum Waldrande hinüber, der dort fern in violettem Dufte lag. War sie nicht vielleicht ein Missverständnis, sein Missverständnis, diese hübsche Kultur, die er sorgsam um sich und die Seinen eingehegt hatte? Konnte man hier leben lernen? Als er an Lisa vorüberging, hörte er sie in ihrer elegischen Weise sagen: «Ich glaube nicht, dass Billy einen großen Schmerz verstehen kann, dass sie ihn genießen kann, denn man muss auch seinen Schmerz genießen können.»

«Genießen, *ma chère, quelle idée*», meinte Madame Bonnechose, ohne von ihrem Strickstrumpf aufzusehen.

Der Graf ging weiter und blieb vor Billy stehen. «Nun, wie geht es?», fragte er ein wenig streng.

Billy errötete. «Danke, Papa, gut. Ich wollte dir etwas sagen.»

«So, so.» Der Graf setzte sich auf einen Gartenstuhl seiner Tochter gegenüber und schaute sie aufmerksam an.

«Ich wollte dich fragen», begann Billy und schaute hinauf in den Birnbaum hinein, «ich wollte dich fragen, ob du mir verziehen hast.»

«Ja, gewiss», antwortete der Graf langsam, als gälte es, ein Problem zu lösen. «Wenn wir jemandem verzeihen, so wünschen wir ihm damit über etwas, das er erlebt oder getan hat, hinwegzuhelfen. Dieses ist nun hier natürlich mein lebhaftester Wunsch.»

Befriedigt lehnte Billy ihren Kopf zurück und bewegte ihn sachte auf dem Kissen hin und her, wie Fieberkranke zu tun pflegen. «Wenn wir krank sind», meinte sie, «geht die Zeit, glaube ich, schneller; es liegt so weit, das, was vor der Krankheit war. Mir scheint es, als hätte ich in dieser Zeit der Krankheit so viel getan, besonders bin ich viel gegangen, immer gehen, immer unterwegs und immer solch wunderbar fremde Wege. Ich erinnere mich von alldem nicht mehr viel, nur eins weiß ich noch, ich ging auf einer gelben Landstraße, und vor mir her ging jemand, und vor diesem wieder jemand und so fort, viele Gestalten, und sie trugen alle meinen braunen Regenmantel und mein Musselinkleid mit dem rosa Nelkenmuster, es waren überhaupt lauter Billys, und ich wusste, es kommt darauf an, dass ich die Billy, die vor mir herging, einhole. Das schien mir sehr wichtig.»

«Hm!», bemerkte der Graf, «ein interessanter Traum. Das sind unsere Spiegelbilder, die sich im Traume emanzipieren. Und jetzt», er lächelte seine Tochter an, «jetzt meinst du, du hast diese andere Billy erreicht.»

Billy schaute noch immer zum Birnbaum hinauf und wiegte sachte den Kopf. «Jetzt bin ich ganz glücklich», sagte sie sinnend, «aber vielleicht darf das nicht sein. Lisa sagt, wer einen großen Schmerz hat, soll davor stehen wie ein Soldat auf der Wacht.»

Graf Hamilkar schob ärgerlich seine Unterlippe vor und sagte scharf: «Vor seinen Torheiten zu stehen wie der Soldat auf der Wacht ist jedenfalls nicht empfehlenswert.»

Billy schien ihn nicht zu hören. Sie sprach noch immer verträumt zu den kleinen goldgelben Birnen hinauf, die über ihr hingen: «Und untreu sein, untreu sein ist so furchtbar hässlich.»

Der Graf beugte sich vor, hob seinen ausgestreckten Zeigefinger in den Sonnenschein hinauf und sprach langsam und eindringlich: «Meine Tochter, dafür, dass wir unseren traurigen oder törichten Erlebnissen nicht untreu werden, treu bleiben, ist gesorgt. Die laufen uns ohnehin nach. Wir werden vielleicht immer andere, und das ist gut. Aber das Konto bleibt dasselbe. Um auf deinen merkwürdigen Traum zurückzukommen, wenn die eine Billy glücklich die andere Billy erreicht hat, so kannst du sicher sein, dass die alte Billy der neuen Billy alles mit auf den Weg gibt, woran sie selber zu tragen hatte. Das ist nun mal nicht anders.»

«Alles – für immer», sagte Billy leise, und sie sah ihren Vater mit einem Blick so hilfloser Angst an, dass er die Augen niederschlug, denn ein starkes Mitleid verursachte ihm einen fast körperlichen Schmerz.

«Nun, nun», lenkte er ein, «wenn man so viele Billys wie du vor sich hat, so kann es nicht fehlen, dass auch noch manches Gute mit auf den Weg genommen wird.»

«Nicht wahr, es muss noch sehr viel Gutes kommen», rief Billy.

Überrascht schaute der Graf auf. Er sah, dass Billy die Arme erhoben und die gefalteten Hände auf ihren Scheitel gelegt hatte. Sie lächelte dabei ein wunderbar erwartungsvolles Lächeln. «So, so», murmelte er, «na ja dann – –.» Er erhob sich, strich flüchtig mit zwei Fingern über Billys Wangen und ging wieder langsam den Gartenweg hinauf. Was sollte er da noch trösten. Dieses Kind war ihm mit seinem Glauben an das Leben weit voraus, da hatte er nicht mehr mitzusprechen. Er setzte sich auf die Bank am Rande der Wiese, er wollte sich sonnen. Wie sie das Leben liebten, diese armen Kinder, wie sie ihm vertrauten. Ja das will es, geliebt werden, um grausam zu sein. Vielleicht eine gute Methode, immer vorausgesetzt, dass das einen Zweck hat. Er strich sich sachte mit der Hand über die Stirn und die Augen, wenn nur das Mitleid nicht so ermüdend wäre, immer das Leben der anderen mitleben, obgleich – drei Viertel unseres Lebens liegt irgendwo im Leben der anderen. Können wir das nicht mitmachen, so bleibt uns nur ein Viertel, das ist für den Rausch zu wenig, das ist fast Nüchternheit. Schön, schön, Nüchternheit bringt gewöhnlich Verstehen, nur ist es hier mit dem Verstehen so eine Sache. Er kniff die Augenlider zusammen, als wolle er das grelle Gold des Nachmittagslichtes in seinen Augen sammeln und zerdrücken. Wie war es doch, er wollte sich auf einen homerischen Vers besinnen. Das Gedächtnis ließ ihn auch im Stich, wie heißt es dort, wo Hektors Seele laut jammert, weil sie das liebe Leben lassen muss. Er kam nicht darauf. Armer Teufel übrigens, mitten aus dem Rausch heraus. Eine der großen Mücken kam jetzt mit leise schnurrendem Fluge an Graf Hamilkar vorübergeflogen. «Srrr» machte er mit den Lippen und lächelte ein wirklich heiteres Lächeln, während er zuschaute, wie dieses wunderliche Bündel von Florflügeln und Goldfäden durch den Sonnenschein taumelte. «Verrückt vor Leben», dachte er, «wenn das nur alles einen Sinn hat. Immerhin, es ist mehr Chance für Sinn als für Sinnlosigkeit, obgleich – bin ich eine Zahl in der großen Rechnung, so habe ich zwar einen Sinn, aber das Resultat unter dem schwarzen Strich braucht mir deshalb noch lange nichts zu bedeuten. Es käme darauf an, eine Zahl im Resultat unter dem Strich zu sein.» Übrigens erschöpfte das Denken ihn. Warum musste immer gedacht werden, auch so ein Vorurteil. Nicht denken, atmen. Er lehnte sich zurück und öffnete ein wenig den Mund. Das Atmen könnte auch eine leichtere und einfachere Angelegenheit sein. Er fror, er musste wohl wieder ein wenig gehen, er wollte sich erheben; aber die Beine trugen ihn nicht. Er streckte die langen Arme aus, als wollte er in den Sonnenschein hineingreifen, und sein Gesicht nahm einen ärgerlichen, angstvollen Ausdruck an, dann fiel er zurück, wurde ganz still, sank in sich zusammen, ein wenig schief über die Seitenlehne der Bank hin, in jener müden Bewegung, die der erste Augenblick des Todes dem Menschen gibt, bevor die kühle Strenge kommt. Die Sonne stand schon tief und badete die schweigende Gestalt in rotes Licht, ein leichter Wind bewegte ein graues Haarbüschel an der bleichen Schläfe, die große Mücke flog wieder schnurrend zurück, an der jetzt regungslosen weißen Nase vorüber. Ringsum fielen die reifen Früchte schwer in den Rasen und ließen für einen Augenblick das Wetzen der Feldgrillen verstummen. Drüben aber unter dem Birnbaum saß Billy, schaute mit fieberblanken Augen in die Abendsonne und lächelte noch immer ihr erwartungsvolles verlangendes Lächeln.

Föhn

Kora ging auf die Gartentreppe des Landhauses hinaus. Sie hatte das an diesem Sonntagnachmittag schon häufig getan. Immer wieder musste sie dort stehen, um sich in dem starken, warmen Winde zu baden, um zu fühlen, wie der Wind ihre Kleider zauste und ihr die blonden Haarsträhnen um die Stirn wehte. Jetzt war der Garten schon ganz finster, aber es war eine seltsam bewegte Dunkelheit. Die tintenschwarze Masse der Parkbäume regte sich und wogte. Darüber am hellen Himmel war es ein wildes Ziehen und Jagen riesiger Wolkengestalten, und um die Obstbäume an den Gartenwegen flirrte und schimmerte es weiß in der Dämmerung von fliegenden Blütenblättern. Dazu das mächtige Rauschen, das plötzlich anschwoll, dann müde wurde, um wieder anzuschwellen, als kämen große neue Stimmen, um neue Erregung in die Finsternis hineinzurufen. Irgendwo im Park sang ein Wasser vor sich hin, und in der Luft pfiff der eilige Flügelschlag verspäteter Zugvögel.

Kora bog den Kopf zurück, schloss die Augen und öffnete die Lippen. Dieses Wehen legte eine fast schmerzhafte Unruhe in ihr Blut, etwas wie ein atemloses Warten. Hier in der Dunkelheit jagten doch Ereignisse dahin, riefen einander zu. In diesem warmen Hauch des Windes, in dem starken Duft der feuchten jungen Blätter lag es wie geheimnisvolle Versprechungen, wie unverständliche Freuden. Kora seufzte tief auf. Für sie war das ja doch nichts. Wenn man sechzehn Jahre alt ist, ist man von allem ausgeschlossen. Wie lange konnte sie denn hier stehen, sie musste ja doch wieder ins Haus, und dort – mein Gott! Ein Sonntagnachmittag ist nie angenehm, er birgt eine gewisse Melancholie in sich, als sei etwas Erwartetes nicht gekommen. Aber heute war es ganz arg. Alle Menschen waren so gereizt, abweisend und mit sich selbst beschäftigt. Kora fühlte sich überflüssiger denn je, und doch bedurfte sie gerade heute mit ihrer seltsamen Unruhe im Blute freundlicher Menschen, zu denen sie sprechen konnte und die ihr zärtliche, hübsche Dinge sagten. Aber wo war das zu haben. Sie seufzte noch einmal tief auf und ging dann widerwillig und gelangweilt die Füße voreinander setzend in das Haus hinein.

Im Salon fand Kora das Brautpaar, Agnes, ihre ältere Schwester, und den Lieutenant. Der Lieutenant stand am Kamin sehr würdig und gerade, wie er das zuweilen konnte. Agnes saß fern von ihm in einem Sessel. Das hübsche Gesicht war gerötet, in den blauen Augen flackerte ein erregter, scharfer Glanz. Sie hatten laut gesprochen, jetzt schwiegen sie beide und sahen Kora streng an. «Gut», dachte Kora, «sie streiten sich. Natürlich.»

«Ich habe noch nie jemand gekannt», bemerkte der Lieutenant, «der es so wie Kora versteht, beständig durch alle Türen hereinzukommen.»

«Ich geh ja schon», sagte Kora und zuckte, so ironisch sie konnte, die Achseln. Im Wohnzimmer schien es auch nicht gemütlich herzugehen. Die Eltern saßen dort. Der Vater las einen Brief vor. Die Mutter hatte kleine, rote Flecken auf den Wangen und machte ihr feierliches und gereiztes Gesicht, das sie stets zu machen pflegte, wenn sie ganz anderer Ansicht als der Vater war. Auch hier verstummte man, als Kora eintrat. Der Vater schaute über seinen Kneifer hinweg scharf zur Türe hin und fragte: «Was willst du?»

«Nichts», erwiderte Kora, «ich gehe nur durch.»

«Geh eben nicht durch», meinte der Vater.

Was blieb Kora übrig? Sie musste jetzt jemand haben, mit dem sie sprechen konnte, sie fühlte sich zu unglücklich. Sie stieg daher die

Treppe zum großen Giebelzimmer hinauf, das sie hier auf dem Lande mit Fräulein Marr teilte. Fräulein Mali Marr war Koras Erzieherin, aber sie war nur selten Erzieherin, meist war sie das schönste und von Kora am leidenschaftlichsten geliebte Wesen des Hauses. «Fräulein», hatte Kora einmal zu ihr gesagt, als die Zärtlichkeit zu der Freundin besonders heiß in ihr aufstieg, «Fräulein, ich glaube, die Liebe, die ist ganz so wie Sie.» Fräulein Marr allerdings hatte das nicht gut aufgenommen, sie hatte die Erzieherin hervorgekehrt und in dem trockenen Tone, in dem sie sonst zu fragen pflegte, «wann regierte Karl der Große?» gesagt: «In deinem Alter könntest du auch schon taktvoller sein.» Jetzt aber sehnte Kora sich unendlich, ihren Arm um Fräulein Marrs Taille und ihren Kopf an Fräulein Marrs Schulter zu legen.

Im Giebelzimmer saß Fräulein Marr an ihrem Schreibtisch, stützte den Kopf in die Hand und starrte in das Licht der Lampe. Als sie die Tür gehen hörte, schrak sie zusammen und wandte Kora ein tränenüberströmtes Gesicht zu. «Oh, Fräulein», rief Kora leidenschaftlich, als wollte sie Fräulein Mali vor allem Bösen schützen, «ich – ich will hier bei Ihnen bleiben.»

«Liebes Kind», erwiderte das Fräulein und wandte sich schnell wieder ihrem Schreibtische zu, «ich habe hier einen Brief zu schreiben, du kommst vielleicht ein wenig später.»

Kora wandte sich auf dem Absatze um und ging hinaus, und als sie die Treppe hinabging, fühlte sie, wie der Zorn heiß in ihr aufstieg und ihr die Tränen in die Augen trieb. Was war das heute? Was hatten sie nur alle? Es sah ja so aus, als sei sie verfemt, als könne niemand sie brauchen. Was konnte sie dafür, dass sie sechzehn Jahre alt war und noch nicht verlobt wie Agnes, und nicht verheiratet wie die Eltern, und nicht verliebt wie Fräulein Mali. Aber irgendwo musste sie doch auch sein, wenn man auch sechzehn Jahre alt ist, man ist doch ein Mensch. Sie beschloss, zu Lina, der kleinen Kammerjungfer, zu gehen und über das neue Osterkleid zu sprechen.

In Linas Zimmer schlug Kora ein starker Zugwind entgegen, die Fenster waren weit offen. Die flammende Lampe flackerte und dampfte, und Papiere tanzten wild durch das Zimmer. Lina selbst lag im offenen Fenster. Sie hatte sich so weit hinausgebeugt, dass ihr Kopf im Dunkeln verschwand, und ein leises, hohes, ununterbrochenes Lachen klang wie das Rinnen eines lustigen Wassers in das Rauschen des Windes hinein. Sie musste aber das Öffnen der Tür gehört haben, denn sie richtete sich jäh auf, ihr Gesicht war rot, im zerzausten Haar hing ein welkes Herbstblatt, das der Wind drüben in der Allee aufgelesen haben mochte. Verwirrt legte sie den Handrücken auf die Augen und rief: «Ach Gott, Komtesschen ist's.»

«Es ist nichts, Lina, bleiben Sie nur», sagte Kora und ging. Auch hier war sie unwillkommen. Nun blieb ihr nur das Schulzimmer übrig. Sie wusste, dort würde sie ihren fünfzehnjährigen Bruder Egon finden, auch ihm würde sie ungelegen kommen, wahrscheinlich würden sie sich streiten, aber das war ihr gleich.

Egon saß am Schultische und schrieb eifrig in ein Heft. Sein schmales Gesicht war leicht gerötet, das blonde Haar stand wirr empor. Kora setzte sich ihm gegenüber, stützte das Gesicht in beide Hände und schaute ihn an. Auch Egon schaute sie an, streng und unzufrieden. Dann legte er den Bleistift fort, klappte das Heft zu, kreuzte die Arme über der Brust und kniff die Lippen fest zusammen, um sein Schweigen zu unterstreichen.

«Du hast natürlich gedichtet», begann Kora. Egon antwortete nicht.

«Natürlich ein Liebesgedicht an Fräulein. Nur schade, dass sie einen anderen liebt.»

«Wer sagt das?», fuhr Egon auf.

Kora zuckte die Achseln. «Ich sage das. Sie liebt doch den Herrn von Staffen, den Forstvolontär.»

«Den Affen!», warf Egon ein.

«Affe oder nicht», fuhr Kora fort, «die Hauptsache ist, dass sie ihn liebt und nicht dich. Sie sitzt jetzt oben und weint und ist unfreundlich, wie übrigens alle heute Abend.»

Da Egon nicht antwortete, so schwiegen jetzt beide, schauten in das Licht der Lampe und horchten auf den Wind, der draußen jauchzte und rauschte und an den Fenstern rüttelte, als wollte er in all seiner Ausgelassenheit in die stille Schulstube zu den beiden nachdenklichen Kindern eindringen. Aus dem Salon klangen Klaviertöne herüber, jemand spielte ein Chopinsches Prélude.

«Aha», sagte Kora, «jetzt spielt Agnes schon das Prélude, wenn sie das spielt, dann haben sie sich gründlich verzankt. Ich verstehe nicht, warum das sein muss, dass, wenn man verliebt ist oder verlobt ist, dass man dann traurig ist und unfreundlich, das ist doch was Gutes und müsste einen freundlich machen.»

«Die Liebe ist eben ein Kampf», klang es ernst von Egons Lippen.

Verwundert schaute Kora auf: «Wo hast du das her? Das ist natürlich ein Unsinn. Warum soll eine Verlobung ein Kampf sein?»

«Liebe ist eben mehr als Verlobung», bemerkte Egon feierlich, «aber das kannst du nicht verstehen.»

«Ich will es auch gar nicht verstehen», erwiderte Kora gereizt. Dann trat wieder eine Pause ein, und nur der Wind hatte wieder das Wort, das Wort mit der großen, unverständlichen und schwülen Lustigkeit.

«Warst du auch da draußen», begann Kora endlich wieder, aber leise, als handelte es sich um etwas Geheimes, «hast du es auch gespürt, wie es einen fasst an die Beine, an die Arme, und das Herz schlägt einem bis an den Hals hinauf, und ich weiß nicht, man möchte etwas tun.»

Egon nickte, dann errötete er ein wenig. «Ja, ich weiß», sagte er leise und zögernd, «und – weißt du, was ich dort im Garten dachte, was ich wollte? Ich wollte, es hätte sich jemand dort in dem Dunkel und Winde verirrt, aber ganz verirrt, sodass er nicht weiß, wo er ist, und er läuft umher und ängstigt sich und ruft, und dann komme ich und nehme ihn und schütze ihn, und die Dunkelheit und der Wind sind dann nicht mehr schrecklich, sondern befreundet.»

«Jemand? Fräulein natürlich», bemerkte Kora. Da Egon nicht antwortete, fuhr sie nachdenklich fort. «Ach ja, das mag gut sein. Man irrt da draußen umher, und dann kommt einer, und es ist alles wieder gut. Das ist vielleicht, was man will, wenn man da draußen im Dunkeln steht.»

Wieder schauten die beiden Kinder schweigend in das Licht der Lampe, beide sehr ernst, die Augen seltsam blank und durchsichtig.

Jetzt ertönte eine Glocke. «Wir müssen zum Abendessen gehen», sagte Kora. Sie stand auf, hob die Arme in die Höhe, reckte sich und meinte: «Ach Gott, wenn ich an die bleiche Kalbsfrikassee denke, die wir heute Abend haben, dann scheint es mir, als könnte es im Leben niemals etwas Schönes geben.»

Zur Abendmahlzeit versammelte sich eine erhitzte und ziemlich schweigsame Familie. Nur der Vater versuchte es, ein wenig Leben in die Unterhaltung zu bringen. «Ja, dieser Südwest, dieses abnorme Wetter. So was fühle ich in meinem linken Fuße vierundzwanzig Stunden voraus. Ein jeder fühlt es, glaube ich, nicht wahr? Jeder hat sein Zipperlein, er hat es auf seine Weise, aber er hat es. Haha! Wie steht es mit Ihnen, Fräulein?» Immer wenn die Familie nicht aufmerksam genug war, fing der Vater an, Fräulein Marr ein wenig den Hof zu machen.

Fräulein Marr erwiderte abweisend, ohne die Augen aufzuschlagen: «Allerdings, dieser Scirocco macht nervös.»

Das klang so gouvernantenhaft, dass es Kora schmerzte. Nun erzählte der Vater von früheren Sciroccos seiner Jugend, und da niemand zuhörte, begann er plötzlich den Diener zu schelten, weil die Messer nicht scharf waren und kleine Korkstücke sich im Rotwein vorfanden. All das hatte Kora schon häufig erlebt, heute aber erschien es ihr von einer ganz aussichtslosen Alltäglichkeit, aus der es für sie kein Entrinnen gab.

Als die Mahlzeit zu Ende war, begann in den Zimmern ein seltsam unruhiges und zweckloses Hin-und-Hergehen. Ein jeder stand einmal am Fenster, schaute in die Dunkelheit hinaus und sagte: «Nein, dieser Wind.» Endlich zog sich das Brautpaar in den Salon zurück, um sich zu versöhnen. Fräulein Marr verschwand. Egon saß zwischen seinen Eltern, behauptete, Kopfweh zu haben, und ließ sich verwöhnen.

Kora wusste nicht, was sie mit sich anfangen sollte. Sie nahm ein Buch und setzte sich in eine Ecke des Wohnzimmers. Allein sie konnte nicht lesen, sie dachte nach, sie dachte über sich nach, sie horchte in sich hinein. Sie musste sich sehr über sich selber wundern. Was war denn geschehen, und was konnte denn geschehen? Nichts, gar nichts. Der gewöhnlichste aller Sonntage war vorüber, und der gewöhnlichste aller Montage würde kommen. Und dennoch entdeckte sie in sich etwas wie ein gespanntes Warten, sie wusste nicht worauf, einen Zorn über etwas, das nicht kam, das sich vor ihr versteckte, um das sie betrogen wurde. Kora lehnte ihren Kopf auf die Stuhllehne zurück, ihr rundes Gesicht war ganz bleich, und die Lippen sehr rot. Ach, so unverständlich war sie sich noch nie selbst vorgekommen. Und wie das müde machte, dieses Herumraten an sich selber.

Als es Schlafenszeit war, stieg Kora zu ihrer Giebelstube hinauf. Dort saß Fräulein Mali Marr im weißen Nachtkleide vor dem Spiegel und bürstete ihr langes, blondes Haar, bürstete es langsam und stetig und schaute dabei in den Spiegel mit so starr verträumten Augen, als sähe sie in eine weite Ferne hinab, aus der langsam etwas auf sie zukam. Kora stand und betrachtete die weiße Gestalt, und es schien ihr, als läge über dieser Gestalt etwas von dem erregt Geheimnisvollen, das Kora heute ersehnte und doch nicht verstand.

«Gute Nacht», sagte Kora leise.

Fräulein Marr wandte sich um: «Gute Nacht, mein Kind», sagte sie, und dann breitete sie die Arme aus und umschlang Kora so leidenschaftlich wie nie zuvor. «Gute Nacht, mein Kind», wiederholte sie. Kora traten die Tränen in die Augen. Das war ja ergreifend wie ein Abschied, wie ein Abschied vom Forstvolontär.

Nun ging Kora zu Bette. Sie drückte sich fest in ihre Kissen, sie machte sich ganz klein. Hier würde sie Schutz finden vor allem dem Unklaren und Unruhigen, das sie heute gequält hatte. Vor den Fenstern sang noch immer der Wind. Kora schloss die Augen, aber sie musste sie von Zeit zu Zeit immer wieder öffnen, um zu sehen, ob das Fräulein noch vor dem Spiegel sitze und ihr Haar bürste. Ja, das Fräulein saß immer noch vor dem Spiegel, bürstete langsam und stetig ihr Haar und schaute in den Spiegel wie in eine weite Ferne. «Merkwürdig», dachte Kora, «was sie nur hat. Gut, sie liebt den Forstvolontär, aber kann man so Stunden dasitzen und immer lieben, nichts als lieben, wie ist das? Ob es der Gärtner war, mit dem Lina am Fenster sprach? Wie nur Egon darauf gekommen war, auf das Umherirren im Dunklen. Das war hübsch. Man irrt und irrt und ruft und streckt die Arme aus in das Dunkel, das warm und schwarz ist, und dann plötzlich kommt jemand – ach ja, es ist ja der Forstvolontär.»

Kora fuhr auf, sie musste ein wenig geträumt haben. Das Zimmer war finster, Fräulein mochte wohl das Licht ausgelöscht haben und zu Bett gegangen sein. Aber da war ein leiser Ton im Zimmer, ein Rascheln, etwas wie behutsame Schritte, nun waren sie an der Türe, jetzt ging die Türe, leise öffnete sie sich und schloss sich wieder. Draußen die Stufen der Treppe knarrten.

Kora richtete sich in ihrem Bette auf, sie lauschte, eine große Aufregung schnürte ihr die Kehle zu, und sie hörte sich selbst klagend sagen: «Fräulein geht hinaus zu ihm.» Dann ergriff sie eine rätselhafte Unruhe, sie konnte hier nicht in dem dumpfen Zimmer zurückbleiben, wenn draußen in dem Rufen und Klingen der Nacht geheimnisvolle Feste gefeiert wurden. Nein, sie wollte nicht immer ausgeschlossen sein.

Hastig kleidete sie sich an und schlich mit klopfendem Herzen die Stiege hinab in den Garten.

Das starke Wehen benahm ihr den Atem, auch das Vorwärtskommen war mühsam. Es schien Kora, als müsste sie gegen den Strom durch ein schwarzes, lauwarmes Wasser schwimmen. Aber es trieb sie eilig fort die Gartenwege entlang, an den bewegten weißen Gestalten der blühenden Obstbäume vorüber, als suchte sie etwas, bog eilig um die Ecken, ging über feuchten Rasen, ohne Gedanken, nur mit der rastlosen Bewegtheit im Blute, die auch über ihr und um sie her im Rauschen der seltsamen Nacht wach war. Jetzt dort die große schwarze Gestalt, aus der ein tiefes und beruhigtes Rauschen klang, musste die alte Ulme sein. Kora blieb einen Augenblick stehen. Dieses Rauschen klang fast mütterlich. Und dann plötzlich kam ein anderer Ton, eine Stimme, und ja, das war Fräuleins Stimme, aber wie seltsam verändert war sie, in ihr klang eine fremde Melodie, etwas wie ein süßes, müdes Singen: «Ach, Liebster, nun habe ich alles auf dich gesetzt, aber das ist gleich. Was vor dieser Nacht war, zählt nicht, und was nach ihr kommt, zählt auch nicht. Wozu auch, warum müssen wir auch immer mehr als ein Jetzt haben.»

Kora stand da, ihre Knie bebten ein wenig, ihre Lippen wurden trocken vor Erregung, dann wandte sie sich um und lief wieder den Weg hinab, getrieben von Furcht, von schlechtem Gewissen, von unsagbarer Aufregung. Nun kam sie an den Fliederbüschen vorüber, die mit ihren jungen Blättern kindisch und geschwätzig zu rauschen versuchten, und in dieses Wispern hinein klang ein hohes, gleichmäßiges Lachen wie das Plätschern eines lustigen Wassers. Kora kannte dieses Lachen. «Alle sind sie draußen», dachte sie, «dort stehen sie hinter den Büschen und flüstern mit den schwülen, seltsam veränderten Stimmen.» Sie lief weiter, allein eine große Müdigkeit machte ihr plötzlich die Glieder schwer. Sie setzte sich auf eine Bank, schlug die Hände vor das Gesicht und weinte. Es war ihr, als sei ihr ein großes Unrecht geschehen, und doch, es war fast wohltuend, so dazusitzen und zu weinen. Der Kirschbaum über ihr streute ihr seine Blütenblätter in das Gesicht, die sich wie kleine, kühle Lippen auf ihre Stirn legten.

«Ach, Komtesschen sitzt hier ganz allein und weint», tönte eine Stimme.

Kora nahm die Hände vom Gesicht und sagte leise: «Ja, Lina, ich – ich bin auch herausgekommen.»

«Schwer ist's in solch einer Nacht im Zimmer zu bleiben», meinte Lina.

«Ihr seid alle draußen?», fragte Kora zagend. –

«Ja, ach ja», antwortete Lina, «heute Nacht geht es nicht anders. Aber jetzt müssen Komtesschen schlafen gehen.» –

«Ja, Lina.»

Mühsam erhob sich Kora, und auf die kleine Kammerjungfer gestützt, ging sie dem Hause zu. Lina plauderte unterwegs weiter. «Herauszukommen und allein dazusitzen und zu weinen. Ja, in solch einer Nacht mag es wohl schwer sein, aber da ist nichts zu machen, Komtesschen haben keine Verhältnisse.»

Winterwege

Obgleich der Himmel ganz mit tief niederhängenden grauen Wolken bedeckt war, herrschte doch in dem großen Wohnzimmer eine harte, kalte Helligkeit, wie stets, wenn das Land draußen voller Schnee lag. Oskar von Syritz und sein Nachbar, der alte Herr von Bassow, hatten die Sessel nah an das Feuer gerückt, zwischen ihnen stand das Tischchen mit dem Nachmittagskaffee und der Chartreuse. Die Herren sogen an sehr großen Zigarren. Das Mittagessen mit den vielen schweren Speisen und dem alten Burgunder war vorüber. Das machte ein wenig schläfrig. Oskar von Syritz begann in letzter Zeit stark zu werden, und wenn er den ganzen Vormittag über in den schweren Stiefeln durch den tiefen Schnee gestapft war, um überall nach dem Rechten zu sehen, dann spürte er das wohl später in den Gliedern, und die schläfrige Nachmittagsstunde am Kamin tat wohl. Er streckte die Beine aus, wechselte mit Bassow abgerissene Bemerkungen über Wintersaaten und ließ sich von dem Duft der Henry Clay und der gemütlichen Ereignislosigkeit des stillen Hauses in einen sanften Rausch der Zufriedenheit wiegen. Ein wenig abseits von den Herren saß der Vetter Ottomar, der schöne Attaché. Seine Gestalt nahm sich überschlank aus in dem großen, schweren Sessel, den Kopf bog er auf die Lehne zurück und starrte mit seinen dunklen Augen, «Odaliskenaugen» hatte sie eine der vielen Damen, die für

Ottomar schwärmten, genannt, zur Decke empor. Diese ländliche Behaglichkeit hatte für ihn eine große, fast erregende Melancholie. Anfangs hatte er sich hier gelangweilt, hier in dieser Ereignislosigkeit, unter diesen Menschen, die das Leben für eine Art mechanischer Beschäftigung hielten. Aber jetzt hatte er diese alltägliche Stille begriffen als das Warten auf das Ereignis, und zwar, das er, Ottomar, hier hereinbringen würde. Das gab zum Leben hier ein wunderlich erregendes Interesse. Gott, die da am Kamin sprachen jetzt von Kartoffeln, von einer Kartoffel, welche gut für Brennereizwecke war, und von einer anderen, einer guten Kochkartoffel.

«Ja», bemerkte Oskar, «Isa sagt auch, die rote Rose ist eine feine Tafelkartoffel.»

«Isa», dachte Ottomar, «Isa ist eine Autorität in Kartoffeln, eine Autorität in vielen uninteressanten Dingen»; sie, mit dem reichen, zu glatt gescheitelten Haar, den durchsichtig grauen Augen, der ein wenig tiefen, beruhigten Stimme, war eine schöne Verkörperung jener Ereignislosigkeit, die auf das Ereignis wartet, sein Ereignis. Und zu fühlen, dass er wunderlich verwirrend auf diese Frau wirkte, die so friedlich war, dass sie im Ernst ihre fünfjährige Ehe mit dem dicken Oskar für Leben gehalten hatte, das war es, was ihn hier plötzlich mehr interessierte als all die Liebesgewohnheiten der großen Welt. Er lauschte in die Zimmerflucht hinein, ob er nicht ihren Schritt hörte, den resoluten Schritt, der das Parkett leise knacken ließ. Das war jetzt seine stete Beschäftigung, wenn Isa nicht da war. Jetzt kam sie. Die kräftige Gestalt im weichen, graublauen Wollenkleid wiegte sich leicht beim Gehen in einer freien, ein wenig nachlässigen Bewegung. Sie musste draußen gewesen sein, denn ihre Wangen waren gerötet, die Lippen leuchtend rot.

Sie blieb vor ihrem Mann stehen, legte die verschränkten Hände auf den Rücken und sagte: «Du, Oskar, ich fahre aus, du weißt, ich will die Weihnachtssachen den Häuslern am Sumpf bringen.»

Oskar blinzelte schläfrig zu seiner Frau auf. «Ja, Kind, wer fährt denn mit? Jakob ist ja wieder mit deinen Aufträgen in der Stadt, wir kriegen noch mehr Schnee, und es wird bald dunkel.»

Isa zuckte mit den Schultern. «Ach was, die alte Schimmelstute und ich, wir finden uns schon zurecht.»

Da sprang Ottomar auf und rief: «Nein, Isa, natürlich fahren Sie nicht allein, ich fahre mit Ihnen.»

Isa wandte ihr Gesicht ihm zu, es errötete, ein heißes, aufrichtiges Erröten der Freude. «Oh, wirklich, wollen Sie?»

Oskar schaute die beiden ein wenig spöttisch an. «Na ja», meinte er, «ich kann dich wohl meiner Frau anvertrauen; sie ist ein erfahrener Kutscher, da passiert dir nichts. Wenigstens bleibt auf der Landstraße und fahrt nicht durch den Wald.»

Ottomar zog die Augenbrauen verächtlich empor; der arme Oskar glaubte wohl, er sei witzig.

Isa schaute auf ihren Mann ärgerlich nieder; es fiel ihr plötzlich unangenehm auf, dass er so schwere, gefräßige Kinnbacken hatte. «Also ich kleide mich an», rief sie Ottomar zu und ging in ihre Zimmer. Während sie sich ankleidete, wunderte sie sich über sich selbst, über ihre Hände, die so wunderlich hastig und ungeschickt waren. Warum fand sie heute ihre Sachen nicht? Warum gingen die Knöpfe nicht schnell genug in die Knopflöcher? War das nicht einfach die Ungeduld der Freude, wie sie sie als kleines Mädchen gespürt hatte, wenn etwas Vergnügliches im Anzug war? Nein, sie wollte sich nicht wundern, über nichts wollte sie sich wundern, was in letzter Zeit die altgewohnten Beschäftigungen und Dinge, das altgewohnte Leben fremd und erregend machte. Möglichkeiten tauchten auf, an die sie nie gedacht hatte, über die sie auch nicht nachdenken wollte, aber sie wollte ihnen eine kurze Weile nahe sein. Ottomar hatte sie vorigen Tag gefragt: «Haben Sie nie den Rausch gekannt jener Augenblicke, in denen wir alles, was uns bisher unumstößlich schien, als etwas empfinden, das mit einer Handbewegung weggewischt werden könnte.» Sie hatte geantwortet: «Das verstehe ich nicht», aber jetzt war es ihr zuweilen, als fühlte sie das, was er meinte.

Als Ottomar vor die Haustür trat, fand er Isa bereits im Schlitten sitzen. Es fiel ihm auf, wie ausgelassen lustig sie ausschaute mit dem kleinen, in die Stirn gerückten Pelzbarett und den großen Kutschhandschuhen.

«So», sagte sie und zog die Pelzdecke über Ottomars Knie, «bedecken Sie sich gut. Ja, ich fahre selber, mich kennt die Stute besser. Natürlich fahren wir doch durch den Wald, also vorwärts, Alte.»

Unter den tiefhängenden Wolken war die Luft ganz still und schwer von Feuchtigkeit. Der Schlitten fuhr durch den frischen Schnee mit einem leisen Rauschen, als glitte er über Seide hin, und die Hufschläge der Stute klangen leise und dumpf, als liefe sie auf Strümpfen.

«Superb», rief Ottomar, «alles so heimelig und geheimnisvoll. Ich weiß nicht, ich komme mir hier so eingepackt vor, die weiße Watte unten, die graue Watte oben, und wir liegen drin wie zwei Weihnachtspuppen.»

Isa lachte. «Ach ja, das ist wahr, das war immer so. Wenn die Welt plötzlich voll von Schnee liegt und alles so anders aussieht und alles so leise wird, dann hatte ich von jeher das Gefühl, als sei es der Vorabend irgendeines Feiertags, so samstäglich wird einem zumute. Alles ist still und weiß, und das Gute wird gleich kommen.»

«Alles ist still und weiß, und das Gute wird gleich kommen», wiederholte Ottomar und beugte sich vor, um Isa in das lächelnde Gesicht zu sehen. «Weiße Tücher über hübsche, kostbare Überraschungen gebreitet, so ist hier alles bei euch.»

«Wie? Alles?», fragte Isa.

«Gewiss, alles», bestätigte Ottomar. «Sie auch, Isa, gerade Sie.»

Isa schwieg. Es hatte begonnen zu schneien, große Flocken fielen langsam und immer dichter nieder und legten sich vorsichtig über die Fahrenden. Isa öffnete die Lippen, um die Schneeflocken mit ihnen zu fangen. «Das schmeckt gut», sagte sie.

«Oh, wirklich», meinte Ottomar und schaute begeistert zu, wie die großen weißen Flocken zwischen den lächelnden Lippen verschwanden. Dann versuchte auch er die Schneeflocken, wirklich, sie waren gut, sie hatten so etwas von einem ganz exotischen Sorbet. Jetzt bog der Weg in den Wald ein. Unter den Bäumen herrschte tiefe Dämmerung, eine weiße Dämmerung. Die verschneiten Tannen waren den

Fahrenden ganz nahe, streckten ihre Zweige über sie hin, schütteten weichen Schnee in den Schlitten.

«Sehr gut so», rief Ottomar begeistert, «noch fester eingepackt, noch fester mit Ihnen zusammengepackt. Lieben Sie nicht auch Pakete? Wenn so ein Paket von der Post kommt und auf meinem Tisch liegt, ich sehe nicht nach, woher es kommt, ich weiß nicht, was es enthält, ich mache es lange nicht auf, ich freue mich, dass es da liegt und mir etwas verspricht. Einmal bekam ich ein kleines weißes Paket, ich freute mich darüber, ließ es ungeöffnet liegen und ging aus. Als ich zurückkam, war das Paket fort. War es gestohlen? Wahrscheinlich. Aber an dieses kleine weiße Paket denke ich immer noch zuweilen.»

«Was ist das mit diesen Paketen?», fragte Isa ungeduldig; warum sprach er nicht von ihr in seiner schwülen, erregenden Weise, die Isa ihr eigenes Wesen als etwas Unergründliches, Geheimnisvolles und Gefährliches empfinden ließ? «Diese Pakete sind ja wahrscheinlich ein Gleichnis. Bin ich so wie das kleine weiße Paket? Wenn Sie von mir sprechen, so sprechen Sie doch deutlicher. Also, wie bin ich?»

«Sie, Isa», sagte Ottomar leise, «das weiß ich nicht, das wissen wir beide nicht, das ist es ja, was uns beide quält. So lange über Ihnen Ihr Friede liegt wie eine kühle, reine, weiße Decke, werden wir das nie wissen.»

«Ach so», versetzte Isa ein wenig geschäftsmäßig, «und Sie versuchen also, diesen Frieden zu stören?»

«Ja, Isa», erwiderte Ottomar, «das will ich. Natürlich. Das tut jeder, der liebt. Menschen, die gesund und friedlich nebeneinander hergehen, die wissen nie, wer sie sind, die können sich auch nie lieben. Aber wenn die Seelen sich nah, schmerzhaft nah kommen, wenn eine die andere wie ein Fieber in sich fühlt, wenn zwei sich weh tun, Schmerzen teilen, eine Schuld teilen – dann, ja dann, dann wissen sie voneinander. Die kühle, weiße, friedliche Decke kann uns dann verdecken und verbergen, unter ihr leben wir das einzige Leben, das es gibt, denn nur das ist Leben, alles andere ist Tod oder mechanisches Abschnurren dummer Gewohnheiten, nur das – –»

Um sie her war es ganz finster geworden, die Zügel lagen nur lose in Isas Händen, die Schimmelstute suchte sich vorsichtig und sorgsam ihren Weg durch den tiefen Schnee. Ein lautes, gleichmäßiges Tönen ging durch die Nacht, ein Wind musste sich erhoben haben, in den Wipfeln begann es zu knistern und zu rauschen, überall der Ton, als glitten schwere, weiche Tücher herab, dazu stieg es dort, wo die Bäume auseinandertraten, wie weißer Rauch vom Lande auf, ein weites, kaltes Flirren in der Finsternis. Ottomars leise Stimme mit ihrem eintönigen, leidenschaftlichen Rhythmus, sie war ihr ganz nahe, diese Stimme, und sie löste alle Wirklichkeit auf und breitete über Isa die resignierte Spannung des Traumes, in der wir regungslos stillehalten und das Traumereignis in uns hineintrinken. Sie hörte den Wind über sich in den Wipfeln, sie fühlte, wie das Schneewehen kalt über ihr Gesicht strich, aber sie regte sich nicht, es war ihr, als müsste das so sein, und als ihr Kopf zurückgebogen wurde und zwei kühle Lippen sie küssten, war auch das etwas, was kommen musste. Wie lange sie so fuhren, wusste sie nicht, aber plötzlich wurde sie sich dessen bewusst, dass sie nicht mehr fuhren, sondern stillestanden. Isa schrak auf, wo waren sie? Warum waren sie nicht längst angekommen? In der Finsternis und dem Schneetreiben hielt es schwer, sich zurechtzufinden. Vor ihnen stand etwas Großes, Weißes. Es war beschneites Holz.

«Die Alte hat uns einen Holzweg geführt», sagte Isa ärgerlich, «wie kommen wir da heraus.»

«Ach, lassen Sie, Isa», meinte Ottomar, «wir wollen hier einschneien, der Schnee wird uns ganz bedecken, Rehe werden uns beschnuppern.»

«Bitte, steigen Sie lieber aus und nehmen das Pferd an den Zügeln, ich gehe mich umschauen, wo ein Weg ist, wenn ich rufe, dann führen Sie das Pferd.»

Isa verließ den Schlitten und watete durch den tiefen Schnee in die Dunkelheit hinein. Nach einer Weile hörte Ottomar ihre Stimme: «Hier, kommen Sie hierher, hier scheint ein Weg zu sein.»

«Sehr gut», erwiderte Ottomar ein wenig kleinlaut, «aber der Schnee scheint sehr tief zu sein.»

«Sehr!», klang es zurück.

«Und dann», meinte Ottomar, «rührt dies unglückliche Tier sich nicht von der Stelle.»

Isa lachte. «Warten Sie», rief sie, «ich komme selbst.»

Als sie beide wieder im Schlitten saßen, begann die Stute mühsam und umsichtig ihren Weg zu suchen. Der Schlitten schwankte wie ein Boot, zuweilen sank er tief in den Schnee ein, dann wieder stieß er hart an die Baumwurzeln.

«Oh, wir kommen schon irgendwo hin», sagte Isa munter, «die Stute ist gewiss ihrer Sache sicher, sehen Sie, wie sie sich ins Zeug legt.»

«Das ist vielleicht ein Trost», meinte Ottomar, «obgleich irgendwohin, und dann so ganz abhängig von einer alten Stute zu sein.»

«Sind Sie verstimmt?», fragte Isa erstaunt.

«Verstimmt», wiederholte Ottomar ärgerlich, «wie man's nimmt, es ist nicht gerade angenehm, Schnee in den Stiefeln und hinter dem Kragen zu haben.»

Isa schwieg einen Augenblick, denn sie fuhren über eine Lichtung, und das Schneewehen hüllte sie ganz in einen kalten Dampf, in eine weiße, bewegte Wolke. «Ich finde es herrlich», begann Isa, als sie wieder unter den Bäumen waren, «die Erde ist fort, und wir fahren, fahren durch eine Wolke, und so ein angenehmer Schwindel schüttelt einen. Ich verstehe Sie überhaupt nicht, eben noch wollten Sie, wir sollen einschneien, die weiße Decke solle uns bedecken und die Rehe sollen uns beschnuppern, und jetzt … Ganz, ganz fern von allen andern, Sie und ich mitten in einem Abenteuer steckend, das ist doch das, wovon Sie sprachen, das bringt doch die Seelen ganz nahe.»

«Ich bin eben aus der Stimmung gekommen», erwiderte Ottomar trocken, «ich liebe weiße Decken, die nicht schmelzen, und Situationen, deren Ende sich absehen lässt.»

Isa schwieg enttäuscht. Jetzt fuhren sie auf einem deutlich erkennbaren Wege, und plötzlich hielt die Stute vor zwei kleinen Häuschen, die wie spitze Schneehaufen unter den Tannen standen. «Sehen Sie, nun sind wir angekommen», sagte Isa, «wo sind wir denn? Das ist ja die Häuslerei. Da sind wir weit abgekommen. Die zu Hause werden Mühe haben, uns zu finden. Kommen Sie.» Isa stieß eine niedrige Tür auf, sie traten in einen dunklen Raum, der nach kaltem Rauch und nassem Holz roch. Ergeben folgte ihr Ottomar. Eine andere Tür war geöffnet, durch die matter Lichtschein sie traf. Ottomar schaute in ein Zimmer, das eine dicke Luft wie mit Nebel füllte, eine Petroleumlampe qualmte dort. In einem Bett lag eine alte Frau mit einem wachsgelben Gesicht, auf niedrigen Bänken saßen Kinder, bleiche Kinder mit runden blassblauen Augen, wie kleine blonde Gespenster.

Isa sprach mit einem Mädchen, sprach mit lauter, freundlicher Stimme, erklärte, sie hätten sich verirrt, fragte nach seinem Vater.

Ja, der Vater, hieß es, sei fortgegangen zum Doktor, weil die Großmutter meinte, sie wolle heute Nacht sterben, und da würde er wohl im Kruge sein.

Warum sie denn noch nicht schliefen?

«Eben der Großmutter wegen.»

«Hier ist ja noch ein zweites Zimmer», sagte Isa, «kommen Sie, Ottomar.» In diesem zweiten Zimmer waren ein Bett, ein Stuhl und ein Tisch. «Setzen Sie sich», befahl Isa, «hier sind wir zu Hause, ich gehe das Pferd in den Schuppen stellen, und dann muss etwas für die armen Leute geschehen, denken Sie sich, all die Kinder sitzen auf und warten auf den Tod der alten Frau. Das darf doch nicht sein.» Geschäftig ging sie wieder hinaus.

Ottomar hatte sich gehorsam gesetzt, der schmelzende Schnee troff an seinem Pelz nieder, er fror, und ihm war elend zumute.

Durch die offene Tür schaute er in das andere Zimmer, sah die qualmende Petroleumlampe, die Bank, auf der regungslos die bleichen Kinder saßen, ein blaukariertes Kopfkissen, auf dem starr und böse das gelbe Gesicht der alten Frau lag, die heute sterben wollte. Wie war das alles traurig und hässlich. Warum musste ihm das alles so nahe sein, plötzlich zu ihm gehören. Arme Leute – wohltun – gut, gut. Aber ihn machte diese Luft krank, er konnte nichts dafür, das war nun einmal nicht sein Stil. Isa zwar tat, als sei das selbstverständlich und unterhaltend.

Da kam sie wieder von draußen herein. Sie trug Pakete und Decken. Sie zog ihren Pelz aus, ging geschäftig ab und zu mit ihrem sorglos wiegenden Gang. Die Gestalt im blaugrauen Kleid sah wunderlich groß und farbig aus in dem niedrigen, verräucherten Raum. Dabei sprach sie mit einer lauten, hellen Stimme, als spräche sie mit heiteren, reinlichen Menschen. Sie klapperte mit Geschirr, stand am Herd und kochte etwas. Die kleinen, blonden Gespenster umringten sie und starrten sie aus farblosen Augen an. «Ihr sollt alle warmen Tee haben», sagte Isa, «und dann geht alle ruhig schlafen, heute stirbt hier niemand.» Sie sagte noch etwas, das Ottomar nicht verstand, aber das Wunder geschah, dass die bleichen Gespensterchen alle heiser lachten. «Und die Großmutter trinkt auch warmen Tee», fuhr Isa fort.

«Ja, ja», ertönte klagend und knarrend die Stimme der alten Frau, «warmer Tee ist gut, denn Sterben ist kalt. Danke, danke, Sie sind eine heilige Dame.»

«Ja, an Barmherzigkeit sich berauschen», dachte Ottomar, «das lieben sie alle, so den Weihnachtsengel spielen.» Aber konnte Isa denn nicht auch gegen ihn barmherzig sein, er fror, er war verstimmt, er fühlte eine Krankheit herannahen, das schien Isa alles nicht zu kümmern. Allmählich wurde es nebenan stiller, endlich ganz still. Nun erschien Isa in der Tür, die Augen sehr blank, lächelte sie Ottomar an.

«Sie Armer, wie Sie da sitzen. Sie sind wohl nass, Sie frieren wohl, warum haben Sie nicht Feuer gemacht, da liegt ja Holz.»

«Ein Ofen, den ich schüren wollte», erwiderte Ottomar traurig, «hat noch nie gebrannt.»

Isa lachte. «Also nicht einmal das lernt ein Attaché.» Sie kniete vor dem Ofen nieder und machte Feuer.

«Übrigens», fuhr Ottomar fort, «ist es so gut wie sicher, dass ich eine Lungenentzündung bekomme.»

«Schade», erwiderte Isa, «ich glaubte, jetzt würden wir zusammen heiter sein. So ziehen Sie sich doch das nasse Zeug aus, ich seh› nicht hin, legen Sie sich auf das Bett dort, ich bringe Ihnen Tee.»

«Auf das Bett dort soll ich mich legen», versetzte Ottmar klagend, «und Tee trinken wahrscheinlich aus den grünen Töpfchen dort. Sie meinen es gut mit mir.»

«Gewiss», sagte Isa ärgerlich, «wenn man eine Lungenentzündung erwartet, kann man das nicht so genau nehmen. Übrigens habe ich die Decken aus dem Schlitten hier.» Sie holte die Decken. Ottomar musste sich in das Bett legen, sich warm zudecken.

«Sitzen Sie hier neben mir», sagte Ottomar mit matter Stimme, «sprechen Sie, ach, wenn Sie wüssten, welche Wehmut mich bedrückt, diese Armeleuteluft, diese alte Dame nebenan, die auf das Sterben wartet, das alles ist nicht heiter für einen Kranken. Aber sprechen Sie, Ihre Stimme ist etwas Reines, Vornehmes, das gewohnt ist, in hübschen, hohen Zimmern zu wohnen, sie beruhigt und …»

«Ich weiß, ich weiß», unterbrach ihn Isa ungeduldig, «das ist dieser bekannte Frieden, der von mir ausgeht, das ist bekannt.»

«Ja», sagte Ottomar langsam und wie im Halbschlaf, «der Frieden, der so süß nach weißer Heliotrope von Pineaud duftet.»

Isa schwieg. Ihr war nicht zumute, als könne von ihr Frieden ausgehen. Jetzt, wo alles still war, wagte sich in ihr wieder eine seltsame schmerzliche Erregung hervor, das Gefühl einer Enttäuschung. Der Alltag war wieder da, und ein versprochener Festtag war nicht gekommen. Nebenan begann das jüngste der Kinder zu wimmern. «Wartet», sagte Isa, «ich will euch alle in den Schlaf singen.» Und sie begann zu singen, eine eintönige Melodie, die den Raum mit einer schläfrigen Andacht füllte. Sie beruhigte Isa selbst, es wurde ganz still in ihr, sie brauchte nichts mehr zu hoffen und zu erwarten, und wenn sie die müden Augenlider schloss, sah sie immer wieder große Flocken, die langsam von einem grauen Himmel niederfielen und sich lautlos über ein schweigendes Land legten.

Ottomar hatte tief geschlafen. Er erwachte davon, dass eine kühle Hand sich ihm auf die Stirn legte. Isa stand vor ihm, ein wenig bleich, aber sie lächelte. «Die Krankheit ist nicht gekommen», sagte sie, «jetzt müssen Sie aufstehen, unsere Leute haben uns gefunden, es wird hell, und wir können fahren.»

Ottomar richtete sich auf, durch die Fenster kam ein fahles

Morgengrauen, im Nebenzimmer saßen die bleichen Kinder wieder auf ihrer Bank, die alte Frau schaute geduldig wartend in den missmutig aufdämmernden Tag. «Wissen Sie, Isa», sagte Ottomar, «hier zu leben muss traurig sein, aber hier aufzuwachen ist furchtbar. Wie ertragen das die Leute jeden Morgen?»

Als sie beide wohlverwahrt im Schlitten saßen, lag die Morgendämmerung blau über der verschneiten Welt. Ottomar seufzte tief auf. «Ach, wie ich mich freue, nach Hause zu kommen. Langsam fällt ein bedrückender Traum von mir ab. Sie, Isa, müssen mir auch verzeihen.»

«Was soll ich verzeihen?», fragte Isa.

«Sie sollen mir verzeihen, dass ich eine andere Isa gesehen habe, an eine andere Isa gedacht habe, zu einer anderen Isa gesprochen habe. Jetzt begreife ich Sie, Sie sind gut, das ist Ihr Beruf, das ist Ihr Geheimnis. Die alte Dame dort, die auf den Tod wartet, hat ganz recht, Sie sind eine heilige Dame, das ist es.»

Isa lächelte matt und schaute nachdenklich in das Morgenrot, das am Horizont ein welkes Rosa in das helle Grau der Schneewolken mischte. «Ja», sagte sie langsam, «das wird es wohl sein. Nun wissen wir es beide. Eine heilige Dame, das ist also mein Beruf.»

Prinzessin Gundas Erfahrungen

Der Erbprinz Albert ging mit kleinen, ungeduldigen Schritten in seinem Salon auf und ab. Heute war Hofball im Schlosse, und bei solchen Gelegenheiten regte ihn stets der Gedanke auf, seine Damen, besonders seine drei Töchter, könnten sich verspäten. Er wusste, wie sehr sein Vater, der Großherzog, auf Pünktlichkeit hielt, und wie gern er die alte Redensart von der Höflichkeit der Fürsten usw. zu wiederholen liebte. Als die Tür ging, blieb der Prinz erwartungsvoll stehen. Die Prinzessin Elvira, seine Gemahlin, trat in das Zimmer, sehr aufrecht und ernst in ihrem weinroten Samtkleide; im leicht ergrauten Haar ein Diadem von Rubinen und Diamanten. So in großer Toilette war die Prinzessin sehr imposant, das fühlte auch ihr Gemahl und sprach daher Französisch: «Ah, vous voilà, ma chère, j'espère que les enfants ...»

Aber die Prinzessin unterbrach ihn: «Oh, wir haben genug Zeit», meinte sie und begann ganz langsam im Zimmer auf und ab zu gehen, als wollte sie ihrer langen Samtschleppe vorsichtig Motion machen. Im gewöhnlichen Leben hielt die Prinzessin darauf, eine gute Hausfrau zu sein, selbst nach dem Rechten zu sehen, ja zuweilen selbst Hand anzulegen. Sie erzog ihre Kinder sehr streng und gab dem ganzen Hauswesen etwas bürgerlich Geordnetes. Galt es jedoch zu repräsentieren, dann fühlte sie ihr königliches Blut wie etwas, das sie feierlich und unnahbar machte. Jetzt war sie tief in Gedanken, die ihr Gemahl nicht zu stören wagte. Endlich blieb sie stehen und sagte: «Die gute Baronin Rost hat nun auch unter die Tänzer der Kinder den jungen Grafen Lütke aufgenommen. Dagegen wäre nichts einzuwenden, er ist zwar sehr jung, aber mit Hildegard und Adelheid hat er ja schon getanzt, nur Gundas wegen bin ich besorgt, es ist ihr erster Hofball, und dann – das Kind ist so unzuverlässig, es ist, als läge die Inkorrektheit ihr im Blut, *toujours des gaffes*, ich glaube manchmal, sie setzt etwas darein, Dinge zu tun und zu sagen, die man nicht tut und nicht sagt.»

«Nun, nun», beruhigte der Prinz, «sie wird sich zusammennehmen, und die Schlossluft wird das Ihre tun. Dort atmet man ja Korrektheit ein.» Der Prinz lachte über seine Bemerkung, die Prinzessin aber blieb ernst und nahm wieder ihren nachdenklichen und feierlichen Gang durch das Zimmer auf. «Jetzt kommen sie», sagte der Prinz, und wirklich, es erschienen die Baronin Rost, Hofdame der Prinzessin, und die Prinzessinnen Hildegard und Adelheid. Die Mädchen in ihren grünen Kreppkleidern, flimmernd von Edelsteinen, waren hübsch und blond. «Gunda natürlich fehlt», sagte die Prinzessin.

«Die Prinzessin Kunigunde ist gleich fertig», meldete die Baronin und machte ein trauriges und verantwortliches Gesicht. Gunda hatte sich allerdings verspätet, denn sie war während des Ankleidens so ausgelassen, dass die Kammerfrau ihre liebe Not hatte. Gunda hatte immer wieder etwas der alten Frau Müller zu sagen, die der Toilette beiwohnte. Frau Müller war Kammerfrau bei der verstorbenen Großherzogin gewesen, dann bei der Prinzessin Elvira, und endlich wurde sie zu einer Art Kinderfrau und Faktotum. Gunda liebte Frau Müller sehr, die alte Frau war so gemütlich, und dann, wenn man mit ihr allein war, machte sie Witze und erzählte Geschichten, die klangen, als kämen sie aus einer Welt, die köstlich weit von dem strengen Prinzenpalais ablag. «Beim Tanzen muss aber mein Prinzesschen vorsichtig sein», sagte Frau Müller, «dass nicht ein Unglück geschieht.»

«Unglück», meinte Gunda, «was soll denn geschehen, dafür haben doch die Tänzer zu sorgen.»

Die alte Frau nickte bedeutungsvoll: «Die armen jungen Herren! Ich weiß von einem, der mit einer Prinzessin beim Tanzen hingefallen ist und sich das so zu Herzen genommen, dass er sich erschossen hat. Ja, so was kommt vor.»

«Muss der dumm gewesen sein», bemerkte Gunda. Jetzt war sie fertig und ging in den Salon hinüber. Dort war man gegen sie gereizt, weil sie so spät kam. Aber als sie in das Zimmer trat, mussten doch alle lächeln, so überraschend lustig sah sie aus, die noch kindliche Gestalt im grünen Kreppkleide, das blonde Haar voll Oleanderblüten und Diamanten, das Gesicht rund und rosa mit sehr großen blauen Augen, einer kleinen runden Nase, einem breiten roten Munde, der so undiszipliniert beweglich war wie der Mund eines ausgelassenen Schulbuben. »Gundas Mund», pflegte der Großherzog von seiner Lieblingsenkelin zu sagen, «sieht nicht aus, als sei er bei Hofe vorgestellt.»

«*Enfin!*», sagte der Prinz, und dann wurden die Wagen gemeldet.

Gunda fuhr mit ihrer Schwester Hildegard und der Baronin Rost in einem Wagen. Die Frostluft ließ sie leicht zusammenschauern, sie hüllte sich fest in ihren Pelz, im Wagen roch es angenehm nach Leder und alter Seide. Vereinzelte Schneeflocken kamen und legten sich als kleine Sterne auf die Scheiben der Wagenfenster. Draußen lag die Straße im gelben Lichte der Laternen ziemlich traurig und öde da, nur wenig Menschen gingen eilig das Trottoir entlang, Herren mit aufgeschlagenen Pelzkragen, unter einer Laterne stand ein Mädchen mit großem Muff und gähnte. «Melancholisch!», dachte Gunda. «Das Volk, wie der Großvater zu sagen pflegt, ist heute melancholisch.» Sie aber stellte nicht ohne Befriedigung fest, dass in ihr das, was sie das «Fürstliche» nannte, Macht gewann. Sie fühlte es ordentlich wie etwas Kühles und Feierliches, das sich über ihren ganzen Körper verbreitete, etwas wie die Perlenschnur, die, wenn sie sie um den Hals legte, stets einen kleinen Kälteschauer über sie hinlaufen ließ. Sie hatte so viel Ermahnungen hören müssen, dass sie sich wirklich vor diesem Hofball gefürchtet hatte, jetzt wusste sie, dass alles von selbst gehen würde, sie spürte ordentlich ein Uhrwerk in sich, das sie zwingen würde, sich ganz so zu benehmen wie Hildegard und Adelheid, dieselben hübschen, vornehmen Puppenbewegungen zu haben. «Gott sei Dank», dachte sie, «von Minute zu Minute fühle ich mich mehr Puppe werden.» – «Also», sagte sie dann laut, «was man während der Vorstellung spricht, haben wir gründlich durchgenommen, nun weiß ich nicht, was man mit dem Tänzer während des Kotillons spricht.»

«Was soll man da sprechen», meinte Hildegard, «die Tänzer sind doch zum Tanzen da und nicht zum Sprechen.»

Aber die Baronin Rost nahm die Gelegenheit zu einer Belehrung wahr: «Die Dekoration des Saales ist immer ein gutes Thema, oder die Aussichten der Saison. Auch vom Schlittschuhlaufen zu sprechen ist sehr nett.»

«Alma Tharden sagt», bemerkte Gunda, «bei Kotillongesprächen muss es immer was zu lachen geben.»

«Komtess Alma», erwiderte die Baronin, «spricht für meinen Geschmack zu viel und zu lebhaft beim Kotillon. Sie ist aber auch keine Prinzessin.»

Jetzt hielt der Wagen vor dem Schlosse. Als Gunda die hell erleuchtete Treppe hinaufstieg an der Leibwache vorüber, die unbeweglich wie rote Nussknacker dastand, an den Orangenbäumen in Fayencekübeln vorüber, deren Laub so angenehm bitter duftete, da konstatierte Gunda noch einmal mit Zufriedenheit, dass das feierliche Prinzessinnengefühl in ihr zunahm. Im kleinen Purpursaale waren die Fürstlichkeiten versammelt. Der Großherzog stand da, noch sehr aufrecht, das Gesicht klein und rosa unter silberweißem Haar. Die Prinzessin Mathilde, seine Schwester, war da im gelben Atlaskleide, und all die Prinzen und Prinzessinnen, man stand beieinander und unterhielt sich zerstreut, ein wenig so, wie Schauspieler sich miteinander unterhalten, kurz vordem der Vorhang aufgeht. Gunda bemerkte, dass die Prinzessinnen jetzt schon die ein wenig steife, aber doch leutselige Halsbewegung machten, die wahrscheinlich bei der Vorstellung nötig war. Gunda versuchte, ob sie sie auch konnte. Ja, sie konnte sie. Als der Großherzog seine jüngste Enkelin begrüßte, lachte er, als hätte jemand einen Witz gemacht, und sagte: «O Gott, o Gott.» – Endlich war der Augenblick da, in den großen Saal hinüberzugehen. Graf Bothe, der Hofmarschall, ging mit seinem Stabe voran, «wie ein großer, goldener Käfer», dachte Gunda. Der Großherzog reichte der Prinzessin Mathilde den Arm, Gunda musste mit dem Vetter Emmerich gehen, den sie seines großen semmelblonden Kopfes wegen nicht leiden konnte. Sollte sie ihm etwas Ungezogenes sagen? Nein, das Uhrwerk in ihr ließ das nicht zu. Der hell erleuchtete Saal war hübsch, an den weiß und goldenen Wänden Dekorationen von Teerosen und Maréchal Niel, die wie der Abglanz all der nackten Schultern und Arme und allen Goldes im Saal erschienen. Der Raum selbst kam Gunda vor wie ein großes Bassin voller Farben, duftige, seidige, zarte Farben, dazwischen die derben Farbenstriche der Uniformen. Die Vorstellungen begannen. Das war unterhaltender, als Gunda gedacht hatte. Wenn sie vor eine schöne Dame in großer Toilette hintrat, wurde ein Name genannt und, als würde auf eine Feder gedrückt, wurde die Dame ganz klein, es war, als versänke sie kerzengerade halb in den Erdboden. Gunda machte dann die leichte, ein wenig steife und doch leutselige Halsbewegung und tat ihre Frage: «Haben Sie diesen Winter schon viel getanzt?»

«Tanzen Sie gern?» Das war ganz leicht, und sie hätte dieses seltsame Spiel noch gern eine Weile weiter gespielt, es tat ihr fast leid, als es zu Ende war. Nun kam der Tanz, und der war auch gut. Köstlich war es, sich drehen und drehen zu lassen, bis sie schwindelig wurde und der ganze Saal und alle Farben und Gesichter sich mitdrehten. Was die Müller da von Fallen gesprochen hatte! Bei diesen Tänzern hatte man gar nicht das Gefühl, als würde man von den Armen eines Herrn gehalten, sondern es war, als säße man sicher in einem Wagen mit Gummirädern und ließe sich dahintragen. Nur bei dem kleinen Grafen Lütke war es ein wenig anders, da schien es Gunda mehr, als säße sie auf einem gut eingerittenen Pony. Er gefiel ihr, dieser junge Graf mit dem krausen blonden Haar, den verschmitzten braunen Augen und dem rosa Knabengesicht. Er war nicht wie die anderen nur Tänzer, was doch eher ein Mittel, sich fortzubewegen, als ein Mensch ist. Sie freute sich darauf, mit ihm den Kotillon zu tanzen, und nahm sich vor, mit ihm nicht über die Saaldekoration zu sprechen. Mit ihm wollte sie inkorrekt sein. Aber, als der Kotillon kam, sprach sie doch von der Dekoration des Saales und vom Schlittschuhlaufen. Der Graf antwortete förmlich und respektvoll. Plötzlich fühlte Gunda, dass sie der Lust nicht widerstehen würde, etwas zu sagen, was die schöne Haltung des jungen Mannes stören könnte, und gleich darauf hörte sie sich sagen: «Ist es aufregend, mit mir zu tanzen, das heißt, mit Prinzessinnen zu tanzen?»

Der Graf lächelte nur ein wenig und meinte: «Verantwortlich ist es, jede Ehre legt uns Verantwortung auf.»

«Ist es so», fuhr Gunda fort, «als ob Sie eine volle Suppenterrine die Treppe hinauf in den Speisesaal tragen müssten?»

Der Graf wurde rot, weil er das Lachen verhalten musste, und erwiderte: «Das weiß ich nicht, ich glaube aber, das mit der Suppenterrine ist aufregender.»

Nun mussten sie tanzen. «Er nimmt es leicht», dachte Gunda; was würde er tun, wenn sie wirklich hinfielen? Sie wünschte es fast, und im selben Augenblicke begannen ihre Füße selbständig seltsam wirre Bewegungen zu machen, und dann war es wie in Träumen, wo immer sogleich das geschieht, was wir denken. Dann lagen sie wirklich beide auf dem Parkett. Herren und Damen umringten sie, sie ward gehoben und unterstützt, einen Augenblick sah sie das Gesicht des Grafen Lütke vor sich, kreideweiß, die Augen angstvoll und böse auf sie gerichtet. Sie ward in das Nebenzimmer geführt, Limonade wurde gebracht, sie wurde bedauert, die Prinzessin Elvira kam und tadelte sie. Gunda fühlte sich sehr elend, sie wollte weinen, und das konnte sie hier nicht, darum wollte sie nach Hause. So musste die Baronin Rost denn sie nach Hause bringen. Heimgekommen, ging Gunda sofort schlafen.

Nach Alleinsein und Dunkelheit sehnte sie sich. Allein der Schlaf kam nicht, immer sah sie das bleiche Gesicht des Grafen vor sich, die angstvollen, gequälten Augen, und sie war an allem schuld gewesen, sie hatte eine wirklich schlechte Tat begangen. Merkwürdig, also so war es, wenn man eine wirkliche Schlechtigkeit beging. Er hasste sie jetzt. Wenn man einen hasst, dann muss man immer an ihn denken, fast so, als ob man jemand sehr liebt. Seltsam war es, sich vorzustellen, dass jemand jetzt ganz stark an sie dachte. Das regte auf, es machte ihr ordentlich heiß. Mitleid für den jungen Mann war es natürlich, aber sie hatte nicht gewusst, dass Mitleid wie Feuer im Blut brennen kann. Sie wollte ihm morgen etwas Tröstendes sagen lassen, Alma würde ihr dabei helfen. Dieser Plan beruhigte sie ein wenig, und sie schlief ein.

Am Nachmittag des nächsten Tages fuhr Gunda mit der Baronin Rost nach dem Schlösschen Mathildenburg hinaus, um dort im Park spazieren zu gehen. Der Arzt hatte ihr Bewegung in freier Luft verordnet, und so wurde diese Fahrt täglich unternommen. Unterwegs holten sie gewöhnlich Komtesse Alma ab, die Gundas Freundin war. Sie hatten schon als Kinder miteinander gespielt und sagten im intimen Kreise «Du» zueinander. Im Park stiegen sie aus und gingen auf den hartgefrorenen Wegen durch die verschneiten Alleen wie zwischen weißen Musselinwänden hin. Hier war es still und einsam, «weiß und langweilig, wie die Seele der Baronin», hatte Gunda in einem ungezogenen Augenblick gesagt. Anfangs mussten die Mädchen sich mit der Baronin unterhalten, Gunda jedoch wusste, dass kurz vor Sonnenuntergang, wenn ein zitronengelbes Lichtband am Himmel hing, die Baronin schweigsam und nachdenklich zu werden begann und langsamer ging. «Sie denkt an ihre traurigen Erfahrungen», meinte Alma. Die beiden Mädchen bekamen dann einen Vorsprung. Kaum war dieser Augenblick da, begann Gunda: «Was ist mit ihm? Was hat er getan?»

Alma zuckte die Achseln.

«Ich muss es wissen», fuhr Gunda leidenschaftlich fort, «du wirst ihm das schreiben, ganz gleich, ob das unpassend ist. Morgen, wenn wir hierherfahren, soll er an der Kirche stehen und grüßen, ich will sehen, dass er noch da ist. Mit der ewigen Korrektheit wird man dumm und schlecht.»

«Meine Damen, es ist Zeit zur Heimfahrt», rief die Baronin Rost.

Gunda hatte sich in ihrem ereignisarmen Leben schon zuweilen auf etwas so gefreut, dass ihr die Zeit zu langsam zu verrinnen schien. Nie aber hatte sie eine so ungeduldige Wut gegen die Zeit gefühlt wie jetzt. Sie wünschte, die Zeit wäre etwas, das sie fassen, schütteln und stoßen könnte, zu dem sie sagen könnte: «Laufe!» Endlich war der Augenblick der Ausfahrt da. Sonst sah Gunda durch das Wagenfenster auf die Straßen wie ein Kind, das mit schläfrigen Augen sein altes, schon hundertmal gesehenes Bilderbuch durchblättert. Heute war die Straße interessant, ja sie war aufregend, und wirklich, dort vor der Kirche, im hellen Sonnenschein, bunt und blank, stand ein Husarenlieutenant und machte Honneurs. Gunda grüßte, und Alma errötete. Jetzt hatte Gundas Leben einen erregenden Inhalt. Die Frage: «wird er wieder da stehen?» war es, was sie von einer Ausfahrt bis zur anderen beschäftigte, und dann, an die hübsche, bunte Gestalt im Sonnenschein konnte sie immer denken, sich von der seltsam angenehmen Erregung wärmen lassen. Sie dachte daran während des langweiligen Vortrages über Literatur, den ein Professor zweimal wöchentlich den Prinzessinnen gab, sie dachte daran während des Five o'clock bei Tante Mathilde oder während des Diners, wenn sie neben einem alten General oder Oberstudienrat sitzen musste. Wie bedauerte sie ihre Schwestern, die nur ihr Prinzessinnenleben und ihre Tenue hatten. «Ich weiß nicht», sagte Prinzessin Hildegard, «seitdem Gunda auf dem Hofball hingefallen ist, tut sie so erhaben.»

Eines Nachmittags auf dem Spaziergang sagte Gunda zu Alma: «Wenn du ihn in Gesellschaft triffst, sprichst du dann nicht mit ihm?»

Alma errötete ein wenig. Nein, sie sah den Grafen Lütke immer nur ganz flüchtig.

«Du musst aber mit ihm sprechen», fuhr Gunda nachdenklich fort. «Du sollst ihm von mir etwas ausrichten. Du sollst ihm sagen, dass ich damals am ganzen Unglück schuld war und dass ich es gewollt habe, dass ich es absichtlich tat. Es war schlecht, ich weiß es, und es hat mich geschmerzt, und es schmerzt mich noch immer, aber ich will, dass er es weiß.»

Eine Bilderausstellung wurde eröffnet, und die Prinzessin Elvira erschien mit ihren Töchtern. Gunda fand es wenig unterhaltend, an den vielen Bildern entlangzugehen und den Erklärungen eines Akademieprofessors zuzuhören. Aber man sah dabei auch auf die Leute.

Wirklich, dort in der Menge stand auch Alma, sehr hübsch im schwarzen Pelzwerk, und neben ihr stand der Graf Lütke, und sie sprachen sehr angelegentlich miteinander. Sie lachten beide, Alma lachte so stark, dass sie ihren Muff an ihr Gesicht hielt und ihren Mund darauf drückte. Gunda wunderte sich, wie bekannt sie taten; und warum lachten sie? Hatte Alma ihm gesagt, was sie ihr aufgetragen? Aber dabei gab es doch nichts zu lachen, das war ernst genug. Sie verstand nicht recht. Am Nachmittage kam die Prinzessin Mathilde zur Prinzessin Elvira, um den Tee bei ihr zu nehmen. Sie tauchte ihren Biskuit in ihren Tee und sagte: «Also, unsere kleine Freundin, Komtesse Alma, scheint sich doch mit dem ungeschickten Grafen Lütke verloben zu wollen. Es ist günstig, dass gut Walzer tanzen nicht unbedingt zu einer glücklichen Ehe gehört.» Alle lachten, auch Gunda. Dann erhob sie sich, ging in ihr Zimmer hinüber, stellte sich ans Fenster und schaute auf die Straße hinab. Ihr war plötzlich sehr elend zu Mute. Ein großes Unrecht war ihr zugefügt worden, sie fühlte sich betrogen, beleidigt und beraubt. Was sollte sie tun? Ein wenig erleichtert fühlte sie sich, als der Zorn in ihr aufstieg, ein sehr starker Zorn, der wie etwas Heißes über ihren ganzen Körper lief, als würde sie plötzlich von einer glühenden Mittagsonne beschienen. Sie ballte ihre kleinen Fäuste und schlug damit auf das Fensterbrett. Oh! Alma, der, der wollte sie es sagen. Eine Prinzessin ist vielleicht eine lächerliche kleine Puppe; aber Alma sollte es doch von ihr zu hören bekommen.

Auf dem Spaziergange im Park der Mathildenburg, als die Baronin Rost zu träumen und langsamer zu gehen begann, brach Gunda gegen Alma los: «Warum lügst du? Du sagst, du siehst ihn nur flüchtig, du sprichst nie mit ihm, und jetzt verlobst du dich mit ihm. Warum darf ich das nicht wissen? Ich kann es ja nicht hindern, aber natürlich hast du ihm auch nicht gesagt, was ich dir aufgetragen habe, denn du fürchtest dich, du willst nicht, dass er an irgendetwas anderes denkt als an dich. Ja, du fürchtest dich, das ist es.»

Alma wurde sehr rot, und ihr hübsches Gesicht nahm einen bösen, trotzigen Ausdruck an. «Ach Gott», versetzte sie, «ich habe es dir nicht gesagt, weil – nun ja, weil – es dir so viel Freude machte, dass er dort an der Kirche stand, und dass du glauben konntest, er sei deinetwegen unglücklich und du musst ihn trösten. Aber fürchten, warum sollte ich mich fürchten? Natürlich habe ich ihm alles gesagt, was du mir aufgetragen hast.»

«Was hat er erwidert?», fragte Gunda. Die beiden Mädchen blieben stehen und schauten sich an, sahen sich gerade in die Augen, und die blauen und die schwarzen Augen nahmen dabei einen scharfen, harten Edelsteinglanz an.

«Ich kann es dir ja sagen», meinte Alma, «aber du darfst nicht böse werden. Er sagte: ‹Ach, die arme, kleine Terrine, denkt sie noch immer daran?›»

Gunda presste die Lippen aufeinander, das runde Kindergesicht nahm einen hochmütigen und doch kummervollen Ausdruck an. «Es ist kalt», wandte sie sich an die Baronin Rost, «wir wollen nach Hause fahren.»

Zu Hause ging Gunda in ihr Zimmer, um sich für das Diner anzukleiden. Das war jetzt wieder das Wichtige in ihrem Leben, sich für das Diner ankleiden, beim Diner sehr gerade sitzen und zuhören, was die alten Generale und Professoren sprachen, oder zum Five o'clock zu Tante Mathilde fahren und immer Haltung haben. Sie war die kleine Prinzessin, vor der man Honneurs machte, um dann weiterzugehen, miteinander zu lachen und sich zu verloben; sie saß hinter den Glasscheiben des Wagens und grüßte, die anderen hatten draußen im Sonnenschein ihr lustiges Leben. Nicht einmal ein Schmerz blieb ihr, wenn es auch schmerzte, denn es war ja nichts gewesen, was sie da erlebt hatte.

Zu den Ausfahrten nach Mathildenburg wurde Alma nicht mehr mitgenommen, ohne sie gingen jetzt Gunda und die Baronin Rost über die hartgefrorenen Wege durch die verschneiten Alleen, und wenn das zitronengelbe Lichtband am Himmel hing und die Baronin Rost schweigsam wurde und langsamer zu gehen begann, dann wurde auch Gunda schweigsam und ging langsam, denn jetzt hatte auch sie über ihre traurigen Erfahrungen nachzudenken.

Am Südhang

Karl Erdmann von West-Wallbaum war Leutnant geworden, und während er durch den Sommerabend dem elterlichen Landhause zufuhr, sagte er sich, dass all die klugen, hochmütigen Leute, welche schlecht vom Leben sprachen, ja dass seine eigenen weltschmerzlichen Stunden dem Leben unrecht taten. Es gab wirklich ganz einwandfreie Lebenslagen. Und mit wie geringen Mitteln baute das Leben oft solch ein Glück auf. Wie viele junge Leute wurden jedes Jahr Leutnant, und mit dem Leutnant war schließlich auch noch nicht allzu viel erreicht. Dennoch, und es war vielleicht lächerlich, aber dieser Leutnant machte ihn glücklich. Er hatte das Gefühl, als sei etwas Neues in ihm; das ihn zu einem andern machte, zu einem, der mehr Recht auf Liebe, Bewunderung und alles Gute der Welt hatte als der frühere Karl Erdmann. Das würden sie dort zu Hause wohl verstehen. Das war es ja, was das Leben zu Hause so weich und verwöhnend machte, dass man sich so mühelos einander verstand. Menschen, die einander leicht verstehen, wissen, dass sie einander leicht verwunden können. Daher kam vielleicht in das Leben dort zu Hause die köstliche Behutsamkeit des Umgangs, die Karl Erdmann stets die Empfindung gab, als sei er etwas sehr Kostbares, das zart angefasst werden musste. Nun lagen zwei Monate in dem Elternhause vor ihm, zwei ganz sorglose Monate, denn die Schulden hatte er schon gebeichtet. Er würde nichts anderes zu tun haben, als im alten Garten umherschlendern, auf den Wiesen liegen, von seiner Mutter und seinen Schwestern sich verwöhnen lassen, des Vaters gute Zigarren rauchen und ungestört dieses süße Gefühlvolle in sich gewähren lassen, wie es nur in den alten elterlichen Landhäusern gedieh. Seltsam war es, wie sich dort jedes kleine Ereignis mit einer Gefühlsatmosphäre umgab, die es groß und farbig erscheinen ließ wie der durch Abenddünste aufsteigende Mond. Karl Erdmann war häufig schon verliebt gewesen, als Kadett und als Fähnrich. Und draußen in der Garnison hatte manche Liebesaffäre gespielt. Allein das war ganz etwas anderes, als zu Hause in den Ferien verliebt zu sein. Da war es eine stille, stetige und erregende Beschäftigung. Man lag stundenlang im Grase und war verliebt, ließ sich von einem starken, süßen, ein wenig erschlaffenden Gefühle wiegen. Draußen konnte Karl Erdmann zynisch und schneidig sein, hier wurde er empfindlich und feinschalig wie eine Frucht, die auf dem Südhange gereift ist. Karl Erdmann war also in den Ferien immer verliebt gewesen, und zwar immer in Frau von Bardow. Das gehörte zu den Ferien wie das Glitzern des Weihnachtsschnees oder wie die gelben Augustbirnen. Eigentlich waren alle zu Hause in Frau von Bardow verliebt, selbst der Vater holte, wenn er mit ihr sprach, seine alten ritterlichen Gardedukorpsmanieren hervor, und Frau von Bardow schien das zu wollen. Sie sprach mit allen diesen Männern so, als wünschte sie, ihnen den Kopf zu verdrehen, oder als bestände zwischen einem jeden von ihnen und ihr ein einzigartiges Verhältnis. So war es mit Botho, dem Hauptmann, Karl Erdmanns älterem Bruder, so mit dem Legationsrat Grafen Ottomar von der Lynck, dem Verlobten von Karl Erdmanns Schwester Oda, ja, sogar mit dem fünfzehnjährigen Leo und seinem Hauslehrer Herrn Aristides Dorn hatte Frau von Bardow eine besondere erregende Art zu verkehren. Nur mit ihm, Karl Erdmann, hatte sie stets eine schwesterliche, fast mütterliche Art des Verkehrs gehabt. Und doch hatte er schon als Knabe den Zauber dieser seltsamen, schönen Frau stärker als alle andern empfunden, so stark, dass er oft wehrlos gegen das eigene Gefühl auf die Wiese hinausrannte, sich auf einen Heuhaufen warf, das Gesicht in das Heu steckte und weinte. Frau von Bardow aber tat nie so, als merkte sie etwas davon, während sie doch bei allen anderen Herren von vornherein so tat, als sei es kein Zweifel, dass sie ganz unter ihrem Zauber standen. Nun, der Leutnant würde auch hier alles verändern, und diese Überzeugung trug nicht wenig zu Karl Erdmanns augenblicklichem Glücke bei.

Daniela von Bardow war von ihrem Gemahl geschieden. Karl Erdmann erinnerte sich des seltsamen, geheimnisvollen Mitleidsgefühls, das er als Knabe empfunden hatte, wenn die Erwachsenen andeutungsweise davon sprachen, dass Bardow ein schlechter Mensch sei, dass die arme Daniela viel gelitten habe und noch immer von der Welt verkannt und falsch beurteilt werde. Frau von West-Wallbaum liebte Daniela sehr und verteidigte sie stets leidenschaftlich. «Es tut immer weh», pflegte sie zu sagen, «wenn jemand leidet, weil ihm Unrecht geschieht. Wenn aber Daniela beleidigt wird und leidet, dann empört das wie eine sinnlose Grausamkeit. Es ist so, als ob jemand eine Blume beleidigt.» Karl Erdmann verstand das wohl, und jetzt, da er für Daniela doch auch etwas bedeuten würde, jetzt sollte sie erfahren, wie tief er für sie fühlte. Er hob die Arme und streckte sich behaglich, sodass das Seidenfutter der neuen Uniform angenehm knisterte. Also für die nächsten zwei Monate stand lauter Gutes und Schönes in Aussicht, und Karl Erdmann wollte es sich schmecken lassen. Da war noch zwar dieses Duell, aber das sollte ihn nicht stören. An ein Duell dachte man wie an eine unvermeidliche Geschäftssache, die abgemacht werden musste, nicht anders. Es war eine hässliche Szene gewesen drüben in der Garnison mit einem betrunkenen Referendar, der sich Redensarten gegen das Regiment erlaubt hatte. Übrigens hatten der Ehrenrat und die Kameraden anerkannt, dass Karl Erdmann sich gut benommen habe. Natürlich bat der Referendar um Aufschub, weil er noch manches zu ordnen hatte, Zivilisten bitten immer um Aufschub und haben immer etwas zu ordnen. Aber in den nächsten Wochen sollte das Duell stattfinden. Gut, Karl Erdmann störte das nicht, im Gegenteil, es fiel ihm zwar nicht ein, gefühlvoll an dies Duell zu denken, allein die Tatsache, dass es zu den Ereignissen dieses Sommers gehören würde, gab dem Bilde dieses Sommers, gab der Gestalt Karl Erdmanns doch ein eigenes, ein wenig mystisches Licht. So störte denn nichts seine Freude.

Der Wagen bog in die lange Lindenallee ein. Hier war es dunkel und so still, dass das Rascheln des Taues in den Blättern hörbar war. Karl Erdmann wurde es ganz feierlich zumute. Hier erst schien es ihm, als ließe er endgültig die Welt der Garnisonen, der Kasinos, der Rekruten und der frechen, kleinen Mädchen hinter sich und fuhr durch diesen stillen, finsteren Korridor, in dem es erfrischend nach feuchtem Laub duftete, dem Erdflecken zu, auf dem es galt, nichts zu tun als tief zu fühlen, gut zu essen und sich verwöhnen zu lassen.

Da war schon das Landhaus mit der langen, weißen Front. Auf der Freitreppe hatte sich die ganze Familie versammelt, all die großen blonden Gestalten, aus der Sommerdämmerung schimmerten die weißen Kleider der Mädchen und die roten Pünktchen der brennenden Zigarren. Eine sich überschlagende Knabenstimme rief: «Hurrah.» Karl Erdmann eilte sporenklirrend die Treppe hinan und suchte sich unter den großen Gestalten die kleinste heraus, um sie in seine Arme zu nehmen, seine Mutter. Dann begann das Begrüßen der anderen. Niemand sprach. Es hatte etwas Sakramentales, so von einem zum andern zu gehen und sich küssen zu lassen. Zuerst die Schwestern Oda und Heida, dann der Bruder Hauptmann und der fünfzehnjährige Leo. Selbst der kühle Legationsrat, Odas Bräutigam, küsste Karl Erdmann auf beide Wangen. Fräulein Undamm, die Gouvernante, und Herr Dorn, der Hauslehrer, drückten Karl Erdmanns Hand so innig, wie man es sonst nur bei Begräbnissen oder Trauungen zu tun pflegt. In einer Ecke stand eine schmale, weiße Gestalt, in der Dämmerung erschien auch das Gesicht sehr weiß zwischen den schwarzen Scheiteln. Es war Frau von Bardow. Als Karl Erdmann ihr die Hand küsste, sagte sie mit ihrer hübschen, singenden Stimme: «Gut, dass Sie da sind, nun ist der Sommer komplett.»

«Na also!», rief Herr von West-Wallbaum laut, als wollte er dadurch den Schluss einer feierlichen Zeremonie ankündigen, und man ging in das Haus.

Die Zimmer waren voller Licht, voller Blumen und weißer Mullgardinen. Durch die geöffneten Fenster duftete der dunkle Garten herein. Nach der stillen Fahrt machten die vielen Menschen, das Kommen und Gehen, all die Stimmen Karl Erdmann ein wenig schwindelig. Er unterhielt sich ernst mit seinem Vater, mit seinem Bruder über die Flotte und das Regiment, dabei bemerkte er, dass in dem Gespräch der beiden Herren mit ihm ein Ton achtungsvoller Gleichstellung durchklang, der ihm neu war. Neben ihm stand schweigend seine Mutter und hielt seinen Arm. Das kleine Gesicht mit den vielen Fältchen unter der großen Spitzenhaube war erhitzt, weiß und rosa wie das Gesicht eines Kindes.

Während der Abendmahlzeit dauerten die militärischen Gespräche fort, und alle an der langen Tafel hörten zu und sahen Karl Erdmann an, wie etwas, das sie sehr interessierte und das sie bewunderten. Alle, auch die Kinder, selbst Herr Aristides Dorn, der dabei zwar sein verhaltenes, hochmütiges Lächeln lächelte und sich immer wieder eine schwarze Haarlocke aus der Stirn strich mit einer Bewegung, die wie ein Protest aussah. Nur Daniela war unaufmerksam, ordnete die Brotkrümmchen auf dem Tischtuch zu kleinen Mustern, flüsterte ihrem Nachbar etwas zu, worüber gelacht wurde, und benahm sich wie jemand, der entschlossen ist, die Andacht einer Zeremonie nicht zu teilen. Das quälte Karl Erdmann; er fand sie wieder ergreifend schön, das schmale Gesicht mit der wunderbaren Klarheit der feinen Züge, dazu die schieferblauen Augen, die von den Wimpern so seltsam umschattet wurden, und der hellrote Mund, dessen Lächeln dem strengen Gesichte etwas Strahlendes und Blühendes verlieh. Bei Gott, diese Frau wirkte auf Karl Erdmann so stark, dass, wenn er sie ansah, er sich so wehrlos und schwach wie ein verliebter Schuljunge fühlte.

Nach dem Essen trank man zur Feier des Tages auf der Gartentreppe eine Bowle. Man saß da zusammen in der Dämmerung der nordischen Sommernacht, die schwer von Düften war, und Karl Erdmann, direkt von der Garnison hier hineingekommen, empfand alles als seltsam traumhaft und unwirklich, den so in der Finsternis getrunkenen Wein, die Zigarre, die Stimmen, die in die Dunkelheit hineinsprachen. Der Vater fragte noch immer nach dem Oberstleutnant von Treskow und dem General von Langen, und dann begann er die oft erzählten Geschichten aus seiner Militärzeit zu erzählen. Die anderen hielten es nicht lange beim Wein aus, einer nach dem anderen schlich sich in den Garten hinab. Der Graf Lynck legte seinen Arm um Odas Taille, um mit ihr die dunkle Kastanienallee entlangzugehen. Karl Erdmann sah noch, wie Odas hohe, üppige Gestalt sich fest an den Grafen schmiegte, und er dachte ärgerlich, «was nur dieses herrliche Mädchen an dem schmalschultrigen, fischblütigen Diplomaten haben kann». Die beiden Kinder suchten im feuchten Rasen nach den Frühbirnen, die man in der Dunkelheit vom Baum fallen hörte. Botho unterhielt sich mit Daniela. Er sprach halb laut und machte seine Stimme weich und musikalisch, wie die meisten Männer es taten, die mit Daniela sprachen. Daniela antwortete zögernd, als müsste sie über das, was Botho sagte, nachdenken. Und dann plötzlich erhob sie sich, stieg die Treppenstufen hinab und rief eine dunkle Gestalt an, die unten auf dem Gartenwege stand: «Ach, Herr Dorn, Sie haben mir da ein Buch gegeben, das ich nicht verstehe.» Sie lachte, sie blieb dort unten stehen und unterhielt sich mit Aristides Dorn. Ja, das war Daniela, Karl Erdmann kannte das, sie ruhte nicht eher, als bis der Zauber der Sommernacht für alle Männer um sie her voll von ihr war. Nur mit ihm hatte sie heute noch nicht gesprochen. Nun, er gehörte heute noch nicht dazu, er kam sich selber ein wenig wie ein fremder Besuch vor, aber das würde morgen vorüber sein.

Man trennte sich spät. Karl Erdmann schlief mit Leo in einem Zimmer. Der Knabe erwachte, als Karl Erdmann eintrat, und sagte schlaftrunken: «Ah, der Leutnant! man wird sehen, ob er weniger schnarcht als der Fähnrich.» Später kam noch Botho, um von Karl Erdmann noch Genaueres über die Affäre zu hören. Sie sprachen halb laut, um Leo nicht zu wecken, Botho ließ sich alles genau erzählen, äußerte sich sehr sachlich über den Fall und sagte, es freue ihn außerordentlich, dass alles so korrekt abgelaufen sei und dass Karl Erdmann sich so gut gemacht habe: «Also in nächster Zeit muss es zum Klappen kommen, schön, schön, gute Nacht», und damit ging er anscheinend sehr befriedigt.

Karl Erdmann stand noch einen Augenblick am geöffneten Fenster und schaute in den Garten hinab. Das Lob des Bruders hatte ihm wohlgetan, auch er war zufrieden damit, dass alles korrekt verlaufen war, und dabei war er ein wenig stolz darauf, so einer auserwählten Klasse von Menschen zu gehören, die sich über so etwas freuen. Unten im Garten trieb sich noch eine einsame Gestalt umher, das war ja der unheimliche Hauslehrer, den ließ wohl die Liebe zu Daniela nicht schlafen. Wenn Daniela vom Duell wüsste, fuhr es Karl Erdmann durch den Kopf, würde er dann nicht für sie ein anderer sein? würde er ihr dann nicht wichtiger werden? Ach lächerlich. Die ungewohnte Stille der Nacht machte ihn sentimental, er wollte lieber schlafen gehen.

Den nächsten Tag begann Karl Erdmann damit, sich, wie er es nannte, systematisch zu akklimatisieren. Er ging durch das ganze Haus, hörte den bekannten Ton jeder Türklinke, roch den jedem Zimmer eigentümlichen Geruch. In einem Zimmer fand er Heida, die bei Fräulein Undamm Unterricht nahm. Die Gouvernante sah sehr klein und braun aus neben dem großen Mädchen mit dem honigblonden Haar. Fräulein Undamm errötete und sagte: «Ah, der Herr Leutnant gibt uns die Ehre.»

Heida lachte über das ganze rosa Gesicht, es war ihr, als sei mit Karl Erdmann eine Flut von Ferienluft in das Zimmer gedrungen. «Ach», meinte sie, «heute ist er gar nicht mehr imposant, ja, gestern in der Uniform.» –

«Ich will nicht imponieren», erwiderte Karl Erdmann, «ich will mich akklimatisieren. Entschuldigen Sie, ich gehe schon weiter.» Im anstoßenden Zimmer fand er Herrn Dorn, der Leo eine lateinische Stunde erteilte. Herr Dorn begrüßte Karl Erdmann sehr formell, lächelte ironisch und strich sich die schwarze Locke aus der Stirn. «Der Herr Leutnant wollen vielleicht ein wenig prüfen?»

Aber Leo zog die Augenbrauen hoch und äußerte: «Prüfen? Bei der Kadettenbildung!»

«Nein, nein», sagte Karl Erdmann, «ich wollte nur hier drin gewesen sein; entschuldigen Sie.»

Er ging in den Hof hinunter, um die Hunde zu sehen, um im Stall den Pferden auf die blanken Hälse zu klopfen, um den Geruch von Heu, Teer, von in der Sonne heißgewordenen Steinen und Holz einzuatmen. Dann ging er wieder ins Haus, um seine Mutter zu begrüßen.

Frau von Wallbaums Zimmer, himmelblau und weiß, sah aus wie das Zimmer eines jungen Mädchens. Sie selbst, im hellgeblümten Sommerkleide, blaue Bänder auf der weißen Morgenhaube, saß an ihrem Schreibtisch und schrieb ihr Tagebuch. Sie war die Einzige der Familie, die ein Tagebuch schrieb. Als ihr Sohn eintrat, lächelte sie ihm entgegen, den Kopf ein wenig zurückgebogen, damit der Kneifer nicht von der Nase falle. «Ah, da bist du», sagte sie. «Ich habe eben deine Ankunft ganz ausführlich beschrieben, und jetzt wollen wir in den Garten gehen.» Sie hing sich in seinen Arm, und sie stiegen über die sonnenheißen Steinstufen der Gartentreppe in den Garten hinab. Es war ein altmodischer Garten mit langen Rabatten voll altmodischer Blumen, dicke Zentifolien an niedrigen Büschen, Gebrochenes Herz und gelbe Immortellen, die in der Sonne wie Zwanzigmarkstücke glänzten. Unter den Fenstern aber stand die Reihe der Lilien weiß und feierlich.

«Ach Kind», sagte Frau von Wallbaum, «ich habe die ganze Nacht nicht geschlafen vor Freude, dass du da bist. Es ist, glaube ich, mehr als die Freude darüber, dass ich mein Kind wiederhabe; wenn du da bist, ist es mir, als hätte ich einen Verbündeten. Die andern sind ja alle so gut und lieb, aber sie sind doch alle vernünftiger als ich. Noch gestern sagte Heida, als ich etwas tun wollte: ‹Ach, Mama, lass mich das machen, du kannst es ja doch nicht.› Und sie hat auch recht. Aber mit dir habe ich das Gefühl, dass ich so unvernünftig, wie ich will, sein kann, dass du mich doch verstehst. Ja, mit dir und mit Daniela habe ich dies Gefühl, wie es vielleicht Kinder haben, wenn die

Erwachsenen fortgehen und die Kinder ungestört miteinander ihre Sprache sprechen können. Aber was ich nicht für Zeug zusammenspreche.» Sie bog ihren Kopf zurück, um zu Karl Erdmann hinaufzusehen, und lächelte. Als jedoch Karl Erdmann sagte: «Daniela, wie geht es ihr? gestern schien sie heiter», da machte Frau von Wallbaum gleich wieder ein besorgtes Gesicht: «Heiter! mein Gott, die arme Frau hat auch ihre Kämpfe, sie hat ihre Feinde, die alles falsch deuten, was sie tut. Daniela erträgt es nun einmal nicht, dass es um sie her traurig oder alltäglich ist, sie kann nichts dafür. Lilien können auch nichts dafür, dass es um sie her süß und ein wenig schwül duftet, nicht wahr? Nun, bei uns wird sie immer Schutz finden, und für mich ist sie eine große Freude. Mit Daniela fühle ich mich so jung. Wenn wir abends zusammen bis zur Wiese gehen, um den Sonnenuntergang zu sehen, dann habe ich zuweilen das Gefühl wie an Festtagen in meiner Jugend. Und dann – mit Daniela kann ich so lachen wie sonst nur noch mit dir.» Plötzlich wurde Frau von Wallbaum zerstreut und hielt inne. Sie hatte auf dem Rasenplatz zwei gelbe Löwenzahnblüten entdeckt. Der Löwenzahn war ihr Feind, sie trug stets kleine Werkzeuge bei sich, um ihn auszurotten. «Da sind wieder zwei», rief sie und ließ den Arm ihres Sohnes los, «geh nur weiter, geh zu Daniela, sie sitzt in der Bohnenlaube, ich muss die beiden dort haben.» Und geschäftig eilte sie zum Rasenplatz.

Karl Erdmann schlenderte langsam den Kiesweg entlang. In der Bohnenlaube fand er Daniela. Sie trug ein erdbeerfarbenes Sommerkleid, ein Buch lag vor ihr aufgeschlagen, aber sie lehnte den kleinen Kopf mit den schwarzen Scheiteln zurück in das Laub und die roten Blüten der Bohnen. Als Karl Erdmann in die Laube trat, nickte sie freundlich, «freundlich, ja», dachte Karl Erdmann, «aber ihr strahlendes Lächeln, das sie für die andern hat, hat sie für mich nicht.»

Er setzte sich zu ihr und fragte: «Störe ich?»

«O nein», erwiderte Daniela. «Heute sind Sie schon ganz Hausgenosse. Gestern ja, da waren Sie ein wenig imposant wie – wie die Puppen, die man zu Weihnachten bekam und die noch zu blank waren, um damit zu spielen.»

«Können Sie heute mit mir spielen?», fragte Karl Erdmann schnell. Daniela lachte: «Es ist sehr hübsch, ein Leutnant muss ja wohl Damen hübsche Sachen sagen, aber dieses war ungewöhnlich hübsch.» Karl Erdmann lachte nicht mit. Er zog die Augenbrauen ein wenig zusammen und meinte: «Ich glaube, für Sie ist ein Leutnant an sich etwas Lächerliches.»

«O nein», erwiderte Daniela ernst, «und jetzt am wenigsten, da Ihre Mutter um Ihretwillen, um den Leutnant etwas wie einen Heiligenschein gelegt hat. Wenn Ihre Mutter jetzt von Leutnants spricht, dann scheint mir ein Leutnant etwas sehr Schönes, und Sie wissen, ich schaue alles am liebsten mit den Augen Ihrer Mutter an, das macht mich glücklich.»

«– Hm, recht schön», brummte Karl Erdmann, «nur würde ich gern wissen, wie ich ausschaue, wenn Sie mich mit Ihren eigenen Augen ansehen.»

Daniela zog die Augenbrauen ein wenig empor: «Warum wollen Sie das, seien Sie zufrieden, dass Sie mit den gütigsten Augen der Welt angesehen werden.» Das klang hübsch und schwesterlich und kränkte Karl Erdmann doch. Beide schwiegen jetzt und schauten auf einen Trauermantel nieder, der vor ihnen auf dem besonnten Kies lag wie ein kleines Stück Samt. Über Danielas Stirn hingen rote Bohnenblüten wie Blutstropfen, und all das Laub ringsum mischte viel Grün in das Schieferblaue ihrer Augen, dass sie zu schimmern begannen wie die Brust eines Pfaues.

Plötzlich stand Botho vor ihnen in seinem hellen Sommeranzuge, den Strohhut im Nacken, der Schnurrbart sehr blank, die Augen sehr blau. Er lächelte ein zärtliches Lächeln zu Daniela hinüber. Karl Erdmann sah ihn mit Abneigung an. Ihm missfiel dies Prachtexemplar von Mann. Er hatte stets das Gefühl gehabt, dass Botho ihn verachte, weil er schmalschulterig und braun und nicht groß und blond wie die anderen der Familie war. Und jetzt noch dieses süße Lächeln.

«Nun, Daniela», sagte Botho, «das ist ja Ihre Stunde. Soll ich Sie nicht wieder unter den Weiden hinrudern?»

Daniela schien sich wirklich darüber zu freuen. «Ach ja, das wird schön sein. Mit Karl Erdmann sind wir im Gespräch sowieso bis zu einem Absatz gekommen.»

Sie stand eilig auf und griff nach ihrem Sonnenschirm. Karl Erdmann schaute den beiden nach, wie sie nebeneinander den Kiesweg hinabgingen, bis Danielas roter Sonnenschirm unter den Parkbäumen verschwand. Plötzlich war Karl Erdmanns froh-erregte Stimmung verflogen. Was sollte er denn jetzt tun? Was tat man denn überhaupt hier in dieser Zeit, wenn – wenn man nicht bei Daniela war? Er erhob sich und ging langsam, leise vor sich hin pfeifend, auch den Kiesweg hinab und auch dem Parke zu. Dort setzte er sich auf eine Bank, die im Schatten der großen Ulmen stand. Er konnte ein Stück des Teiches sehen, der mit einer grellgrünen Pflanzendecke überdeckt war, er sah das Boot und Danielas roten Sonnenschirm, die langsam unter den Weiden dahinfuhren. Gut, das war es also, was man hier tat. Man sitzt auf einer schattigen Bank, sieht einen roten Sonnenschirm durch all das Grün fahren und denkt an nichts. Nur dass, wenn man von da draußen kommt, so was immer wieder gelernt werden will.

«Guten Morgen», sagte eine hohe, schnarrende Stimme, der Legationsrat war die Allee herabgekommen und stand vor Karl Erdmann, im weißen Pikeeanzug, das Gesicht mit den scharfen, ein wenig gespannten Zügen war bleich und müde, das Monocle war ganz grün von dem Laub, das sich in ihm spiegelte. «Du sitzest hier ja sehr schön», fuhr er fort. «Erlaube, dass ich mich zu dir setze.» Er setzte sich auf die Bank und betrachtete eine Weile schweigend seine polierten Nägel: «Ich sitze nämlich», begann er in seiner nachlässigen und schnarrenden Weise, «ich sitze nämlich sehr gern neben dir, denn ich vermute, dass du heute derjenige im Hause bist, der die beste Laune hat. Ich weiß, in deiner Situation fühlt man sich immer sehr glücklich, und neben einem solchen zu sitzen ist recht zuträglich.»

Karl Erdmann lachte. «Du gefällst mir. Ich denke, du bist hier der Glückliche. Wenn man verlobt ist, ist man doch glücklich.»

«O gewiss», erwiderte der Graf höflich, «besonders wenn man mit deiner Schwester verlobt ist. Aber in der Technik des Glücklichseins kann man von euch jungen Leuten immer etwas lernen.» Jetzt schwiegen sie beide und schauten dem roten Sonnenschirm unter den Weiden nach.

Endlich sagte Karl Erdmann halb laut: «Und das da drüben? Was geht da vor?»

Der Graf zuckte die Achseln: «O nichts, gar nichts. Frau von Bardow schafft sich ihre Atmosphäre. Eine charmante Frau. In Petersburg kannte ich einen alten Fürsten. Er besaß ein Gut in Südrussland und verbrachte im Sommer einige Wochen auf diesem Gute. Da wurde nun erzählt, dass er eines Tages spazieren fährt und eine Windmühle sieht, die stillsteht. Er ruft einen Bauern heran und fragt: ‹Warum dreht sich die Windmühle nicht?› – ‹Weil wir keinen Wind haben, Exzellenz›, sagt der Bauer. Da fährt ihn der Fürst an: ‹Sage dem Inspektor, ich befehle, dass, wo hier bei mir Windmühlen stehen, sie sich auch drehen sollen.› – ‹Zu Befehl, Exzellenz›, sagte der Bauer... Nun ja, Frau von Bardow will eben auch, dass, wenn Windmühlen um sie her sind, sie sich drehen. Ah, da kommt Oda.»

Er stand auf und ging Oda entgegen, die ohne Hut im weißen Kleide unter den Bäumen in dem grünen, zitternden Lichte stand. Als er den Arm um ihre Taille legte, bog Oda sich wieder mit der hübschen, leidenschaftlich hingebenden Bewegung zurück. Karl Erdmann wandte sich ab, er wollte das nicht sehen, Oda tat ihm leid. «Dieser Herr», dachte er, «braucht noch irgendeine Technik des Glückes bei anderen zu lernen mit solch einem Mädchen. Und dann die dumme Windmühlengeschichte.» Der Platz war ihm verleidet. Er erhob sich. Es hatte um diese Stunde ja doch niemand Zeit für ihn, so wollte er denn auf der Hofestreppe sitzen, dem Treiben dort zusehen und auf das zweite Frühstück warten. Das gehörte ohnehin zum Urlaubsleben auf dem Lande, dass man immer auf eine Mahlzeit wartete. So saß er denn auf der Hofestreppe und sah, wie der Koch, ganz weiß, das blanke Küchenmesser in der Hand, zum Eiskeller ging, Milchmädchen mit ihren Eimern ab und zu liefen. Am Stall longierte der Kutscher den Braunen, und im Stallteich wurden Arbeitspferde geschwemmt. Dem zuzuschauen war heimatlich und interessant, aber plötzlich ging Karl Erdmann ein unerwarteter Gedanke durch den Kopf. Das Bewusstsein, dass dieses Treiben hier ruhig fortging, wenn er drüben in der Garnison war, das war beruhigend und angenehm, aber zu denken, dass, wenn er überhaupt nicht mehr wäre – nach dem Duell vielleicht –, alles hier so weiterginge, dieser Gedanke war unerträglich, fast demütigend. Ärgerlich fuhr er auf. Was war es denn heute mit ihm? So etwas denkt man doch nicht.

In den Nachmittagsstunden dieser langen Sommertage pflegte es im Hause, Hof und Garten stille zu werden. Frau von Wallbaum nahm Daniela in ihr Zimmer, die Herren zogen sich zurück. Botho behauptete, in der Bibliothek lesen zu wollen, und schlief in dem großen Sessel ein. Den Grafen Lynck machten die Nachmittagsstunden nervös, und er musste in seinem Zimmer still auf der Couchette liegen. Nur den beiden Kindern ließ der Sommer keine Ruhe. Sie trieben sich draußen unter den Obstbäumen umher, und über den einsamen Hof hastete nur die Kammerjungfer Lina sehr erhitzt, die Stirn voll nasser Haarsträhne. Sie kam von einem Stelldichein hinter den Jasminbüschen, denn Lina hatte zu jeder Tageszeit Stelldicheins hinter den Jasminbüschen.

Karl Erdmann hatte es früher auch nicht anders gekannt, als dass man sich um diese Zeit faul hinstreckte. Er wunderte sich daher über sich selbst, über die seltsame Unruhe, die ihm jetzt im Blute saß, als könnte er etwas versäumen, als müsste etwas geschehen, etwas getan werden. Es war ihm, als hätte er die Aufgabe, etwas sehr Wichtiges seines Lebens zu erleben, und sei ungeduldig, dass die Sache nicht schnell genug vorwärts ginge. Nein, so etwas hatte er noch nie empfunden. Er hoffte sehr, dass dieses nicht mit sentimentalen Kommissgedanken an Tod und solche Geschichten zusammenhing. Aber da es nun einmal so war, so konnte er ja in den Garten zu den Kindern gehen.

Als er aus dem Hause trat, fand er unter zwei großen Linden Oda in der Hängematte liegen. Sie hielt ein Buch in der Hand, aber sie hielt die Augen geschlossen. Er ging zu ihr hinüber und sah, dass ihr

Gesicht feucht von Tränen war. «Warum weinst du, Oda?», fragte er, «quält er dich?»

Oda schlug die Augen auf und errötete: «Es ist nichts», sagte sie, «nein, warum soll er mich quälen. Komm, Karl Erdmann, es ist gut, dass du da bist, es ist so beruhigend, mit dir zu sprechen, du bist, wie sagt man doch, so neutral.»

«Oh, bin ich neutral?», fragte Karl Erdmann und zog die Augenbrauen hinauf.

Oda schaute in die Baumzweige und sprach langsam vor sich hin, als setzte sie ein Gespräch fort: «Ich glaube, es liegt daran, dass wir hier in unserem stillen Winkel ein wenig einfältig werden. So stellte ich mir immer vor, Sich-Lieben und Sich-Verloben, das sei eine einfache Sache. Nun sehe ich aber, dass Sich-Lieben etwas ganz Kompliziertes ist. Zuweilen kommt es mir vor wie eine sehr schwierige Rechnung so mit Klammern und Xen. Ottomar sagt wohl, das sei so ein sentimentaler Unsinn, dass Menschen, die sich lieben, sich verstehen müssen. Menschen können sich wohl lieben, aber verstehen werden sie sich doch nicht. Wozu auch? Lieben ist doch genug. Das ist gewiss schön und mag so sein, aber, ich weiß nicht, wenn man nicht versteht, wird es leicht unheimlich, und du erinnerst dich, ich fürchtete mich von jeher im Dunkeln.»

«Warum er dich mit seiner Rätselhaftigkeit einängstigt, verstehe ich nicht», fuhr Karl Erdmann auf.

«Nein, sag nichts gegen ihn», sagte Oda und schloss wieder die Augen. Sie schwieg jetzt und lag regungslos da.

Karl Erdmann saß noch eine Weile auf der Bank und schaute das stille Mädchen an. «Also, sie fürchtet sich vor ihrer Liebe, wie Mädchen sich vor dem Dunkeln fürchten. Na wirklich, der Herr Legationsrat, unser Herr Graf müsste sich wirklich eine andere Technik anlegen.» Dann erhob er sich und ging tiefer in den Garten hinein.

Leo stand unter einem Birnbaum und warf mit Steinen nach Birnen. Heida saß auf dem Aste eines alten, schiefen Pflaumenbaumes, aß wachsgelbe Eierpflaumen und spie die Kerne weit von sich. Als sie Karl Erdmann erblickte, sprang sie herunter. «Gott sei Dank, dass du kommst», sagte sie, «dann brauche ich nicht mehr diese Pflaumen zu essen, man denkt, sie sind gleich vorüber und man muss sie essen, aber es ist nicht immer leicht.»

«Ach ja», meinte Karl Erdmann, «ich erinnere mich der Zeit, wo man solche Pflichten hatte.»

Heida nahm Karl Erdmanns Arm. «Wollen wir in den Schatten gehen», schlug sie vor, «heute kann man ja mit dir sprechen, heute bist du nicht mehr der fremde Herr von gestern, heute bist du *reçu*.»

«So, so, sehr gütig», sagte Karl Erdmann, «aber ganz eingeweiht bin ich doch noch nicht. Warum liegt nämlich Oda in der Hängematte und weint?»

«Das kann ich dir sagen», berichtete Heida eifrig. «Weil sie eifersüchtig auf Daniela ist. Das ist auch natürlich. Zuweilen macht Ottomar Daniela so feurig den Hof, als ob es keine Oda gäbe. Noch vorgestern ging er mit Daniela bis elf Uhr abends den Gartenweg auf und ab, und Oda saß in ihrem Zimmer und hatte rotgeweinte Augen. Das ist auch etwas Angenehmes an dir, dass du, glaube ich, noch nicht in Daniela verliebt bist. Sonst alle, auch Leo. Er will, wenn sie reitet, Kletten unter den Sattel legen, damit, wenn das Pferd durchgeht, er sie retten kann. Solch ein Unsinn. Und dann Herr Dorn. Fräulein Undamm weint sich deshalb die Augen aus. Und Botho. Daniela ist gewiss reizend, aber ich wundere mich, dass alle in eine und dieselbe verliebt sind, das hat doch keinen Sinn.»

«Das ist ja recht interessant», bemerkte Karl Erdmann, «nur wundert es mich, dass ein kleines Mädchen wie du den Kopf so voller Liebesgeschichten hat.»

Heida zuckte die Achseln: «Was kann ich dafür, das liegt hier in der Luft. Das atmet man ein. Selbst Lina, wenn sie mich abends frisiert, fragt mich: ‹Haben Fräuleinchen den neuen Gärtner gesehen?› Und dann sieht sie zur Decke hinauf und sagt: ‹Der ist ein Mann!›» Dann plötzlich wurde ihr Gesicht ganz ernst, und sie schaute zu Karl Erdmann auf mit weit offenen, erschreckten Augen, die feucht glänzten: «Und ist es wahr, dass du ein – ein Duell haben wirst? Ach, du brauchst nicht so böse auszusehen, ich weiß, ich weiß, es ist ein

Geheimnis und niemand darf es wissen. Aber Leo hat gehört, wie du mit Botho sprachst.»

Karl Erdmann wurde blass vor Zorn. «Leo hat geträumt», sagte er, «und es ist sehr unrecht von euch, solche Dinge zu erzählen, die ihr nicht versteht. Ihr könnt großes Unheil anrichten.»

Heida nickte bekümmert: «Natürlich, wir durften es nicht wissen, wir sagen es auch niemand. Aber gestern Abend im Bett habe ich darüber weinen müssen. Fräulein Undamm sagte, als sie es hörte –»

«Fräulein Undamm?», fuhr Karl Erdmann auf.

«Ja, ihr haben wir es gesagt», meinte Heida. «Sie schweigt schon, aber sie sagte, als sie das hörte: ‹Er so jung und hoffnungsreich.› Daran musste ich immer denken.»

«Das ist ja aber alles nicht wahr», rief Karl Erdmann. «Nur du und Leo seid ungezogene Kinder, und ich verbitte mir das.»

«Das mag sein», sagte Heida ruhig, «aber ergreifend ist es doch», und jetzt rannen wirklich Tränen über die Wangen des Mädchens.

Karl Erdmann wandte sich ab und ging. Er war sehr ärgerlich über das, was er gehört hatte, und ärgerlich darüber, dass dieses kleine Mädchen, das über ihn weinte, ihn mit einer Rührung erfüllte, die ihm die Kehle zusammenschnürte.

Gegen Abend, als die Jalousien aufgezogen und die Fenster geöffnet wurden, erwachte das Leben wieder, und Karl Erdmann empfand es deutlich, dass er jetzt wieder ganz zu diesem Leben gehörte, er fand sogar, dass er hier besonders beliebt war. Ein jeder hatte ihn nötig, wollte bei ihm sein und mit ihm sprechen. Er kannte die Scherze, über die gelacht wurde, und konnte mitlachen. Er verstand wieder so leicht und wurde wieder so leicht verstanden, wie er es hier gewohnt war. Aber ein Vorfall überraschte ihn doch. Es war nach dem Abendessen. Man saß wieder auf der Gartentreppe in der Sommernacht oder ging langsam die dunklen Gartenwege entlang. Karl Erdmann brauchte nicht mehr wie ein Herr, der zum Besuch da ist, neben seinem Vater zu sitzen und von alten Garnisonsgeschichten zu sprechen. Er stieg die Treppe hinab, um zu seinen Schwestern zu gehen, die er drüben bei den Lilien lachen hörte. Mitten auf dem

Gartenwege stand Daniela. Der Graf Lynck kam auf sie zu, er blieb vor ihr stehen, und sich ein wenig vorbeugend, sagte er leise etwas zu ihr. Daniela lachte, wandte sich dann kurz ab und ging Karl Erdmann entgegen: «Kommen Sie, Karl Erdmann», sagte sie und nahm seinen Arm, «gehen wir sehen, wie es über dem Walde wetterleuchtet.»

Während sie zusammen den Weg hinabgingen, dachte Karl Erdmann darüber nach, was er sagen sollte. Es sollte nichts Gewöhnliches sein, jetzt musste ein Erlebnis beginnen, allein er war so erregt, dass ihm nichts einfiel.

Unterdessen begann Daniela unbefangen zu plaudern: «Mit Ihnen ist es so gemütlich. Was man mit Ihnen unternimmt, ist ganz einfach und selbstverständlich, wir gehen sehen, wie es wetterleuchtet, das ist ganz einfach, nicht wahr? Sie wollen nicht, dass das ein Symbol sei oder irgendwie tief.»

Karl Erdmann versuchte zu lachen, aber es klang gezwungen. «Also», meinte er, «Sie halten mich für gemütlich, harmlos und sehr einfach.»

Daniela schüttelte ein wenig seinen Arm. «Nein, nein», sagte sie, «Sie sollen nicht auch kompliziert sein wollen, alle wollen jetzt kompliziert und geheimnisvoll sein, sie glauben, dann gefallen sie uns. Was heißt denn dies ‹Interessantsein› anders, als ‹ich leide an mir selber und bin bereit, dich an diesem Leiden teilnehmen zu lassen›. Ach Gott, wenn die Männer doch wüssten, wie angenehm sie sind, wenn sie glücklich und verständlich sind.»

«Dazu gehört», begann Karl Erdmann mit Anstrengung, denn jetzt glaubte er es gefunden zu haben, das Bedeutungsvolle, «dazu gehört, dass einer einen glücklich macht und versteht.»

Daniela antwortete nicht darauf, sie standen jetzt am Ende des Weges und schauten über die Wiese zum Walde hinüber, der drüben wie eine stille schwarze Mauer stand. Über ihm hing eine schwere, graublaue Wolke, in der sich beständig ein grelles Gold regte. So zu stehen in dem Duft der Abendnebel und neben sich diese Frau atmen zu hören ergriff Karl Erdmann so stark, dass er sein eigenes Herz klopfen hörte.

«Heute sprach ich mit Ihrer Mutter», begann Daniela wieder, und er wunderte sich, dass ihre Stimme so ruhig in seine Erregung hineinklang, «ich sprach heute mit Ihrer Mutter von Ihrer künftigen Frau. Wir waren uns darüber einig, dass sie eines jener entzückenden, kleinen, rundlichen, blonden Wesen sein muss. Ein rundes rosa Gesicht und einen sehr roten Mund.»

«Oh, ich kenne diese runden Apfelgesichter», sagte Karl Erdmann bitter. «Zu denen gehört dann gewöhnlich ein Paar dummer fayenceblauer Augen.»

«Durchaus nicht», widersprach Daniela, «sie wird hellbraune Augen haben. Die lassen sich so hübsch vom Licht durchleuchten. Und dumm, das wird sie nicht sein, sie wird sehr gescheit sein, sie wird sofort verstehen, dass es Sie schmerzt, wenn Sie nicht für kompliziert und geheimnisvoll gehalten werden, und obgleich sie Sie deshalb lieben wird, weil Sie frisch und klar sind, so wird sie doch tun, als müsse sie irgendein geheimnisvolles Leiden, eine geheimnisvolle Zerrissenheit an Ihnen heilen und trösten.»

«Was für ein lächerliches Paar das geben wird», warf Karl Erdmann verächtlich hin.

«Nein, ein glückliches», sagte Daniela, «gehen wir jetzt.»

Während sie wieder dem Hause zuschritten, schwieg Karl Erdmann, aber es war, als schnürte etwas Böses, etwas, das Daniela erschrecken und erschüttern sollte, das er sagen wollte, ihm die Kehle zusammen. Er brachte es jedoch nur zu einem kleinlauten: «Daniela, Sie sagen das alles, um mich zu kränken».

«Kränkt Sie das, armer Karl Erdmann», erwiderte sie, und im Schein eines Wetterleuchtens sah er, wie das schmale weiße Gesicht zu ihm aufblickte und mitleidig lächelte. Dann sprachen sie nichts mehr und gingen in das Haus hinein.

Die Nacht war schwül, und Karl Erdmann konnte sich nicht entschließen, sich niederzulegen. Er stand am geöffneten Fenster seines Schlafzimmers und schaute in den Garten hinab, und in das tiefe Dunkel fuhr zuweilen das Wetterleuchten wie eine plötzliche Erregung. Karl Erdmann fühlte in sich eine quälende Lebensungeduld, ein zorniges Verlangen, als würde ihm versagt, worauf er doch ein Recht hatte, und allerhand seltsame, waghalsige Pläne gingen ihm durch den Kopf. Diese Gewitternacht regte ihn auf wie eine Nacht am Spieltische. Unten auf den Gartenwegen irrte die einsame Gestalt Aristides Dorns umher. «Den lässt wieder die Liebe zu Daniela nicht schlafen», dachte Karl Erdmann. Nun, der Gedanke, dort unten umherzuirren, war nicht schlecht, und dann mit jemandem zu sprechen, der jetzt gewiss auch nur an Daniela dachte, konnte wohltuend sein. So beschloss er auch hinunterzugehen.

Als er unten zwischen den Levkojenbeeten Aristides Dorn begegnete, schrak dieser ein wenig zusammen, dann lachte er leise und sagte: «Oh, der Herr Leutnant ist es, Sie können wohl auch nicht schlafen?»

«Ja, die Gewitternacht macht es», erwiderte Karl Erdmann.

«Vielleicht ja», erwiderte Dorn zögernd, «ich finde, man schläft hier überhaupt nicht gut.»

Karl Erdmann lachte. «Ich habe hier schon viele Jahre vortrefflich geschlafen.» Die beiden jungen Leute hatten begonnen, langsam nebeneinander herzugehen.

Aristides Dorn hielt den Kopf gesenkt, nur wenn ein Wetterleuchten den Garten erhellte, schaute er auf und strich sich die Locke aus der Stirn. Er begann wieder zu sprechen, leise und versonnen: «Natürlich, Sie sind hier in dieser Luft aufgewachsen, ich meine die ganze Lebensatmosphäre, aber wenn einer von außen kommt, aus einer ganz anderen Atmosphäre, dann wirkt das seltsam stark auf ihn.»

«Gefällt Ihnen das Leben hier nicht?», fragte Karl Erdmann leichthin. Der schwere, gedrückte Ton, in dem Dorn sprach, war ihm unbehaglich.

«So etwas gefällt immer», erwiderte Dorn, «es ist ja hier alles zusammengetragen, was gefallen muss, und nach Möglichkeit alles ausgeschaltet, was verletzen könnte. Das ist alles sehr schön, natürlich sollte es solch ein Leben nicht geben.»

«Erlauben Sie», fuhr Karl Erdmann auf, «warum darf es das nicht geben? Es ist doch genug Hässliches auf der Welt, warum soll es nicht solche stille Reservoirs geben, in denen sich das Hübsche und Vornehme und Kultivierte ansammelt, so Musterwirtschaften des Lebens?»

Aristides Dorn schwieg eine Weile, ehe er wieder begann: «Es ist sehr hübsch gesagt, ein Reservoir für das Schöne, Vornehme und Kultivierte. Im Mai, glaube ich, war es, dass der Geburtstag von Fräulein Oda gefeiert wurde. Für das Diner waren Birnen aus der Stadt geholt worden. Es waren die größten Birnen, die ich je gegessen habe, und auch wohl die süßesten und die saftigsten, wundervolle Birnen, aber genau genommen sind solche wundervollen Birnen kranke Birnen. Es sollte vielleicht solche Birnen nicht geben.»

«Der Herr erlaubt sich etwas», ging es Karl Erdmann durch den Sinn, deshalb nahm er seinen Ton etwas hochmütig, als er sagte: «Das Bild ist originell, aber ich finde, dass wir hier alle recht kräftig und gesund gediehen sind.»

«Gewiss!», gab Dorn höflich zu, «hier gedeiht und blüht ja alles prächtig. Ich spreche ja natürlich nur von meinen eigenen persönlichen Erfahrungen. Da scheint es mir denn, dass hier das Lebensbild einigermaßen gefälscht wird. Das Leben ist doch eine gefährliche, drohende Sache, in die einiges Hübsche hineingestreut ist und sehr viel Hinwegdenken über alles Schlimme. Hier soll es nur weich und hübsch sein und ganz aus dem Hinwegdenken über das Schlimme bestehen. Ich habe gefunden, dass uns das ein wenig widerstandslos, ein wenig feige gegen uns selbst macht. Es ist natürlich lächerlich, wenn ich wieder auf die großen Birnen zurückkomme, aber wirklich, ich habe daran gedacht, dass ich einige Ähnlichkeit mit solch einer Birne bekomme, so weich und innerlich ganz süß. Wenn man nicht geboren ist, um in Seidenpapier gewickelt zu werden, so ist das gefährlich.» Dorn schwieg, sah in das Wetterleuchten und lächelte sein hochmütiges, ironisches Lächeln.

Das ärgerte Karl Erdmann, und er schnarrte im Leutnantstone: «Sehr unangenehm allerdings, eine Duchessebirne zu werden, und Sie sind recht streng mit uns hier, aber vielleicht sind es Ihre politischen Ansichten, die Zustände hier zu hassen.»

«Politische Ansichten? o nein», erwiderte Dorn lebhafter als früher, und jetzt klang es, als mache es ihm Vergnügen zu sprechen. «Wir, das heißt ich und meine Freunde, wollen keine politischen Überzeugungen haben, wir wollen Weltanschauungen haben. Es ist ja sehr gut, zu versuchen, den Besitz gleichmäßig zu verteilen, sodass jeder genug zu essen und zu leben hat, aber ist das auch erreicht, dann sind die Daseinsfragen, die uns quälen, damit um keinen Schritt ihrer Lösung näher gerückt. ‹Hassen›, sagen Sie, nun ja, vielleicht hasse ich das Leben hier, ich lehne es ab. Natürlich, das muss ich, das ist meine Art, mich zu verteidigen, so etwas wie eine Schutzimpfung. Denn sonst könnte es mir passieren, dass ich nicht mehr hinauskönnte. Solche Erfahrungen sind ja sehr interessant, aber manche gehen dabei zugrunde. Nun schließlich, irgendeine Erfahrung bringt uns immer um.» Er wartete einen Augenblick, ob Karl Erdmann etwas sagen würde, da dieser jedoch schwieg und nicht wusste, was er mit diesen Geständnissen machen sollte, so fuhr Aristides Dorn fort: «Ja, ich habe eigentümliche Züge an mir beobachtet, die neu sind. So war ich früher sehr schnell, ja hastig von Entschluss. Jetzt passiert es mir, dass ich etwas tun will und Abend für Abend umhergehe und mich nicht dazu entschließen kann. Und jetzt, dass ich Ihnen alles das sage, das hätte ich früher nicht getan, ich war immer sehr verschlossen gegen Fremde, und nun schwatze ich und schwatze ich.»

«Machen Sie sich nichts daraus, Herr Dorn», sagte Karl Erdmann gutmütig, «in solch einer elektrisch geladenen Nacht wird man mitteilsam, morgen bei Tage sieht das alles anders aus.»

Im Gespräch waren sie durch den ganzen Garten gegangen, aus den Düften der Rosen waren sie in den Duft der reifen Pflaumen gekommen und von da in den Gemüsegarten mit den scharfen Gerüchen der Sellerie- und der Zwiebelpflanzen. Dann gingen sie den Weg zurück und standen wieder vor dem Hause. Die lange Front war dunkel bis auf ein Fenster, aus dem ein Lichtschein durch die Vorhänge fiel.

«In der Bibliothek ist noch Licht», bemerkte Karl Erdmann.

«Ja», erwiderte Dorn, «dort ist gewöhnlich noch Licht. Frau von

Bardow pflegt dort noch zu lesen. Sie ist es gewohnt, spät zu Bette zu gehen.»

Schweigend standen die beiden jungen Leute eine Weile da und schauten den Lichtschein an. Plötzlich sagte Karl Erdmann: «Gute Nacht, Herr Dorn, es hat mich sehr interessiert, Sie bleiben wohl noch draußen.»

«Ich gehe hier noch ein wenig umher», antwortete Dorn, «gute Nacht, Sie – Sie gehen wohl noch in die Bibliothek?»

«Ja, vielleicht», sagte Karl Erdmann leichthin. Er reichte Dorn die Hand und ging. «Das ist es, lieber Freund», dachte er, «wozu du dich nicht entschließen kannst.»

Mit leichten, hastigen Schritten eilte er durch die dunkle Zimmerflucht. Die Tür zur Bibliothek stand offen. Es wurde dort gesprochen, Ottomar Lyncks Stimme war es, die Worte konnte Karl Erdmann nicht verstehen, aber die Stimme erschien ihm ungewöhnlich wach und eindringlich. Jetzt sprach Daniela, langsam und eintönig, wie wir sprechen, wenn wir ein wenig schläfrig sind: «Wenn das nun alles so ist, so vergessen Sie eins, lieber Graf, dass Sie von Ihren Gefühlen sprechen, nicht von meinen Gefühlen.» Nun bemerkte sie Karl Erdmann, der in der Türe stand. «Karl Erdmann ist auch da», sagte sie, «können Sie auch nicht schlafen?» Sie saß in einem der großen Sessel, hatte den Kopf zurückgebogen, und ihr Gesicht trug den Ausdruck von jemand, der sich, etwas müde, von einer Musik einschläfern lässt. Am Kamin stand der Graf Lynck, zwei rote Flecken brannten auf seinen Wangen, die ihn hübscher und jünger machten. Auch er lächelte Karl Erdmann entgegen und meinte, «in solchen Gewitternächten gespenstern wir alle umher».

«Brillante Haltung!», dachte Karl Erdmann, «denn er ist doch wütend, dass ich komme, und dann berichtete er, dass er noch unten im Garten spazieren gegangen sei, und da er hier oben Stimmen gehört habe, sei er gekommen, um auch dabei zu sein.»

«Ja», sagte Daniela, «der Graf Lynck erzählte mir hier seltsame und interessante Dinge, nur fürchte ich, dass ich nicht recht imstande war, ihm zu folgen.»

«Es ist ja auch spät», meinte der Graf höflich und schaute nach der Uhr. «So werde ich denn gute Nacht wünschen. Karl Erdmann gelingt es vielleicht, verstandlicher zu sein.» Er verbeugte sich freundlich und unbefangen und ging. Karl Erdmann hatte sich auf einen Stuhl gesetzt, saß gerade da, wie gespannt auf etwas, das da kommen sollte. Daniela lag noch immer regungslos in ihrem Sessel. Eine Weile schwiegen beide.

Endlich begann Karl Erdmann: «Ottomar Lynck hat Ihnen ganz einfach eine Liebeserklärung gemacht, ich hab es seiner Stimme angehört.»

«Konnte man ihr das anhören?», erwiderte Daniela noch immer in dem ruhigen, müden Tone. «Ach ja, es kam vielleicht auf so etwas hinaus, aber sehr auf Umwegen. Durch was für Gefühlslabyrinthe sind wir nicht geirrt. Eine Liebeserklärung? natürlich. Diese Herren der großen Welt sind alle Pedanten, weil sich in ihrem Leben so oft die gleichen Lebenslagen wiederholen. Man ist eben nicht erfinderisch in der großen Welt, deshalb tun sie in der gleichen Lebenslage immer das Gleiche. Eine gewitterschwüle Sommernacht, es ist spät in der Nacht, eine Dame ist allein in einer Bibliothek, da nicht eine Liebeserklärung zu machen ist für diese Herren ebenso unmöglich, wie zum Frack eine schwarze Krawatte umzulegen.»

Karl Erdmann lachte nicht, er sah böse zu Daniela hinüber und sagte: «Ich hörte seiner Stimme aber auch an, dass er litt.»

Daniela zog die Augenbrauen ein wenig empor: «Gott, wer leidet nicht zuweilen, und wenn ein Herr, der von einem Mädchen wie Oda geliebt wird, leidet, wer kann ihm da helfen?»

Das Gewitter war heraufgezogen, der Birnbaum vor den Fenstern begann plötzlich eifrig zu rauschen und streute seine Birnen auf den Rasenplatz. Der Donner ließ sich vernehmen, aber ganz fern, ein tiefes, weiches Rollen. Karl Erdmann schwieg eine Weile, als warte er, bis der Donner ausgesprochen hatte, dann begann er wieder zu sprechen, und es klang eigensinnig und ungeduldig: «Es ist mir auch ganz gleichgültig, ob Ottomar Lynck leidet oder nicht. Ich bin gerade viel zu sehr damit beschäftigt, selbst zu leiden.»

«Sie?», fragte Daniela und richtete sich in ihrem Stuhle auf, um Karl Erdmann anzusehen, «ach nein, das sollen Sie nicht.»

«Warum soll ich das nicht», fuhr er böse fort, «wahrscheinlich weil ich ein so guter, gemütlicher, einfacher Junge bin und weil ich so furchtbar glücklich bin und so neutral, wie Oda sagt, das ist doch die Rolle, die Sie mir zugedacht haben. Aber Sie wissen sehr gut, dass ich all das nicht bin. Warum lassen Sie es denn zu, dass Ottomar und Botho und der Hauslehrer in Sie verliebt sind, und wenn Sie den Arm um Leos Schulter legen, so macht es Ihnen Spaß, dass der Junge ganz rot wird und wie hypnotisiert ist. Aber ich, nein, ich soll der Harmlose sein, der Kameradschaftliche. Ich kann das nicht, ich kann das weniger als all die anderen. Bei Ottomar Lynck ist die Liebe eine Gemütskomplikation und bei Botho ein Urlaubsflirt und bei dem Hauslehrer eine Krankheit, aber bei mir ist es Ernst. Sie halten mich ja für einen einfachen, harmlosen Menschen, nun, bei denen wird so was immer Ernst. Es hilft ja nichts, dass ich Ihnen das sage, aber ich will, dass Sie es wissen. Ich will nicht mehr den harmlosen Kameraden spielen, das ertrage ich nicht mehr.»

Daniela ließ ihn sprechen und schaute ihn dabei teilnehmend und ein wenig ratlos an, als ob sie einen Kranken anblickte und über das Mittel nachsänne, das ihm Linderung verschaffen könnte. Als er zu Ende gesprochen hatte, errötete sie, zog die Augenbrauen zusammen und schlug mit der Hand auf die Stuhllehne: «Nein, das will ich nicht, das habe ich nie gewollt, und das ist auch nicht, Sie täuschen sich, Karl Erdmann, es kommt Ihnen heute vielleicht so vor, aber morgen wird das ganz anders sein. Was würde Ihre Mutter sagen, wenn sie das hörte, sie will Sie doch ruhig und glücklich sehen. Es käme mir vor, als ob ich irgendein Heiligtum Ihrer Mutter zerstörte, etwas ihren geliebten Rasenplätzen antun würde oder so was.»

Karl Erdmann lachte schmerzhaft: «Oder als ob Sie die Meißener Zuckerdose zerschlügen. Es tut mir leid, ich bin aber nicht mehr in der Lage, die Rolle einer friedlichen Lieblingssache zu spielen. Sie verstehen es wohl zu machen, dass die Männer Sie lieben, aber wenn Sie wollen, dass einer Sie nicht liebt, dann sind Sie machtlos.»

Daniela hatte sich erhoben und war zu Karl Erdmann hinübergegangen. Sie blieb vor ihm stehen und schaute ihm sorgenvoll in das bleiche, erregte Gesicht: «Sie sehen schlecht aus», sagte sie, «Sie müssen krank sein. Legen Sie sich jetzt zu Bette, morgen, wenn es nicht mehr so schwül ist, dann wird alles anders sein.» Sie redete ihm zu wie einem Kinde, streichelte seinen Rockärmel, legte die Hand auf seine Stirn: «Ja, Ihre Stirn ist heiß, warten Sie, ich habe Brom bei mir, ich hole Ihnen etwas, trinken Sie das, Sie werden sehen, es tut Ihnen gut.» Geschäftig eilte sie aus dem Zimmer.

Karl Erdmann blieb sitzen, er fühlte sich kraftlos vor Rührung, vor Mitleid mit sich selber und schämte sich dessen. Dann sprang er plötzlich auf, er durfte hier nicht warten. Wenn er hier noch ihre Medizin nahm, dann war er unrettbar lächerlich, und hastig ging er auf sein Zimmer.

Herr von Wallbaum kam von seinen Feldern zurück, wo er dem Roggenmähen zugesehen hatte, sein Gesicht war rot und erhitzt unter dem weißen Leinwandhelm, der lange Backenbart glänzte wie Silber. Als ihm Karl Erdmann im Hofe begegnete, stieß er seinen Stock auf die Erde und schmunzelte: «Nun, mein Junge, was tust du, was treibst du? Du willst wohl Enten schießen. Na ja, du weißt, ich liebe es nicht, wenn man so früh auf den See geht, aber dies Jahr können wir mal eine Ausnahme machen, schieß meinetwegen deine Enten.»

Gewiss, Karl Erdmann wollte gern Enten schießen, er fragte sich jedoch, warum dieses Jahr diese Ausnahme. Er fand, dass er in letzter Zeit von kleinen Rücksichten umgeben war, die ihn verwirrten. Da war der Rauentaler, der beim Mittagessen öfters erschien als sonst, die große Bockzigarre, welche der Vater sonst nur nachmittags herumreichte und die Karl Erdmann auch jetzt zuweilen abends bekam. Unerträglich waren die beiden Kinder. Sie sahen ihn mit erstaunten, erschreckten Augen an und erwiesen ihm kleine, gerührte Aufmerksamkeiten. Fräulein Undamm, wenn sie ihm ihr «Gute Nacht, Herr Leutnant» sagte, nahm einen Ton an, als sei es ein Abschied fürs Leben. Das alles kam natürlich von dem albernen Gerede der Kinder, aber es war ihm unangenehm, die Atmosphäre um ihn wurde so weich, und er wurde, ohne es zu wollen, in eine feierliche Ausnahmestimmung hineingetrieben. Und zu alldem war doch gewiss kein Grund vorhanden. Nur seine Mutter war ganz unbefangen, und Daniela, ja, trotz des Gespräches in der Bibliothek war Daniela ganz unbefangen, vielleicht noch schwesterlicher und kameradschaftlicher als sonst. Als sie abends mit Frau von Wallbaum zur Wiese gingen, nahm sie seinen Arm und sagte: «Karl Erdmann, kommen Sie mit, Sie sind ja auch eine Art Freundin.» Das Gespräch in der Bibliothek hatte ihn nicht befriedigt, dennoch gab es ihm eine Art Ruhe. Jetzt wusste sie alles, und wenn sie tat, als sei nichts geschehen, so verstellte sie sich. Jeden Augenblick konnte er das Gespräch jener Nacht wieder aufnehmen; jede Andeutung, jeden Blick musste sie verstehen, und nun galt es nur, etwas zu tun, etwas zu sagen, das sie von dem furchtbaren Ernst seiner Liebe überzeugte. Was war das? Daran zu denken, das war die Grundbeschäftigung dieser Tage. Ein jeder hatte hier ja solch einen stetigen Gedanken, den er immer wieder hervorholte, der in der heißen Mittagstille anders aussah als abends unter dem Dunkel der Parkbäume oder als in den heißen, schlaflosen Nächten. Oda riet an ihrer Liebe herum, Aristides Dorn fühlte sich in seiner Verliebtheit weich und süß werden wie eine Birne, Leo hatte die Aufregungen seiner Knabenjahre, und Ottomar Lynck träumte von dem Labyrinth seiner Seele, in das sich alle schönen Frauen verirren sollten. Das gehörte zu diesen goldenen, schwülen Tagen.

Er ging auf die Landstraße hinaus, die gelb und heiß in der Mittagssonne dalag. Die Blätter des Huflattich, die Disteln und Wegwarte standen am Rain graubestaubt, als kämen sie von der Reise. Karl Erdmann bog in den kleinen Pfad ein, der zwischen den Feldern hinführte, und ging die blanken gelben Wände des reifenden Korns entlang. Unter einer Eiche waren Schnitter versammelt, die ihre Mahlzeit einnahmen. Die Männer hatten sich auf den Erdboden hingestreckt und schnitten sich große Stücke vom schwarzen Brote ab, um sie langsam in den Mund zu schieben und träge zu kauen, während die Augen starr und ruhig über das Land hinschauten. Vor ihnen hockten ihre Frauen, die Hände um die Knie geschlungen, und sahen regungslos zu, wie ihre Männer aßen. «Die tun so», dachte Karl Erdmann, «als würde dieser Tag ewig dauern.» Mitten in einem Kornfelde, fast bis zur Brust in dem blonden Glanz der Halme, standen ein Bursch und Mädchen, sie standen da und blickten sich mit blauen, ausdruckslosen Augen unverwandt an. Auch das machte Karl Erdmann ungeduldig. Warum standen sie da? warum nahmen sie sich, warum fassten sie sich nicht? Gott, hatten alle diese Menschen Zeit! Das Land war um diese Mittagsstunde sehr still, überall der seidige Glanz der Felder, über dem fernen Walde lag blauer Duft, und zwischen den grünen Schilfinseln des Sees dort unten funkelte das Wasser hart und grell wie Metall. Nur die Feldgrillen waren allerorts dabei, ihr endloses Lied abzuschnurren. «Man sitzt auf seinem Halme», dachte Karl Erdmann, «und schnurrt sein Lied ab, das ist dann Leben.» Er hatte auch sein Lied abzuschnurren, seinen stetigen Gedanken zu denken. Wenn er nicht aß, nicht mit den andern plauderte, nicht Tennis spielte oder in den Stall zu den Pferden ging, dann dachte er an den Brief, den er sich entschlossen hatte an Daniela zu schreiben. Das sollte ein Brief werden, der mit einem Male die schöne, spielerische Sicherheit dieser grausamen kleinen Frau in Stücke riss und ein Menschenschicksal schwer und furchtbar in ihre Hände legte: So ungefähr lauteten die Sätze, bei denen er jetzt angelangt war: «Ihnen, Daniela, ist die Liebe der Männer, welche Sie umgeben, eine angenehme Gewohnheit, aber Sie vergessen, dass es auch eine Liebe gibt, die –», ja, jetzt musste etwas kommen, das erschüttert, das erschreckt, fast verwundet. Drüben vom See erscholl plötzlich der Schrei eines Tauchers laut, unendlich klagend wie der Aufschrei einer furchtbaren Not klang er in die Mittagsstille hinein. Es war, als machte dieser Schrei einen Riss in die schläfrige Ruhe, die über dem Lande brütete. Ja, so musste es sein, das, was er Daniela zu sagen hatte, so ein Schrei aus tiefster Not. Aber wo das finden? Hier in der Mittagsschwüle, in der alle so viel Zeit hatten, fiel ihm nichts ein, das so verzweifelt ungeduldig und böse klang wie der Schrei des Tauchers dort drüben.

Den Brief schrieb Karl Erdmann in der Nacht in seinem Schlafzimmer. Wenn er sich zum offenen Fenster hinausbeugte, konnte er den Lichtschein von dem Bibliotheksfenster auf den Lilien vor dem Hause liegen sehen, und in der Dunkelheit hörte er Aristides Dorns rastlose Schritte auf den Kieswegen. Karl Erdmann hatte diesen Brief all diese Tage hindurch unaufhörlich überdacht und redigiert, allein jetzt wurde er doch ganz anders, ganz neu für ihn. Die leidenschaftlichen Worte, die er hinschrieb, überraschten ihn selbst, sie erschütterten ihn. Er hatte an der Kraft seiner Liebe nie gezweifelt, aber dass sie so gewaltsam und drohend sein konnte, das erfuhr er erst aus diesem Brief, den er schrieb. Da war eine Stelle, die ihm ganz Neues über sein eigenes Leben offenbarte. Sie sprach davon, wie öde und leer das Soldatenleben war, dem er von Jugend auf angehörte, und wie das einzig Reine, Schöne und Starke in ihm von Jugend auf die Liebe zu Daniela gewesen sei. «Dieses Reine, Schöne und Starke», hieß es weiter, «können Sie mit Ihrem Spott und Ihrer spielerischen Verachtung totschlagen, aber dann liegt auch an mir nichts mehr.» Zuweilen musste er im Schreiben innehalten. Er lehnte sich in seinen Stuhl zurück, schloss die Augen und ließ die Musik der großen Worte in sich nachklingen, ließ sich von ihr das Blut erwärmen, und sie brachte ihm Daniela so nahe, als stünde sie dort hinter seinem Stuhle und beugte sich auf ihn nieder, besiegt und gebrochen von all seiner Leidenschaft.

Es war spät geworden, als er den Brief beendete. Aristides Dorns Schritte auf dem Kies waren nicht mehr hörbar, aber der Lichtschein aus dem Bibliotheksfenster lag noch immer auf den Lilien.

Karl Erdmann beschloss leise in den Garten hinabzugehen und seinen Brief durch das geöffnete Fenster in das Bibliothekszimmer zu werfen. Da sollte er denn plötzlich und geheimnisvoll wie ein Schicksal vor Danielas Füßen liegen. Diese Unternehmung erregte in Karl Erdmann den angenehmen Kitzel, den er als Knabe bei gewagten Streichen empfunden hatte. Behutsam schlich er die Treppe hinab, näherte sich vorsichtig dem Fenster, stand dort einen Augenblick mitten unter den feuchten Lilien und horchte. Deutlich hörte er das leise Knistern der Blätter eines Buches, die umgeschlagen wurden.

Nun warf er den Brief durch die halb geöffneten Vorhänge geschickt ins Zimmer. Dann wartete er noch so erregt, dass er mit seinen heißen Händen in die kühlen Lilien hineingriff. Als sich drinnen nichts regte, schlich er davon. Oben in seinem Zimmer atmete er tief auf, als sei ihm eine gefahrvolle Aufgabe gelungen, sein Herz klopfte noch heftig, seine Hände waren voller Lilienblätter, und er lächelte stolz und zufrieden, als hätte er einen großen Sieg errungen.

Daniela saß, wie jeden Morgen, in der Bohnenlaube und schrieb einen Brief. Zuweilen hob sie den Kopf und blinzelte aus ihrem Schattenversteck in die gelbe Welt des Sonnenscheins hinaus, in der die Farben so grell und heiß auf den Blumenbeeten standen. Sie schaute zur Spiräahecke hinüber, wo schon geraume Zeit Karl Erdmann tief in Gedanken versunken auf und ab schritt. Wenn sie sich überzeugt hatte, dass er immer noch dort auf und ab ging und sich noch nicht anschickte, zur Bohnenlaube herüberzukommen, dann beugte sie sich wieder auf ihren Briefbogen nieder und schrieb ruhig und gleichmäßig weiter. Einmal jedoch, als sie aufblickte, fand sie, dass er schon auf halbem Wege zu ihr war. Sie beendete den angefangenen Satz ihres Briefes, legte die Feder nieder, lehnte sich in die Bohnenranken zurück und sah ihm nachdenklich entgegen. Karl Erdmann schien sehr ernst, verbeugte sich förmlich und fragte: «Störe ich?» Daniela schüttelte den Kopf. Da setzte er sich und schaute schweigend vor sich nieder.

«Ach, geben Sie mir eine Zigarette», sagte Daniela.

Karl Erdmann reichte ihr die Zigarette und ein brennendes Zündholz.

«Rauchen Sie nicht», fragte Daniela, «schade, es plaudert sich gemütlicher, wenn beide rauchen.»

Karl Erdmann zuckte mit den Schultern und sagte ein wenig feierlich: «Ich bedaure, aber ich sagte es Ihnen schon, Gemütlichkeit ist nicht meine Spezialität.»

Daniela hatte sich wieder zurückgelegt, der Genuss der ersten Züge ihrer Zigarette machte sie zerstreut; sie ließ den Rauch sich langsam zwischen den halb geöffneten Lippen hervorkräuseln und schauerte wohlig in sich zusammen, als fühlte sie all die grünlichen Schatten, welche über sie hinrannen, wie ein angenehmes, kühles Bad. Dann dachte sie wieder an Karl Erdmann. «Sie haben mir einen Brief geschrieben», sagte sie, «davon wollen wir jetzt sprechen. Natürlich sollten Sie lieber nicht solche Briefe schreiben. Das Zusammenleben ist doch ohne solche Briefe viel einfacher und angenehmer.»

Karl Erdmann antwortete nicht, er zuckte wieder die Achseln und lächelte, ein mattes, ironisches Lächeln.

«Da nun aber Ihr Brief einmal geschrieben ist», fuhr Daniela fort, «so muss ich sagen, dass er mich beruhigt hat. Vorige Nacht in der Bibliothek haben Sie mich ein wenig erschreckt, aber dieser Brief beruhigt mich. Er ist so hübsch lang und so hübsch in jeder Hinsicht. Sie pflegen Ihren Stil, da sind schöne Gedanken und schöne Worte drin, es muss Ihnen Vergnügen gemacht haben, ihn zu schreiben, und es muss Sie beruhigt haben, nicht wahr?»

Da Daniela innehielt und eine Antwort zu erwarten schien, schaute Karl Erdmann auf, er war sehr bleich geworden, und es klang feindselig, als er sagte: «O bitte, sprechen Sie nur, ich höre.»

Daniela schwieg eine Weile, rauchte und sann. Einen Augenblick nur ruhten ihre Augen auf Karl Erdmann mit dem scharfen forschenden Blick, der zuweilen in Frauenaugen kommt und goldene Funken in ihnen erweckt wie in den Augen eines sichernden Wildes. «Ach ja», begann sie dann, «Sie können den Rat einer älteren und erfahrenen Frau wohl anhören, er kann Ihnen für Ihr späteres Leben nutzen, für eine Gelegenheit, in der für Sie wirklich etwas auf dem Spiele steht.»

«Bitte», sagte Karl Erdmann und bemühte sich, das kalt und höhnisch zu sagen.

«Also», fuhr Daniela fort, «solche Briefe dürfen Sie nicht schreiben, wenn es einmal Ernst wird. Wenn Sie ihn schreiben, fühlen Sie vielleicht stark und wird Ihnen warm ums Herz, aber glauben Sie mir, solch ein hübscher Brief macht keinen Eindruck. Wir lesen darüber hinweg wie über eine Romanseite. Ich weiß nicht, Männer, die in einem Brief einen so schönen Stil schreiben, kommen mir immer verheiratet vor, und dann, nur Näherinnen und Konfektionsfräulein lieben lange, hübsche Liebesbriefe, über die sie dann weinen.»

«Sehr interessant», warf Karl Erdmann ein, seine Stimme war heiser und zitterte ein wenig, «wie muss denn so ein Brief sein?»

«Kurz muss er sein», erwiderte Daniela. «Wenn ein Mann einer Frau sagt, dass er sie liebt, so ist das doch bald gesagt, darüber lässt sich doch nicht viel herumreden, alles andere ist für die beiden doch uninteressant, und für jeden andern als die beiden muss wieder dieser Brief uninteressant sein. Liebe ist doch nur für die beiden, die es angeht, nicht trivial. Ich kann mir denken, dass ein Telegramm, zur rechten Zeit abgeschickt und in dem nichts weiter steht als: ‹ich liebe dich›, die stärkste Wirkung tut. Da haben wir also Ihren Brief.» Daniela entnahm ihrer Mappe Karl Erdmanns Brief, entfaltete ihn und beugte sich darüber.

Karl Erdmann bemerkte, dass einige Worte und Sätze des Briefes mit Rotstift angestrichen waren. «Sie hat also den Brief korrigiert», dachte er, «und die Fehler angestrichen.»

Daniela las halblaut einige Sätze des Briefes: «Also hier, ‹den Ernst eines Menschenschicksals in Ihre kleinen Hände legen› usw., das ist so hübsche Literatur, dass, wer das geschrieben hat, schon ganz befriedigt ist, er ist verliebt in seinen Stil und die Geliebte ist ihm treu. Und dann hier dies von Ihrer Liebe, die das einzige Wertvolle in Ihnen ist. Was soll denn die Frau an Ihnen lieben? Nein, wenn Sie einer Frau Ihre Liebe erklären, müssen Sie immer tun, als machten Sie ihr ein längst erwartetes großes Geschenk. So, nun habe ich Ihnen einen Vortrag gehalten, hier ist Ihr Brief.» Sie steckte den Brief in den Umschlag und legte ihn vor Karl Erdmann hin. Sie lächelte ihm dabei freundlich zu und schaute ihn an, als sei er ein Kind, das sie gescholten und dem sie nun verziehen hatte: «Ich sehe dort Herrn Dorn mit seinen Büchern aus dem Hause kommen», fügte sie hinzu, «ich nehme nämlich jetzt griechische Stunden bei Herrn Dorn.»

«Dann muss ich wohl gehen», bemerkte Karl Erdmann. Er erhob sich, nahm den Brief, der auf dem Tisch lag, und begann ihn langsam zu zerreißen. Er schien dabei angestrengt nachzudenken. Plötzlich erhellte ein heiteres, wirklich ausgelassenes Lächeln sein Gesicht. «Sehen Sie, Daniela», sagte er, «was Sie da tun, beruhigt mich wieder. Sie geben sich kolossal Mühe für mich. Wenn Ottomar Lynck Ihnen eine Liebeserklärung macht, dann hören Sie zu, als ob er Ihnen Klarinette vorspielte. Bei Herrn Aristides Dorn nehmen Sie griechische Stunden. Für mich aber verstellen Sie sich. Sie versuchen anders zu sein, als Sie wirklich sind, Sie spielen Rollen, die Ihnen gar nicht gut stehen, die Rolle der Schwester und der erfahrenen Frau und der Gouvernante der Liebe, und das ist mehr, als Sie für die anderen tun, und das beruhigt mich ein wenig.»

Daniela hatte erstaunt aufgeblickt, und dann schauten ihre Augen vor sich hin, ohne zu sehen, wie es Frauen tun, die in sich hineinhorchen, weil ein starkes Gefühl in ihnen erwacht ist.

«Ich mache also Herrn Aristides Dorn Platz», schloss Karl Erdmann, «Herrn Aristides Dorn, auf den ich natürlich nicht eifersüchtig bin, denn er ist nur, wie Ottomar Lynck sagt, ‹eine Windmühle, die sich drehen muss›.» Damit verbeugte er sich, grüßte und ging. Er spürte es an seinen Beinen, dass sein Gang nicht natürlich war, aber das kam daher, dass sein Abgang ihn so außerordentlich befriedigte.

Frühmorgens brach man zur Entenjagd auf. Auf der großen Bankdroschke sollte zum See gefahren werden, und die ganze Familie nahm an der Jagd teil. Nur Frau von Wallbaum blieb zu Hause. Sie stand bei der Abfahrt auf der Treppe in ihrem hellen Morgenkleide, das Gesicht ganz rosa von der Teilnahme an der Jagderregung der anderen. «Unterhaltet euch gut, vertragt euch gut», rief sie hinab. Sie hob dabei die Hände und winkte wie eine kleine Priesterin der Heiterkeit, die ihre Gläubigen segnet.

Der Morgen war hell, und der Tag versprach heiß zu werden. Jetzt sandten noch die tauigen Felder eine leichte, stark duftende Kühle herüber, die sich köstlich atmete und das Blut erregte. Überall auf dem Lande, an dem sie vorüberfuhren, fing das Licht sich in Tropfen und feuchten Spinnweben. Auf dem Felde waren die Schnitter bei der Arbeit, weiße Gestalten, die in lauter Glanz zu waten schienen.

Wenn der Wagen an ihnen vorüberfuhr, hielten die Männer in ihrer Arbeit inne, schauten blinzelnd auf, zogen die Mützen und lachten über das ganze Gesicht.

«Wie gutmütig dieses Volk ist», sagte Aristides Dorn, «sie müssen arbeiten, und wir fahren müßig in den Morgen hinein, und doch lachen sie und zeigen keine Spur von Neid.» Dorn fühlte sich heute erregt und sicher, daher wollte er mit einer hübschen Bemerkung die Unterhaltung beleben, da gerade keiner sprach.

Der Graf Lynck zog die Augenbrauen ein wenig empor und meinte: «Gott, Neid, man kann doch nicht vom Morgen bis zum Abend beneiden, und an einem Sommermorgen bei gutem Wetter denkt man nicht an die soziale Frage. Das kommt abends, wenn der Rücken schmerzt.»

«Die Leute lachen, weil das hübsch ist, was an ihnen vorüberfährt, das ist doch natürlich», bemerkte Oda, und es klang ein wenig gereizt.

Dorn lächelte hochmütig und griff nach seiner Stirnlocke. Er empfand jedoch, dass seine Bemerkung der Gesellschaft nicht sympathisch war. Er schaute zu Daniela hinüber, diese schien nichts gehört zu haben, sie blickte vor sich hin mit glitzernden Augen, die Lippen halb geöffnet, ganz versunken in ein starkes körperliches Genießen.

«Überhaupt Neid», nahm Herr von Wallbaum jetzt das Wort, der heute ganz wohlwollendes und gut gelauntes Familienoberhaupt war, «was fehlt denn den Kerls mit solchen Gliedern? Um die könnte ich sie jetzt beneiden. Na ja, früher, meine Generation, die war nicht so feingliederig wie ihr Heutigen. Damals eine Entenjagd war doch eine andere Sache. Man band sich Bastschuhe an die Füße, ging am Seeufer entlang und sank jeden Augenblick bis zur Brust in den Sumpf ein. Da war noch was von Gefahr, ein bisschen Wildheit dabei, so was von Urinstinkten. Heute gehen Damen und Kinder auf die Jagd.» Herr von Wallbaum lachte und beugte sich vor, um seinen langen Backenbart im Winde flattern zu lassen, was ihm besonders wohlzutun schien.

«Wildheit und Urinstinkte», meinte Graf Lynck, «müssen etwas Berauschendes haben, denn diejenigen, die sie verspürt zu haben meinen, sprechen davon, wie man von einem ganz hohen Bordeaux spricht.»

«Ich liebe wilde Männer», erklang Heidas Stimme, und als sie das laute Lachen der andern hörte, wurde sie dunkelrot.

Leo aber meinte: «Für Legationssekretäre also bei Heida keine Aussicht.»

«Still!», befahl Herr von Wallbaum, «bei Kindern wünsche ich weniger Urinstinkt und mehr Haltung.»

«Freuen Sie sich?», fragte Karl Erdmann Daniela leise.

«Ja», antwortete sie ebenso leise, ohne ihn anzusehen, als wollte sie sich im Genuss von Licht und Luft nicht stören lassen. «Ich freue mich sehr auf diesen Tag. Und Sie, freuen Sie sich? Oder sind Sie heute auch düster und geheimnisvoll?»

«Nein, nein», sagte Karl Erdmann, «ich freue mich kolossal.» Das leise Zwiegespräch machte ihn glücklich, es schien ihm, als verbände es ihn mit Daniela und rückte sie beide zusammen, von den anderen ab.

«Still!», kommandierte Herr von Wallbaum jetzt, «sonst fliegen die Enten aus.»

In der Nähe des Sees hielt der Wagen, die Gesellschaft stieg aus und ging schweigend zum Seeufer, wo die Kähne bereitlagen. Herr von Wallbaum hielt streng darauf, dass das Besteigen der Kähne ganz geräuschlos vor sich gehe. Daniela fuhr mit Karl Erdmann und Leo, sie war die einzige Dame, die schießen wollte. Ein Waldhüter stieß mit einer langen Stange den Kahn vorsichtig in das Schilf hinein.

Der See glich einem großen Felde voll hellgrüner Halme, das hie und da von breiten Wasserstraßen durchkreuzt wurde. Kein Luftzug regte sich, unbeweglich stand das Schilf da, und das Zittern des Lichtes auf dem Wasser und auf den feuchten Spitzen der Schachtelhalme schien die einzige Bewegung. Große Stille lag über der Fläche, nur zuweilen erklang schläfrig und klagend der Ruf eines Bläshuhns, oder ein Fisch schnalzte, oder es raschelte leise wie von Wesen, die heimlich durch das Schilf schritten.

«Köstlich!», flüsterte Daniela, «ist das nicht wie ein großes, vornehmes

Haus, in dem die Herrschaft noch schläft und in dem nur die Dienstboten schon leise bei der Arbeit sind.»

«Und wir sind die Einbrecher», ergänzte Leo.

«Ach ja», meinte Daniela, «wer weiß, ob Einbrecher, wenn sie in ein Haus schleichen, auch so angenehmes Herzklopfen haben wie ich jetzt.»

«Ganz gewiss», versicherte Leo.

Dann plötzlich rauschte und klatschte es von allen Seiten, und schwerfällig stiegen die Enten auf. Daniela war aufgesprungen, sie stützte das eine Knie auf das Sitzbrett des Bootes und schoss. Karl Erdmann vergaß zu schießen, weil es ihn so interessierte, Daniela anzusehen, wie die schlanke Gestalt im grauen Leinwandkleide, einen Knabenhut aus weißem Stroh auf dem Kopfe, die Wangen heiß, sich in der Erregung aufrichtete und straffte. Und wenn sie geschossen hatte und der große Vogel dort in der Luft schlaff wurde wie ein abgespannter Bogen und schwer in das Wasser fiel, dann ließ sie das Gewehr ein wenig sinken, und es zuckte um ihre Lippen ein seltsames, fast leidenschaftliches Lächeln. Dann aber regte sie sich sofort auf, sie fürchtete, die Ente könnte verloren gehen, sie rief dem Waldhüter zu, hinzusteuern, beugte sich weit aus dem Kahn, fasste die Ente an den Ständern und hob sie triumphierend empor. Allmählich wurde auch Karl Erdmann von der Jagdleidenschaft erfasst, wurde ganz Auge und Ohr, und alles um ihn her, das Schilf und die Blätter wurden zur Partei, wurden zu Dingen, die entweder auf Seite der Jäger oder auf Seite der Enten waren. Lange und hitzig war die Verfolgung eines alten mausernden Erpels, der ihnen immer wieder entwischte und immer wieder neue Listen erfand, um sich zu verstecken und zu entkommen. Daniela war so erregt, dass sie zitterte und kleine, schrille Schreie ausstieß. Endlich hatten sie ihn, Daniela fasste ihn, warf ihn in das Boot und lachte. Und da überkam Karl Erdmann plötzlich ein wunderliches und unerwartetes Gefühl. Er sah auf den Haufen toter Vögel nieder, die im Boote lagen, auf die schlaff wie müde gebogenen Hälse, auf das geronnene Blut, er sah, wie der eben geschossene Vogel noch matt und hilflos die Ständer bewegte und ein Zucken wie eine plötzliche Angst seinen Körper schüttelte, wie er sich streckte und dann schlaff und regungslos liegen blieb. Das empfand Karl Erdmann als furchtbar traurig, ja es wurde ihm so unerträglich, dass es ihm die Kehle zusammenschnürte und er merkte, dass er sein Gesicht verzog. Schnell blickte er auf, besorgt, jemand könne es gesehen haben. Daniela saß auf ihrem Sitzbrett und schaute ihn an so angstvoll, dass es ihm schien, als ahmte sie unwillkürlich den Ausdruck seines Gesichtes nach. «Sie weiß alles», dachte Karl Erdmann sofort. Er errötete und wandte sein Gesicht ab, er schämte sich wie nach einer schlechten Tat. Da hörte er Daniela mit einer Stimme, die sehr heiter und unbefangen zu klingen sich bemühte, ausrufen: «Sehen Sie, wie da etwas durch die Schachtelhalme fortschießt, ein Hecht wohl. Möchten Sie auch so dahinschießen können? Das muss doch gut sein.»

«Für einen Krieger wohl kein passender Wunsch», bemerkte Leo.

Darüber begannen sie nun alle drei zu lachen, sie lachten sehr laut und sehr lange, als könnte das Lachen sie vor etwas schützen, das für einen Augenblick unheimlich und hinterrücks sie überfallen hatte.

Die Sonne stand schon hoch am Himmel, und zwischen dem Schilf und dem Kolbenrohr wurde es schwül. Enten wollten auch nicht mehr steigen. Wie eine große Schläfrigkeit legte sich über den See, regungslos standen die Fische im Wasser, und die Frösche saßen schweigend auf den Blättern der Wasserrosen und schienen zu schlafen.

«Fühlen Sie, wie die Mittagsstunde einem in die Glieder fährt?», fragte Karl Erdmann.

Ja, Daniela fühlte es und war müde. Alle drei setzten sich auf die Sitzbretter des Kahns und legten die Gewehre beiseite.

«Fahr ans Land zum Frühstück», befahl Karl Erdmann dem Waldhüter.

«Wir haben gute Arbeit getan», meinte Daniela.

«Ja», sagte Karl Erdmann, «zusammen eine Arbeit tun und dann zusammen müde sein, das ist sehr gemütlich, das verstehen die wenigsten.»

«Wie muss man das machen?», fragte Daniela.

«So», Karl Erdmann legte beide Hände mit gespreizten Fingern auf seine Knie, «und dann starrt man einander an mit ganz leeren, friedlichen Augen. Das habe ich bei den Bauern gesehen, wenn sie sich um Mittagzeit unter die Eiche setzen und nach dem Essen noch ein wenig warten, ehe sie sich ausstrecken, um zu schlafen.»

Gehorsam legte Daniela ihre Hände auf die Knie und sah vor sich hin. «Wirklich», meinte sie, «es ist sehr angenehm.» So saßen sie nun alle drei da und schwiegen. Endlich schloss Daniela die Augen. «Seltsam», rief sie, «wenn Sie die Augen schließen, hören Sie einen einzigen Ton, einen Ton, als ob jemand schläft und leise zu schnarchen beginnt.»

«Ich behalte die Augen lieber offen», sagte Karl Erdmann, «wenn ich die Augen schließe, dann bin ich allein, und wir wollen doch zusammen müde sein.»

Daniela schlug die Augen auf: «Gewiss», versetzte sie schnell, «wir wollen beisammen sein.» Ihre Stimme klang bei diesen Worten freundlich und mitleidig, als spräche sie zu einem Kranken. Dass ihn das plötzlich rührte, fand Karl Erdmann albern genug.

Sie näherten sich jetzt einer schmalen, mit Erlen bestandenen Landzunge, dort sollte das Frühstück eingenommen werden. Die anderen waren schon da, die Herren hatten sich um ein weißes Tischtuch auf den Rasen hingestreckt, Heida und Oda packten die Vorräte aus.

«Kommen Sie», sagte Daniela, als sie ans Land stiegen, und legte einen Arm in Leos, den andern in Karl Erdmanns Arm. «Jetzt wollen wir essen wie Ihre Bauern, ganz still, lange kauen und dabei zum Horizont hinabsehen und vor allem uns um die anderen gar nicht kümmern.» Auf dem Frühstücksplatz setzten sie sich ein wenig abseits von den anderen.

«Ist das eine Demonstration?», fragte Botho.

«Wir sind eine Gruppe für uns», erwiderte Daniela, «und ich werde meine Herren bedienen.»

«Bitte!», meinte Heida ein wenig gereizt, «wir sind hier auch exklusiv.»

«Gruppe, Gruppe!», begann Herr von Wallbaum und lächelte. Er wollte etwas Hübsches sagen, denn er fühlte sich jugendlich und galant. «Eigen, dass Damen, schöne Damen, immer Parteibildungen begünstigen. Das kommt wohl daher, dass Damen, schöne Damen geborene Parteihäupter sind.» Er sah die anderen an, um Beifall für seine Bemerkung zu ernten, allein nur Aristides Dorn lächelte ironisch.

«Die Sache ist die», erklärte Leo, «wir sind zusammen müde, das ist Karl Erdmanns neueste Erfindung, das soll ein großer Genuss sein.»

Graf Lynck klemmte ein Glas in sein linkes Auge und schaute zu Daniela hinüber: «Ah», meinte er, «das scheint allerdings eine gute Erfindung zu sein, ziemlich raffiniert, zu der kann man Karl Erdmann Glück wünschen.»

Oda lehnte ihren blonden Kopf an die Schulter ihres Bräutigams und sagte klagend: «Ach Lieber, das haben wir doch schon längst erfunden.»

Die Gesellschaft wurde jetzt einsilbig, jeder aß und trank schweigend, Botho schien verstimmt, die anderen Herren waren nachdenklich, Graf Lynck gähnte diskret, und um sie her standen die sonnenwarmen Erlenbüsche voll mittäglichen Gesummes, als wollten sie die Gesellschaft in Schlaf singen.

Endlich hielt es Aristides Dorn nicht länger aus, so still von Daniela unbemerkt dazusitzen, er eröffnete daher wieder die Unterhaltung, er sprach scharf und ein wenig zu laut, weil es ihn aufregte, so in die Stille hineinzusprechen: «Müde, ich gebe zu, dass wir müde sind, wir haben uns aufgeregt, ich gebe zu, ich habe mich aufgeregt, als gälte es etwas ganz Großes, und warum das alles? einiger Enten wegen, eines Bratens wegen. Ist das nicht seltsam? Ist das ein Resultat?» Er schaute gespannt zu Daniela hinüber, errötete und drehte seine schwarze Stirnlocke.

Aber Botho ärgerte diese Rede. «Was wollen Sie denn für Resultate haben?», sagte er. «Ein Vergnügen hat eben kein Resultat, das man einkassieren kann. Ist es vorüber, dann muss es vorüber sein, wie ein gutes Parfüm, das auch verfliegt und nichts zurücklässt.»

Graf Lynck hatte sich flach auf den Rasen gelegt, rauchte eine Zigarette und schaute zum Himmel hinauf: «Ich kannte in England einen alten Lord», begann er langsam und knarrend zu erzählen, «der hatte irgendein böses Magenleiden. Er litt an starkem Hunger, aber wenn er sich zu Tische gesetzt hatte und zu essen beginnen wollte, bekam er einen solchen Widerwillen vor den Speisen, dass er die Tafel verlassen musste. Nun, dieser alte Herr pflegte zu sagen, ‹ihr braucht mich nicht zu bedauern; wenn ich mich zu Tische setze, so freue ich mich so stark auf das Essen, dass ich mehr Vergnügen daran habe als ihr an eurem ganzen Diner›.»

Niemand fand darauf etwas zu sagen, und die Unterhaltung verstummte wieder, nur Heida flüsterte Fräulein Undamm zu: «So geht es immer. Daniela sucht sich ein oder zwei Herren als Privatbesitz aus, das kann sie ja tun, nur dass alle anderen Herren dann verstimmt und langweilig werden.»

Endlich gab Herr von Wallbaum das Zeichen zum Aufbruch, und man bestieg wieder die Kähne. Allein die heißen Nachmittagstunden dämpften die Jagdlust. Daniela und Karl Erdmann spannten bald ihre Gewehre ab, setzten sich und sahen zu, wie Leo schoss. Dabei unterhielten sie sich in abgebrochenen Sätzen, sprachen von friedlichen Dingen, von den Sonntagmittagessen im Kadettenhause, von früheren Jagden und früheren Sommern, und dann, als wären sie auch noch dazu zu träge, verstummte das Gespräch. Daniela versank in Sinnen, ließ ihre Hände über den Rand des Bootes hinabhängen und zog, um sie zu kühlen, die Schachtelhalme durch die Finger.

«Jetzt könnte es langweilig, fast traurig werden», dachte Karl Erdmann. Es gibt Stunden, wie es Menschen gibt, die mit säuerlicher Nüchternheit uns die Freuden und Hoffnungen des Lebens ausreden. Karl Erdmann hatte plötzlich das Bedürfnis, sich über etwas zu ärgern, daher sagte er: «Der Ottomar Lynck hat immer so dumme Geschichten. Was ist das nun wieder mit dem alten Mann, dessen größte Freude es ist, sich zu Tisch zu setzen und mit leerem Magen aufzustehen. Phantasien eines verdorbenen Magens; Ottomar Lynck ist, glaube ich, auch so einer, der sich immerfort zu Tisch setzen möchte und dem die Suppe schon die Illusion verdirbt.»

Daniela zuckte leicht mit den Schultern und schaute zerstreut dem lautlosen Fluge der Libellen über den Wasserrosen zu. «Nun ja», meinte sie, «aber wir sitzen alle immer zu lange bei Tisch. So diese Jagd, nicht wahr? das Wahre ist, sich lange auf ein Glück freuen, und dann kommt das Glück ganz stark und schnell, und dann ist es wieder fort, dann ist es aus, und um uns ist es still und dunkel. Möchten Sie das nicht auch?»

«Ja», sagte Karl Erdmann leise. Er errötete dabei und fühlte es deutlich, dass Daniela von ihm sprach. Eine starke Freude fuhr ihm heiß in die Glieder, und plötzlich sah er sich wieder in seiner eigenen schönen und traurigen Geschichte, empfand die Erregung alles dessen, was er noch erleben musste.

Die Jagd war zu Ende, und alle waren zufrieden damit. Jetzt kam das angenehme Nachhausefahren mit dem kühler werdenden Abend, die Sonne stand schon tief und lag rotgolden über den Grannen der Gerstenfelder, und die Hüterjungen sangen aus Leibeskräften auf den Weiden. Dann kam das Mittagessen mit dem großen Appetit und das Beieinandersitzen auf der Veranda. Alle waren müde, streckten die heißen Glieder von sich, starrten mit den Augen, die zu viel grelles Licht hatten trinken müssen, in die kühle Finsternis des Gartens hinein. Zum Sprechen hatte keiner Lust, nur Frau von Wallbaum sprach mit ihrer gleichmäßigen, freundlichen Stimme, als wollte sie die anderen einschläfern. Sie erzählte ihren Tag, sie hatte ihr Tagebuch geschrieben und Jagd auf Löwenzahn gemacht, endlich war sie hinausgegangen, um ihre Kühe auf der Weide zu sehen. Auf dem Wege jedoch hatte sie, zwischen den Feldern eingeschlossen, ein kleines, ungemähtes Stückchen Wiese bemerkt, das heiß von Sonnenschein und voller Schafgarbenduft und kleiner blauer Schmetterlinge war. Das hatte ihr gefallen, sie hatte sich dort niedergesetzt, um den Thomas a Kempis zu lesen bis zum zweiten Frühstück. Später war sie durch das Haus gegangen, durch die stillen, leeren Zimmer, und hatte sich gefreut, dass sie über die Stille und Leere nicht betrübt zu sein brauchte, denn gleich würden alle wieder da sein und würden wieder gemütlich und glücklich beieinandersitzen.

«Ach ja», dachte Karl Erdmann, «glücklich und gemütlich beieinandersitzen!» Eine Ewigkeit hätte er so dasitzen können, die müden Glieder von sich strecken, die laue Luft einatmen, die ganz süß von den Düften des Gartens war, die schlaff machte, dass er glaubte, er werde nie mehr etwas wollen können, und dennoch das Blut seltsam erhitzte und aufpeitschte. «Ein schnelles, starkes Glück, das uns überrumpelt», hatte Daniela gesagt, «und dann Stille und Dunkelheit.» So musste diese Stille sein und diese Dunkelheit, in der er fühlte, dass Daniela nicht fern von ihm saß.

Am nächsten Tage kam ein Brief des Baron von Asch, Sekundanten des Referendars von Treschke, an den Grafen Lynck, der wiederum Karl Erdmanns Sekundant sein sollte. Der Baron schlug den Herren eine Zusammenkunft für den nachnächsten Tag im Staatswalde beim Lehtschen Kruge in früher Morgenstunde vor. Hatten die Herren etwas gegen diesen Vorschlag einzuwenden und wollten einen andern Vorschlag machen, so war der Referendar von Treschke zu allem bereit und erkannte dankbar das ihm in dieser Affäre bisher erwiesene Entgegenkommen an usw.

In Herrn von Wallbaums Zimmer versammelten sich die Herren zu einer Beratung. Die Sache wurde gründlich und sachlich durchgesprochen. Man beschloss den Vorschlag anzunehmen. Am nächsten Tage schon sollten Karl Erdmann, Graf Lynck und Botho in den Staatswald fahren und beim Sturre Waldhüter übernachten, um am bestimmten Tage zeitig auf dem Platze zu sein. Unterwegs wollten sie beim Doktorat anfahren und den Doktor Ulich mitnehmen. Der Familie gegenüber aber konnte die Fahrt als Jagdpartie hingestellt werden, Jagd auf Birkhühner. So war alles wohlgeordnet, und die Beratung nahm jetzt einen mehr heiteren Charakter an, als die Herren ihre Duellerfahrungen zu erzählen begannen. Herr von Wallbaum blieb zwar ernst, allein über diese Ehrenaffäre hin- und herzureden gewährte ihm doch einige Befriedigung. Er saß soldatisch stramm in seinem Sessel, strich sich energisch den Backenbart, sprach von Duellen mit sehr scharfen Bedingungen, die er früher mitgemacht, und gab Ratschläge. «Vor allem schnell schießen, der Erste sein, das ist die Hauptsache», und er hob die Hand empor, kniff das eine Auge zu, zielte und tat, als drücke er ab. Damit wurde die Sitzung geschlossen, und Karl Erdmann war froh, dass alles so hübsch und praktisch eingerichtet war, und in bester Laune beschloss er, den Rest des Tages recht angenehm zu verbringen.

Draußen ging ein plötzlicher, heftiger Regen nieder, in den zuweilen die Sonne hineinschien, wie durch ein gläsernes Gitter. Durch die geöffneten Fenster sandte er sein Rauschen und seine Kühle in die Zimmer und regte die Menschen auf, als vollzöge sich da draußen ein lustiges Ereignis. Frau von Wallbaum, Oda, Heida standen jede an einem Fenster, schauten hinaus und lächelten. Daniela hatte sich ans Klavier gesetzt und spielte einen Walzer, während Leo Fräulein Undamm zwang, mit ihm zu tanzen. Als die Herren von ihrer Beratung in das Wohnzimmer kamen, verkündete Herr von Wallbaum den Jagdplan. Frau von Wallbaum war sehr zufrieden damit und beschloss, den Herren viel und gut zu essen mitzugeben. Oda schaute Karl Erdmann erschrocken an, und Heida an ihrem Fenster begann zu weinen. Fräulein Undamm musste sie hinausführen, damit Frau von Wallbaum es nicht bemerke. Karl Erdmann war sehr ärgerlich darüber, er zog Oda in eine Fensternische und sprach sich scharf aus: «Das kommt davon, wenn Kinder die Angelegenheiten der Erwachsenen ausspionieren. Dieses Getue ist unerträglich. Da die Affäre nun unglücklicherweise bekannt ist, so nehmt euch zusammen. Es ist wirklich kein Grund, Aufhebens zu machen.»

Wirklich, sie schienen sich zusammenzunehmen, denn um ihn her begann ein ganz unbefangenes, heiteres Treiben. Er hörte Heida im Nebenzimmer wieder recht ausgelassen mit Leo lachen, Oda zog sich mit ihrem Bräutigam in die Bibliothek zurück, und Daniela forderte Botho auf zu singen. Er sang Schuberts «Wanderer», und sie begleitete ihn. Das war alles gut, aber was sollte er, Karl Erdmann, jetzt tun? etwas ganz Unbefangenes, ganz Natürliches. Das war das Fatale. Ihn genierte dieses Duell gewiss nicht, er hätte gar nicht daran gedacht, allein die anderen konnten denken, er sei heute anders als sonst, konnten denken, er wollte sich interessant machen oder sei gezwungen heiter. Das alles gab ihm das Unbehagen eines Menschen, der zu viel Wein getrunken hat und in Gesellschaft sich bemüht, ganz natürlich zu erscheinen. Er saß da und hörte dem Gesange zu, ärgerte sich über den großen Aufwand an Gefühl, den Botho in das «wo bist du, o mein geliebtes Land!» legte, ja, er begann überhaupt sich zu ärgern. Es gelang den anderen doch ein wenig zu gut, so zu tun, als sei nichts geschehen. Jedenfalls war es nicht nötig, dass niemand sich um ihn bekümmerte.

Plötzlich, wie der Regen gekommen war, hörte er auch auf. Karl Erdmann nahm seine Mütze und ging in den Garten hinaus, auf die Gefahr hin, melancholisch zu erscheinen. Er irrte auf den Kieswegen hin und her, besah sich die Blumen, die blank vom Regen waren, ging in den Park, hörte dem Klingen der Tropfen in den Bäumen zu, atmete den köstlichen, feuchten Duft ein. Nun wollte er auch angenehme Gedanken haben, aber er wurde ein verstimmtes, bitteres Gefühl nicht los. Er verlangte gewiss nicht, dass etwas Besonderes für ihn geschehen sollte, nur war auch kein Grund da, dass dieser Tag für ihn ereignisloser und alltäglicher sein sollte als andere. Warum musste er heute gerade allein hier spazieren gehen? Daniela würde noch Zeit genug haben, Botho den «Wanderer» singen zu lassen, und Oda, sich mit Ottomar Lynck zu zanken. Karl Erdmann konnte es ja ertragen, allein spazieren zu gehen, nur wunderte er sich darüber, dass die anderen, da sie nun einmal wussten, was ihm bevorstand, das zuließen. Man nimmt sein eigenes Duell leicht, allein dass die anderen es so leicht nahmen, war doch seltsam. Jedenfalls mit den angenehmen Gedanken war es jetzt nichts, daher ging Karl Erdmann in den Pferdestall. Dort war es hübsch, die Nachmittagsonne lag hell auf den Steinfliesen des Fußbodens, auf dem Stroh, auf den blanken Leibern der Tiere, das sah lustig und herrschaftlich aus. Karl Erdmann setzte sich auf die Haferkiste und begann eine Unterhaltung mit dem alten Kutscher, ließ sich vom Charakter der einzelnen Pferde erzählen, von dem Charakter früherer Pferde, und hier fühlte er sich endlich ganz gemütlich und ganz unbefangen.

Der Sommertag ging friedlich und ereignislos zu Ende. Als Karl Erdmann aus dem Stalle wieder auf den Hof trat, war die Sonne im Untergehen. Vom Tennisplatz klangen Stimmen herüber, eine große Partie war dort im Gange. «Mich haben sie dazu nicht nötig gehabt, nun, so will ich auch nicht hingehen», dachte Karl Erdmann. Solche kleinen Empfindlichkeiten waren ihm an sich selbst neu, allein in dieser seltsamen Zeit hatte er so manche Entdeckungen an sich zu machen. Er beschloss den Sonnenuntergang zu betrachten. Die Sonne stand rot über dem Waldrande, große Wolken hingen in dem glashellen Himmel schmal und lang gestreckt, rot und gold angeleuchtet wie riesige, purpurne, goldverbrämte Hechte, die in einem blassrosa Meere schwimmen. Er streckte die Hände in die Rocktaschen und betrachtete das, als wäre es eine ihm zugedachte Aufmerksamkeit.

Später am Abend auf der Gartenveranda wurde es recht heiter, und hier fühlte Karl Erdmann wieder, dass seine Schwestern und die anderen ihm heute gewissermaßen mehr Beachtung schenkten als sonst. Über seine Witze und Geschichten wurde mehr gelacht, als er es gewohnt war. Das tat ihm wohl. Es freute ihn auch, dass er so ausgelassen sein konnte, nur bisweilen empfand er ein unbändiges Bedürfnis nach Feierlichkeit und Sentimentalität, am liebsten hätte er eine seiner Schwestern beiseite genommen, um ihr etwas ganz lächerlich Gefühlvolles zu sagen, wie z. B.: «Komm, ich möchte noch einmal die Lilien riechen.» Gut, dass die anderen das nicht merkten. Stattdessen sagte er zu Leo: «Komm zu den Birnen, ich höre welche fallen.» Sie gingen zum Birnbaum und begannen die kalten, feuchten Birnen zu essen. «Dabei kann man auch sentimental sein», dachte Karl Erdmann.

Herr v. Wallbaum mahnte heute früher zum Aufbruch wegen der für morgen festgesetzten Fahrt. Man wünschte sich gute Nacht, und Karl Erdmann bemühte sich, sein Gutenacht ganz gewöhnlich und obenhin zu sagen. Als er noch ein wenig auf der Veranda zurückblieb und in den dunklen Garten hinaussah, legte sich eine Hand leicht auf seinen Arm, und Daniela sagte leise: «Wollen wir heute noch beisammen sein? Dann erwarten Sie mich im Park auf der Bank unter dem Ahorn.» Dann war sie fort.

Er blieb eine Weile auf demselben Fleck stehen, eine große Ruhe legte sich über ihn, es war, als löste sich etwas in ihm, denn das war es, was kommen musste, das war es, auf das er den ganzen Tag gewartet hatte. Jetzt war es gut. Er zündete sich eine Zigarette an, stieg in den Garten hinunter und begann langsam dem Parke zuzugehen, ganz langsam, denn jetzt waren Stunden seines Lebens gekommen, die sehr behutsam Minute für Minute ausgekostet werden mussten. Alle Sinne waren in ihm wach, jedes Gefühl und jeder Eindruck wurden nun etwas Kostbares und Seltenes, der Duft der Spiräahecke, an der er vorüberging, der feuchte Samt einer Blume, über die er leicht mit der Hand strich, die dicke Kröte, die träge über den Kiesweg ihren nächtlichen Freuden nachschlich, all das gehörte von nun ab zu dem Unvergesslichen seines Lebens. Vor der Bank an dem Ahorn angelangt, setzte er sich, lehnte den Kopf zurück und schloss die Augen. Wie ruhevoll war es nicht, an alles Mögliche denken, alles Mögliche fühlen zu müssen, sondern nur ganz voll von der reinen, starken, freudigen Erwartung zu sein.

Er vernahm ein leises, seidiges Knistern neben sich, und der Duft von Teerosen und Ambra, den Daniela an sich zu haben liebte, schlug ihm entgegen. Zwei kühle Hände legten sich auf seine Stirn, und Daniela sagte leise: «Armer, wenn ich ein Glück bin, soll es kommen.» Sie stützte die Arme auf seine Schultern, die helle, schmale Gestalt beugte sich über ihn und glitt dann auf ihn nieder.

Durch das Laub der Bäume lief ein beständiges Rauschen und Wispern, kühle Tropfen regneten auf die Bank nieder. In irgendeinem Baumwipfel regte sich eine verschlafene Krähe und schlug laut mit den Flügeln. Ganz fern auf der dunkeln Wiese wurde eine Stimme laut, ein einsames Rufen oder Singen. Karl Erdmann hörte das alles, aber es schien nicht außer ihm, sondern mit ihm eins zu sein, eins mit der Bewegung seines Blutes, mit dem Pulsschlag der Arme, die ihn umschlangen, mit dem Leben der Lippen, die sich auf die seinen drückten. Die ganze große Finsternis um ihn her mit ihrem Wehen und Klingen war ganz nur sein eigenes Fühlen.

Eine Elster begann leise in einem Busch vor sich hin zu plaudern, auf dem Wasser des Teiches lag es wie ein blinder Glanz, die Gestalten der Bäume und die Nebel auf den Rasenplätzen, grau in der grauen Dämmerung, wurden sichtbar.

«Der Morgen kommt», sagte Daniela. Sie stand vor Karl Erdmann, schauerte ein wenig in sich zusammen und strich sich das vom Tau feuchte Haar aus der Stirn. Dann nahm sie seinen Kopf mit beiden Händen, küsste seinen Mund, und er fühlte, wie zwei warme Tropfen auf sein Gesicht niederfielen.

«Sie weint», dachte Karl Erdmann, «ach ja, weil ich sterben werde.»

Leise knisterten Danielas Kleider wieder, und sie lief die Allee hinab in die aufsteigenden Nebel hinein. Karl Erdmann blieb auf der Bank sitzen und schloss wieder die Augen wie jemand, der einen schönen Traum geträumt hat und, einen Augenblick erwacht, nun diesen Traum weiterträumen will. Allein das Weiterträumen solcher Träume ist mühsam und will nie recht gelingen. Ringsum erwachten immer neue Vogelstimmen, und im Teich begann ein plätscherndes Leben. Er fror und erhob sich, um ein wenig zu gehen, er hatte noch immer die Empfindung, als träume er, nur dass ein anderer Traum gekommen war, nebelgrau und voll einer starken Traurigkeit.

Während er langsam und versonnen am Teich entlangging, sah er plötzlich vor sich auf einer Bank Aristides Dorn sitzen. Er hatte seinen Hut abgenommen, schwer und feucht hing ihm die Locke in die Stirne, dunkel und erregt schauten die Augen aus dem bleichen Gesicht. Er schien zu frieren, denn die Lippen waren bläulich, lächelten nur mühsam ihr ironisches Lächeln, und die Hände rieb er eifrig aneinander. Karl Erdmann wunderte sich nicht, in dieser gespenstischen Dämmerungswelt konnte ihn nichts überraschen. Er nickte und sagte: «Guten Morgen, Herr Dorn, Sie sind schon auf.»

Dorn erwiderte den Gruß, ohne aufzustehen: «Guten Morgen,

Herr v. Wallbaum, ja, ich bin schon auf, oder vielmehr, ich habe auch nicht die Nacht geschlafen.»

«So, so», meinte Karl Erdmann zerstreut und setzte sich zu Dorn auf die Bank, «ein frischer Morgen.» Er hatte das Bedürfnis, jemand sprechen zu hören; als Dorn jedoch zu sprechen begann, da hörte er ihm kaum zu.

«Nun ja», sagte Dorn und drückte seine frierenden Hände, sodass sie leise knackten. «Sie haben ja auch ein erregendes oder sozusagen dramatisches Ereignis vor, Sie gehen einer Gefahr entgegen, wie ich höre.»

Karl Erdmann zuckte leicht mit den Schultern: «Ach, da haben die Kinder so etwas erlauscht, aber das ist nicht so schlimm, das ist nun mal eine Einrichtung.»

«Eine Einrichtung», wiederholte Dorn, «ja, das ist es, und zwar eine in ihrer Art fein erfundene Einrichtung. Sie erreicht ihren Zweck, sie drapiert, möchte ich sagen. Gefahr drapiert immer. Die Todesmöglichkeit als Dekoration, aha.» Dorn lachte mit seinen frierenden, steifen Lippen.

«Sehr gut», sagte Karl Erdmann und lachte auch, obgleich er nicht zugehört hatte.

«Aber Sie müssen hier so etwas haben», fuhr Dorn fort, «hier, wo niemand den Alltag vertragen kann. Leo ist in den Unterrichtsstunden unmöglich, wenn nichts los ist, wenn nicht irgendein Extravergnügen in Aussicht steht. Aber das ist nun die Regel dieses Lebens hier, immer ausschmücken, und da muss denn so etwas Dramatisches Effekt machen, Todesgefahr ist eine Art bengalischer Beleuchtung. Dagegen kommt natürlich ein einfacher Werktagsmensch wie ich nicht auf. Solch einer nimmt sich ebenso lächerlich aus wie ein Theaterarbeiter, der sich auf der Bühne verspätet hat, wenn das Drama schon anfängt. Ich habe das einmal bei einer Vorstellung gesehen, und hier habe ich oft an diesen grauen Arbeiter auf der Bühne denken müssen.»

Karl Erdmann wurde aufmerksam, Dorn sprach jetzt schnell, und seine Stimme hatte einen hohen, zänkischen Klang. «Herr, was sprechen Sie da?», fragte Karl Erdmann, «wem machen Sie Vorwürfe? Ich habe nicht recht verstanden? Ich glaube, Sie sind krank, ja, Sie sehen krank aus. Sie sollen von hier fortgehen, Sie vertragen die Luft hier nicht.»

Aristides Dorn war wieder ganz ruhig geworden, mit nervösen Fingern griff er nach seiner Stirnlocke und meinte: «Ach nein, wem sollte ich Vorwürfe machen? Es ist ja möglich, dass ich krank bin, vielleicht vertrage ich die Luft hier nicht, aber das ist meine Sache. Vielleicht muss ich von hier fortgehen, ob ich das kann und ob ich das nicht kann, das ist meine Sache.» Seine Stimme zitterte ein wenig und klang seltsam kummervoll und mutlos.

Karl Erdmann tat der bleiche junge Mann leid, gutmütig klopfte er ihm auf die Schulter. «Wissen Sie was», sagte er, «Sie sollten schlafen gehen. Die Morgendämmerung gibt einen Katzenjammer, man weiß nicht, wovon. Dagegen gibt es nur ein Mittel – schlafen. Sie werden sehen, vom Bett aus nimmt sich die Welt wieder ganz erträglich aus.»

«Ich danke», erwiderte Dorn steif und sah Karl Erdmann mit Abneigung an, «ich möchte hier noch eine Weile sitzen. Es gibt Dinge, die man fürchtet mit in den Schlaf hineinzunehmen.»

Karl Erdmann zuckte die Achseln und stand auf. «Na, wie Sie wollen, ich wenigstens freue mich kolossal auf mein Bett. Dann also guten Morgen.» Damit ging er eilig dem Hause zu.

Die Abfahrt zu früher Stunde war lustig. Frau von Wallbaum stand wieder auf der Treppe, hob segnend die Hände und sagte: «Unterhaltet euch gut.» Die Herren lehnten sich behaglich in den Landauer zurück und zündeten ihre Morgenzigarren an.

«Angenehme Lebenslage», sagte Graf Lynck.

«Ja, sehr angenehm», bestätigte Karl Erdmann. Trotz der wenigen Stunden Schlaf fühlte er sich ausgeruht und war mit dem Leben zufrieden, zufrieden mit dem, was er erlebt hatte, und dem, was er erleben sollte. Vor allem aber war er heute mit sich selbst ganz einverstanden, er war sozusagen gern mit sich selbst zusammen, mit diesem Karl Erdmann, der geliebt und beweint wurde und nun fröhlich seiner ritterlichen Pflicht entgegenfuhr. Bis zur Wohnung des Doktors Ulich war es eine Stunde. Dort hielt dann der Wagen vor dem roten Backsteinhause, das mitten in einem flachen, baumlosen Garten lag, der voller Gemüsebeete, roter Verbenen und Johannisbeerbüsche war. Der Doktor wartete bereits vor der Haustür, ein junger Mensch mit einem runden Kindergesicht, dem wie zum Scherz ein roter Backenbart angeklebt schien. Als er in den Wagen stieg, richtete er sich noch einmal auf, um in den Garten hinüberzugrüßen, wo seine Frau bei den Johannisbeeren beschäftigt war. Die kleine Frau, der die dicken blonden Zöpfe sich wie ein gelber Metallhelm um den Kopf legten, hob die Hände, die rot von Johannisbeeren waren, in den Sonnenschein hinein und winkte. Dann fuhr man ab.

«Sehr hübsch dieser Garten», bemerkte Graf Lynck, «all das viele Rot im Sonnenschein, die roten Verbenen, die rotbemalten Hände Ihrer Frau Gemahlin.»

Doktor Ulich errötete und lächelte: «Ja, Johannisbeeren, wir haben sehr viel Johannisbeeren, da gibt es zu tun. Meine Frau macht sie für den Winter ein, das ist sehr angenehm, aber – –», er hielt inne und schaute Karl Erdmann erschrocken an, «ich erzähle hier von Johannisbeeren, es ist wohl nicht am Platz – die Herren haben gewiss an andere, ernste Dinge zu denken.»

«Dass ich nicht wüsste», sagte Graf Lynck, «im Gegenteil, ich denke gern an Johannisbeeren. Der Geruch und der Geschmack von Johannisbeeren sind mir mit einer hübschen Jugenderinnerung verbunden. An einem Johannisbeerbusch machte ich als Achtzehnjähriger meine erste Liebeserklärung, und zwar der Engländerin meiner Schwester; eine blonde junge Dame, weiß und rot wie Porzellan, und sie hatte einen kleinen, runden Mund, der aussah, als sei er vom vielen ‹O›-Sagen selbst ein blutrotes O geworden. Sie war sehr erschrocken über meine Erklärung und zerdrückte in ihren Händen die Johannisbeeren, die sie hielt, sodass sie ganz rote Hände bekam.» Ja, die Engländerinnen, Botho hatte auch welche gekannt. Und nun sprach man von Engländerinnen und von anderen Damen, endlich von Weibern im Allgemeinen. Der Doktor hörte aufmerksam zu und lachte viel, indem er den Mund dabei weit öffnete.

Es begann sehr heiß zu werden, dichte Staubwolken hüllten den Wagen ein. Die Herren zogen die Kapuzen ihrer Staubmäntel über die Köpfe und wurden schläfrig. Einer nach dem andern schloss die Augen, nur der Doktor behielt seine runden, blauen Augen weit offen, er wollte keinen Augenblick des interessanten Erlebnisses versäumen.

Um die Mittagszeit wurde vor einem Kruge Halt gemacht, die Pferde sollten ein wenig ausruhen, und die Herren gingen in die Krugstube, um dort ihren Imbiss zu nehmen. Die Stube roch nach Kalk und Bier, an den Fenstern lärmten zahllose Fliegen, und hinter seinem Schänktische schlummerte dick und erhitzt der Wirt. In einer Ecke des Zimmers saßen drei wandernde Musikanten vor ihrem Glase Bier, grau vom Straßenstaub vor sich hinstarrend, als könnten sie sich vor Hitze und Müdigkeit nicht regen.

«Auch Musik ist da, das ist gut», sagte Karl Erdmann, und während Graf Lynck sorgsam das Frühstück auspackte, den Wein eingoss, ermunterte Karl Erdmann die drei schlaffen Burschen: «Spielt etwas, so was Patriotisches, einen Marsch oder ‹Heil dir im Siegeskranze›!»

Widerwillig zogen die Musikanten ihre Hörner hervor und spielten traurig und falsch einen Marsch, während die Herren frühstückten.

«Köstlich, famos», sagte der Doktor, «dieser Wein, diese Musik, diese ganze Lebenslage, unerhört interessant.»

«Margusch, bedien die Herren!», rief der Wirt, und Margusch kam, eine seltsam grelle, farbige Gestalt, unter dem roten Kopftuch quoll das ungeordnete schwarze Haar hervor, in dem blanken, bräunlichen Gesicht saßen die Augen wie braunrote Glaskugeln, und der Mund sah aus, als hätte ein in Karmin getauchter Pinsel einen saftigen roten Fleck in das Gesicht gemacht.

«Ein Farbkasten, die Person», bemerkte Lynck.

«Neapel!», rief der Doktor begeistert.

Da die Musikanten jetzt einen Walzer spielten, so erhob Karl Erdmann sich und tanzte mit Margusch, die dabei ganz ernst blieb, die

Augen schloss und sich mit Gewalt drehte. Endlich war Karl Erdmann atemlos, er ließ das Mädchen stehen und sagte: «Nun, meine Herren, jetzt können Sie tanzen.»

«Ich will lieber nach den Pferden sehen», sagte Botho, «komm, Margusch.» Er erhob sich und ging mit dem Mädchen hinaus.

Doktor Ulich rieb sich die Hände und murmelte: «Herrlich, herrlich. Ich bin glücklich, das zu erleben. Man denkt sich das alles ganz anders, ein Duell, mein Gott, und nun –»

«Trinken Sie, Doktor», sagte Karl Erdmann und schlug Ulich auf die Schulter, «Sie sind wirklich von einer erfrischenden Empfänglichkeit.»

Als die Fahrt fortgesetzt wurde, führte der Weg durch den Wald, an prachtvollen Föhrenstämmen hin und dann durch alten Tannenbestand, in dem es fast dämmerig war. Die Feierlichkeit des Waldes machte die Herren schweigsam, und nachdenklich ließen sie die großen Baumgestalten an sich vorüberziehen, sie machten ernste Gesichter, als müssten sie jetzt einer Zeremonie beiwohnen.

Bei Sonnenuntergang hielten sie vor der Waldhüterei. Ein niedriges Holzhaus stand zwischen den großen Tannen, daneben ein kleiner, offener Heuschober und ein Stall. Die Gebäude waren noch neu und schimmerten grell und unruhig aus der großen Ruhe des Waldesschattens heraus. Vor der Tür stand der Waldhüter, ein Riese, den Kopf und das Gesicht voll struppiger Haare, neben ihm seine Frau, hübsch und bleich, ein Kind an der Brust.

«Es ist alles fertig, wie die Herren es bestellt haben», sagte der Waldhüter, und die Frau sah die Ankommenden ernst und feindselig an. Die Herren mussten durch eine dunkle Küche gehen, in der der Rauch ihnen die Tränen in die Augen trieb, dann kamen sie in die beiden Zimmer, die für sie bereitet waren. Es roch hier nach frischen Brettern, nach Harz und feuchtem Leim.

«Herrlich», rief Doktor Ulich, «man steht mitten im Märchen, man hätte Lust zu sagen: ‹lasst die Hexe herein›.»

Graf Lynck verzog sein Gesicht: «Ja, wenn wir nur die zum Komfort nötig hätten, dann würde es ja gehen.»

Botho und Graf Lynck machten sich zum nahe gelegenen Kruge auf, um mit den Herren, die dort ihr Quartier aufgeschlagen hatten, die Verabredung für morgen zu treffen. Doktor Ulich ging unter den Tannen auf und ab, den Hut in der Hand, um sich ganz in die Natur zu versenken. Karl Erdmann trat vor die Haustür. Es dunkelte schon stark, an der Hauswand lehnten zwei weiße Gestalten, ein großes Mädchen, nur mit Rock und Hemd bekleidet, und ein Bursche in einer weißen Leinwandhose. Sie standen schweigend da, ließen die nackten Arme schlaff niederhängen und kühlten sich. Auf einer niedrigen Holzbank saß in Tücher gewickelt und in sich zusammengebogen eine ganz alte Frau. Karl Erdmann setzte sich zu ihr auf die Bank. «Nun, Mutter, gut ist es hier», sagte er.

«Kalt», antwortete die Alte verdrießlich, «wie kann es gut sein, wenn es kalt ist, mir ist immer kalt.»

«Aber am Tage», wand Karl Erdmann ein, «wenn die Sonne da ist?»

Die Stimme der Alten wurde tiefer und böser, als sie erwiderte: «Die Bäume, die Luder, lassen sie nicht heran», und dann wies sie mit einem seltsam knorrigen Finger zu dem Mädchen und dem Burschen hin, «die da schwitzen, und mir ist kalt, anders ist es nicht. Ist man jung, dann ist einem zu heiß, ist man alt, dann friert man, anders ist es nicht.»

Durch die geöffnete Haustür klang das Wimmern eines Kindes, das Schelten einer Frauenstimme, Schritte nackter Füße auf Steinfliesen. Hinten im Stall grunzten Schweine, die beim Schlafengehen wohl in Streit geraten sein mochten. Die Finsternis sank immer tiefer hernieder. «Kalt, kalt!», sprach die böse Stimme der Alten zuweilen vor sich hin. Über dem allen aber aus den schwarzen Wipfeln ertönte das große Rauschen des Waldes langatmig und ernst, Karl Erdmann schloss die Augen, um ihm zuzuhören, um zu hören, wie es die kleinen, kummervollen Töne um ihn her überdeckte, als unwesentlich und sinnlos auslöschte. «Es mag wohl sein», dachte Karl Erdmann, «dass es sich in dem großen Rufen dort oben um anders wichtige Sachen handelt, als wir hier treiben.»

Endlich kehrten Botho und Graf Lynck von ihrem Gange zurück,

Botho rief nach Essen, und Graf Lynck ließ einen Tisch, Stühle und eine brennende Petroleumlampe an der Schmalseite des Hauses aufstellen. Dann begann er sehr sorgsam die Essvorräte auszupacken und auf dem Tische anzuordnen. «So, meine Herren, das Souper ist bereit», sagte er und setzte sich.

Der Doktor rieb sich vergnügt die Hände, beugte sich mit seinen kurzsichtigen Augen nahe auf die Speisen nieder und murmelte: «Welche Herrlichkeiten! Da sind Rebhühner und Eier, und sogar Gänseleberpastete, und der göttliche Östricher! Was nimmt man nun zuerst? Ich möchte keinen Fehler begehen.»

«Nun», meinte der Graf ernst, «ich würde zur Pastete raten, denn die Trüffel verlangt sozusagen eine noch jungfräuliche Zunge.»

«Ich danke, Herr Graf, ich werde mir das merken», sagte der Doktor.

Eine Weile aßen nun die Herren eifrig und schweigend, allein nach dem dritten Glase Rheinwein vermochte der Doktor mit seiner Begeisterung nicht mehr an sich zu halten. «Wir tafeln hier, und hinter unsern Stühlen steht der Wald wie ein Diener, groß und schwarz.»

«Das ist allerdings ein wenig seltsam», bemerkte Botho, «diese Dunkelheit da. Ich habe die ganze Zeit das Gefühl, als stünde dort jemand und schaute uns zu.»

«Sie schauen uns zu», rief der Doktor, «sie schauen uns zu, die Bäume und die Sterne und die ganze große Natur. Wir sitzen hier wie auf einer kleinen mystischen Lichtinsel – –.»

«Sie schreiben wohl ein Tagebuch, Herr Doktor», warf Graf Lynck ein.

«Warum?», fragte der Doktor.

«Nun, weil Sie jede Situation gern gleich druckfertig machen.»

Der Doktor errötete. «Früher als Junggeselle, ja, da schrieb ich alles nieder, aber jetzt, wo ich verheiratet bin, wozu! Ich erzähle meine Eindrücke meiner Frau, das ist einfacher.»

«So, so», meinte Botho, «das mag gewiss ein Hauptvorteil der Ehe sein, dass man in ihr stets sein Publikum hat.»

Aber der Doktor wollte sich in seiner Begeisterung nicht stören lassen. «Mystisch», begann er wieder, «alles ist hier mystisch. Wenn wir bedenken, wozu wir hier sind – und doch die Ruhe und Gemütlichkeit. Mut ist doch was Großes und Schönes.»

«Ach was, Mut», brummte Karl Erdmann ärgerlich, und Botho versetzte zerstreut: «Mut, Mut, na ja, man hat Mut, wie man eine Nase hat.»

Das entzückte den Doktor vollends: «Das ist es ja; Ihnen ist das selbstverständlich, und überhaupt ein Duell, an sich ein Mysterium, eine erhabene Sinnlosigkeit, eine sakramentale Handlung, *credo quia absurdum est*. Wer hat einen Vorteil davon, bitte? und doch welch eine Wirkung.»

Graf Lynck lächelte ironisch: «Es ist ein Mittel gegen ein Übel. Sie, lieber Doktor, wissen doch auch nicht, wodurch die Mittel, die Sie Ihren Kranken eingeben, wirken.»

Die Waldhütersfrau kam, um die Teller fortzuräumen, und unterbrach das Gespräch. Die Herren zündeten die Zigarren an, füllten die Weingläser und lauschten eine Weile schweigend dem Rauschen des Waldes.

Endlich begann der Graf wieder, als hätte er in Gedanken das Gespräch fortgesetzt: «Man gewinnt nichts dabei, meinen Sie, na, darüber ließe sich doch manches sagen, aber wissen Sie, dass zuweilen beim höchsten Spiel der eine zwar einen für ihn sehr wichtigen Einsatz verlieren kann, der andere aber nichts dabei gewinnt als die Genugtuung über den Verlust seines Gegenspielers. Kein gutes Zeichen für die Liebenswürdigkeit der menschlichen Natur. Da erinnere ich mich, in Dresden einen Polen gekannt zu haben, v. Kirbitzky hieß er, seine Leidenschaft und sein Beruf waren das Spiel. Da erzählte man mir eines Tages, Kirbitzky habe in vergangener Nacht in irgendeinem Cercle ein sehr hohes Spiel gespielt und alles, was er besaß, verloren. Als er nichts mehr zu setzen hatte, setzte er sein rechtes Ohr, das der Gegenspieler für einen ansehnlichen Betrag als Einsatz gelten ließ. Nun, Kirbitzky hatte Glück und gewann. Als ich bald darauf den Herrn traf, fragte ich ihn nach der Geschichte, und er bestätigte sie mir. ‹Gut›, sagte ich, ‹wenn Sie nun verloren hätten, was hätten Sie getan?› – ‹Ich hätte mir natürlich das Ohr abgeschnitten›, sagte er, ‹und hätte mir das Haar über die rechte Seite gekämmt, übrigens hat man Ihnen die Geschichte nicht ganz richtig erzählt. Als ich mein Ohr setzte und gewann, da bog ich die Karte.›»

Doktor Ulich hatte vom Wein und der Erregung rote Backen und blanke Augen bekommen, er legte beide Hände an die Schläfen, als sei ihm der Kopf zu voll von Gedanken: «Unbegreiflich!», rief er. «Was ist der Mensch für ein unheimliches Wesen, ‹un monstre incompréhensible›, sagt Pascal, aber schließlich ist ein Ohr doch nur ein Ohr. Aber wenn der Tod sich hereinmischt, da wird die Sache feierlich. Immer, wenn wir eine Sache erhaben und feierlich machen wollen, muss immer irgendwie der Tod dabei sein. Haben Sie das nicht bemerkt, meine Herren?»

«Nun, das ist richtig», meinte Botho, «so in Theatern und in Büchern und auch sonst wird ein bisschen Tod gern als Gewürz benutzt.»

«Und doch, man weiß immer noch nicht, was er ist», sagte Karl Erdmann. Auf die drei anderen wirkten diese Worte seltsam, sie machten Gesichter wie Leute, die sich einer Taktlosigkeit bewusst werden, und schauten Karl Erdmann ein wenig erschrocken an. Dieser errötete und lachte verlegen. «Sie, Doktor», sagte er, «haben da viel mit diesen Dingen zu tun, haben Sie nie etwas bemerkt, was einen Aufschluss geben könnte?»

Der Doktor zuckte die Achseln und sagte bedauernd: «Nein, wirklich, ich habe nichts bemerkt. Wenn der Patient den letzten Atemzug getan hat, wenn ich ihm die Augen zudrücke und die Morphiumspritze einpacke, dann kommt es mir vor, als würde ganz brutal vor mir eine Tür zugeschlagen. Ja, wirklich, ich komme mir geradezu hinausgeworfen vor.»

«Nicht sehr schmeichelhaft für die Menschheit», knarrte Graf Lynck, die Zigarre zwischen den Zähnen behaltend, «der Tod ist nun eine Millionen Jahre alte Erfahrung, und es ist ihm doch gelungen, sein Inkognito zu wahren.»

Doktor Ulich trank hastig und erregt sein Glas leer und lächelte geheimnisvoll. «Und doch», sagte er, «es gibt Augenblicke, in denen wir fast etwas zu wissen glauben.»

«Nun?», fragte Karl Erdmann und beugte sich ein wenig vor.

«Nein, nein, nicht wissen», wehrte der Doktor ab, «wie sollte ich etwas wissen, aber ahnen, fühlen, wie es vielleicht sein könnte. Also wir sitzen auf unserer gelben Lichtinsel eng und gemütlich beieinander. Um uns steht die Finsternis ganz nah und unbekannt, aber wir wissen, dort rauscht es und weht es, dort treibt ein großes Sein sein Wesen. Und plötzlich entwische ich aus unserer Lichtinsel hinein in die große Finsternis. Ich verliere mich ganz in sie, ich schmelze in sie hinein. Werde ich dann nicht ein unendlich wohltuendes Strecken und Dehnen fühlen, ein Atmen wie mit immer weiter werdenden Lungen, etwas wird sich in mir lösen, in das ich eingeschnürt war, etwas wird von mir abfallen, und was sich löst und was abfällt, das werde ich sein, das wird Friedrich Karl Ulich sein, und stattdessen werde ich auch als das große Wesen, als die große Finsternis, als das große Sein mein Wesen treiben. Das kann doch gut sein.» Er hatte laut und von seinen Worten hingerissen gesprochen, aber plötzlich wurde er befangen, errötete und schwieg.

Graf Lynck schaute ihn neugierig an, dann lächelte er spöttisch und bemerkte: «Gut, ich weiß nicht, man hat sich nun mal an sich selbst gewöhnt.»

«Kalt, dunkel», brummte Botho vor sich hin und schaute mit Abneigung in diese Dunkelheit, die sie da so eng einschloss. Ja, wirklich, es schien ihm, als bedrückte sie ihn, als würde es ihm schwer, zwischen diesen schwarzen Wänden zu atmen. Teufel, dieser Doktor mit seinen Visionen hatte nicht gerade einen heiteren Rausch. Alle schwiegen jetzt, rauchten und sannen vor sich hin.

Endlich erhob sich Graf Lynck und sagte: «Ich denke, wir gehen schlafen, unsere Unterhaltung ist ja ohnehin so weit gediehen, dass es wohl nichts mehr zu sagen gibt.» Sie schickten sich an, ins Haus zu gehen, nur Karl Erdmann blieb zurück.

«Kommst du nicht?», fragte Botho.

«Nein, geht nur», erwiderte er, «der Wein hat mich heiß gemacht, ich will mich ein wenig abkühlen.» Damit ging er eilig in den Wald hinein.

Der breite Waldweg lag wie eine bleichere Finsternis zwischen dem Schwarz der Tannen. Hier unten war alles still und regungslos, oben aber ging eine starke Bewegung durch die Wipfel, ein dunkles Flattern, Sichneigen und Biegen. Wenn Karl Erdmann emporschaute, sah er zwischen den Zweigen Sterne auftauchen und verschwinden, sie schienen durch die Nacht zu laufen wie Funken durch eine verlöschende Kohle. Gespannt lauschte er in sich hinein, er wollte etwas von den Gefühlen entdecken, von denen der Doktor gesprochen hatte; dieses Hinschmelzen, dieses Lösen war etwas, das er gern erlebt hätte. Allein er spürte nichts, immer nur fand er sich selbst mit seiner Freudlosigkeit, die ihn heute quälte, mit einer kindischen Neigung, sich selbst zu bemitleiden, etwas Großes, Befreiendes wollte sich nicht einstellen, es war recht ärgerlich. Er begann schneller zu gehen. Auf einer kleinen Lichtung, an der er vorüberkam, lag der Nebel wie eine unsichere Helligkeit, ein Rehbock schreckte auf und brach bellend durch das Unterholz. «Nein», dachte Karl Erdmann, «ich bin wohl sehr weit davon entfernt, mit der Nacht eins zu sein, ich störe nur, sie bellt mich böse und leidenschaftlich an.» Der Weg wurde enger, eine vom Wind gebrochene Tanne lag quer über ihn hingeworfen da. Karl Erdmann fühlte sich erschöpft und setzte sich auf den Stamm der Tanne. So würde es vielleicht eher gehen. Es gab doch indische Heilige, die jahrelang auf einem Flecke sitzen und nichts tun als von sich fortdenken und die sich dann eins fühlen mit dem All oder so etwas. Er schloss die Augen, das Rauschen über ihm hatte etwas, das gefangen nahm, emporhob, ein wenig schwindlig machte, es war nicht ein Rauschen, sondern es war, als kämen immer wieder neue, große Flügel herangesaust, und sie kamen von sehr weit aus einem unendlichen Raum und flogen eilig, eilig vorüber, von sehr weit, von sehr weit. Ja, als er das dachte, da war es da gewesen, das Gefühl, aber nun war es doch gleich vorüber. Nah von sich hörte er jetzt ein Schnaufen und Blasen, eine unförmliche Gestalt schlich langsam über den Weg, ein Dachs auf seiner nächtlichen Jagd. Karl Erdmann regte sich nicht, um das Tier nicht zu verscheuchen, die Gegenwart dieses dicken Gesellen, der so gemütlich fauchend und blasend ganz nahe an ihm vorüberging, tat ihm wohl, die Unendlichkeit war fort, und der Wald wurde zu etwas Vertrautem und Gemütlichem, in dem man seine Höhle hat und seine vertrauten Wege, auf denen man nach Wurzeln und Käfern sucht. Als der Dachs fort war, fühlte Karl Erdmann sich einsam, er stand auf und machte sich auf den Heimweg. «Das ist alles Unsinn», dachte er, «was weiß denn der Doktor. Er war übrigens betrunken heute Abend.»

In der Waldhüterei war schon alles still. Als Karl Erdmann an dem offenen Schuppen vorüberging, sah er, dass der Bursche und das Mädchen fest aneinandergeschmiegt auf dem Heu lagen und schliefen. Die Küche war voll des eifrigen Schrillens der Heimchen, von nebenan wurden die lauten Atemzüge der schlafenden Waldhütersfamilie vernehmbar. «Na ja», dachte Karl Erdmann, «eng zusammenkriechen, beieinander sein, das ist schon verständlicher. Man ist eben noch nicht das All.» Er wollte machen, dass er zu Bett kam, wollte an zu Hause, an den Garten, an Daniela denken, bis er einschlief.

Karl Erdmann erwachte davon, dass Doktor Ulich sehr gefühlvoll sagte: «Ach, lassen Sie ihn doch noch ein wenig schlafen», worauf Graf Lynck kühl erwiderte: «Es ist aber Zeit.»

Karl Erdmann richtete sich auf und lachte den Doktor an: «Wissen Sie, Doktor, wie Sie das eben sagten? so, als ob Sie im Gefängnis am Bette eines Delinquenten ständen, ‹nun lassen Sie es gut sein, ich bin gleich fertig›.»

Der Platz der Zusammenkunft war von der Waldhüterei zwanzig Minuten entfernt. Der Weg führte durch den Wald, die Tannen hingen voller Tropfen und hauchten eine empfindliche Kühle aus. Der Himmel war bewölkt und gleichmäßig grau.

«Es ist fatal», sagte Botho, «dass solche Affären immer zu so früher Morgenstunde stattfinden, das gibt ihnen etwas so ungemütlich Examenhaftes.»

«Gemütlich ist es nicht», meinte Graf Lynck, «ich kannte einen merkwürdigen Herrn – –.»

«Hör, Ottomar», unterbrach ihn Karl Erdmann, «es ist bewunderungswürdig, dass du zu so früher Morgenstunde schon einen Herrn gekannt hast, an den sich eine Anekdote hängt.»

Graf Lynck zog bedauernd die Augenbrauen empor und behielt seine Geschichte für sich.

Auf einer kleinen Waldlichtung fanden sie die Herren der Gegenpartei schon versammelt. Herr von Asch kam ihnen grüßend entgegen, klein, elegant, er lachte ohne besonderen Grund und zeigte dabei sehr weiße Zähne, die voll blanker Plomben waren. Dann kam auch Graf Wirks, Unparteiischer, ein starker Herr mit Kaiser-Friedrich-Bart und tiefer Stimme, er war sehr feierlich und gemessen. Der Referendar stand abseits, schmalschulterig und blond, der lange Schnurrbart, eben aus der Bartbinde entlassen, war zu stark nach oben gedreht und entstellte ein wenig das hübsche, junge Gesicht. Alle drei aber waren bleich und sahen aus wie Leute, die sich unbehaglich fühlen, weil sie zu früh aufgestanden sind. Während die anderen an das Abmessen der Distanz gingen, trat Karl Erdmann beiseite und zündete sich eine Zigarette an. «Soll ich ihm auf die Beine halten, oder soll ich überhaupt nicht zielen», dachte er. Doktor Ulich trat zu ihm, seine blauen Augen waren rund, klar vor Erregung. Karl Erdmann lachte, als er ihn ansah: «Nun, Doktor, ein wenig Kopfweh von gestern?»

«Ach nein, das ist es nicht», erwiderte Doktor Ulich, «obgleich ich fürchte, ich habe mich gestern ungehörig benommen. Es war taktlos, von diesen Dingen zu sprechen, aber das ist mein Unglück, ich bin zuweilen taktlos, und jetzt bin ich sehr aufgeregt – Sie verstehen. Ich habe nie so etwas durchgemacht.»

«Beruhigen Sie sich», meinte Karl Erdmann. «Sie werden sehen, es ist ganz undramatisch. Und was das gestrige Gespräch anbetrifft, so war es doch etwas Neues, denn Ottomar Lyncks diplomatische und meines Bruders militärische Anekdoten kenne ich schon alle. Aber jetzt ist es wohl Zeit anzutreten.»

Die Gegner stellten sich gegenüber, Karl Erdmann hielt seine Pistole und sah das Bein des Referendars an, ein ziemlich dünnes Bein in einer grau in grau gestreiften Hose, es zitterte ein wenig, «es friert wohl», dachte er. Dann begann Graf Wirks zu zählen, Karl Erdmann schoss, er wusste nicht, ob er auf das Bein des Referendars schoss, er hörte auch den Schuss seines Gegners, Graf Wirks zählte noch einen Augenblick, dann war es zu Ende. Karl Erdmann gab seine Pistole dem Grafen Lynck ab und steckte die Hände in die Taschen, weil sie ihm froren. Er sah zum Referendar hinüber und fand, dass dieser ziemlich ungelenk von einem Fuße auf den anderen trat, wie jemand, der in Verlegenheit ist, was er tun soll. «Wahrscheinlich sehe ich jetzt auch ein wenig komisch aus», ging es Karl Erdmann durch den Kopf. Die Sekundanten schossen ihre Pistolen aus, Graf Wirks unternahm es, die Gegner zu versöhnen, endlich trat der Referendar auf Karl Erdmann zu und reichte ihm eine unangenehm weiche, kalte Hand. Man stand noch eine Weile beieinander, sprach von dem Walde und dem Wildstande, endlich trennte man sich.

«Wir brauchen uns nicht zu sehr zu beeilen», sagte Botho auf dem Heimwege, «wir können ruhig frühstücken, ich schicke einen reitenden Boten voraus, der wird zu Hause melden, dass an Bord alles gesund ist.»

Die Stimmung beim Frühstück war gedrückt. Graf Lynck gähnte viel, behauptete, schlecht geschlafen zu haben, und klagte über Gerüche des Hauses. Botho war gereizt, und als Karl Erdmann etwas Militärisches erzählte, widersprach er ihm ironisch, und es entstand eine spitze Diskussion zwischen den Brüdern. Der Doktor schwieg. Später auf der Fahrt begannen Botho und Graf Lynck sofort zu schlafen. Auch Karl Erdmann war müde, die Augenlider wurden ihm schwer. Trotz des bewölkten Himmels herrschte drückende Schwüle, dazu die dichten Staubwolken, die den Wagen umgaben, das Atmen erschwerten und in der Nase kitzelten. Karl Erdmann nickte zuweilen ein, fuhr immer wieder aus dem Schlafe auf, und jedes Mal hatte er das seltsame Gefühl, als sei etwas Unangenehmes, Widerwärtiges geschehen. Er musste sich auf sich selbst besinnen, sich sagen, dass nichts geschehen sei, im Gegenteil, alles war in bester Ordnung, es wurde weitergelebt, und das war doch bequem und gemütlich. Einmal fiel sein Blick auf den Doktor, dieser schlief nicht, sondern saß da mit gesenktem Kopf, die Hände gefaltet, drehte die Daumen umeinander, und sein Gesicht hatte einen so missmutigen Ausdruck, dass Karl Erdmann lachen musste. «Doktor», sagte er, «Sie sind verstimmt und enttäuscht.»

Der Doktor fuhr auf: «Enttäuscht, o nein, Herr von Wallbaum, ich bin glücklich darüber, dass alles so gut abgelaufen ist, sehr glücklich.»

«Und doch», wandte Karl Erdmann ein.

Doktor Ulich lächelte ein kindlich befangenes Lächeln: «Ja, ich weiß nicht, was das ist, wahrscheinlich liegt darin eine besondere Vornehmheit und Feinheit, dass alles so nüchtern und alltäglich aussah. Sie wollten doch dem Herrn Referendar nichts tun und er Ihnen auch nichts. Aber entschuldigen Sie, es ist wohl unschicklich, davon zu sprechen, natürlich liegt es an mir, ich hatte mich ein wenig aufgeregt, ich hatte sozusagen innerlich zu große Vorbereitungen getroffen; wir sind doch auch geizig mit unseren Erregungen, es verstimmt ein wenig, wenn wir an ein Erlebnis mehr Erregung gewandt haben, als nötig war. Es ist vielleicht, obgleich der Vergleich gewiss unpassend ist, es ist vielleicht doch etwas Ähnliches wie der Ärger, den wir fühlen, wenn wir uns im Hotel durch eine unnütze Anwandlung von Großartigkeit haben hinreißen lassen, dem Oberkellner ein zu großes Trinkgeld zu geben. Sie lachen, Herr von Wallbaum, und es ist gewiss lächerlich, was ich da sage. Eben musste ich an etwas denken, etwas – aber es ist sozusagen eine literarische Reminiszenz.»

«O bitte, das macht nichts», meinte Karl Erdmann fröhlich. «Ich verstehe zwar wenig von Literatur, aber ich habe nichts gegen sie.»

«Lichtenberg erzählt einmal», begann der Doktor, «von einem Traum. Er steht auf einem Marktplatze und sieht zwei Männern zu, die ein Spiel spielen mit Würfeln, glaube ich. Nachdem er eine Weile mit Interesse zugesehen hatte, fragte er einen der Männer: ‹Was kann man bei diesem Spiele gewinnen?› – ‹Nichts›, antwortete der Mann. ‹Was kann man verlieren?›, fragte er gleich weiter. ‹Nichts›, antwortete der Mann. Und dieses Spiel schien mir ein sehr wichtiges Spiel, endet der Bericht. Schön, nur glaube ich, dass der Professor Lichtenberg, als er von diesem Traum erwachte, einen Augenblick etwas ärgerlich, etwas beschämt darüber gewesen ist, dass er das Traumspiel so wichtig genommen hatte. Übrigens, Kutscher, halten Sie an, hier geht ein Richtweg durch den Wald bis zu meiner Wohnung, ich möchte ein wenig gehen. Die Herren schlafen, ich will sie nicht stören, leben Sie wohl, Herr von Wallbaum, ich bin sehr glücklich, dass alles so gut abgelaufen ist.» Er schüttelte Karl Erdmann herzlich die Hand, sprang aus dem Wagen und schlug einen Fußpfad über eine Wiese ein.

Karl Erdmann schaute ihm nach, wie er nachdenklich mit gesenktem Haupte dahinging, wie er sich allmählich aufrichtete, wie ein jugendliches, lustiges Sichwiegen in die Gestalt kam. Jetzt nahm er den Hut ab und streckte den Arm aus. «Ich glaube, der Kerl singt», dachte Karl Erdmann, «der ist froh, uns los zu sein. Wir kommen ihm wohl etwas unheimlich, vielleicht ein bisschen lächerlich vor. Ein wunderlicher Kauz mit seinen inneren Vorbereitungen, eigentlich eine Frechheit, was er da gesagt hat, und doch –», er dachte an die Nacht im Park, an Danielas Tränen, die auf sein Gesicht fielen, an die schmerzhafte und doch so wundervolle Gespanntheit seiner Seele in jener Nacht. Es mochte nicht ganz leicht sein, da wieder anzuknüpfen, als sei nichts geschehen. Aber schließlich war er doch nicht verpflichtet, tot zu sein; und als es gegen Abend kühler wurde, der westliche Himmel sich rot und gold färbte und aus den Wiesen und Feldern der Sommer wieder stark und süß zu duften begann, da erschien dieses Anknüpfen ans Leben Karl Erdmann immer leichter. Als endlich am Ende der Allee das Haus auftauchte und die Freitreppe, auf der sich im Abendlichte Gestalten in hellen Sommerkleidern bewegten, da freute er sich wieder stark auf das Leben, das ihn dort erwartete.

Leo rief «Hurrah», und Frau von Wallbaum lehnte ihren Kopf an Karl Erdmanns Brust und weinte: «Ach, diese schrecklichen Sachen, die die Männer tun», klagte sie.

Aber Herr von Wallbaum klopfte ihr auf den Rücken und beruhigte sie: «Nun, nun, jetzt ist's ja vorüber, jetzt braucht man nicht mehr davon zu sprechen und daran zu denken.»

«Ach ja», sagte Frau von Wallbaum und wischte sich die Augen, «jetzt braucht man an diese schrecklichen Dinge nicht mehr zu denken.»

Karl Erdmann sah sich nach Daniela um. Sie stand ein wenig abseits und schaute sich ruhig, als gehörte sie nicht dazu, die Familienbegrüßung an. Als Karl Erdmann auf sie zutrat, reichte sie ihm die Hand und sagte: «Nun also.» Er wollte ihr in die Augen sehen, sie aber sah an ihm vorüber, das kränkte ihn. Allein er tröstete sich, jetzt hatte er ja Zeit, es war doch gut, wenn man nicht mehr Eile zu haben brauchte.

Die Familie wartete heute einigermaßen gespannt auf das Abendessen, große Krebse waren angekommen und sollten serviert werden. Herr von Wallbaum beriet mit Graf Lynck und Botho über den Moselwein, der dazu getrunken werden sollte, auch Karl Erdmann interessierte sich für den Moselwein. Die Mahlzeit gestaltete sich nun auch sehr angeregt, und Karl Erdmann fasste die Heiterkeit um ihn her als Ovation für sich auf, er wurde ganz ausgelassen. Zuweilen schaute er zu Daniela hinüber, sie war ja doch der eigentlichste, tiefste Grund seiner Heiterkeit und seines Glückes. Sie saß wieder so da, als hätte sie keinen rechten Anteil an der Familienheiterkeit, die wohlwollende Fremde, die von der Familie ein wenig abrückt. Sie sollte nur abrücken, Karl Erdmann wusste wohl, von ihm konnte sie nicht fortrücken. Er fühlte sich ordentlich erhoben von dem starken männlichen Besitz- und Machtbewusstsein.

Nach dem Essen auf der Veranda musste Karl Erdmann neben seiner Mutter sitzen, sie hielt seine Hand und erzählte vom gestrigen Tage, und er empfand es wieder, dass es nichts Beruhigenderes gab als diese Stimme. Es war die alte Kindergewohnheit, und das Kind hatte gewusst, dass, wo diese Stimme erklang, ihm nichts geschehen konnte. Während er behaglich zuhörte, versuchte er unter den Gestalten, die sich vor ihm im Dunkeln auf der Veranda bewegten, Daniela zu erkennen. Dort war sie, schmal, weiß, aufrecht, gefolgt von dem leisen Rauschen ihrer Schleppe. Jetzt stieg sie einige Stufen der Treppe hinab, jetzt stand sie und sprach mit jemand. Es war Dorn.

«Ach, Herr Dorn», sagte sie, «ich habe meine griechische Lektion für morgen noch nicht gelernt, wie werde ich morgen bestehen.»

«Morgen, gnädige Frau», erwiderte Dorn, «bis morgen ist es noch eine Unendlichkeit hin.»

Karl Erdmann ärgerte sich darüber, dass dieser Herr die einfachsten Dinge so pathetisch sagte, als sollte es eigentlich eine Liebeserklärung sein. Als Daniela gleich darauf allein auf dem Gartenwege stand, ging er zu ihr hinüber. «Daniela», sagte er leise und heiser vor Erregung, «für Sie – für dich scheint es, bin ich noch nicht zurückgekommen.» Er griff nach ihrer Hand, die einen Augenblick kühl und schlaff in der seinen lag und sich ihm dann entzog.

«Bitte, lassen Sie», sagte Daniela. «Ach, Karl Erdmann, Sie gehören auch zu jenen, die nie verstehen.»

Karl Erdmann schwieg, starrte vor sich ins Dunkle hinaus – nein, er verstand nicht, er wusste nur, dass er sich plötzlich so elend fühlte, dass er fror. Daniela war nicht mehr neben ihm, er stand allein da und sann. Eine große Wut stieg in ihm auf. «Was will sie?», murmelte er vor sich hin. Er ging abseits, sich in eine dunkle Ecke der Veranda zu setzen. Das Gespräch der anderen klang jetzt wie etwas Fernes, das ihn nichts anging, zu ihm herüber. Jemand rief: «Karl Erdmann!» Er antwortete nicht, er drückte sich in seine Ecke und versuchte zu verstehen.

Durch die Stille des nächtlichen Gartens kam ein Ton, ein kurzer, trockener Ton. «Es war ein Schuss», sagte Herr von Wallbaum.

«Ja, drüben im Park», sagte Botho.

Nun hörte man hastige Schritte über den Kies laufen, sie kamen aus der Allee auf die Treppe zu. Jemand im hellen Kleide blieb vor der Treppe stehen, und man hörte ein lautes Weinen.

«Was gibt es?», rief Herr von Wallbaum und stieg die Treppe hinab, «wer ist da? Sie, Lina? wo kommen Sie her? was ist denn geschehen? wer hat geschossen?»

«Ach Gott, ach Gott», jammerte Lina, «ich weiß nicht, wir – ich war drüben am Teich, da hat einer geschossen. Jetzt liegt er auf der Bank unter dem Ahorn.»

«Wer denn? so sprechen Sie, Mädchen», herrschte Herr von Wallbaum sie an.

«Aristides Dorn», sagte jemand.

Karl Erdmann trat schnell zu den anderen, war es nicht Daniela gewesen, die «Aristides Dorn» gesagt hatte? Eine große Aufregung entstand jetzt, Herr von Wallbaum rief nach den Dienern, nach Laternen. Von allen Seiten kamen Leute, und man machte sich auf, in den Park zu gehen. Karl Erdmann ging mit, aber er war noch so in seine Gedanken versunken, dass er ein wenig zurückblieb. Warum hatte Daniela «Aristides Dorn» gesagt, wie wusste sie das? «Sie sind von denen, welche nie verstehen», hatte sie gesagt, und nicht zu verstehen, sie nicht zu verstehen, empfand er als quälende Demütigung. Die anderen waren schon an der Bank unter dem Ahorn angelangt, als Karl Erdmann sie einholte. Auf dem Boden lag Aristides Dorn ausgestreckt, die Laternen beleuchteten hell sein Gesicht, das von einer graugelben Blässe und leicht verzogen war wie im Schmerz oder als wollte es weinen. Von der Schläfe lief ein dunkler Blutstreif auf die Wange herab. Bei ihm aber kniete Daniela, sie hatte den Kopf des Toten auf ihre Knie gelegt, beugte sich auf ihn nieder und strich ihm sanft mit der Hand die schwarze Locke aus der Stirn. Zuweilen erhob sie den Kopf und sagte etwas zu den Umstehenden. Ihre Wangen waren leicht gerötet, ihr Gesicht feucht von Tränen, und ihre Augen hatten den strahlenden Glanz überstarken Fühlens, der auch im Schmerz etwas wie die Erregung eines Glückes in sie hineinlegte. Karl Erdmann sah all das ganz deutlich, ja er sah nur das, so furchtbar ergriff ihn diese bei dem Toten kniende Frau. Männer kamen mit einer Art Tragbahre, auf die Aristides Dorn gelegt wurde, und dann setzte sich der Zug langsam dem Hause zu in Bewegung. Daniela ging neben der Bahre her, als würde dort etwas getragen, das ihr gehörte. Am Hause gab Herr von Wallbaum leise seine Befehle, die Leiche sollte in dem leeren Zimmer neben dem Wintergarten aufgebahrt werden, Leute sollten nebenan wachen, der Arzt musste geholt werden der Totenschau wegen. Karl Erdmann wurde es unerträglich, bei der Bahre zu stehen, er ging ins Haus.

Im Gartensaal standen die Frauen verschüchtert beieinander. Als Karl Erdmann eintrat, schauten ihn alle aufgeregt an. Er nickte und sagte leise: «Ja, es ist Dorn.» Er wollte nicht mehr sprechen, stellte sich an ein Fenster und schaute hinaus.

«Warum?», fragte Frau von Wallbaum.

Er zuckte die Achseln. Lina, die in einer Ecke des Zimmers stand, begann laut zu weinen und wurde von Frau von Wallbaum zur Ruhe verwiesen. Als dann auch Leo heftig zu weinen begann, musste ihm Lina Wasser holen. Dann schwiegen alle, saßen da und schauten vor sich hin, als warteten sie auf etwas.

Einmal sagte Frau von Wallbaum zu Lina: «So schließen Sie doch die Gartentüre, es ist unerträglich, so ins Dunkle hineinzusehen.»

Endlich kamen die anderen. Herr von Wallbaum hatte das Bedürfnis, laut und schnell zu sprechen: «Fatal, sehr fatal. So ein junger Mensch schießt sich tot mir nichts, dir nichts. Und warum? keiner hat ihm was getan. Aber das ist die Schlappheit der heutigen Jugend. Keine Zucht. Zu meiner Zeit schoss man sich tot, wenn der Karren so verfahren war, dass er nicht mehr weiterging. Die heutigen jungen Leute machen ihren Abendspaziergang und schießen sich eine Kugel durch den Kopf, wie ein anderer sich eine Zigarette anzündet. Widerlich.» Er ging in das Esszimmer hinüber, trank einen Kognak, kam dann zurück, sprach weiter: «Kann einer mir sagen, warum? hat einer eine Ahnung, warum?» Da niemand antwortete, ließ er sich in einen Sessel fallen und schwieg auch. Als eine Türe aufging, schreckten alle ein wenig zusammen.

Daniela erschien. Sie kam aus ihrem Zimmer, hatte einen schwarzen Mantel umgelegt und ging eilig zur Gartentüre. Einen Augenblick blieb sie stehen und sagte zu Frau von Wallbaum: «Ich gehe noch hinüber.» Dann verschwand sie.

Alle schauten ihr nach, als hätte etwas Unerklärliches sich eben ereignet. Graf Lynck trat an das Fenster, um hinauszuschauen.

«Was tut sie?», fragte Herr von Wallbaum leise.

«Jetzt pflückt sie die Lilien», berichtete Graf Lynck.

«Meine Lilien!», klagte Frau von Wallbaum leise.

«Jetzt geht sie in den Wintergarten», meldete Graf Lynck weiter.

Herr von Wallbaum schlug sich mit der flachen Hand auf das Knie: «Ist denn heute alles toll geworden! Weiß einer, was die Daniela mit diesem jungen Menschen zu tun hat. Lauter ganz unverständliche Sachen!»

Graf Lynck lächelte sein überlegenes Lächeln und meinte: «Es gibt eben Frauen, die nicht genug fünfte Akte erleben können.»

Aber Herr von Wallbaum ärgerte sich darüber: «Das ist eine Redensart, mein Lieber, im besten Fall ein Witz, erklärt aber nichts.» Da keiner Lust zu haben schien, eine Erklärung zu geben, erhob sich Herr von Wallbaum: «Jetzt ist nichts zu machen. Wenn der Doktor kommt und so, gibt es Schreibereien genug für mich, also gute Nacht.»

«Ja, gehen wir», sagte Frau von Wallbaum, «nicht wahr, Mann, du kommst bald nach.»

«Ich schlafe heute Nacht bei Oda», sagte Heida, und «Lina schläft bei mir», verkündete Fräulein Undamm.

«Wovor fürchtet ihr euch denn?», fragte Botho erstaunt.

«Des armen Herrn Dorns wegen», meinte Heida, «fürchte ich mich nicht. Das eigentlich Unheimliche ist Daniela.»

So zogen sie sich alle zurück, nur Karl Erdmann blieb und ging unruhig im Saale auf und ab. Er konnte Daniela nicht allein lassen dort bei dem Toten, die anderen alle verließen sie, flüsterten über sie, fürchteten sich vor ihr. Ein qualvolles Mitleid stieg in ihm auf. Mit der Liebe und der Eifersucht hatte er Not genug, nun kam noch dieses Mitleid und machte ihn vollends wehrlos und krank. «Ich geh zu ihr», beschloss er und stieg in den Garten hinunter. Er näherte sich dem Wintergarten, um durch das Fenster zu schauen. Das große, weiß getünchte Zimmer war von Kerzen hell erleuchtet, auf einem weißen Ruhebette lag Aristides Dorn, seine Züge hatten jetzt eine strenge, überlegene Ruhe, die Locke lag tintenschwarz auf seiner bleichen Stirn. Ein großes Büschel Lilien war ihm auf die Brust gelegt. Abseits in einer Ecke saß Daniela in einem Gartenstuhl, fest in ihren Mantel gewickelt. Sie schaute tief in Gedanken gerade vor sich hin, und ihr Gesicht hatte einen aufmerksamen und belebten Ausdruck, wie sie ihn zuweilen in Gesprächen hatte, die ihr Gefühl erregten. Karl Erdmann öffnete leise die Tür und trat ein.

Daniela schreckte ein wenig zusammen und wandte sich nach ihm um. «Sie, Karl Erdmann, warum kommen Sie?», fragte sie flüsternd.

«Ich komme Sie holen, Daniela», antwortete er ebenso leise. «Sie dürfen hier nicht allein bleiben, kommen Sie zu uns.»

Daniela wandte ihren Kopf wieder von ihm ab und sagte abweisend: «Ach nein, ich bleibe noch ein wenig, ich glaube, es würde ihm wohltun, wenn er wüsste, dass ich hier bei ihm sitze.»

Karl Erdmann zuckte die Achseln: «Er? – Ihm können wir doch nicht mehr helfen.»

Daniela schien das nicht zu hören, sie sprach weiter, erhob ein wenig die Stimme, als spräche sie dort zu dem Toten hinüber: «Wissen Sie, dass sie einen Zettel bei ihm gefunden haben, auf dem hat er in seiner guten ordnungsliebenden Art geschrieben: ‹Der Ordnung wegen bemerke ich, dass ich freiwillig aus dem Leben gehe›, ich weiß aber, dass er um mich gestorben ist.»

«Ein Kranker», unterbrach Karl Erdmann sie ungeduldig, «er hat es mir selbst gesagt, dass er krank war.»

Daniela lächelte wie zu einer Torheit: «Sie wissen nicht, Karl Erdmann, wie schrecklich es ist, wenn etwas so unendlich Großes wie solch eine Liebe uns ganz nahe gewesen ist, und wir haben sie nicht beachtet, und wir haben es geschehen lassen, dass sie sich still fortschleicht.»

«Seine schwächliche Liebe», stieß Karl Erdmann mühsam vor Erregung heraus, aber Daniela unterbrach ihn: «Sagen Sie nichts, Karl Erdmann, Sie können das nicht verstehen, bitte gehen Sie, stören Sie uns nicht, Ihnen kann es doch gleich sein, ob ich hier sitze oder nicht.» Sie lehnte den Kopf zurück und schloss die Augen.

Karl Erdmann stand noch da, er sah zu Aristides Dorn hinüber, schaute dies Gesicht an, das so streng und überlegen zwischen den weißen Lilien lag, und ein heißes Gefühl des Zornes schnürte ihm die Kehle zusammen, und dann schämte er sich dieses Zornes gegen den hilflosen Toten. Leise verließ er das Zimmer.

Draußen in der lauwarmen Dunkelheit begann er langsam wie eine Schildwache vor dem Wintergarten hin und her zu gehen. Aber Aristides Dorns bleiches Gesicht stand deutlich wie eine Vision vor seinen Augen, und dann war es nicht mehr das Gesicht des Toten dort, sondern des Lebenden, wie er in der Morgendämmerung auf der Bank gesessen hatte, die frierenden Lippen lächelten mühsam ihr hochmütiges Lächeln und sagten: «Sie vertragen hier keinen Alltag, da kommt ein armer Werktagsmensch nicht auf, der zählt nicht.» Karl Erdmann blieb stehen, ein Gedanke, der ihm durch den Kopf schoss, erschütterte ihn. Aristides Dorn hatte nicht mehr alltäglich sein wollen, und er, Karl Erdmann, war wieder alltäglich. Jetzt verstand er, aber das Verstehen war bitterer noch als das Nichtverstehen.

Am nächsten Morgen reiste Daniela von Bardow ab. Sie nahm nur von Frau von Wallbaum Abschied. «Ich danke dir für deine Liebe», sagte sie. «Dieses traurige Ereignis hat mich so seltsam verwirrt, dass ich euch zu stören fürchte. Ich passe nicht mehr in euer freundliches Leben.» Frau von Wallbaum weinte zwar ein wenig, fühlte sich aber Daniela gegenüber befangen. Aristides Dorn wurde in seine Heimat gebracht, um dort bestattet zu werden, und nur wenige der langen Sommertage waren nötig, damit all diese Geschehnisse recht weit zurückzuliegen schienen.

Frau von Wallbaum stand im Morgensonnenschein wieder auf der Veranda, und als Karl Erdmann zu ihr trat, stützte sie sich auf seinen Arm und begann die Gedanken auszusprechen, die sie eben beschäftigt hatten: «Nun sind wir wieder in unserer Ordnung, nur meine Lilien sind fort. Es ist so sicher, nur die Seinen um sich zu wissen, denn mit den Fremden, man weiß nie – –. Daniela habe ich sehr geliebt, ich glaubte sie zu kennen, und dann plötzlich in einer Nacht wird sie jemand ganz Unbekanntes, Unverständliches. Nun, das ist vorüber, und wir haben wieder unser gutes bekanntes Leben. Morgen, denke ich, lasse ich die Pflaumen abnehmen, es wird Zeit sein, ich will noch einmal nachsehen.» Damit verließ sie Karl Erdmann und ging in den Garten hinab.

Er blieb auf der Veranda stehen und pfiff leise vor sich hin. Das gute bekannte Leben – er hatte nichts dagegen, aber wenn er es recht bedachte, war für ihn der Inhalt dieses guten Lebens doch nur ein beständiges Zurückdenken an die Tage, die eben vergangen waren. Das war kaum mehr erregend, sondern wie ein stets gegenwärtiger Traum, der die friedlichen Vorkommnisse der Tage begleitete. Karl Erdmann stieg auch in den Garten hinab, um zu Oda zu gehen, die drüben unter den Bäumen in der Hängematte lag. Er lehnte sich neben sie an einen Baum und schaute sie an. Es war hübsch, wie die Blätterschatten rege über das schöne blonde Mädchen hinflirrten und hinrieselten. «Nicht wahr, Karl Erdmann», sagte Oda, indem sie die Baumkronen hinaufblickte, «dir erscheint der Garten wohl jetzt sehr leer und einsam. Das kenne ich. Immer wenn jemand fort war, den ich liebte, schien es mir, als könnte es nichts Einsameres geben als diesen Sonnenschein auf diesen Rasenplätzen.»

«Ich denke, ich werde abreisen zum Regiment», sagte Karl Erdmann.

Oda hob die Arme, schob sich die gefalteten Hände in den Nacken und reckte behaglich ihre ganze Gestalt: «So, du willst fort?», sagte sie. «Ja, vielleicht ist das gut. Ein Kummer hier bei uns vergeht nicht, es ist hier zu geschützt, er gedeiht hier zu gut, wie alles, wie die dicken Rosen und die großen gelben Pflaumen.»

«‹Und wird süß wie sie›, würde Aristides Dorn sagen», ergänzte Karl Erdmann.

«Hat das der arme Herr Dorn gesagt?», fuhr Oda fort. «Er wird süß, ja, das auch, er wird zu einer Beschäftigung und reiht sich sanft in das Leben ein. Vorigen Tag hörte ich, dass Heida nach mir fragte, und Leo antwortete: ‹Du weißt doch, von elf bis zwölf liegt Oda in der Hängematte und ist traurig.› So ist es auch, wir wehren uns hier nicht. Wir liegen in der Hängematte und lassen uns von unserem Kummer einhüllen und einwiegen. Nein, ich glaube, ein Mann, der noch etwas tun will, der sollte mit seinem Kummer nicht hier bei uns bleiben.»

Nachbarn

Das kleine Bergtal füllte sich mit durchsichtiger Dämmerung. Die fetten Wiesen lagen farblos da, und der Bergbach, weiß in den sinkenden Schatten, begann lauter zu rauschen. Immer, wenn es abendlich still wurde, erhob er so die Stimme, um endlich im Schweigen der Nacht allein das Wort zu behalten. Vom See, der drüben hinter den Bäumen still und dunkel dalag, wehte es kühl herüber. Oben aber, an den Berggipfeln, hing noch roter Abendschein. Das Ehepaar von Bassel kehrte von seinem Spaziergang zurück, langsam, müde, die Glieder schwer von dem langen heißen Tage und dem weiten Wege. Sie gingen nicht nebeneinander, sondern hintereinander her. Oskar war Dina einige Schritte voraus, dann blieb er stehen, nahm seinen Hut ab und schaute zu den Bergspitzen empor, aufmerksam wie jemand, der entschlossen ist, einen Eindruck in sich aufzunehmen. Hier auf dem Lande hatte er sich einen blonden Bart stehen lassen, auch das Haar war ziemlich lang geworden. Aus dem hübschen, sonst so diplomatenhaft gepflegten Kopf war so etwas wie ein Dichterkopf entstanden. Oskar war auch überzeugt davon, dass ein Dichter in ihm stecke. In seiner Jugend hatte er Verse in Zeitschriften veröffentlicht, und jetzt sprach er stets davon, dass er den Plan zu einem bedeutenden Werke in sich trug. Wenn nur das Leben ihm Zeit dazu lassen würde, aber da war seine Anstellung im Finanzministerium, da war die Geselligkeit, er war beliebt, er war Lebemann, er war Sportsmann, wo sollte da die Zeit zum Dichten herkommen. Aber hier auf dem Land, hier musste auch dem Dichter sein Recht werden.

Dina war stehen geblieben und schaute auch zu den Bergen auf. «O sieh doch», sagte sie.

«Ich bin ja gerade dabei, das zu sehen», erwiderte Oskar ärgerlich und ging weiter.

Dieses kurze Zwiegespräch hatte sich manchen Abend schon wiederholt, wenn die Bergspitzen rot wurden, konnte Dina nicht umhin zu sagen: «O sieh doch!», und das verstimmte Oskar jedes Mal, als würde das Abendrot ihm dadurch verdorben. Ja es wurde ihm gewiss dadurch verdorben, dachte Dina, denn wenn sie miteinander zankten, liebte es Oskar zu sagen: «Ich weiß nicht, durch dich wird meine Natur verfälscht.» Nun, wahrscheinlich verfälschte sie ihm auch das Abendrot. Ja, Dina war unglücklich und begriff doch nicht, warum sie es sein musste. Sie war doch so bereit, glücklich zu sein und glücklich zu machen. Das wollte ihr jedoch nicht gelingen. Wenn das Leben Oskar keine Zeit für seine große Dichtung ließ, so ließ es ihm noch viel weniger Zeit für Dina. Alles ging vor, die Geschäfte, die Vergnügungen, die Freundinnen, und für Dina blieben nur einige Stunden eines gereizten und säuerlich oder einsilbigen Beisammenseins übrig. Dina konnte es nicht ändern, dass sie dann weinerlich und vorwurfsvoll und eifersüchtig war. Zuweilen allerdings kamen große Versöhnungsszenen, die für Dina große Festtage waren, sie gerieten jedoch zu bald in Vergessenheit. Nach solch einer Versöhnungsszene war es gewesen, dass sie diesen Landaufenthalt beschlossen hatten. Hier in der Einsamkeit, vor der großen Natur wollten sie sich wiederfinden, hier wollte Oskar ganz den beiden Vernachlässigten, seinen Gedichten und seiner Frau leben. Anfangs war es auch hübsch gewesen, obgleich die Art, mit der Oskar seine Freundlichkeit unterstrich, ein wenig unbehaglich war und Dina befangen machte. Dann aber ging es mit dem Gedicht nicht recht vorwärts, und Dina schien daran schuld zu sein. Oskar wurde bitter und Dina weinerlich, sie stritten oder sie schwiegen miteinander, und Dina fühlte, dass das Glück, welches sie nun zu halten geglaubt hatte, ihr wieder entwischte. Alles um sie her schien ihr traurig und bedrückend, diese Berge, diese hellen Tage, der starke, süße Duft der Wiesen und die fette Behäbigkeit der Kühe und Menschen. Das Melancholischste aber war stets dieses Heimkommen vom Abendspaziergange, wenn Oskar und sie so stumm hintereinander hergingen, die Müdigkeit lag schwer auf ihren Schultern, die gepflückten Feldblumen welkten in ihrer heißen Hand, und nichts, nichts war zu erwarten, das sie ein wenig glücklich machen konnte. Drüben in der niedrigen Bauernstube würden die Abendmilch und der langweilige Aufschnitt sie erwarten, und dann würden sie auf dem Balkon sitzen, in die Nacht hinaussehen, den Tönen lauschen, und Oskars Schweigen würde Dina wie eine körperliche Qual krank machen. Dinas hübsches rundes Gesicht, das auf ein glückliches Lächeln eingerichtet war, wurde, während sie langsam hinter Oskar herging, kummervoll, und das Junge und Blühende in ihm, das es sonst hübsch machte, schien wie erloschen.

Aus dem Waldwege, der vom See heraufführte, bog jetzt ein zweites Paar in die Hauptstraße ein. Ein ganz junger Mann in gelbem Radfahrkostüm, schmalschultrig wie ein Knabe, den Hut in der Hand, das reiche schwarze Haar im Abendwinde flatternd, umschlang mit dem rechten Arm ein junges Mädchen. Sie war überschlank, ganz in Weiß gekleidet, das Haar, unbedeckt, hing feucht von Abendnebeln ihr über die Stirn. Sie lehnte sich ganz fest an ihren Gefährten, als sei es ihr schwer, ohne Stütze zu gehen.

«Das ist das Paar, das unter uns wohnt», sagte Dina.

«Ich sehe es», erwiderte Oskar, und nach einer Weile setzte er hinzu: «Ich weiß nicht, warum es dir ein Bedürfnis ist, mir alles, was hier geschieht, sozusagen vorzustellen.»

«Ach, man sagt das so», meinte Dina.

Oben in der Bauernstube, in der Oskar und Dina wohnten, standen in der Dämmerung die Milch und der Aufschnitt auf dem Tisch. Das Ehepaar setzte sich und begann schweigend zu essen.

«Kann es etwas Traurigeres geben», dachte Dina, «als diese Mahlzeit?» Endlich wurde ihr das Schweigen so unerträglich, dass sie beschloss, etwas Freundliches zu sagen: «Ist dir auf dem Spaziergange etwas Hübsches für dein Werk eingefallen?»

Überrascht sah Oskar auf, und dann antwortete er in einem Ton, als habe Dina ihn beleidigt: «Was soll mir einfallen? Und überhaupt mein Werk! Ich liebe es nicht, wenn danach gefragt wird, etwa wie man fragt: ‹Hast du noch Zahnweh?›»

«Ach so, das wusste ich nicht?», entgegnete Dina spitz.

Eine Wohltat war es, als Resei, die Magd, in das Zimmer trat, um das Geschirr zu holen. Sofort begann Dina mit ihr zu sprechen: «Sagen Sie, der Herr und die Damen, die unter uns wohnen, was sind das für Leute?»

«Die», erwiderte Resei, «mit denen ist es nicht ganz richtig. Da kennt man sich nicht aus. Verheiratet sind sie nicht, Geschwister sind sie nicht, tags sitzen sie zu Hause hinter geschlossenen Fensterläden, abends gehen sie fort und fahren um den See herum, bis es dunkel wird, und wenn sie heimkommen, sitzen sie dort auf dem Balkon die ganze Nacht und sprechen und sprechen. Und wie sehen sie aus, bleich wie die Gespenster, ordentlich zum Fürchten. Ja, was die haben, kann man nicht wissen. Er nennt sich Doktor Krammer und sie Adine Mieke, Studentin.» Und dann seufzte Resei und fügte hinzu: «Ja, es gibt so allerhand Leute.»

«So, so», meinte Oskar, und damit war das Mädchen entlassen.

Oskar und Dina gingen auf den Balkon hinaus und schauten schweigend in die Nacht hinein. Sehr hell und unruhig flimmernde Sterne standen am Himmel über all dem Schwarz, welches auf dem Lande lag. Zuweilen erwachte ein Ruf irgendwo sehr weit und kam durch die Finsternis heran wie durch eine große, schweigende Leere. Ein Gefühl unendlicher Einsamkeit ergriff Dina, sie hätte weinen mögen, und angstvoll wartete sie darauf, dass er etwas sage, um sie aus dieser Einsamkeit zu reißen. Er schwieg jedoch oder pfiff zuweilen leise eine Melodie vor sich hin, welche Dina hoffnungslos traurig erschien. Plötzlich ließ sich eine Stimme vernehmen. Sie kam von dem unteren Balkon, eine tiefe, ein wenig singende Frauenstimme, die ihre Worte langsam aussprach, als wollte sie ihnen Zeit lassen, ein jedes für sich in die Finsternis hinauszufliegen. «Ach, du musst Geduld mit mir haben, es wird kommen, ich weiß bestimmt, dass es kommen wird, aber heute wieder war es so eigen –»

«Wir haben Zeit», erwiderte eine Männerstimme, die gegen den dunklen, verträumten Ton der Frauenstimme unruhig und erregt klang, «natürlich wird es kommen, wie etwas Notwendiges, nicht einmal die Anstrengung eines Entschlusses wird es kosten. Es wird uns nehmen wie das Selbstverständliche, wie das Einzige, das wir wollen können.»

«Heute», begann wieder die Frauenstimme, «heute auf dem See, da kam ein Augenblick, in dem ich es hätte tun können, als die Dämmerung kam und die Nebel um uns aufstiegen und alles um uns her wie fortgelöscht schien. Nichts war da als ein kühles Wehen. Da wollte ich dir sagen, *jetzt* –, aber da sah ich plötzlich, dass in den Häusern am anderen Ufer die Lichter angesteckt wurden, kleine gelbe Punkte, und sofort stellte ich mir die Stuben vor, in denen die Lichter brannten, und die Menschen, die dort eng und warm beisammen saßen, sicher hinter verschlossenen Türen – und da fror mich, und da –»

«Ich weiß, ich weiß», fiel die Männerstimme ein, «aber du kannst ruhig sein, nächstens werden wir diese schmutzigen gelben Lichter nicht mehr ansehen können. Warte nur, bis wir ganz auf unserer Höhe sind.»

Jetzt schwiegen die Stimmen. Dina hatte atemlos gelauscht, und als das Gespräch verstummte, da erfasste sie ein Grauen, es war ihr, als hätten die beiden klagenden Stimmen in die Stille der Nacht ein unheimliches Fieber hineingelegt, etwas, das lauert und droht und einsam leidet. Nein, sie hielt es nicht aus: «Ich zünde die Lampe an», sagte sie und ging ins Haus.

Oskar folgte ihr, er hatte blanke Augen und begann sehr angeregt zu sprechen. «Ein Schicksal vollzieht sich da unter uns, du wirst sehen. Das nenne ich ein Erlebnis, das nenne ich eine Impression.»

«Ich finde das unheimlich», sagte Dina und schmiegte sich an Oskar.

Der Landaufenthalt gewann für Oskar jetzt an Inhalt, er sprach beständig von dem rätselhaften Liebespaar unter ihnen. Er versuchte es, ihnen zu begegnen, wenn sie zum See hinuntergingen, wartete mit großer Aufregung auf ihre Rückkunft, oder er stand am Seeufer und schaute zu, wie der Kahn mit den beiden Liebenden auf dem Wasser schaukelte. «Es ist klar», sagte er zu Dina, «er reißt das arme Mädchen mit in sein Verderben, er hat sie hypnotisiert, ja, so sieht sie aus. Wenn man nur wüsste, man könnte sie vielleicht retten.»

«Wer? Du?», fragte Dina.

«Ja, warum nicht», erwiderte Oskar eifrig. «Wenn ich sehe, dass ein Unglück geschieht, so ist es Menschenpflicht zu retten. Aber man weiß eben nicht. Übrigens habe ich sie heute ganz nahe gesehen, sie hat eins dieser schmalen, bleichen Gesichter, die so ergreifend sein können. Und dann die Augen, goldbraun, die aussehen, als seien sie müde von dem eigenen Glanze, den sie ausstrahlen müssen. Und der Mund, der so geistvoll Schmerz ausdrückt.»

«Du dichtest ja», warf Dina hin.

Allerdings, Oskar gestand, dass diese Begegnung ihn sehr anregte.

Dina zog die Augenbrauen ein wenig empor, was ihrem Gesichte einen Ausdruck verleihen sollte, als langweile sie das Gespräch. «Für dein Talent», meinte sie, «ist es schade, dass ich ein rundes Gesicht habe, keine müden Augen und keinen geistreichen Mund.»

«Unsinn», brummte Oskar, dann fuhr er auf: «Ich wundere mich, dass du kein Mitleid fühlst. In solch einem Fall kann man sich doch einer gewissen menschlichen Anteilnahme auch für Fremde nicht erwehren.»

Dina zuckte die Achseln: «Mitleid schon, aber Damen in solchen Verhältnissen stehen mir so fern, dass mein Interesse für sie nicht sehr lebhaft ist.»

Da lachte Oskar höhnisch: «Natürlich, ihr drapiert euch in eure bürgerliche Tugend und seid dann aller menschlichen Gefühle überhoben.»

«Ja, wünschst du denn, dass ich mich für solche Damen interessiere?», fragte Dina gereizt.

«Solche Damen?», wiederholte Oskar, machte eine abwehrende Bewegung, nahm seinen Hut und lief hinaus.

Er ging in den Wald. Die jungen Tannen der Schonung standen blank und regungslos in der Mittagssonne, durch die heiße Luft surrten zahllose winzige Flügel, ein Ton wie das regelmäßige Atmen eines Schläfers. Hier war es gut. Der Streit mit Dina hatte in Oskar die angenehme Erregung, das starke Empfinden, die sich in letzter Zeit in ihm anzusammeln begannen, zerstört, hier waren sie wieder da. Langsam ging er den Waldweg entlang, da sah er auf einer Bank die Fremde sitzen. Fräulein Adine Mieke im weißen Kleide, ohne Hut, die Hände im Schoß gefaltet, seltsam regungslos, als schliefe sie, aber ihre Augen waren weit offen und schauten starr und klar vor sich hin, das bleiche Gesicht trug den Ausdruck einer großen Müdigkeit, die sich unendlich wohlig an der Ruhe berauschte. Dieser Anblick erschütterte Oskar, er blieb einen Augenblick stehen, dann ging er entschlossen auf die Bank zu und setzte sich mit einem kurzen «Entschuldigen Sie».

Das junge Mädchen schrak heftig zusammen, errötete und antwortete: «O bitte.» Gleich darauf jedoch versank es wieder in sein müdes Vorsichhinstarren und schien Oskar vergessen zu haben.

Er aber fühlte, dass er etwas Bedeutsames sagen, etwas Bedeutsames tun musste, er begann daher: «Das ist ungewohnt, mein Fräulein, sonst pflegen Sie bei Tage nicht auszugehen, denke ich.»

Adine Mieke fuhr wieder zusammen, errötete, und etwas wie Schrecken malte sich auf ihrem Gesichte, als sei sie auf einer unerlaubten Tat ertappt worden: «Ach ja», erwiderte sie hastig, als müsste sie sich entschuldigen, «wir gehen bei Tage nicht aus, er, das heißt mein Freund, will das nicht, aber mir wurde es da drinnen hinter den geschlossenen Fensterläden so eng, ich konnte nicht atmen, es machte mich krank. Da bin ich ein wenig hinausgegangen.» Sie stieß das schnell hervor wie ein Kranker, der froh ist, auf eine teilnehmende Frage sein ganzes Leiden herauszusagen.

«Daran tun Sie sehr recht», erwiderte Oskar, ergriffen von dem gequälten Blick ihrer Augen. «Um diese Stunde hier still zu sitzen ist, denke ich, sehr heilsam; spüren Sie nicht auch, wie sich unser Körper hier mit Leben volltrinkt, zum Überlaufen voll. Wir können hier Leben auf Vorrat aufspeichern.»

Oskar lächelte, Adine jedoch erwiderte dies Lächeln nicht, sondern machte noch immer ihr erschrockenes Gesicht. «Oh, meinen Sie?», sagte sie.

«Und das ist doch gut», fuhr Oskar fort, «denn wir können doch nicht genug Leben in uns aufsammeln.»

Das schien Adine zu ärgern, sie zog die Augenbrauen leicht zusammen, und ihr Mund zuckte, als sei sie böse und als wolle sie weinen. «Ich wollte mich hier ein wenig ausruhen», sagte sie mit zitternder Stimme, «ich wollte nichts einsammeln und nichts trinken, und ich brauche keinen Vorrat, und jetzt muss ich auch gehen.» Sie stand eilig auf, nickte und lief den Waldweg hinab dem Hause zu.

Oskar schaute ihr gerührt nach und sagte sich: «Oh, die hat noch Lebensvorrat genug in sich.»

Oskar erzählte Dina nichts von der Begegnung, war aber unterhaltend und liebenswürdig. Er sprach davon, dass die Natur mit jedem Tage einen tieferen Eindruck auf ihn mache, dass seine Dichtung in ihm wachse, «sie kommt, sie kommt», sagte er und rieb sich vergnügt die Hände, es kam nur darauf an, viel mit der Natur allein zu sein, sozusagen mit der Natur unter vier Augen.

Dina griff seufzend nach ihrem englischen Roman, ach ja! darauf kam es immer heraus, dass sie einsam zu Hause sitzen musste.

Abends hatte Oskar einen anstrengenden Wachtdienst, er folgte dem Paare, wenn es zum See ging, er nahm einen Kahn und fuhr auf den See hinaus, sein ganzes Wesen war gespannt vor Erregung, vor Angst, vor quälendem Mitleid, als gälte es, etwas ihm Treues zu retten. Den Tag nach ihrer ersten Begegnung hatte er Adine nicht auf der Bank getroffen, am folgenden Tage jedoch saß sie wieder da, die Füße von sich gestreckt, die Hände im Schoß gefaltet, ganz versunken in die Ekstase des Ruhens. Oskar setzte sich zu ihr, sie lächelte matt und sagte leise: «Ich bin doch wieder da.»

«Das ist gut, das ist gut», meinte Oskar eifrig.

«Ach nein, aber – er schlief gerade, da musste ich hinaus. Sie sagten, hier trinke man sich mit Leben voll, ja so komme ich mir vor, wie ein Trinker, der sich heimlich fortstiehlt, um sich einen Rausch zu holen.»

«Warum heimlich?», rief Oskar eindringlich. «Es ist ja unsere Pflicht, so viel Leben als möglich in uns hineinzubringen, das ist ja gut, wer kann uns das verbieten.»

Adine zuckte müde mit den Schultern: «Ach wozu! Es hat ja doch keinen Sinn.»

Oskar setzte sich zurecht, jetzt galt es, etwas Entscheidendes zu sagen, jetzt galt es, dieses arme, verzagte Wesen zum Leben zu überreden. Ihm wurde warm ums Herz, schließlich war er doch nicht umsonst ein Dichter, wenn er auch bisher keine Zeit für seine Dichtungen gefunden hatte. So begann er denn: «Bitte, mein Fräulein, es ist möglich, dass das Leben keinen Sinn hat, es ist sehr möglich, aber es braucht auch keinen Sinn zu haben, es ist für sich selbst genug. Und sehen Sie, in den Augenblicken, in denen es am wenigsten Sinn zu haben scheint, in denen es nur so in uns brennt und uns gedankenlos macht, da macht es uns am glücklichsten, da verstehen wir es ganz. Um solcher Augenblicke willen können wir schon manches Harte mit in den Kauf nehmen.»

«Warum sagen Sie das?», fragte Adine und sah Oskar erstaunt und böse an, er jedoch fuhr in ruhig belehrendem Tone fort: «Weil – nun weil es mir scheint, als hätten Sie das ein wenig vergessen. Nun also, hören Sie dem Summen hier zu, hat das einen Sinn? Es ist eben nur die wohlige Musik von tausend kleinen Wesen, die glücklich sind, zu leben. Bitte, sehen Sie dort die Hummel an, diesen hübschen, kleinen, goldbraunen Sammetball, wie sie gemächlich durch den Sonnenschein schlendert. Sie fliegt an den Blumen vorüber, sie hat nichts zu tun, als durch den Sonnenschein zu schlendern und schläfrig vor sich hinzusingen. Nein bitte, sprechen Sie nicht, wir wollen jetzt nebeneinander sitzen und schweigen. Sie werden mich dann verstehen. Es ist nämlich nicht unwichtig, dass in solchen Augenblicken zwei nebeneinander sitzen, das gehört dazu, also bitte.»

Adine lächelte wieder ihr müdes Lächeln, aber sie schwieg gehorsam, faltete die Hände im Schoß und schaute der Hummel nach. Aus ihrem bleichen Gesichte wich alles Gespannte, Angstvolle, es war wie das Gesicht eines Menschen, der einschlafen will und noch ein wenig zögert, um zu fühlen, wie die Süßigkeit der Ruhe ihn überwältigt. Aus den unbewegten Augen aber rannen langsam Tränen über die blassen Wangen.

Abends, als Dina und Oskar auf dem Balkon saßen, tönten wieder die Stimmen der Nachbarn von unten herauf. «Wieder ein Tag vorüber», sagte Doktor Krammer klagend. «Und warum? Ich frage warum?»
Adine antwortete, ihre Stimme zitterte, sie schien zu weinen: «Was kann ich dafür? Du sagst, es kommt ohne unser Zutun, ich warte.»
Doktor Krammer lachte kurz und höhnisch auf, Dina fand dieses Lachen unheimlich. Unheimlicher noch war es, dass neben ihr in der Dunkelheit auch Oskar zu lachen begann. «Warum lachst du?», fragte sie. «Ich denke, du bist mitleidig.»
«Ich bin mitleidig», erwiderte er, «und deshalb lache ich.»
Dina zuckte die Achseln. Es war wohl Schuld der Dichtung, dachte sie, dass Oskar jetzt solche Aussprüche liebte, die ihr ganz unverständlich waren.

Für Dina kamen jetzt einsame Tage, die ihr unendlich lang erschienen. Sie sah Oskar fast nur zu den Mahlzeiten, ihre Spaziergänge musste sie allein machen, oder sie saß auf dem Balkon und las den englischen Roman, vor sich das sonnige Tal in seiner fetten, farbigen Ruhe. Sie hätte viel um ein Ereignis gegeben, und wäre es auch nur wieder eine tüchtige Szene mit Oskar gewesen, Tränen und Versöhnung. Eines Tages, als sie von ihrem heißen Morgenspaziergang heimkehrte und sich anschickte, auf Oskar zu warten, der täglich zu spät zum Mittagessen kam, da trat die Magd Resei ein und berichtete: «Der Herr lasse der gnädigen Frau sagen, er habe eilig in die Stadt müssen, er würde noch schreiben.»
So, das war eine Neuigkeit, aber sie überraschte Dina nicht allzu sehr, sie war an solche geheimnisvollen Entschlüsse bei Oskar gewöhnt.
«Ja, unten beim Bauern», berichtete Resei weiter, «hatte der Herr den Wagen bis zur Station genommen.»
So, nun, dann konnte Resei das Mittagessen bringen. Das Mädchen

ging, in der Türe blieb es stehen, als hätte es noch etwas zu sagen. Dina schaute erwartungsvoll auf.

«Ja – und», begann Resei zögernd, «der Bauer sagt, drüben am Walde ist das Fräulein, das hier vom Doktor unten, in den Wagen gestiegen und mitgefahren.» Resei schaute Dina nicht an, sondern ging eilig zur Türe hinaus.

Dina war ein wenig bleich geworden, sie bog den Kopf auf die Lehne des Sessels zurück. «Ach Gott, wieder das, immer wieder das!» Wenn Dina eifersüchtig war, pflegte Oskar zu sagen: «Ich nehme dir nichts, aber ich bedarf solcher Erlebnisse, wie der Maler seiner Farben.» Es erregte Dina kaum, nur eine trostlose Müdigkeit machte ihr das Herz schwer. Sie beschloss, nicht mehr auszugehen, sie schämte sich vor den Leuten, die jetzt doch alle wussten, was geschehen war, sie wollte ruhig auf ihrem Stuhl sitzen und sich nicht rühren. Jetzt zwar fühlte sie nur müde Resignation, aber das Unglücklichsein würde noch kommen, das kannte sie aus ähnlichen Fällen. Langsam vergingen die schwülen Nachmittagsstunden mit ihrem Fliegengebrumm und den grellen Sonnenstrahlen, die durch die Spalten der Jalousien in die Dämmerung des Zimmers hineinstachen. Dann kam die Abendkühlung, der Wind flüsterte in den Bäumen, und der süße, starke Duft der Wiesen drang herein, wehte wie Trost in dieses Zimmer, das Dina ganz voll und schwer voll Traurigkeit zu sein schien. Endlich hingen rosenrote Abendwolken an den Berggipfeln. Es wurde an die Türe geklopft, Dina sagte «Herein», ohne aufzuschauen, sie glaubte, es sei die Magd. Als die Türe sich aber öffnete und wieder schloss, schaute sie auf. Ein Herr stand an der Türe, Doktor Krammer, mit seinem wirren, schwarzen Haar, den aufgeregten Augen im bleichen Gesicht und den ungelenken Schülerbewegungen. Er verbeugte sich hastig. «Oh, der!», dachte Dina und sah ihn mit Abneigung an. Was wollte der? O nein, der durfte an sie nicht heran, ihre Sache und seine Sache hatten miteinander keine Verbindung, und sie war zufrieden mit dem kalten, hochmütigen Tone, in dem sie fragte: «Sie wünschen, mein Herr?»

Doktor Krammer stolperte vorwärts und begann zu sprechen: «Verzeihen Sie, gnädige Frau, ich wollte Sie um Gehör bitten, nur einige Worte.»

Dina wies auf einen Stuhl hin, Krammer setzte sich, rang die Hände ineinander und stieß mühsam hervor: «Sie wissen es vielleicht schon, gnädige Frau, ihr Gemahl hat heute mit meiner – meiner Freundin den Ort verlassen.»

«So höre ich», sagte Dina in einem Ton, als handle es sich um die gleichgültigste aller Nachrichten.

Der junge Mann schaute sie erstaunt an, verzog seltsam sein Gesicht, dann einen Augenblick vor sich hin und murmelte: «Das habe ich nicht erwartet, dass das so aufgefasst wird, habe ich nicht erwartet.» Er schüttelte sich, als fröre er, und als er zu sprechen begann, überschlug sich seine Stimme, und er sprach schnell, als fürchtete er, unterbrochen zu werden: «Dass das Ereignis hier so aufgefasst wird, konnte ich nicht erwarten. Ich könnte nun gehen, ich will nur noch sagen, dass dies Ereignis für mich ein Unglück ist, ja das Unglück meines Lebens ist. Mit diesem jungen Mädchen hatte ich einen Bund geschlossen, der fester, ich kann wohl sagen heiliger ist als jeder andere Bund und nun – diese gemeine Trivialität des Lebens, die alles zerstört.» Er schwieg, rang seine Hände ineinander, dass sie knackten, und sein Gesicht zuckte, als wollte er weinen.

«Es tut mir sehr leid», sagte Dina jetzt teilnahmsvoll, «aber wie kann ich –»

«Nein, Sie können mir nicht helfen», unterbrach der junge Mann sie hastig, «es war ein Irrtum von mir. Ich bin mein ganzes Leben unglücklich gewesen, daran bin ich gewöhnt, aber ich verstand es nie recht, allein unglücklich zu sein, ich suchte immer einen Gefährten meines Unglückes, jetzt glaubte ich ihn gefunden zu haben, es war eine furchtbare Enttäuschung, und in meiner Aufregung meinte ich hier oben etwas wie den Kameraden meines Schmerzes zu finden, es war sehr töricht, verzeihen Sie, gnädige Frau, dass ich gestört habe, so will ich wieder gehen.» Er blieb jedoch sitzen und schaute vor sich nieder.

Dina sah ihn mitleidig und neugierig an: «Was werden Sie jetzt tun?», fragte sie. «Werden Sie etwas schreiben?»

«Schreiben!», fuhr Krammer auf. «Sie wollen über mich spotten.»

Dina errötete: «O nein, Herr Doktor, gewiss nicht, ich höre nur immer, dass man Erlebnisse nötig hat, um etwas zu schreiben. Es war natürlich dumm, das zu sagen.»

Krammer lächelte verzeihend. «Was ich tun werde», meinte er, «nun, das ist jetzt gleich, ich werde leben», und er erhob dabei die Stimme, «Ich sehe ein, das Leben ist so gemein, dass ein edler Tod darin nicht Platz hat.» Dieser Ausspruch schien ihm seine Haltung zurückzugeben, er erhob sich, machte ein hochmütiges Gesicht und verbeugte sich.

Dina nickte ihm zu: «Ach ja, Herr Doktor, tun Sie das, und wenn das Fräulein das erfährt, wird sie gewiss wieder —»

Er jedoch machte eine abwehrende Bewegung und verließ das Zimmer.

Die Dämmerung erfüllte das Gemach, Dina saß noch immer auf ihrem Platze, sie dachte an Krammer, anfangs mit leichtem Grauen, dann mit Mitleid, und endlich dachte sie an sich, und da wurde das Mitleid so groß, dass sie lange still vor sich hinweinte.

Die Kluft. Zwei Dialoge

Baron Egon von Pranka
Lia, seine Gemahlin
Arabella, Prankas geschiedene Gattin

Die Prankasche Villa in einem kleinen ländlichen Badeort. Himmelblauer Salon; gelbe Seidenvorhänge sind an den Fenstern niedergelassen und dämpfen den grellen Sonnenschein des schwülen Julitages zu einer goldenen Dämmerung. Im Zimmer stehen überall auf Tischen und Konsolen viel stark duftende Blumen: Rosen, Iris, Mimosen, Tuberosen; die Luft ist von all den Düften schwer und süß. In einem Sessel liegt Lia, den Kopf zurückgelehnt, die Glieder schlaff; sie ist ein zartes, zerbrechliches Figürchen im weißen Musselinkleid, ein rundes Gesicht mit kinderhaft weichen Zügen, nur der Mund mit den schmalen, hellrosa Lippen hat etwas Kummervolles und Erfahrenes. Die Augen sind geschlossen und ein wenig gerötet, als hätte sie geweint. Das silberblonde Haar hängt in die Stirn hinein, es ist in Unordnung geraten von der Unruhe des Kopfes, der nervös auf der Rücklehne des Sessels hin und her fährt. Draußen geht die Klingel.

Der Diener tritt ein und meldet: Frau Baronin von Pranka!
Lia fährt auf und fragt, als hätte sie nicht verstanden: Pranka?
Diener sehr korrekt, aber im Ton doch etwas, als wollte er sagen: «Ich kann nichts dafür, und es ist auch nicht meine Sache!», wiederholt: Frau Baronin von Pranka.
Lia schaut ratlos zum Diener hinüber und schweigt. Dabei werden ihre Augen ganz rund und intensiv blau. Die Tür öffnet sich wieder, und Arabella tritt ins Zimmer.
Arabella: Natürlich empfängt mich die Frau Baronin. Nicht wahr? Du bist ja doch ganz einsam und langweilst dich.
Der Diener geht ab; Lia hat sich erhoben, steht da und errötet wie ein kleines Mädchen.
Lia: Ach gewiss, es ist sehr freundlich von dir.
Arabella geht lachend auf Lia zu und umarmt sie.
Arabella: Ach Gott, wie förmlich! Nein, so wollen wir das nicht machen; so haben wir beide nichts davon, und es kann jetzt so nett werden. *Sie legt ihren Arm um Lias Taille und zieht sie mit sich auf das Sofa nieder. Arabella ist nicht größer als Lia, nur ein wenig voller, dezidierter in den Formen. Sie trägt ein fliederfarbenes Sommerkleid, Champagnerrosen im Gürtel. Unter dem riesigen schwarzen Hut quillt rotblondes Haar hervor, und in dem schmalen, zarten Gesicht, das weiß von Puder ist, sitzen die goldbraunen Augen und der kleine blutrote Mund ein wenig grell und aufdringlich. Sie betrachtet Lia scharf und neugierig und sagt dann elegisch:* Ganz wie früher sitzen wir hier beisammen in diesem Salon. Ist das nicht wunderbar? Natürlich, der Salon ist jetzt blau deines Haares wegen. Bei meinem Haar musste er mauve sein. Ach ja! *Sie seufzt, lehnt sich zurück und sinnt einen Augenblick vor sich hin.*
Lia ist noch schweigsam befangen und macht ein Gesicht, als wolle sie weinen.
Arabella: Es ist doch wirklich geistvoll und großzügig von deinem Mann, dass er es so eingerichtet hat, dass wir wieder miteinander verkehren können, dass wir wieder befreundet sein können. Hier in diesem Nest zusammen zu sein und aneinander vorüberzugehen, als ob man sich nicht kennt, wäre doch zu dumm.

Und warum? Wir sind doch gar nicht böse aufeinander. Was geschehen ist, liegt jetzt Jahre zurück. Ich bin zufrieden, ihr seid glücklich – nun also, warum sollen wir nicht zusammen sein? Nur weil die Leute es merkwürdig finden. Ach, die finden immer merkwürdig alles, was recht eigentlich unterhaltend ist. Gerade die Menschen sollen nicht miteinander sprechen, die sich das Interessanteste zu sagen haben. Und wir drei haben uns das Interessanteste zu sagen, wenn wir von dem sprechen, wovon wir sprechen wollen.

Lia, noch ein wenig steif: Ja, ich habe mich auch darüber gefreut. Es ist hier zuweilen etwas einsam.

Arabella: Einsam! das ist es hier, das weiß ich noch aus meiner Zeit. Wenn dieser Salon voll von der Vormittagssonne und Egon draußen bei seinen Festtagen war, wie er sagte, und ich hier saß und wartete, mir schien es dann, als könne es etwas Einsameres gar nicht geben.

Lia, lebhaft: Nicht wahr?

Arabella: Deshalb kam ich auch. Ich sah deinen Mann in der großen Allee mit Fräulein Cereale auf und ab gehen, und da dachte ich an die Vormittage früherer Jahre.

Lia: Du sagst «auswärtige Festtage», sagte er – nannte er – das damals auch so?

Arabella: Gewiss. Er sagte, der Mann hat seine Arbeit und seine Festtage draußen. Im Hause muss der harmonische Alltag herrschen, die Frau muss der ideale Alltag sein. Und diese beiden Sphären dürfen sich nicht vermischen.

Lia, erstaunt: Ja, das sagt er jetzt auch.

Arabella nimmt teilnehmend Lias Hand: So, mein armes Herz, du bist also schon beim idealen Alltag. Deshalb warst du auch wohl gestern nicht bei der Landpartie dabei. Dein Mann war reizend. Es ist merkwürdig, wie nett ein Mann sein kann, wenn man nicht mit ihm verheiratet ist. Ich glaube, weil wir sie zuerst so kennen lernen, kommt es zu so vielen dummen Heiraten.

Lia, ganz rot vor Erregung: Und wenn er draußen in seinen Festtagen so liebenswürdig gewesen ist, dann kommt er nach Hause und spricht kein Wort.

Arabella lächelt: Durch freundliches Schweigen kann die Frau dem Mann oft am tiefsten wohl tun.

Lia macht ein sehr zorniges Gesicht und hat Tränen in den Augen: Hat er dir das auch gesagt? Wenn er schon solche Dinge sagen muss, warum denkt er sich für mich nicht etwas Neues aus?

Arabella zuckt die Achseln: Nun, wenn man einmal eine hübsche, geistreiche Redensart gefunden hat, dann bleibt man gern dabei, und er drückt sich sehr schön und geistreich aus.

Lia: Ach, diese schrecklichen geistreichen Redensarten, sie klingen, als ob sie im Katechismus stünden. Und wenn es ihn auch ärgert, ich sag dann jedes Mal: «Wieso?»

Arabella: Ich habe auch immer widersprochen, aber dann sagte er: «Ich stelle das als Richtschnur auf und …»

Lia fällt schnell ein: «… stelle es nicht zur Diskussion.»

Arabella: So, so, das kennst du auch?

Lia, leidenschaftlich: Alles das kenne ich, und der ideale Alltag zu sein und das wohltuende Schweigen, das ist so furchtbar langweilig. Seitdem ich der ideale Alltag bin, ist Egon so unerträglich streng mit den häuslichen Dingen – das Essen muss auf die Minute fertig sein und die Ausgabenbücher müssen stimmen, alles Dinge, an die er früher nicht dachte – früher, als ich noch sein Festtag war; denn er sagte früher, er komme jedes Mal nach Hause wie zu einem Festtage. Und jetzt ist der Festtag draußen bei der Cereale, und ich … *Lia weint jetzt, dass es ihre ganze schmale Gestalt schüttelt.*

Arabella, Lia umarmend: Weine nicht, mein Herz, es kann noch gut werden. Solange er nicht von der Kluft spricht – und von der Kluft hat er noch nicht gesprochen?

Lia schüttelt den Kopf: Was ist das für eine Kluft?

Arabella, mütterlich: Höre mich an, mein Herz, keiner kann dir besser raten als ich. Ich bin sozusagen als Beraterin ein ganz einziger und schätzbarer Fall, und keiner kann dein Glück mehr wünschen als ich.

Lia schüttelt traurig den Kopf: Ach, mein Glück!
Arabella: Nein, du wirst sehen, es wird noch alles gut. Solange die Kluft noch nicht aufgetaucht ist und alles andere – sieh, ich glaube, das ist der Weg der Ehe, den wir alle gehen müssen, wenigstens der Ehe mit Pranka. Zuerst sind wir der Festtag, und dann wird der Festtag nach außen verlegt, und wir sind der harmonische Alltag und das wohltuende Schweigen; dann kommen die pünktlichen Mittagessen und die gute Wirtschaft: «Eine Frau muss ihre Häuslichkeit lieben wie der Künstler seine Kunst.»
Lia: Oh, das kenne ich noch nicht.
Arabella: Das kommt sicher noch. Nun, ich hatte für all das zu wenig Talent und – da kam die Kluft. Natürlich bei Gelegenheit eines verspäteten Mittagessens. «Ich weiß nicht», sagte er, «ob du bemerkt hast, dass alle die Dinge, die Dinge, die du so leicht nimmst, eine ‹Kluft› zwischen uns öffnen, die uns einander immer mehr entfremdet.» Ich sagte, dass ich nichts bemerkt hätte, und er zuckte die Achseln. Aber von Stunde an kam diese Kluft immer wieder vor, bei jeder Gelegenheit, bis ich an sie glaubte, bis ich sie fühlte. Ich hielt es nicht mehr aus. Schon um von dieser Kluft nicht mehr zu hören, wollte ich mich scheiden lassen. Du siehst, mein Herz, du bist noch lange nicht so weit.
Lia lehnt sich müde zurück und sagt klagend: Gleichviel. Wenn er mich belehren will, warum denkt er sich nicht neue Dinge aus für mich, und wenn wir uns zanken, warum können wir uns nicht so zanken, wie noch niemand anders sich gezankt hat – aber so ist es ja, als ob ich deine abgelegten Kleider tragen müsste.
Arabella lacht: Nun, wenn man so schön und druckfertig spricht wie dein Mann, dann hat man ein für alle Mal den einzig gültigen Ausdruck gefunden. Aber weißt du, dass deine Blumen einen ersticken? Du erlaubst wohl, dass ich ein wenig den Vorhang aufziehe.
Sie geht zum Fenster, um den Vorhang aufzuziehen.
Lia: Ja, die Blumen. Wenn ich ganz mutlos bin und mich ganz einsam fühle, dann schließe ich mich mit den Blumen ein; die geben

einen so angenehmen Schwindel, ich glaube, es ist eine kleine
Betrunkenheit, und dann trägt sich manches leichter.
Arabella: Oh, das kenne ich. Ich goss in solchen Fällen ein ganzes
Flacon New-mown-hay auf mein Taschentuch und legte es vor
mich hin. Pranka behauptete zwar, das geschehe aus Bosheit, ich
züchtete mir künstlich eine Migräne, um leichter unfreundlich
sein zu können.
Lia, mutlos: Also das kennst du auch?
Arabella: Aber jetzt sehe ich, wie dein Mann am Ende der Allee Fräulein Cereale die Hand küsst; nun wird er gleich hier sein. Er darf mich hier nicht finden. Ich gehöre jetzt ja wohl zu den Festtagen, die da draußen sein müssen. *Sie geht zu Lia hinüber und umarmt sie.* Leb wohl, mein Herz, nur Mut! Solange von der Kluft nicht die Rede ist, ist noch nichts verloren. *Arabella geht ab.*
Lia hat sich erhoben, steht mitten im Zimmer; sie zieht die Augenbrauen zusammen, weil sie angestrengt nachdenkt, und ihr Gesicht zeigt einen trotzigen und bösen Ausdruck. Dann klingelt sie. Der Diener erscheint.
Lia: Sagen Sie der Köchin, dass heute eine halbe Stunde später gegessen wird.
Der Diener verbeugt sich und zieht sich zurück.
Lia geht wieder, um sich in ihren Sessel auszustrecken. Sie ruht dort mit halb geschlossenen Augen, aber an dem Zucken ihrer Lippen, an den fest ineinandergerungenen Fingern wird es deutlich, dass eine große Erregung ihr ganzes Wesen spannt.

*

Egon von Pranka tritt in das Zimmer, ein Fünfunddreißiger, stattliche Figur im hellen Tennisanzug, das Gesicht regelmäßig, ein fein geschnittener Mund unter einem langen, blonden Schnurrbart, graue Augen mit langen Wimpern, eine hohe, weiße Stirn, alles in allem ein schöner, bedeutender Kopf, aber ein wenig zu sehr das Schema eines schönen, bedeutenden Kopfes, zu sehr so, wie schöne, bedeutende Köpfe in illustrierten Zeitschriften aussehen. Er lächelt

noch, erheitert von dem Scherz, mit dem er von Fräulein Cereale Abschied genommen hat. Er reibt sich die Hände.
Egon: Nun, essen wir?
Lia liegt im Stuhl, ohne sich zu regen.
Lia: Ich glaube nicht, dass es schon so weit ist.
Egon schaut Lia an und verzieht ein wenig das Gesicht.
Egon: Ach so, tragisch, wie zu erwarten, das scheint für diese Tageszeit Gewohnheit zu werden. Immerhin braucht uns das nicht zu hindern, rechtzeitig zu essen.
Lia: Das hat sich heute eben ein wenig verspätet.
Egon: Warum, wenn man fragen darf?
Lia zuckt leicht die Achseln.
Lia: Das kommt eben zuweilen vor. Auf eine halbe Stunde kann es doch nicht ankommen.
Egon wendet sich ab, weil er fühlt, dass der Ärger sein Gesicht entstellt. Er geht einige Schritte im Zimmer auf und ab, wendet sich dann wieder zu Lia und lächelt ein überlegenes Lächeln, wie im Vorgenuss des Ausspruches, den er tun wird.
Egon: Ob eine Nase zwei oder drei Zentimeter länger oder kürzer ist, scheint kein besonders wichtiger Umstand zu sein, und doch glaube ich, dass Michelangelo, wenn er eine Statue schuf, solche zwei oder drei Zentimeter durchaus nicht leicht genommen hat.
Lia zeigt wenig Interesse: Warum sagst du das? Was hat Michelangelo mit unserem Mittagessen zu tun?
Egon, wohlwollender, da ihm der pädagogische Vortrag wohltut: Ich sage das, liebes Kind, weil eine Hausfrau sich zum Mittagessen so verhalten soll wie Michelangelo zu seinen Statuen.
Lia zieht die Augenbrauen ein wenig empor, gelangweilt: Ach, das ist das mit der Hausfrau und der Künstlerin, das kenne ich.
Egon, scharf: Das ist eben eine Wahrheit, die nicht oft genug ausgesprochen werden kann.
Lia, die immer waghalsiger in ihren Trotz hineingerät: Das sind diese Wahrheiten, bei denen man, wie bei den Zehn Geboten im Katechismus, immer fragen muss: Was ist das?

Egon braust auf: Wenn du das nicht verstehst, so bedaure ich das. *Er wendet sich schnell ab, weil der Zorn ihn zu übermannen droht, und geht im Zimmer auf und ab, heftig an seinem langen Schnurrbart zerrend. Als er sich wieder Lia zuwendet, ist er ein wenig bleich, aber ruhig. Er beginnt zu sprechen, indem er die Worte sehr deutlich artikuliert, wie in einem öffentlichen Vortrag:* Die Vernachlässigung der Details des häuslichen Lebens ist nicht geeignet, das Zusammenleben harmonischer zu gestalten. Vor allem aber ist der Ton, den du heute gegen mich anzuschlagen beliebst, nicht dazu angetan, uns einander näher zu bringen. Er muss notwendig uns einander entfremden, ja, er reißt zwischen uns eine …
Lia springt auf, sehr erregt: Nein, das nicht, das auf keinen Fall!
Egon, erstaunt: Ja, was denn? Bitte, lass mich doch ausreden.
Lia, sehr heftig, Tränen in den Augen: Nein, das will ich nicht, das ertrage ich nicht mehr. Ich weiß schon, du willst von deiner «Kluft» sprechen, aber wenn du böse bist, dann kannst du doch andere Worte sagen, die viel schlimmer sind, die viel härter sind, aber die du Arabella noch nicht gesagt hast. Aber so ist es ja, als ob ich Arabellas Gespenst wäre. Ich lebe ja gar nicht mein eigenes Leben, sondern eines, das ein anderer schon gelebt hat und fortgeworfen wie einen alten Hut. Bin ich denn nicht wert, dass du dir für mich etwas Neues ausdenkst? Und wenn ich unglücklich sein soll, so will ich mein eigenes Unglück haben, ein Unglück, das mir ganz allein gehört. Aber alles, das von den Festtagen und dem Alltag und dem Schweigen und dem Mittagessen – alles kennt Arabella, und nun noch die «Kluft»! Es ist ja gar nicht, als ob ich meinen eigenen Mann hätte, sondern nur ein altes Grammophon, das Arabella nicht mehr gebrauchen kann. Nein, das kann ich nicht ertragen. *Ihre Aufregung ist auf das höchste gestiegen; sie stampft mit dem Fuß auf, und Tränen überströmen ihre Wangen; sie stürzt auf Egon zu und verbirgt ihr Gesicht an seiner Brust.*
Egon, sehr überrascht und ein wenig verlegen, sagt begütigend: Aber Kind, was ist denn?
Lia, schluchzend: Schlage mich, wenn du willst, Arabella hast du nicht

geschlagen, das ist denn doch etwas Neues. Und wenn du auch noch so viel von der Kluft sprichst, ich lasse mich nicht scheiden wie Arabella, nein – auf keinen Fall; ich tue etwas ganz anderes als Arabella, ich will ganz anders als sie sein. Ich bitte dich um Verzeihung, das hat sie doch nicht getan. Also verzeih, verzeih mir, ich war schlecht und dumm, und das mit dem Mittagessen, daran war ich auch schuld. Sag, verzeihst du mir? *Egon ist diesem Ausbruch gegenüber ratlos. Er streicht sanft mit der Hand Lias Rücken.*

Egon: Aber, Kind, so weine doch nicht, was ist denn geschehen? Ich verstehe nicht.

Lia, leidenschaftlich: Sage, dass du mir verzeihst.

Egon: Was ist denn da zu verzeihen? Ich war ein wenig nervös. So beruhige dich doch. Es ist ja nichts passiert. Dass das Mittagessen sich verspätet, mein Gott, das kann ja passieren, das hat ja nichts auf sich.

Lia biegt sich in Egons Armen zurück, hebt ihr tränenfeuchtes, gerötetes Gesicht zu ihm empor, lächelt und sagt triumphierend: Sieh, das – das hat Arabella nie von dir gehört.

Der Diener öffnet die Türen vom Speisesaal und verbeugt sich.

Das Landhaus

Der Ball war zu Ende. Graf Egon stand an der Tür des Saales, um sich von seinen Gästen zu verabschieden. Den Kopf mit der hohen blanken Stirn, dem leicht ergrauten Haar ein wenig zurückgebogen, stand er da, sehr gerade und korrekt, nur das Lächeln, welches er einem jeden seiner Gäste zum Abschied schenkte, hatte etwas Mechanisches und zeigte, dass der Graf müde war. Nicht weit von ihm stand seine Frau Alda. Sie sah sehr jung aus im nilgrünen Kleide mit den Granatblüten im schwarzen Haare, aber ihr Gesicht war von demselben matten, durchsichtigen Weiß wie ihre Schultern und ihre Arme, es war weiß bis in die Lippen. Sie reichte den Herren die Hand, sie küsste die Damen; sie lächelte, ihre Augen jedoch schienen an all dem nicht teilzunehmen, schienen all die Gestalten, die vor ihnen ab und zu gingen, nicht zu sehen, so unbewegt und glanzlos dunkel schauten sie aus dem blassen Gesichte heraus. Jetzt trat der Leutnant von Rembow mit seiner Braut am Arm auf Alda zu. Der Leutnant war wie immer feierlich, von jener Feierlichkeit, die ihm die strenge Schönheit seines Gesichtes, die Pracht seiner vornehmen Gestalt aufzuerlegen schienen. Seine Braut war klein und blond, mit einem Stumpfnäschen, und ganz in Rosa gekleidet sah sie aus wie eine Pensionärin. Der Leutnant beugte sich über Aldas Hand und küsste sie, und die kleine rosa Braut schaute glücklich zu Alda hinauf und sagte:

»Also, Sie wollen morgen wirklich fort, ganz fort in Ihre ländliche Einsamkeit?»

«Ja», erwiderte Alda, «ich will mich erholen.»

«Nicht wahr, eine Idee», mischte sich Graf Egon in das Gespräch, «ich habe meiner Frau schon gesagt, sie soll bei uns anderen bleiben.»

Der Referendar von Hübner, der neben Alda stand, begann zu kichern, weil er einen Witz machen wollte. «Ja», meinte er, «ich kann das nachfühlen, wie einen so plötzlich die Sehnsucht ergreift, ein wenig weit von uns anderen zu sein.»

Alda lächelte nur matt, der Leutnant Rembow blieb ernst und schaute auf seine Stiefelspitzen nieder, er schlug die Augen auch nicht auf, als seine Braut kokett zu ihm emporblickte und sagte: «Ach ja, etwas Einsamkeit ist zuweilen herrlich.»

Nun waren sie alle fort, Alda ging schnell zu einem Sessel, um sich hineinzuwerfen, als könne sie vor Müdigkeit keinen Augenblick mehr stehen. Sie lehnte den Kopf zurück, schloss die Augen und ließ die Arme schlaff niederhängen. Auch der Graf setzte sich; sein Gesicht, als sei es froh, nicht mehr lächeln zu müssen, nahm einen ältlichen, grämlichen Ausdruck an. «Also, du willst morgen wirklich aufs Gut hinaus, *quelle idée!*», sagte er. «Um diese Jahreszeit, ungeheizte Zimmer! Du nimmst doch wenigstens die Jungfer und einen Diener mit.»

«Nein», erwiderte Alda, noch immer mit geschlossenen Augen.

Der Graf zuckte die Achseln: «Woher denn plötzlich dieser Einsamkeitsfanatismus? Na, wie du willst, romantische Capricen der Frauen darf man nicht hindern, das endet sonst stets mit Migräne. Des Menschen Wille ist sein Himmelreich.» Er gähnte diskret. «Nun können wir uns der wohlverdienten Ruhe hingeben.» Er erhob sich: «Gute Nacht, mein Kind.»

«Gute Nacht», sagte Alda, und der Graf ging.

Alda blieb mit geschlossenen Augen in ihrem Sessel liegen. Es schien ihr, als dürfe sie sich nicht regen, sonst war sie wieder mitten darin in diesem Leben, das hässlich und widerwärtig war, das ihr vor Ekel die Kehle zusammenschnürte. War es möglich, dass etwas

Schönes und Schreckliches so endete, und ihre Liebe zu Rembow und seine Liebe zu ihr war etwas Schönes und Schreckliches gewesen mit ihren Glückseligkeiten und ihren Gewissensqualen. Sie hatte es gewusst, dass ein Tag der Strafe kommen musste, etwas Furchtbares, das sie beide vernichtete, das ihrer Liebe würdig war. Und nun nichts – eine Verlobungsanzeige, Visiten, dieser Ball, er hatte die kleine rosa Pensionärin am Arm, macht Konversation, man nimmt Abschied, als wäre nichts gewesen, und da sitzt sie im leeren Saal, neben dem ältlichen Herrn, und dieser gähnt und sagt: «Des Menschen Wille ist sein Himmelreich.» Und das war dann das Ende. O nein, da machte sie nicht mit, das gehörte alles nicht mehr zu ihr. Schritte wurden im Saale laut, Alda öffnete die Augen, die Diener begannen die Lichter zu löschen, andere waren dabei, die Möbel mit den weißen Bezügen zu überziehen, sie flüsterten dabei ärgerlich miteinander, gähnten. Eine Bitterkeit stieg in Alda auf, die ihr fast wohltat. «Ja», dachte sie, «seid alle nur recht hässlich, recht widerwärtig, ich gehöre nicht mehr zu euch.» Sie erhob sich und begab sich in ihr Zimmer, um sich zur Ruhe zu legen. Schlafen konnte sie nicht, aber ihr Wachen war ein fieberhaftes Traumwachen. Anfangs versuchte sie, ihr Leiden durchzudenken bis in den Grund hinein. «Ich bin sehr unglücklich, so unglücklich, wie nie ein Mensch es war, so unglücklich zu sein erträgt kein Mensch, und ich ertrage es auch nicht. Sie sollen sehen. Das bin ich der schönen Liebe schuldig – das bin ich der schönen Liebe schuldig.» Sie wiederholte in Gedanken diesen Satz immer wieder wie den Vers eines Liedes. Dann plötzlich sah sie den Saal mit all den Menschen, Rembow war da und seine Braut, sie drehten sich umeinander wie bunte Figürchen, und dann war der Saal wieder leer, die Möbel standen in ihren weißen Bezügen, und die Lakaien gähnten mit weit offenem Munde – und das alles war unendlich fern und wesenlos, wie durch ein umgekehrtes Opernglas gesehen. Sie, Alda, war ganz allein, nichts gehörte zu ihr als nur ein großer schwarzer Vorhang, sie sah ihn deutlich, diesen Vorhang, er war von schwerer, stumpfer schwarzer Seide und fühlte sich kühl und glatt an wie eben aufgeworfene Schollen feuchter Gartenerde. Zuweilen versuchte sie, klar zu denken; sie hatte von einer Frau gelesen, die sich mit Morphium tötete. Man sieht dann Sonnen und Sterne und schläft ein. Sie hatte ja noch die Flasche Chloralhydrat, und dort auf dem Landgut, eingehüllt von den Nebeln in der Einsamkeit, dort sollte es geschehen. Und dann sah sie wieder den Vorhang, den großen schwarzen Vorhang, der sich so glatt und kühl anfühlte – ja, der wartete, der war nun ihr Teil.

Am nächsten Morgen stand Alda bleich und müde auf, saß am Frühstückstisch, unterhielt sich mit ihrem Gatten über den gestrigen Tag, ging im Hause ab und zu, um Vorbereitungen für ihre Reise zu treffen, aber sie hatte auch heute Räumen und Menschen gegenüber das seltsame Gefühl der Nichtzugehörigkeit, ihr war wie jemandem, der in einem Wartesaale auf und ab geht, umgeben von Dingen und Menschen, die ihm fremd sind und die er gleich verlassen wird, um sie nie wieder zu sehen. Sie war froh, als sie im Automobil saß und hinausfahren durfte. Es war ein nebliger Märztag, die Stadt sah nass und grau aus, die Leute auf den Straßen bleich und missmutig. «Ja», dachte Alda, «eine große Stadt der Verdrießlichkeit», und sie wunderte sich nicht darüber, sie hatte es nicht anders erwartet. Draußen lag dichter weißer Nebel über dem Lande, der nur zuweilen ein Stück beschneiten Leides sehen ließ, über das Saatkrähen, tintenschwarz in all dem Weiß, niedrig hinflogen, oder ein Baum stand da und regte sich sachte, als fröre ihn. An nassen grauen Häusern fuhren sie vorüber, und nasse graue Menschen standen davor und froren. Alda lehnte sich in die Wagenecke zurück und schloss die Augen. Natürlich war das alles da draußen herzbrechend traurig, aber was ging sie das an, sie wollte an das Große und Schreckliche denken, das sie vorhatte, an den schwarzen Vorhang, der alle Demütigung, alle Schuld, alle Alltäglichkeit zudecken sollte. Und konnte sie nicht immer daran denken, so fühlte sie es doch wie die Gegenwart von etwas Erregendem und Peinlichem. Es begann schon zu dämmern. Sie fuhren durch Wälder hin, die sich wie weiche schwarze Massen über die Hügel legten. Hie und da blitzte ein Licht aus einem Hause in all dem Dunkel auf und erweckte in Alda plötzlich den Gedanken der traulichen Geborgenheit unter den Schatten der großen Bäume, oder eine Waldschneise zog einen weißen Strich in all das Schwarz, und ein Mann ging dort, gefolgt von einem Hunde. «Der geht wohl», dachte Alda, «nach Hause zu einem der kleinen Lichter, die dort einsam in der Finsternis stehen.» Und eine plötzliche Sehnsucht nach Geborgenheit, nach zu Hause, Sehnsucht nach Unschuld und Sorglosigkeit machte ihr das Herz so schwer, dass sie weinen musste.

Endlich hielten sie vor dem Landhause, das mit seinen geschlossenen Fensterläden still und wie verlassen in der Finsternis dastand. Der Chauffeur musste absteigen, an die verschlossene Tür pochen, da erst regte es sich drinnen, die Tür wurde aufgerissen, die Mamsell, Fräulein Pelz, stürzte heraus und Dienstmägde und die alte Redien, die Aldas Wärterin gewesen war, und alle jammerten sie, die Frau Gräfin kam, und man hatte nichts gewusst, nichts war geheizt, nichts bereit, was sollten sie tun. «Es wird schon gehen», meinte Alda gelassen und ging in das Haus. Sie ging in den Salon und setzte sich dort. Das Zimmer war kalt und hatte den feuchten Staubgeruch, den lange verschlossene, ungeheizte Zimmer anzunehmen pflegen, die Möbel steckten in grauen Überzügen, der Kronleuchter in seinem Überzüge hing wie eine große graue Blase von der Decke nieder, eine brennende Kerze stand auf einem Tisch und ließ ungeheuerliche schwarze Schatten an den Wänden emporwachsen. Alda hüllte sich fester in ihren Mantel, da war es wieder, das kühle, ergebene Bahnhofsgefühl, das Gefühl, das alles, was sie umgab, sei nur vorläufig da, müsste gleich vergehen und verschwinden. Redien kam jetzt, die alte Frau mit dem kleinen braunen Gesicht, schaute Alda forschend an, schüttelte ein wenig den Kopf und murmelte. «Nein, so was!» Dann lächelte sie wieder, wie man ein Kind anlächelt, und sagte: «Jetzt haben wir Feuer im Schlafzimmer angemacht, und meine Gräfin geht gleich zu Bett.» Alda ließ sich willig in das Schlafzimmer führen, ließ sich von Redien entkleiden, willenlos wie einst als Kind, wenn sie zu schläfrig gewesen war, und Redien schalt leise vor sich hin: «Weiß wie ein Tuch und ganz kalt! Was das wieder für Dummheiten sind, Stadtdummheiten! Was die dort mit so einem Kind anfangen.

So, jetzt decken wir uns warm zu und essen eine Apfelsuppe und ein Kotelett.»

«Ja, Redien», sagte Alda, «ein Kotelett, klein und braun, wie ich es als Kind bekam, wenn ich krank war.»

«Gut, gut», meinte Redien und ging hinaus, nach dem Essen sehen. Alda drückte sich fest in die Kissen. Dieses Zimmer, in dem sie schon als Kind gewohnt hatte, ergriff sie heute seltsam stark, sie kannte all die Schatten, welche die Möbel auf die Wand warfen, wie oft hatte sie diese Schatten damals studiert und sich vor ihnen gefürchtet. Im Ofen prasselte das Feuer, und eine angenehme Wärme durchrieselte Alda. Ja, das hatte nun behaglich und gemütlich sein können, aber es schien ihr, als stünde etwas da, das sie zu dieser Behaglichkeit und Gemütlichkeit nicht hineinließ, sie wünschte, Redien käme wieder. Und Redien kam und brachte das Essen, und Alda fand, dass sie hungrig war und die Apfelsuppe und das kleine Kotelett ihr schmeckten. Später lag sie still da und schaute in die verglimmenden Kohlen des Ofens. Redien musste neben ihrem Bett sitzen. «Erzähl, Redien», sagte sie.

«Was ist da zu erzählen», meinte die alte Frau, «wir hatten viel Schnee diesen Winter. Jeden Morgen musste ein Weg gegraben werden zum Stall, damit die Großmagd melken gehen konnte. Die Rebhühner kamen nahe ans Haus.»

«Und ihr?», fragte Alda, «ihr lebtet friedlich?»

«Wie man schon so lebt», antwortete Redien, «nur die Eve führte sich auf; weil der André die Trine heiratet, schrie sie und weinte.»

«Nicht davon», sagte Alda, «erzähle lieber von deinem Redien. Wo sagte er dir, dass er dich heiraten wolle?»

Die Alte lächelte. «Wo wird es gewesen sein? In der Scheune. Er war Maschinist und zog mit seiner Maschine bei den Bauern umher. Er wohnte bei uns, und ich trug ihm das Essen in die Scheune. Da sagte er eines Tages: ‹Luise, wann heiraten wir?›»

«Ach ja», meinte Alda, «um euch war es ganz gelb von all dem Stroh, und die Sonne schien drauf, und du hattest ein hübsches braunes Gesicht.»

Draußen regnete es, die Tropfen klopften leise an die Fensterläden, der Haushund bellte langgezogen und böse in die Nacht hinein. «Jetzt treiben sich schon Kerls umher», bemerkte Redien, «aber Karo passt gut auf.»

Alda hüllte sich fester in die Decke, gut, nichts von dem, das da draußen war, sollte zu ihr herein, hier war sie sicher. «Erinnerst du dich», begann Alda nachdenklich, «ich muss sehr klein gewesen sein, sie begruben hier einen, und ich hatte den Holzsarg gesehen, wie er auf einem Wagen hier durch den Hof gefahren wurde. Abends konnte ich nicht schlafen, ich fürchtete mich vor dem Tode und fürchtete, du würdest sterben. Da sagtest du böse: ‹Schlaf nur, wir haben alle noch viel Zeit.›»

«Nun ja», meinte Redien, «wir hatten auch Zeit.»

«Wir hatten auch Zeit», wiederholte Alda leise. Sie schwiegen eine Weile. Irgendwo unten aus den Gesinderäumen scholl ein Lachen herüber, ein hohes, herzliches Mädchenlachen.

«Was das für ein Lärm ist», grollte Redien.

«Nein, sie sollen so lachen», sagte Alda. Dann schloss sie die Augen und schlief ein.

«Heute riecht es schon nach Frühling», sagte Redien, als sie am nächsten Morgen mit dem Frühstück vor Aldas Bett stand.

Alda richtete sich auf, das Zimmer war voll Sonnenschein, aber ein seltsamer, unruhiger, flackernder Sonnenschein. Es taute draußen, vom Dach und von den Kastanien am Hause tropfte und rann es beständig.

All dies fließende Kristall fing die Sonnenstrahlen auf und ließ sie zittern und flirren.

«Das ist lustig», sagte Alda und lächelte.

«Natürlich lustig», erwiderte Redien mit einer Stimme, als wollte sie schelten.

Als jedoch Alda wieder allein war, sank sie mutlos in die Kissen zurück. Lustig? Lustig? Was hatte sie mit dem, was lustig war, zu tun. Zu ihr gehörte ja diese Alda mit ihrem Unglück, ihrer Schuld, ihrem Schmerz, ihrem dunklen, unheimlichen Vorhaben. «Wir haben alle noch Zeit», hatte Redien damals gesagt, ja, vielleicht hatte sie noch ein wenig Zeit, vielleicht konnte sie den Schmerz und die Schuld und ihr Vorhaben und die ganze unglückliche Alda ein wenig beiseitelegen, wie wir ein Buch beiseite legen für kurze Zeit, sie würden ja wiederkommen und ihr Recht verlangen. Aber es gab vielleicht eine kleine Ferienzeit im Unglück, in dem furchtbaren Schicksal, das zu ihr gehörte. Alles fortschieben, an nichts denken, das war doch für eine kleine Weile erlaubt. Dieser Gedanke gab ihr Kraft, den Tag zu beginnen.

Die Zimmer waren heute geordnet, die Möbel hatten ihre Überzüge abgelegt, Hyazinthen standen am Fenster, die Räume waren voll von dem hübschen, unruhigen Sonnenlichte und von klingend niederfallenden Tropfen. Alda ging in den Zimmern auf und ab, sie hatte ja nichts zu tun, für nichts zu sorgen, selbst nichts zu denken, es war wirklich etwas wie ein Feriengefühl, das sie belebte.

Dann zog es sie hinaus in die Welt draußen, die so hübsch blank von Tropfen und Sonnenschein war. Sie ging die nassen Wege entlang, Mägde gingen an ihr vorüber, stapften durch die Pfützen, ließen das Wasser spritzen und lachten dabei, als machte es ihnen Freude. Männer führten Holz, die kleinen Pferde waren blank von all der Nässe, die feuchten Holzstämme aber dufteten wunderbar, «ein wenig nach Harz», dachte Alda, «und ein wenig nach Vanille, das gäbe ein schönes neues Parfüm». Auf den Dachfirsten saßen die Stare wie Vögel aus poliertem Stahl, schlugen mit den Flügeln und pfiffen.

Alda ging in den Kuhstall, hier war es warm, und ein leichter Dampf stieg von den großen braunen Tieren auf. Die Mägde waren beim Melken, Alda setzte sich auf die Ecke eines Futterkastens und schaute zu. Sie schaute die großen, ruhigen Gesichter der Kühe an; wie sie langsam kauten und mit den unbewegten Augen ruhevoll vor sich hin sahen.

«Die hat heut' Nacht gekalbt», sagte die Großmagd und zeigte auf eine Kuh, die auf ihrer Streu lag wie auf gelber Seide und ernst ihrem Kalbe zusah, das auf zu dünnen Beinen seine ersten Sprünge versuchte. Hier wurde Alda seltsam wohl, hier war sie unendlich fern von allem Quälenden, hier war keiner schuldig und keiner gedemütigt, man stand da, man kaute, sah aus großen Augen vor sich hin, und niemand brauchte zu denken.

Lange Zeit blieb Alda dort, und es war ihr leid, dass die Mägde mit der Arbeit fertig waren und sie den Stall verlassen musste. Sie trieb sich noch ein wenig im Sonnenschein umher, bis sie fühlte, dass sie hungrig war, und ins Haus ging.

Das Essen, welches die Mamsell gekocht, schmeckte anders als das Essen in der Stadt, die Suppe duftete kräftig nach Schnittling, und die Gemüse schmeckten würzig und ein wenig nach Erde. Während Alda mit Appetit aß und vor sich hin schaute, musste sie lächeln, denn sie musste an die Kühe denken, an den ruhigen Ernst, mit dem diese vor ihrem Futtertroge standen.

Nach dem Essen setzte sich Alda in dem Wohnzimmer an das Fenster, die Luft hatte sie müde gemacht, aber dennoch wollte sie da draußen das Hin-und-Hergehen der Tiere und Menschen beobachten. Es war ihr, als dürfe sie sich heute nicht von ihnen trennen. So saß sie lange da, bis die Augen ihr zufielen und sie einschlief.

Als sie erwachte, ging die Sonne unter. Das Zimmer war voll roten Lichtes, jenes plötzliche Aufflammen, das Alda stets schon als Kind ein Festtagsgefühl gegeben hatte, und war der Tag ein noch so grauer Schultag gewesen. Sie hielt jetzt ganz still, es schien ihr, als fühlte sie, wie dieses rote Licht an ihr niederfloss wie etwas, das liebkoste und schmückte. Sie öffnete die Augen weit, öffnete die Lippen, als sollte dieses Licht ganz in sie hineinfließen. «Wie schön, wie schön!», fühlte sie.

Sie hörte Schritte und sah auf, Eve kam in das Zimmer, ein kleines, dralles Mädchen, viel flachsblondes Haar wand sich um ihren Kopf, das Gesicht war rund und rosa.

«Ach, Eve», sagte Alda, «Redien sagt, du hast einen Liebeskummer.»

Eve lächelte, zeigte eine Reihe großer weißer Zähne, aber zugleich traten ihr dicke Tränen in die Augen.

«Das geht vorüber, Eve», fuhr Alda fort. «Du bist so jung, bei dir geht es vorüber.»

Eve zuckte mit den Schultern. «Soll er gehen. Was kann man machen. Anderen geht es auch nicht gut. Man lebt so oder so, das kommt schon so, das gehört schon dazu.»

Da Alda schwieg, ging Eve vorüber. Das Abendrot war fast erloschen, ein roter Streif und ein wenig blasses Gold standen noch am Himmel, in den Birkenwipfeln hing ein Stern bleich und zitternd. Über die Landstraße gingen Mägde Arm in Arm und sangen laut in den Abend hinein.

In Alda war es seltsam still geworden. «Man lebt so oder so, das gehört schon dazu», klangen die Worte des Mädchens in ihr nach. Und plötzlich wusste sie es, wusste sie es ganz bestimmt: Wenn auch alles Qualvolle und Furchtbare wiederkäme, dieses Leben hielt sie unbezwinglich fest, sie gehörte zu ihm, was es ihr auch antun mochte. Man lebt so oder so, die kleine Eve wusste es, aber man lebt – man kann nicht anders.

Vollmond

Nach dem Diner versammelte sich die Gesellschaft im Gartensaal des Schlosses. Die Glastüren standen weit offen, über dem Garten lag die Helligkeit einer Vollmondnacht. Es wurde musiziert, am Flügel saß der junge Ladislas von Radofsky, seine Gestalt im schwarzen Abendanzug sah seltsam schmächtig und knabenhaft aus. Den Kopf mit den dunklen, blanken Locken wiegte er sachte hin und her, das hübsche Gesicht nahm einen Ausdruck verhaltenen Schmerzes an, die Wimpern zuckten, die Augenbrauen zogen sich ein wenig zusammen, seine Hände, schmal und weiß wie Frauenhände, glitten über die Tasten, zuweilen ergriff sie eine Raserei der Geschwindigkeit, dann wieder wurden sie zögernd oder sie schwebten beide zu gleicher Zeit einen Augenblick über der Klaviatur, um dann mit einer Gebärde müden Schmerzes oder leidenschaftlichen Pathos' niederzufallen. Alles an dem jungen Mann war Ausdruck, alles an ihm schien den Hörern zuzurufen: «Bitte, ich spiele meine Seele.»

Die kleine Baronin Sidonie hatte sich abseits von ihren Gästen in einen großen Sessel gesetzt, ja, sie hatte sich geradezu in ihn verkrochen, die Arme über der Brust verschränkt, die Knie ein wenig hinaufgezogen, kauerte sie da in ihrem weißen Sommerkleid wie in eine leichte Schneedecke gehüllt. Den blonden Kopf stützte sie an die Lehne des Sessels, das schmale Kindergesicht war blass und abgespannt, die hellblauen Augen wurden groß und rund und starrten vor sich hin. Sidonie war müde, diese langen Sommertage mit ihrem steten Sonnenschein und ihren grellen Farben, die vielen Menschen, das viele Umherwandeln und Tennisspielen, all das machte müde. Sie hätte auch gegen eine gute kinderhafte Müdigkeit, wie sie sie früher kannte, nichts gehabt, jetzt aber mischte sich in ihre Erschöpfung ein quälendes, unheimliches Fieber, das ihr alle Ruhe nahm. Über ihr hübsches, sorgloses Leben mit dem gütigen Gemahl und den beiden Kindern, die sie für das größte Glück der Welt gehalten hatte, war in diesen Sommertagen ein Unglück hereingebrochen, ihre Liebe zu Ladislas von Radofsky. Unverständlich und unentrinnbar war diese Liebe da, wie eine Krankheit, und Sidonie stand hilflos und ratlos vor ihr. Alles an dieser Liebe missfiel ihr, ja, selbst Ladislas von Radofsky missfiel ihr, seine weichliche Schönheit, die Schamlosigkeit seiner süßen Blicke, das siegesbewusste Pathos seiner geflüsterten Liebesworte, sie hätte darüber lachen können, wenn sie ihn nicht hätte lieben müssen. Aber jetzt, wenn er sie nicht ansah, wenn er nicht zu ihr sprach, war es ihr, als müsste sie weinen. Seine Gegenwart machte sie feige und willenlos. Gestern auf einer späten Spazierfahrt hatte er im Wagen die Dunkelheit des Waldes benutzt, um heimlich ihre Hand zu fassen. Sie war empört gewesen, sie fand das gewöhnlich und geschmacklos, und dennoch war ihre Hand in der seinen geblieben, und ihr Herz hatte zum Zerspringen geklopft. Sie schaute zu ihrem Gemahl hinüber. Baron Rolf Soldeck hatte seinen Stuhl an die offene Tür gerückt, er saß da groß und breitschulterig in vornehmer Behaglichkeit, das Haar auf dem Scheitel lichtete sich schon, der braune Vollbart gab dem Gesicht eine würdige Ruhe, und um die guten, grauen Augen legten sich freundliche Fältchen. Die Musik machte den Baron schläfrig, immer wieder schloss er auf Augenblicke die Lider. Neben ihm saß sein Freund, der Baron Egon Storck, ein Junggeselle mit leicht ergrautem Haarschopf und einem spitzen, lustigen Gesicht. Baron Egon war der Freund des Hauses, alle liebten ihn, alle nannten ihn «Onkel Egon». Dazu hatte er eine hübsche Art, Sidonie zu behandeln, als sei sie das Heiligste auf der Welt. Auch er war schläfrig und hielt seine Augen hinter den Gläsern des Kneifers geschlossen. Die schöne Gräfin Gabriele saß nahe dem Klavier in ihrem malvenfarbenen Sommerkleid, den Kopf mit dem Helm dunkler Haare zurückgelehnt, lag sie im Sessel, das Lampenlicht ließ das leicht gepuderte Gesicht alabasterweiß erscheinen, die Augenlider zog sie zusammen, sodass die Augen wie blanke, dunkle Striche hervorleuchteten. Ein Topasschmuck legte sich um ihren Hals wie eine Reihe großer Tropfen eines goldenen Weins. «Natürlich», dachte Sidonie, «sie tut so, als spiele Ladislas für sie und als verstehe sie ihn.» In die dunkelste Sofaecke hatte sich Arabella, Sidoniens Schwägerin, gedrückt. Das arme Mädchen hatte Kummer. Der Referendar von Hellmann wollte sich noch immer nicht erklären und schien jetzt auf dem besten Wege, sich in die Gräfin Gabriele zu verlieben. Er stand neben Arabella, an die Wand gelehnt, er stand gern, denn er hatte eine schöne Figur, er stützte die eine Hand in die Seite und schaute zu der Gräfin Gabriele hinüber. Am Tisch aber, an der Lampe, saßen die beiden alten Damen, friedliche, faltige Gesichter über ihre Häkelarbeiten gebeugt, arbeiteten sie eifrig fort, als sei Ladislas' leidenschaftliche Musik nur dazu da, um den Takt für ihre Häkelnadeln abzugeben. Sidonie schloss die Augen, sie wollte an das stille Kinderzimmer im anderen Flügel denken, an den ruhigen Schein der Nachtlampe, an die weißen Bettchen, in denen die Kinder schliefen, allein wie fern schien das alles, wie unzugehörig zu ihr, sie war aus diesem stillen, heiligen Kreise ausgetreten. Ladislas schlug die letzten Akkorde an und erhob sich. Er zog ein Taschentuch aus seiner Manschette, fuhr sich damit über die Stirn, mit der anderen Hand griff er nach der Stuhllehne, als fühle er sich sehr schwach. Baron Rolf war munter geworden und rief laut: «Bravo!»

Auch Baron Egon erwachte und fragte: «Von wem war das?»

«Liszt», antwortete Ladislas und zog die Augenbrauen gelangweilt empor, als sei er gezwungen worden, auf eine törichte Frage zu erwidern. Dann ging er zur Gräfin hinüber, stützte sich auf die Rücklehne eines Sessels und schaute ihr in das Gesicht.

«Liszt oder ein anderer», sagte die Gräfin. «Sie spielen ja doch nur sich selbst.»

«Haben Sie es verstanden?», fragte Ladislas leise.

Die Gräfin lächelte.

«Eine schöne Technik», sagte eine der alten Damen, die Baronin Soldeck, Sidoniens Schwiegermutter, und die Baronesse Mathilde, ihre Schwester, stimmte ihr zu. «Diese Fingerfertigkeit, die Finger fliegen nur so.»

Ladislas machte eine ungeduldige Schulterbewegung und verließ die Gräfin, als hielte er diese Unterhaltung nicht länger aus. Er trat auf die Schwelle der geöffneten Gartentür, zündete sich eine Zigarette an und schaute in die Mondnacht hinaus. Sidonie raffte sich auf, sie wollte etwas sagen, wie es der Hausfrau geziemt. «Schöner Mondschein, Herr von Radofsky.»

«Sehr schön», erwiderte Ladislas, und als er sich in das Zimmer zurückwandte, fuhr er fort, «die Mondnacht ist so schön, dass es natürlich ist, dass wir alle im Zimmer sitzen. Vor so viel Schönheit fürchten wir uns.»

«Oho!», rief Baron Egon, «ich nicht, und jetzt gehen wir gerade alle hinaus, eine Mondscheinpartie bis in den Wald hinein, und trinken uns so ganz mit Gefühlen voll, das tun wir.»

«Ein guter Gedanke», meinte die Gräfin.

«Und die alten Damen gehen auch mit», fuhr Baron Egon fort.

Die Baronin Soldeck lachte. «Sie glauben wohl, wir schlagen es Ihnen ab, Baron, aber nein, wir gehen mit. Außer für Häkeln und Bridgespielen haben wir auch etwas für die Poesie übrig, nicht wahr, Mathilde?»

«Ja», sagte die Baronesse Mathilde, «wenn es nicht zu feucht ist.»

«Die Nacht ist so warm», berichtete der Referendar, «dass kein Tau gefallen ist.»

«Gut», beschloss Baron Rolf, «ich schicke die Wagen zum Waldrand voraus.»

Man rief nach Mänteln und Tüchern, und die Gesellschaft begab sich in den Garten hinaus. Baron Rolf und Baron Egon führten die alten Damen, der Referendar ging neben Arabella her; die Gräfin stand einen Augenblick wartend da, als sich Ladislas jedoch zu Sidonie gesellte, zuckte sie die Achseln und schloss sich Arabella und dem Referendar an. Man ging den breiten Gartenweg hinab, das Mondlicht war so hell, dass die Farben der Blumen deutlich zu unterscheiden waren, das Rosenrot der Levkojen, das Blau der Lobelien, allein die Farben hatten keinen Glanz, es waren schlafende Farben, nur um die Lilien lag ein matter Schimmer, sie standen da wie weiße Kristallkelche.

Da Ladislas schwieg, begann Sidonie zu sprechen: «Was Sie spielten, war traurig.»

«Natürlich», erwiderte Ladislas, «ich bin traurig.»

«Warum müssen Sie traurig sein?», fragte Sidonie, ein wenig Ungeduld in ihrer Stimme.

«Warum soll ich froh sein?», antwortete Ladislas und gab seiner Stimme einen weichen, singenden Klang, «sich immer sehnen und nie erreichen, das macht nicht froh. Was gibt uns das Leben denn? Zuweilen einen ganz kleinen glücklichen Augenblick. Wenn ich einmal eine geliebte Hand fasse, und sie wird nicht zurückgezogen, sie bleibt in der meinen, das ist ein Augenblick, für den es sich zu leben verlohnt.»

«Sprechen Sie nicht davon», rief Sidonie erregt, «es war schlecht von Ihnen und schlecht von mir.»

Ladislas lachte: «Ja, ja, schlecht von uns beiden, und wenn es ein Verbrechen wäre, was mich mit Ihnen verbindet, ich würde es segnen.»

«Warum sprechen Sie so?», klagte Sidonie, und ihre Stimme zitterte, «wozu das alles?»

«Wozu das», fuhr Ladislas fort, «das will ich Ihnen sagen, sehen Sie, mein Leben ist dunkel, ganz dunkel wie ein großer, dunkler Wald, und in dieser Dunkelheit steht eine kleine, weiße Lampe mit einem kleinen, goldenen Lichtkreis. Natürlich will ich zu der kleinen, weißen Lampe, nur das, nur das. Und kann ich das nicht, dann soll die kleine Lampe auch verlöschen, damit ich mit ihr zusammen in der Finsternis bin.»

«Nein, nein, nicht das», stöhnte Sidonie leise, sie fürchtete sich vor Ladislas, vor der Dunkelheit, von der er sprach, vor der Einsamkeit der kleinen Lampe. Sie hatten die großen Alleen des Parkes durchschritten, die Ahornbäume sahen im Mondlicht fast weiß aus, dann gingen sie ein Stück die hellbeschienene Landstraße entlang und bogen in den Wald ein. Hier war es dämmerig, das Mondlicht blitzte hie und da durch die Zweige oder lag wie ein Stück bleichen Goldes auf dem Moos. Sidonie und Ladislas gingen schweigend nebeneinander her, die anderen waren weit voraus. An einer Stelle, wo der Weg schmal zwischen großen Tannen hinging, blieb Ladislas stehen, fasste Sidonie an die Schultern, zog sie an sich und presste seine Lippen fest auf die ihren. Heiß fuhr der Zorn Sidonie in die Glieder, sie schämte sich, so genommen zu werden, wie einer die Dunkelheit benützt, um ein hübsches Kammermädchen zu küssen. Und dennoch wurde ihr Körper schwach und schwer in den Armen, die sie umfingen. In dem Wipfel einer Tanne erwachte eine Krähe, aus der Ferne klang das Lachen des Barons Egon herüber. Sidonie und Ladislas fuhren auseinander, Sidoniens Knie zitterten so stark, dass sie sich auf Ladislas' Arm stützen musste, als sie weitergingen.

Der dichte Tannenbestand hörte hier auf, eine Lichtung lag da, hellbeschienen, mitten durch sie hin floss der Mühlbach breit und leuchtend, ein wunderbar silbernes Gleiten, in dem zuweilen hellere Punkte aufsprühten.

Die übrige Gesellschaft ging schon am Ufer des Baches hin, sie schien jedoch aufgehalten zu werden, eine Menschenansammlung befand sich dort, Stimmen wurden laut, vor allem eine weibliche Stimme, die ununterbrochen eine schrille Klage ausstieß.

«Was gibt es dort?», fragte Sidonie erschrocken.

Ladislas zuckte die Achseln. «Leute», sagte er. «In solchen Nächten sollte es den Leuten verboten sein, ihre Häuser zu verlassen, sie verderben alles. Eine Mondnacht ist denn doch ein zu vornehmes Lokal für solche Menschen.»

Als sie näher kamen, sahen sie, dass Männer und Frauen aus dem

Dorf mit ernsten, betroffenen Gesichtern beieinander standen, mitten unter ihnen der Schullehrer, der eifrig auf sie einsprach.

«Ist ein Unglück geschehen?», fragte Sidonie.

«Ja, Frau Baronin», berichtete der Schullehrer. «Die Häusler-Anna ist ins Wasser gegangen, die dumme Marjel, wir haben sie hier herausgezogen, es ist nach dem Arzt geschickt worden, aber sie ist tot, ganz tot. Des Krügers Ede wegen hat sie es getan, der hat sie sitzen lassen. Was hat sie nun davon? Jetzt ist sie tot. Die Mutter hockt dort bei ihr und schreit. Das nützt jetzt auch nichts mehr; hätte sie vorher besser achtgegeben.»

Traurig nickten die Bauern mit ihren Köpfen, und ein alter Bauer meinte: «Arbeiten konnte die Anna, aber sie hatte ein zu hitziges Herz.»

Sidonie drängte durch die Leute vor; sie wollte sehen. Da lag nun das tote Mädchen auf dem Rasen, nur mit einem Hemd und einem Röckchen bekleidet, die schlaff niederhängenden Arme, die Brust, das runde Dorfmädchengesicht mit dem halb geöffneten Mund, eingerahmt von den schwarzen Strähnen der feuchten Haare, die nackten Füße, vom Mond hellbeschienen, waren sehr weiß und hatten einen bleichen Glanz wie Elfenbein. Neben der Leiche kniete die Mutter und stieß ihre schrillen Klagelaute aus.

Sidonie starrte das tote Mädchen an, wie es dalag in seiner tiefen, schweren Ruhe.

«Wie still sie ist», murmelte sie unwillkürlich, und es klang, als beneidete sie die Ruhe des Mädchens. Dann aber schauerte sie in sich zusammen, ein Gefühl der Traurigkeit und der Angst schüttelte sie. Dieser schlaff daliegende Körper in seiner bleichen Nacktheit sprach von grausamem Besiegtsein und furchtbarer Einsamkeit, und es schien Sidonie, als ginge das sie, gerade sie an, als sei das Grausame, das niederwirft und besiegt, ihr ganz nahe, als lauerte es auf sie und drohe ihr, und sie dachte an die kleine, weiße Lampe im dunklen Wald, die verlöschen musste.

Angstvoll schaute sie um sich, Ladislas war fort, aber dort bei der Mutter des Mädchens stand ihr Gemahl und redete der Frau zu. Sidonie ging zu ihm hinüber, fasste seinen Arm. Rolf wandte sich ihr zu. «Du bist es, Kleine», sagte er, «wie bleich du bist. Das hat dich angegriffen, es ist wohl besser, wir gehen.»

Er legte Sidoniens Arm in den seinen und führte sie über die Lichtung dem Walde zu.

«Eine dumme Geschichte», sagte der Baron, «aber so sind die Mädchen jetzt, wie etwas in ihrer Liebesgeschichte nicht stimmt, gehen sie einfach ins Wasser.»

Sidonie wurde das Gehen schwer, und im Wald blieb sie stehen, lehnte sich an ihren Gatten und begann zu weinen: «Hilf mir», stöhnte sie leise. Besorgt umschlang Rolf sie und sagte freundlich: «Helfen, freilich, dazu bin ich ja da, also es geht nicht mehr vorwärts, nun dann machen wir das so», und er hob Sidonie auf seine Arme und trug sie leicht und sicher dem Waldrand zu.

«Wie stark du bist», flüsterte Sidonie, «bei dir ist es sicher, bei dir ist es gut.»

«Sicher», erwiderte der Baron, «das will ich meinen. Na, es sind eben die Nerven. Nun, wenn unsere Gäste fort sind und wir wieder still unter uns sind, dann wollen wir uns erholen und wieder stark und heiter werden.»

«Ja, still unter uns», wiederholte Sidonie.

Als sie an einem Tannendickicht vorüberkamen, sah der Baron dort Ladislas und die Gräfin sehr nahe beieinander stehen. Ein Mondstrahl beleuchtete das weiße Gesicht der Gräfin und sprühte in den Topasen ihres Halsschmuckes. Der Baron lächelte. Weiter fort, als sie um eine Ecke bogen, gingen Arabella und der Referendar vor ihnen her, Hand in Hand.

«Gut», dachte der Baron, «die haben sich gefunden. Seltsam, wie solch eine kleine kühle Leiche die Menschen eng zueinander treibt.»

Nach einer Weile sprach er vor sich hin: «Unserem schönen Ladislas, denke ich, bestelle ich morgen zum Frühzug den Wagen.»

Am Waldrand standen die Wagen. In einem Landauer saßen bereits die alten Damen, und Baron Egon stand vor ihnen und sprach eifrig.

«Solch eine Vollmondnacht ist geradezu giftig», sagte er, «denn heutzutage hat jedes Dorfmädchen Theater im Blut, eine schöne Dekoration steigt ihnen zu Kopfe. Es denkt, wenn der Bach hübsch blank ist, dann ist der Tod auch hübsch und nicht bitter, als ob auch die schönste Dekoration etwas hilft, wenn der eiserne Vorhang heruntergelassen wird.»

Baron Rolf trat heran: «Hier bringe ich dir, Egon, ein Opfer deiner Mondscheinpartie», und er hob Sidonie in den Wagen.

Die alten Damen waren sehr besorgt, und Baron Egon schimpfte leise auf den Mondschein.

«So, Kutscher, fahr», rief Baron Rolf.

Sidonie drückte sich in die Wagenecke, sie war jetzt ruhig und sehr müde. Schläfrig schaute sie den silbernen Staubwölkchen zu, die sich unter den Hufen der Pferde erhoben. Die friedlichen, mondbeglänzten Gesichter der alten Damen taten ihr wohl, es war ihr, als sei sie aus einem Zimmer, in dem giftige exotische Blumen welkend ihren schwülen Duft aushauchen, hinausgetreten in eine reine, stille Luft.

Die alten Damen unterhielten sich halblaut.

«Es ist sehr traurig», sagte die Baronin Soldeck und schaute dem Vollmond ernst in das runde Gesicht, «solch eine dumme Person.»

«Ja, ja», stimmte die Baronesse Mathilde zu, «und verlieben wollen sie sich jetzt alle, das ist wie eine Krankheit.»

«Diese Krankheit», meinte die Baronin, «gab es zu unserer Zeit auch, aber heutzutage sind die Mädchen zu schwächlich, sie überstehen sie nicht.»

Sidonie schloss die Augen, sie konnte wieder an das Kinderzimmer drüben im Schlosse denken und an die leise, heilige Musik der regelmäßigen Atemzüge ihrer schlafenden Kinder.

Schützengrabenträume

Hier sitze ich in meinem Erdloch. Es ist angenehm, die Beine von sich zu strecken, den Rücken an die Lehmwand zu lehnen, den Rauch der Zigarette langsam durch die Nase vor sich hin zu blasen und sich nach Herzenslust eine Weile müde fühlen zu dürfen. Um mich her schlafen die Kameraden schon, graue Gestalten, das Gewehr im Arm, die Beine angezogen, und auf den bleichen Gesichtern liegt es wie schmerzvolle Spannung, als sei der Schlaf eine schwere Arbeit. Die Nacht war auch mühselig genug, kalt und dunkel, dazu gaben die da drüben keine Ruhe, die Luft war voll von dem widerwärtigen Surren und Zischen, ringsum im Unterholz knisterte und knackte es. Wir wussten nicht, was die da drüben vorhatten, und wir mussten höllisch achtgeben. Am Morgen kam dann der Nebel dick und grau, wie ein nasses Leintuch hüllte er einen ein, und man fror bis in die Knochen hinein. Dann ist man nicht mehr ein Mensch, der denkt und tut, sondern nur ein gedankenloses Ding, das schießt und friert. Gegen zehn Uhr wurde es besser, der Nebel wich; der Himmel wurde blau, anfangs ganz blassblau wie zu Hause in Wintertagen, dann immer tiefer und reiner. Die Sonne kam heraus und begann zu wärmen, die nassen Buchen um uns standen still und blank da, und wir in unserem Graben fühlten, wie ein Sonnenstrahl uns auf die Wange oder die Nase oder die Hand fiel und sie erwärmte, als striche eine sanfte Hand über sie hin. Die drüben waren auch ruhiger geworden, nun, und dann kam die liebe Mittagszeit, die drüben wissen auch, was Anstand ist, um die Mittagszeit herrscht Stille, das sind unsere Höflichkeitsgesetze, und die Stille dauert noch eine Weile über die Mittagszeit an, damit man sich ungestört ausruhen kann.

Neben mir liegt mein guter Kamerad Andres. Sein breites Gesicht ist gelblich bleich; es hat fast dieselbe Farbe wie sein weißblondes Haar und seine blonden Wimpern. Die blauen Augen sind schon ganz klein vor Schläfrigkeit. Er wird gleich schlafen, aber das dulde ich nicht. «Andres, schlafe nicht!»

Verwundert schaut er mich an: «Was soll man denn anders tun als schlafen?», fragt er.

«Nein, sprechen wir miteinander, hier ist eine Zigarette. Wenn du schläfst, dann weißt du nichts mehr davon, wie behaglich es hier ist, und es ist gleich wieder Zeit aufzustehen. Zu wissen, man kann schlafen, ist doch süßer als schlafen.»

«So, vielleicht», antwortet Andres und zündet sich gehorsam seine Zigarette an. Der gute Junge glaubt mir alles.

Vor uns steht der Wald jetzt ganz von Sonnenschein durchwoben, ein krauses, grüngoldenes Gewölbe, die Sonne sticht durch das Laub und wirft auf das Moos und die welken Blätter des Waldbodens runde, gelbe Sonnenflecken. «Das ist wie Sonntag», sage ich.

«Warum Sonntag?», fragt Andres.

«Ja, mir ist es so», erkläre ich, «als seien diese Sonnenflecken immer sonntags in der Kirche während der Predigt dagewesen. Man saß im Gestühl, Mutters seidenes Kleid knisterte leise, die Schwestern hatten helle Kleider an und hatten ganz blanke Zöpfe. Mich fror ein wenig, ich weiß nicht, warum, aber wenn man die Sonntagskleider anzieht, dann friert man anfangs immer ein wenig.»

«Nun ja, das ist das frische Sonntagshemd», bemerkt Andres verständnisvoll.

«Vielleicht», fahre ich fort. «Und dann lagen die gelben Sonnenflecken auf den Fliesen der Kirche, blinzelten einen an und machten einen schläfrig. War es bei euch nicht so?»

«Ach was», erwidert Andres, «ihr in den Herrschaftshäusern seht so was, wir kümmern uns nicht darum. Aber wenn ich jetzt so denke, so ist's richtig, diese gelben Dinger habe ich in der Kirche auch angesehen, wenn die Predigt lang war, und dann noch im Kuhstall.»

«Im Kuhstall?»

«Ja, ich versteckte mich im Kuhstall vor der Feiertagsschule. Da war es hübsch warm und das Stroh so gelb, und die Viecher standen und fraßen, und überall lagen die blanken Sonnendinger auf dem Stroh und auf den Viechern.»

«Du schliefst wohl?», frage ich.

«Ich wollte schlafen», erwidert Andres, «aber der Braunen war das Kalb genommen worden, und sie brüllte so jämmerlich. Nun, und da kam die Lene herein, sie sah mich nicht, sie ging zu der Braunen, streichelte sie und redete ihr zu: ‹Was schreist du, Alte, nächstes Jahr wirst du ein anderes Kalb haben.›»

«Ja, und die blanken Sonnenflecken lagen auch auf der Lene», ergänze ich.

«Ich weiß nicht, was werden sie nicht», antwortet Andres und errötet, dann gähnt er: «Gott, wer hat früher an so was gedacht, der Stall war der Stall, und die Sonne war die Sonne, jetzt aber kommt das alles und stellt sich vor einen hin. So war es vorige Woche in dem zerschossenen und verbrannten Dorf. In dem einen Hause, das keine Vorderwand mehr hatte, hing da das Stück einer Stube, die Wände waren blau, ein großer, schwarzer Stuhl stand da und ein Tisch und ein Bild an der Wand. ‹Das ist ja Mutterns gute Stube›, dachte ich, und ich stehe und schaue, bis der Leutnant mich anschreit, und dann kriege ich eine Wut, ich denke: ‹Wenn die da drüben Mutterns gute Stube so zusammenschießen würden.›»

Ich lache: «Die sollen nur kommen.»

«Ja, die sollen nur kommen», wiederholt Andres und ballt seine derbe Bauernfaust.

Drüben in den Buchenzweigen regt sich etwas. Es ist eine Eichkatze, ganz rot in all dem Grün und Gold. Sie springt hin und her, duckt sich dann auf einem Zweige nieder und sieht auf uns herunter, und es ist, als lachte das kleine, spitze Gesicht, und wir schauen zu ihm auf und lachen auch. Endlich springt das Tierchen auf, kichert vor sich hin und verschwindet.

«Das ist ein Kerl», sagt Andres. «Was so einer denken mag.»

«Der denkt», erwidere ich, «sind die da unten dumm. Sitzen hier schon tagelang und lauern einander auf, um sich zu fressen.»

«Fressen?»

«Ja, bei den Tieren tötet man sich nur, wenn man sich fressen will.»

Darüber muss Andres lachen, es erscheint ihm zu wunderlich, dass wir die Franzosen fressen wollen. Dann wird er aber wieder ernst und schaut in das Unterholz hinein auf einen Punkt, aus dem etwas Rotes hervorschimmert.

«Der liegt noch dort», sagt er leise, «dort, wo sie ihn vom Baum heruntergeschossen.»

«Ja, der liegt noch dort», bestätige ich, und wir schweigen eine Weile.

Endlich beginnt Andres wieder: «Ja, mit dem Herunterschießen, das ist so 'ne Sache. Vorigen Tag, als ich da einen vom Baum herunterholte, da war es anfangs gut. Als ich ihm so nahe war, dass ich schießen konnte, da klopfte mir das Herz vor Freude ganz laut, es war so, als ob, als ob …»

«Nun, wie denn?», dränge ich.

«Es ist dumm, aber es war so, als ob ich vor dem Mädelfenster stehe und gleich anklopfen werde. Und als der Kerl vom Baum glitt, wollte ich aufschreien, als er aber unten ganz still lag, da war es anders.»

«Ja, da ist es anders», wiederhole ich.

Andres wird nachdenklich, und als er zu sprechen beginnt, dämpft er seine Stimme: «Gut, wenn es einen trifft», sagt er, «wenn man auch so daliegt, was ist dann? Etwas muss dann doch sein.»

«Etwas muss dann sein», wiederhole ich.

«Ich weiß, was der Pfarrer sagt», fährt Andres fort, «aber ich muss immer denken, wenn ich so daliege, und dies alles hier ist fort, dann bin ich wieder zu Hause, ganz einfach zu Hause.»

«Wer kann das wissen», antworte ich, «daran muss man nicht denken.»

«Ich denke auch nicht daran», meint Andres.

Jetzt schweigen wir. Ich beuge meinen Kopf zurück und schaue einer kleinen Wolke nach, die dort oben durch das Blau hinzieht. Wie still und friedlich sie ist und wie weiß und rein, sie ist wie eine kleine Schwester in ihrem Sonntagskleide.

«Weißt du», beginne ich wieder, «als ich fünfzehn Jahre alt war, wollte ich einmal sterben, ich hatte alles dazu vorbereitet, aber ich konnte nicht, ich fürchtete mich.»

«Na ja», beruhigt mich Andres, «so allein, das ist auch nichts. Hier, wo die anderen sind, wo es jeden treffen kann, wo es einem um den Kopf fliegt, da ist es anders.»

«Damals fürchtete ich mich», wiederhole ich, «hör, ich will's dir erzählen.»

«Erzähl nur», sagt Andres, «ich hör gern eure Herrschaftsgeschichten.»

«Du wirst aber schlafen», wende ich ein.

«Ich hör schon», meint Andres.

Natürlich wird Andres schlafen, ich weiß das, aber dennoch muss ich die Geschichte erzählen. Jene ferne Zeit kommt so stark über mich, dass ich den Reseden- und Levkojenduft jener Tage zu spüren meine. «Nun also», fange ich an, «es war in den Sommerferien, in der ersten Hälfte, die ist immer die beste, man kann da faul, nur faul sein. Zu Hause war es hübsch, der Garten ganz bunt, auf den Wegen lagen gelbe Frühbirnen, das Haus war voll lustiger Menschen, die Geschwister waren da und auch die Cousinen, die großen hübschen Mädchen. Ich war in Margot, die älteste, verliebt, so verliebt, dass es mich ganz krank machte. Sie war auch zu schön mit ihrem schwarzen Haar, den rotbraunen Augen, die, wenn sie erregt oder zornig war, so übernatürlich glänzten. Sie trug blaue Musselinkleider und steckte sich große, rote Rosen in den Gürtel. Wo sie war, war auch ich. Ritten wir aus, dann hoffte ich, ihr Pferd würde durchgehen und ich würde sie retten. Fuhren wir im Kahn, dann wünschte ich, der Kahn möchte umschlagen, damit ich sie aus dem Wasser ziehen könnte. Margot war auch gut zu mir, sie nannte mich ihren kleinen Pagen, zuweilen sagte sie auch: ‹Mein kleines Ungeheuer!› und strich mir mit der Hand über das Haar. Dann ging es mir heiß und kalt durch alle Glieder. Abends saß ich vor meinem Spiegel und ärgerte mich darüber, dass ich so hässlich war, denn ich war damals hässlich, ich hatte viele Sommersprossen, große Hände, und meine Kleider saßen mir nicht ordentlich auf dem Leibe.

Es wäre doch alles sehr schön gewesen, wenn nicht der Leutnant von Fehmer gekommen wäre. Der Leutnant war auch in Margot verliebt und stets um sie. Ich hasste ihn natürlich, aber es schien mir, dass er auch Margot nicht glücklich machte, sie wurde nervös und launisch, und zuweilen kam sie aus ihrem Zimmer und hatte vom Weinen gerötete Augen. Einmal, als sie mit dem Leutnant auf dem Gartenwege hin und her ging und sie aufgeregt miteinander sprachen, rief Margot mich zu sich, fasste meinen Arm und sagte leise: ‹Bleibe da.› Jetzt wusste ich, ich hatte Margot vor dem Leutnant zu schützen, und ich wich ihr nicht mehr von der Seite.

Eines Morgens ging ich in den Garten hinunter, um Margot zu suchen. Ich fand sie mit dem Leutnant in der Fliederlaube sitzen. Sie hatte blanke Augen, rote Wangen, und auf ihrem Gesicht lag es wie schmerzliche Erregung. Der Leutnant hielt Margots Hand und führte sie an seine Lippen. Ich ging schnell auf die beiden zu und stellte mich neben Margot auf. Der Leutnant ließ Margots Hand fallen und schnarrte: ‹Da ist ja unser unvermeidlicher junger Freund.› Margot aber sah mich böse an und sagte: ‹Dieser Junge ist wirklich überall. Hast du denn nichts zu tun? So geh doch. Du bist unausstehlich.› Ich ging und war sterbensunglücklich. Den Leutnant hätte ich vor Wut zerreißen mögen. Margot verzieh ich und hoffte, sie würde sich eines Besseren besinnen. Allein den ganzen Tag tat sie so, als sei ich für sie nicht vorhanden, und wenn sie mich einmal ansah, dann lag in ihrem Blick etwas Kaltes und Fremdes, ja, etwas wie Hass. Da wusste ich, dass alles aus war, und ich beschloss zu sterben, nicht, weil ich nicht mehr leben wollte, sondern um Margot zu strafen, sie sollte um mich weinen.

Als alles im Hause schlief, ging ich hinaus auf die Wiese zum See.

Die Nacht war hell und warm, ich erinnere mich, dass die Wiesen stark dufteten. Auf einem Stück Sumpfland standen viel rote Orchideen beisammen, über die weiße Nebelstreifen gespannt waren. Der See lag still und schwarz da, nur hie und da machte das Spiegelbild eines Sternes in die dunkle Fläche einen goldenen Ritzer, viele Wasserrosen glühten mitten im See, eine leuchtend weiße Insel. Am Ufer quarrten die Frösche wie toll. Es war gar nicht unheimlich, und ich glaubte, das Sterben würde recht hübsch werden. Ich kleidete mich aus und ging in das Wasser, das ganz warm war, ich begann zu schwimmen und schwamm mitten in die Wasserrosen hinein. Dort legte ich mich auf den Rücken und schaute zum Himmel auf, die Nacht war so hell, dass das Licht der Sterne nur bleich und unsicher war, als schiene es aus dem Grunde eines dunklen Wassers heraus. Um mich standen die Wasserrosen, sie legten sich wie kühle Hände an meine Haut, irgendwo blühte eine kleine Wasserblume, die süß nach Honig duftete, um mich her schnellten Fische schnalzend über das Wasser auf, und ein großer Nachtschmetterling streichelte mir mit seinen Samtflügeln die Wangen. Anfangs dachte ich an Margot. Wenn sie mich hier sehen könnte, dann würde sie mich bewundern, dann würde sie bereuen und, wenn ich tot bin, dann wird sie meinen Kopf auf ihre Knie legen, mit ihrer Hand meine kalte Stirn streicheln und weinen. Daran dachte ich eine Weile, und dann dachte ich, glaube ich, nichts mehr. Es war so behaglich, im lauen Wasser zu liegen, ich wurde schläfrig, ich hätte schlafen wollen. Da plötzlich fror mich, ich fuhr auf, ja, ich sollte ja sterben, warum starb ich nicht? Und ich fühlte jetzt, wie das Wasser tief und dunkel unter mir war, und es schien mir, als fasste mich etwas und wollte mich hinabziehen. Wütend schlug ich in die Wasserrosen, denn auch sie waren jetzt feindlich und wollten mich zurückhalten, ich begann zu schwimmen mit ganzer Kraft und, als ich am Ufer war, atmete ich auf, als sei ich aus einer großen Gefahr gerettet worden. Ich kauerte mich in das Gras nieder und freute mich und schämte mich, dass ich lebe. Ja, so dumm war ich damals.»

Ich halte inne, neben mir liegt Andres und schnarcht. Er hat recht, noch ist es Zeit, ein wenig zu schlafen, ein wenig fort zu sein von hier. Ich schlafe und träume, wie ich hier immer träume, dass ich zu Hause im Bette liege; ich muss krank sein, denn es ist heller, lichter Tag, ein Glas Himbeerwasser steht auf dem Tisch neben meinem Bett, ein Sonnenstrahl bricht sich in ihm und lässt es rubinrot aufleuchten. Meine Mutter sitzt an meinem Bett mit ihrer weißen Tüllhaube, die schmalen Wangen leicht gerötet, wie stets, wenn sie erregt ist, sie lächelt und streicht mit der Hand über die Bettdecke. «Schlaf, Junge», sagt sie, «wenn du gesund bist und wir Frieden haben» – ich weiß nicht, was sie mir verspricht, aber es ist etwas sehr Gutes.

Durch das Fenster kommt Sonnenschein, so viel und so heller Sonnenschein, wie ich ihn noch nie gesehen habe, dicke, gelbe Strahlen, wie der Sonnenschein in Bilderbüchern, und ich denke, wie man so im Traume denkt: Ach ja, das ist der Friede. Durch den Sonnenschein hindurch sehe ich draußen grüne Hügel, ein Wald steht auf einer Höhe, still und schwarz, über ihn reviert ein Falke, ein silbernes Flattern in all dem Blau. Unten aber auf der gelben Landstraße gehen drei Mädchen hin, Arm in Arm, und singen. Ich denke wieder: «Das ist zu Hause», und das Herz wird mir ganz heiß, heiß von einem Glücke, wie wir es nur zuweilen im Traum empfinden, und ich erwache davon.

Anfangs weiß ich nicht recht, wo ich bin, ich war zu weit fort. Die Kameraden stehen im Schützengraben; es riecht nach Stroh und nassem Lehm und Pulver, in der Luft surrt und pfeift es, mich fröstelt. Es ist, als schnürte etwas mir die Kehle zusammen. Andres schläft noch. Ich fasse ihn und schüttele ihn wütend. «So steh doch auf!», rufe ich.

Er schlägt die Augen auf, und ich sehe diesen Augen an, dass auch er sehr weit fort war. «Was gibt es?», fragt er.

«Arbeit gibt es», sage ich. «Wir wollen denen drüben eins draufgeben.»

«Ja», meint er grimmig und greift nach seinem Gewehr, «wir wollen denen drüben eins draufgeben.»

Nicky

«O mein Vaterland, heiliges Heimatland,
Wie erbleichtest du mit einem Mal!»
Gerhart Hauptmann

Die Baronin Nicky begab sich hinaus in die Sommerfrische. Sie stand am geöffneten Fenster des Eisenbahnwagens, einen Rosenstrauß in der Hand, und schaute zu ihrem Gatten hinüber, der vor ihr auf dem Bahnsteig stand und lächelte. Er lächelte das stetige Lächeln der Leute, die auf dem Bahnsteige stehen und zu den abfahrenden Angehörigen im Zuge hinaufschauen. Nicky lächelte auch, allein sie wünschte, es wäre schon vorüber, denn es ist peinlich, so dazustehen und sich freundlich anzusehen, wenn man sich nichts Rechtes mehr zu sagen hat.

Doch jetzt sagte der Baron etwas: «Also, wir haben vierzehn Tage Einsamkeit vor uns, können träumen. Samstag komme ich ein wenig diese Einsamkeit stören.»

Nicky verstand nicht recht, er musste laut wiederholen: «Einsamkeit», da nickte sie. Endlich setzte der Zug sich in Bewegung, der Baron winkte mit der Hand, Nicky winkte mit dem Rosenstrauß, bis der Zug eine Biegung machte.

Nicky setzte sich und drückte sich fest in ihre Ecke. Im Wagen befand sich nur noch eine alte Dame mit einem großen roten Gesicht, welches sie mit ihrem Taschentuche bedeckte, als sie sich zum Schlafen zurechtsetzte. Nicky schloss auch die Augen. Es war angenehm, so in das Land hineinzufahren, sie freute sich auf das schöne Bergtal, auf das hübsche, kleine Bauernhaus, auf ihre Einsamkeit. Jedes Jahr freute sie sich auf die Sommerfrische, und jedes Jahr war es eine Enttäuschung. Wenn sie jedoch in der Stadtwohnung die Möbel mit den weißen Überzügen bedecken ließ, ihre Sachen fortschloss und alles für ihre Abwesenheit vorbereitete, dann erregte sie ein angenehm erwartungsvolles Gefühl, nun würde sie auf einige Zeit der Gleichförmigkeit ihres geordneten Lebens entrinnen, und ihr Schicksal hatte Gelegenheit, ihr etwas zu bringen, das nicht so farblos, so vorläufig war, wie ihr jetziges Leben ihr erschien. Vorläufig, das war es. Seit ihrer Jugend war sie das Gefühl nicht losgeworden, dass alles, was sie erlebte, noch nicht eigentliches Leben war, nicht zählte. Als sie noch ganz jung war, da hatte dieses Gefühl nichts Bitteres gehabt, sie hatte ja Zeit, das ganze Leben, geheimnisvolle Zukunft lagen vor ihr. Jetzt aber nach einer fünfjährigen Ehe noch immer zu warten und dabei zu fühlen, dass die Zeit verrinne, das war qualvoll. Ärgerlich war es dabei, dass sie in ihrer Gesellschaft für eine sehr glückliche Frau galt, ihr Glück war fast sprichwörtlich, und ihre Ehe war das Schulbeispiel einer glücklichen Ehe.

Nicky hatte ihre Kindheit und erste Jugend mit ihrer kränklichen Mutter auf Reisen verbracht, den Winter verlebten sie im Süden, im Sommer wurden deutsche Bäder aufgesucht. Sie lebten in kleinen, billigen Pensionen, denn die Mittel waren gering, und es musste gespart werden. Es schien Nicky, als sei ihre Kindheit und erste Jugend damit vergangen, an einem sonnigen Platz auf einer Bank zu sitzen und auf das Meer und die Berge hinauszustarren oder einer Kurmusik zuzuhören. Ihre Mutter litt an den Nerven und vertrug nicht viel Gesellschaft; fanden sich Bekannte ein, so waren es auch ältliche, kränkliche Damen, und es wurde viel von Krankheiten gesprochen. Zuweilen ging ein junger Herr an der Bank vorüber und schaute Nicky bewundernd an. Solch ein Blick war für sie dann das

Ereignis des Tages. In den engen Pensionszimmern musste Nicky an ihren Kleidern bessern, Schnüre an den unteren Saum ihrer Röcke nähen. Ab und zu kam eine ältliche Engländerin und gab ihr englischen Unterricht oder eine ältliche Deutsche, die ihr Geschichtsunterricht erteilte. Nicky fühlte wohl, all dieses war noch nicht das Leben, dazu wurde man nicht geboren. Aber sie hatte Zeit und wusste, auch ihre Stunde würde schlagen. Und ihre Stunde schlug, als der schöne und reiche Baron Oskar von Reichel in das blonde Kind mit den runden, grellblauen Augen, die so seltsam forschend und wartend dreinschauen konnten, sich verliebte. Nickys Mutter starb, und Nicky heiratete den Baron Reichel. Natürlich war das ein Glück. Reichel sah nicht nur stattlich und vornehm aus mit dem gepflegten Vollbart, er war auch vornehm und gütig. Wundervoll verstand er es, seine Häuslichkeit und sein häusliches Leben harmonisch zu ordnen, und in diese harmonische Ordnung wurde auch Nicky eingereiht, sie wurde freundlich zu ihr erzogen. Reichel lächelte über Nickys kindische Ungeschicklichkeiten, über ihr unpraktisches Wesen und ihre ungeordneten Rechnungsbücher. Unermüdlich war er im Erklären und Unterweisen. Er teilte Nicky ihr Leben ein, bestimmte ihre Beschäftigungen während des Vormittags, wenn er im Ministerium arbeitete, am Nachmittage sorgte er vor allem für Gemütlichkeit, saß im Winter am Kamin mit seiner Zeitung, erzählte und scherzte, abends lasen sie zusammen ein gutes Buch. «Ein gutes Buch», das war ein Ausdruck, den Reichel liebte. Auch für Vergnügungen sorgte er. Zuweilen drohte er mit dem Finger und sagte: «Mein Kätzchen hat heute so leichtsinnige Augen, ich sehe, wir müssen in das Theater gehen.» Oder: «Ich merke es wohl, mein Kätzchen muss jetzt wieder einmal tanzen», und dann gingen sie in Gesellschaft, und Nicky tanzte. Allein keiner der jungen Herren wagte es, ihr ein wenig den Hof zu machen, denn sie war ja die berühmte, glückliche Frau. Nur mit Nickys Umgang war Reichel ein wenig streng. «Es ist Verschwendung», meinte er, «seine Zeit mit wertlosen Leuten hinzubringen.» Seine eigene Familie war zahlreich, und jeden Sonntag fand sie sich bei seiner Mutter, der alten Exzellenz, zur Familientafel zusammen.

Da war der Schwager Oberstaatsanwalt, da waren die unverheirateten Schwägerinnen, große Mädchen, die Oskars gute, braune Augen und spiegelblanke Haarscheitel hatten. Das Essen war gut und sehr reichlich, die Herren sprachen über Politik, und die Damen hörten ernst zu. Nachmittags saßen die Damen um einen runden Tisch und machten Handarbeit, und die Herren blätterten in illustrierten Zeitschriften. Oskar nannte das einen hübschen Sonntagnachmittag. Gewiss war das hübsch und gemütlich, aber es schnürte Nicky das Herz zusammen, und immer wieder tauchte in ihr die Frage auf, «wird das immer so fortgehen? Ist das alles?» Wieder ergriff sie das alte Jugendgefühl des Wartens, des Wartens, sie wusste nicht worauf, nur dass es sie jetzt melancholisch und reizbar machte. Sie empfand dann das Bedürfnis nach einer kleinen häuslichen Aufregung, nach einem Streit, nach einer Szene, sie widersprach ihrem Gatten, sagte etwas, von dem sie wusste, dass er es missbilligte. Allein sie begegnete immer dem gleichen nachsichtigen Lächeln, derselben sanften Zurechtweisung. Natürlich hatte er recht, und es ist ja auch nicht schwer, recht zu haben, wenn man immer das sagt, was allgemein als vernünftig bekannt ist. Zuweilen dachte Nicky daran, dass, wenn sie ein Kind hätte, dieses ihr Leben ausfüllen würde. Es musste ein wunderbar geheimnisvolles Gefühl sein, ein kleines, lebendes Wesen für sich zu haben, ein Wesen, für das sie sich ganz nah an den Tod heranwagen musste. Sie sprach einmal mit ihrer Schwiegermutter darüber, die alte Exzellenz wurde sehr ernst und meinte: «Wir müssen uns in Gottes Willen fügen, und du, mein Kind, du hast ja Oskar.» Ja, sie hatte Oskar, Oskar war für sie die Sicherheit und Geborgenheit, wie es ihre schönen Wohnzimmer waren, in denen sie doch so häufig mit unruhigen Schritten auf und ab ging und hinaushorchte, ob nicht ein erregendes Glück draußen vor der Türe stände und gleich den Türknopf der Tür drücken würde, um Einlass zu begehren.

Der Zug stieg langsam und stampfend eine Anhöhe hinan. Nicky öffnete die Augen. Das Land lag im Abendschein, apfelsinenfarbene Kornfelder, Wiesen, auf denen das Gras wie Bronze glänzte, der Tag war trübe gewesen, jetzt im Untergehen brach die Sonne durch, stand zwischen den beleuchteten Wolken wie zwischen Goldbarren. Auf den Feldwegen gingen Leute langsam von der Arbeit heimwärts, ihre Sensen funkelten wie Spiegel. Nicky steckte den Kopf zum Fenster hinaus, von den Bergen und vom See her wehte eine kühle Luft herüber. Nicky atmete sie begierig ein, das war die Luft ihrer Freiheit.

Als sie im Bergdorfe anlangte, dämmerte es bereits, vor dem kleinen Bauernhause standen die Bäuerin und die Stallmagd und reichten Nicky ihre harten ungelenken Hände. Die weißen Zimmer des Häuschens waren voll starken Heuduftes, Nicky trat auf den Balkon hinaus, saß dort, während Paula, ihr Mädchen, ihr Zimmer ordnete. Wunderbar still war das Tal, nur zuweilen schlug die Glocke einer Kuh an, oder fern in den Bergen rief eine einsame Stimme das Echo an.

Die Nacht war schnell hereingebrochen, der Himmel hatte sich bewölkt, ein feiner Regen rieselte nieder und erfüllte die Dunkelheit mit geheimnisvollem Flüstern. Nicky saß still da und atmete diese starke und süße Luft ein; es war ihr, als überflutete eine warme Welle ihr Herz, als sei das Flüstern der Nacht voller Versprechen, und sie freute sich, dass sie lebte und dass sie jung war.

Der nächste Tag war hell und heiß. Nicky ging in den Sonnenschein hinaus. Alles im Tal war unverändert; als hätte Nicky sie gestern verlassen, so standen die kleinen Häuser am Rande der fetten Wiesen, die bekannten Bauern machten Heu, Kühe weideten am Wege und schauten Nicky ruhig an, als sei sie ihnen längst nichts Neues mehr. Vor dem Hause von Nickys Bäuerin saß die neunzigjährige Großmutter, als hätte sie seit vorigem Jahr ihren Platz nicht verlassen; die knorrigen Hände im Schoße gefaltet, starrte sie mit den trüben Augen in den Sonnenschein hinaus. Da kam auch der alte Oberst a. D. von Wehlen die Straße herunter, steifbeinig und gerade aufgerichtet, in dem bleichen runzligen Gesichte saß ein noch schwarzer Schnurrbart. Neben ihm ging seine fünfzehnjährige Tochter Irma her, ein hübsches Kind, das so ausdrucksvoll gelangweilt mit den schlanken Beinen zu schlendern verstand. Der Oberst begrüßte Nicky:

«Willkommen, Baronin, in unserm Dorf, jetzt, denke ich, sind wir alle versammelt. Was gibt es Neues in der Stadt?» Und dann begann er gleich von den ernsten Zeiten zu sprechen. «Sehr kritisch steht es, sehr kritisch, sehr dunkle Wolken am Horizont. Alle sind sie gegen uns, aber wir fürchten uns nicht», und er richtete sich strammer auf.

«Ach nein», erwiderte Nicky zerstreut, «ich hoffe, es beruhigt sich wieder alles.» Damit ging sie weiter. Sie war wenig Schritte gegangen, als auch die große Berliner Dame im gelben Morgenkleide vor ihr auftauchte. Sie schoss auf Nicky zu: «Willkommen, Baronin, bringen Sie uns Neues? Welche Zeiten, nicht wahr? Ich habe heute Briefe aus Berlin erhalten», und sie sprach leise und schnell, Nicky verstand nicht recht, es war vom Kaiser und vom Reichskanzler die Rede.

«O wirklich», meinte Nicky und verließ die aufgeregte Dame. Von Weitem grüßte die Klavierlehrerin aus Hannover im kurzen Lodenrock und grünen Hut, die beständig unterwegs war zu einem Berggipfel. Auf einer Bank aber saß der kolossale Baron Potz-Haller mit seinem roten Silengesicht, neben ihm die kleine Frau, die gespannt darauf achtgab, dass die Decke, welche ihr Mann über seine Knie gebreitet hatte, nicht herabglitt. Auch hier musste Nicky stehen bleiben, der Baron lachte ihr entgegen: «Nun, Baronin, bringen Sie Neuigkeiten? Ich sage, es geht nicht los, was auch geschieht.»

«Ich hoffe auch», antwortete Nicky, und als sie weiterging, hörte sie den Baron zu seiner Frau sagen: «Eine hübsche Person.»

Nicky seufzte. Da waren sie alle wieder, diese bekannten Gestalten, die ihr nichts waren und nichts sagten. Dazu noch diese leidige Politik, die ihr auf das Land nachgekommen war. Schon Oskar hatte in letzter Zeit stets von der Krisis gesprochen, von den Beziehungen zu England, von dem Verhältnis zu Russland, allein, man zog doch nicht auf das Land hinaus, um davon zu hören.

Nicky setzte sich auf eine Bank am Rande einer Wiese, neben ihr sprudelte das kleine Bergwasser grün und blank über die Kiesel, vor ihr lag das Gebirge, um diese Stunde ganz von Licht übergossen, hier und da stand ein Wald blank und schwarz, ein warmer, starker Duft stieg von der Wiese auf, und die heiße Luft zitterte und flimmerte, es war, als hätten die Libellen Mühe, in diesem Glanze zu fliegen, und sie hingen in der Luft wie kleine, bunte Striche. Hier wollte Nicky sitzen, ganz stille sitzen und fühlen, wie alles von ihr abfiel, was in der Stadt sie beengte und bedrückte. Das gab es doch, dazu war ja die Natur da. Aber unwillkürlich kehrten ihre Gedanken zu den Zeiten ihrer Kindheit zurück, zu den Tagen, da sie neben ihrer Mutter auf einer Bank saß und die Berge ansah. Das war nun einmal ihr Schicksal, auf einer sonnigen Bank sitzen und Berge ansehen, sonst nichts. Und sie wurde traurig und mutlos, nichts fiel von ihr ab, nichts löste sich in ihr, der Sonnenschein und der starke Duft der Wiese machten sie müde und ein wenig schläfrig. So blieb sie denn aus Trägheit dort sitzen. Endlich raffte sie sich auf und ging langsam nach Hause zu ihrem einsamen Mittagessen.

Nachmittags musste Paula alle Fenstervorhänge schließen, Nicky legte sich auf das Sofa, ein Buch in der Hand, sie las ein wenig, sie schlummerte, oder sie hörte dem Brummen der großen Fliegen zu, die ärgerlich gegen die Vorhänge stießen. Sie erwartete von dem Tage nichts mehr.

Gegen Abend wurden die Stimmen der Dorfkinder lauter, und auf dem Wege, der an dem Hause vorüberführte, hörte Nicky jetzt den Ton zahlreicher Schritte. Es war die Stunde, in der alles aus den kleinen Villen hervorkam, Nicky kannte das, sie versprach sich nichts davon, allein mechanisch richtete auch sie sich zum Ausgehen her.

Draußen vor dem kleinen Posthause war die Gesellschaft der Sommerfrischler versammelt, ein jeder holte sich seine Post, sie standen auf dem Wege umher, lasen ihre Zeitungen und Briefe und riefen sich die Nachrichten einander zu. Die Berliner Dame redete Nicky sofort an, meinte, die Nachrichten seien sehr ernst, und sie begann wieder ganz schnell und leise vertrauliche Mitteilungen zu machen über den Kaiser und den Reichskanzler. Der alte Oberst stand hochaufgerichtet da und lächelte. «Wir fürchten uns nicht», sagte er. Der Baron Potz-Haller aber stieß seinen Stock auf die Erde und lachte sein meckerndes Lachen: «Es kommt doch zu nichts.»

Nicky ging zu Irma von Wehlen, die nachdenklich abseits stand.

Mit dem Kinde brauchte sie nicht von Politik zu sprechen, sie sprach mit Irma von Wiesenblumen. Diese antwortete wohlgezogen, plötzlich errötete sie heiß und sagte erregt: «Da kommt er.»

Eine schmale Männergestalt im weißen Flanellanzuge, den Panama tief in die Stirn gezogen, ging langsam auf das Posthaus zu.

«Er trägt immer weißen Flanell», fuhr Irma leise fort, «und gestern hatte er eine hellblaue Krawatte.»

«Wer ist das?», fragte Nicky.

Irma wunderte sich: «Wie, Sie wissen das nicht? Das ist doch Enrico Fanoni, der berühmte Klaviervirtuose. Er wohnt drüben in der kleinen Villa auf der Wiese. Er ist Brasilianer, aber seine Mutter war eine Deutsche, sagt die Berliner Dame, die ihn kennt. Er ist brustleidend und wird wahrscheinlich bald sterben. Vorigen Abend hörte ich ihn in seiner Villa spielen. Wonnig war das.»

Enrico Fanoni ging an den Damen vorüber. In seinem schmalen, gelblichen Gesichte fielen die kohlschwarzen Striche der Augenbrauen und die vollen roten Lippen auf, die Augen hielt er gesenkt.

«Ja», flüsterte Irma, «er geht immer mit gesenkten Augen; aber wenn er sie einmal aufschlägt, ich sage Ihnen, Augen wie Ereignisse.»

Nicky lachte. «Also das sind dieses Jahr die Ereignisse unsrer Sommerfrische.» Dann verabschiedete sie sich; sie wollte noch einen Gang machen.

Sie ging in den Wald hinaus, sie ging sehr schnell, denn sie fühlte ein Bedürfnis nach starker Bewegung. Schon als Kind, wenn der Tag gar zu ereignislos vergangen war, pflegte sie fünfzigmal um einen Rasenplatz zu laufen, zu laufen, bis ihr schwindelte und sie atemlos war. «Dann weiß man doch», sagte sie, «warum man müde ist.» Unter den großen Tannen war es still und heimlich, allein Nicky fühlte sich dieser Heimlichkeit nicht zugehörig. «Man spricht immer von Natur», dachte sie; «aber es gibt doch nichts, das sich weniger um uns bekümmert als diese sogenannte Natur.» Der Wald stand um sie her wie ein Klub, in dem sie nicht aufgenommen war. So mochte sie zwei Stunden gewandert sein, als sie wieder an ihrer Bank am Wiesenrande anlangte. Sie ließ sich dort nieder, lehnte sich behaglich zurück, streckte die Beine von sich. Nach einem langen Gange sich niederzusetzen, ist doch ein kleiner Augenblick wunschlosen Glückes. Hinter den Bergen brannte noch roter Abendschein, und violette Schatten legten sich über die Bergabhänge. Nicky saß ruhig da und genoss ihre Müdigkeit.

Da kamen von der kleinen Villa auf der Wiese Klaviertöne herüber. «Das muss der Brasilianer sein», dachte Nicky und horchte auf. Er spielte Chopin, seltsam verhalten und zögernd, als suchte einer in seinem Gedächtnis nach der Erinnerung eines süßen Erlebnisses. Dann spielte er etwas anderes, Nicky wusste nicht was. Es begann mit dem Singen einer sanften Melodie, die allmählich von einer erregten Unruhe der Töne, einem Suchen und Ringen unterging, zuweilen klang es wie Schluchzen, das leise und ergeben verhallte, und plötzlich erwachte im Diskant eine kleine Tanzweise, hüpfend und hart, als drehte ein putziges Äffchen sich unermüdlich um sich selber. Und wieder kam das Suchen und Klagen der Töne und wurde leiser und müder, bis endlich die putzige, kleine Tanzweise einsam und gespenstisch einen Augenblick erklang und erstarb. Die Musik hörte auf, Nicky hatte ein wenig blass mit weit offnen Augen, einem fast erschrocknen Blick zugehört. «Warum spielt er so?», dachte sie, «was hat er, der Arme?» und sie wartete. In der Villa jedoch blieb es still, die Dämmerung sank herab, ein Stück weißen Mondes hing am Himmel, auf den Wiesen stiegen die Nebel auf. Nicky ging langsam und sinnend nach Hause. «Wundervoll muss es sein», dachte sie, «solch eine große leidenschaftliche Klage in das Land hinausklingen zu lassen»; aber sie, sie war ja nicht einmal unglücklich.

Jetzt gab es für Nicky in den langen, einförmigen Sommertagen eine Stunde, auf die sie warten konnte. Der Morgen, seine Gänge, die Gespräche mit dem Oberst und der Berliner Dame, all das zählte nicht. Am Nachmittage, wenn die Vorhänge geschlossen waren und Nicky auf dem Sofa lag, dann kam eine leise Vorfreude. Endlich kam der Abend, der lange, schnelle Gang durch den Wald und das Sitzen auf der Wiesenbank, um die Musik in der Villa zu hören. Musik hatte auf Nicky immer stark gewirkt. Oft hatte ihre Mutter es ihr streng verwiesen, wenn sie in Konzerten oder Opern geweint hatte, allein diese Musik hier war etwas andres, es schien ihr, als würde ihr hier etwas Wunderbares und Geheimnisvolles mitgeteilt, etwas Schönes und Verbotenes. Dazu hatte diese Musik die Macht, alles um sie her zu verwandeln, die Berge, das Abendrot, die Wiesen, alles wurde geheimnisvoll und bedeutungsvoll, ja Nicky selbst wurde geheimnisvoll und bedeutungsvoll, und das war für sie ein neues und köstliches Gefühl.

Zuweilen begegnete ihr Fanoni am Vormittage, wenn er zur Post ging. Er grüßte sie jetzt, zog seinen Panama und schlug die Augen auf, aurikelbraune Augen, die sehr blank und ernst waren. Nicky erwiderte den Gruß mit einem zurückhaltenden Kopfnicken. Nein, sie wollte ihn nicht kennen, sie wollte seine Musik, ihn überließ sie der kleinen Irma. Und doch, wenn abends drüben in der Villa die Musik schwieg, dann blieb Nicky noch lange auf der Bank sitzen und horchte in die Dämmerung hinein, ob nicht drüben eine Tür ginge.

Und eines Abends öffnete sich wirklich die Tür der Villa, und Enrico Fanoni trat heraus. Er hatte einen blauen Radmantel um seinen weißen Flanellanzug geschlungen und ging mit langen, gleitenden Schritten auf Nicky zu. Vor ihr blieb er stehen und verbeugte sich. Er trug keinen Hut, eine Strähne seines schlichten, schwarzen Haares fiel ihm in die Stirne.

«Ich bitte um Entschuldigung, Frau Baronin, wenn ich es wage, Sie zu stören und mich vorzustellen», begann er in ganz reinem Deutsch, das nur durch einen gutturalen Klang etwas Fremdländisches erhielt. «Aber ich bemerke seit einigen Abenden, dass ich die Ehre habe, Sie, Frau Baronin, zu meinen Zuhörerinnen zählen zu dürfen.»

Nicky errötete, sie hatte noch das heiße Erröten halbgewachsener Mädchen. «Ich muss mich wohl entschuldigen», sagte sie, «es stört Sie vielleicht, wenn immer hier jemand sitzt und Ihnen zuhört. Aber es ist mir ein so großer Genuss.»

«Sie gestatten», meinte Fanoni und setzte sich auf die Bank. Er sann einen Augenblick vor sich hin und sagte dann langsam: «Nein, gnädige Frau, Sie stören mich nicht, Sie nicht. Es tut mir wohl, mit meiner Musik zu jemand sprechen zu dürfen, der, wie soll ich sagen, meiner Musik befreundet ist, denn das fühle ich sogleich.»

«Wie mich das freut», versetzte Nicky.

Fanoni hatte seine lange, schmale Hand, die blank von Ringen war, flach auf sein Knie gelegt, jetzt hob er sie ein wenig und ließ sie wieder mit einer müden Bewegung fallen. «Ach Gott», meinte er, «Musik ist ja die indiskreteste aller Künste, wir sagen in ihr die letzten Dinge unsrer Seele heraus, wir können nicht anders, und jeder Vorübergehende, jeder Gleichgültige, jeder, der seinen Platz bezahlt, hört uns. Das ist nun einmal nicht anders, und mein einziger Trost ist, dass die wenigsten, die allerwenigsten diese Sprache verstehen. Wenn ich im Konzertsaale sitze, so weiß ich, dass für die meisten meiner Zuhörer die Musik nichts bedeutet. Für andre ist sie ein Mittel, sich einen angenehmen Schwindel zu schaffen, für andre wieder ist sie die Begleitung ihrer kleinen Sentimentalitäten, und so fühle ich mich denn im Konzertsaal mit meiner Musik allein, und das ist gut so. Einige wenige gibt es, die mich verstehen, und zu denen mit meiner Musik zu sprechen ist ein Glück. Es gibt aber auch Menschen, die meiner Musik feindlich sind. Vor solchen zu spielen tut weh, es ist mir dann, als müsste ich meine letzten Geheimnisse einem Feinde anvertrauen.»

«Wie interessant», sagte Nicky. «Aber ein großer Künstler braucht doch ein Publikum.» Sie errötete wieder, denn es missfiel ihr, was sie gesagt hatte.

Fanoni lachte: «Ja, wir Musiker sind Ungeheuer, wir reisen umher und lassen unsre Seele für Geld sehen.»

«Sie sind wohl viel umhergereist», sagte Nicky.

«Ja, viel», bestätigte Fanoni. «Ich habe mich von Impresarios durch ganz Europa und Amerika schleppen lassen, das macht ein wenig müde. Aber dies beständige Sehen von fremden Städten und Ländern, die uns nichts angehen, von fremdem Leben und fremden Menschen, die uns gleichgültig sind, hat das Gute, dass all das von uns abrückt, unwirklich wird wie die Bilder einer Laterna magica, und wir bleiben dann einsam mit unsrer eignen Wirklichkeit, und das ist gut.» Fanoni fröstelte ein wenig und hüllte sich fester in seinen Mantel.

«Sie sind sehr einsam?», fragte Nicky und erschrak dann selbst über ihre Frage.

Fanoni jedoch wunderte sich nicht darüber. «Ja», sagte er, «das bin ich immer, und hier gibt es Tage, an denen ich höchstens einige Worte mit meinem Diener wechsle. Das ist erholend.»

«Sie haben gewiss Heimweh nach Ihrer schönen Heimat», meinte Nicky.

«Ach nein», erwiderte Fanoni, «dort ist zu viel Licht, zu viel Farbe, dort ist es heiß», dabei kniff er die Augenlider zusammen, als täte der Gedanke an diese Helligkeit und diese Farben seinen Augen weh, «hier gibt es Kühlung und sanfte Farben.»

«Ihre Mutter war eine Deutsche, nicht wahr», sagte Nicky, «deshalb tut das deutsche Land Ihnen vielleicht gut.»

«Meine Mutter war eine Deutsche», wiederholte Fanoni nachdenklich, «sie sprach mit mir Deutsch, sang mir deutsche Lieder vor und erzählte mir deutsche Märchen. Das Land dort war für sie auch zu grell, zu gewaltsam, es machte sie krank, es hat sie getötet.»

Beide schwiegen eine Weile und schauten zu, wie der Nebel in weißen Wolken den Bergabhang hinabzog. Plötzlich begann Fanoni zu husten, krampfhaft wurde sein ganzer Körper geschüttelt, rote Flecken zeigten sich auf seinen Wangen, und seine Augen füllten sich mit Tränen.

«Sie müssen in das Haus gehen», rief Nicky erschrocken, «hier ist es feucht, das tut Ihnen nicht gut.»

Fanoni rang nach Atem. «Oh, es ist nichts», sagte er mühsam, «es kommt zuweilen so.» Er versuchte zu lächeln und schaute Nicky mit einem seltsam hilflosen Blicke an.

Aber Nicky wurde besorgt und mütterlich: «Nein, nein, Sie müssen in das Haus gehen, Sie müssen einen warmen Tee trinken, das müssen Sie mir versprechen, diese Abendnebel sind nichts für Sie.» –

«Nun, dann will ich also gehen», sagte Fanoni und erhob sich, «ich danke Ihnen, Frau Baronin, für Ihre Besorgnis und für diese Stunde, ich habe mehr gesprochen als sonst in einem Monat, aber das kommt so zuweilen über uns, wie über die Sträflinge im Zuchthause, die nicht sprechen dürfen. Gute Nacht.» Er verbeugte sich und ging wieder mit den langen, gleitenden Schritten seiner Villa zu.

Als Nicky zu Hause schweigend bei ihrer Abendmahlzeit saß, dachte sie noch an Fanoni: Welch ein seltsamer Mensch, wie langsam und sorgsam er sprach, als läse er aus einem Buche vor, und wie hochmütig alles klang, was er sagte, vielleicht war es lächerlich, dass ein Herr bei der ersten Bekanntschaft so ohne Weiteres von seiner Seele sprach wie andre Herren von ihrem Klub. Und doch war in Fanoni etwas, das Nicky ergriff, sie hätte vor Mitleid weinen mögen, wenn sie an den hilflosen Blick dachte, den er auf sie geworfen hatte, als der Hustenanfall ihn schüttelte. Als Nicky ihre Blicke zerstreut auf Paula ruhen ließ, die still ab und zu ging, bemerkte sie, dass Paula geweint hatte. «Warum haben Sie geweint?», fragte Nicky.

«Es ist nichts», antwortete Paula; «der Franz wollte sonntags herauskommen, nun schreibt er, dass er nicht kommt, weil es doch Krieg geben wird.»

Nicky zog die Augenbrauen empor und sagte ungeduldig: «Warum soll es denn Krieg geben?»

«Sie sagen so», meinte Paula.

«Das sagen sie immer», versetzte Nicky; «jeden Sonntag fragt die Exzellenz den Baron Oskar, ‹gibt es Krieg?›, und der Baron zuckt dann die Achseln und sagt: ‹Man kann nicht wissen.›»

«Ja, ich weiß es ja nicht», erwiderte Paula mürrisch.

Nicky kehrte wieder zu ihren Gedanken zurück. Wie hatte Fanoni gesagt? Das gleichgültige Leben und die gleichgültigen Menschen rücken von mir ab, sie werden wie Bilder einer Laterna magica. Das war hübsch, und Nicky war stolz darauf, dass sie diesen Gedanken so gut nachfühlen konnte. Die Menschen hier, der Oberst mit seinen kritischen Zeiten, die Berliner Dame, der Baron Potz-Haller, die waren solche vorübergehende Bilder. Dann dachte Nicky daran, ob Oskar Fanoni einen wertvollen Menschen nennen würde. Nein, er würde ihn nicht verstehen, und die Schwiegermutter und die Schwägerinnen auch nicht. Sie, Nicky, verstand ihn, und ein angenehmes Hochmutsgefühl erwärmte ihr Herz. All dies jedoch erregte sie so sehr, dass sie diese Nacht wenig schlief.

Während des nächsten Tages bemühte sich Nicky, wenig an Fanoni zu denken, sie fand es beschämend, dass eine Begegnung so stark auf sie wirken sollte, dennoch war der ganze Tag nur eine Vorbereitung auf den Abend. Als Nicky aber endlich auf der Wiesenbank saß, wurde sie enttäuscht, in der Villa ließ sich für kurze Zeit die Musik vernehmen, eine seltsam zerrissene, unklare Musik, dann wurde es still, und Fanoni kam nicht. Es ist vielleicht sein feiner Takt, dachte sie, oder er ist krank, und sie begann sich um ihn zu sorgen, sie konnte es jedoch nicht verhindern, dass diese Enttäuschung sie tief verstimmte.

Als sie in ihrem Bette lag und mit weit offnen Augen in die Finsternis starrte, wurde sie ganz mutlos. Also auch das war nichts gewesen, eine flüchtige Unterhaltung mit einem fremden Herrn, sonst nichts.

Der Morgen war schwül, Nicky vermied die Gesellschaft vor dem Posthause und flüchtete in den Wald. Sie ging die kleinen Waldwege entlang; wie grüne, heiße Wände, die stark duften, standen die Tannen um sie her, die Gewitterluft machte die Glieder träge. Als Nicky um eine Ecke bog, stand sie vor einer kleinen, runden Waldwiese, und mitten auf der Waldwiese lag Fanoni lang hingestreckt auf seinem blauen Mantel. Nicky errötete, und sie wunderte sich selbst darüber, dass diese Begegnung sie so stark erfreute. Fanoni hatte wohl Schritte gehört, er richtete sich auf, lächelte und sagte: «Eine weiße Erscheinung am Waldrande.» Dann sprang er auf und ging Nicky entgegen. Sie sah es seinem Gesichte an, dass auch er sich freute. «Natürlich mussten Sie kommen», sagte er.

«Ich musste kommen?», fragte Nicky erstaunt.

«Ja», fuhr Fanoni fort, «ich habe so stark an Sie gedacht, ich habe Sie so deutlich gesehen, dass ich wusste, Sie würden kommen. Haben Sie das nicht gespürt?»

«Ich habe nichts gespürt», versetzte Nicky abweisend; sie fand, er nahm doch zu selbstverständlich von ihr Besitz.
«Und doch sind Sie gezogen worden», behauptete Fanoni.
«Ich will gar nicht gezogen werden», meinte Nicky ein wenig gereizt.
«Wir werden alle gezogen», sagte Fanoni heiter, «und jetzt müssen Sie sich hersetzen», und er breitete seinen Mantel vor ihr aus. Nicky zögerte. War es doch nicht vielleicht unschicklich, hier in der Einsamkeit bei dem fremden Herrn zu sitzen? Fanoni aber schaute sie so erwartungsvoll an, dass sie etwas befangen sich setzte. «So, so», murmelte Fanoni und streckte sich wieder auf den Rasen hin. Er stützte den Kopf mit der Hand und schaute Nicky ruhig an, dabei trug sein Gesicht heute einen jugendlichen, fast knabenhaften Ausdruck. «Nicht wahr, hier ist es gut», begann er, «ich komme hierher, um mich zu wärmen. Die Wärme hier auf diesem Fleck ist mild und durchdringend, sie geht ins Blut wie alter Wein.» Nicky wollte etwas sagen, Fanoni jedoch legte seinen Finger auf die Lippen und sagte: «Still, hören Sie?» Beide schwiegen und lauschten dem Klingen und Summen der Mittagsstunde. «Nicht wahr, schön?», bemerkte Fanoni endlich; «das Singen der Stille, wunderbar ist es, wie alle diese kleinen Tiere in der Luft ein jedes seine eigne Saite anklingen lässt, und das gibt dann zusammen eine herrlich beruhigende Musik. Solche Musik können wir nicht machen, wir sind zu zerfahren. Und dann habe ich auch all die kleinen grauen Motten und blauen und braunen Schmetterlinge gern, sie sind so rücksichtsvoll lautlos, sie setzen sich ganz still auf einen Halm und zeigen ihre Flügel. Ja, schön, schön», wiederholte er, legte seinen Kopf in das Gras zurück und schaute zum Himmel auf.
«Ich fürchtete schon, Sie seien nicht wohl», sagte Nicky, «und der feuchte Abend damals hätte Ihnen geschadet.» –
«Ich kam gestern nicht zu Ihnen, weil es Stimmungen gibt, in denen man sich ebenso wenig zeigen darf wie in schlechten Kleidern. Haben Sie das nicht meiner Musik angehört?»
«Ja, ich glaube», antwortete Nicky zögernd, «ich habe diese Musik nicht ganz verstanden, ich wollte Sie noch fragen.»

Fanoni verzog sein Gesicht, als schmerzte es ihn. «Nein, bitte, fragen Sie nicht», sagte er. «Über Musik soll man nicht sprechen. Die Sprache und die Musik sind Feindinnen. Die Sprache ist dazu da, damit die Leute einander missverstehen. Was wir aussprechen, wird grau und kalt.»

Nicky senkte den Kopf. Diese Zurechtweisung verletzte sie.

Fanoni jedoch schien das nicht zu bemerken. «Übrigens», fuhr er fort, «gleich am ersten Tage, als ich Sie mit den Herren und Damen vor dem Posthause sprechen sah, wusste ich, Sie gehören nicht zu jenen, Sie haben keine Verbindung mit ihnen, Sie stehen ihnen ganz fern, ganz abseits, Sie sind auch einsam.»

«Ja, vielleicht bin ich einsam», erwiderte Nicky und errötete. Es schmeichelte ihr, dass sie einsam sein sollte. Ehrlich jedoch fügte sie hinzu: «Immerhin habe ich einen guten Mann und liebe Verwandte.»

«Wer hat nicht liebe Verwandte», unterbrach Fanoni sie ungeduldig. «Sprechen wir nicht von denen. Für mich sind Sie die weiße Erscheinung am Waldrande, etwas Wohltuendes, von dem ich nicht weiß, von wo es kommt. Sie sind etwas geheimnisvoll Geschenktes, wie eine Melodie, die uns einfällt.»

Erschrocken blickte Nicky auf, so hatte noch niemand zu ihr gesprochen. Dann lachte sie. «Ach, Herr Fanoni, wer von uns fällt so vom Himmel, wie – wie –»

«Wie ein Stern», ergänzte Fanoni. «Doch, das gibt es. Das wäre traurig, wenn es das nicht gäbe. Wollen Sie ein Märchen hören, das ich mir oft von meiner Mutter erzählen ließ?» Und, ohne die Antwort abzuwarten, begann er, immer noch zum Himmel emporsehend und langsam zum Himmel hinaufsprechend: «Es handelt sich, wie in vielen Märchen, auch hier um einen Prinzen, der manches Abenteuer erlebt. Natürlich erleidet er auch Schiffbruch und rettet sich an die Ufer der Insel der Puppen. Es erweist sich, dass diese Insel eine sehr schöne und angenehme Insel ist. Sie wird von großen Puppen bewohnt, und diese Puppen gehen und stehen, sitzen und liegen, wie es die Menschen tun. Sie sprechen, lachen und singen, sie streiten miteinander und lieben sich untereinander. Zuweilen werden kleine

Puppen geboren, und zuweilen stirbt eine Puppe; dann weinen die andern Puppen ihr Puppentränen nach. Die Insel hat ihre Gesetze und ihre gesellschaftlichen Einrichtungen, sie hat ihre Städte und Dörfer – kurz, sie ist ein wohleingerichteter Staat. Der Prinz wurde hier freundlich aufgenommen, man lud ihn in die Gesellschaften, ja, er wurde ein wenig verwöhnt, Puppenmädchen verliebten sich in ihn. Das alles gefiel dem Prinzen sehr gut, ein schöneres Leben, meinte er, könne es nicht geben, und er beschloss, ganz bei den Puppen zu bleiben. Eine Weile ging es auch gut, allein mit der Zeit ergriff ihn eine seltsame Traurigkeit. Die Puppen um ihn her verloren für ihn an Leben und an Interesse. Was sie sagten und trieben, erschien ihm plötzlich fremd, unverständlich und kindisch. Was gingen ihn diese Puppen an?, dachte er oft. Eines aber wurde ihm immer mehr zur Qual: Wenn die Puppen sprachen, lachten und sangen, dann klang das wie menschliches Sprechen, Lachen und Singen, nur dass ein ganz leises metallisches Knarren sich hineinmischte. Dieses rührte von dem Uhrwerk her, das die Puppen als Seele im Leibe trugen. Anfangs hatte der Prinz diesen Ton überhört, je länger er aber auf der Insel wohnte, umso deutlicher vernahm er ihn, aus jedem Worte hörte er endlich nur noch das metallische Knarren heraus. Das wurde ihm schließlich zu einer furchtbaren Pein, er wollte keinen Puppenton mehr hören und floh in den Wald, um ganz allein zu sein. Dort lebte er einige Zeit, und die Einsamkeit tat ihm wohl, er genoss es unendlich, keinen Puppenlaut mehr zu hören. Als er eines Tages auf einer Wiese lag und träumte, da hörte er in seiner Nähe Gesang. Eine weibliche Stimme sang ein einfaches Lied. Erschrocken fuhr der Prinz auf und lauschte. Jetzt, sagte er sich, jetzt wird gleich das metallische Knarren kommen! Allein es kam nicht. Frei und lebendig rief die Stimme ihre Töne in den Wald hinein. Der Prinz folgte dem Tone, und bald sah er ein schönes Mädchen auf einem Steine sitzen, es faltete die Hände im Schoß und sang. Behutsam schlich der Prinz heran, und als das Mädchen schwieg, trat er vor und sagte: ‹Mädchen, wie singst du!› Das Mädchen erschrak und erwiderte: ‹Verzeiht, Herr, ich wusste nicht, dass Ihr in der Nähe seid.› Der Prinz aber wiederholte leidenschaftlich: ‹Das ist nicht die Stimme einer Puppe.› Traurig schüttelte das Mädchen den Kopf: ‹Nein›, sagte sie, ‹ich bin keine Puppe, ich weiß nicht, wie ich als Kind hierher gekommen bin; eine gute Puppe nahm sich meiner an. So lebe ich denn hier. Oh, sie sind alle freundlich und gütig zu mir, doch zuweilen ergreift mich eine solche Angst vor ihnen, dass ich mich hier im Walde verstecken muss, um mit mir allein zu sein.› Entzückt lauschte der Prinz der lebendigen Stimme, und als das Mädchen schwieg, bat er: ‹Sprich weiter.› Und das Mädchen lächelte und sagte: ‹Du bist auch keine Puppe, ich höre es an deiner Stimme.› – ‹Nein›, erwiderte der Prinz, ‹ich bin vor ihnen geflohen, ich konnte das Geknarr ihrer Stimmen nicht hören, ich wollte allein sein.› – So blieben sie zusammen und führten ein seliges Leben. Zuweilen stiegen sie zu den Puppen hinab und sahen sich lächelnd das putzige Treiben an. Wenn sie aber wieder in ihrer Einsamkeit waren, dann freuten sie sich, dass sie mit jener Welt nichts mehr zu tun hatten.»

Fanoni schwieg. Nicky schaute nachdenklich über die Wiese hin, sie wusste nicht recht, was sie sagen sollte. Es schien ihr, als müsste sie etwas Abwehrendes sagen, er kam ihr mit seinem Märchen so nah, allein es fiel ihr nichts Rechtes ein. Daher wurde sie befangen. Sie stand auf und sagte: «Ich glaube, es ist schon spät.»

Auch Fanoni war aufgesprungen, er lächelte, als erriete er, was in ihr vorging. «Ja, es ist spät», meinte er, «und Sie wollen nach Hause. Ich danke Ihnen, dass Sie mir so geduldig zugehört haben. Auf Wiedersehen!» Dann trennten sie sich.

Am Nachmittage ging ein schweres Gewitter über das Tal hin. Nicky saß in ihrem dämmerigen Zimmer, lauschte dem Grollen des Donners und sah den Blitzen zu, wie sie immer wieder das Zimmer mit zitterndem bläulichem Licht erfüllten. Ihr war seltsam traumhaft und feierlich zumute. Wo war die dumme, kleine Nicky hin, die Oskar und die Schwägerinnen nachsichtig belächelten, Nicky, die sich immer langweilte und nichts verstand! Jetzt war etwas Geheimnisvolles und Kostbares in ihr, das ein großer Künstler bewunderte. Diese neue Nicky beglückte sie und verwirrte sie doch zu gleicher

Zeit, sie war unsicher, wie die neue Nicky sich benehmen sollte. So still im dämmerigen Zimmer zu sitzen, der tiefen Stimme des Donners zuzuhören und sich von den eiligen Lichtern der Blitze übergießen zu lassen, das war gewiss richtig, das passte zu dem Ausnahmewesen, das sie jetzt war.

Der Abend wurde wieder klar. Die Luft war bewegt und kühl und ganz voll von den aufgewirbelten Düften der Wälder und Wiesen. Nicky ging zur Wiesenbank, über die nassen Wege, die im Abendschein ganz golden wurden. Auf die nasse Bank breitete sie sorgsam ihren Plaid aus, damit Fanoni sich nicht erkälte, wenn er käme. Dann wartete sie. In der Villa wurde gespielt, leise und sehnsüchtig. Plötzlich brach die Musik ab, und Fanoni erschien unten. Er hüllte sich fest in seinen Mantel und hatte den Hut tief in die Stirn gezogen. Er sah bleich und müde aus. «Ich hätte nicht kommen sollen», sagte er, «ein Gewitter quält meine Nerven immer, und dann bin ich nicht unterhaltend und zu wenig zu brauchen. Aber die Sehnsucht war zu groß, hier still neben Ihnen zu sitzen; ich dachte, das würde mir wohltun. Darf ich das?»

«O gewiss», erwiderte Nicky, setzen Sie sich nur.» Und sie fragte ihn teilnehmend, ob er leide. Er winkte nur müde mit der Hand ab, und da er schwieg, begann sie eine Unterhaltung, das erste Beste, das ihr in den Sinn kam: «Man hört jetzt so viel von Politik, die Zeiten sollen ernst sein, man sagt, es wird Krieg geben. Wie denken Sie darüber?»

Fanoni zog seine Augenbrauen in die Höhe. «Ich? Oh, ich denke gar nichts darüber. Möglich, dass sie Krieg führen. Sie führen immer Krieg, bald, weil der eine mehr verkauft als der andre, oder weil der eine mehr Schiffe hat als der andre, was weiß ich. Ich bin in diesen Dingen ganz ferngerückt, meinetwegen können sie tun, was ihnen beliebt.»

«Aber ein Krieg ist doch etwas Schreckliches», warf Nicky ein.

«Das Leben ist immer schrecklich», erwiderte Fanoni, «wenn wir uns zu nahe mit ihm einlassen.»

«Und das Vaterland ...», versetzte Nicky unsicher.

Fanoni zuckte die Achseln. «Ich habe kein Vaterland. Mein Herz ist auch zu eng, um ganze Länder zu lieben. Ich liebe die Wiese, auf der wir heute waren, ich liebe diese Bank hier. Mein Herz ist auch zu eng, um Millionen zu lieben. Ich liebe immer nur einen Menschen, und dazu brauchen wir schon unsere ganze Kraft. Überhaupt Patriotismus – ich glaube, auf der Puppeninsel war man sehr patriotisch.»

Nicky wurde ernst. «Ich habe über Ihr Märchen nachgedacht», sagte sie. «Ich weiß nicht, ob es mir gefällt. Es klingt so hochmütig.»

«Hochmütig, ja, das sind wir.»

«Wir?»

«Ja, Sie auch», fuhr er fort, «Sie müssen es sein. Aber ich sehe, was ich heute auch sage, es ärgert Sie. Es ist wohl besser, ich gehe. Nur eine Bitte habe ich noch.»

«O sagen Sie», versetzte Nicky freundlich.

«Mein größter Wunsch ist», sagte Fanoni, «an einem hellen Tage mit Ihnen über Land zu gehn. Berge kann ich nicht steigen; aber wir würden durch fremde Täler gehn, und durch Wälder, und würden in fremden kleinen Wirtshäusern essen, alles wäre fremd um uns, nur wir wären einander bekannt, und wir wären ganz weit von den andern.»

Nicky zögerte mit der Antwort, da machte er ein enttäuschtes Gesicht. «Ich sehe schon, es geht nicht. Sie fürchten, die Puppen hier würden das nicht schicklich finden.»

«O das ist es nicht», rief Nicky, «um die kümmre ich mich nicht. Gewiss gehen wir, das kann sehr hübsch werden.» Und als sie das sagte, hatte sie ein schlechtes Gewissen.

Fanoni aber lächelte ein glückliches Knabenlächeln. «Dann ist es gut», rief er, «das wird mein Trost in der schlaflosen Nacht sein.» Er grüßte und lief seiner Villa zu.

Der Tag war warm. Nicky und Enrico Fanoni wanderten eine Strecke die Landstraße entlang. Die Sonne brannte unerbittlich hernieder, sodass beide schweigsam und ein wenig mühsam nebeneinander hergingen. Erst im Walde lebte Fanoni auf, hier war es kühl und still. Sonnenstrahlen schlüpften durch die Tannenzweige und warfen goldne Flecken auf das Moos. Fanoni nahm seinen Hut ab und lächelte, ein Ausdruck knabenhafter Ausgelassenheit verjüngte sein Gesicht. «Gut ist's hier», sagte er, «vornehm, durchaus gute Gesellschaft; es gibt doch nichts Rücksichtsvolleres als einen Baum!» Und er strich mit der Hand über den Stamm einer alten Tanne. «Kühl und gütig, das ist es.»

«Ja, es ist schön», meinte Nicky. «Aber so wirklich vertraut bin ich nie mit dem Walde geworden, für mich war der Wald immer nur der Ort für eine Promenade.»

«Das ist nicht recht», versetzte Fanoni, «mit dem Walde muss man gut stehn.»

Während sie auf dem engen Waldpfad nah beieinander weitergingen, war Fanoni aufmerksam auf alles, was ihnen begegnete. Er beugte sich über eine Blume, um ihr in den Kelch zu sehen, er schaute zu den Wipfeln einer Tanne auf, um eine Eichkatze zu betrachten, er lachte laut über einen großen roten Pilz, der sich im Moose breitmachte: «Die Pilze», sagte er, «sind die Witze des Waldes, ich kann immer über sie lachen! Wie dieser sich da bläht und mit seiner hässlichen roten Farbe protzt, köstlich!»

«Aber die Wälder in Ihrer Heimat», fragte Nicky, «sind die nicht noch anders schön?»

Fanoni verzog das Gesicht. «Nein, die sind keine gute Gesellschaft; alles zu groß, zu üppig, zu eng beieinander, eines steigt dem andern auf den Kopf, dazu duftet alles so aufdringlich; und diese Vögel, bunt wie schlecht angezogne Mädchen in einer Provinzstadt – nein, dieses hier ist mir lieber. Aber da sind ja die guten kleinen gelben Schwämme», rief er, «die müssen wir haben.» Und er zog ein Tuch aus der Tasche und begann eifrig, die Schwämme zu pflücken und in das Tuch zu legen. Nicky schaute ihm eine Weile lächelnd zu, und dann sammelte auch sie die Schwämme.

«So», meinte Fanoni endlich und richtete sich auf, rot im Gesicht und ein wenig außer Atem. «Jetzt dürften wir uns erholen. Hier sind gerade die schönen Baumstöcke, setzen wir uns.»

Sie setzten sich, und Fanoni versank in tiefe Gedanken. Nicky aber ging es durch den Sinn: «Wie unwahrscheinlich ist das alles, wie weit fort bin ich von meinem gewohnten Leben! Es würde mich nicht wundern, wenn ich jetzt plötzlich aufwachen würde in meinem Schlafzimmer drüben in der Stadt.»

«Ja, so wird es am besten sein», begann Fanoni plötzlich, «wir lassen uns die Pilze gleich im nächsten Gasthause zubereiten. Ich will die Sache schon überwachen, frisch schmecken sie am besten.»

«Haben Sie darüber die ganze Zeit nachgedacht?», fragte Nicky verwundert.

«Gewiss», erwiderte Fanoni. «Ich denke gern über Speisen nach. Natürlich gibt es gleichgültige Speisen, aber eigentlich muss jede Speise ihre Stimmung haben. Unsre Zunge ist sehr empfänglich für Stimmungen. So denke ich lange schon über die Herstellung einer Speise nach: Sie muss eine Art Creme sein, muss weiß sein und muss schmecken wie der Duft blühender Bohnenfelder. Aber wenn es Ihnen recht ist, gehen wir weiter.»

Der Wald hörte plötzlich auf. Ein schmales Tal lag da, voller Sonnenschein. An einem grünen Bergbach standen kleine Häuser, deren Dächer wie Silber schimmerten. Die Dorfstraße war still, einige Hunde trieben sich dort herum, müde von der Hitze. Frauen standen vor den Haustüren und schauten feiernd die Straße hinab. Irgendwo erklang der Ton einer Fiedel, eifrig und schnarrend wiederholte sie dieselben Walzertakte.

«Das sieht nach Sonntag aus», sagte Fanoni.

«Ja, Sonntag», bestätigte Nicky.

«Den Sonntag», fuhr Fanoni fort, «lese ich den Leuten vom Gesichte ab. Am Vormittage sehen sie aus, als erwarteten sie etwas Schönes, und am Abend sehen sie aus, als seien sie enttäuscht worden.»

Nicky seufzte. «Ach ja, die Sonntagabende waren traurig. An Sonntagabenden hatte ich immer das Gefühl, als hätte ich etwas versäumt.»

Fanoni zuckte die Achseln. «Auch solch eine unnütze Traurigkeit, die in das Leben gebracht ist. Ich erinnere mich eines Sonntagnachmittags in Wien. Ich schaute zu meinem Fenster hinaus. Die

Straße war leer, nur an der Ecke stand ein kleines Dienstmädchen, sehr geputzt, den Hut voller Rosen. Es stand und sah die Straße hinunter, ging dann einige Schritte auf und ab und stand wieder, es wartete auf ‹ihn›. Ich beobachtete das Mädchen und begann auch auf ‹ihn› zu warten, ich wurde wütend, weil er nicht kam. Endlich verließ ich das Fenster und ging meinen Beschäftigungen nach. Als ich nach längerer Zeit wieder hinausschaute, war das kleine Dienstmädchen noch immer da. Noch immer ging es einige Schritt auf und ab und blieb dann an der Ecke stehn, um die Straße hinabzuschauen, nur dass die Schritte langsamer und müder schienen. Ich hasste den Menschen, der das arme Mädchen im Stich gelassen hatte, ich hätte ihn erwürgen mögen. Endlich begann das Mädchen zögernd die Straße hinabzugehn, zuweilen schaute es noch zurück und verschwand dann. Jetzt schleicht das arme Ding in seine kleine Dienstbotenkammer, dachte ich mir, und legt die Sonntagskleider ab und weint in der Dämmerung. Das ist für mich tragischer als der Tod der Maria Stuart.»

«Und Sie behaupten, Sie seien nicht mitleidig?», sagte Nicky.

«Ich bin nicht mitleidig», meinte Fanoni. «Mitleid bringt uns die Menschen zu nah. Aber es läuft so viel Traurigkeit in der Welt umher, dass sie uns unversehens überrennt.»

Am Ende der Dorfstraße lag das Wirtshaus. Im Garten saßen die Männer und tranken, in einer offnen Halle wurde getanzt. «Sie tun hier, was sie können, aber was hilft es, heute Abend werden sie doch enttäuscht sein.»

An der Rückseite des Hauses war es ruhig, eine Bohnenlaube stand da, und hier beschloss Fanoni sich niederzulassen. Eine dicke Kellnerin, ganz heiß vom Tanze, mit feuchten Stirnlöckchen, kam herbeigelaufen, um die Herrschaften zu bedienen. Fanoni bestellte das Essen, erklärte die Zubereitung der Pilze und ging dann selbst in die Küche, um mit der Wirtin zu sprechen.

Nicky war müde vom Gang. Grell schien die Sonne vor ihr auf den Kies, einige Hühner gingen ab und zu und stießen den kleinen ergebenen Klagelaut aus, der alten Hennen eigen ist. Nicky schloss die Augen; aber sofort stieg das Bild der sonntäglichen Tafel bei der Schwiegermutter auf: die glatten Scheitel der Schwägerinnen, das geduldige Gesicht des alten Jakob, der den großen Kalbsbraten herumreicht – nein, das wollte sie nicht, das nicht! Wie fern hatte sie sich schon von dieser Welt geglaubt. Sie dachte an Fanoni, an seine knabenhafte Fröhlichkeit im Walde, an all das Hübsche, das er sagte und dachte, und sie wünschte, er wäre wieder bei ihr.

Endlich kam er. Fröhlich rieb er sich die Hände: «Ich glaube, es wird gut», meinte er.

Nicky lächelte. «Sie freuen sich?»

«Ja, ich freue mich», gestand Fanoni, «freuen Sie sich nicht? Ich glaube, Sie nehmen das Essen nicht ernst genug. Vorhin wunderten Sie sich, dass ich über die Schwämme nachdachte. Denken Sie nie über das Essen nach?»

«Doch», erwiderte Nicky, «zu Hause denke ich täglich darüber nach und berate mich mit der Köchin darüber. Allerdings werden meine Vorschläge meist verworfen.»

«Oh, das ist anders», rief Fanoni. «Über den Familientisch nachzudenken muss kein Vergnügen sein. Wie sagt man doch: ein guter bürgerlicher Tisch. Das klingt schon so uninteressant.»

Die Speisen kamen, und Fanoni war zufrieden. Er aß mit Appetit, war sehr heiter, sie lachten über kleine, geringfügige Dinge: über die traurigen Gesichter der Hennen und die Stirnlöckchen der Kellnerin, und als die Mahlzeit beendet war, bestimmte Fanoni: «Jetzt tanzen wir.»

«Tanzen?»

«Ja, ich muss mit Ihnen tanzen», erklärte er. «Wenn man sich ganz kennenlernen will, muss man miteinander getanzt haben.»

Sie gingen zur Tanzhalle hinüber. Diese war gedrängt voll. Das Aufschlagen der Nägelschuhe übertönte fast die dünne Stimme der Geige. Ernst und emsig drehten die großen, schweren Gestalten umeinander. Nicky und Fanoni sahen neben ihnen seltsam schmal und zerbrechlich aus. Fanoni nahm Nicky, und sie tanzten. Er tanzte gut, er verstand es, sich und seine Tänzerin leicht und sanft von dem

Takte der Musik wiegen zu lassen. Zuweilen lächelte er auf Nicky herab und flüsterte: «Ist es gut so?»

«Ja, gut!», antwortete sie.

Die Bewegung gab ihr einen leichten Schwindel, sie schloss die Augen, sie vergaß die ganze Umgebung, und es war ihr, als sei sie mit Fanoni allein. Plötzlich fühlte sie, dass der Arm ihres Tänzers sie nicht mehr hielt, und auch seine Schritte wurden unregelmäßig. Dann blieb er stehn und begann zu husten, ein furchtbarer Anfall schüttelte ihn, seine Augen füllten sich mit Tränen, und er rang nach Luft. Erschrocken führte Nicky ihn zu einem Sessel, Leute umstanden sie, Frauen stießen mitleidige Rufe aus, einige Burschen lachten, eine Stimme sagte: «Der gehört ins Spital, was sucht er hier?»

Fanoni hatte sich ein wenig erholt, er erhob sich mühsam und sagte: «Gehen wir», und als Nicky zögerte, wiederholte er angstvoll: «Gehen wir.»

So gingen sie hinaus, hinter ihnen erscholl feindseliges Gelächter.

«So geht es nicht», sagte Nicky besorgt. «Sie müssen ausruhen.»

Allein Fanoni drängte ungeduldig vorwärts. «Nicht hier», sagte er, «nur nicht hier, drüben im Walde.»

Mühselig schlichen sie die Dorfstraße hinab. Im Walde blieb Fanoni stehn, er wurde blass bis in die Lippen hinein, sein Atem ging schwer, und er glitt auf das Moos nieder.

»Mein Gott, er stirbt», dachte Nicky. Sie kniete neben ihm, sie nahm seinen Kopf, bettete ihn auf ihre Knie, trocknete ihm mit ihrem Tuch die Stirn, und, tief auf ihn niedergebeugt, flüsterte sie ihm beruhigende Worte zu, wie einem Kinde: «Der böse Husten! Aber nun wird es schon besser, nicht wahr?»

Fanoni lag mit geschlossenen Augen da, als schliefe er. Der Atem wurde allmählich ruhiger, und endlich tat er einen tiefen Atemzug, und Nicky hörte ihn murmeln: «Atmen ist doch das Beste im Leben.»

Dann lag er wieder still da, auch Nicky wurde jetzt ruhiger, wurde sich ihrer Lebenslage bewusst. Wie seltsam, dass sie hier saß, im Schweigen des Waldes, und auf ihren Knien den Kopf des fremden, bleichen Mannes hielt, das Herz voll unsagbaren Mitleids für ihn. Weit, unendlich weit fort, schien es ihr, war sie von allem, was sonst ihr Leben gewesen war. Ein Eichelhäher flog durch den Wald und stieß seinen schrillen Wachtruf aus.

Fanoni öffnete die Augen und sagte unzufrieden: «Was will er? Ich mag diesen Vogel nicht. Er kommt und ruft eine böse Nachricht in den stillen Wald hinein, er will stören, aber der Wald glaubt ihm nicht.»

«Ist Ihnen besser?», fragte Nicky.

«Ja, es ist vorüber», erwiderte Fanoni und richtete sich auf. Nachdenklich schaute er Nicky an: «Wie bleich Sie sind! Sie glaubten wohl, dass ich sterbe.»

«Ich sah, dass Sie leiden», erwiderte Nicky.

«Ich wäre gern gestorben», fuhr Fanoni sinnend fort. «So gestorben. Wie das Sterben ist, wissen wir nicht, aber es ist doch schön, bis zur letzten Grenze des Lebens ein Glück bei sich zu haben.»

«Sie dürfen nicht sprechen», sagte Nicky eifrig, «Sie sollen stillsitzen und sich erholen.»

«Nein, es ist vorüber», sagte er, «jetzt gehen wir. Gut, ich werde nicht sprechen, wozu auch, wir gehen ja nebeneinander her.» Mühsam erhob sich Fanoni, und sie machten sich auf den Heimweg.

Sie mussten langsam gehen und häufig rasten. Fanoni schwieg, aber er schaute immer wieder Nicky mit einem sanften, zufriednen Lächeln an. Als sie endlich an Fanonis Villa anlangten, atmete Nicky erleichtert auf. Fanoni ergriff ihre Hand. «Ich danke Ihnen», sagte er. «Wie gut Sie sind. Gott, wie armselig sind Worte! Aber wir haben jetzt ein gemeinsames Erlebnis, das bindet. Und das in der Tanzhalle, nun, so geht es immer, wenn wir uns unter die andern mischen wollen. Das dürfen wir nie mehr tun. Gute Nacht!»

Nicky erwartete ihren Gatten mit dem Abendauto. Sie ging ihm an die Haltestelle entgegen. Sonst vermied sie dieses Entgegengehen, sie liebte es nicht, unter den gerührten Blicken der Umstehenden den ehelichen Begrüßungskuss zu empfangen. Heute jedoch war es etwas wie schlechtes Gewissen, was sie hintrieb, denn in dem Traumleben, das sie jetzt lebte, regte sich doch zuweilen etwas wie schlechtes Gewissen! An der Haltestelle standen die Berliner Dame, der Major und Irma, sie standen da aus Neugierde, um zu sehen, wer ankäme, und um Neuigkeiten aus der Stadt einzusammeln. Die Berliner Dame hatte manches Bedenkliche aus Berlin zu berichten, der Oberst war heiter und martialisch: «Jetzt geht es los», rief er, «ich fühle schon eine Unruhe in den Beinen wie ein altes Schlachtpferd, das Pulver riecht. Mich werden Sie wohl auch noch gebrauchen können.» Nicky hörte ein wenig zerstreut zu, sie beobachtete jetzt an sich im Verkehr mit diesen Leuten eine gewisse kühle Gelassenheit, die ihr gefiel. Auch Fanoni würde sie billigen, meinte sie.

Das Auto kam, und als Oskar aus dem Wagen stieg, schien es Nicky, als hätte sie dieses gute, freundliche Gesicht sehr lange nicht gesehen. Ihre Gedanken waren die ganze Zeit über so weit von ihm fort gewesen.

«Was gibt es Neues?», rief der Oberst.

Oskar zuckte die Achseln: «Die Herrschaften werden bald genug Neues erfahren», erwiderte er, nahm den Arm seiner Frau, und sie gingen ihrer Wohnung zu.

«Also da ist man wieder, da ist man wieder einmal beisammen», sagte Oskar und streichelte Nickys Hand. «Es war auch Zeit. Merkwürdig, wie die Frauen es verstehen, sich vermissen zu lassen.»

Nicky schaute zu ihm auf: Wirklich, er freute sich, sie sah es seinen Augen an, und da sagte sie denn: «Ja, ich freue mich auch.» Sie bereute es jedoch, der Ton ihrer Stimme missfiel ihr, sie fand, es klang matt und gezwungen. Oskar hatte nichts bemerkt, er lächelte behaglich vor sich hin. Da das Wetter kühl und regnerisch war, hatte Paula ein Feuer im Wohnzimmer gemacht, und ein angenehmer Kaffeeduft kam von der Küche herüber.

Oskar war begeistert. «Vollkommen», rief er, «ganz vollkommen! Das verstehn die Frauen. Wenn sie von uns fortfahren, packen sie die Gemütlichkeit mit ein, und wenn wir dann zu ihnen kommen, dann ist auch die Gemütlichkeit wieder ausgepackt.» Er zog sich einen

Stuhl an das Feuer, wärmte sich die Hände, schauerte voll Behagen in sich zusammen und murmelte: «Eine famose Erfindung, solch eine Ehefrau!»

Nicky wurde befangen, es rührte sie, und doch, wie sollte sie es anfangen, ihn nicht zu enttäuschen? Nein, sie wollte gut sein, beschloss sie, darum setzte sie sich zu ihm, sie wollte etwas sagen, dass sie ihm zeigte, dass sie seine Interessen teilte: «Nun, und was macht denn deine Politik?», begann sie.

«Meine Politik?», wiederholte Oskar erstaunt. «Ach mein Kind, die wird wohl bald auch deine und unser aller Politik sein. Aber sprechen wir heute nicht davon, man hat alle diese Tage und Nächte an nichts andres gedacht. Heute ist ein Feierabend, nur Häuslichkeit, Gemütlichkeit, kleine Frau. Wir können ja nicht wissen, ob das noch jemals wiederkommt.»

Paula brachte den Kaffee. Oskar rauchte und erzählte von der Familie, erzählte kleine Stadtgeschichten; er liebte es, umständlich und behaglich zu berichten, daher wurden seine Geschichten ein wenig lang, und waren sie zu Ende, dann konnte er selbst herzlich darüber lachen. Nicky lachte auch, allein sie hatte nicht zugehört, immer wieder schweiften ihre Gedanken ab, verweilten bei der Bank auf der Wiese, bei dem wunderlichen Märchen von den Puppen, und doch tat dieser gute Mann ihr leid, der sich so ahnungslos und vertrauensvoll hier glücklich fühlte und nicht wusste, wie weit sie von ihm fort war.

Der Abend verging, das Abendessen wurde eingenommen. Oskar schien müde zu werden, er gähnte zuweilen, und sich am Feuer wärmend saß er da; er wollte nicht schlafen gehen, dieser kostbare Abend sollte noch nicht zu Ende sein. Er begann von entlegnen Dingen zu sprechen, von seiner Kindheit, von den Kornfeldern, in die er sich als Kind gerne hineinstahl, um darin spazieren zu gehn wie in einem goldnen Walde. Er sprach von den Hunden des Gutshofs und von Knabenstreichen. Nicky kannte das alles, und sie wünschte, der Abend wäre schon vorüber. Endlich war es spät, Oskar küsste Nicky, und es zitterte etwas wie Rührung in seiner Stimme, als er sagte: «Ich dank dir, kleine Frau, für diesen Abend, den haben wir gehabt, den kann uns keiner mehr nehmen.»

Paula empfing Nicky am nächsten Morgen mit der Meldung, der Herr Baron sei ausgegangen, wichtige Nachrichten sollen angekommen sein.

«O Gott, diese Nachrichten», klagte Nicky, «ist man nie vor ihnen sicher?» Sie hörte Oskars Schritte draußen auf der Stiege und schaute feindselig zur Türe hinüber. Oskar trat in das Zimmer, er war ernst und bleich.

«Was ist geschehen?», rief Nicky ihm entgegen.

«Der Kriegszustand ist erklärt», antwortete er ruhig.

«Der Kriegszustand?», wiederholte Nicky gereizt. «Was ist das? Ist das der Krieg?»

«Es ist noch nicht der Krieg», meinte Oskar, «aber wir müssen auf alles gefasst sein.»

«Das hast du das ganze Jahr schon gesagt», fuhr Nicky kampflustig fort, «dass wir auf alles gefasst sein müssen, und der Baron Potz-Haller sagt, es wird keinen Krieg geben.»

Oskar zuckte die Achseln. «Wir sind auf alles vorbereitet.» Er setzte sich und sann eine Weile schweigend vor sich hin.

Das brachte jedoch Nicky auf. «So sprich doch! So sag doch etwas!», rief sie.

«Gut also», begann Oskar. «Ich fahre in die Stadt zurück. Es gibt natürlich vieles zu ordnen, besonders wichtig ist mir, dass du dein Leben ruhig und sicher fortführen kannst, wenn ich auch nicht hier bin.»

«Wo wirst du sein?», fragte Nicky.

Oskar lächelte. «Das weißt du doch. Wenn es Krieg gibt, werde ich draußen mit den andern sein.»

«Ja, musst du denn?», warf Nicky vorwurfsvoll ein.

Oskar zuckte die Achseln. «Wie du fragst, Kind. Gewiss muss ich und will ich. Ich würde mich lieber gleich aufhängen, wenn ich nicht in Deutschlands größter und schwerster Stunde dabei sein dürfte.»

Die Feierlichkeit von Oskars Worten schüchterte Nicky ein. Sie ließ den Kopf sinken und sagte weinerlich: «Aber du sagst ja selbst, dass es noch nicht der Krieg ist.»

Oskar strich mit der Hand über Nickys Scheitel. «Ruhig Blut!», mahnte er. «Wir brauchen jetzt nicht nur starke Männer, wir brauchen auch starke Frauen.» Dann ging er die Vorbereitungen zu seiner Abfahrt treffen.

«Ein Verweis», dachte Nicky, «das fehlte noch!»

Als Oskar reisefertig wieder ins Zimmer trat, lächelte er heiter und gab seiner Stimme einen muntern Klang. «Also Kopf hoch, Frauchen, ich bin bald wieder hier; was auch geschieht, ich komme.» Er küsste Nicky und ging.

Nicky blieb in ihrer Sofaecke sitzen, sie wollte nicht hinausgehn. Draußen lauerten die bösen Nachrichten auf sie, um sie zu überfallen und zu quälen. Sie dachte an Fanoni und den Eichelhäher: Er will stören, aber der Wald glaubt ihm nicht. Nein, sie wollte auch nicht glauben. Sie holte ihre Träume wieder hervor. Sie zwang ihre Gedanken, wieder zu den Erlebnissen der letzten Tage zurückzukehren, sie durchlebte wieder den Gang mit Fanoni, sie saß wieder in der verzauberten Stille des Waldes und hielt den Kopf des armen großen Künstlers auf den Knien – das war es, wonach sie verlangte: wieder den Rausch, das seltsame Fieber zu empfinden, das seine Musik, seine Worte, seine Gegenwart ihr gaben. Als der Abend gekommen war, ging sie hinaus und eilte geradeswegs zur Wiesenbank.

Fanoni erwartete sie dort. Er kam ihr entgegen, sehr bleich, ein unruhiges Glitzern in den Augen. Er lachte über das ganze Gesicht vor Freude, als er sie sah. «Gott sei Dank, dass Sie da sind!», sagte er. «Hätte ich heute noch vergebens warten müssen, ich hätte es nicht ertragen. Nun kommen Sie, setzen Sie sich. Nun ist alles wieder gut.»

Nicky setzte sich, sie lächelte. «War das Warten so schlimm?», meinte sie.

«Sehr schlimm», erwiderte Fanoni. «Meine Sehnsucht, Sie zu sehen, war so stark, dass sie mich krank machte. Ja, der Mensch ist schwach und kindisch. Da sind wir stolz auf unsre Einsamkeit, und wenn uns für wenige Augenblicke eine liebe Gegenwart gegeben wird, so dürsten wir nach ihr, wie einer, der Tage durch eine Wüste gewandert ist.»

Nicky machte ein ernstes Gesicht. «Ja, ich konnte nicht kommen, es sind ernste Zeiten, all diese Nachrichten!»

«Ich weiß», antwortete Fanoni und verzog schmerzvoll sein Gesicht. «Ich kümmere mich nicht darum; wenn es Sturm gibt, schließt die Muschel ihre Schalen. Aber haben Sie an unsern Gang gedacht? Das ist wichtiger.»

«An den habe ich viel gedacht», antwortete Nicky.

«Nicht wahr?», fuhr Fanoni fort. «An ihm hab ich den ganzen Tag und die ganze Nacht gezehrt. In meiner Musik war nur von ihm die Rede. Wissen Sie auch, als ich im Walde so dalag und Sie meinen Kopf auf Ihren Knien hielten, Sie glaubten wohl, ich schlief oder ich sei ohnmächtig, aber ich fühlte alles. Ich fühlte es, wenn Sie sich zu mir herabbeugten, ich fühlte, dass Sie mir das Haar aus der Stirn strichen, dass Ihre Hand auf meinem Haare ruhte und leicht zitterte.»

«Ich war in solcher Angst um Sie», sagte Nicky.

«Das fühlte ich auch», versetzte Fanoni. «Ihre Angst umflatterte mich, wie die weichen Flügel kleiner ängstlicher Vögel; nicht wahr, wer das zusammen erlebt hat, der gehört zusammen. Von der einen Seite die ganze Welt, von der andern wir beide. Einsam sein ist gut, aber einsam sein zu zweien ist ein Glück. Sehen Sie, der Mensch wird nur für ein einziges Glück geschaffen, so sparsam ist das Schicksal. Zuweilen nur für das Glück einer Stunde, aber das ist der Zweck seines Lebens, alles andere zählt nicht. Versäumt er dieses Glück, dann hat er umsonst gelebt.»

«Sprechen Sie nicht so, Sie dürfen so zu mir nicht sprechen», sagte Nicky matt.

«Wie? Diese armseligen Worte darf ich nicht sprechen?», fragte Fanoni verwundert. «Was sind diese Worte? Sie haben doch meine Musik gehört, die hat anders zu Ihnen gesprochen. Die hat Abend für Abend zu Ihnen gebetet, die hat alles gesagt, was ich fühle. Was sind dagegen diese wenigen, schäbigen Worte? Aber Sie haben ganz recht, wozu sprechen? Wenn wir sprechen, dann verstehen wir uns nicht.»

Nicky fühlte, wie seine heiße Hand die ihre ergriff. Dann beugte er sich vor und küsste ihre Lippen. Nicky ließ es geschehen, eine süße Willenlosigkeit fesselte sie.

Fanoni schwieg jetzt. Er saß dicht bei Nicky und hielt ihre Hand. Die Finsternis brach herein, ringsum auf den Wiesen begannen die Feldgrillen zögernd zu wetzen, bald nahm die eine ihr kleines heiseres Lied auf und brach ab, und eine andre setzte ein. Drüben im Gebirge rief eine kräftige Stimme einen Jodler in die Nacht hinaus, und ganz fern antwortete eine andre Stimme.

Nicky fuhr auf: «Sie dürfen nicht mehr hier sein», sagte sie, «die Nachtluft macht Sie krank. Sie müssen gehen.»

«Ja», erwiderte Fanoni, «ich gehe, ich gehorche.» Er küsste Nickys Hand, und so trennten sie sich.

Es regnete zwei Tage unaufhörlich. Nicky konnte ihren Fuß nicht vor die Tür setzen. Unruhig ging sie in den Zimmern auf und ab, sie hatte ihre Träume und Gedanken, allein immer dieselben Träume träumen, dieselben Gedanken denken macht müde. Die Gedanken werden auch blass und die Träume wesenlos. Dafür stellen sich immer häufiger harte, nüchterne Erwägungen ein mit ihren Zweifeln und Vorwürfen.

Am Abend des zweiten Tages hörte der Regen auf. Hellgraue Wolken hingen niedrig über dem Tal und lagen wie riesige weiße Federn auf den Berghängen. Die Luft war unbewegt und warm. Nicky kannte das: Wenn das Tal so verschleiert war von Nebel und Wolken wie von Spinngeweben, dann lag eine stille Trauer über ihm, die das Herz bedrückte.

Nicky saß müßig in ihrem Zimmer und schaute durch die offnen Balkontüren ein Stück Himmel an, auf dem die Wolken sich langsam übereinanderschoben. Plötzlich vernahm sie einen Ton, eine schrille Kinderstimme, die unablässig etwas rief. Der Ton kam näher – jetzt hörte sie auch eilige nackte Füßchen über den Kies an dem Hause vorüberlaufen. Nicky trat auf den Balkon hinaus, sie sah einen kleinen blonden Knaben in grauem Röckchen, die Beine und Füße nackt, die Landstraße entlanglaufen, laufen, so schnell er laufen konnte, und die hohe, sich überschlagende Kinderstimme rief immer wieder: «Mobil, mobil, mobil!»

Einige Mäher auf der Wiese ließen die Sensen sinken und schauten dem Knaben nach, Frauen traten vor die Haustüren und blickten auf die Landstraße hinaus. Der Knabe lief noch immer und rief sein «mobil, mobil». Einige Männer hatten sich an dem Posthause versammelt, eilig schoss die Berliner Dame über den leeren Platz, das graue Figürchen des Knaben war fern auf der Landstraße schon ganz klein geworden und sein Ruf ganz schwach. Nicky fühlte, wie ihre Hand auf dem Balkongeländer zitterte. Aus dem einsamen Ruf der einsamen Kinderstimme klang eine seltsame beklemmende Angst zu ihr herüber. Sie ging in das Zimmer zurück, da stand Paula, bleich, mit großen, erschrockenen Augen. Nicky fühlte, dass auch sie erblasst war.

«Es ist Krieg», sagte Paula leise.

«Ja, Krieg», antwortete Nicky. Sie musste sich setzen, ihr zitterten die Knie. Sie zog die Füße auf das Sofa hinauf, umschlang die Knie mit den Armen und kauerte so da: «Wenn nur mein Mann da wär'!», sagte sie endlich mit einem tiefen Seufzer.

Einen Tag später kam Oskar frühmorgens. Er trug die feldgraue Uniform, die ihn jünger und schlanker machte. Er schien gut gelaunt.

«Hier hast du deinen Soldaten», sagte er, als er in das Zimmer trat.

Nicky flog ihm entgegen: «Oskar, endlich!»

Er klopfte ihr begütigend auf den Rücken: «Haltung, Kind! Jetzt sind wir eine Soldatenfrau, da gilt es, Haltung zu zeigen. Und gib deinem Soldaten etwas zu essen, er ist hungrig. Mit dem Mittagszuge fahren wir in die Stadt; denn als gute Soldatenfrau begleitest du doch den Mann hinaus, nicht wahr?»

«Hinausbegleiten», wiederholte Nicky tonlos.

Oskar setzte sich an den Frühstückstisch, aß mit Appetit, erzählte viel. Er hatte das Bedürfnis, zu sprechen, kraftvolle Worte zu gebrauchen: «Alle kommen sie uns jetzt auf den Hals, erwürgen wollen sie uns! Bitte, bitte, wir sind bereit! Es soll kein Deutschland mehr geben.

Wie sie das machen werden? Sie sollen es doch versuchen, Europa das Herz herauszuoperieren!»

Nicky war ganz schweigsam. Sie fühlte sich sehr elend und hätte gern geweint, aber sie musste ja Haltung zeigen! Einmal nur brach es aus ihr heraus: «Warum das alles? Was haben wir getan?»

Oskar lachte: «Oh, wir haben eine schwere Sünde begangen, wir sind stark und reich, das verzeihen sie uns nicht. Aber wir sind auch verstockt und bereuen nicht.»

Der Mittagszug in die Stadt war überfüllt. Eng saßen die Menschen im Eisenbahnwagen beisammen und sprachen, sprachen unaufhörlich, sättigten sich an starken, mutigen Worten. Dabei schien ein jeder einen jeden zu kennen. Auch Oskar mischte sich in das Gespräch und behandelte diese fremden Leute, als wären sie alte Bekannte. Nicky drückte sich in ihre Wagenecke und schaute mit runden, klaren Augen auf das Treiben um sie her. All das war zu schnell, zu gewaltsam über sie gekommen, als dass sie es mitleben konnte, es schien ihr, als ginge eine große, grausame Welle über sie hin, als gälte es, stillezuhalten und sich zu ducken. Eines nur wusste sie: Was jetzt auch kam, es tat weh.

In der Stadt hatte die Familie sich in der Wohnung der Reichels versammelt. Die Exzellenz weinte, die Schwägerinnen jedoch waren tapfer. Sie blickten mit ihren guten braunen Augen Oskar und Nicky teilnehmend an, sie bemühten sich, heiter zu sein, machten Scherze, über die sie nach ihrer Gewohnheit alle zugleich lachten. Man saß in dem Wohnzimmer, dessen Möbel noch von den weißen Leinwandüberzügen bedeckt waren, durch die vorhanglosen Fenster schien eine gelbe Nachmittagssonne herein. Das Gespräch ging nur mühsam vonstatten, von Briefen wurde gesprochen, von Paketen, von kleinen Hausanordnungen. «Trennung ist bitter», dachte Nicky, «aber Abschiednehmen ist eine Qual.»

Das schien auch Oskar zu fühlen. Er erhob sich und sagte zum Oberstaatsanwalt: «Nun, lieber Bruder, du fährst wohl mit dem Wagen voraus. Nicky und ich gehn zu Fuß, wir haben Zeit, und so ist man doch noch ein wenig beisammen. Also, lebet wohl!» Die

Exzellenz wischte sich die Augen, die Schwägerinnen schüttelten Oskar kräftig die Hand und küssten ihn kräftig auf beide Wangen. «Heil und Sieg! Heil und Sieg!»

Nicky und Oskar gingen hinaus. Auf den Straßen wogte eine dichte Menschenmenge, allein es war nicht das gleichgültige geschäftliche Treiben eines Großstadtwerktages. All diese Menschen hatten Zeit, waren müßig. Wenn zwei einander begegneten, blieben sie stehn und sprachen miteinander, oder sie riefen sich Nachrichten zu, oder sie standen still und warteten. Auch hier schien es, als kennten sich alle, als wären sie alle Hausgenossen eines riesigen Hauses. Offiziere gingen da mit ihren Frauen, und die Umstehenden schauten ihnen wohlwollend nach, und die Frauen lächelten stolz. Auch Oskar wurde viel angesehn, und unwillkürlich lächelte auch Nicky. Dann kamen Soldaten, lange Reihen in feldgrauer Uniform, Blumen an den Helmen und Gewehren, wie ein Festzug. Und die großen jungen Burschen lächelten ein befangnes, feierliches Lächeln. Zuweilen sangen sie, starke, raue Stimmen, gewohnt, auf Berge und Täler hinauszuschreien. Andächtig hörten die Umstehenden zu, wie einem Kirchengesange.

«Wie sie singen!», sagte Nicky, und plötzlich fühlte sie, dass ihre Wangen ganz warm von Tränen wurden. An einer Straßenecke stand ein Mann und hielt ein siebenjähriges Mädchen in die Höhe, damit es die Soldaten besser sähe. Das blonde Kinderköpfchen überragte die Menge, und die blauen Kinderaugen schauten ernst auf die Vorüberziehenden. Und da machte die helle Kinderstimme sich deutlich vernehmbar: «Vater, müssen die alle sterben?» Erschrocken schauten die Umstehenden zu dem Kinde auf, einige Soldaten lachten. «Sterben», dachte Nicky; dass Soldaten, die in den Krieg ziehen, auch sterben müssen, das wusste sie, aber jetzt, da die Kinderstimme es sagte, fühlte sie es. Sie fühlte es, dass diese geschmückten, lächelnden jungen Menschen hinauszogen, um zu sterben, und es war ihr, als fiele etwas von ihr ab, etwas, das sie von den andern getrennt hatte, und nun musste sie das Leben all dieser andern leben, groß und schmerzhaft, es leben wie ihr eignes Leben. Von einem noch nie Gefühlten wurde sie überwältigt, sie blieb stehn. Oskar lächelte auf sie herab:

«Mut, Kleine», sagte er, «Mut!» Solche seltene Augenblicke aber ergreifen nicht nur unsre Seele, sie brennen körperlich in unsern Herzen und unserm Blut. Nicky musste etwas tun. Sie nahm die roten Rosen, die Oskar ihr gegeben hatte, und warf sie den Soldaten zu. Ein großer blonder Bursche fing sie auf und nickte ihr lachend zu. «Zum Opfer geschmückt», ging es Nicky durch den Sinn.

Auf dem Bahnsteig herrschte reges Leben. Soldaten zogen auf, Offiziere gingen hin und her, Kommandoworte erschallten, an den Fenstern und in den Türen der Eisenbahnen standen Soldaten, immer noch das feierliche Lächeln auf den Lippen, in die Augen jedoch kam ein seltsam nachdenklicher, gespannter Blick.

«Also bleibe gesund», sagte Oskar zu seiner Frau und küsste sie. «Habe acht auf dich selbst. Denke daran, dass du auch zu den Schätzen gehörst, für die wir draußen kämpfen.» Das war ein Scherz, und der Oberstaatsanwalt und Oskar lachten darüber. Nicky umarmte ihren Gatten. «Nun, nun», sagte er, machte sich sanft los und stieg in den Eisenbahnwagen. Dort stand er wie andre am Fenster, nickte und lächelte, und auch in seine Augen kam der nachdenkliche, gespannte Blick. Der Zug setzte sich langsam in Bewegung, fuhr aus der Bahnhofshalle hinaus, in den rotgoldnen Glanz des Nachmittagssonnenscheins.

Nicky stand regungslos da und schaute dem Zuge nach. Jemand berührte ihren Arm, es war ihr Schwager.

«Gehen wir?», fragte er.

«Ja, gehen wir.»

«Fährst du gleich hinaus?»

«Ja, ich fahre gleich hinaus.»

«Gut», dann wollte er die Karte besorgen.

Nicky ging in den Wartesaal hinüber und setzte sich auf eine Bank. Einige Frauen standen dort beisammen und sprachen mit gedämpften, klagenden Stimmen. Neben Nicky saß eine große alte Frau mit einem kupferroten Gesicht, sie hielt einen mächtigen Korb auf den Knien. Die Frau wandte sich Nicky zu und fragte mit einer fast männlichen Stimme: «Ist Ihrer auch fort?»

«Ja», erwiderte Nicky.

«Meine drei sind auch fort», berichtete die Frau. «Ich bin jetzt allein wie ein Baum. Man wird versuchen müssen, auch so zu leben.» Sie lächelte mit zitternden Lippen, weil sie nicht weinen wollte. Nicky aber war der Frau dankbar, dass sie sie so selbstverständlich einreihte in die Schar derer, die ihr Liebstes hingegeben.

Der Oberstaatsanwalt kam und brachte Nicky zu ihrem Zuge. Im Kupee war nur noch eine junge Frau mit verweinten Augen, und als der Zug sich in Bewegung setzte, schlug die junge Frau die Hände vor das Gesicht und begann bitterlich zu weinen. Nicky wollte sie nicht stören. Sie schaute zum Fenster hinaus auf das Land, das nach dem Lärm der Stadt so seltsam still dalag in den schrägen Strahlen der Nachmittagssonne. Als Nicky jedoch sich einmal nach der jungen Frau umwandte, begegneten sich ihre Blicke.

«Ach, verzeihen Sie», sagte die junge Frau, «verzeihen Sie, dass ich hier so weine. Ich glaubte, ich würde hier allein sein und würde ein wenig weinen können. Da draußen mögen sie das Weinen nicht, und nun störe ich Sie damit.»

«Nein, Sie stören mich nicht», erwiderte Nicky freundlich, «jetzt haben wir doch ein Recht, auch einmal zu weinen.»

«Nicht wahr?», meinte die junge Frau. «Ich weiß ja, es musste sein! Aber ein bisschen weinen ist doch kein Unrecht.» Und nun begann sie zu erzählen, ihr Mann hätte hinausmüssen in das Feld, sie waren erst ein Jahr verheiratet und hatten ein kleines Kind. «Sonst wohnen wir in einem kleinen Häuschen in der Vorstadt, jetzt waren wir auf dem Lande, der Sommer war gerade so schön, und wir waren so glücklich, nicht nur, weil wir uns lieb hatten, das muss man ja in der Ehe, nicht wahr? Aber wir unterhielten uns auch so gut, wir lachten viel zusammen, ich hatte nicht geglaubt, dass die Ehe auch so unterhaltend ist. Und jetzt, gnädige Frau, danke ich Ihnen, dass Sie mir so freundlich zugehört haben, das Weinen und das Erzählen hat mir das Herz leichter gemacht.»

Die Sonne ging schon unter, als Nicky im Dorfe anlangte. Ihre Wohnung fand sie leer. Paula war ausgegangen, und es schien Nicky, als empfinge sie in diesen stillen Zimmern eine unerträgliche Verlassenheit. Sie ging wieder hinaus, ging sinnend die gewohnten Wege.

An der Wiese begegnete ihr Fanoni. Sie schrak ein wenig zusammen, an ihn hatte sie nicht gedacht.

Er errötete vor Freude, Nicky zu sehen: «Ich war um Sie in Sorge», sagte er.

«Um mich?»

«Ich wusste, Sie sind in der Stadt», fuhr er fort, «und ich fürchtete, Sie würden leiden, sie würden Ihnen dort wehtun.»

«Wer leidet jetzt nicht?», sagte Nicky müde.

«Nein, Sie nicht!», rief Fanoni böse. «Sie sollen nicht leiden!»

Sie waren an die Bank gekommen, und Nicky setzte sich, wie sie es gewohnt war. «Ich war in der Stadt», berichtete sie, «weil mein Mann hinaus ins Feld musste.»

«Ich weiß es», sagte Fanoni, und in sein Gesicht kam ein schmerzvoller Ausdruck, als spräche er von einer Wunde. «Ich weiß, der blutige Wahnsinn ist wieder über die Menschen gekommen. Wie sinnlos ist all das und wie hässlich!»

«Nein, es war schön», versetzte Nicky sinnend. «Ich sah sie ausziehn. Sie waren mit Blumen geschmückt. Wie sie lächelten, wie sie sangen! Es war wie ein Fest.» Sie beugte den Kopf zurück und suchte nach einem feierlichen Ausdruck, um ihr ganzes Fühlen hineinzulegen: «Ein Fest der Begeisterung und des Todes.»

«Des Todes», wiederholte Fanoni und zuckte die Achseln; «als ob diese Menschen wüssten, was sterben heißt! Die sterben zufällig, wie sie zufällig leben. Da muss einer wie ich Jahre hindurch mit dem Tode befreundet sein, um zu wissen, was der Tod ist. Aber die!»

«Es sind Deutsche, die für uns sterben wollen», sagte Nicky ernst.

Fanoni lächelte: «Wie Sie das sagen! Wenn Sie so sprechen, glaube ich aus Ihrer Stimme ganz leise ein kleines metallisches Schnarren zu vernehmen. Das kommt davon, wenn man zu viel mit Puppen verkehrt.» Da er jedoch sah, dass Nicky errötete und die Augenbrauen zusammenzog, erschrak er. «Verzeihen Sie mir», sagte er und griff nach Nickys Hand, «ich weiß nicht, was ich sage. Die Angst um Sie verwirrt mich. Aber glauben Sie es mir. Sie dürfen dieser wüsten, hässlichen Welt nicht zu nah kommen, Sie würden vor Schmerz und Ekel sterben! Sie gehören zu mir, Sie gehören in meine Welt! Mögen die da draußen toben und morden, wir schlagen unsre Einsamkeit wie einen Mantel um uns und leben unser Leben, das einzig wahre, wirkliche Leben, das andre ist ja nur ein wüster, sinnloser Spuk.»

«Die, welche für uns auszogen, die sind wirklich.» Nickys Stimme wurde tief vor Erregung. «Und zu denen will ich gehören. Nein, sprechen Sie nicht, ich kann nicht, ich will nicht mit Ihnen ein – ein Gespenst in Ihrer Gespensterwelt sein.»

Fanoni saß einen Augenblick still da. Er schloss die Augen, als überwältigte ihn ein Schmerz. Dann stand er auf, grüßte und ging langsam seiner Villa zu.

Nicky schlug die Hände vor das Gesicht und weinte, wie sie noch nie geweint hatte. Sie weinte um sich selbst, um Oskar, um die, welche hinausgezogen waren. Sie weinte sich das große Erbarmen von der Seele, das sie krank machte. Um sie her wurde es Nacht, in der milden Luft wetzten die Feldgrillen heute wild durcheinander, als gäbe es ein Fest bei ihnen. Über dem Gebirge hing ein Gewitter, in einer schwarzen Wolke liefen unablässig goldne Lichter hin und her, fern grollte der Donner, eine große, mahnende Stimme. Nicky richtete sich auf, sie hatte sich satt geweint, nun erhob sie sich und schlug den Heimweg ein. Auf der dunklen Landstraße begegnete ihr Resei, die Stallmagd. Sonst pflegte das Mädchen hier mit ihrem Burschen zu gehn, heute war es allein. Nicky blieb stehn. «Heute sind Sie allein, Resei?»

«Ja, allein», antwortete das Mädchen und seufzte ganz tief auf. «Was kann man machen. Ihr Herr ist auch fort?»

«Ja, er ist fort.» Jetzt gingen beide schweigend nebeneinander her. Es war Nicky lieb, das große Mädchen bei sich zu haben und in der Finsternis zuweilen die ganz tiefen Seufzer zu hören.

Vor dem Bauernhause saß die alte Großmutter noch auf und starrte in die Nacht hinein. Man hatte vergessen, sie zu Bett zu bringen. «Nun, Großmutter, Sie sind noch auf?», sagte Nicky.

«Ja», antwortete die alte Frau, «und die Männer sind alle fort; die kommen nicht wieder. Damals kamen sie auch nicht wieder.»

Die Bäuerin trat in die Tür. «Mutter, kommt schlafen gehn», rief sie, «wollen wir in unsre Betten kriechen, die können sie uns nicht nehmen, dafür sind unsre Männer da. Gute Nacht.»

Die beiden Frauen verschwanden in der niedrigen Tür, und die Tür fiel ins Schloss. «Sie kriechen ein in ihre Geborgenheit», ging es Nicky durch den Sinn, und es war ihr, als hörte sie über den kleinen Häusern, die still und friedlich in der Sommernacht kauerten, das Rauschen großer, schützender Flügel.

Resei begleitete Nicky bis zu ihrer Haustür. «Die Männer haben es gut», meinte sie, «die können mittun. Wir müssen stillsitzen und warten.»

«Ja, wir», sagte Nicky, und es tat ihr wohl, zu der großen Gemeinde zu gehören, derer, die still warten mit wundem Herzen. «Gute Nacht, Resei!» Sie beugte sich vor und küsste das Mädchen wie eine Schwester.

Oben in ihrem Zimmer legte sie sich gleich zu Bett und schlief fest und traumlos, wie sie einst als Kind geschlafen, denn ihr war zumute, als hätte sie heute hundert Leben gelebt, und das macht müde.

Verwundet

Die ersten Tage – oder waren es Wochen –, die ich verwundet im Krankenhaus lag, sind mir wie von einem dichten Nebel verhangen. Ich weiß, wilde Träume quälten mich: das Geknatter von Geschützen, Geschrei, bleiche Gesichter mit weit offenen Augen, überall Lehm und Blut; meist jedoch versank ich in dem stillen, dunkeln Abgrund einer wohltuenden Bewusstlosigkeit.

Dann eines Tages wurde es hell um mich. Ich fühlte das Brennen meiner Wunde, die peinvolle Mattigkeit meiner Glieder. Ich sah das freundliche Zimmer, in dem ich lag, sah ein Stück blassblauen Himmels, den die Fensterscheiben in regelmäßige Quadrate zerschnitten. Ich erkannte das Gesicht der Schwester, die mir die Suppe brachte, das runde Gesicht mit den lachenden braunen Augen, umflattert von der weißen Haube. Ich hörte, was sie zu mir sprach, und ich konnte ihr antworten. Langsam glitt ich wieder in das Leben hinein, und das Leben erschien mir mühsam, wie eine allzu schwere Arbeit.

Eines Nachts jedoch lag ich da, schlafen konnte ich nicht, aber eine wunderbare Ruhe war über mich gekommen. Ich fühlte nicht das Brennen meiner Wunde. Meine Glieder streckten sich mit Behagen, und es war mir, als wiegte das Leben mich wie eine sanfte Welle. Ringsum im Krankenhaus war es still, nur zuweilen kam der Ton einer Glocke zu mir herüber, oder leise Schritte eilten an meiner Tür vorbei, begleitet von einem kleinen Geräusch, wie das Schlagen der Flügel großer Nachtfalter; das war das Flattern der weißen Haubenflügel der Schwestern. Ein wunderbares Empfinden der Geborgenheit erwärmte mir das Herz.

Und wie ich so lag, stieg plötzlich ein Erinnern in mir auf, ein Erinnern, so deutlich, so farbig, wie es manche Träume sind, die für uns zu Erlebnissen werden.

Mein letzter Schlachtentag. Der Anfang bleibt mir dunkel und verworren. Ich weiß, wir schlichen vorwärts durch dichtes Unterholz. Endlich stürmten wir mit lautem Geschrei darauf los. Dieses Stürmen, in dem alle Gedanken, alles Bewusstsein untergehen in einem heißen, regenden Wollen. Da traf mich ein starker Schlag unterhalb der Schulter: «Dieses Mal sitzt es», sagte ich und fuhr mit der Hand nach der getroffenen Stelle. «Es ist nicht so schlimm», meinte ich dann und wollte weitergehen, meine Beine jedoch versagten den Dienst, und ich sank zur Erde. Um mich war noch Lärm und Getöse, das sich langsam zu entfernen schien. Ich aber hatte nur einen Gedanken, nur einen Wunsch; in einiger Entfernung von mir sah ich ein dichtes Eichengebüsch, dorthin wollte ich, dort, meinte ich, würde ich sicher sein. Es war die Sehnsucht des sterbenden Tieres, sich in das Dickicht zu verkriechen. Mühsam, auf allen vieren, schob ich mich vorwärts. Der Weg erschien mir unendlich weit, und als ich bei dem Gebüsch anlangte, war es etwas wie ein Glück, still liegen und die Beine von sich strecken zu dürfen. Meine Wunde schmerzte: «Du musst sie verbinden», ging es mir durch den Sinn, allein ich war zu kraftlos, um mich zu regen. Über mir sah ich grüne und braune Eichenblätter sich sacht im Winde biegen, und den Himmel sah ich, blau, mit sehr hoch ziehenden weißen Wolken. Ich stützte meinen Kopf auf einen Grashümpel und legte mich auf die Seite. Da bemerkte ich, dass ganz in meiner Nähe noch einer lag. Ein Arm in blauem Ärmel, ein Rücken, ein Kopf mit dunklem Haar, und an der Haltung des Kopfes, an der Gebärde des Armes sah ich, dass dieser Kamerad schon ein sehr stiller Kamerad war. Hatte er sich auch hierher geflüchtet, dachte ich, um zu sterben?, und ich beneidete ihn um seine tiefe Ruhe. «Ja, sterben,

sterben – kommt es jetzt?», wiederholten meine Gedanken, «ist das das Sterben? Ist es so, das Sterben?», und ich versank in Bewusstlosigkeit.

Ein kalter Schauer, der über meinen Körper hin lief, erweckte mich aus der Ohnmacht. Eine Weile lag ich regungslos da. Es schien mir, als könnte ich keines meiner Glieder gebrauchen. Endlich öffnete ich die Augen: Es herrschte Finsternis, doch zuweilen ging ein bleicher Schein durch diese Finsternis. Um mich her rauschte und raschelte es. Wo war ich? Ich hob ein wenig den Kopf. War das ein schwerer Traum, den ich träumen musste? Da machte ein heftiger Schmerz in meiner Seite mich zusammenfahren, auch spürte ich einen brennenden Durst, und mich fror. Das gab mir meine Klarheit wieder; jetzt wusste ich, wo ich mich befand, jetzt wusste ich, was sich begeben hatte. Nacht war es, der Mond stand am Himmel, schwarze Wolkenfetzen fuhren eilig über ihn hin. Das Laub an den Büschen flüsterte und raunte im Wind. Neben mir lag der stille Franzose, den Arm ausgestreckt, mit der matten Gebärde des Todes. Ja, jetzt wusste ich, und mutlos ließ ich den Kopf zurücksinken. Ich verstand jetzt, dass nichts vorüber war und dass die bittere Arbeit des Sterbens noch zu tun blieb.

Ich sah zum Himmel auf, betrachtete, wie die dunkeln Wolken sich an den Mond heranmachten, ihn verschlangen, über ihn hinwegglitten, und wie der Mond dann wieder voll und mattgolden am schwarzen Himmel hing, unendlich ruhevoll und friedlich, als lächelte er auf mein Elend nieder. Auch glaubte ich, dieses müde Licht kühle ein wenig meine brennenden Lippen.

Da war es mir, als vernähme ich Schritte, die behutsam kamen und gingen. War das ein Tier auf seiner nächtlichen Jagd? Ich hob wieder den Kopf und sah eine schmale, dunkle Gestalt langsam zwischen den Büschen umherirren. Eine Frau war es, in ein schwarzes Tuch gehüllt, den Kopf gesenkt, als suchte sie etwas. Mit furchtbarem Schauer starrte ich auf diese Erscheinung, die schwarz und gramgebeugt durch die Mondnacht schlich. Nun war sie ganz nah, nun stand sie vor dem Toten neben mir still, beugte sich tief zu ihm nieder –

dann hörte ich einen Klagelaut, kurz und schrill, wie ein verwundetes Tier ihn wohl ausstoßen mag. Sie kniete nieder, warf sich über den Toten hin und begann herzbrechend zu schluchzen. Bald mischten sich in das Schluchzen Worte, gesprochen von einer jugendlichen Stimme, die ganz voll von dem seltsamen Schwingen war, das Tränen in die Stimmen weinender Frauen zu legen pflegt. Sie sprach das breite Französisch der Grenzlande: «Alfred, mein armer Junge, da bist du, wie hab ich dich gesucht, überall hab ich dich gesucht! Ich wusste, du bist hier in Not, du hast auf mich gewartet! Du wusstest, deine Simone wird kommen. Du bist verwundet, Alfred, sage, du bist verwundet, nicht tot? O mein Gott!»

Sie setzte sich auf den Boden, nahm den Kopf des Toten, bettete ihn in ihren Schoß, strich mit den Händen über das dunkle Haar, und tief auf ihn niedergebeugt, begann sie wieder zu schluchzen und leise und klagend zu ihm zu reden: «Getötet haben sie dich, die Verfluchten! In deine Stirn haben sie dieses böse schwarze Loch geschossen. Alles haben sie mir genommen, die Mühle ist verbrannt, und nun bist auch du, mein Einziges, mir genommen – mein Gott, mein Gott, was soll ich tun?»

Die Klage erstarb im Weinen. Atemlos hatte ich gelauscht, jetzt sank ich zurück. Dieser Jammer ergriff mich zu sehr. Ein starker Schmerz in meiner Wunde ließ mich aufstöhnen. Simone erhob den Kopf, lauschte wie ein sicherndes Wild, deutlich sah ich gegen den mondbeglänzten Himmel das feine, scharfe Profil, die Stirn, in die dunkle krause Haarsträhnen fielen. Als mein Schmerz mir noch einen tiefen Seufzer entlockte, da wandte Simone sich mir zu, beugte sich vor: «Wer ist da?», flüsterte sie. Als aber der Mond aus den Wolken trat und mich hell beschien, fuhr sie zurück, wie von Abscheu und Ekel geschüttelt.

«Einer von denen ist es, den Verfluchten», entfuhr es ihr, und ihre Stimme wurde tief und heiser vor Zorn.

Sie beugte sich wieder auf ihren Toten herab, und eine Weile wurde es ganz still.

Ich litt jetzt große Qualen und musste zuweilen leise stöhnen. Da richtete Simone sich wieder auf und sagte mit ihrer tiefen, bösen Stimme, ohne den Kopf nach mir hin zu wenden:

«Sterben Sie?»

«Ich weiß nicht, vielleicht sterbe ich», antwortete ich.

«O ja, Sie sterben», versetzte Simone, und es lag wie Triumph in ihrer Stimme, «Sie müssen sterben, warum sollen Sie nicht sterben? Alfred ist tot, alle die Unseren sind tot. Sie verbrennen ja unsere Häuser und töten die Unseren, und dann wollen Sie noch leben? Nein, so ungerecht ist Gott nicht! Ich werde Gott bitten, er soll Sie sterben lassen, einen bitteren Tod.»

«Ja, sterben lassen», antwortete ich matt, «beten Sie dafür.»

Sie wandte sich wieder ihrem Toten zu, ich hörte sie etwas flüstern, mich aber ergriff starkes Verlangen, wieder ihre Stimme zu vernehmen, wieder diese menschliche Nähe zu fühlen. Ich begann daher zu sprechen: «Sie liebten ihn?»

«Ja, ich liebte ihn», erwiderte das Mädchen feierlich, «man musste ihn lieben, ihn, den ihr gemordet habt.»

«Sie wollten heiraten?», fragte ich weiter.

«Ich hätte nie einen anderen geheiratet», antwortete Simone, «was auch meine Eltern dagegen sagten, ich hätte nur ihn geheiratet. Und jetzt ist er tot, warum? Warum gerade er, warum gerade meiner? Als er fortging, lachte er. Er sagte, er freue sich, auf die Preußenjagd zu gehen. Er lachte so gern!»

«Und die Mühle ist verbrannt», sagte ich, damit sie weiterspräche.

«Die habt ihr zerschossen und verbrannt», klagte Simone, «es war eine schöne Mühle, die schönste in der Gegend, ganz neu. Sie gehörte meinen Eltern, und Alfred war unser Müllerbursche.» Während sie das berichtete, wurde ihre Stimme ruhiger; es schien, als täte auch ihr das Sprechen wohl. «Oben auf dem Mahlboden waren die Bretter der Wände noch honiggelb, und mittags, wenn die Sonne hineinschien, glänzte das alles wie Gold. Um die Mittagszeit ging ich stets zu Alfred hinauf, wenn unten alles still war, denn die Eltern durften es nicht wissen. Er stand dann in all dem Glanz, er selbst ganz weiß, nur die Augen schienen dunkler. Wir saßen beieinander, die Mühle klapperte, Mehlstaub war um uns, und allmählich wurden mein Haar und mein Gesicht auch weiß. Wenn ich dann wieder hinabging, durfte ich mich nicht gleich der Mutter zeigen; sie hätte gewusst, von wo ich kam. Ja, dort oben waren wir ungestört, nur einmal hab ich ihn abends unten im Garten getroffen, und das war der letzte Abend. Ich schlich mit nackten Füßen an der Kammertür der Eltern vorüber hinunter, und weil ich schnell zu ihm kommen wollte, lief ich gerade durch die Salatbeete; die Blätter waren so nass, dass es mir schien, als watete ich durch ein Wasser. Jenseits aber fing Alfred mich in seinen Armen auf und sagte: ‹Du bist ja nass wie eine Wassermaus.›» Tränen ließen ihre Stimme zittern, und endlich versagte sie ganz.

«Ich sehe das alles», begann ich, «wie ich das sehe! Die Mühle, gelb von Sonnenschein, und er stets mitten darin, ganz weiß im weißen Nebel des Mehlstaubes.»

«O nein, Sie können das nicht sehen», sagte das Mädchen böse, «ihr habt nichts so Schönes in eurem wilden Land. Ihr könnt nur zerstören. Wenn Sie jetzt sterben, wird dann drüben bei Ihnen auch ein Mädchen weinen?»

«Ja, um mich wird eine weinen», antwortete ich.

«O sie soll nur weinen, alle deutschen Frauen und Mädchen sollen weinen, denn wir, wir weinen auch.»

«Da drüben bei uns», begann ich, und ich sprach wie im Traum, «da steht ein weißes Haus; kleine blassrote Rosen ranken sich an ihm hinauf. Am Fenster sitzt eine alte Frau. Wenn es Abend wird, legt sie die Brille in das große Buch, in dem sie gelesen, und schaut die Landstraße hinab mit ihren müden, trüben Augen. Und im Garten an dem Haus stehen die Apfelbäume und biegen sich unter der Last der Äpfel. Unter ihnen aber steht ein blondes Mädchen und blickt auch sinnend die Landstraße hinab. Sie schreibt, sie wisse wohl, dass ich jetzt die Straße nicht heraufkommen würde, und doch muss sie jeden Abend dort stehen und auf die Straße hinabschauen.»

«Die auch?», rief Simone; «seltsam, als Alfred fort war, ließ auch mich die Landstraße nicht los. Immer musste ich stehn und auf die Straße schauen, auf der er zu mir zurückkehren würde.»

«Seltsam», seufzte ich.

«Und warum blieben Sie nicht bei Ihren weißen Häusern», fuhr Simone erregt fort, «und Ihrem blonden Mädchen, warum musstet ihr kommen und uns alles nehmen? Was hat man denn – ein klein bisschen Glück, und auch das wird einem genommen!»

«Ich weiß nicht», stöhnte ich. «Vielleicht, damit die weißen Häuser drüben und die alten Frauen in ihren Fensternischen und die Mädchen unter den Apfelbäumen sicher sind.» Das Fieber, das in meinem Blut brannte, machte, dass jedes Wort sich zu einem Bild wandelte. Wie deutlich standen sie vor mir: das weiße Haus, die alte Frau, das Mädchen unter den Bäumen, ringsum das wohlvertraute grüne Land mit seiner gelben Landstraße. Und unerträgliche Sehnsucht machte mir das Herz schwer.

«Und wir können untergehn», sagte Simone dumpf.

Der Mond hatte sich wieder aus Wolken herausgeschält und beschien uns hell. «Oh, jetzt können Sie ihn sehn», rief Simone, «wie schön er ist, wie ruhig er schläft!»

Mühsam richtete ich mich ein wenig auf und sah ein rundes, bleiches Knabengesicht. Die Augen waren geschlossen, die bleichen Lippen ein wenig verzogen, als lächelten sie. Auf der niedrigen Stirn war ein schwarzer Fleck. Simone weinte. Ihre Tränen fielen auf die bleiche Wange des Toten und glänzten dort.

«Wie schön er ist!», fuhr Simone fort. «So sah ich ihn in der letzten Nacht. Ich konnte nicht schlafen, der Gedanke quälte mich, ich würde Alfred nie wiedersehen. Ich schlich aus meinem Zimmer, die kleine Stiege zu Alfreds Kammer hinauf, ich fürchtete mich ein wenig, der Mond schien so hell, die Stufen der Stiege knackten, und neben mir an der Wand ging mein Schatten hin, eine stille, schwarze Frau. Oben aber in der Kammer lag er in seinem Bett und schlief. Der Mond schien ihm gerade in das Gesicht, es schien mir ruhig und bleich, wie ich es jetzt sehe. Ich wagte nicht, ihn zu wecken, ich stand da, schaute ihn an, weinte, und mir war, als müsste mein Herz mir brechen. Dann schlich ich wieder leise davon.»

«Ja, schön», sagte ich, um Simone zu gefallen.

Simone schlug die Augen auf und sah mich scharf an. «Wie jung Sie sind!», sagte sie. «So jung wie Alfred und so bleich wie Alfred.» Müde sank ich wieder zurück. Simone schaute sinnend zum Mond auf. Plötzlich sagte sie leise: «Ist es schwer zu sterben?»

«Nein», erwiderte ich, «ich glaube, es ist nicht schwer. Es nimmt uns so mit fort – wenn nur die Schmerzen nicht wären, und das Frieren und der Durst.»

Simone nestelte an ihrem Kleid, zog etwas hervor und reichte es mir herüber. «Hier», sagte sie. «Ich hatte das für Alfred mitgenommen, jetzt ist es gleich, Alfred wird es verzeihen.»

Es war eine kleine Flasche, ich nahm sie, setzte sie an die Lippen und trank gierig den säuerlichen Wein. Als sie leer war, reichte ich sie Simone zurück und sagte: «Danke. Sie sind gut.»

«Gut», wiederholte Simone mit ihrer tiefen, bösen Stimme. «Wenn wir gut sein sollen, dann können wir es nicht, und wenn wir schlecht sein sollen, dann können wir es auch nicht. So sind wir.»

Der Trunk hatte mich erquickt. Eine große Schwäche jedoch überkam mich. Der Mond über mir schien mir zu erbleichen, und schwarze Schatten glitten über das mondbeschienene Land. «Ist das das Sterben?», dachte ich. Und dennoch trieb es mich, zu sprechen, abgerissene, gedankenlose Worte: «Bitter – bitter, wir sind – jung und bleich – später die anderen – werden glücklich sein – die weißen Häuser – die sonnigen Mühlen – das grüne Land mit den gelben Landstraßen ...» Es wurde mir schwarz vor den Augen und mir vergingen die Sinne, nur undeutlich war es mir noch, als breitete sich etwas Wärmendes über mich hin.

Am Morgen haben sie mich dort gefunden, zugedeckt mit Simones schwarzem Tuch.

Der Erbwein

Es war ein fatal vorgeschobener Posten, dieser kleine Trichter am Waldrande, den der Oberleutnant Holzmüller mit seinen Leuten besetzt hielt. Das feindliche Feuer sperrte sie von den Ihren ab, so blieb ihnen nichts übrig, als müßig zu warten, zu warten, bis der Feind sie in Ruhe ließ, zu warten, bis die Dunkelheit gekommen sein würde. Der Tag war heiß und unendlich lang, und nichts zu tun zu haben, als dem Wimmern der feindlichen Granaten zuzuhören, machte unendlich müde. Es ist eine qualvolle Müdigkeit ohne Ruhe. Der Oberleutnant saß auf einem Rasenstück; die schweren Augenlider gesenkt, schaute er auf seine Stiefelspitzen nieder. Er war ein wenig grau im Gesicht, zerrte an seinem Schnurrbart und gähnte. Ja, er hatte einen nervösen Gähnkrampf. Die Soldaten standen an der Brustwehr und hielten Ausschau mit unbewegten Gesichtern. Der Leutnant von Brehm hatte eine Weile mit dem Unteroffizier Kamp geflüstert. Sie waren Jugendfreunde, hatten manchen tollen Streich verübt und manche Nacht durchgezecht, Brehm immer als der vernünftigere, Kamp, der Maler war, als der Verführer mit der nie versagenden Phantasie. Brehm war ein Riese mit einem runden, freundlichen Kindergesicht und friedlichen blauen Augen. Kamp war ein hoch aufgeschossener, schmaler Jüngling mit dunkelbraunen Samtaugen, einem schmalen Mädchengesicht und einem langen Munde, der stets zu einem ausgelassenen Lächeln bereit schien. Brehm beschrieb seinem Kameraden mit leiser Stimme sein Bett zu Hause im Schloss, denn seit drei Jahren war er verheiratet, besaß ein Gut, ein Schloss und eine schöne junge Frau. «Also ein ganz großes Mahagonibett mit Bronzebeschlägen; zwei Kissen, nicht zu weich, damit sie kühl bleiben; eine nelkenrote seidene Steppdecke. Und wenn du in das Bett steigst, dann wiegt sich alles sachte, ganz sachte, wie an stillen Tagen das Wasser auf dem See, wenn du dort auf dem Rücken liegst.»

Kamp schnalzte mit der Zunge: «Ja, wer das jetzt hätte!», meinte er. Dabei sah er den Gefährten ein wenig spöttisch an: «Der gute Brehm, dachte er, diese unendliche Zufriedenheit mit allem, was er besitzt, ist rührend.» Dann schwiegen auch sie und hörten den feindlichen Granaten zu.

Einmal entstand in dem Trichter Heiterkeit, die Soldaten lachten, der Oberleutnant stand auf, um zu sehen, was es gäbe: Ein Igel war es, der auf seinen langen, weichen Sohlen einen Weg durch das dürre Laub suchte und sein spitzes Gesicht hierhin und dorthin wandte wie ein Kurzsichtiger, der etwas Verlorenes am Boden sucht. Auch der Oberleutnant lächelte, und solange das Tierchen zu sehen war, gehörte ihm das Interesse des ganzen Trichters.

Endlich kam der Abend. Einen Augenblick war der Trichter ganz voll von rosenrotem Licht, im nahen Wald begann es im Laub zu flüstern, und es wehte kühl herüber. Die müde Spannung auf den Gesichtern der Leute ließ nach, sie sprachen leise miteinander und lächelten. Der Oberleutnant war an die Brustwehr getreten und schaute durch sein Glas. Er machte ein bedenkliches Gesicht: «Was die nur vorhaben?», sagte er zum Leutnant; «da ist so eine Unruhe, ein Herumarbeiten, dazu immer noch die Schießerei …»

«Die sollten wir ein wenig aushorchen», sagte Kamp. »Wenn es dunkel ist. Da drüben von der Lichtung aus, auf der anderen Seite des Waldstreifens, ginge das gut.»

«Ja, ja», meinte der Oberleutnant in seiner ein wenig schläfrigen, nachdenklichen Art. «Kleine Schleichpatrouille. Was denken Sie, Kamp?»

«Zu Befehl, Herr Oberleutnant», und er machte ein Gesicht, als hätte er eine Freudenbotschaft erhalten.

«Gut also», fuhr der Oberleutnant fort. «Sie nehmen sich drei, vier Leute – aber scharf achtgeben: Die da drüben scheinen mir heute auch auf den Beinen zu sein.»

«Herr Oberleutnant», sagte Leutnant Brehm, «darf ich nicht mit?»

«Sie?», meinte der Oberleutnant. «Das ist doch nichts für Sie.» Aber das runde Kindergesicht des Leutnants wurde so düster und missmutig, dass der Oberleutnant die Augenbrauen emporzog und sagte: «Liegt Ihnen so viel daran? Nun, in Gottes Namen! Aber eigentlich sollte ich es nicht gestatten.»

Brehm und Kamp lächelten einander an wie in früheren Jugendtagen, wenn sie im Begriffe waren, zusammen einen lustigen Streich zu vollführen.

Es war schon ganz dunkel, als die kleine Schar sich auf den Weg machte. Köstlich kühl war es unter den Buchen, das feuchte Herbstlaub duftete stark, Sterne standen am Himmel. Ja, das war etwas anderes, hier durch das Unterholz zu schleichen, statt drüben in dem verdammten Sandloch zu sitzen! So waren sie eine Strecke vorwärts gekommen, immer wieder stehenbleibend und horchend – endlich stellte der Leutnant die Leute getrennt auf Posten ab, er selbst und Kamp pirschten sich näher an den Feind heran. Plötzlich stieg zischend eine Rakete in die Luft – es wurde taghell um sie, ein milchweißer Tag, in dem die Bäume tintenschwarz dastanden. Brehm und Kamp hatten sich zu Boden geworfen, lagen still da. Brehm sah deutlich, sie mussten nicht weit von der Lichtung sein. In einiger Entfernung von ihnen stand ein dichtes Erlengebüsch – das würde gute Deckung geben. Aber wo war denn Kamp? Er sah ihn nicht. War er schon voraus? Das weiße Licht in der Luft erlosch, und die Nacht erschien schwärzer als vorher. Und wie er lag und in das Dunkel hineinhorchte, schien es ihm, als regte sich in den Büschen umher ein Knacken, ein Huschen, das Rascheln welker Blätter – das waren Schritte, die drüben waren auf den Beinen! Jetzt galt es achtgeben! Wenn er nur bis zum Erlenbusch kommen konnte! Und leise begann er vorwärts zu kriechen.

Es war seltsam, dieses Fortgleiten über den feuchten Waldboden. Bald legte die Hand sich auf einen Mooshümpel wie in einen dichten, kühlen Samtteppich, bald fasste sie eine nasse Wurzel, die ein hartes, kaltes Tier zu sein schien. Zuweilen duftete es ganz süß nach Nachtschatten, die irgendwo blühten, bald bahnte die Hand sich ihre Bahn durch taufeuchtes Heidelbeerkraut; und wenn Brehm still lag und horchte, pflückte er mechanisch die kleinen, kühlen Beeren und steckte sie in den Mund. So schien es ihm, als sei er eine gute Strecke vorwärts gekrochen, als er merkte, dass er an den Erlenbusch gelangt war. Vorsichtig drängte er sich durch die Zweige, und als er gerade hindurch war, stieg zischend eine Rakete in den Himmel, und in dem scharfen, weißen Lichte sah er, dass er am Rande eines ziemlich geräumigen Erdloches lag. Deutlich unterschied er die gelben Sandwände, und deutlich sah er, dass in dem Loche sich bereits einer befand: Kamp war's, der dort hockte und zu ihm hinauflächelte. Brehm musste auch lächeln, und er freute sich, wie wir uns nur in solchen Augenblicken äußerster Spannung über einen glücklichen Zufall freuen. Als es wieder finster geworden war, kroch Brehm in das Loch hinab, Kamp kicherte ganz leise. Eng aneinandergerückt saßen sie da, bequem war es nicht, aber sie waren froh, beieinander zu sein.

Im Wald nahm das wunderliche Knistern und Huschen seinen Fortgang. Einmal war es ihnen, als gingen Schritte ganz nah an ihnen vorüber. Dann hörten sie deutlich ein Flüstern, einen leisen Pfiff, den stumpfen Ton, als schlüge ein Gewehr gegen einen Baumstamm. Der ganze Wald musste voller Franzosen sein. Da half nichts als stille halten, mäuschenstill, und abwarten. Vielleicht beruhigten sie sich, oder die Morgendämmerung brachte Klarheit. So saßen denn die beiden in ihrem engen Loch und horchten hinaus. Eng war es, wenn sie die Köpfe bewegten, schlugen nasse Farnwedel ihnen in das Gesicht, über ihnen stießen Fledermäuse ihre kleinen, schrillen Jagdrufe aus, und einer hörte das Herz des andern deutlich schlagen. Die Nacht schien unendlich lang, an den Beinen lief es ihnen wie Ameisen entlang, das gespannte Hinaushorchen wurde eine Qual, dazu begann es empfindlich kalt zu werden. Alles um sie her, die Sträucher, das Moos, die Erde atmeten eine kühle Feuchtigkeit aus. Da fühlte Brehm, dass Kamp ihn anstieß, ihm etwas reichte. Es war eine Feldflasche, begierig setzte Brehm sie an den Mund und tat einen langen, langen Zug. Teufel, war das ein Tropfen! Wo kam Kamp zu so etwas? Es war ein starker, süßer Wein, der wie ein köstlich sanftes Feuer den ganzen Körper erwärmte, ein Wein, der nach der edlen sonnendurchglühten Traube schmeckte und in dem doch auch noch etwas von dem Duft der Weinblüte zu liegen schien. Wunderbar! Solchen Wein hatte Brehm nur noch bei sich zu Hause getrunken, wenn sie sich einmal entschlossen, eine Flasche von dem so heilig gehaltenen Erbwein aus dem Keller zu holen, den der Großvater einst aus Spanien mitgebracht hatte. Und während der Wein Brehm die Glieder angenehm wärmte und leicht den Kopf benahm, gingen seine Gedanken zurück in die Heimat, in das Schloss, in dem sein Glück wohnte. Es war ihm, als atme er wieder die Luft der Heimat, seine Luft, die Luft, die dort wehte, wo alles sein war – jeder Baum und jeder Halm, jeder Vogel und jeder Hase; und wieder wärmte ein angenehmes Eigentumsgefühl sein Herz, jenes Gefühl, das ihn ergriff, wenn er zwischen seinen Wiesen und Feldern und Wäldern dahinritt. Abends wenn er nach Hause ritt, freute er sich auf sein Haus, auf die erleuchteten Zimmer, auf den Esstisch mit den feinen, blanken Sachen; er freute sich auf die kleine blonde Frau mit den dunklen Augen. Wie wird sie heute aussehen? Was wird sie heute tun, was wird sie sagen? Sie war ihm täglich neu, und er hatte nicht geglaubt, dass die Ehe so unterhaltend sein könnte, er hatte nicht geglaubt, dass das Leben so weich und rein und hübsch sein könnte. Der arme Kamp, wenn er zu ihnen zu Besuch kam, da mochte ihm das Herz wohl zuweilen vor Neid schwer werden. Er steckte ja noch zwischen den Kaffeehäusern in dem zerfahrenen, ungeordneten Junggesellenleben. Wenn Kamp dann abends als Schwerenöter der schönen Frau Agnete seine Künste vormachte, Witze riss oder mit seiner schönen Stimme gefühlvolle Lieder sang – dann lächelte Brehm wohlwollend und dachte: «Der arme Junge, er sollte seine frierende Junggesellenseele auch ein wenig an dieser

Sonne wärmen.» Wieder reichte Kamp ihm die Flasche, und wieder erfüllte der Wein Brehm mit unendlichem Wohlbehagen. Seltsam, wie dieser Wein ihn in die Augustnacht zurückversetzte, kurz vor Ausbruch des Krieges. Kamp war bei ihnen. Da die Nacht warm und sternhell war, wollten sie eine späte Kahnfahrt auf dem Gartenteiche machen. Sie gingen durch die dunklen Gartenwege, die Blumen, an denen sie vorüberkamen, konnten sie nicht sehen, aber sie spürten ihren Duft. Agnete und Kamp scherzten über den Blumenduft: «Tuberosen», sagte Kamp, «nein, die duften zu aufdringlich, die sind wie kleine Bürgerfrauen, die sich einmal gut anziehen und zu stark parfümieren, aber auf dem Grunde des Parfüms liegt doch noch etwas Selleriegeruch. Die Lilien, ja, die können es sich erlauben, so schwül und süß zu duften, bei jeder andern wäre es eine Unverschämtheit.» Der gute Junge tat alles, um Frau Agneten zu gefallen, Brehm aber konnte schweigen im ruhigen Gefühle des Besitzes. Am Teiche angelangt, stiegen sie in den Kahn. Brehm ruderte, Frau Agnete, in einen weißen Schal gehüllt, saß am Bug, Kamp kauerte auf dem Boden des Kahnes. Frau Agnete hatte eine halbe Flasche von dem Erbwein mitgenommen und kredenzte ihn – sie war immer ein wenig verschwenderisch mit diesem Wein. Aber in diese Nacht passte er, er machte die Lebenslage noch süßer und traumhafter. So fuhren sie dahin, Sterne spiegelten sich im schwarzen Wasser, zuweilen schnalzte ein Fisch, oder der Kahn glitt über die Blätter der Wasserrosen, dass es wie Seide rauschte. Endlich begann Kamp zu singen. Der gute Junge legte all seine Seele in diese Töne, er erfüllte die Nacht mit dieser leidenschaftlichen, sehnsüchtigen Süßigkeit:

«O komm zu mir, wenn durch die Nacht
Wandelt der Sterne Heer!
Dann geht mit uns in Mondespracht
Die Gondel übers Meer.»

Brehm aber saß still da und ließ sich gedankenlos von dem Glück dieser Stunde wiegen.

Brehm hörte Kamp neben sich seufzen. «Der Arme», dachte er, «der hat jetzt wohl auch seine unruhigen und unreinen Junggesellenträume!» Kamp hatte seine Träume, aber es war der Zauber derselben Augustnacht, an die Brehm dachte, die auch ihn umfing. Er sah sich wieder auf dem Boden des Kahnes sitzen, zu Füßen der schönen weißen Frau, er spürte den Duft des Wassers, der Weiden am Ufer, er ließ seine Hand hinabgleiten in das lauwarme Wasser, und dort begegnete er einer anderen Hand, einer kleinen, kühlen Hand, und die beiden Hände fassten sich, glitten durch das schwarze, goldgeschmückte Wasser. Zuweilen umstrickten sie die Wurzeln der Wasserrosen wie kleine glatte Schlangen, und dann tauchte die Wasserrose, die ruhig an der Oberfläche gelegen, plötzlich unter. Die kleine Hand, die er in der seinen halten durfte, erfüllte Kamp mit einer unendlich wonnevollen Ekstase, und er begann zu singen, sang, wie er noch nie gesungen – es schien ihm, als seien die Töne, die er in die Dunkelheit hinausrief, leidenschaftlich sehnsüchtige Arme, mit denen er die schöne weiße Frau dort am Bug des Kahnes umschlang:

«Die Luft ist lind wie Liebesscherz.
O süßes Kind, komm an mein Herz!»

Der Morgen dämmerte. In einer grauen Helligkeit standen die Bäume nüchtern und verdrossen da. Eine empfindliche Kälte ließ die beiden jungen Leute in ihrem Erdloch erschauern. Da der Wald jetzt still war, beschlossen sie, sich hinauszuwagen. Sie krochen aus ihrem Loch, krochen eine Strecke weit, erhoben sich dann und schlichen vorsichtig durch den Wald. Plötzlich standen sie am Waldrande. Vor ihnen lag eine Ebene und dort hinten die Schützengräben der Ihren. Nun liefen sie. Ein feindliches Maschinengewehr begann zu bellen, dann ein zweites, eine Granate schwirrte durch die Luft und schlug irgendwo krachend auf. Da schien es Brehm, als folge Kamp ihm nicht mehr. Er wandte sich um – ja, der Arme lag am Boden! Brehm eilte auf ihn zu: «Was gibt es, Alter?»

«Aus ist es», sagte Kamp und schaute Brehm mit seinen braunen Samtaugen hilflos an.

«Es wird nicht so schlimm sein», meinte Brehm. «Komm, hier können wir nicht bleiben.»

«Ich kann nicht», erwiderte Kamp, «geh nur.»

Brehm aber ergriff den Kameraden mit seinen starken Armen, lud ihn sich auf und begann zu laufen, blasend und schnaufend, fast mechanisch und gedankenlos. Er fühlte nur die Bürde und fühlte, dass er weiterkommen müsse.

Der Weg schien unendlich weit. Endlich rief jemand ihn an, er antwortete, er war am Ziel. Er ließ Kamp zu Boden gleiten und sank neben ihn hin, seine Kräfte waren zu Ende. Jemand sagte: «Der arme Kamp ist tot.» Dann führten sie Brehm fort zu einem Feldbett, auf das er sich warf und in Schlaf versank, wie in einen tiefen, schwarzen Abgrund.

Es war Nachmittag, als Brehm erwachte. Er fühlte sich ein wenig steif, aber gestärkt. Er stand auf und kleidete sich an. Aus der Tasche seines Rockes fiel ein schwarzes Taschenbuch, er entsann sich: Es war Kamps Buch, das ihm dort auf dem Felde herausgeglitten war. Brehm hatte es zu sich gesteckt, jetzt blätterte er gerührt darin. Ein kleiner Briefbogen flatterte heraus, und als Brehm ihn aufnahm, erkannte er Agnetes Handschrift. «Die Gute», dachte er, «hat sie dem armen Jungen auch noch geschrieben! Das wird ihn gefreut haben.» Und er las: «Mein Freund, es ist das letzte Mal, dass ich Dir schreibe. Jetzt, da so viele ihr Teuerstes begraben, lass uns auch unsere törichte Liebe begraben. In dieser furchtbar großen Zeit müssen wir stark und gut sein, damit wir mit reinem Herzen zueinander stehen können. Sei Kurt ein guter Freund. Agnete. Postskriptum: Ich schicke Dir noch einmal etwas von dem Erbwein.»

Brehm verstand nicht. Er las noch einmal und noch einmal. Endlich kam das Verstehen über ihn, kam als eine Welle heißen Zornes, als wildes Verlangen, etwas zu zerschlagen, zu zertrümmern, zu vernichten.

Der Hauptmann kam herein. «Nun, Brehm», sagte er, «haben Sie ausgeschlafen? Das ist gut. Sie wissen, heute Abend gibt's zu tun. Ich glaube, die Arbeit wird höllisch heiß.»

«Umso besser, Herr Hauptmann», meinte Brehm.

Der Hauptmann ging hinaus. Brehm saß wieder da und starrte auf den kleinen Briefbogen. Zu denken wagte er nicht. Zuweilen zuckte er leicht mit den Schultern und sagte leise vor sich hin: «Ja, ja, so ist es nun.» Seine Stimme klang unendlich mutlos. «Heiße Arbeit» – hatte der Hauptmann gesagt. Gut, das war es, was er brauchte. Er hatte ja nichts zu verlieren. Die anderen konnten ihr Leben verlieren, aber er – sein Leben war ja eine Einbildung gewesen, ein verlogener Traum, ein Nichts! Heiße Arbeit, die wenigstens war Wirklichkeit, die wenigstens log nicht.

Pfingstrausch im Krieg

«Bei dem tollen Blühen der heurigen Pfingstzeit», sagte Vetter Hoto, «wird man schwach und süß. Wir gehen umher wie Kandiszuckerstangen und können nichts tun als uns verlieben.»

In der Tat, es schien, als hätten dieses Jahr alle Knospen Eile, zugleich aufzuspringen. Das alte Landhaus stand da, ganz verschleiert von weißen Blütenbäumen, und der Garten war schwül von dem Dufte der Blumen.

In diesem Duften und Blühen ging die Jugend der Häuser wie in einem Rausche umher, und es war gerade viel Jugend im Hause. Da waren die Töchter des Hauses, die kleinen, wilden Komtessen mit den rötlichen Locken, den weit offenen graublauen Augen und den unruhigen Lippen, die stets darauf zu warten schienen, dass es etwas zu lachen gebe, Dina, Ina und Rita. Dann die Vetter, die siebzehnjährigen Zwillinge, Hoto und Botho, mit den glatt gescheitelten Köpfen, endlich der Vetter Arved, der Leutnant, der ein krankes Herz von der Front zurückgebracht hatte und es hier wieder in Ordnung bringen sollte. Dazu kam noch die Baronin Quanda, die schöne Witwe und Dichterin.

So war das Leben in dieser Pfingstzeit bunt und ausgelassen, als gebe es dort an den Grenzen keinen Krieg und kein Sterben. Nur für eine war die Lebenslage zuweilen schwierig, für die neunzehnjährige

Dina, die älteste der Töchter des Hauses. Dina war eigentlich keine Komtesse mehr, sondern eine junge Frau.

Gleich auf den ersten Gesellschaften, die Dina besuchte, hatte der Baron Hugo von Thünen ihr seine Aufmerksamkeit geschenkt und ihr in seiner bedächtigen und gründlichen Weise den Hof gemacht. Alle waren darin einig, dass dieses für Dina ein großes Glück sei, denn der Baron Thünen war zwar nicht mehr ganz jung, aber schön, reich, geachtet und klug, die glänzendste Erscheinung der Gesellschaft.

Auch Dina empfand dieses Glück, empfand es mit einer Art Andacht, die ein leichtes Frösteln verursachte, wie wir es fühlen, wenn wir eine Kirche betreten. So verlobte sich Dina mit dem Baron von Thünen.

Als der Krieg ausbrach, ließen sie sich trauen, Thünen ging dann zu seinem Regiment an die Front ab, und Dina kehrte in ihr elterliches Haus zurück.

In Dinas äußerem Leben war somit nichts verändert, aber dennoch war sie eine andere. Sie spürte das an der Art, wie ihre Eltern mit ihr verkehrten, wie die Dienstboten ihr begegneten, ja sogar wie die Schwestern mit ihr umgingen. Sie wurde mehr geehrt, man nahm Rücksichten, und war sie einmal still und nachdenklich, so sahen die anderen sie gerührt an und flüsterten sich zu: «Sie sorgt sich um ihren Mann.»

Wenn die dicken Briefe vom Felde ankamen, diese unendlich liebevollen, ernsten Briefe, dann wurde sie allein gelassen, als sollte sie die Bibel lesen. Zog sie sich zurück, um die Briefe zu beantworten, so war dafür gesorgt, dass sie nicht gestört wurde. Sie saß dann vor dem großen Briefbogen und dachte nach. Es war schwer, diese Briefe zu schreiben. Natürlich liebte sie ihren Mann und sehnte sich nach ihm, aber er war ihr doch eigentlich ein etwas fremder Herr, und sie hatte vor diesen Briefen ein wenig das Gefühl, das sie als Schulmädchen gehabt, wenn sie sich niedersetzte, um einen französischen Aufsatz zu schreiben. Immerhin war es angenehm, die rührende und interessante junge Frau zu sein. Allein es gab Zeiten, in denen sie gern ihre Würde vergessen hätte. Man kann doch nicht immer an seinen Mann denken und sich nach seinem Mann sehnen. In Festzeiten, wenn die Vetter da waren, wenn das Leben bunt und ausgelassen wurde, dann wollte auch sie wieder die wilde kleine Komtesse sein. Aber ihre Mutter sah sie missbilligend an und meinte: «Ich begreife nicht, wie du zu solchen Albernheiten die Stimmung haben kannst, während dein Mann draußen im Felde ist», und ihre Schwestern sagten bei manchen Unternehmungen: »Das ist nichts mehr für dich.« Sie musste bei den älteren Leuten sitzen und fühlte sich ausgeschlossen und unglücklich. In dieser Pfingstzeit jedoch war sie fest entschlossen, ihr Leben zu genießen, zu vergessen, dass sie rührend und interessant war, und die anderen sollten es auch vergessen; sie wollte im Mondschein spazierenreiten, Spaziergänge machen, sich mit den Vettern um die Rasenplätze hetzen.

Nun, und die Vettern schickten sich darein, ja Vetter Arved ging so weit, dass, wenn er abends in den dunklen Alleen mit ihr lustwandelte, er ihr stets eine Liebeserklärung machte. Liebeserklärungen waren seine Spezialität, darauf verstand er sich. Wenn Dina ihm einwand: «Aber Arved, ich bin doch eine Frau», dann meinte er: «Das wird deinem älteren Herrn nichts schaden, dass ich dir das sage und du das anhörst.»

Die Baronin Quanda bemerkte zu alldem ein wenig spitz: «Ich möchte Ihr leichtes Herz haben, Dinachen.» Dina jedoch machte sich nichts daraus, sie wollte nun einmal ihren Pfingstrausch haben.

Da traf die Nachricht ein, dass Thünen auf einen kurzen Urlaub nach Hause käme. Die Nachricht erschütterte Dina. Sie freute sich, ihren Gatten wiederzusehen; natürlich, eine Frau freut sich immer, ihren Gatten wiederzusehen, und alle erwarteten das von ihr, allein es kam so überraschend, sie war in letzter Zeit mit ihren Gedanken so wenig bei ihm gewesen, es regte sie auf und machte sie nachdenklich.

Der Tag, an dem Thünen kommen sollte, war ungewöhnlich heiß. Die jungen Leute gingen zum Parkteich hinunter, um zu angeln. Die jungen Mädchen begleiteten sie. Während die jungen Leute am Ufer lagen und ihre Angeln bewachten, saßen die Mädchen auf dem Rasen unter ihren großen Strohhüten, Bücher in den Händen, in denen sie nicht lasen. Auch Dina war gekommen, sie war still und in sich gekehrt. Der blühende Faulbaum duftete berauschend, die Sonne glitzerte über dem Wasser, und all das machte die jungen Menschen träge und ein wenig schläfrig.

«Wie froh bin ich», sagte Ina, «dass ich keinen Gatten zu erwarten habe.»

«Muss denn immer davon gesprochen werden?», klagte Dina.

«Nun», meinte der Vetter Arved, «das ist doch die Sensation des Tages.»

«Was sagt man bei solchem Wiedersehen?», fuhr Ina fort.

«Er sagt wahrscheinlich, ‹mein teures Weib› – was antwortet man darauf?»

«Man errötet und schlägt die Augen nieder», schlug Vetter Hato vor.

«Ich denke es mir überhaupt schwer», ließ Rita sich jetzt vernehmen, «mit dem Schwager Hugo zu sprechen, er sieht so aus, als könnte man nur ernste Sachen mit ihm sprechen, so über ‹Die Weltgeschichte ist das Weltgericht›.»

«Nun, ich danke», meinte Vetter Arved, «wenn meine Frau mir mit so was käme nach einer Trennung, ich wüsste dann schon, was ich ihr antworten würde.»

«Ihr habt alle kein Herz», sagte Dina, und ihre Stimme bebte.

Mitten im Grün erschien ein Diener und meldete, der Baron Thünen sei angekommen. Dina sprang auf. Sie errötete und machte ein angstvolles Gesicht.

«Wünsche viel Glück», rief ihr Arved zu, Dina aber sagte, indem sie sich zum Gehen wandte: «Ja, ihr habt's gut, ihr könnt hier ruhig und gemütlich sitzen bleiben.»

Thünen kam seiner Frau in den Garten entgegen. Er ging schnell auf sie zu mit dem etwas steifen Schritt des Kavalleristen. Dina war überrascht davon, wie stattlich er war mit seiner hohen Gestalt und dem schönen braunen Vollbart.

Sein Haar auf dem Scheitel hatte sich gelichtet, und an den Schläfen war es ein wenig grau. Aber das war vielleicht schon früher gewesen, und Dina hatte es vergessen. Thünen war sehr bewegt, er schloss Dina in die Arme und wiederholte immer wieder: «Dina, meine Dina.»

Dann gingen sie in den Gartenwegen auf und ab. Dina war auch sehr gerührt, aber das Gefühl, die Ursache der Aufregung dieses stattlichen Herrn zu sein, bedrückte sie und machte sie befangen, auch dachte sie daran, dass sie jetzt etwas sagen müsste, und sie wusste doch nicht, was. Es war auch nicht nötig, denn Thünen begann zu sprechen: «Kind, Kind, wenn ich so denke, dass ich monatelang von diesem Glück geträumt habe, das mir als etwas ganz Helles, aber auch ganz Fernes erschien, und nun hängt dieses Glück leibhaftig an meinem Arm. Das ist traumhaft, ja traumhaft. Nun, mein Kind, wie hast du denn gelebt, was hast du getan, was hast du gedacht? War es so, wie ich es mir vorstellte, dass ich in deinen Gedanken immer mit dir lebte, bei all deinen kleinen Beschäftigungen dabei war, bei deinem ganzen jungen heiligen Leben? Ach Gott, du weißt nicht, wie solch ein Gedanke uns in harten, oft grausamen Arbeiten aufrichtet und wärmt.» Und er beugte sich über sie und küsste sie.

Nun begann für Dina ein seltsames Leben, immer umgeben von dieser starken und ernsten Liebe. Lustig war es nicht immer, aber es war feierlich. Sie gingen in den Gartenalleen umher, und Thünen sprach von ihrer Zukunft, sprach davon, wie sie sich für ihr künftiges Glück erziehen wollten, damit sie es verdienten. Er gab Dina Vorschriften, sagte viel Schönes und Kluges, oder sie lasen miteinander ein gediegenes Buch, oder sie saßen auf der Veranda, Thünen hielt Dinas Hand in der seinen und unterhielt sich mit der Baronin Quanda. Er unterhielt sich viel und gern mit der Baronin. Sie sprachen dann von Kultur und Psychologie der Völker. Dina schaute gelangweilt vor sich in den Garten hinaus. Sie sah ihre Schwestern und die Vettern mit den Raketts in den Händen zum Tennisplatz gehen oder mit anderen hinausziehen oder lachend durch die Büsche schlüpfen, und das machte sie wehmütig. Das schöne Jugendtreiben schien so weit von ihr fortgerückt, schien auf immer für sie verschlossen, und sie sehnte sich nach der Zeit, da sie noch eine kleine Komtesse war und nicht so verständig und edel zu sein brauchte, um der Liebe des stattlichen älteren Herrn würdig zu sein. Kamen ihre Schwestern und die Vettern nach Hause, dann waren sie erhitzt, hatten Blütenblätter in den Haaren, flüsterten und kicherten und hatten ihre Heimlichkeiten, und Dina fühlte es wohl, sie lachten auch über sie, wie sie es ja auch früher gewohnt gewesen war, über die älteren Leute heimlich zu lachen. In solchen Augenblicken aber hätte Dina weinen können.

Am zweiten Pfingsttage sollte ein Fliederfest gefeiert werden. Nach Sonnenuntergang gingen alle auf eine Anhöhe hinauf, die dicht mit Fliederbüschen bestanden war; dort saß man auf dem Rasen, trank Maibowle und sang gefühlvolle Volkslieder. Ringsum standen die blütenbedeckten Büsche wie eine Mauer aus blassvioletten und weißen Wolken, irgendwo schlug eine Nachtigall, und endlich stieg der Mond am blassblauen, sternleeren Himmel empor, ein runder, silberner Mond. Die Mädchen in ihren hellen Sommerkleidern saßen da, die Hände im Schoß gefaltet, die Mainacht mit ihrem Blühen und Duften legte in das Blut der Mädchen ein unruhiges Schwingen, sie bekamen heiße, rote Lippen und schauten mit weit offenen Augen zum Monde auf. Die jungen Leute streckten sich faul auf den Rasen hin, flüsterten zuweilen mit den Mädchen und bliesen den Rauch ihrer Zigaretten in den Duft des Flieders hinein.

«Schön, schön», sagte Vetter Arved, «man nimmt ein Bad von Duft und Gefühl.»

«Und Mädchen wie die Bilder», meinte Hoto, «nur schade, dass sie nicht aus den Rahmen steigen.»

Dina saß neben ihrem Gemahl. Er hielt ihre Hand und sprach mit der Baronin Quanda über das deutsche Gemüt und das deutsche Herz. Allmählich aber wurden die jungen Leute unruhig, das Fieber der Frühlingsnacht duldete es nicht, dass sie da so still dalagen. Sie begannen umherzugehen, auch die jungen Mädchen erhoben sich, und endlich verschwanden sie hinter den Fliederbüschen, sie sagten, sie wollten der Nachtigall näher sein. Dina hörte sie lachen und plaudern, und endlich wurde es still in den Büschen. Thünen und die Baronin Quanda sprachen jetzt von Goethe, Dina aber wurde es sehr bange um das Herz. Sie fühlte sich wieder verlassen, wie ausgestoßen aus der Maiennacht und ihren süßen Geheimnissen. Der schwüle Duft des Flieders bedrückte sie, es war ihr, als könnte sie hier nicht atmen, die heiße Hand Thünens, die die ihre hielt, erschien ihr eine unerträgliche Fessel, dazu das kluge Gerede der Baronin Quanda – nein, sie ertrug es nicht länger. Vorsichtig zog sie ihre Hand aus der ihres Gatten, erhob sich und schlich sich hinein in das Gewirre der Büsche. Dort atmete sie tief auf, dann griff sie hinein in die blassvioletten, taufeuchten Blütendolden und drückte sie an ihr heißes Gesicht. Nun stand sie unbeweglich da, schaute zum Monde auf und horchte in sich hinein auf das Pulsen ihres Blutes. Ja, jetzt empfand sie es wieder, jenes Gefühl, das sie als Mädchen an solchen Abenden beseligt hatte, diese selige Unklarheit des Hoffens und Sehnens. Und plötzlich stand Arved vor ihr. «Du, Dina, hier?», fragte er.

«Ja», erwiderte sie, «ich hielt es dort nicht aus. Ach, Arved, ich wollte, es wäre heute noch wie früher. Du, Arved, mache mir noch einmal eine Liebeserklärung, so, wie du es verstehst. Mir ist, als hätte ich das unendlich lange nicht gehört.»

Arved lachte. «Aber Dina, dein älterer freundlicher Herr macht dir doch jetzt die Liebeserklärungen.»

«Das ist nicht das», erwiderte Dina, «das ist zu andächtig, und er ist doch nur ein freundlicher älterer Herr. Ach, Arved, es ist mir, als würden alle Lebenstüren vor mir zugeschlagen und als sei alles aus, sei gut zu mir.»

«Ja, Dina», rief Arved, «dass du nicht bei uns bist, macht mir die Pfingsttage jetzt leer und traurig. Zu allem Schönen, das es hier gibt, gehörst du, fehlst du. Heute morgen lag ich hier unter dem Flieder und dachte an dich, sehnte mich nach dir, dass ich hätte heulen mögen, sehnte mich danach, dir wieder in die Augen zu sehen, so lange, bis kleine goldene Funken in deinen Augen erwachen.» Er hatte seinen Arm um ihre Taille gelegt, er bog sie zurück, dass der Mond ihr voll in das Gesicht schien, und küsste das mondbeglänzte Gesicht.

In den Büschen raschelte es, Schritte wurden hörbar. Erschrocken fuhren Dina und Arved auseinander, und Thünen erschien. «Hier bist du, Dina», sagte er, «ich suche dich. Wir brechen auf.» Er sprach ruhig und freundlich, aber im Mondschein erschien sein Gesicht geisterhaft bleich. Er nahm Dinas Arm und führte sie die Anhöhe hinab.

Die anderen zogen voraus auf der hell beschienenen Straße und sangen. Dinas Herz klopfte. «Was wird er jetzt sagen», dachte sie, und in ihrer Angst begann sie zu sprechen. «Wie schön es ist», sagte sie.

«Ja, schön», erwiderte Thünen, und an dem Tone hörte Dina, dass er an anderes dachte. Als er dann zu sprechen anfing, klang seine Stimme seltsam verändert und mühsam. «Es ist vielleicht die grausamste Einrichtung unseres Lebens, dass unser größtes Glück, oft unser einziges Glück in einen anderen hineingelegt ist, und dieser andere weiß es nicht oder will es nicht, es drückt ihn, es schmerzt ihn, und so sind wir gerade dort grausam, wo wir lieben.»

Dinas Hände wurden kalt vor Aufregung. Sie verstand ihn nicht. Was wollte er?

«Aber du, mein Kind», fuhr Thünen jetzt mit weicher Stimme fort, «du sollst nicht leiden. Meine Liebe soll dich nicht drücken, nicht quälen, soll dein Leben nicht verkümmern. Das will ich nicht, nein, nur das nicht. Du sollst dein junges Leben voll ausleben, das Glück deiner Jugend genießen. Alle Türen des Lebens sollen dir offen stehen, kein Schatten soll auf dein Leben fallen, am wenigsten mein Schatten, der Schatten», er hielt einen Augenblick inne, und als Dina zu ihm aufschaute, sah sie, dass das bleiche Gesicht unendlich schmerzvoll lächelte, «des fremden älteren Herrn», fügte er hinzu, «nein, der wird dich nicht stören, der nicht. Gott, da unten wird ja jetzt die große Abrechnung gehalten, dort sind so viele Türen, die sich schließen.» Er hatte die letzten Worte leise und wie zu sich selber gesprochen, endlich versiegte seine Stimme.

Dina hatte atemlos zugehört. Was sollte sie tun, sie weinte.

«Weinst du, mein Kind?», fragte Thünen sanft. «Weine nicht, du brauchst nicht zu weinen. Es wird alles gut, es wird alles kommen, wie es kommen muss. Und später einmal wirst du es vielleicht verstehen, dass meine Liebe so groß war, dass sie fürchtete, dich zu quälen, dass sie dich vor sich selbst schützen wollte.»

Sie waren an das Haus gekommen. Thünen blieb stehen, nahm Dinas Hand und sagte freundlich und fast heiter: «Nun gute Nacht, mein Kind, schlafe süß. Ich geh noch ein wenig in der Frühlingsnacht spazieren, ich habe mir manches noch zu überdenken. Schlafe gut.» Damit verließ er sie und verschwand in der Dunkelheit der Gartenallee.

Den nächsten Morgen ganz früh reiste Thünen zu seinem Regiment ab.

Das Kindermädchen

Margusch saß an dem Bett der kleinen Erika und sang leise vor sich hin. Das Kind wollte nicht einschlafen, wenn Margusch nicht bei ihr saß und sang. Das geräumige Kinderzimmer war angenehm warm, die Lampe mit dem grünen Schirm legte eine farbige Dämmerung über die hellen Wände und dunkle Schatten in die Ecken. Die Möbel standen wohlgeordnet und friedlich beisammen, und von der anderen Seite des Zimmers schimmerten die weißen Polster und weißen Leintücher von Marguschs Bett herüber, während das Unterbett einen großen Schatten auf die Wand warf, voll weicher Rundungen. Ja, es war ein herrliches Bett.

Margusch fühlte sich behaglich, es ging ihr doch recht gut, und sie begriff nicht, dass sie die ersten zwei Wochen sich so unglücklich gefühlt und geheult hatte vor Sehnsucht nach Hause, nach der Knechtswohnung.

Im Haus war es ganz still, denn die Herrschaft war in Gesellschaft gefahren und sollte erst um drei Uhr morgens zurückkehren. Nur aus dem Nebenzimmer klangen zuweilen gedämpfte Stimmen herüber, dort saßen die Zofe Amalie und der Diener Oskar beisammen. Die Bedauernswerten mussten auf die Herrschaft warten, während Margusch, sobald sie wollte, in ihr prachtvolles Bett gehen konnte.

Die Tür öffnete sich leise, und Amalie steckte ihr spitzes Gesicht herein. «Schläft die Kleine?», fragte sie.

«Ja», erwiderte Margusch.

«Nun, dann kannst du einen Augenblick zu uns hereinkommen.»

Margusch folgte der Einladung nur widerwillig. Drüben war es aber auch gemütlich. Amalie saß an der Lampe und nähte, Oskar lag in einem Sessel und rauchte. Er hatte die weiß und rot gestreifte Leinenjacke über die Leinenjacke gezogen, sein großes, weißes Gesicht sah müde aus, und die kleinen blauen Augen blinzelten schläfrig in das Licht. Vor einem jeden von ihnen stand ein Glas, in dem ein dunkelgoldener Wein glänzte. Auch eine Flasche stand auf dem Tisch und ein leeres Glas. «So, setz dich», sagte Amalie, «hier ist auch etwas für dich», und sie goss Wein in das leere Glas und schob es Margusch zu: «Trink.»

Margusch setzte sich, sie war befangen, die Gegenwart des Herrn Oskar schüchterte sie ein. Vorsichtig nippte sie an dem Glas, ja, das war etwas unglaublich Gutes, stark und süß, es ging wie Feuer durch die Adern. Margusch musste lachen, auch Oskar lächelte wohlwollend. «So was gibt es wohl bei euch auf dem Lande nicht», meinte er, «ja, ein guter Tropfen ist's.» Dann gähnte er und setzte die unterbrochene Unterhaltung mit Amalie fort: «Im Mai geht es dann nach Karlsbad. Dort wäre es ja nicht so schlecht, wenn nicht das frühe Aufstehen wäre. Der Alte muss um sieben Uhr heraus. Na, ist er fortgegangen, dann frühstücke ich ganz gemütlich, rauche meine Zigarre, lese meine Zeitung, später gehe ich ein wenig auf die Promenade, ich hatte da eine Bekanntschaft, eine Gouvernante, ein herrliches Weib.»

«Ach, Ihre herrlichen Weiber», schaltete Amalie ein und strich mit dem Daumen über ihre Naht.

«Ja, ein herrliches Weib», wiederholte Oskar. «Als sie abreiste, gab ich ihr ein Bukett, das mich acht Kronen gekostet hat.»

«Wozu das gut ist», meinte Amalie.

Oskar zuckte die Achseln: «Das ist nun einmal so Sitte.»

Amalie aber seufzte: «Ach, ihr Männer, Kinder seid ihr alle.»

Margusch hatte still ihren Wein getrunken, sich ganz dem Genuss hingegeben, ihre Wangen röteten sich, und sie musste zwei Knöpfe ihrer Jacke aufknöpfen: Es wurde ihr zu heiß.

Plötzlich lachte Oskar: «Sehen Sie doch die», sagte er, «die macht ja ein Gesicht wie eine Katze, die Baldrian riecht.»

Das fand Margusch nun wieder so komisch, dass sie in ein unbändiges Lachen verfiel, sie konnte sich gar nicht beruhigen, immer wieder platzte sie heraus: «Nein, der Herr Oskar!»

«Nun, nun», beruhigte Amalie sie, «es scheint mir, du hast einen Rausch.»

Oskar lächelte gütig, es schmeichelte ihm, dass sein Witz so viel Anklang fand.

Aus dem Kinderzimmer kam jetzt ein schwacher Laut herüber.

«Die Kleine ist wach!», rief Margusch erschrocken und sprang auf, «nun muss ich gehen.»

«Geh nur», sagte Amalie.

Als Margusch wieder im dämmerigen Kinderzimmer am Bett der Kleinen saß und leise vor sich hin sang, da fühlte sie, dass ein leichter Schwindel sie angenehm wiegte, das Blut klopfte ihr in den Schläfen, zuweilen lachte sie noch leise über den Witz des Herrn Oskar. Und dann plötzlich schlug ihre Stimmung seltsam um, das Herz wurde ihr schwer, und sie hätte weinen mögen. Sie dachte an zu Hause; nein, das war kein Denken mehr, es war ein deutliches Träumen.

Sie sah die Stube in dem großen Knechtshaus, es war Schlafenszeit. In dem großen Bett an der einen Wand schlief der Vater schon, und sein tiefes, regelmäßiges Schnarchen war der lauteste Ton im Raum. An der anderen Wand stand das Bett der Großmutter, der Kopf der Alten mit der schwarzen Haube lag auf dem Polster wie eine kleine, dunkle Kugel, und leises Stöhnen und Hüsteln kam von dort her. Die beiden kleinen Geschwister schliefen am Bettende, Marguschs Bett stand nahe dem Fenster, und dort lag bereits die halb erwachsene Schwester und schlief. Margusch hatte der Mutter beim Abwaschen des Geschirrs geholfen, jetzt war sie fertig, lehnte einen Augenblick am noch warmen Herd und gähnte. Die Mutter ging mit der kleinen Lampe hin und her, dieses und jenes zu richten. Im Zimmer roch es nach Rauch, nach feuchtem Holz und der blakenden Lampe. Endlich entschloss sich Margusch, schlafen zu gehen, sie schlüpfte in ihr Bett, die jüngere Schwester, unzufrieden mit der Störung, stieß mit den Beinen nach ihr, Margusch aber drückte sich fest in das Kissen und schloss die Augen. Sie hörte noch eine Weile die nackten Füße der Mutter auf den Steinfliesen des Bodens hin und her gehen. «Margusch», erklang es plötzlich. Die Mutter stand vor dem Bett. «Margusch», sagte sie, «vergiss nicht, in der Nacht nach der Kuh zu sehen, sie wollte heute nicht recht fressen, Gott schütze, dass sie uns krank wird.»

«Gut, gut», antwortete Margusch schlaftrunken.

Nun ging auch die Mutter zu Bett, seufzend und stöhnend, und löschte die Lampe.

Jetzt waren im Zimmer die schweren Atemzüge vernehmbar, zuweilen ein verschlafener Kehllaut oder ein Hüsteln, es schien, als sei der Schlaf eine schwere Arbeit, die mit Ächzen und Stöhnen vollbracht werden musste. Öffnete Margusch noch einmal die Augen, dann sah sie das Fenster vor sich weiß vom Mondenschein, etwas Licht fiel auch in das Zimmer und legte einen Streifen bleichen Goldes auf die Fliesen. Draußen tobte der Frühlingswind, Margusch hörte deutlich, wie er aus der Ferne heranfuhr, plötzlich ganz nahe war, schrillende, jauchzende Töne ausstieß, an den Fensterscheiben rüttelte und dann weiterjagte, bis ein neuer Stoß kam. Und in das Sausen und Pfeifen mischte sich noch ein Ton, mischte es sich wie fernes Singen. Margusch horchte auf, ja, es war Singen, denn heute war Samstag und die Jungen zogen vom Kruge singend über die Straßen. «Ach, die Jungen», dachte Margusch, und sie schlief lächelnd ein.

Sie mochte eine Weile geschlafen haben, als die Stimme ihrer Mutter sie weckte: «Margusch! Die Kuh!» Sie fuhr auf, sprang aus dem Bett, warf sich das kurze Röckchen über und lief hinaus. Draußen fasste der Sturm die Tür und warf sie ins Schloss. Margusch blieb einen Augenblick stehen, die große weiße Helligkeit, die über dem Land lag, blendete sie, auch benahm der starke Wind ihr den Atem, er stürzte sich auf sie, überschüttete sie mit den Düften junger Birken, feuchter

Wiesen, nasser Tannen, zerrte an ihrem Röckchen und wühlte in ihrem Haar. Sie schauerte in sich zusammen, zog das Hemd höher über die Schultern und hielt ihren Rock fest. So lief sie über den Hof zum Stall hinüber, mitten durch die Wasserpfützen hindurch. Im Stall war es recht dunkel, nur durch eine kleine trübe Fensterscheibe sickerte ein wenig mattes Mondlicht herein. Margusch tappte sich bis zu der Kuh hin, diese lag ruhig auf ihrer Streu und schlief, Margusch fuhr ihr mit der Hand über die Hörner und über das Maul, um zu fühlen, ob diese heiß seien, dann ließ sie ihre Hand auf dem glatten Rücken des Tieres ruhen, wie angenehm warm das war. Auf der Stange schlug ein Huhn mit den Flügeln, im Verschlag grunzte schlaftrunken das Schwein. Margusch wurde schläfrig, am liebsten hätte sie den Kopf auf den warmen Rücken der Kuh gelegt und hätte geschlafen. Sie raffte sich jedoch auf und lief hinaus. Vor der Stalltür blieb sie stehen, ehe sie sich wieder in den Sturm hineinwagte.

Wie weit und weiß das Land war, die nasse Landstraße glänzte wie Silber, und da kam ja auch einer auf ihr heran. Er ging nicht sehr sicher, er sang, hielt einen Birkenzweig in der Hand und schlug damit den Takt. «Das ist ja der André, der vom Kruge kommt», dachte Margusch. «Gott, diese Jungen!» Und sie lachte still vor sich hin, während sie ihn beobachtete.

Nun war er ganz nahe, da trat sie in den Mondschein hinaus: «Wer ist denn da?», fragte André, «Maus, wie kommst du hierher?», und er schlug mit dem Birkenzweig auf ihre Schultern und Beine.

Margusch wollte kichernd an ihm vorüber, er fasste sie an dem Arm, sie riss sich los: «Heute bin ich stärker wie du», rief sie und lief davon, sodass das Wasser der Pfützen hoch an ihr emporspritzte. Noch in der Stube, als sie in ihr Bett schlüpfte, musste sie über den André lachen. Sie hüllte sich fröstelnd in die Decke, junge Birkenblätter hatten sich in ihr Haar und in ihr Hemd verfangen und dufteten stark und süß. Draußen aber im Hof sang André noch immer sein klagendes Feierabendlied in den Sturm hinein.

Die kleine Erika bewegte sich in ihrem Bett, Margusch fuhr aus ihrer Träumerei auf, still war es um sie her, selbst das Flüstern im

Nebenzimmer hatte aufgehört, und das große, warme Kinderzimmer in seiner Dämmerung und seiner Ordnung erschien ihr unendlich beengend und düster. Eine große Traurigkeit schnürte ihr das Herz zusammen, sie wollte schlafen, vielleicht würde es dann besser. Sie ging zu ihrem Bett hinüber, und während sie die Kleider ablegte, fühlte sie, wie Tränen heiß über ihre Wangen rannen. Sie verkroch sich in ihr herrliches Bett, drückte das Gesicht gegen das Kissen, denn es war ihr, als müsste sie laut aufschluchzen aus Sehnsucht nach der Stube im Knechthaus mit dem mondbeglänzten Fenster, an dem der Frühlingssturm rüttelte.

Das Vergessen

Die Baronin Tilli drückte hastig und nervös den Knopf der elektrischen Klingel an der Haustür der Gräfin Rasch. Die Glocke schlug schrill und ungeduldig an. Als der Diener die Tür öffnete, eilte die Baronin an ihm vorüber, warf ein nachlässiges «Melden Sie mich!» hin und betrat das Wohnzimmer. Da sie sich dort allein befand, ging sie mit erregten, kleinen Schritten einige Male auf und ab, endlich blieb sie vor dem Spiegel stehen. Sie schaute sich ernst in die Augen, in die intensiv blauen, großen Augen. Sie war mit ihrem Anblicke nicht zufrieden. Das kindlich runde Gesicht war heute blass, die Nase war wie immer zu klein und ein wenig nach oben gebogen, und der hübsche rote Mund hatte heute etwas Vergrämtes und Ältliches. Ja, das war es, sie wurde alt. Die Baronin hatte in den ersten Kriegsmonaten ihren Gatten verloren, und sie hatte den gütigen älteren Herrn aufrichtig beweint, jetzt aber begann sie die Trauerkleider allmählich mit helleren zu vertauschen. Die schwarzen Gewänder, die Kreppschleier machten sie zu elend. Es konnte keine Untreue gegen ihren armen Wilhelm sein, wenn sie heute ein elfenbeinfarbenes Kostüm trug und ein wenig weiße Blumen auf den Hut steckte.

«Heute wieder sehr hübsch, mein Kind!», hörte sie eine Stimme hinter sich sagen.

Die Gräfin war in das Zimmer getreten, eine kleine, gebückte

Frau in Trauergewändern, das kleine weiße Gesicht von einer großen Krepphaube umflattert. Tilli wandte sich schnell um. «Hübsch, Tante», sagte sie, «ach nein, wozu auch. Wozu sollen wir jetzt hübsch sein?» Dann umarmte sie die alte Frau, umarmte sie so leidenschaftlich, dass diese besorgt fragte: «Ist etwas geschehen?»

«Nein, es ist nichts geschehen», erwiderte Tilli, «aber ich muss mit dir sprechen, Tante, über mich sprechen, über meine Seelenleiden.»

«So, so, Gott sei Dank, wir werden in diesen Zeiten so schreckhaft. Deine Seelenleiden also, Kind, gut, setze dich zu mir.»

Die Gräfin setzte sich in einen Sessel, Tilli ließ sich auf einem Schemel zu ihren Füßen nieder und fasste nach den welken, weißen Händen der alten Dame. «Tante», sagte sie, und ihr Gesicht drückte jetzt wirklichen Schmerz aus, ihre Augen wurden feucht, «Tante, so kann ich nicht weiterleben, ich kann es nicht. Um einen her immer nur dieses Entsetzliche und Grausame, man hört nur von Sterben und Leiden, und alle Menschen sind traurig, und man wartet immer auf neue Schrecklichkeiten, nein, das kann ich nicht ertragen.»

Die alte Dame lächelte matt und sagte mit ihrer müden, geduldigen Stimme: «Liebes Kind, wir alle glaubten es nicht ertragen zu können, wir sind aber alle tapferer, als wir es selbst glaubten, keiner von uns hat gewusst, dass er so viel ertragen kann.»

«Ja, ihr», rief Tilli, «ihr anderen, ihr seid tapfer, ihr seid edel, ihr seid groß, was weiß ich, aber ich bin nicht tapfer, ich bin nicht groß, ich sterbe an all diesen Dingen. Sie sagen, ich soll etwas tun. Was soll ich tun? Kranke pflegen kann ich nicht, ich kann keine Wunden sehen, ich kann nicht leiden sehen, dazu hab ich ein zu weiches Herz. Ich würde ja nähen und stricken, wenn es auch die Hände verdirbt, aber du weißt, wie schlecht ich nähe, und das Stricken macht mich entsetzlich nervös. Also was soll ich hier, das hilft doch den armen tapferen Soldaten nichts, wenn ich mich zu Tode gräme.»

«Ja, was willst du denn tun», fragte die Gräfin ein wenig erstaunt.

«Ich will fortgehn», antwortete Tilli, «ganz fort in die Berge. Ich will in einem Bauernhause wohnen, nur Bauern und Kühe sehn, nichts von all dem Schrecklichen hören, ich will für eine Weile vergessen, all das Schreckliche vergessen. Seit mein armer Wilhelm tot ist, habe ich niemanden draußen, um den ich mich zu sorgen habe, und ich will auch nicht. Jetzt in dieser Zeit zu lieben ist zu grausam. Nein, nein, eine Weile ganz Ruhe, nichts denken, nichts fühlen, das ist es, was ich haben muss.»

«Vergessen», wiederholte die alte Dame, «können wir das? Das Denken und Fühlen, das folgt uns doch.»

«Nein, ich glaub, ich kann es», rief Tilli, «all das hier macht mich zu elend, macht mich zu müde. Ich werde in meinem Bauernhäuschen sitzen, und es wird sein, als sei die Welt hinter mir versunken. Mimi Neuber geht mit mir, du weißt, sie ist so gemütlich ruhig, nichts regt sie auf, meine Theres wird mir kochen, und vom Kriege wird nichts zu uns dringen.» Und plötzlich legte die junge Frau ihren Kopf in den Schoß der alten Dame und begann zu weinen. «Ist das schlecht von mir», schluchzte sie, «ist das herzlos? Mir tun ja all unsere braven Soldaten so leid, aber ich kann ihnen nicht helfen, ich bin feige und schwach, ich sterbe daran.»

Die Gräfin legte ihre Hand sanft auf Tillis blonden Scheitel und sagte: «Ach Kind, was sollen wir einer dem andern in dieser Zeit Vorwürfe machen. Ein jeder trägt sein Leid, wie er kann. Geh, wenn du musst, vergiss, wenn es dir möglich ist.»

Tilli erhob ihren Kopf, das tränenfeuchte Gesicht lächelte jetzt. «Wie gut du bist, Tante», sagte sie, «ich glaube, ich habe mich in meinem Leben noch nie so sehr auf etwas gefreut wie auf diese Einsamkeit und auf die Stille und auf die Berge und auf die Wiesen, und keine Zeitung und keine Telegramme und keine Verwundeten und keine weinenden Menschen. Also du denkst, Tante, es ist nicht schlecht von mir, wie bin ich dir dankbar – dass du das sagst.»

Die alte Dame lächelte melancholisch. «In dieser Zeit», meinte sie, «können wir einer dem andern nicht raten, wir sind ja selbst ratlos. So tu denn, was du tun musst, Kind, aber ich fürchte, das Vergessen ist eine Kunst, die wir nicht gelernt haben.»

Als Tilli und ihre Freundin durch das entlegene Bergdorf fuhren, lag das Tal bereits voller Mondenschein. Glitzernde Nebel hingen an den Bergen, und matt leuchtende Schleier breiteten sich über die Wiesen. Das bleiche Licht ließ das Tal geräumiger erscheinen und seltsam still. Ein großes Schlafgemach, in dem alles schlief und über dem eine riesige Nachtlampe hing. Tilli faltete andächtig die Hände, in diesem Lichte, in dieser Ruhe lag etwas, das ihr den Atem benahm. Der Wagen hielt vor einem stattlichen Bauernhause, vor der Tür stand eine blonde Bäuerin, groß wie ein Mann, und reichte den Ankommenden zum Willkomm eine harte, kalte Hand. In den Fenstern des unteren Stockes lagen blonde Kinder im Hemde und starrten großäugig den Wagen an. Im oberen Stock empfing Therese, die vorausgefahren war, ihre Herrschaft. Alles war hier schon wohnlich, die Lampe brannte, der Tisch war gedeckt, nebenan in der Küche brodelte etwas, im Zimmer roch es nach den frisch getünchten Wänden und dem frisch gescheuerten Fußboden. Die Tür zum Balkon stand geöffnet, Mondschein und das kühle Duften der Nacht drangen herein. Tilli sagte nur «oh» und setzte sich auf das Sofa, ohne abzulegen, sie saß da ganz still und starrte in die Mondnacht hinaus.

Mimi war vor ihr stehen geblieben, sie neigte den Kopf ein wenig zur Seite und schaute ruhig mit ihren braunen, friedlichen Augen ihre Freundin an. Sie liebte es, so auf einem Flecke stehen zu bleiben und träge ihre Blicke an einem Gegenstand haften zu lassen.

«Weißt du, wie das hier ist», begann Tilli endlich, «als Kind wurde man doch von so unheimlichen Träumen geschreckt, und dann wachte man auf, und der unheimliche Traum war fort, und man sah vor sich die alte Kinderwärterin an der Lampe sitzen und stricken. Siehst du, so ist es jetzt hier.»

Mimi lächelte nachdenklich, dann kam Theres mit dem Essen. Die Freundinnen sprachen während der Mahlzeit wenig, sie fürchteten, durch Erwähnen der Dinge, die sie verlassen hatten, den Zauber der Lebenslage zu brechen. Später saßen sie auf dem Balkon beisammen und schauten hinaus in die mondbeglänzte Stille. Zuweilen schlug ein Hund im Dorfe an, eine Kuh brüllte im Stall, über ihnen, unter dem Dach, zwitscherte eine Schwalbe im Traum, alles friedliche, verschlafene Töne. Plötzlich kam ein Schritt die Treppe hinauf;

ein fester Männerschritt, eine Tür wurde geöffnet und wieder zugeschlagen.

«Das ist der Leutnant», erklärte Therese, die den Tisch abräumte.

«Der Leutnant!», riefen die beiden Damen zugleich erschrocken und klagend.

«So», fuhr Therese fort, «der Herr von Dohm, er ist Fliegerleutnant. Seine Nerven sind kaputt, die will er hier kurieren, darum läuft er in den Bergen herum, ein hübscher Herr.»

«Ein Fliegerleutnant», wiederholte Tilli, und aus ihrer Stimme klang es wie Verzweiflung. «Auch das noch.»

«Wir tun, als sei er nicht da», beschloss Mimi ruhig, aber Tilli klagte: «Muss uns dieser Krieg denn überall nachkommen.»

«Er muss seine Nerven kurieren», tröstete Mimi, «so wird er sich um uns auch nicht kümmern.»

Die Damen waren müde von der Fahrt, darum gingen sie bald zur Ruhe. Sie schliefen in einem Zimmer. Durch die Ritzen der geschlossenen Fensterläden drang ein wenig Mondlicht. Draußen ging ein eintöniges Wehen durch die Sommernacht, wie leises Rauschen großer Flügel, unter denen Tilli sich unendlich geborgen fühlte. Sie sprachen in abgerissenen Sätzen von friedlichen Dingen, bis Tilli, schon halb im Schlafe, murmelte: «Nein, den Leutnant will ich nicht!» und Mimi schlaftrunken antwortete: «Er wird uns nichts tun.»

Am nächsten Tage begannen die Freundinnen ihr neues Leben, wie Tilli es nannte. Sie standen früh auf, tranken mit Andacht die echte Landmilch. «Die schmeckt», sagte Mimi, «nach tiefer, weißer Ruhe.» Dann gingen sie hinaus in den flimmernden Morgen. Das Wehen von den Bergen, schwer von Düften, war erschütternd wohltuend. Die Wiesen waren noch grau vom Morgentau, aus den Bergschluchten dampften weiße Nebel. «Das ist es, wonach ich mich sehne!», rief Tilli, und eine Ekstase des Glückes erhellte ihr kindliches Gesicht. Kühe weideten am Waldrande und schauten die Vorübergehenden an, als wollten sie sagen: «Es ist nie etwas geschehen und wird auch nie etwas geschehen.» Schnell gingen die beiden Damen die Wiesenwege entlang, sprachen von den Blumen, den Bergen, den Kühen, hastig und in froher Erregung. Da sahen sie plötzlich auf einem entfernten Wege einen Herrn einhergehen, in hellem Sommeranzug, den Strohhut auf dem Kopfe. «Mein Gott, der Leutnant!», rief Tilli. «Kehren wir um, dass wir ihm nicht begegnen.» Sie kehrten um und gingen, ja sie liefen fast dem Walde zu. Atemlos blieben sie dort stehen und lächelten einander an, sie waren der Gefahr entronnen. Wie sie jedoch eine Weile den Waldweg entlanggegangen waren und auf eine Lichtung hinaustraten, sahen sie gemächlich unter einem Baume hingestreckt wieder die helle Gestalt des Leutnants. Sie fuhren zurück, und wieder begann das hastige Fliehen, bis sie zu Hause anlangten, geborgen vor der Gefahr.

«Der schreckliche Mensch», sagte Tilli, «er ist überall.» Der Gang hatte sie hungrig und müde gemacht. Lange hatte ihnen nichts so gut geschmeckt als das Mittagessen. Theres erzählte von dem Dorfe, die Bäuerin hatte ihren Mann im Felde, die Stallmagd ihren Burschen. Tilli jedoch unterbrach sie streng: «Lassen Sie das, Theres, es ist traurig, aber wir können nicht helfen. Vielleicht ist das herzlos von uns, aber wir müssen jetzt eine Weile ohne Herzen umhergehen, sonst sterben wir.»

Abends ging es wieder hinaus. Sie saßen auf Bänken und betrachteten den Sonnenuntergang, sie sahen, wie die Dämmerung niedersank, und warteten auf das Wetzen der Feldgrillen, und immer wieder tauchte irgendwo der Leutnant auf, und sie mussten fliehen, um ihm nicht zu begegnen. Sie lachten dabei, und es wurde zu einem unterhaltenden Spiel. Wenn die Nacht gekommen war, saßen sie auf ihrem Balkon, die Füße heiß vom Gehen, sprachen von fernen, lieblichen Dingen, von ihrer Kindheit, von ihren Kleidern und endlich vom Leutnant.

Nach einigen Tagen kam es dann, wie es kommen musste. Tilli und Mimi pflückten eines Morgens Blumen auf einer Wiese, da hörte Tilli neben sich eine Männerstimme sagen: «Ich kann Ihnen, gnädige Frau, vielleicht einige Mühe ersparen, wenn ich Ihnen diese Blumen anbiete.»

Tilli fuhr auf, vor ihr stand der Leutnant, lächelte und reichte ihr einen Strauß Feldblumen. Einen Augenblick dachte Tilli daran, kühl und abweisend zu sein; sie griff jedoch nach den Blumen, errötete und sagte: «Oh, die schönen Blumen!»

«Ich gestatte mir, mich vorzustellen», fuhr der Leutnant fort, «von Dohm.»

«Ja, die Blumen sind für solche Erholungszeiten der zuträglichste Umgang, kühl und still.»

«Sie wollen sich auch hier erholen?», sagte Tilli.

Ja, der Leutnant wollte sich erholen, und dazu war es hier der rechte Ort, meinte er. Er ging jetzt neben den Damen her; sie sprachen vom Wetter, es hatte einen Abend etwas geregnet, ein Gewitter hatte über den Bergen gestanden; dann sprachen sie vom Wetter in früheren Sommerfrischen. In einer kurzen Pause schaute Dohm zum Himmel auf und versetzte: «Blau wie in Italien. Wenn ich das sehe, habe ich Lust, mich auf meinen Apparat zu setzen und geradewegs in das Blau hineinzufliegen.»

«Ach nein», rief Tilli, «bitte nicht. Sie werden doch nicht ...»

«Von meinen Erlebnissen erzählen», ergänzte Dohm lachend. «Seien Sie unbesorgt, gnädige Frau, die sind beiseite gelegt; ja, ich träume nicht einmal jede Nacht von ihnen.»

«Nicht wahr», bestätigte Tilli, «hier kann man wieder schlafen – ohne zu träumen. Das ist, weil man nicht immer von diesen furchtbaren Sachen spricht.»

«Wozu auch immer sprechen», meinte Dohm. «In diesen Zeiten kann man nicht einmal fragen: ‹Haben Sie vorigen Winter viel getanzt?› Aber die Burschen und Mädchen hier gehen auch lange stumm nebeneinander her und unterhalten sich dabei köstlich.» Darüber musste Tilli wieder erröten.

Abends sagte Tilli zu Mimi: «Er ist nett, der wird uns nicht stören.»

Und Mimi antwortete in ihrer ruhigen, langsamen Art: «Ich würde nur raten, ihn nicht durch Koketterie aufzuregen.»

«Wer ist kokett?», rief Tilli, und es gab einen kleinen, gereizten Wortwechsel.

Als Tilli am nächsten Morgen zum Frühstück erschien, sagte Mimi erstaunt: «Du hast ein weißes Musselinkleid an? Es ist heute ja nicht Sonntag.»

«Nein, es ist nicht Sonntag», erwiderte Tilli ein wenig hochmütig, «aber du hast ja auch dein schönes blaues Musselinkleid an.» Dann ließen sie den Gegenstand fallen, sie verstanden einander zu gut. Der Leutnant von Dohm aber wurde jetzt der unzertrennliche Kamerad der beiden Freundinnen. Sie machten lange Spaziergänge miteinander, sammelten Blumen, sie gingen in den Wald und suchten Schwämme, oder sie saßen auf dem Moose beisammen, ließen die Blätterschatten über sich hin flirren, sangen Volkslieder, sprachen von ihrer Kindheit, oder sie saßen schweigend da, lächelten einander an, stolz auf die schöne Erfindung, in diesen schweren Zeiten, in denen jedes Gespräch so leicht an eine Wunde rührt, sich schweigend so köstlich zu unterhalten. Mimi allerdings war in den letzten Zeiten ein wenig still und gedrückt und zu Hause im Umgang mit Tilli auch ein wenig säuerlich. Tilli beachtete das nicht, auch hier wiederum verstanden die Freundinnen einander zu gut.

Die hellen, stillen Tage schienen Tilli unendlich schnell dahinzugleiten, sie zählte sie nicht, sie wollte nicht an die Zukunft denken, ja, sie wollte überhaupt nicht denken. Eines Morgens, als Mimi, wie es jetzt öfters vorkam, sich zu lange bei ihren häuslichen Beschäftigungen aufhielt, ging Tilli allein hinaus. Der Morgen war köstlich, blitzend von Sonnenschein und Tau. An der Wiese hinter dem Hause wartete der Leutnant. «Welch ein Morgen!», rief Tilli ihm entgegen. Sie fühlte sich heute glücklich und fühlte, dass dieses Glück sie schön mache.

«Prächtig, prächtig!», erwiderte Dohm und ließ seine blanken braunen Augen so wohlgefällig auf der jungen Frau ruhen, dass diese die ihren niederschlug. «Und es ist gut so», fuhr er fort, «denn es ist mein letzter Morgen hier; heute Nachmittag geht es wieder an die Arbeit.» Er sagte das leichthin.

Auf Tillis Gesicht aber malte sich ein jäher, hilfloser Schreck, sie ließ die Arme sinken, und ihre Augen füllten sich mit Tränen. «Sie gehen, Dohm?», sagte sie leise.

«Ja», erwiderte er, «es ist höchste Zeit. Ich sprach nicht davon, um nicht die schönen Stunden, die mir noch blieben, zu verderben. Und sprechen wir jetzt auch nicht davon, genießen wir den schönen Morgen.»

Sie gingen schweigend eine Weile nebeneinander her. Tilli schlug die Augen nieder, und um ihre Mundwinkel zuckte es. Endlich begann Dohm wieder: «Bisher sind wir in unseren Gesprächsstoffen sehr vorsichtig gewesen, dennoch möchte ich heute ein ganz neues Thema wählen. Ich möchte nämlich von meiner Liebe zu Ihnen sprechen. Diese Liebe ist für mich unendlich wertvoll, denn, indem wir die große Arbeit für das Vaterland tun, müssen wir in diesem Vaterlande eine Gestalt haben, in der sich all unsere Liebe konzentriert, in der sie sich verkörpert, die in unseren Träumen zu uns kommt, deren Gegenwart wir in den härtesten Augenblicken spüren, und das, Tilli, sind Sie mir in diesen Tagen geworden.»

Tilli blieb stehen, sie sah zu Dohm auf, ihr Gesicht war von Tränen überströmt, und doch lächelte sie, ein seltsam ratloses, kindliches Lächeln. «Ach, Dohm», sagte sie, «ich wollte doch nicht – ich wollte doch nicht – lieben, das bricht uns das Herz.»

Dohm lächelte. «Nein», sagte er, «Lieben macht stark, nur Lieben macht stark.» Und er nahm sie in seine Arme und küsste ihren ratlos lächelnden Mund.

«Ich gratuliere», sagte eine Stimme neben ihnen; es war Mimi. Sie stand da und schaute ernst und bleich auf die Liebenden.

«Ah, unsere Freundin», sagte Dohm, «Sie müssen verzeihen, dass der böse Leutnant diese Unruhe in Ihre schöne Zeit des Vergessens gebracht hat.»

Am Nachmittag fuhr Dohm fort. Tilli war standhaft; als der Wagen jedoch auf der Landstraße um die Ecke gebogen war, lief sie in den Wald, warf sich auf das Moos nieder und weinte, wie sie seit ihren Kinderjahren nicht geweint hatte. Nicht weit davon aber saß Mimi auf einer Bank und weinte auch. In der kleinen Dorfkirche begann schon das Abendläuten, als Tilli nach Hause kam. Mimi erwartete sie schon.

Beide setzten sich schweigend zu ihrer Abendmahlzeit, von der sie nur wenig genießen konnten. Später saßen sie auf dem Balkon, starrten in die Nacht hinein und sangen vor sich hin. Endlich sagte Tilli: «Morgen fahren wir in die Stadt zurück. Was soll ich hier. Ich will dort sein, bei den anderen, die leiden. Der Krieg ist ja wieder mein Krieg.»

«Ich hatte dich gewarnt», sagte Mimi trocken.

Die Feuertaufe

Der Major, der Oberleutnant und ich hatten es uns in dem verlassenen Pfarrhause des halb zerstörten litauischen Dorfes gemütlich gemacht. Ein Abend der Ruhe, eine Nacht des Schlafes lag vor uns. Der Bursche hatte eine Gans erobert, die nebenan in der Küche gebraten wurde. Eine edle Schlossherrin der Nachbarschaft hatte uns Rotwein geschickt, echt französisches Traubenblut. Das Zimmer war warm. Das waren Genüsse, die voll ausgekostet werden sollten.

Den Tag über hatte es geschneit, jetzt stand der Mond am wolkenlosen Himmel. Die kleinen, grauen Häuser waren von weißen Schleiern überdeckt, die großen schwarzen Brandwunden in den Mauern wie von weißen Samtpolstern verstopft. Es lag die stille Festlichkeit über all diesem mondbeglänzten Weiß. Wir hatten unsere Stühle an den Ofen herangerückt, in dem ein großes Feuer brannte, die feuchten Scheite prasselten und erfüllten das Zimmer mit einem leichten Rauchgeruch. Der Major streckte die Füße von sich, seufzte tief vor Behagen auf und meinte: «So ist's gut, mehr braucht der Mensch nicht.»

«Nein, mehr braucht er nicht», bestätigte der Oberleutnant und gähnte.

«Ja», fuhr der Major fort, «doch eigentlich ein recht einfaches Wesen, so ein Mensch. Eine warme Stube, auch gutes Essen und ein gutes Bett – und alles fällt von uns ab, wir sind ganz wunschlos, wollen nur dasitzen und vor uns hinschnurren wie die Katzen.»

«Dass man das kann», wagte ich zu bemerken, «ist doch auch eine gute Einrichtung. Der Körper will doch auch sein Recht, mit der ewigen Seele plagen wir uns genug ab, die kann auch einmal zurücktreten.»

Keiner antwortete, und so schauten wir alle drei schweigend in die Flammen. Draußen wurde die Stille zuweilen durch einen harten Soldatenschritt, der über den Schnee knirschte, unterbrochen.

Ein einsamer Hund bellte klagend zum Mond auf. Nebenan in der Küche flüsterte der Bursche mit dem litauischen Mädchen, dessen nackte Füße wir über den Fußboden stapfen hörten. Zuweilen zischte die Gans auf, und da versetzte der Major: «Auch Musik, und nicht die schlechteste.» Endlich kam der Bursche und deckte unter unserer schweigenden Aufmerksamkeit den Tisch. Dann kam die Gans. Wir rückten unsere Stühle an den Tisch und gaben uns in andächtigem Schweigen der heiligen Arbeit des Essens hin. Der Oberleutnant war zuerst fertig, schob seinen Teller zurück und meinte: «Ein göttlicher Vogel.»

«Ja», erwiderte der Major nachdenklich, «und ich glaube, die Gerüchte über seine Verstandeseigenschaften sind übertrieben. So gut zu schmecken ist auch Intelligenz.»

Der Bursche brachte den Rotwein, füllte die Gläser, wir zündeten umständlich unsere Zigarren an, stützten die Ellenbogen auf den Tisch und fühlten die Gemütlichkeit wie etwas Warmes und Weiches, das uns einhüllte. Der Major ergriff sein Glas und sagte: «Auf das Wohl der edlen Spenderin.» Wir stießen an und kosteten vorsichtig den Wein.

«Ja, diese Weiber», fuhr der Major fort, «herrliche Geschöpfe.»

«Das allerdings», meinte der Oberleutnant und lächelte.

«Na ja», versetzte der Major, «Sie sagen das wie einer, der sich in der Sache auskennt. Natürlich. Ihr jungen Leute, ihr glaubt alle, Weiberkenner zu sein, ihr glaubt in den Weibern zu lesen wie in eurem Gebetbuch, aber in diesem Gebetbuch stoßt ihr dann auf ein Wort, ist es Chinesisch oder sonst was, jedenfalls keiner kann es lesen und verstehen.»

Der Oberleutnant erwiderte nichts, ich aber sagte: «Ach ja, das gehört zur Gemütlichkeit. Wollen wir von den lieben Weibern sprechen.»

«Gut», versetzte der Major, «soll ich Ihnen mal eine meiner Weibergeschichten erzählen? Schließlich, man ist ältlich, dick und materiell, aber man hat doch auch seine Erfahrungen gehabt.»

«Natürlich erzählen», rief ich. «Etwas Besseres kann uns nicht geschehn.»

Der Major hob sein Glas gegen die Flamme der Kerze hinauf und versenkte sich sinnend einige Augenblicke in den rubinroten Schein des Weines, dann trank er den Wein langsam aus.

«Es ist ein wenig lange her», hub er an, «dass die Geschichte passierte. Ich war noch nicht ganz zwanzig Jahre alt und war eben Leutnant geworden. Nun, Sie wissen ja, das ist ein Lebensaugenblick, in dem wir am zufriedensten mit uns und der Welt sind. Ich glaube nicht, dass irgendjemanden ein größeres Hochgefühl beseelt als einen frisch gebackenen Leutnant. Ich war einer Einladung zu den Herbstjagden in ein Schloss gefolgt. Das war dort ein Leben, wie es solch einem jungen Hunde, dem die Lebenslust bis in die Fingerspitzen hinein brennt, nur träumen kann. Ein herrliches Schloss, vorzügliche Aufnahme, glänzende Jagd, dazu eine zahlreiche auserlesene Gesellschaft, Musik, Tanz, kurz alles, was ein Leutnantsherz nur wünschen kann. Dazu kam, und das war mir damals das Wichtigste, dass die Gesellschaft zum Teil aus einem Kreis wunderschöner Frauen bestand. Es geht uns allen wohl so, dass, wenn wir älter werden, es uns scheint, als habe es in unserer Jugend mehr schöne Frauen gegeben als in der Gegenwart. Das kommt wohl davon, dass zwanzigjährige Augen doch anders gebaut sind als vierzigjährige. Die schönste aber der schönen Frauen war eine Gräfin mit polnischem Namen, sie stammte jedoch von weiter unten her, war sie Rumänin oder Griechin, ich weiß es nicht, aber sie hatte jene langgeschnittenen dunklen Augen mit dem feuchten Edelsteinglanz, wie wir sie bei Orientalinnen finden. Ihr Gesicht war immer alabasterweiß, und ihr Mund, der in seltsam bewegliche spitze Winkel auslief, hatte die rötesten Lippen. Auch ihr Gang war seltsam sinnberückend. Gewöhnlich langsam, ein wenig träge und schwankend, kam zuweilen eine plötzliche hurtige Beweglichkeit in ihn, so dass es schien, als liefe dann ein leichter Schauer durch die weichen Falten ihrer Kleider. Ich musste an eine Forelle denken, die träge im Sonnenschein dahinschwimmt und dann plötzlich mit einer Wendung pfeilschnell dahinschießt. Natürlich waren alle in die schöne Gräfin verliebt, und das wollte sie, es war, als lebte sie erst auf, wenn bewundernde und begehrende Männeraugen auf ihr ruhten. Selbst unser Kommandeur konnte ihr nicht widerstehen. Er rückte gern seinen Stuhl nah an den ihren heran und starrte sie mit seinen hervortretenden blauen Augen unverwandt an. Sie lächelte dann, legte ihre Hand leicht auf seinen Arm und sagte: ‹Wie liebenswürdig, Herr Oberstleutnant, ist es von Ihnen, sich zu mir zu setzen. Man fühlt sich so sicher, wenn man neben dem lieben Gott des Regiments sitzt.›

Überraschend für mich und auch für die anderen war es, dass die Gräfin vor allem mich mit ihrer Gunst beehrte. Ich war ein hübscher Junge, und ich wusste das, so was weiß man immer, und Sie kennen das ja selber, das machte mir viel Vergnügen. Allein, über diesen Erfolg war ich selbst ein wenig erstaunt. Die Gräfin zeichnete mich überall aus, sie ging mit mir in den Alleen des Gartens und sprach von innigen Dingen, sprach davon, dass sie nie glücklich gewesen sei, sprach davon, dass eine große Leidenschaft das einzige sei, was das Leben lebenswert mache, nannte das Leben einen Traum und ähnliches. So was geht natürlich ins Blut und steigt zu Kopf, wenn eine dunkle, ein wenig singende Frauenstimme es zu einem spricht. Ich empfand das wohl, aber, ich war noch jung und ungeschickt, diese schönen, geheimnisvollen Reden, dies Alleinsein mit der herrlichen Frau, es machte mich befangen, ich glaubte, ich müsse auch etwas sagen, etwas Schönes und Geheimnisvolles, und doch fiel mir nichts ein. Zuweilen schwieg die Gräfin und schaute mich mit ihren Edelsteinaugen wie erwartungsvoll an, und ich fühlte, dass ich jetzt etwas tun, etwas sagen musste, und dennoch tat ich nichts und sagte nichts und war erleichtert, wenn das Zusammensein mit der schönen Frau unterbrochen wurde. Natürlich war ich stolz auf all das, sah mich von den anderen beneidet und kam mir selber sehr interessant vor, so recht mit dem Herzen jedoch war ich nicht dabei. Ich war nämlich schon verliebt, und zwar in Milli, die Tochter des Hauses. Milli war eben erwachsen, hatte zuweilen ein wenig eckige, kindliche Bewegungen. In ihrem runden Gesichte saßen runde graue Augen, und ihr schmaler Mund konnte seltsam spöttisch lächeln. Milli war nicht so schön wie die Gräfin, aber in Milli verliebt zu sein war heiterer und gemütlicher.

Eines Abends stand der Vollmond über dem Garten und beschien hell die Gartenwege. Das reizte die Gräfin. Sie rief nach ihrem Schal und behauptete, sie müsse in den Mondschein hinaus, und zwar mit mir. ‹Kommen Sie, Leutnant›, sagte sie, wie eine Königin, die ihrem Pagen befiehlt, ihr zu folgen. So gingen wir in den Garten hinaus. Als sei es gestern gewesen, so spüre ich heute noch die Frostluft, rieche den Duft der Herbstblätter, ein Duft nach Feuchtigkeit und Vanille, der mich in der Jugend stets zu Erlebnissen und Abenteuern anregte. Am Wegrande standen schwarz die Dahlienstängel und senkten ihre vom Frost verbrannten Blütenköpfe, irgendwo dufteten noch verspätete Reseden. Die Gräfin schritt schweigend neben mir her, ihr vom dunklen Schal umrahmtes Gesicht hob sie zum Monde auf, und es erschien seltsam weiß, ein Weiß, wie mattes Silber es zuweilen hat, hinter ihr raschelte leise die Schleppe ihres Kleides über die welken Blätter. Mir war verteufelt wunderlich zu Mut, so unirdisch, fast gespenstisch, aber wie einem Gespenst, in dem das Leben noch heiß genug kocht. Endlich begann die Gräfin zu sprechen mit ihrer dunklen, singenden Stimme: ‹So ist es gut, solche Augenblicke sind die einzigen, die zählen, alles andere ist schwer und hässlich, wir müssen uns dem Leben entrückt fühlen, nur dann wird uns leicht. Uns muss sein, als gingen wir durch einen Traum. Ja, im Traum sind wir zuweilen glücklich! Haben Sie nicht auch zuweilen geträumt, Sie gehen einen Weg entlang, der hell beschienen ist von bleichem Traumlicht und in Ihrem Herzen brennt eine seelische Erwartung, denn Sie wissen, etwas kommt auf Sie zu, ein Glück, und Sie gehen ihm entgegen – das sind Augenblicke, in denen ich sterben könnte, fürchten Sie sich vor dem Tode?›

‹Nein›, sagte ich brav.

‹Natürlich, Sie sind Soldat›, fuhr sie fort, ‹ich fürchte mich vor dem Tode, er ist dunkel und einsam, aber mitten in einem glücklichen Traume könnte ich sterben; nur zu zweien müsste man träumen können und zu zweien sterben, nicht wahr, fühlen Sie das nicht auch?›

Sie war stehen geblieben und schaute mich an, das Mondlicht erweckte in dem tiefen Schwarz ihrer Augen kleine goldene Blitze. Die zauberhafte Stimmung war für mich dahin, denn ich dachte jetzt nur daran, was sagt man in solch einem Fall. Ich strich über meinen Schnurrbart und sagte: ‹Allerdings, Frau Gräfin.›

‹Sie sind noch jung›, sagte sie, ‹und wenn wir jung sind, machen große Gefühle uns still.› Dann fröstelte sie ein wenig, zog den Schal fester um sich, und wir gingen dem Hause zu. Im Wohnzimmer empfing man uns mit neugierigen, gespannten Blicken, die Gräfin jedoch setzte sich zu dem Oberst und begann unbefangen dem alten Herrn den Kopf zu verdrehen. Ich schaute zu Milli hinüber. Sie lächelte ein spöttisches Lächeln, aber ihre Augen erschienen mir größer als sonst, und es war mir, als schimmerten sie feucht. Das arme Kind tat mir leid, und ich fühlte, dass ich trotz der Gräfin doch nur Milli liebte. Später, als die Damen sich zurückgezogen hatten, blieben die Herren noch beisammen und sprachen von Jagd und Weibern. Mir jedoch war, ich weiß nicht warum, so katzenjämmerlich zu Mute, dass ich mich fortstahl, um mich niederzulegen und alles zu vergessen, denn das kann man ja in den Jahren. Um in mein Zimmer zu gelangen, musste ich eine Treppe hinaufsteigen und einen langen Korridor hinabgehen, an dessen Ende ein großes rundes Fenster sich befand, durch das jetzt hell der Mond hereinschien. Als ich bis zu meiner Tür gekommen war, hörte ich etwas hinter mir rauschen, sah etwas Weißes auf mich zuflattern, zwei Arme umfingen mich, ein süßer Duft von weißem Flieder wehte mir entgegen, ein Mund küsste mich – ich war wie gelähmt, und dann, Sie werden es nicht begreifen, meine Herren, dann zog ich den Arm, der mich umschlang, von meinem Halse fort und sagte, ja, ich sagte das wirklich: ‹Gräfin, Sie werden sich erkälten.› Einen Augenblick noch stand die weiße Gestalt vor mir, ich sah im Mondlicht das bleiche, im Zorn wunderbar schöne Gesicht, hörte ein kurzes Lachen, dann flatterte die weiße Gestalt wieder davon.

Ich ging in mein Zimmer, setzte mich auf mein Bett und fühlte mich elend. Ich schämte mich vor mir selber, denn Sie wissen, in jenen Jahren schmerzt nichts empfindlicher als der Gedanke, lächerlich zu sein. In dieser Nacht habe ich wenig geschlafen.

Am Morgen musste ich früh heraus, denn es war Jagdtag. Die Gesellschaft fand ich bereits im Frühstückszimmer, angeregt von der angenehmen Jagderwartung. Auch die Gräfin war da, denn sie war eine leidenschaftliche Jägerin. Sie sah schön aus in ihrem dunkelgrünen, pelzverbrämten Kostüm, das Pelzbarett auf dem Kopf. Sie schüttelte mir kameradschaftlich die Hand, dann ging es hinaus. In der Nacht hatte es gefroren, und noch jetzt brannte die Luft mir auf den Backen. Das erfrischte mich, meine Wirren und Sorgen begannen der schönen Jagdfeierlichkeit Platz zu machen. Schweigend gingen wir in langem Zuge durch den Wald, um uns die Stände anweisen zu lassen, der meine befand sich unter einer alten Tanne. Ich lehnte mich mit dem Rücken an den mächtigen Stamm, machte mein Gewehr bereit, und nun begann das köstliche Warten. Durch die Bäume hindurch konnte ich auf dem nächsten Stande die Gräfin sehen. Regungslos stand sie da und hielt ihr Gewehr vor sich hin; eine schlanke, grüne Gestalt. Nun erschollen das Waldhorn und die Stimmen der Treiber, da wurde ich ganz Aug und Ohr, ganz Aufmerksamkeit, ganz Raubtier.

Plötzlich erklang ein Schuss, ein Wild konnte ich nicht sehen, aber ein seltsames Geräusch dicht bei mir am Stamm der Tanne machte, dass ich mich schnell umwand. Und wirklich, der ganze Schuss saß in dem Stamm der Tanne, ja ein Rehposten hatte sogar ein Loch in den Ärmel meiner Jagdjoppe gerissen. Ich starrte darauf hin, ich begriff nicht, und dann – dann verstand ich. Mir wurde ganz heiß, und mein Herz klopfte stärker. War es möglich? Konnte das geschehen – mir geschehen, und ein Gefühl unbändigen Stolzes, ja Hochmuts ergriff mich. So also konnte ich geliebt und gehasst werden.

Ich spähte zu der Gräfin hinüber, sie stand regungslos da. Das herrliche Weib, ich hätte zu ihr hingehen mögen, um ihr für ihre Tat zu danken, und ich lehnte mich wieder an den Baumstamm und träumte meiner neuen Würde nach, während ein Fuchs unangefochten vor mir über die Linie setzte. Während der Frühstückspause vermied ich es, in die Nähe der Gräfin zu kommen, ich ging sinnend umher und dachte, wenn die anderen wüssten, was mir begegnet ist, sie würden mich anders anschauen, sie, die nur Alltagserlebnisse zu verzeichnen haben. Die Gräfin war sehr umringt. Ich hörte, wie sie sich beklagte, dass sie heute kein Glück habe, worauf unser Oberst sich zu dem einzig galanten Wortspiel seines Lebens, glaube ich, verstieg. ‹Wenn man selbst ein Glück ist›, sagte er, ‹dann braucht man nicht erst Glück zu haben.›

Der übrige Teil der Jagd blieb für mich erfolglos, denn ich war zerstreut und schoss schlecht.

Abends bei der Tafel war ich zur Rechten der Gräfin gesetzt worden. Das freute mich, alle Scheu vor der schönen Frau war in mir gewichen, jetzt fühlte ich mich ihr überlegen, sie tat mir leid, wie musste sie gelitten haben um mich, und ein wunderbares Geheimnis verband mich jetzt mit ihr.

‹Sie sind heute nur einmal zum Schuss gekommen›, begann ich die Unterhaltung.

‹Ja, einmal›, sagte die Gräfin, und sie sprach nachlässig und zerstreut, wie Damen mit Herren sprechen, die sie langweilen.

‹Aber ohne Resultat›, fuhr ich fort.

Die Gräfin zog die Augenbrauen ein wenig in die Höh' und meinte: ‹Darauf kommt es doch nicht an. Ich habe die Erregung des Wartens, des Anlegens, Zielens und Schießens gehabt, das ist mir genug; wenn das arme Wild heil davonkommt, so gönne ich es ihm, für mich ist der Fall erledigt, ich hab mein Teil gehabt. Oder sind Sie von denen, die stets Resultate sehen müssen?› Dabei sah sie mich mit ihren Edelsteinaugen kühl und fremd an.

‹Resultate sind allerdings wichtig›, sagte ich ziemlich verwirrt.

‹Resultate›, erwiderte die Gräfin, ›sind meist uninteressant. Eine Tat beschließen, sie in sich wachsen fühlen, sie wägen, wie ich einen Ball in der Hand wäge, eh' ich ihn werfe, tun – das kann ein Genuss sein, das kann erlösen – aber was daraus wird.›

Sie zuckte leicht mit den Schultern, wand sich von mir ab, ihrem Herrn zur Linken zu, und fragte ihn, ob er Neapel kenne. Ich aber blieb die Mahlzeit über schweigsam. Das Gefühl der Überlegenheit war fort, nur eines wusste ich, dass ich hier vor etwas stand, an dem ich vergebens herumraten würde. Den nächsten Morgen reiste die Gräfin ab.

So meine Herren, das ist die Geschichte meiner Feuertaufe, und nun wollen wir zu Bette gehn, ich fürchte, ich habe diesen kostbaren Augenblick durch meine Geschichte schon zu lange hinausgeschoben.»

«Seltsam», sagte der Oberleutnant sinnend, «aber ich habe das stets gewusst, über die Frauen dürfen wir nicht nachdenken, das verwirrt nur, wir müssen sie über uns ergehen lassen wie das Schicksal – und das Schicksal verstehn wir auch nicht.»

Im stillen Winkel

Die Familie von der Ost ging, wie sie es gewohnt war, auf das Land hinaus. Sie wollte wieder die alte Villa beziehen, die drüben im Gebirge am Ende der Dorfstraße stand. Bruno von der Ost verließ für einen Tag die Bank, deren Direktor er war, um den Umzug der Familie zu leiten. Er war ein großes organisatorisches Talent und liebte es, diese Eigenschaft auch in den kleinen Angelegenheiten des Hauses und der Familie zu zeigen. Es machte ihm Vergnügen, in der Bahnhofshalle mitten unter Kisten und Körben zu stehen und den Trägern kurze Befehle zu erteilen. «Alles», pflegte er zu sagen, «auch das Geringste, muss vernunftgemäß durchgeführt werden.» Später auf dem Bahnsteig ordnete er die Unterbringung des zahlreichen Handgepäcks an, dann musste die Familie ihre Plätze einnehmen: Frau von der Ost, Tante Dina, der kleine Paul und die alte Marie, Pauls frühere Wärterin. Paul ließ seinen Vater nicht aus den Augen, es verursachte ihm ein seltsam aufregendes Wohlgefühl, die hohe, breitschultrige Gestalt zu betrachten, die graublauen Augen hinter den blanken Brillengläsern, der blonde Schnurrbart, der sachte im Winde flatterte, dazu die schnarrende, befehlende Stimme – all das war prachtvoll und erregend.

Nun war alles geordnet, Herr von der Ost stieg in den Wagen, und die Türe ward zugeschlagen. Durch das niedergelassene Fenster wurde noch ein Rosenstrauß hereingereicht, und ein lachendes Gesicht erschien: Hugo von Wirden war es, der Volontär der Bank, der Herrn von Ost zu besonderer Aufsicht empfohlen war. Der junge Mann war leichtsinnig gewesen und sollte in der Bank wieder ein ordentlicher Mensch werden. Paul lächelte, er musste immer lächeln, wenn er dieses hübsche Gesicht mit den lustigen, braunen Augen und dem breiten, roten Munde sah. Paul liebte es, wenn Herr von Wirden zu ihnen kam, es wurde dann gleich so heiter, Mama lachte so viel, Herr von Wirden neckte Tante Dina, Paul, und selbst die alte Marie. «Er ist hübsch», sagte einmal Paul zur alten Marie, «er hat ein hübsches, unartiges Gesicht.»

«Wie schön die Familie hier verfrachtet ist», rief Herr von Wirden in den Wagen hinein. «Glückliche Reise! Ich komme bald nach.»

Frau von der Ost nahm die Rosen in Empfang und beugte sich nahe auf sie nieder. «Wie sie duften!», sagte sie.

«Noch gibt es keinen Urlaub», meinte Herr von der Ost.

«Ich weiß, ich weiß», entgegnete Wirden; «dass Sie auch immer an die Ketten erinnern müssen, lieber Direktor! Gleichviel, ich komme doch. Adieu.» Damit verschwand er.

«Ein Windhund», bemerkte Herr von der Ost. Die alte Marie lachte. Der Zug setzte sich in Bewegung.

Paul drückte sich in seine Ecke. So war es gut. Sie saßen hier alle beisammen, und er fühlte sich geschützt und geborgen. Dieser Knabe hatte ein seltsam starkes Gefühl für die Unsicherheit unsres Daseins, er wusste nicht, was es war, aber er ahnte überall in der Welt dunkle Mächte, die ihm und denen, die er liebte, auflauerten. Wenn die Lebenslage einmal sicher und behaglich war, dann empfand er ein starkes Wohlgefühl. Er selbst war klein und schwächlich, er wurde «der kleine Paul» genannt, obgleich er schon über elf Jahre zählte, sein bleiches Gesicht hatte runde, kindliche Züge, die grauen Augen konnten in der Erregung hell werden wie Silber, das dichte, krause Blondhaar ließ seinen Kopf seltsam groß erscheinen.

Paul begann in seiner nachdenklichen Art die Gesichter seiner Angehörigen zu studieren. Zuerst das schmale, schöne Gesicht seiner Mutter; unter dem großen, gelben Sommerhut stahlen sich blonde Löckchen über die Stirn, die Lippen waren geschlossen, feine, sehr rote Striche, die sich an den Enden ein wenig hinaufbogen. Die grauen Augen waren ganz blank und die sonst blassen Wangen leicht gerötet. Es ergriff Paul stets, wenn seine Mutter erregte, blanke Augen und gerötete Wangen hatte, sie sah dann so jung und leicht verwundbar aus, und er fürchtete, jemand könne ihr etwas zuleide tun. Das Gesicht der Tante Dina war für Paul stets ein interessanter Gegenstand der Beobachtung gewesen, es ging auf ihm so viel vor; all die Falten und Fältchen, die wunderliche Muster auf der Stirn und den Schläfen bildeten, die tiefen Augenhöhlen, der weiche, bewegliche Mund, die Härchen am Kinn, all das war merkwürdig genug. Das braune Gesicht der alten Marie mit den kleinen, wie mit dem Messer hineingeritzten Falten, den trübblauen, schläfrigen Augen war Paul bekannt und vertraut wie seine Kinderstube. Endlich galt es, den Vater anzusehen, und das war gefährlich, denn wie leicht konnten die stahlblauen Augen sich auch auf Paul richten, mit dem strengen, ein wenig unzufriedenen Blick. Paul wusste, er gefiel seinem Vater nicht, er gefiel ihm nicht, weil er klein und schwach war. Dennoch verursachte es Paul einen aufregenden Genuss, die hohe Stirn mit den zwei aufrechten Fältchen zu betrachten, die gerade Nase, das mächtige Kinn, die Haare an den Schläfen, die schon ein wenig grau wurden – alles das schüchterte Paul ein und gefiel ihm dennoch. Immerhin musste es nicht gemütlich sein, Tag und Nacht mit solch einem Gesicht einherzugehen. Jetzt aber richteten sich wirklich die Augen hinter den Brillengläsern auf Paul, dieser wandte schnell den Kopf ab und schaute zum Fenster hinaus. Draußen regnete es, das Land war von einem Schleier kleiner, schräger Striche verhangen, die Telegraphenstangen rannten vorüber – eilig, eilig –, das machte schläfrig. Paul bog den Kopf zurück und schloss die Augen, er konnte ja schlafen, hier war er in Sicherheit, nichts Bedrohliches stand in Aussicht, er freute sich auf die Villa, auf den Garten, die Schule war weit. Ja, die Schule, die war auch solch ein Ort der Gefahren. Nicht das Lernen machte Paul Mühe, nicht die Lehrer fürchtete er, sondern die Kameraden. Anfangs hatten sie ihn geneckt und gequält, jetzt beachteten sie ihn kaum mehr. Wenn in der Erholungspause alle in den Hof gingen, dann schlich auch Paul sich hinunter, er lehnte sich gegen eine Mauer und schaute zu, wie die andern Jungen miteinander kämpften. Seine Augen wurden dann groß und blass wie Silber und seine Hände kalt. Besonders dem langen Müller schaute er gern zu, er war der Stärkste. Wie mühelos er die andern zu Boden schleuderte, wie er auf ihnen kniete und mit den Fäusten auf ihnen trommelte! Paul hasste ihn und bewunderte ihn. Zu Hause dann in seiner Kinderstube spielte er «stark sein», ein Stuhl war der lange Müller, und er kämpfte mit ihm bis zur Ermattung. Nun, an diese Dinge brauchte er jetzt lange Zeit nicht mehr zu denken, er konnte ruhig schlafen.

Von dem Stoß des haltenden Zuges erwachte Paul, schlaftrunken blickte er auf. Um ihn her war es unruhig. Die Wagentür wurde geöffnet, Handgepäck wurde hinausgereicht, endlich stiegen alle aus. Auch Paul musste hinaus. Auf dem Bahnsteig schien es ihm, als liefen viele Menschen erregt umher und schrien, auch die Stimme seines Vaters war vernehmbar, er ärgerte sich wohl, denn er sprach sehr laut. Ein Wagen stand bereit, Paul musste hineinsteigen und sich zwischen Tante Dina und seine Mutter setzen, sein Vater und Marie saßen auf dem Rücksitz. So fuhren sie in das dämmerige Land hinaus. Der Direktor schalt noch ärgerlich auf die Kofferträger: «Auch in die einfachste Hantierung versteht dieses Volk keine Spur von Methode zu legen.»

«Sie haben so viel zu tun», wandte Tante Dina ein, die stets verteidigte, wenn jemand getadelt wurde.

Der Direktor jedoch winkte mit der Hand ab. «Da gibt es nichts zu verteidigen, diese Leute sind dumm und faul.»

Der Regen hatte aufgehört, die Luft war kalt und feucht, es duftete stark nach Heu, die Berge, groß und schwarz, schienen ganz nah, und weiße Wolken rannen an ihnen nieder. Dunkel standen die kleinen Häuschen am Rande der Wiesen, und struppige Hunde kläfften dem vorüberrollenden Wagen giftig nach. Das sonst so vertraute Tal erschien Paul heute fremd und unheimlich.

Endlich hielt der Wagen vor der Villa. Auch diese stand seltsam schwarz zwischen den schwarzen, nassen Bäumen. Die alte Bäuerin, welche im Winter die Villa hütete, und die beiden Mägde, Babette und Käti, erwarteten die Herrschaften vor der Haustür, sie lächelten alle drei zum Willkomm, als der Direktor jedoch rief: «Was, alles dunkel! Kein Feuer, kein Licht? Das ist ein schöner Empfang!», da machten sie erschrockene Gesichter. Dann stieg man aus. Im großen, finsteren Flur war es auch kalt und feucht und roch nach Heu. Eine Treppe führte zu den Zimmern hinauf, erregt rannten die Mägde hin und her. Paul stand mitten in dem großen, ein wenig niedrigen Wohnzimmer, durch die offenen Türen fegte eine scharfe Zugluft herein, polternd wurden im Flur die Koffer abgeladen, und gereizte Stimmen riefen einander zu. Paul stand regungslos da und verzog sein Gesicht, als wollte er weinen. Erst als es um ihn stiller wurde, als die Türen geschlossen waren und Käti die Hängelampe angezündet hatte, begann er langsam mit von der Fahrt ein wenig steifen Beinen im Zimmer umherzugehen, er besah sich nachdenklich die Möbel, strich mit der Hand über sie. «So geht es immer», dachte er, «fährt man am Ende des Sommers fort, dann sind die Möbel gute alte Kameraden geworden, von denen zu scheiden es einem wehtut, und kommt man das nächste Jahr wieder, dann stehen sie wieder steif und tot da, als habe man sie nie gekannt.» Er ging zu dem Tisch und öffnete das Schubfach: Wirklich, da lag ein kleiner Papiersoldat, der vorigen Sommer wohl hier vergessen worden war. Er trug rote Hosen und einen blauen Rock und hatte ein ganz rosa Gesicht. «Der Arme», dachte Paul, «den ganzen Winter hat er hier in Kälte und Dunkelheit ganz allein gelegen.» Ein großes Erbarmen mit dem kleinen Soldaten ergriff ihn, er nahm ihn und steckte ihn hinter seine Weste, dort sollte er warm werden.

Als Paul sich umwandte, sah er seine Mutter auf dem Sofa sitzen, sie hüllte sich in einen Schal und drückte sich fröstelnd in die Sofaecke. Ihr Gesicht war bleich, und sie schaute sinnend vor sich hin. «Komm, mein Junge», sagte sie und zog Paul zu sich heran. Sie hüllte ihn in ihren Schal: «Du frierst?», meinte sie; «du denkst wohl, hier ist es unbehaglich und vielleicht etwas traurig, weil es hier kalt ist, und weil alle so unruhig hin und her laufen, weil der Regen wieder an die Fensterscheiben klopft, die Berge so schwarz zu den Fenstern hereinschauen, und unten im dunklen Dorf die fremden Hunde bellen. Aber es braucht nicht unbehaglich und traurig zu sein, wenn wir nicht wollen, wir können sagen: Wir frösteln ein wenig, aber wir freuen uns auf die Wärme, die das Ofenfeuer gleich geben wird; der Regen singt gemütlich vor den Fenstern, die Berge stehen um uns her wie eine schützende Mauer, Tante Dina geht ab und zu und raschelt mit Papier, und unten im Dorf sitzen gute Hunde, sie bellen ein wenig, sie wollen miteinander sprechen, denn sie sind untereinander gut bekannt – nein, wenn wir nicht wollen, ist es nicht unbehaglich und traurig.»

Paul schaute lächelnd zu seiner Mutter auf. Wirklich, ihre Worte machten, dass alles gleich besser wurde. Die feuchten Scheite im Ofen begannen zu prasseln, Käti schloss die Fensterläden und deckte den Tisch für das Abendessen, und von der Küche nebenan klang die bekannte Stimme der alten Marie herüber, sie erzählte der Köchin etwas, nun lachten sie sogar miteinander.

Jetzt trat auch der Vater in das Zimmer. Er schien gar nicht mehr ärgerlich zu sein, er streckte sich in einem Sessel aus, rieb sich die Hände und sagte: «Hier sieht es ja wieder menschlich aus. Ich habe den Rotwein auspacken lassen, an dem wollen wir uns erwärmen. Ich spüre einen tüchtigen Hunger – aha, ich höre schon, wie nebenan in der Küche die Koteletts in der Pfanne miteinander zanken.» Dabei lächelte er und schaute Paul an, das war ermutigend. Dann erzählte er Neuigkeiten aus dem Dorf, die er vom Hausknecht erfahren hatte: Major Welker war hier mit Familie, ein neues Wirtshaus wurde gebaut, ein Mann im Steinbruch war verunglückt.

Tante Dina hielt in ihren Gängen durch die Zimmer inne, hörte gespannt zu und sagte: «Ach Gott, was nicht alles geschieht!»

Endlich kam das Essen, Paul aß mit Appetit. «Seltsam», dachte er, «das Essen schmeckt hier anders als in der Stadt. In den Koteletts ist etwas von der scharfen Luft der Berge, von dem Duft der Wiesen drin.» Das halbe Glas Rotwein, das er bekam, erwärmte ihn, er gab nicht acht darauf, was die Erwachsenen sprachen, es tat ihm jedoch wohl, dass ihre Stimmen friedlich und beruhigt klangen.

Als das Abendessen beendet war, setzten Paul und seine Mutter sich wieder in ihre Sofaecke, der Direktor zündete eine Zigarre an, und Tante Dina nahm ihr Strickzeug zur Hand. Sie sprachen von dem Wetter in früheren Sommern, von früheren Sommergästen und endlich von den Preisen der Lebensmittel. Es war nicht zu leugnen, dass die Preise mit jedem Jahre in die Höhe gingen. «Das ist nicht zu ändern», meinte der Direktor, «doch habe ich diesen Umstand, wie immer, auch dieses Jahr in meinem Voranschlag für den Sommeraufenthalt berücksichtigt. Daher hoffe ich, dass es dieses Jahr stimmen wird.» Dabei sah er seine Frau durch die Brillengläser scharf an.

Diese jedoch antwortete leichthin: «Ach, es wird gewiss nicht stimmen.»

«Warum wird es nicht stimmen?», fragte der Direktor mit einer unterstrichenen Ruhe, die zeigte, dass er eine Gereiztheit unterdrückte.

«Weil es nie stimmt», antwortete seine Frau.

«Wenn es bisher nicht gestimmt hat», versetzte der Direktor, und er sprach die Worte langsam und scharf aus, «dann lag das offenbar nicht am Voranschlage.»

«Nein, nein», meinte Frau von der Ost, «es lag natürlich an mir.»

«Also», fuhr der Direktor fort, «und ich wünsche, dass sich das ändert. Wenn man Jahre hindurch an denselben Ort zurückkehrt, so lehrt die Erfahrung doch, wie viel man an diesem Ort nötig hat, um zu leben. Oder setze ich vielleicht zu wenig an?»

«Ach nein», erwiderte Frau von der Ost, «es ist gewiss genug. Aber wenn ich alles anschreiben muss, dann stimmt es eben nicht. Ich könnte vielleicht mit weniger auskommen, wenn ich nicht anschreiben müsste. So aber würde es auch nicht stimmen, wenn ich eine Million hätte.»

«Irene», rief der Direktor und schlug mit den Fingerspitzen hart auf den Tisch, «du solltest dich schämen, etwas so Widersinniges zu sagen!»

Seine Frau jedoch lachte. Paul schaute zu seiner Mutter auf. Ihre Wangen waren gerötet, ihre Augen blank und feucht, und das Lachen gab ihrem Gesicht einen gequälten Ausdruck. «So bin ich nun einmal», sagte sie. «Es ist schade, dass, als wir uns verlobten, ich nicht bei dir ein Examen im Rechnen abgelegt habe.»

«Irene», rief wieder der Direktor, «ich bitte dich, über ernste Dinge auch ernst zu sprechen. Dein Widerwille gegen Zahlen, also gegen Ordnung und Klarheit, ist mir unbegreiflich, denn Zahlen *sind* Ordnung und Klarheit. Sie sind unser geistiges Gewissen, unsre geistige Reinlichkeit. Wenn ich meine Verhältnisse zahlenmäßig überblicken kann, dann habe ich einen Boden unter den Füßen.»

«Und ich finde», meinte Frau von der Ost, «Zahlen sind wie zu enge Schuhe, sie verderben uns das Leben. Mir kommt es vor, als ob jede Zahl, die ich in das Anschreibebuch hineinschreibe, mir ein gutes Stück Geld wegfrisst.»

Der Direktor erhob sich und begann im Zimmer auf und ab zu gehen. «Unglaublich», seufzte er. «Aber das ist es, nur nicht klar sehen! Lieber im Dunkel tappen aus Furcht, einer unangenehmen Wahrheit zu begegnen! Über alles wegschlüpfen, wegtänzeln, wegträllern, alles vertuschen – so wird aber auch aller Ernst, alle Wahrheit aus dem Leben weggetänzelt und weggeträllert!»

Der Direktor hatte sehr laut gesprochen. Tante Dina beugte ihren Kopf tief auf das Strickzeug nieder, Paul saß da, die Hände kalt vor Erregung.

«Du wusstest ja, wie ich bin», begann Irene von der Ost wieder, und ihre Stimme zitterte. «Du wusstest ja, dass ich keine Rechenmaschine bin.»

«Jetzt noch Tränen, natürlich! Das ist dann der letzte Beweis ...» Doch plötzlich hielt er inne, sah Paul scharf an und sagte: «Warum bist du nicht im Bette? Was sitzt du hier? Längst solltest du im Bett sein.»

Erschrocken erhob sich Paul, ging von einem zum andern, um

eine gute Nacht zu wünschen; als seine Mutter ihn küsste, spürte er, dass ihr Gesicht feucht von Tränen war. Dann schlich er in sein Zimmer, seine Beine zitterten, sein Herz klopfte stark, und er hatte das Gefühl, dass etwas Furchtbares sich ereignete.

Während er sich langsam entkleidete, dachte er immer wieder: «Was wird er ihr tun? Sie weint. Wie soll ich sie schützen? Fliehen müssen wir, sie und ich!» Aber es wurde ihm unerträglich, in dem ihm fremd gewordenen Zimmer allein zu sein mit seinem Kummer. Er öffnete die Tür und rief Marie, sie sollte ein wenig bei ihm sitzen. Marie kam und saß mit ihrem Strickstrumpf bei der Lampe. Es freute die Alte stets, wenn Paul in die Gewohnheiten seiner früheren Jugend verfiel. Er aber kroch ein wenig beruhigt in sein Bett, er war sehr müde, dennoch dachte er immer wieder: «Fliehen müssen wir, fliehen vor ihm –», bis der Gedanke zum Traum wurde, bis er die lange, gelbe Landstraße sah, seine Mutter und er liefen auf ihr hin, sie liefen und liefen, bis sie in den Nebeln des Traumes verschwanden. Paul schlief jetzt ruhig und traumlos. Auf seiner Brust aber lag der kleine Papiersoldat und wärmte sich.

Als Paul am nächsten Morgen erwachte, fiel ein breiter, gelber Sonnenstreifen in sein Zimmer. Paul betrachtete ihn blinzelnd, und ihm ward wohlig dabei zumute. Da kam aber die Erinnerung an den vergangenen Abend, und sie tat weh wie ein körperlicher Schmerz. Deutlich sah er wieder das zornige Gesicht des Vaters, das gequälte, tränenfeuchte Gesicht der Mutter, und mutlos sank er in die Kissen zurück. Im Zimmer nebenan hörte er leichte Schritte hin und her gehen, es war seine Mutter; nun begann sie zu singen, wie sie es zu tun liebte, wenn sie ordnend durch das Haus ging. Paul horchte auf, das klang nicht traurig, das war ein helles, leichtherziges Geträller. Dann war also das Schreckliche von gestern Abend vorüber, dann war es nichts gewesen. Paul verstand nicht. Diese erwachsenen Leute wurden ihm immer unbegreiflicher. Allein diese fröhliche Stimme nebenan erweckte auch wieder seine Lebensungeduld. Er sprang aus dem Bett und kleidete sich an. Er ging in den Garten hinunter, der

Himmel war tiefblau, die Sonne brannte heiß auf die Kieswege. Vor dem Hause, mitten im Sonnenschein, lag ein großes Blumenbeet voller Sommerblumen, wohlriechende Erbsen blühten da, kleine weinrote Skabiosen, Studentennelken, rotes Löwenmaul und Reseden. Ein ganz süßer Duft stieg aus diesem Beete auf, und das Summen der Bienen und Insekten erfüllte die Blumen mit einem gleichmäßig ruhevollen Klingen. Hier liebte es Paul zu stehen, ganz regungslos, die Augen weit offen, die Lippen halb geöffnet – er nannte das: «sich betrinken». Und wirklich, der warme, süße Duft, der schläfrige Singsang der Insekten, sie machten ihm die Glieder schwach, gaben ihm einen leichten Schwindel, einen Rausch von Duft und Sonnenschein.

Als die Sonne ihm dann doch zu heiß auf den Rücken schien, ging er zum unteren Teil des Gartens hinab. Da dieser tiefer lag, war er ein wenig feucht, ein flacher Graben durchquerte ihn, in dem vom gestrigen Regen ein wenig trübes Wasser stand. Das Gras war hier dunkler, einige blanke, fette Blätter wuchsen hier, und bleiche Storchschnabel blühten auf dünnen Stängeln. Jenseits des Grabens war ein Gebüsch giftiger Sträucher, Tollkirschen und Salomonssiegel und einige hochaufgeschossene Stauden des blauen Sturmhutes. Am Lattenzaun aber, der den Garten von der Dorfstraße trennte, erhob sich ein Wald aus Nesseln. Paul liebte diesen Ort mit seinem feuchten, säuerlichen Geruch, und er begann sofort zu spielen. Er spielte seine und seiner Mutter Flucht. Ein Klettenblatt war seine Mutter, eine Sturmhutblüte war er, und sie flohen durch das hohe Gras, durch die gefährlichen Wasser des Grabens, unter den giftigen Büschen hin, mitten in den Nesselwald hinein. Er spielte so eifrig, dass er rote Wangen bekam und ganz heiß wurde. Die alte Marie kam nach ihm sehen, sie setzte sich auf eine Bank in den Sonnenschein und schlummerte ein wenig. Da ergriff auch Paul eine plötzliche Müdigkeit, er warf alles fort, setzte sich zu Marie und starrte durch die Latten des Zaunes auf die Dorfstraße hinaus.

Um diese Zeit war die Dorfstraße still und leer. Nur hier und da ging ein Hund träge über sie hin und suchte sich einen sonnigen

Fleck, auf dem er sich ausstrecken konnte. Da tauchten in der Ferne zwei Figürchen auf, die Paul erregten. Er sprang von der Bank herab und lief zum Zaun. Er hatte sie gleich erkannt, ja, er hatte sie erwartet. Es war Major Welkers Lulu und seine unzertrennliche Gefährtin, des Kirchbauern Nandl. Lulu war Pauls Altersgenosse, aber er war ihm weit überlegen, das gestand sich Paul wohl ein. Lulu und Nandl waren Pauls Feinde, sie höhnten ihn, wo sie ihn sahen, Lulu sagte ihm spöttische, kränkende Dinge, und Nandl lachte dazu ihr schrilles, herzliches Lachen. Dennoch bewunderte Paul sie mit einer schmerzhaften Bewunderung. Schon die Art, wie Lulu ging, war herausfordernd. Er bog den Kopf zurück, steckte die Hände in die Hosentaschen und trat zuerst mit den Fußspitzen auf, sodass sein ganzer Körper ein wenig in die Höhe wippte. Lulu trug keinen Hut, sein kurzes, rotes Haar glänzte ordentlich in der Sonne. Jetzt unterschied Paul deutlich das runde Gesicht mit den vielen Sommersprossen, die kurze, ein wenig hinaufgebogene Nase und die grellbraunen Augen. Nandl trippelte auf ihren nackten braunen Füßchen neben ihm her, ihr Rock war sehr kurz, und ihr schwarzes Haar hing wirr über die Stirn bis auf die dunkeln Augen nieder. Zuweilen blieben sie stehn. Lulu hob einen Stein vom Boden auf und warf damit nach einem Hunde. So näherten sie sich langsam dem Zaune, vor Paul blieben sie stehn.

«Ah, das Würmchen ist auch da! Seit wann denn?», bemerkte Lulu.

«Gestern sind wir gekommen», erwiderte Paul und machte ein feindseliges Gesicht.

«So, so», fuhr Lulu fort. «Da sitzt ja auch die alte Kinderwärterin, die achtgeben muss, dass du nicht fällst, oder dass du nicht aus dem Garten hinausgehst.»

«Wenn ich will, falle ich», erwiderte Paul trotzig, «und wenn ich will, gehe ich auch zum Garten hinaus.»

Lulu verzog seinen Mund schief. «Wie stolz das Würmchen ist!»

Paul wunderte sich, dass Nandl nicht lachte, er sah zu ihr hin und bemerkte, dass sie geweint hatte. Ihre Wangen waren noch feucht, und an den Wimpern hingen Tränen.

«Warum weint sie denn?», fragte Paul.

«Sie weint», berichtete Lulu bedächtig, «weil die Kuh diese Nacht bei ihr zu Hause zu früh gekalbt hat, nun ist das Kalb tot, und die Kuh ist krank und wird wohl auch eingehen.»

Nandls Augen füllten sich aufs Neue mit Tränen. Paul wusste nicht, was er darauf sagen sollte. «Du Würmchen», begann Lulu wieder, «ich glaube, du weißt noch gar nicht, dass Kühe Kälber kriegen?»

«Das weiß ich wohl», erwiderte Paul.

«Aber woher sie sie kriegen?», fragte Lulu weiter. «Das weißt du nicht.»

«Das ist mir auch gleich», meinte Paul und versuchte sein hochmütiges Gesicht zu machen.

Jetzt lachte Nandl, lachte ihr schrilles Lachen. Paul war gekränkt, und dennoch gefiel ihm dieses lachende Mädchengesicht, der Mund öffnete sich und zeigte eine Reihe kleiner, spitzer Zähne, und in den Augen erwachte eine strahlende Ausgelassenheit.

«Nein, Würmchen», sagte Lulu, «du bist noch sehr dumm. Komm, Nandl, gehen wir, mit dem ist doch nichts los!» Er machte kehrt, Nandl folgte ihm, und so wanderten sie wieder die Dorfstraße hinunter.

Paul schaute ihnen lange nach; ja, so ging es ihm immer, sie höhnten und kränkten ihn, und wenn sie gingen, wurde ihm das Herz schwer, und es schnürte ihm etwas die Kehle zusammen, als müsste er weinen. Langsam schlich er wieder zu seiner Bank zurück, setzte sich neben die schlummernde Marie und sann über seltsame, heldenhafte Taten nach, die er vollbringen könnte, damit Lulu und Nandl ihn bewunderten.

Am Nachmittag fuhr der Direktor in die Stadt zurück. Paul wurde in das Haus gerufen, um Abschied zu nehmen. Sein Vater hob ihn zu sich auf, küsste ihn und sagte freundlich: «Sorge für rote Backen, mein Junge.» Als er ihn jedoch wieder auf den Boden niedersetzte, bemerkte er missbilligend: «Leicht wie ein Spatz!»

Dann küsste er auch seine Frau, diese strich zärtlich mit der Hand über seinen Rockärmel und sagte: «Komm bald wieder zu uns heraus.»

«Ja», fügte Tante Dina hinzu, «es ist schade, dass du fortmusst, man war so gemütlich beisammen.»

Paul sah erstaunt zu seinen Eltern auf. «Also, jetzt muss man traurig sein, weil der Vater fortfährt, seltsam», dachte er.

Nun kamen die langen, heißen Nachmittagsstunden, Paul trieb sich ein wenig müde auf den Kieswegen des Gartens umher, nichts war in Aussicht, auf das er sich freuen konnte. Er stand am Gartenzaun und schaute durch die Latten. Über dem Lande lag es wie eine rotgoldne, sachte zitternde Staubwolke, im Rasen wetzten die Feldgrillen, und von den Wiesen klang das Dengeln der Sensen herüber. Das machte schläfrig, allein Paul mochte nicht schlafen, er wollte keine Stunde dieser kostbaren Ferienzeit verlieren – tun wollte er etwas. So ging er denn aus dem Garten hinaus auf die Dorfstraße, er versprach sich nicht viel davon, aber vielleicht sahen ihn Lulu und Nandl und überzeugten sich davon, dass er allein den Garten verlassen durfte.

Aus den kleinen, sonnigen Dorfgärten stiegen heiße Gemüsedüfte auf, Sonnenblumen standen da wie schwarze Gesichter von goldgelben Krausen umgeben. In einem Stall blökte eine Kuh, schmerzvoll und leidenschaftlich. Paul hob einen Stein auf und warf ihn nach einem Hunde, wie Lulu es zu tun pflegte, der Hund jedoch begann grimmig zu bellen, und Paul fürchtete sich. Endlich bog er in den Spazierweg ein, der von jungen Tannen eingefasst war, aber auch hier nur Staub und Hitze. Da schlugen leise Töne an sein Ohr, wie das Knallen einer Peitsche, dazwischen schrille Vogelrufe. Paul spähte durch die Tannen. In einiger Entfernung auf der Wiese sah er Lulu und Nandl, Lulu ließ Nandl über eine Schnur springen; das eine Ende der Schnur hatte er an einen Zaunpfosten gebunden, das andre schwang er mit der Hand, in der andern Hand hielt er eine kleine Peitsche, mit der er zuweilen knallte. Nandl aber sprang unermüdlich auf und ab, auf und ab. Die Sonne vergoldete ihre dünnen, braunen Beinchen, das schwarze Haar flog wild um ihr Gesicht, und ab und zu stieß sie kleine, schrille Vogellaute aus. Paul schaute dem zu, und es schien ihm, dass dieses Schauspiel ein wunderbar erregendes war.

Er stand da hinter der Tanne, bis die Kinder auf der Wiese ihres Spieles müde waren. Lulu rollte die Schnur zusammen, und beide warfen sich nebeneinander in das Gras. Auch dann noch stand Paul eine Weile hinter der Tanne, das Herz war ihm so seltsam heiß und schwer, und eines verstand er jetzt wohl, dass die beiden dort nebeneinander im Grase glücklich waren und er unglücklich war. Als er endlich in seinen Garten zurückschlich, fühlte er sich sehr einsam.

Abends saßen Frau Irene und Tante Dina auf dem Balkon, Paul setzte sich zu ihnen. Über den Berggipfeln verglomm ein rot und goldener Sonnenuntergang, die Kühe wurden heimgetrieben, die Wege waren voller Menschen, die von der Arbeit nach Hause gingen; Sommergäste in hellen Kleidern gingen die Dorfstraße entlang – das Tal war plötzlich ganz voller Leben und Farbe, bis die Dämmerung kam und alles wieder still wurde. Die Türen in den Häusern des Dorfes schlossen sich, gelbe Lichter erglommen in den Fenstern, und von den tauigen Wiesen wehte es kühl herüber. Endlich war es ganz dunkel, einige zitternde Sterne standen am Himmel. Frau Irene und Tante Dina sprachen zuweilen abgerissene Sätze, dann schwiegen sie wieder lange. Paul saß da, im Herzen die seltsame Bangigkeit, die Kinder ergreift, wenn es still und dunkel wird, die Welt ihnen unendlich weit erscheint und sie sich selbst als rätselhaften lebendigen Punkt, sehr klein in dem großen Schweigen, ahnen.

Am Sonntag kam Herr von Wirden. Paul hörte im Garten durch das geöffnete Fenster in der Wohnstube seine heitere Stimme und sein Lachen. Paul ging hinauf. Herr von Wirden saß Frau Irene gegenüber, er trug einen hellen Sommeranzug, sein Gesicht war heiß und rot, denn er hatte den Weg vom Bahnhof zum Dorf zu Fuß zurückgelegt. «Da ist ja mein kleiner Freund!», rief er Paul entgegen, zog ihn an sich, und fuhr ihm, wie er es zu tun liebte, mit der Hand in die blonden Locken. «Noch immer das bleiche Philosophengesicht! Nein», wandte er sich an Frau Irene, «der ist noch nicht richtig verbauert, auf den hat das Land noch nicht gewirkt.»

«Also mich finden Sie schon verändert? Woran sehen Sie das?», nahm Frau Irene das unterbrochene Gespräch wieder auf. Sie lehnte sich in die Sofaecke zurück und verzog den Mund ein wenig schief, wie bereit zu einem Lächeln, ein Ausdruck, den Paul an ihr kannte, wenn sie sich gut unterhielt.

«Oh, das sehe ich gleich!», rief Wirden. «Sie haben, wie soll ich sagen, so etwas langsam Verhallendes. Jede Ihrer Bewegungen zeigt, dass Sie Zeit haben, dass Sie nicht von den kleinen, spitzen Stadtgedanken gehetzt werden.»

«Kommt das so bald?», fragte Irene.

«Das kann sehr bald kommen», erwiderte Wirden. «Schon auf dem Weg vom Bahnhof hierher fühlte ich, wie es von mir abfiel.»

«Was fiel von Ihnen ab?»

«Nun, die Stadt, das Debet, Kredit, Saldo!»

Irene lächelte. «Das dürfen Sie meinem Manne nicht sagen.»

«Ich weiß», erwiderte Wirden, «der Direktor liebt diese Dinge sehr. Ich wundere mich, dass Ihr Sohn nicht ‹Saldo› heißt.»

«Saldo», wiederholte Irene; «nein, dann würde ich ihn nicht so lieben können.»

«Ich will nicht ‹Saldo› heißen», versicherte Paul.

«Recht hast du», meinte Wirden. «Saldo ist das Kind von Debet und Kredit, und das ist nicht angenehm.»

«Ist die Stadt jetzt wirklich so schlimm?», fragte Irene.

«Sehr schlimm», berichtete Wirden. «Alle erwarten den Krieg, und keiner glaubt an ihn, und ein jeder hat eine Ansicht. Alte Schreiber in der Bank, die das ganze Jahr kein Wort sprechen – jetzt haben sie eine Ansicht.»

«Und Sie, haben Sie auch eine Ansicht?», fragte Irene weiter.

Wirden schlug sich mit der flachen Hand auf das Knie: «Das ist es eben – natürlich habe ich auch eine Ansicht, und deshalb kann ich meinen Urlaub kaum erwarten, damit draußen auf dem Lande auch diese Ansichten von mir abfallen. Dann will ich mich auf eine warme Wiese legen, einige wenige, einfache Gedanken immer wieder denken und ein Mensch sein.»

«Wenn wir das doch könnten!», meinte Frau Irene nachdenklich.

«Oh, das können wir!», versicherte Wirden eifrig. «Sehen Sie die Leute hier, wie oft sehen Sie einen Mann oder eine Frau lange, lange auf einem Flecke stehn und zu den Bergen aufschauen, und auf ihren Gesichtern steht geschrieben, sie denken nur einen einzigen Gedanken. Auf dem Wege vom Bahnhof hierher sah ich einen Mann an seiner Wiese stehn, er sah sein Heu an, er hatte dort gewiss schon sehr lange gestanden und immer wieder gedacht: ‹Wird das Heu morgen trocken sein?› Das müssen wir einige Wochen können, wenn wir von der Krankheit des Stadtlebens gesund werden wollen. Unsre Gedanken müssen zu einer ruhigen, eintönigen Musik werden.»

Frau Irene schwieg. Sie schaute gerade vor sich hin durch das Fenster hinaus, sie fühlte, dass Wirdens Augen auf ihr ruhten, und sie wollte ihn darin nicht stören.

«Ja freilich», begann Wirden wieder, und Paul dachte: «Warum klingt seine Stimme jetzt so anders?» – «Ja freilich, leichter geht das alles, wenn wir ein wenig verliebt sind, denn dann werden wir ohnehin einfachere Menschen. Es ist seltsam, wie lange wir ein und denselben Gedanken denken können, wenn wir verliebt sind.»

Paul bemerkte mit Erstaunen, dass seine Mutter errötete. Ein zartes Rot breitete sich über ihr Gesicht bis hinauf in die blonden Stirnlöckchen, und sie sah wunderbar jung und hilflos aus. Wirden war ernst geworden. Paul schaute beide an, und es ergriff ihn ein seltsames Gefühl, erregt und feierlich zugleich.

«Paul, mein Junge», sagte Frau Irene endlich, «geh, spiele unten im Garten.»

Paul gehorchte ungern, aber er wusste, wenn es anfing, interessant zu werden, dann wurde er fortgeschickt, und das Treiben der Erwachsenen blieb für ihn dadurch stets geheimnisvoll.

Unten im Garten dachte er über das Gehörte nach. Wie hatte Herr von Wirden gesagt: «Wir müssen uns auf eine Wiese legen und nur einen Gedanken denken.» Gut, das wollte Paul versuchen. Er streckte sich auf dem Rasen aus, lag regungslos da, die Arme eng an den Körper gedrückt, die Augen geschlossen, und er dachte an Nandl, wie sie über die Schnur springt, auf und ab, auf und ab – das Röckchen bauscht sich, das dunkle Haar flattert um das erhitzte Gesicht – auf und ab, auf und ab. Er dachte das so lange, bis er einschlief. –

«Meiner Seele, er schläft!» Es war Wirdens Stimme, die Paul weckte. Er schlug die Augen auf. Sie standen alle um ihn her, seine Mutter, Tante Dina, Wirden, und lächelten auf ihn herab. «Ganz richtig», meinte Wirden, «im Grase liegen, schlafen, die Haare voller Grashupfer – so muss es gemacht werden.» Er ergriff Paul und stellte ihn auf die Füße. «Jetzt der Spaziergang, das ist Lebenskunst!»

Sie gingen die Dorfstraße hinauf und bogen in die Tannenallee ein. Die Luft war schwül, über den Bergen standen große, dunkle Wolken, und überall auf den Wiesen wurde eifrig gearbeitet, um das Heu noch vor dem Regen zu bergen. Paul achtete nicht auf das Gespräch der Erwachsenen, es war von England und Russland die Rede und von Krieg – das interessierte Paul wenig. Er beobachtete die Kühe, die am Wege standen und die Vorübergehenden großäugig anglotzten. Paul fürchtete sich ein wenig vor ihnen und versuchte es dennoch, ruhig und unbefangen nah an ihnen vorüberzugehen. Fern auf der Wiese fuhr ein Wagen hoch mit Heu beladen schnell dem Dorfe zu, oben darauf aber saßen Lulu und Nandl und sangen aus voller Kehle. An einer Bank blieb Tante Dina zurück, sie war müde geworden. Die anderen setzten ihren Weg fort. Frau Irene und Wirden schwiegen eine Weile. Aus Wirdens Gesicht war die Heiterkeit verschwunden, er schaute nachdenklich vor sich hin und nagte nervös an seiner Unterlippe. «Die Blicke dieser Kühe genieren mich», sagte er endlich.

«Warum?», fragte Frau Irene, «sie sind doch so mütterlich.»

«Mütterlich?», wiederholte Wirden. «Das finde ich nicht. Sie sehen uns an, als seien wir ganz absurde Ungeheuer, sie denken: ‹Unmöglich, diese Wesen, die da so aufrecht nebeneinander hergehen und sprechen und sprechen, statt zu fressen oder wiederzukäuen.›»

Frau Irene lächelte matt.

«Ich weiß nicht», fuhr Wirden fort, «wie weit sich die Tiere verständigen, aber das ist gewiss, wenn sie sich etwas sagen, so ist es stets etwas, das ihnen am Herzen liegt. Sogenannte Konversation kennen sie nicht.»

Frau Irene zog die Augenbrauen in die Höhe, und es klang ein wenig gereizt, als sie sagte: «Ich würde nicht wünschen, dass dieses auch bei uns eingeführt werde, ich will nicht, dass jeder mir sagt, was er auf dem Herzen hat. Warum soll ein jeder seine Bürde auf mich abladen dürfen?»

«Nun ja», meinte Wirden, und aus seiner Stimme klang etwas wie Mutlosigkeit, «natürlich ist es besser so. Man spricht und spricht miteinander und tut so, als gäbe es keine Bürden zu tragen.» Dann lachte er kurz auf: «Wissen Sie, wie mir unsre Gesellschaft zuweilen vorkommt: wie eine Quadrille von Packträgern; jeder hat seinen Koffer auf der Schulter, aber sie tanzen und verbeugen sich und machen Chaîne und tun so, als sähen sie gar nicht die schweren Koffer, die einem jeden von ihnen die Schultern zerdrücken.»

Frau Irene zuckte leicht mit den Schultern. «Warum müssen wir auch immer auf das hinsehen, was traurig ist?»

Dann schwiegen sie eine Weile. Wirden begann eifrig, die Samendolden des Löwenzahns zu köpfen, die wie kleine Tüllhauben am Wegrande standen. Frau Irene sah zu den Bergen hinauf, über denen es jetzt zu wetterleuchten begann.

Endlich begann Wirden wieder: «Also Sie wünschen nicht, dass ich davon spreche, was mir am Herzen liegt?»

«Nein», erwiderte Frau Irene, ohne ihren Blick vom Wetterleuchten dort oben abzuwenden. Eine Pause entstand. Dann sagte Frau Irene: «Paul, mein Junge, lauf ein wenig voraus, mache dir Bewegung!»

Und gehorsam lief Paul die Landstraße entlang, und er fragte sich dabei, warum seine Mutter heute streng und unfreundlich gegen den guten Wirden war. Aber man wusste nie, wenn es aussah, als ob diese Erwachsenen sich recht lieb hatten, dann wurden sie plötzlich hart und grausam gegeneinander.

Von den Bergen klang dumpfer Donner herüber, es war Zeit, den Rückweg anzutreten. Vor der Villa stand der Direktor. Er war mit dem letzten Zuge gekommen, «um seine Familie zu überraschen», berichtete er. «Sie sind auch da, Wirden», sagte er und begrüßte den jungen Mann. «Das ist hübsch.»

«O welche Freude!», rief Tante Dina ein wenig zu enthusiastisch, aber sie fürchtete, es könnte auffallen, dass Frau Irene nichts sagte. Als alle ins Haus gingen, blieb der Direktor noch draußen und schaute gen Himmel, hinauf nach dem aufziehenden Gewitter.

Paul war bei seinem Vater geblieben und schaute auch zum Himmel hinauf. Aus dem Hause, durch die geöffneten Fenster, klang Wirdens Stimme heraus und dann Frau Irenes helles Lachen. Da bemerkte Paul, dass das Gesicht seines Vaters sich wunderlich verzog, eine tiefe Falte stand zwischen den Augenbrauen, der Mund schloss sich so fest, dass die Lippen weiß wurden, und zuckte seltsam. «Ist er böse, oder fühlt er einen starken Schmerz?», fragte sich Paul, und unwillkürlich verzog auch er sein Gesicht, von dem Bedürfnis getrieben, die Zuckungen auf dem Gesicht seines Vaters nachzuahmen. Jetzt kam Herr von Wirden aus dem Hause, er musste sich beeilen, um noch seinen Zug zu erreichen.

«Lassen Sie sich bald wieder hier draußen sehen», sagte der Direktor und reichte ihm lächelnd die Hand.

Das Gewitter war jetzt heraufgezogen, große Tropfen prasselten nieder, und der Donner grollte unablässig. Im Wohnzimmer wurden die Läden geschlossen und die Lampe angesteckt. Paul war müde von dem heißen Tage, er lehnte in der Sofaecke und blinzelte in das Licht. Aber auch die andern schienen müde, der Vater sprach wenig, und wenn er sprach, klang es unangenehm scharf und knurrend. Die Mutter war bleich und schweigsam, nur Tante Dina war unermüdlich bemüht, die Unterhaltung aufrechtzuerhalten. Paul wurde bald zu Bett geschickt.

Paul glaubte, lange geschlafen zu haben, und es musste mitten in der Nacht sein, als er erwachte. Draußen tobte das Gewitter, durch die Spalten der Fensterläden drang das zuckende Licht der Blitze, ein mächtiger Donnerschlag ließ das Haus erzittern und hallte grollend in den Bergen nach wie eine große, scheltende Stimme. Und dann – es war noch ein Ton, den Paul vernahm, noch eine Stimme. Paul horchte auf: Ja, es war nebenan im Zimmer seiner Eltern, es war die Stimme seines Vaters. Er sprach laut und schnell, und zuweilen wurde die Stimme seltsam heiser und brachte die Töne mühsam heraus. Jetzt, da der Donner schwieg, konnte Paul sie deutlich hören: «Gut, gut, ich leugne es nicht, ich bin gekommen, weil ich wusste, dass er da sei. Du findest das lächerlich – vielleicht ist es lächerlich, aber wer ist daran schuld, dass ich etwas Lächerliches tue? Du, du ganz allein! Es ist widersinnig, dass ein Mann wie ich eines solchen Windhundes wegen auch nur einen Augenblick leiden soll oder lächerlich sein soll.»

Jetzt ließ sich Frau Irenes Stimme vernehmen, ruhig und klar: «Armer Mann!»

«Armer Mann!», brauste der Direktor auf. «Ich will kein armer Mann sein, ich habe das nicht nötig. Wenn ich eine Frau habe, hat sie sich so zu benehmen, dass mir solche lächerliche Qualen erspart bleiben. Sie hat sich so zu benehmen, dass ich nicht lächerlich bin, dass ich kein ‹armer Mann› bin. Ich wünsche nicht, dass man mich bemitleidet. Dein Leichtsinn, sag ich dir, deine Gefallsucht spielt hier ein sehr gefährliches Spiel ...»

Jetzt setzte der Donner wieder ein, er krachte und schmälte und übertönte die knarrende und schmälende Stimme des Vaters. Paul hüllte sich zitternd in seine Decke, die Welt erschien ihm wieder einmal sehr dunkel und gefahrvoll, und es überkam ihn diese hoffnungslose Resignation, wie sie nur ein Kind zuweilen zu empfinden vermag.

Den Vormittag über hatte es geregnet, gegen Abend hörte der Regen auf, hellgraue, tiefhängende Wolken bedeckten gleichmäßig den Himmel, die Berge trugen weiße Nebelkappen, und die Luft war unbewegt und drückend. Paul stand müßig und missmutig im Garten umher, er hatte versucht, zu spielen, wieder einmal seine und seiner Mutter Flucht vor dem Vater, bald jedoch warf er das Klettenblatt und die Sturmhutblüte fort und setzte sich auf die Bank, um vor sich hin zu starren und mit den Beinen zu baumeln. Ihn machte die unklare Wehmut elend, die Kinder zu ergreifen pflegt, wenn es alltäglich und grau um sie her ist. Warum hatte er sich denn so sehr auf das Land gefreut? Aber so ging es ihm stets: Er freute sich zu stark auf das, was kommen sollte, und war es da, dann enttäuschte es ihn so bitter, dass er am liebsten hätte weinen mögen. Auf der Dorfstraße erschien jetzt «Fucka», der gelbe Metzgerhund, und nahm Pauls Aufmerksamkeit in Anspruch. Fucka ging langsam dahin, den Kopf ein wenig gesenkt, zuweilen steckte er die Nase hierhin und dorthin, wandte sich dann gelangweilt ab, reckte sich und ging langsam weiter. «Sind Hunde auch traurig?», fragte sich Paul, «sind Hunde auch enttäuscht?» Er liebte den Metzgerhund nicht, denn er fürchtete ihn, aber in diesem Augenblicke verband ihn eine Art Kameradschaft mit dem freudlosen Fucka. Durch das Fenster der Villa klang Frau Irenes Stimme herüber, sie sang:

«Gang i ans Brünnele, trink aber net;
da seh i mein Herztausigenschatz
bei ein' andern stehn.
Und bei ein' andern stehen sehn,
ach, das tut weh ...»

«Jetzt singt sie wieder», dachte Paul – ja, wenn der Vater dagewesen war und es etwas gegeben hatte, dann sang sie immer besonders viel und hell. «Singt sie, weil sie traurig ist, oder singt sie, weil sie nicht mehr traurig ist?» Paul vermochte das nicht zu entscheiden, und dann ging es ihm durch den Sinn, was wollte wohl Herr von Wirden damals auf dem Spaziergang sagen und durfte es nicht? Erwachsene Herren weinen nicht, aber es sah damals aus, als hätte er weinen mögen. Paul hatte Herrn von Wirden gern, jedenfalls war es gemütlicher und sicherer, wenn Herr von Wirden da war, als wenn der Vater da war. Paul glaubte, die Mutter fühle das auch.

Nun kam Leben in die Dorfstraße. Ein Bursche lief an den Häusern entlang, Frauen traten in die Haustüren, Kinder schauten zu den Fenstern heraus, der Bursche rief ihnen etwas zu und lief weiter. Er lief bis an das Ende der Straße, dort am Rande der Wiese blieb er stehen, legte beide Hände als Schallrohr vor den Mund und schrie den

Mähern auf der Wiese etwas zu. Sommergäste zeigten sich, Damen mit Strohhüten; eilig gingen sie zur Post hinüber, wenn sie einander begegneten, blieben sie stehen und redeten eifrig aufeinander ein. Die im weißen Kleide war Frau Major Welker, und da war auch Tante Dina, mit flatternden Hutbändern eilte sie von der Post der Villa zu. Und plötzlich waren auch Lulu und Nandl da, sie standen mitten auf der Straße, und Lulu begann einen wunderlichen Tanz, er sprang wild in die Höhe und schwenkte die Arme wie Windmühlenflügel. Dabei rief er beständig etwas. Nandl hatte ihm anfangs zugeschaut, dann aber wurde auch sie von dem Taumel ergriffen, hüpfte und drehte sich, und ihre hohle, heisere Stimme begann auch zu rufen. Sehr gespannt ging Paul an das Gartengitter, er verstand nicht. Lulu und Nandl näherten sich ihm in ihrem Tanz, jetzt standen sie vor ihm, erhitzt und atemlos. «Du, Würmchen», rief Lulu, «es gibt Krieg!»

«Krieg?», wiederholte Paul.

«Ja, Krieg, einen ganz verdammten Krieg, ein Krieg mit allen, mit Russen und Franzosen und Serben – na, und die andern kommen auch schon, das wird fein!»

Paul wurde nachdenklich. «Wo sind sie?», fragte er.

Lulu machte eine weite Bewegung. «Überall.»

«Sind sie dort hinten auch?», und Paul wies mit dem Finger zu den Bergen hinüber.

«Ja, ja, dort auch», versicherte Lulu.

«Und kommen sie hierher?», fragte Paul.

Lulu lachte. «Sie sollen nur kommen, dann weiß ich auch, was ich tun werde!»

«Ja, dann muss man etwas tun», sagte Paul sinnend.

Lulu aber lachte höhnisch: «Du, Würmchen, was wirst du tun? Du wirst dich hinter deiner Kinderfrau verstecken, das ist es, was du tun wirst!»

Jetzt begann auch Nandl zu lachen, das helle Lachen, das Paul so wehtat.

«Ich werde etwas tun», sagte er mit zitternder Stimme.

«Ja, in ein Mauseloch kriechen!», spottete Lulu weiter.

Paul errötete, seine Augen wurden ganz silbrig vor Erregung, das Weinen war ihm nah. «Ich werde etwas tun!», schrie er; «ihr sollt sehen! Du glaubst, weil ich nicht wie du auf der Straße tanz und Steine nach den Hunden werf, so kann ich nichts tun. Tanzen und Steine werfen kann jeder, aber ihr sollt Augen machen, beide, Nandl und du, ihr sollt Augen machen!»

Nandl hatte aufgehört zu lachen und sah Paul neugierig an. Lulu zuckte die Achseln: «Wie das Würmchen spricht! In die Leibkompagnie der alten Marie wirst du eingestellt. Komm», sagte er zu Nandl, wandte Paul den Rücken, und beide begannen wieder ihren seltsamen Tanz.

Paul schaute ihnen nach, bis sie hinter dem Nachbarhause verschwanden, und dann noch blieb er stehen und dachte seine unklaren Kindergedanken. Aus dem kleinen Bauernhause neben dem Garten war die Stalldirne Resei getreten, sie schützte die Augen mit der Hand und schaute die Straße hinab. Einige Burschen kamen des Weges und sangen. Einer blieb vor Resei stehen, fasste ihren braunen Arm und lachte. Dann ging er seinen Gefährten nach, wiegte sich in den Hüften und sang vor sich hin. Resei aber schlug die blaue Schürze über den Kopf und begann zu weinen, so laut, dass Paul es hörte: «Hu, hu, hu.»

Der Nebel war von den Bergen in das Tal herabgestiegen und flüsterte jetzt als leichter Regen über das Land hin. Große schwarze Vögel flogen langsam und niedrig dem Walde zu. Das Dorf war ganz still geworden, nur die Stalldirne stand noch vor ihrer Haustür, die Schürze über dem Kopf, und weinte: «Hu, hu.» Ein furchtbares Grauen ergriff Paul, er wandte sich um und lief in das Haus, lief so schnell, als würde er verfolgt.

In der dämmerigen Wohnstube saßen Frau Irene und Tante Dina beieinander, die Tante sprach mit klagender Stimme. «Komm zu uns, mein Sohn», sagte Frau Irene und strich Paul über das regenfeuchte Haar. «Du bist nass und kalt.»

«Krieg!», flüsterte Paul.

«Ja, mein Sohn, es gibt Krieg.»

«Kommen sie auch hierher?», fragte Paul.

«Ach nein», entgegnete Frau Irene, «unsre Männer, unsre tapfern Männer werden uns beschützen.»

«Der Vater auch?»

«Ja, der Vater auch.»

«Und Herr von Wirden auch?»

«Ja, alle», sagte Frau Irene. «Und wenn du älter wärst, würdest du auch gehn und kämpfen für unser Deutschland, unsre gemeinsame Mutter. Wenn einer deiner Mutter, wenn einer mir etwas zuleide täte, das würdest du doch dann nicht dulden.»

Pauls kalte Kinderhände umklammerten fest Frau Irenes Hand.

«Gott wird uns schützen», sagte Tante Dina feierlich.

Der Abend verging schweigsam. Ein jeder sann vor sich hin und sagte nur zuweilen ein Wort aus seinen Gedanken heraus. Nach dem Abendessen kam auch die alte Marie mit ihrem Strickstrumpf und setzte sich in die Ofenecke. Die Türe zum Mädchenzimmer war halb geöffnet, man hörte die Mädchen drinnen flüstern, alle wollten sie heute beisammen sein, nah beisammen vor dem Ungeheuren und Furchtbaren, das in der Ferne drohte. Tante Dina legte zuweilen ihr Strickzeug beiseite, faltete die Hände und bewegte die Lippen, sie betete. Paul wurde heute nicht zu Bett geschickt, er legte seinen Kopf in den Schoß seiner Mutter und schlief dort ein. Und als es endlich doch Schlafenszeit war, musste Marie ihn in sein Zimmer bringen und zu Bett legen.

Paul schlief unruhig und hatte einen schweren Traum. Er sah das Dorf und die Berge in einem roten Schein, als sähe er sie durch ein purpurrotes Glas. Mitten aber auf der Dorfstraße saß auf einem Stuhl seine Mutter in einem weißen Kleide; die Hände lagen leicht gefaltet im Schoß, das Gesicht war bleich, die Augen geschlossen. Die Dorfstraße entlang ging ein Mann, ein furchtbarer Mann, Paul kannte ihn, es war der Handwerksbursche, der vor einigen Tagen am Gartenzaun vorübergegangen war. Er hatte ein großes, schmutziges Gesicht und wulstige Lippen, die sich nicht ganz schlossen und das blutrote Zahnfleisch sehen ließen. «Er will ihr etwas tun!», wollte Paul in furchtbarer

Angst rufen, vermochte es jedoch nicht. Schon stand der Mann vor der weißen Frau und griff mit seiner großen, bleichen Hand in das schöne, heilige Gesicht. Ein namenloser Schmerz ergriff Paul, es war ihm, als müsse das Herz ihm brechen – einer jener Schmerzen, wie wir sie zuweilen im Traume fühlen, vor denen es nur noch die Flucht in das Erwachen gibt. Stöhnend warf Paul sich im Bette herum, sein Herz klopfte, und sein Kissen war feucht von Tränen.

Der Direktor kam, um von seiner Familie Abschied zu nehmen, denn er musste hinaus ins Feld. Er sah stattlich aus in der feldgrauen Uniform und war heiter, angeregt und ein wenig feierlich. Er legte liebevoll den Arm um die Taille seiner Frau und sprach von der großen deutschen Begeisterung und von der großen deutschen Einheit: «Es ist gut, dass es so gekommen ist, denn einmal mussten wir da hindurch, und wir kommen durch, ha, ha!» Paul schaute zu seinem Vater empor, heute bewunderte er ihn.

Als jedoch am Nachmittag der Kaffee auf der Veranda eingenommen wurde, war es weniger gemütlich. Der Vater, meinte Paul, begann wieder so zu sprechen, als tadle er jemanden, wenn er auch seine Hand dabei auf die Hand der Mutter legte, die auf der Armlehne des Sessels lag. Paul beobachtete die kleine weiße Hand, wie sie regungslos unter der großen braunen Hand stillhielt.

«Deine Verhältnisse», begann der Direktor, «sind in jeder Weise geordnet. Ich glaube nicht, dass ich irgendeine Eventualität übersehen habe. Eine gewisse Sparsamkeit natürlich ist in solchen Zeiten stets angebracht, schon des Beispiels wegen, und auch sonst. Das ist ja das Schöne einer großen Zeit, dass sie Energien weckt, die in uns vielleicht ungeahnt schlummerten. Wir können plötzlich, was wir nie zu können glaubten. Wenn wir vielleicht dazu neigten, das Leben ein wenig leicht zu nehmen, alles Unbequeme von uns fortzuschieben und den Tatsachen nicht in das Auge zu sehen – jetzt erwacht ein Ernst in uns, den wir uns selbst nicht zugetraut hätten, nicht wahr?»

Wer war mit diesem «wir» gemeint, dachte Paul, und er schaute seine Mutter an. Diese hatte den Kopf zurückgebogen und sah zu den Wolken auf. Die kleine weiße Hand aber unter der großen braunen

Hand wurde unruhig, sie entzog sich ihr leise, machte sich etwas an den Stirnlöckchen zu schaffen und kehrte nicht mehr zurück.

«Nun», fuhr der Direktor fort, «ich denke, ich kann mit ruhigem Herzen hinausgehen, um meine Pflicht zu tun, denn auch in meine Häuslichkeit wird der Ernst der großen Zeit einkehren, auch hier wird jeder auf seinem Posten stehen und seine Pflicht tun.»

«Wie schön und wahr!», sagte Tante Dina.

Eine große graue Wolke hatte bisher die Sonne verdeckt, jetzt riss sie plötzlich, und riesige goldene Strahlenbündel schossen über den Himmel, standen da wie ein ungeheurer Heiligenschein.

«Seht, wie schön das ist!», sagte Frau Irene und wies zur Sonne hinauf.

Der Direktor schüttelte sachte den Kopf: «Die Frauen sind beneidenswert», sagte er. «Nichts kann so furchtbar ernst sein, dass sie nicht mit Leichtigkeit davon zu etwas Nebensächlichem übergehen können.»

Frau Irene zog die Augenbrauen empor und meinte ein wenig gereizt: «Für mich wird nichts so ernst und so furchtbar sein, dass ich nicht doch sehe, was schön ist.»

«Nun, lassen wir das», sagte der Direktor und zuckte die Achseln.

Am Abend fuhr der Direktor mit seiner Frau in die Stadt zurück. Er küsste Paul: «Bleibe gesund, mein Junge», sagte er, «werde stark, lerne brav! Du musst klug und stark werden, denn du bist ein Deutscher, und das ist jetzt ein gefährlicher Posten.» Seine Stimme zitterte dabei, und seine Augen wurden feucht. Das ergriff Paul, er begann zu weinen und freute sich doch, dass er es tat, denn er hatte gefürchtet, nicht weinen zu können, und wusste doch, dass es von ihm erwartet wurde.

Nun kamen stille Spätsommertage, in denen das Leben ereignislos dahinglitt unter dem Singsang der Feldgrillen und dem Dengeln der Sensen auf den Wiesen. Paul wunderte sich, dass nichts sich verändert hatte seit dem Kriege. Wie sonst wurden die Kühe auf die Weide getrieben, wie sonst gingen die Sommergäste mit Strohhüten und bunten Sonnenschirmen die Tannenallee entlang. Durch die geöffneten Fenster der Villa klang Frau Irenes helles Singen in den Garten hinab, oder sie saß mit Frau Major Welker in der Fliederlaube, sie aßen Kirschen aus einer Tüte miteinander und lachten so heiter, als gäbe es keinen Krieg. Ja, es schien zuweilen Paul, als sei der Krieg vergessen, doch zuweilen wurden Siege gemeldet, dann flatterten Fahnen an den Häusern, und Kinder, unter der Führung von Lulu und Nandl, zogen die Dorfstraße hinunter und sangen mit hohen, heiseren Stimmen «Die Wacht am Rhein» und «Deutschland, Deutschland über alles». Wenn Paul sie kommen sah, hatte er nur einen heißen Wunsch, mitgehen zu dürfen. Als es ihm jedoch gestattet wurde, und er sich dem Zuge anschloss, erklärte Lulu, Paul könne nicht marschieren, Paul könne nicht singen, er störe nur, «bleib bei deiner Kinderfrau, Würmchen», schloss er. Einige Kinder lachten, Paul trat aus dem Zuge, stand am Wegrande und ließ die andern weiterziehen. Er war sehr bleich geworden, weinte jedoch nicht. Als der Zug vorüber war, wandte er sich um und ging seinem Garten zu. Er richtete sich straff auf, wiegte die Arme hin und her, es sollte aussehen, als mache er sich nichts daraus, er fühlte es aber wohl: Dieses war der größte Schmerz seines Lebens. Abends im Bette weinte er, er konnte nicht schlafen, fiebernd vor Zorn und Empörung starrte er mit weit offenen Augen in die Dunkelheit hinein und dachte an das Unerhörte, das er tun wollte, um Lulu und Nandl zur Bewunderung zu zwingen.

Seit jenem Tage nahm Paul sich vor, nicht an den Krieg zu denken. Lulu sollte seinen Krieg für sich behalten. Allein der Krieg ließ ihn nicht los. Abends bei der Lampe las Tante Dina die Zeitung vor, sie las langsam und mit Ausdruck. Paul, an seine Mutter gelehnt, saß auf dem Sofa, müde vom Tage; er kniff die Augenlider zusammen und beobachtete, wie dann goldene Fäden um die Flamme der Lampe zuckten, und die langen Kriegsberichte klangen in sein Ohr, unklar, eintönig: brennende Städte, Geschützdonner, Schützengräben und immer Gefallene, immer wieder Tote, in endloser Reihe zogen sie an ihm vorüber. Tante Dina las die Zahlen mit einer traurigen Feierlichkeit.

Zuweilen fragte Paul: «Mutter, siegen wir?» Und Frau Irene antwortete: «Ja, mein Kind, wir siegen.»

Und während des Zuhörens begann Paul deutlich ein Bild zu sehen, immer dasselbe: lange gelbe Schützengräben, gelb und tief wie die Kiesgrube vor dem Dorf, und Blut floss an ihren Wänden hinab, grellrotes Blut. Davor aber lagen die Toten, hell von der Sonne beschienen, so weit man sehen konnte, Tote. Paul hatte noch keinen Toten gesehen und dennoch, wie deutlich lagen sie da vor ihm, die kleinen, steifen Soldaten mit den roten Hosen, den bleichen Gesichtern und den glashellen Augen, die nicht sahen, Augen, wie sie Paul an dem Hasen in der Küche gesehen hatte, den der Vater von der Jagd heimbrachte. Dieses Bild stand beständig vor ihm und verfolgte ihn bis in seine Träume. Am Tage unten im Garten zog er sich kleine Schützengräben in den Kies, besetzte sie mit den Blüten des Löwenmauls, saß auf der Bank und warf mit kleinen Steinkugeln danach. Stunden konnte er damit hinbringen, und waren recht viel Löwenmaulblüten getroffen, dann lachte er triumphierend, und etwas wie eine grausame Lust fuhr ihm in die Glieder.

An einem Vormittage hatte Paul seine Schützengräben ganz nah der Fliederlaube gezogen. Seit dem Traum jener Nacht versuchte er es, möglichst viel um seine Mutter zu sein, es war ihm, als dürfte er sie nicht verlassen, und jetzt saß sie in der Fliederlaube und las. Durch die Zweige der Fliederbüsche konnte er ihr weißes Kleid sehen und den blonden Kopf, der sich auf das Buch herabneigte. Die Sonne schien Paul warm auf den Rücken, für eine Weile hatte er seine Sorgen vergessen und fühlte sich ruhig und zufrieden. Ernst und eifrig schoss er seine Steinkugeln ab und mordete die Löwenmaulblüten hin.

Da hörte Paul den Kies unter einem leichten Schritt knirschen, gleich darauf ließ sich Frau Irenes Stimme vernehmen: «Wirden, Sie sind's! Warum kommen Sie? Ich schrieb Ihnen doch!»

«Ja, gnädige Frau», erwiderte Wirden, und seine Stimme klang hell und heiter. «Sie schrieben mir und verboten mir zu kommen, weil er es nicht will. Aber jetzt, meine ich, gelten andre Gesetze.»

«Nein, Wirden», sagte Frau Irene klagend, «das ist unrecht, das ist unehrlich. Er ist draußen im Felde.»

«O ich gehe auch hinaus», meinte Wirden, «und da wäre es ein Unrecht gegen mich, mir zu verbieten, noch einmal hier bei Ihnen zu sein.»

«Ja, Sie gehen hinaus, ich weiß.» Frau Irenes Stimme klang matt und mutlos. «Ich wünsche Ihnen viel Gutes, Gott behüte Sie. Ich werde oft an Sie denken.»

«Ach nein», rief Wirden, «nicht nur das zu hören, bin ich gekommen. Ich gehe hinaus – gut, ich freue mich darauf. Es wird jetzt eine Zeit kommen, in der ich zu etwas tauge. Bisher war ich so etwas wie ein Lump, ein leichtsinniger Vogel, ein Windhund – nannte er mich nicht so? Nun ja, ich lebte ein Leben, das mir aufgedrängt worden war, in das ich hineinpasste, wie die rechte Hand in den linken Handschuh, das kann anders werden. Aber bevor einer hinausgeht, ordnet er seine Angelegenheiten, er will mit einem leichten Herzen hinausziehen. Nun, ich habe eigentlich keine Angelegenheiten – nur eine, eine einzige. Und wenn ich die nicht erledige, dann – würde ich keine Ruhe drüben haben, auch nicht im Grabe. Und diese Angelegenheit ist, Ihnen zu sagen, dass ich Sie liebe, Sie liebe, Sie liebe – so, das tut gut.» Er seufzte tief auf.

«Musste das sein?», fragte Frau Irene leise.

«Das musste sein!», erwiderte Wirden. «Sie wussten es vielleicht, natürlich wussten Sie es, aber es musste sonnenklar vor Sie hingestellt werden, sonst verflüchtet es sich, zergeht in Nebel. Sie denken vielleicht zuweilen: ‹Der gute Wirden, er mag mich wohl geliebt haben.› Nein, der gute Wirden liebt Sie wie ein Unsinniger, diese Liebe ist das einzig Gute in ihm, das Einzige, was er an sich achtet, das Einzige in ihm, wovor er den Hut abnimmt. So steht es.»

«Ach, Wirden, Sie quälen mich», klagte Frau Irene.

«Ich quäle Sie nicht!», rief Wirden. «Er quält Sie! Er darf Sie quälen, denn Sie sind ja sein Eigentum, sein Besitz, sein Guthaben.»

«Und meine Ruhe», wandte Irene ein, «mussten Sie die stören?»

«Ja, die musste ich stören», sagte Wirden triumphierend, «denn wir leben nicht um der Ruhe willen. Wir haben kein Recht auf Ruhe. Wir haben ein Recht auf Lieben und Leiden, aber, mein Gott, diese sogenannte Ruhe ...»

Es wurde einige Augenblicke ganz still in der Laube. Draußen auf dem Rasen kauerte Paul regungslos, und auf seinem Gesichte lag ein seltsamer Ausdruck der Angst.

«Ach, mein Freund, was machen Sie aus mir?», begann Frau Irene wieder.

«Etwas Herrliches», entgegnete Wirden, «eine liebende Frau.»

«Wie stolz war ich auf meine Unnahbarkeit», versetzte Frau Irene, und ihre Stimme klang müde und weich, «wie stolz war ich – und jetzt: wie all die andern, nichts wie eine verliebte Katze.»

Wirden lachte leise. «Ich weiß», sagte er, und in seine Stimme kam das atemlose Schwingen, das ein zu schnell schlagendes Herz in eine Stimme legt. «Ich weiß, ihr heiligen Frauen baut kleine, verlogene Festungen, die sind dann die Unnahbarkeit, das Gleichgewicht, sagt man nicht so? Alles muss stimmen. Abrechnungen stimmen zuweilen, aber das Leben stimmt nicht; wo es aufhört zu stimmen, da fängt das Leben an. Es ist gut, dass die kleinen, verlogenen Festungen fallen, dann wird das Wunder frei. Und ist es nicht ein Wunder, so viel Glück von sich ausgehen zu lassen, dass ich alter Zecher berauscht bin, wie ich es noch nie in meinem Leben war. Mein Gott! An dem Glück dieser Augenblicke werde ich da draußen lange zehren, werde mich an ihnen wärmen, es wird meine Liebesgabe sein.»

«Und ich?», sagte Frau Irene.

Wirden entgegnete etwas, aber so leise, dass Paul es nicht verstand. Er wollte auch nichts weiter hören. Sachte erhob er sich und schlich dem Hause zu. Er steckte den Finger in den Mund. Auf seinem Gesicht lag ein Ausdruck des Erstaunens und hilfloser Verwirrung. Was geschah dort? Was war das? Er begriff nicht; noch nie hatte er seine Mutter mit dieser Stimme sprechen gehört, und sie, die ihm das Bekannteste und Vertrauteste im Leben war, sie schien ihm plötzlich seltsam fremd, und er fühlte sich einsam. Er ging in das Haus und in die Küche. Dort mitten im gelben Sonnenschein saß die alte Marie auf einer Bank und strickte an einem Soldatenstrumpf.

«Ich will bei dir bleiben», sagte Paul und setzte sich zu ihr.

«Was ist mit dir, Kind?», fragte Marie und schaute ihn über die Brillengläser hinweg an.

«Oh, nichts», meinte Paul. Schweigend betrachtete er eine Weile das alte braune Gesicht; hier war alles bekannt, alles verständlich, und es tat ihm wohl. «Marie», begann er endlich, «warst du in deinem Leben auch einmal eine verliebte Katze?»

Die Alte ließ den Strickstrumpf in den Schoß sinken und rief: «Allmächtiger Gott, was das Kind fragt, was ist mit dir?»

«Oh, nichts», erwiderte Paul und schaute wieder schweigend auf das Gesicht seiner alten Wärterin.

Nach dem Abendessen breitete Tante Dina die Zeitung auf dem Tische aus, bereit, sie vorzulesen. Frau Irene war noch damit beschäftigt, Zahlen in ihr Hausbuch einzutragen, während Paul müßig auf dem Sofa saß und Tante Dinas Schatten auf der Wand betrachtete. Dieser war merkwürdig spitz und eckig, und schaute Paul ihn längere Zeit an, dann erhielt er ein wunderlich selbständiges Leben. –

Endlich warf Frau Irene die Feder fort, erhob sich und sann vor sich hin: «Es stimmt nicht, es stimmt nichts.» Sie ging an das Fenster: «Wie groß die Sterne heute sind», sagte sie, «der Mond ist auch da, ich muss hinaus, die dummen Zahlen haben mir den Kopf schwer gemacht. Komm, Paul.»

So war's jetzt jeden Abend, es litt sie nicht in dem Zimmer, sie musste unter den Sternen sein, sie musste in der Mondnacht umherstreifen.

Sie gingen die Dorfstraße hinauf. Der Mond versilberte die Fenster der Häuser, die Dachecken warfen schwarze Schattenstücke auf den hellbeschienenen Kies. Es war so still, dass aus den Ställen das Klirren der Ketten, das Aufschlagen von Pferdehufen deutlich vernehmbar war. In der taufeuchten Tannenallee war es dunkler und kühler. Hier gingen Liebespaare langsam auf und ab. Frau Irene schaute nachdenklich und schweigend zum Monde auf, zuweilen sang sie leise vor sich hin, und dann plötzlich ergriff sie das Bedürfnis zu sprechen, schöne Worte feierlich in das Schweigen der Nacht hineinzurufen: «Ist es nicht schön, Junge, fühlst du das?»

«Ja», sagte Paul gehorsam.

«Ist es nicht schön», fuhr Frau Irene fort, «wir gehen hier wie Könige durch einen wunderschönen Saal, über uns hängt alles voller Gold, hier unten duftet es ganz süß, die Luft ist wie ein herrliches Getränk, und alles ist so wunderbar und geheimnisvoll. Wir aber gehören dazu, wir sind auch wunderbar und geheimnisvoll. Was wissen wir von uns, wir leben, weil wir leben müssen, und wenn auch alles furchtbar und traurig um uns ist, plötzlich kommt ein Gefühl des Glückes über uns, wir fühlen es, weil wir nicht anders können. Fühlst du das auch, Junge?»

«Ja, Mama», sagte Paul wieder, und wirklich, er fühlte es, fühlte es im Herzen, es benahm ihm ein wenig den Atem und schnürte ihm die Kehle zusammen. Gleich darauf jedoch dachte er daran, dass die Mutter wieder die fremde Damenstimme hatte wie damals in der Laube, und es ergriff ihn jenes Gefühl der Fremdheit, das ihn seit jenem Morgen seiner Mutter gegenüber zuweilen befangen machte, und dann kamen gleich wieder die sorgenvollen Gedanken an Lulu und Nandl und deren Verachtung. Wenn sie hereinkamen, ging Paul, müde vom Gange, gleich zu Bett, und die geschmückte Ruhe der Sommernacht breitete sich sänftigend über seine Träume. –

Am Tage hatte Paul jetzt eine neue Beschäftigung, er übte sich darin, Mut zu haben. Häufig verließ er den Garten, um allein die Landstraße entlangzugehen. Er wusste wohl, es konnten ihm Wanderburschen begegnen, jene unheimlichen Gestalten, die ihn bis in seine Träume hinein verfolgten, es galt aber, Mut zu zeigen; oft bog er auf die Wiesen ab, ging zwischen den Kühen umher, blieb stehen und begegnete stets dem gleichgültigen Blick der großen, ruhigen Kuhaugen.

Einmal wagte er es, seine Hand auf die Flanke eines der Tiere zu legen. Das Herz klopfte ihm dabei, allein er verstand jetzt, das war das Wesen des Mutes: Man fürchtet sich und tut so, als ob man sich nicht fürchte. Von Kindheit an hatte ihn Angst erfasst, wenn er in ein dunkles Zimmer kam, denn es schien ihm, als stünden stille, graue Männer in den finsteren Ecken. Dennoch hätte er um keinen Preis gewollt, dass jemand um diese Angst wüsste. Und so meinte er, erging es allen, auch den Erwachsenen, sie kannten alle die stillen, grauen Männer und taten doch so, als gäbe es keine. Hätte eine böse Kuh Nandl etwas zuleide tun wollen, er hätte sich ihr entgegengestürzt trotz seiner Furcht – ja, er wünschte, dass sich so etwas ereignen möge. –

Zu Hause im Garten spielte er dann Mut haben. Eines Vormittags beschloss Paul, allein in den Wald zu gehen. Gewiss konnte er Schlangen begegnen, das sollte ihn jedoch nicht abhalten.

Vom Wege bog er geradeaus in den Wald ab, ging mitten in das Dickicht hinein, und während er so ging, fand er, dass es hier nichts zum Fürchten gab.

Sonnenflecke sprenkelten den Waldboden, Pilze machten sich auf dem Moose breit, groß und gelb, wie Eierspeisen, oder Scharen kleiner Hutpilze auf schlanken Stielen, zerbrechlich wie graues Glas.

Ein Eichelhäher flog nah an Paul vorüber, sodass er die blauen Federn an den Schwingen sehen konnte. Der frische, säuerliche Duft der großen Farren stieg ihm angenehm in die Nase. So schlenderte er gemächlich hier unter den großen Tannen. Plötzlich vernahm er in seiner Nähe hinter einem Tannendickicht einen Ton, den er sich nicht recht zu deuten wusste.

Er klang wie der schrille Hilferuf eines kleinen Tieres, bald wie das Fauchen einer Katze. Paul dachte daran, umzukehren, allein es trieb ihn doch vorwärts. Er kroch durch das Tannendickicht, und vor ihm lag eine kleine Lichtung, weiß von den sachte zitternden Flocken des Wollgrases, hell beschienen von der Mittagssonne.

Und mitten in all dem Weiß und all dem Licht stand Lulu in seinem blauen Leinwandkittel, ohne Hut, die Füße nackt, und hielt mit der einen Hand Nandls Arme, während er mit der andern seine Peitsche schwang und sie erbarmungslos auf ihren Rücken und ihre Schultern niedersausen ließ.

Sein Gesicht war zornrot, und er wiederholte mit heiserer Stimme: «Wirst du das noch einmal sagen?» Nandl krümmte sich unter den Schlägen, stieß schrille Schreie aus, fauchte, stieß mit ihren dünnen Beinen gegen Lulu an, versuchte ihn mit ihren Nägeln zu kratzen. Er jedoch schlug unerbittlich auf sie ein.

Paul staunte dieses Bild einige Augenblicke wie erstarrt an, dann schoss das Blut ihm heiß zu Kopf, und er fühlte, wie sich in ihm alles schmerzhaft straffte und spannte. In wenig Sätzen war er bei den beiden, stand da, atemlos, und brachte mühsam die Worte hervor: «Ich will nicht, dass du sie schlägst.»

Lulu ließ Nandl los, schaute auf und verzog den Mund. «Das Würmchen hier», sagte er, «was willst denn du? Nimm dich in acht, dass du nicht auch eins kriegst!»

«Ich fürchte mich nicht», erwiderte Paul, und krampfhaft ballte er seine Hände zu Fäusten. «Komm nur.»

Lulu lachte. «Du verkriechst dich doch ins nächste Mauseloch», meinte er wegwerfend.

Nandl stand da, das Haar zerrauft, das Gesicht rot und tränenfeucht, ihre Augen erschienen jetzt schwarz und waren seltsam blank. Die Lippen hielt sie halb geöffnet, und sie atmete stark.

Im Ringen war ihr das Mieder aufgegangen. Lulus harte Hand hatte ihr das Hemd zerrissen, sodass es ihr über die Schulter herabglitt.

«Komm», sagte Paul und wollte Nandls Hand fassen, denn eine grenzenlose Bewunderung ergriff wie ein körperlicher Schmerz sein Kinderherz. «Komm, ich will nicht, dass er dich schlägt.»

Nandl jedoch entzog ihm ihre Hand, schob die Unterlippe vor und sagte mürrisch: «Was willst denn du, ist das deine Sache?»

Lulu aber lachte spöttisch. «Toll ist das Würmchen heute, hat Baldrian gefressen; gehen wir, du siehst ja, es wird gleich anfangen zu heulen, das kleine Kind.» Damit wandte er sich ab und ging dem Walde zu; er warf den Kopf in den Nacken und ging ein wenig breitbeinig.

Nandl, ohne Paul anzuschauen, bückte sich, hob vom Boden einen Kranz von Tannen und Vogelbeeren auf, der ihr während des Kampfes vom Kopf gefallen sein mochte, setzte ihn sich auf das wirre

Haar und ging hinter Lulu her. – Sie senkte den Kopf. Das zerrissene Hemd hing ihr noch von der Schulter herab, und die Sonne beschien hell ihre braune Kindernacktheit.

Paul starrte den Davongehenden nach, bis sie hinter den Tannen verschwanden, dann warf er sich auf den Boden, mitten hinein in die Flocken des Wollgrases, und begann zu weinen, zu weinen, dass es seinen ganzen Körper schüttelte, und es war ihm, als müsste etwas in ihm springen.

Seit jenem Tage vermied es Paul, sich Lulu und Nandl am Gartenzaun zu zeigen.

Er versteckte sich hinter einem Strauche, er wollte nicht gesehen werden, aber sehen wollte er. Zu beobachten, wie Nandls kleine braune Füße vorsichtig über den Kies hingingen, verursachte in ihm ein Empfinden, das ihm fremd war, ein starkes Wohlgefallen, in dem dennoch etwas wie Schmerz lag. Jetzt entschlüpfte er öfters um die Mittagszeit dem Garten, lief die Dorfstraße hinauf bis zu dem Stall des Kirchbauern und spähte durch die Stalltüre. Dort sah er dann Nandl, sie stand in dem Stroh neben dem dampfenden Milchkübel, ein dunkles Figürchen in all dem Gelb, sie lachte, dass es im Stall widerhallte, und spielte mit einem braunen Kalbe.

Dieses Bild nahm Paul mit sich nach Hause, und es beschäftigte ihn den ganzen Tag über.

«Woran denkst du, Kind?», fragte ihn seine Mutter.

«An nichts», erwiderte Paul.

«Ich glaube», bemerkte Frau Irene zu Tante Dina, «das Land macht das Kind zu verträumt!»

Verträumt, sagte sich Paul, was wussten die Erwachsenen von den Sorgen und Schmerzen, die ihn quälten.

Eines Nachmittags stand Paul wieder hinter dem Busch und wartete auf Lulu und Nandl, als er vom Hause her gerufen wurde.

Marie stand in der Haustür. «Paul, Kind», sagte sie, «du sollst heraufkommen.» Sie machte ein feierliches Gesicht, kniff die Lippen zusammen und hatte gerötete Augen.

In der Wohnstube fand Paul seine Mutter und Tante Dina auf dem

Sofa sitzend, Frau Irene drückte ihr Taschentuch an das Gesicht und weinte.

«Ach mein Sohn», rief sie, als Paul eintrat, und schloss ihn in ihre Arme, «dein guter, edler Vater hat uns verlassen, er ist gefallen, du armes Kind, du bist jetzt eine Waise.» Vor heftigem Weinen konnte sie nicht weitersprechen, Tante Dina saß gerade da, sie faltete die Hände im Schoß, bewegte tonlos die Lippen, und große Tränen rannen die eingefallenen Wangen herab.

Auch Marie, die an der Tür stehen geblieben war, weinte, faltete die Hände und bewegte tonlos die Lippen.

Sie weinten alle, nur Paul konnte nicht weinen. Er rieb sich mit den Händen die Augen, verzog sein Gesicht, allein er fühlte es deutlich, er würde nicht weinen können; beschämt verbarg er sein Gesicht in den Schoß seiner Mutter und lag regungslos da.

«Ich weiß», begann Frau Irene wieder mit tränenerstickter Stimme, «ich weiß, Tausende haben jetzt denselben Schmerz wie ich, und dennoch, unser eigener Schmerz erscheint uns so furchtbar einzig.»

«Gott wird uns trösten», sagte Tante Dina.

«Amen», sagte Marie an der Türe.

Dann wurde es ganz still im Zimmer, nur Frau Irenes leises Schluchzen war hörbar und das Summen der Fliegen an den Fensterscheiben.

Paul wurde sehr beklommen zumute, und er wünschte, er wäre draußen.

Endlich sagte Tante Dina: «Marie, ich denke, wir machen der gnädigen Frau eine Tasse Tee, das wird ihr guttun», und so kam wieder Leben in das Zimmer.

Paul erhob sich, machte einige unschlüssige Schritte und schlüpfte dann zur Türe hinaus in den Garten. Dort blieb er vor dem großen Blumenbeete stehen und starrte die kleinen Astern an, die jetzt zu blühen begannen. Wie seltsam hatte sich alles in wenigen Augenblicken verändert.

Er war jetzt eine Waise. «Wie ist das? Wie ist man, wenn man eine Waise ist? Ist man immer traurig, lacht man nicht mehr?»

All das war ihm noch fremd und unverständlich. Er ging und stellte sich am Gartenzaun auf, hier wollte er Lulu und Nandl erwarten.

Dort kamen sie schon die Dorfstraße herab.

Lulu hatte die Hände voller Kletten, die er Nandl in das Haar warf. Nandl wehrte sich und stieß kleine Schreie aus.

Vor dem Gartenzaun blieben sie stehen. Lulu verzog höhnisch seinen Mund. «Grüß Gott, Würmchen», sagte er, «in welches Loch hast du dich denn die ganze Zeit verkrochen? Was machst du heute für ein dummes Gesicht?»

«Mein Vater ist tot», sagte Paul. Nandl warf ihm einen schnellen Blick zu und schlug dann die Augen nieder. Lulu stieß einen leisen Pfiff aus und sagte: «So, so.» Mehr wusste er nicht zu sagen, wurde befangen und begann langsam weiterzugehen. Nandl folgte ihm, Paul schaute ihnen mit einem Gefühl des Triumphes nach, und es schien ihm, dass er heute einen Sieg über Lulu davongetragen hatte, und dass Nandl ihn vielleicht bewunderte. –

Den Abend verbrachte die Familie auf der Veranda. Die Luft war still und mild, Wolken bedeckten den Himmel, und es begann früh zu dunkeln.

Tante Dina seufzte viel, und Frau Irene sprach klagend in die Finsternis hinaus. «Wir müssen ja unsern Weg bis zu Ende gehen, ich weiß es, aber wie sehr sehne ich mich, schon am Ziel zu sein. Der Weg führt jetzt durch so viel Furchtbares und Grausames. Wie schön wäre es, in eine stille Ewigkeit einzugehen, zusammen mit den Lieben. Das wird das Glück dieser Ewigkeit sein, dass wir einander immer verstehen werden, dass wir ineinander lesen werden wie in heiligen Büchern und dass es nicht mehr die furchtbare Qual des Zuspätverstehens geben wird.»

Paul grübelte über die Worte, die er hörte, nach, über Sterben und Ewigkeit.

Die Ewigkeit sah aus wie das kleine Bild in Tante Dinas Gebetbuch, auf Goldgrund eine Flucht kleiner weißer Engel. Seine Mutter konnte er sich als Engel denken, sich selbst auch, allein den Vater, das war schwer.

Diese Gedanken machten müde und ein wenig schwindlig, wie wir schwindlig werden, wenn wir lange in den Sternhimmel hineinsehen. Er wollte lieber an Nandl denken, und ob die ihn jetzt mehr achtete, weil er eine Waise war.

Endlich erhob sich Frau Irene: «Ich muss noch die Tagesrechnung abschließen», sagte sie.

«Ach lass das heute», schlug Tante Dina vor.

Frau Irene bestand jedoch darauf. «Er wollte das immer. Er sagte: ‹Zahlen sind die Reinlichkeit des Lebens.›»

Den nächsten Tag fuhren Frau Irene und Tante Dina in die Stadt. Paul blieb unter der Obhut der alten Marie.

Er war erregt und missmutig und wusste mit sich selber nichts Rechtes anzufangen. Es freute ihn zwar, durch die Dorfstraße zu gehen und sich von den Leuten ernst und mitleidig ansehen zu lassen, zu Hause im Garten jedoch langweilte er sich. Die früheren Spiele reizten ihn nicht mehr. Er erfand ein neues Spiel, das hieß «Fallen». Er stand mit einem Stocke da und schoss, und plötzlich fiel er um und lag regungslos da. Er war tot, er war gefallen. Wie sollte das Spiel aber weitergehen, was geschah, wenn man gefallen war? Die Ewigkeit, gut, die Ewigkeit jedoch verstand er nicht zu spielen. So beschloss er denn, wieder seine Übungen im Zeigen von Mut aufzunehmen.

Nahe dem Garten lag ein Stück Land, das vor längerer Zeit abgeholzt worden war, jetzt wucherte dort dichtes Erlengebüsch, durch das ein Labyrinth schmaler Pfade hindurchführte.

Bisher hatte Paul den Erlenbusch vermieden, nun beschloss er, ihn bei Anbruch der Dämmerung zu besuchen. Unter den hohen Büschen dunkelte es bereits, und seltsam warm war es hier, es schien, als verweilte die Hitze des Tages länger unter den dichten Zweigen, und die Erlenblätter strömten einen herben, starken Duft aus.

Wenn Paul den Kopf zurückbog, sah er den Mond zwischen den Wipfeln der Büsche hindurchschimmern, und sein Schein hing zitternde Lichtflecken in das Gezweige. Dabei ging ein sachtes, kaum merkliches Sichregen, ein flüsterndes Leben durch das schon schwarz scheinende Laub. Während Paul die schmalen Pfade entlangging, fühlte er sich einsam und dennoch nicht allein. Es war ihm, als liefen beständig unsichtbare Füßchen auf leisen Sohlen neben ihm her. Er beschleunigte seine Schritte, er wollte bald wieder heraus sein aus dieser Welt des Raunens und Flüsterns.

Plötzlich hörte er einen Ton, einen leisen Knall.

Er blieb stehen, sollte er umkehren? Aber er hatte sich schon daran gewöhnt, seiner Furcht nicht zu gehorchen. Er ging tapfer weiter.

Als er schroff um eine Ecke bog, stand eine kleine Gestalt vor ihm, Mondflitter im schwarzen Haar. «Nandl», sagte Paul, «du bist es.»

«Ach du bist es», sagte das Mädchen ruhig. Nandl hatte Erlenblätter gepflückt, drückte sie auf ihre Lippen und ließ sie knallen.

«Was tust du hier?», fragte Paul.

«Ich gehe spazieren», erwiderte Nandl, «und du?»

«Ich auch», erwiderte Paul, und es machte ihn stolz, zu tun, als sei es auch für ihn etwas Selbstverständliches, hier in der Dämmerung spazieren zu gehen.

Nandl erwiderte nichts und ließ ein Blatt auf ihren Lippen knallen.

«Dann können wir zusammen gehen», schlug Paul vor.

«Das können wir», meinte Nandl. So gingen sie nebeneinander her, eng beieinander, zwischen den dunklen Wänden der Büsche.

Zuweilen schaute Nandl zum Monde auf, blinzelte mit den Augenlidern und bemerkte: «Er ist hell, heute.»

«Ja», sagte Paul und schaute ernst in das runde, mondbeglänzte Kindergesicht.

«Wo ist Lulu?», fragte er dann.

«Lulu ist mit seiner Mutter in die Stadt gefahren», antwortete Nandl.

Paul sann eine Weile vor sich hin. «Warum schlägt er dich?», begann er wieder.

Nandl zuckte mit den Schultern. «Buben schlagen immer; ich kratze.»

«Ich könnte dich nicht schlagen», versicherte Paul, «ein Mädel zu schlagen, das ist feige.»

Nandl antwortete nicht gleich, endlich sagte sie: «Lulu sagt, du trinkst Kaffee im Bett, du schläfst am Abend mit einem Stück Kuchen im Munde ein, und du fürchtest dich vor allem.»

«Lulu lügt», erwiderte Paul.

«Lügen tut er schon», bestätigte Nandl ruhig.

Jetzt wurde Paul beredt, sein Herz brannte ihm vor Entrüstung. «Ich fürchte mich nicht. Ihr werdet sehen, was ich noch tun werde. Ich gehe dort über den Berg, dort drüben sind auch die Feinde, ich gehe, bis ich zu ihnen komme; bis ich zu den Soldaten komme, die schießen und sterben; bis ich dorthin komme, wo mein Vater gestorben ist.»

«Das ist zu weit», warf Nandl ein.

«Das ist mir gleich», fuhr Paul eifrig fort. Alles schien ihm jetzt möglich, alles schien ihm erreichbar. «Wenn ich unterwegs Soldaten begegne und ihnen sage: ‹Mein Vater war tapfer und ist gefallen›, dann nehmen sie mich mit. Und vielleicht», fügte Paul triumphierend hinzu, «vielleicht falle auch ich.»

Nandl schaute ihn einen Augenblick an mit ihren dunklen Augen, in denen der Mondschein kleine Goldfunken erweckte, sie sagte jedoch nichts.

Der Weg wurde jetzt eng und dunkel, und in einem der Büsche begann es zu rauschen und zu flattern.

Ein Vogel mochte dort zur Nachtruhe eingefallen sein und, von den nahenden Schritten aufgestört, ausfliegen wollen.

Ängstlich drängten sich die Kinder aneinander.

«Was ist das?», fragte Nandl.

«Nichts», erwiderte Paul und hoffte, der Augenblick sei gekommen, in dem er Nandl schützen könnte.

Nandl jedoch war gleich wieder beruhigt. «Ein Vogel ist es», bemerkte sie vernünftig.

Paul aber erfasste den heißen Kinderarm, der sich fest an ihn gedrückt hatte, und küsste ihn.

«Dumm», meinte Nandl, nicht unfreundlich. Dann gingen sie weiter. Nandl legte ihren Arm auf Pauls Schulter, wie sie es bei den großen Mädchen gesehen hatte, die abends mit ihrem Schatz die Tannenallee entlanggingen.

«Sag, Nandl», begann Paul wieder, und er war so erregt, dass er hätte weinen können, «sag, wirst du weinen, wenn ich falle?»

«Wenn eins stirbt», erwiderte Nandl, «dann weint man schon.»

Nun waren sie bis ans Ende des Busches gekommen. Weit und mondbeschienen lag das Land vor ihnen, und die große Helligkeit schüchterte die Kinder ein, die aus der Dämmerung des Busches kamen. Sie ließen sich los und gingen still nebeneinander her.

An der Gartenpforte trennten sie sich.

«Gute Nacht», sagte Nandl.

«Gute Nacht», erwiderte Paul.

Marie zankte, weil Paul so lange ausgeblieben war. Er aber fühlte ein Glück, wie er es noch nie empfunden zu haben glaubte. Noch im Bett dachte er an Nandl und lächelte, und zum ersten Mal schlief der sorgenvolle Knabe lächelnd ein.

Frau Irene und Tante Dina kamen aus der Stadt zurück. Sie trugen schwarze Kleider und lange schwarze Schleier an ihren Hüten. Auf den Tischen des Wohnzimmers wurden schwarze Stoffe zugeschnitten. Auf einen kleinen Tisch hatte Frau Irene den Hut des Direktors gelegt, in der Ecke stand sein Spazierstock, und an einem Haken darüber hing der helle Sommerüberzieher. Auf der Kommode aber stand ein großes Bild des Direktors in goldenem Rahmen, davor Vasen mit frischen Blumen.

Paul schien es, als sei der Vater mehr denn je eingezogen und beherrsche ganz den Raum. Jeden Tag saß Frau Irene vor dem Bilde ihres Mannes, sie nahm Paul zu sich und sprach ihm von seinem Vater, wie gut und edel er gewesen sei, und sie ermahnte Paul, zu werden wie er, so gut und edel.

Paul liebte diese Augenblicke nicht. Erstens weinte seine Mutter, und er konnte nicht weinen, und dann, er kannte solche andächtige Stunden, stets nahm das Gespräch in ihnen eine Wendung, die wie ein Tadel für ihn, Paul, klang, und das war peinlich. Am Nachmittage machte er mit seiner Mutter lange, schweigsame Spaziergänge.

Der September brachte warmes Wetter. Das milde Gold der

Herbstsonne lag friedlich über den gemähten Wiesen und dem blassen Purpur der Zeitlosen. Aber wenn ein leichter Wind Frau Irenens lange Trauerschleier emporwehte, dann schien es Paul, als legte sich auch über die Wiesen und Wege die traurig-andächtige Stimmung, die jetzt die Villa beherrschte.

Eines Nachmittags, als sie den kleinen Weg entlanggingen, der zu dem Bahnhof führte, blieb Frau Irene plötzlich stehen, sie wurde blass und griff nach Pauls Hand.

Er verstand es, er sollte bei ihr bleiben. Aber was gab es denn? Ihnen entgegen kam mit schnellen Schritten ein junger Offizier, Paul erkannte Herrn von Wirden.

Frau Irene ging jetzt langsam weiter. Als Wirden vor ihnen stand, verbeugte er sich. Sein Gesicht war gebräunt und ernst.

«Oh, Herr von Wirden», sagte Frau Irene und reichte ihm die Hand, «sind Sie wieder hier?»

«Eines Auftrags wegen», berichtete Wirden, «bin ich für einige Tage von der Front zurückgeschickt worden. Da ich hier einen Besuch zu machen hatte, kam ich hierher, und habe nun auch das Glück, Sie, gnädige Frau, begrüßen zu dürfen.»

«Das ist sehr liebenswürdig von Ihnen», meinte Frau Irene kühl und höflich.

Wirden ging jetzt langsam neben ihr her. Er schaute zu Boden und schien befangen.

«Sie haben eine harte Zeit gehabt», begann Frau Irene wieder.

«Ja, ja», erwiderte Wirden. «Es ging zuweilen scharf her, aber schön war es auch. Man merkt da erst, was alles an Lebensmöglichkeit in einem steckt. Es ist unglaublich, was wir im Frieden, so in unsern Bureaus, für Lebensknauser sind.»

«Unser braves Heer», bemerkte Frau Irene.

«Ja, prachtvolle Kerle», stimmte Wirden zu; «und zu sehen, wie sie alle ihr Äußerstes daransetzen, Donnerwetter, das ist schön.»

Nun schwiegen sie einige Augenblicke.

Frau Irene schaute ruhig vor sich hin, als ginge sie mit einem gleichgültigen Besuche spazieren, der nicht leicht zu unterhalten war.

Nur Paul fühlte, wie die Hand seiner Mutter in der seinen kalt wurde und sachte zitterte.

«Und Sie, gnädige Frau», begann Wirden endlich, «darf ich mich nach Ihrem Befinden erkundigen?»

«Oh, ich», erwiderte Frau Irene, «ich bin froh, dass ich noch hier in der Stille und Einsamkeit dem Gedenken an meinen lieben Gatten leben kann.»

«Oh, gewiss, gewiss», meinte Wirden, «aber das Leben wird doch wiederkommen und seine Rechte fordern.»

«Wird es das?», versetzte Frau Irene, und eine leichte Gereiztheit klang aus ihren Worten. «Ich weiß nicht, ob ich ihm dieses Recht geben werde. Wenn so das Leben eines geliebten Dahingeschiedenen abgeschlossen vor uns liegt, dann fangen wir an, es ganz zu begreifen, dann leben wir es noch einmal nach, um es immer tiefer zu verstehen. Ich glaube, das kann ein Leben ausfüllen. Und es ist ein Trost und» – sie suchte nach einem Wort, «und – eine Buße –», fügte sie leise hinzu.

Es klang fast böse, als Wirden sagte: «Ja, die Dahingeschiedenen sind stark, sie haben immer recht.»

«Sie sind stark und haben recht», wiederholte Frau Irene, und ein wenig Rot stieg in ihre bleichen Wangen. «Wenn wir jetzt erst einen geliebten Dahingegangenen ganz begreifen, dann wollen wir auch ganz nach seinem Gesetze leben, und ich glaube, er ist noch um uns, er fühlt es, dass wir ihn jetzt verstehen, dass wir für ihn leben, und er verzeiht uns, dass wir früher so töricht waren, es nicht zu können.»

Während Frau Irene sprach, schaute Wirden sie aufmerksam an, und es war etwas wie Erstaunen, das in seinen Augen lag, und als er zu sprechen begann, stieß er die Worte scharf und ungeduldig hervor. «Oh, gewiss, Ehre unsern edlen Toten. Jetzt liegen da draußen Tausende edler, braver Männer, wir wollen ihrer gedenken und sie ehren, aber soll das Leben jetzt unter dem Gesetz der Toten stehen? Da wir leben müssen, wollen wir auch dem Gesetz des Lebens gehorchen.»

«Ach, diese törichten, unreinen Gesetze», unterbrach ihn Frau Irene, «o nein, von denen habe ich genug.»

Wirden zuckte, kaum merklich, mit den Schultern, und als er zu sprechen fortfuhr, klang seine Stimme wieder leise und mutlos. «Ja, dann haben wir unrecht, wir, die wir nicht gefallen sind, zu leben. Unsre gute Zeit kommt, so scheint es, erst wenn wir tot sind, dann werden wir stark, dann haben wir recht.»

Irene schien die Bitterkeit dieser Worte zu überhören. Sie blieb stehen und sagte: «Nein, Herr von Wirden, ich wünsche Ihnen viel Gutes, ein schönes, glückliches Leben. Es war sehr liebenswürdig von Ihnen, mich aufzusuchen.»

Wirden beugte sich über die Hand, die sie ihm reichte, und küsste sie. «Ich glaube», murmelte er, «es war sehr töricht.»

Paul schaute Wirden an, er erschien ihm sehr bleich, und Paul dachte wieder, wenn erwachsene Herren weinen könnten, würde er jetzt weinen. –

Wirden war gegangen. Frau Irene bog nicht zu ihrer Villa ein, sondern ging noch einen Pfad zwischen den Wiesen hin, sie liebte es, zu sehen, wie die Dämmerung das Tal in seine Schatten und Nebel einspann.

An dem noch hellen Himmel leuchtete bereits ein Stern auf.

«Sieh den Stern», sagte Frau Irene, «wie er heruntergrüßt. Wenn ich solch einen Stern sehe, ist es mir, als schaute Vater auf uns nieder, als sei er uns nah.»

«Ist Vater noch da», fragte Paul leise, «sind wir noch da, wenn wir tot sind?»

«Ich glaube es, mein Kind», erwiderte Frau Irene, «ich glaube, unsre Lieben verlassen uns, die wir noch auf Erden sein müssen, nicht ganz. – Sieh doch, den schönen Enzian dort, geh, hol ihn, wir wollen ihn vor Vaters Bild stellen.»

Paul machte einige Schritte, der Gedanke an diesen Vater, der noch bei ihnen sein sollte, ließ ihn zaudern, sich auf die nebelweiße Wiese hinauszuwagen, dann ging er aber doch und holte den Enzian.

Heiß lag die Mittagssonne auf der Dorfstraße, als Paul sie eilig hinablief.

Aus den geöffneten Fenstern strömte der Geruch der Mittagsmahlzeiten, scholl das Klappern von Tellern oder das laute Beten der

Tischgenossen. In den Ställen brüllten die Kühe, an den Gartenzäunen machten die Hühner Löcher im Sande, um sich darin zu kühlen. Sattes Behagen brütete um diese Stunde über dem Dorf.

Paul hatte beschlossen, Nandl zu sehen. Seit dem Gang im Erlenbusch glaubte er ein Recht auf sie zu haben, und um diese Zeit war er vor Lulu sicher. Am Stall des Kirchbauern schaute er durch die Tür.

Niemand schien darin zu sein, nur die Kühe standen vor ihren Krippen und kauten laut am Grünfutter.

Paul wagte sich in den Stall, einige Hühner stießen Alarmrufe aus, die eine oder die andre Kuh blickte missbilligend auf. Paul sah sich um, und wirklich, dort in der Ecke auf einem Strohbündel lag Nandl und schlief. Sie lag auf dem Rücken, das Gesicht heiß vom Schlaf, das wirre Haar von Strohhalmen wie von Goldfäden durchzogen. Die Hände hielt sie über der Brust gefaltet, die nackten Füße kreuzte sie.

Paul stand vor ihr, neigte den Kopf auf die rechte Schulter und schaute sie bedächtig an. Er bückte sich und kitzelte mit dem Zeigefinger eine von Nandls Fußsohlen.

Der Fuß wurde zurückgezogen, und über das Gesicht des schlafenden Mädchens ging ein ärgerlicher Zug.

Nandl wurde unruhig, schlug die Augen auf, sah Paul schlaftrunken an. Dann richtete sie sich ein wenig auf und sagte, nicht eben freundlich: «Du bist es?»

Paul rieb sich die Hände und lächelte liebenswürdig. «Ja, Nandl, ich. Ich bin gekommen –»

«Warum?», fragte Nandl.

«Ich bin gekommen», fuhr Paul fort, «wir könnten vielleicht zusammen in den Erlenbusch gehen?»

Nandl antwortete nicht gleich und schaute über Paul hinweg in den Sonnenstrahl, der durch das kleine Fenster fiel, dann zog sie die Augenbrauen hoch und meinte: «Nein, mit dir geh ich nicht, Lulu sagt, du lügst, Lulu sagt, du wirst nicht dort hingehen, wo sie kämpfen, er sagt, es ist zu weit, und du bist zu feige!»

Paul wurde blass, und sein kindliches Gesicht nahm einen ältlichen, vergrämten Ausdruck an. «Ihr werdet sehen, ob ich's nicht tue», sagte er bekümmert, wendete sich um und verließ den Stall.

Langsam mit gesenktem Kopf ging er die Dorfstraße entlang, und in ihm klang es immer wieder: «Jetzt muss ich es tun, jetzt werde ich es tun, es ist furchtbar, aber ich werde es tun.» Er fühlte, wie der seltsame Entschluss sich in sein Knabengehirn festkrallte, unentrinnbar. Es war ihm, als zöge da ein fremder Wille in ihn ein, dem er gehorchen müsse. Wie das werden sollte, wusste er nicht, aber er würde es tun, und zum ersten Mal empfand er, dass sein Schicksal in seine eigene Hand gelegt war.

Zu Hause war Paul still und nachdenklich. Er hielt sich jetzt gern im Wohnzimmer auf, bei den Erwachsenen, bei den Möbeln, die ihm wieder befreundet waren in diesem Leben, das jetzt ein wenig still und ernst geworden. Er saß am Tisch und zeichnete Soldaten auf ein Papier, hörte zu, was die Mutter und die Tante sprachen, und es war, als fürchtete er sich, allein zu sein mit seinem Entschluss.

Zuweilen legte er den Bleistift fort, lehnte sich in den Stuhl zurück, seine Augen wurden dann groß und hell, als starrten sie auf etwas hin, das ihn erschreckte.

«Dem Knaben geht der Tod des Vaters doch sehr nah», sagte Tante Dina zu Frau Irene.

Oft blickte Paul lange das Bild seines Vaters an und dachte: «Wenn ich sterbe, wird mein Bild dann auch dort auf der Kommode stehen, wird mein Hut neben dem Hut des Vaters auf dem Tische liegen und mein Überzieher an der Wand neben dem des Vaters hängen?» Dieser Gedanke tat ihm wohl, gab ihm ein angenehmes Gefühl des Geehrtseins. Abends musste Marie an seinem Bette sitzen, und wenn sie dann ging und das Licht mit sich nahm, kamen in der Finsternis die Gedanken an den dunklen Weg, den er zu gehen hatte, und in seinen Träumen irrte er beständig auf langen, fremden Straßen hin.

Und dann kam der Tag, an dem er es tat. Frau Irene und Tante Dina waren in die Stadt gefahren, Marie hatte große Wäsche.

Am Morgen waren Nandl und Lulu am Garten vorübergegangen,

und Lulu hatte hineingerufen: «Held Würmchen, bist du schon eingerückt?», wozu Nandl hell lachte.

Am Nachmittage nahm Paul die Vespersemmeln, die Marie ihm zurechtzulegen pflegte, und ging. Sein Weg lag klar vor ihm. Um niemandem zu begegnen, musste er durch den Erlenbusch, durch den Wald, dann trennte ihn noch ein Stück Wiese vom Berge. Er war ruhig und entschlossen. Es war, als steckten zwei Wesen in ihm, das eine, das handelte, das andre, das angstvoll und neugierig zuschaute.

Ein wenig nach vorn gebeugt, den großen blonden Kopf gesenkt, hastete er dahin, er lief fast, mit dem eiligen Schritt der Knaben, die auf verbotenen Wegen gehen.

Es wehte ein starker Südwest, die Erlen fuhren lebhaft durcheinander und rauschten. Auch die Tannen neigten sich hin und her, und es schien Paul, als sei die Natur um ihn her erregt, wie er selbst, als wüssten alle diese, die da rauschten und flüsterten, um sein Vorhaben. Vom Waldrande ab ging er einen schmalen Pfad über eine gemähte Wiese. Der Wind trieb große weiße Wolkenballen über den Himmel, und die Wolkenschatten liefen eilig und lautlos über die grüne Fläche. Wenn Paul an den Feldgrillen vorüberkam, schwiegen sie still, kaum war er jedoch vorüber, begannen sie ihr Lied wieder, und es klang, als riefen sie alle: «Sieh, sieh, sieh.»

Ohne Gedanken, nur von seinem Vorhaben beseelt, lief Paul weiter, bis er an den Berg gelangte, dann begann er zu steigen.

Von der großen Straße bog er in den Wald ab und ging einen kleinen Waldpfad entlang. Dort war das Rauschen tiefer und ernster, die großen Bäume neigten sich, wie die Leute in der Kirche sich im Gebete neigten.

Paul eilte vorwärts, als hätte er ein Ziel. Die silbergrauen Augen schauten gerade vor sich hin, die Augenbrauen zog er ein wenig zusammen. Er sah alles, an dem er vorüberging: das Eichhörnchen, das an ihm vorüberschlüpfte, eine kleine blanke Schlange auf einem Mooshümpel, einen Specht, der eifrig an dem trockenen Schopf einer Eiche klopfte.

Nein, der Wald war nicht unfreundlich. Die Tannen breiteten ihre mächtigen Zweige wie mütterliche Arme aus, die hohen Farnwedel reichten Paul bis an die Brust und streichelten seine Hände. Zuweilen ging der Weg steil aufwärts, dann war er wieder eine Strecke eben und bequem.

Wie lange er gewandert war, wusste Paul nicht, aber plötzlich spürte er, dass er hungrig war. Er setzte sich auf einen Baumstumpf, zog seine Semmel hervor und begann zu essen. Die Semmel schmeckte gut, auch war es angenehm, ein wenig die Beine von sich zu strecken, ein wohliges Behagen überkam Paul.

In den Bäumen blitzten hier und da Sonnenlichter, die wieder erloschen, wenn die Wolken über die Sonne hinzogen. Eine Hummel flog langsam vor Paul hin und her und suchte die Blüten ab, die hier standen. Sie summte dabei gemütlich vor sich hin, und Paul musste lächeln, denn er dachte an die alte Marie, wie sie sonntags am Fenster saß, ihr Gesangbuch in der Hand, und leise vor sich hin sang. Ja, zu Hause, da suchten sie ihn noch nicht, niemand wusste noch, dass er einsam auf fremden Wegen ging. Aber hier durften sie ihn nicht finden, er musste weiter, und so brach er wieder auf. Als er aus der Ferne Männerstimmen hörte, ging er vom Wege ab, mitten in das Dickicht hinein, er kletterte steile Abhänge hinan, drängte sich durch dichtes Unterholz, eifrig, ohne klaren Gedanken, wie von einer unwiderstehlichen Macht vorwärtsgetrieben. Allein der Wald erschien ihm jetzt nicht mehr so befreundet. Keine Sonnenlichter huschten mehr über das Moos, alles schien düster und rauer, überall wurden ihm Hindernisse in den Weg gelegt. Die Tannen zerkratzten ihm wie mit kleinen bösen Nägeln das Gesicht, und hier unter den Bäumen begann es schon zu dunkeln. Plötzlich hörte er, wie es rings um ihn her zu flüstern begann, ein gleichmäßiges Flüstern: Es war der Regen.

Paul wurde ängstlich. Er begann planlos in dem Dickicht umherzuirren. Kalte Tropfen benetzten sein Gesicht, und aus der Ferne scholl eine große furchtbare Stimme herüber. Paul kannte sie wohl: Es war der Donner. Jetzt verlor er den Kopf, er weinte und lief unaufhaltsam vorwärts. Warum kamen sie nicht, dachte er, warum suchten sie ihn nicht, warum fanden sie ihn nicht? Die Dunkelheit nahm zu, Regen strömte jetzt nieder, und es schien Paul, als sei der ganze Wald jetzt feindlich. Wurzeln legten sich ihm in den Weg, und wenn er fiel, schlugen die nassen Farnwedel schadenfroh über ihm zusammen, die feuchten Zweige griffen ihm wie mit großen kalten Händen in das Gesicht und taten ihm weh. Immer lauter grollte der Donner, das Furchtbarste aber waren die Blitze, deren blaues Licht den Wald so seltsam veränderte. Als nun vollends ein starker Sturm sich erhob und zu heulen und zu ächzen begann, da war die Kraft des Knaben dahin, er verkroch sich unter die Zweige einer Tanne, umschlang seine Knie mit seinen Armen und weinte.

Aber auch das Weinen hat sein Maß. Als Paul nicht mehr weinen konnte, hockte er da, in sich zusammengebogen, zitternd vor Kälte in seinen nassen Kleidern, und starrte in die Dunkelheit hinein, wartete auf die Donnerschläge, horchte hinaus auf die furchtbaren, lauten Stimmen über ihm und um ihn. Ein Zweig klagte wie ein kleines Kind. Zuweilen ging ein Pfeifen durch die Luft, ein schrilles, ungezogenes Pfeifen, als säßen hundert Lulus in den Baumkronen, und in das Heulen des Sturmes mischte es sich wie ein gelles, höhnisches Lachen. Dann kamen die Blitze; in der grellen, zitternden Helligkeit, die den Augen wehtat, sah Paul den Wald in furchtbarer Bewegung, die Bäume schienen durcheinanderzulaufen, schmerzvoll sich windend und klagend, große schwarze Arme emporstreckend. Allenthalben standen dunkle vermummte Gestalten, und auch sie waren da, die stillen grauen Männer, die zu Hause in den dunklen Ecken zu stehen pflegten, hier standen sie an den Baumstämmen herum, die Gesichter von Paul abgewandt, grau und regungslos. Paul wunderte sich nicht darüber, alles Furchtbare musste hier versammelt sein. In all dem Getöse aber erklang ein Ton, ein eiliges Klopfen, das war Pauls Herz, das zum Zerspringen schlug. Plötzlich erdröhnte ein Donnerschlag, so gewaltig und krachend, dass Paul wie gelähmt da kauerte, und nicht weit von sich sah er eine große entlaubte Eiche in blauem Lichte stehen und zittern.

Jetzt war das Übermaß an Angst in Paul erreicht, eine unendliche Müdigkeit ergriff ihn, der Kopf und die Glieder schmerzten ihm, er öffnete die Lippen, um die kühlenden Regentropfen aufzufangen, schlafen wollte er, nur schlafen; er streckte sich auf das nasse Moos aus. Da war er bei den Schützengräben, ganz gelb lagen sie vor ihm, und da war auch Blut, lange Streifen prachtvoll rotes Blut, er sah niemanden, aber er hörte das Getöse.

Plötzlich stand Herr von Wirden neben ihm, er lachte sein lustiges Lachen und sagte: «Du hier, mein kleiner Paul!»

«Ja, ich bin hier», erwiderte Paul.

«Du bist tapfer, kleiner Paul, stehe hier, gleich kommt der Feind» – und dann kam er, viele kleine Soldaten, sie liefen heran und fielen um, liefen heran und fielen um.

«Ich habe nichts zum Schießen», sagte Paul.

«Das ist nicht nötig», antwortete Herr von Wirden, «singe nur.»

Paul begann zu singen aus Leibeskräften:

«Es braust ein Ruf wie Donnerhall,
    wie Schwertgeklirr und Wogenprall.»

Er sang, bis er fühlte, dass das Herz ihm brannte, «das ist der Mut», dachte er, «der so brennt», und dort im dunklen Walde, hinein in das Heulen des Sturmes und Grollen des Donners, rief die zitternde heisere Knabenstimme ihren Schlachtgesang.

Und Paul erwachte davon, dass etwas Kühles ihm auf die Stirn gelegt wurde.

Seine Mutter stand an seinem Bett.

Sie war bleich und hatte vom Weinen gerötete Augen. Der grüne Vorhang am Fenster war niedergelassen, aber ein Sonnenstrahl stahl sich in das Zimmer, er fiel grell golden auf den runden Tisch und auf das alte Sofa mit dem schwarz und rot geblümten Überzug.

«Die sind auch wieder da», dachte Paul, als sähe er alte Freunde.

Er verstand das alles nicht, er war jedoch zu müde, um zu denken, und schloss die Augenlider. Im Zimmer wurde leise hin und her gegangen, zuweilen geflüstert, plötzlich spürte er den Duft tauiger Wiesen, er schlug wieder die Augen auf, auf seiner Bettdecke lag ein Strauß blauen Enzians, und an seinem Bette standen Lulu und Nandl, sie schienen verlegen, schlugen die Augen nieder und falteten die Hände.

«Das haben die Kinder dir gebracht», sagte Frau Irene.

Paul versuchte zu lächeln, versuchte etwas zu sagen, und als seine Mutter sich auf ihn niederbeugte, wiederholte er lauter: «Sag ihnen, dass ich doch dort gewesen bin.»

Dann gingen die beiden Kinder leise wieder hinaus.

In der folgenden Nacht starb Paul. Sie begruben ihn auf dem Dorfkirchhof. Alle Dorffrauen hatten ihre Sonntagskleider angezogen.

Lulu und Nandl standen an dem Grabe und hielten kleine Kränze aus Tannen und Vogelbeeren in der Hand.

Als alles aus war, gingen die Frauen wieder langsam den Kirchenweg hinab, nur Frau Irene blieb bei dem Grabe, eine einsame, schwarze Gestalt.

Lulu und Nandl gingen schweigend nebeneinander her, nur einmal bemerkte Nandl: «Das konnte er doch – sterben.»

Lulu zuckte die Achseln, als sei das keine große Sache. Über den Dächern der Dorfhäuser aber flatterten die Fahnen im Sonnenschein, denn ein neuer Sieg war gemeldet worden.

Kommentar

Üblicherweise gibt der Anhang einer textkritischen Edition umfassend Auskunft über die Werkgenese, über Entwürfe und Vorstufen, über Wirkungsgeschichte, Textvarianten etc. Das meiste davon muss der Herausgeber dieser Keyserling-Ausgabe schuldig bleiben, da der vom Autor qua Testament angeordneten Vernichtung des Nachlasses im Jahre 1918 alle Skizzen, Manuskripte, Korrekturbogen und seine gesamte Korrespondenz zum Opfer gefallen sind.

So beschränkt sich der vorliegende Apparat auf Angaben zum Erstdruck, zu Buchausgaben, falls dokumentiert, zu Nachdrucken, ergänzt um eine für diese Ausgabe zusammengestellte Auflistung von Übersetzungen und – fallweise – Verfilmungen. Weiters folgen knappe Ausführungen zur vermuteten oder nachgewiesenen räumlichen und zeitlichen Verortung der jeweiligen Erzählungen bzw. zu dem in ihnen dargestellten Milieu, verbunden mit Literaturhinweisen. Auf dem dafür zur Verfügung stehenden knappen Raum konnten, wenn überhaupt, nur ausgewählte Aspekte Berücksichtigung finden. Zudem macht sich die evidente Ungleichgewichtung zwischen den im Zentrum der Keyserling-Rezeption stehenden großen Herrschaftsgeschichten und der von der Forschung oft kaum wahrgenommenen kleineren Prosa auch im Umfang des Apparats bemerkbar. Den größten Raum nimmt der Stellenkommentar ein. Hier leistete die Konsultation einschlägiger Sekundärliteratur wertvolle Dienste. Auch der jüngeren Adelsforschung verdankt der Herausgeber wesentliche Einsichten, darunter primär die, dass Untergangsahnungen und -erfahrungen im deutschen Adel des 19. Jahrhunderts keineswegs bestimmend und universell waren. Hocharistokratische und standesherrliche Häuser etwa (bei Keyserling vertreten durch Großherzog, Herzog, Fürst und Fürstin, Erbprinz, Prinz, Prinzessin – gereiht in absteigender Rangfolge) konnten ihre politisch-wirtschaftliche Machtbasis verteidigen, nicht selten sogar erweitern. Dies entfremdete sie zusehends den ins Hintertreffen geratenen peripheren Adelsmilieus (Reichsgraf, Graf und Gräfin, Baron, Baronin). Nicht innerhalb einer einzelnen Erzählung zeigt Keyserling nun deren erzwungene Abkehr vom habituellen, auf gutsherrliche Autonomie gegründeten Kulturmodell, das Abhandenkommen von Herrensinn und Herrenart, sondern im adeligen Typenwandel. Porträtiert er in seinen frühen Adelsgeschichten noch den standesbewussten Landedelmann oder Schlossherrn, so rückt bald ein seiner agrarischen Existenzform beraubter, landflüchtiger Palais-Adel an dessen Stelle, gefolgt von subalternen Amts- und Funktionsträgern mit Leistungs- und Erwerbszwang. Am Ende tritt auf: ein untitulierter Bankdirektor auf Sommerfrische, ein «Afterherr» ohne Ar und Halm.

In der Mehrzahl seiner Prosawerke verzichtet Keyserling darauf, deren Handlungszeit und -ort näher zu bestimmen. Diese Vagheit in Faktum und Datum korrespondiert mit der krähwinkelhaften Abgeschiedenheit vieler Schauplätze, hinter denen die reale Welt als ein fernes, beinahe unwirkliches Erinnerungsbild aufscheint. Dennoch spielen Keyserlings Geschichten nicht im ahistorischen Niemandsland. Peter Härtling hat bereits vor vielen Jahren angeregt, man solle sie «auf ihre Geschichtlichkeit prüfen». Gerade weil in der Mehrzahl der Erzählungen auf den ersten Blick keine klare topografische und historische Verortung erkennbar ist, richtete sich der Ehrgeiz des Kommentators darauf, das wenige an Anhaltspunkten zu entschlüsseln und, wo möglich, Ort und Zeit der Handlung einzugrenzen.

Eine Besonderheit stellen Keyserlings florale Arrangements dar.

Die vom Erzähler eindrucksvoll ins Bild gesetzten Lilien, Tuberosen, Zentifolien und Narzissen könnte man vordergründig für gefälligen Zierrat in sinnlich-impressionistischen Stillleben halten. Doch verbirgt sich dahinter ein beziehungsreiches Spiel. So wie Keyserling sich der Symbolkraft der Farben bedient («weiße Frauen» vs. «rote Frauen»), so setzt er nachweislich auch auf die Symbolkraft der Blumen. Menschen seiner Epoche war diese Lesart wohlvertraut, sie kannten die Sprache der Blumen, wussten um deren «Ruf» und «Standesreputation» in der botanischen Hierarchie. Keyserling nutzt die Blumensymbolik in einmal expliziter, einmal diskreter Weise als Gefühlschiffren und allegorische Bedeutungsträger, lässt Sinnliches und Sinnbildliches ineinanderfließen. Der Stellenkommentar gibt auch dazu einige Fingerzeige.

Für diese und alle übrigen im Folgenden gegebenen Auskünfte gilt, dass sie sich als Interpretationsangebote verstehen, dass sie jedoch keinen Anspruch auf Vollständigkeit oder erschöpfende Durchdringung der Materie erheben. Selbstverständlich hätten einige knifflige Fragen nicht ohne die Auskunftsfreude wohlinformierter Personen geklärt werden können. Sachdienliche Hinweise gaben Armin Eidherr, Klaus Gräbner, Jens Malte Fischer, Luzius Keller, Albert Graf von Keyserlingk, Gerhard Meier, Gabriele Radecke, Hannes Scheutz, Kurt Steinmann, Giovanni Tateo und Norbert Treuheit. Ihnen allen gilt der herzliche Dank des Herausgebers.

Teilausgaben der Werke Eduard von Keyserlings mit den im Kommentar verwendeten Siglen

BR   Baltische Romane, hg. u. eingel. v. Ernst Heilborn: *Beate und Mareile, Seine Liebeserfahrung, Schwüle Tage, Dumala, Wellen,* S. Fischer Verlag, Berlin 1921; ebd. 1933.

GE   Gesammelte Erzählungen in vier Bänden, hg. u. eingel. v. Ernst Heilborn. Band 1: *Beate und Mareile. Eine Schlossgeschichte, Seine*

Liebeserfahrung, Schwüle Tage. Band 2: Dumala, Wellen. Band 3: Fürstinnen, Am Südhang. Band 4: Abendliche Häuser, Im stillen Winkel, S. Fischer Verlag, Berlin 1922.

RD Romane der Dämmerung, hg. v. Ernst Heilborn: Fürstinnen, Am Südhang, Abendliche Häuser, Im stillen Winkel, S. Fischer Verlag, Berlin 1933; ebd. 1934.

ST 1 Schwüle Tage, mit einem Nachwort von Otto Freiherr von Taube: Schwüle Tage, Nicky, Bunte Herzen, Manesse Verlag, Zürich 1954.

AH Abendliche Häuser. Ausgewählte Erzählungen, hg. v. Wulf Kirsten: Die Soldaten-Kersta, Der Beruf, Schwüle Tage, Dumala, Wellen, Abendliche Häuser, Rütten & Löning Verlag, Berlin (Ost) 1970; ebd. 1986.

WK Werke, hg. v. Rainer Gruenter: Bunte Herzen, Am Südhang, Harmonie, S. Fischer Verlag, Frankfurt am Main 1973.

FK Feiertagskinder. Ein Roman und sechs Studien: Grüß Gott, Sonne!, Grüne Chartreuse, Die Soldaten-Kersta, Der Beruf, Nachbarn, Landpartie, Feiertagskinder, S. Fischer Verlag, Frankfurt am Main 1987.

SG Sommergeschichten, hg. v. Klaus Gräbner: Osterwetter, Die Verlobung, Frühlingsnacht, Föhn, Prinzessin Gundas Erfahrungen, Das Landhaus, Schützengrabenträume, Der Erbwein, Pfingstrausch im Krieg, Das Vergessen, Die Feuertaufe, Insel Verlag, Frankfurt am Main/ Leipzig 1991; Steidl Verlag, Göttingen 2005.

ST 2 Schwüle Tage. Kommentierte Ausgabe mit einem Nachwort von Martin Mosebach: Schwüle Tage, Nicky, Bunte Herzen, Am Südhang, Manesse Verlag, Zürich 2005.

IW Im stillen Winkel. Kommentierte Ausgabe mit einem Nachwort von Tilman Krause: Harmonie, Seine Liebeserfahrung, Im stillen Winkel, Manesse Verlag, Zürich 2006.

FG Feiertagsgeschichten, hg. v. Klaus Gräbner: Sentimentale Wandlungen, Die sentimentale Forderung, Geschlossene Weihnachtstüren, Landpartie, Winterwege, Die Kluft, Vollmond, Verwundet, Das Kindermädchen (ferner die Essays Menschliches, Zur Psychologie des Komforts, Über die Liebe, Über den Haß, Über das Kranksein, Über Festtage), Steidl Verlag, Göttingen 2008.

Nur zwei Tränen

Erstveröffentlichung in: *Wiener Allgemeine Zeitung*, Wien: Sonntag, den 5. März 1882, S. 1–2; seither unpubliziert.

Übersetzung:
- ins Dänische u. d. T. *Kun to tårer* (Ü: Rudolf Schmidt), in: Jyllandsposten, Præmiekronet Feuilleton, Aarhus 1882; wieder in: Fra begge Halvkugler. Fortællinger og Skildringer. Antalogi. Overs. af Rudolf Schmidt, Otto B. Wroblewski Forlag, Kjøbenhavn 1888.

Diese Erzählung ist die früheste unter den bislang wiederentdeckten. Der Siebenundzwanzigjährige reichte sie bei einem Kurzgeschichtenwettbewerb der *Wiener Allgemeinen Zeitung* ein und gewann ein «Zweites Preis-Feuilleton». Sie belegt, dass der Autor bereits in seinem Frühwerk die für sein Prosaschaffen so zentrale Meer-Motivik entwickelt, die in Folgewerken immer neue Akzentuierungen findet und im Roman *Wellen* von 1911 leitmotivische Bedeutung erlangt. Bereits in *Nur zwei Tränen* wird die (Ost-)See als eine allem menschlichen Empfinden gegenüber indifferente, im Spiel der Gezeiten unberechenbare, zuletzt todbringende Elementarkraft beschrieben. (Siehe dazu: Geraldine Gutiérrez de Wienken, Der Künstler und seine Welle; Kristy Husz, «Heimweh nach der See». Die Bedeutung des Meeres beim frühen Thomas Mann und bei Eduard von Keyserling; Rolf Parr, Topographien von Grenzen und Räume der Liminalität; Niels Penke, Welle und Wille. Schopenhauer bei Herman Bang und Eduard von Keyserling; Isabelle Ruiz, Le rôle de la mer dans «Wellen» de Eduard von Keyserling)

5   Θάλαττα, θάλαττα: «Thálatta, thálatta!», griech. «das Meer, das Meer!» (Xenophon, «Anabasis» IV, 7, 24, S. 248/249). Der euphorische Ausruf des auf dem Rückzug befindlichen griechischen Söldnerheeres, als es endlich der ersehnten Schwarzmeerküste ansichtig wird, gilt als literarisch-historischer Topos für die Errettung aus höchster Not.
6   *e verbo*: lat. «Wörtlichkeit» (im Original irrtümlich: *a verbo*). – *consecutio temporum*: lat. «Abfolge der Zeiten», strenge grammatische Systema-

tik zur Zeitengebung in lateinischen Haupt- und Nebensätzen. – *Xenophon*: die Schriften des antiken griechischen Feldherrn und Schriftstellers Xenophon (um 425 – um 355 v. Chr.) gehören wegen ihres gut verständlichen, klaren Stils zur Basislektüre des Altgriechisch-Unterrichts. Dies gilt insbesondere für seinen um 370 v. Chr. verfassten Augenzeugenbericht über den «Zug der Zehntausend» unter dem Königssohn Kyros ins Perserreich und zurück (1 Buch Hinmarsch, 6 Bücher Rückmarsch). – «*attische Biene*»: Beiname des im attischen Demos Erchia geborenen und für seinen schriftstellerischen Fleiß berühmten Xenophon.

Mit vierzehn Tagen Kündigung

Erstveröffentlichung in: *Wiener Allgemeine Zeitung*, Wien: Samstag, den 8. April 1882, S. 1–2; seither unpubliziert.

Diese Erzählung ist weit vor dem erst zehn Jahre später erscheinenden Roman *Die dritte Stiege* und der Erzählung *Grüne Chartreuse* von 1897 die früheste und unmittelbarste literarische Reminiszenz des Autors an seine Wiener Studienzeit ab 1878.

11 «*Es gibt mehr Ding' im Himmel und auf Erden, als Eure Schulweisheit sich träumen lässt*»: Zitat aus William Shakespeares (1564–1616) «The Tragedy of Hamlet, Prince of Denmark», 1. Akt, 5. Szene, in der Übersetzung August Wilhelm von Schlegels eigentlich: «... als eure Schulweisheit sich träumt» (S. 290).

12 *Hauben-Ruche*: altmodischer Zierbesatz aus Tüll, von frz. «ruche» für «Bienenstock». – *Stiege*: österr. für «Treppe». – *Atlasmaschen*: *Maschen* österr. für «Schleifen». – *Shawl*: gebräuchliches engl. Lehnwort vor dessen Eindeutschung zu «Schal». – *türkischem Pfeffer und Moschus*: mit dänischem Tyrkisk Peber, einem stark riechenden Ammoniumchlorid-Pulver, und Moschus-Sekret suchte man edle Stoffe vor Schädlingsbefall zu schützen.

15 «*Hab!*»: vermutlich verschluckte Artikulation eines wienerischen «Habe die Ehre!».

Das Sterben. Ein Sommerbild

Erstveröffentlichung in: *Mährisches Tagblatt*, 6. Jg., Nr. 207, Olmütz: Freitag, den 11. September 1885, S. 1–3; seither unpubliziert.

Grüß Gott, Sonne!

Erstveröffentlichung in: *Jugend. Münchner illustrierte Wochenschrift für Kunst und Leben*, 1896, Nr. 40, München: 3. Oktober 1896, S. 639–640; wieder in FK.

Diese Erzählung Keyserlings aus seiner ersten Zeit in München, in dessen vorstädtischem Kleine-Leute-Milieu die Studie angesiedelt ist, trägt noch ganz das Gepräge der naturalistischen Frühphase des Autors (vgl. die Romane *Fräulein Rosa Herz* und *Die dritte Stiege*).

Grüne Chartreuse

Erstveröffentlichung in: *Jugend. Münchner illustrierte Wochenschrift für Kunst und Leben*, 1897, Nr. 8, München: 20. Februar 1897, S. 122–123; wieder in FK.

28 *Grüne Chartreuse*: frz. «Chartreuse verte», süßer Kräuterlikör von tiefgrüner Farbe, von den Kartäuser Mönchen in Voiron nach einem geheimen Rezept von 1605 hergestellt. Als «grüne Kartause» kann im übertragenen Sinne auch die Waldabgeschiedenheit gemeint sein. – *Miezi*: wie «Mitzi» oder «Mitzerl» Koseform für «Maria», gebräuchlich in Österreich (weshalb Armin von Ungern-Sternberg von einem «Wiener Mädl» spricht, S. 217). – *New-mown-hay*: nach «frisch gemähtem Heu» duftendes, exklusives Herrenparfüm aus dem Hause Solon Palmer, New York, kreiert im Jahre 1879.

29 *eine Geldkatastrophe in Monte-Carlo*: die legendäre Spielbank war 1856 eröffnet worden. Die Abschaffung der Gewinnsteuer 1869 hatte das goldene Zeitalter des Glücksspiel-Eldorados eingeläutet.

30 *Lisei*: im nördlichen Teil Tirols sowie im Salzburger und Berchtesgadener Land gebräuchliche dialektale Diminutivform von «Elisabeth» oder «Lieselotte».

Die Soldaten-Kersta

Erstveröffentlichung in: *Die neue Rundschau. XIIter Jahrgang der freien Bühne*. Band 1. Berlin: S. Fischer, Mai 1901, S. 518 – 528; wieder in: EvK, *Schwüle Tage. Novellen*, o. O. 1904; wieder in: *Die Baltischen Provinzen*, Band 2: Novellen und Dramen, hg. v. Hellmuth Krüger, Felix Lehmann Verlag, Berlin-Charlottenburg 1916, S. 38 – 53; wieder in AH, FK.

Übersetzungen:
- ins Estnische u. d. T. *Soldati-Kersta* (Ü: Emilla Linde), in: EvK, *Helged päevad. Novellid*, Noor-Eesti Väljaanne, Tartu 1912.
- ins Schwedische u. d. T. *Kersta* (Ü: E. S.), in: *Kvafva dagar*, Albert Bonniers Förlag, Stockholm 1912.
- ins Englische u. d. T. *Kersta* (Ü: James Ashton), in: The Dial, ed. by Scofield Thayer, Volume LXXIX, Number 5, November 1925, S. 397 – 411; wieder in EvK, *Twilight*, Macaulay, New York 1927.
- ins Polnische u. d. T. [E. Keyserling] Żołnierska Krysta (Ü: Asten = Maria Aszerówna), in: EvK, *Parne dni*, Bibljoteka Groszowa 675, Rok V., Nr. 26, Wydawnictwo Tygodniowe, Warszawa/Białystok 1929; wieder in: EvK, *Parne dni*, Wydawnictwo Kurjer Polski, Bibljoteka Kurjera Polskiego, Warszawa 1935.
- ins Rumänische u. d. T. *Kersta, nevasta soldatului* (Ü: Marianei Lăzărescu), in: EvK, *Case în amurg*, Editura Univers, Bucureşti 1985.

Hier handelt es sich um eine der wenigen Erzählungen des Autors mit konkreter topografischer Verortung im Baltikum (Schoden), lokalisierbar im Umkreis von Eduard von Keyserlings elterlichem Gut Tels-Paddern.

31 *Kersta*: schwedische Nebenform von «Kerstin», «Christin»; zusammen mit Katte (s. unten) Hinweis auf die prägenden schwedischen Einflüsse auf Esten und Letten seit dem Spätmittelalter und seit den Zeiten Gustav

Adolfs, der Riga, Dorpat und Livland erobert hatte. Kurland verblieb zwar im polnischen Einflussbereich, doch «die schwedische Zeit in Estland (1561 bis 1710) und Livland (1621 bis 1710) hat tiefe Spuren hinterlassen» (Reinhard Wittram, S. 89). Im Lettischen ist «Kersting» als Kosename für «meine Süße» oder «Liebe» gebräuchlich. – *Rekrutenweiber … Morgen sollten ihre Männer fort unter die Soldaten*: mit der Einführung der allgemeinen Wehrpflicht im Zarenreich 1874 und dem Ausbruch des Russisch-Osmanischen Kriegs 1877 waren Rekrutenaushebungen unter der estnischen und lettischen Landbevölkerung zur Normalität geworden. Bis dahin hatte man nur einzelne, per Los bestimmte Esten, Letten und Kuren des jeweiligen Jahrgangs zu jahrzehntelangem Militärdienst verpflichtet, ein Ukas, der von der Übertragung des russischen Rekrutengesetzes auf die drei Ostseegouvernements im 18. Jahrhundert herrührte. «Die neue Heeresverfassung nahm auch das lettische und das estnische Volk stärker als bisher in Anspruch» (Reinhard Wittram, S. 215). – *Marri*: estnische Koseform von «Maria». – *Katte*: schwedische Kurzform von «Katharina». – *Häuslerin*: aus dem Feudalismus stammende Bezeichnung für die Besitzerin eines einfachen Bauernhauses mit keinem oder nur wenig eigenem Land und Vieh; der Baedeker verweist für den Kreis Goldingen auf «Freidörfer der sog. kurischen Könige (Freibauern mit gewissen, aus dem Mittelalter überkommenen Vorrechten)» (Baedeker Russland, S. 43). – *Ellern*: norddt. für «Erlen».

32 *Osterschaukel*: Litauer und Letten begingen Ostern nicht so sehr als christliche Auferstehungsfeier, sondern als heidnische Frühlingssonnenwende. Zu den beliebtesten Bräuchen, mit denen das Wiedererwachen der Natur gefeiert wurde, gehörte das Schaukelfest (lit. «Kiigepühad») auf dem Dorfplatz. Durch gemeinschaftliches Schaukeln wurde dem Volksglauben nach die Mückenplage des kommenden Sommers abgewehrt und das gute Gedeihen von Vieh und Getreide gesichert. Die Jungen ließen sich von den Mädchen für das Anschubsen mit Gebäck und bunten Eiern entlohnen. Nach Ostern wurden die Schaukeln verbrannt, um zu verhindern, dass sich böse Hexen des Gerüsts bemächtigen. – *Thome*: im Baltikum gebräuchliche Namensform, hier eventuell als Anspielung auf den ungläubigen Thomas gewählt. – *Schoden*: veraltet Johannesberg, litauisch Skuodas, 50 km südlich von Hasenpoth, im äußersten Nordwesten Litauens an der heutigen Nordgrenze zu Lettland gelegenes Rajonstädtchen, 1253 erstmals urkundlich erwähnt (Schauplatz auch von Keyserlings Drama «Ein Frühlingsopfer»).

38 *Marjell*: lautliche Notation des [marˈjɛl] ausgesprochenen niederdt. «Margell», von altpreuß. «mērgā» und lit. «mergelė» für «Mädchen».

39 *Dundur-Gesinde*: «Gesinde nennt man in Kurland, wo die eigentlichen Dörfer fehlen, die hier und da sich zeigenden Gruppen von Bauernhäusern» (Baedeker Russland, S. 43).
40 «*Früher, Liebchen, gehe früher ...*»: nicht belegbares Volkslied.
41 *Polinnen und Jüdinnen*: in manchen (Garnisons-)Städten stellten katholische Polen und Juden den größten Bevölkerungsanteil, was mit der Geschichte des Herzogtums Kurland und «seinem nach dem Anschluss an Polen einheimisch gewordenen kleinstädtischen Judentum» (Reinhard Wittram, S. 215) zusammenhing; dazu der Baedeker-Eintrag über Wilna: «früher Hauptstadt von Litauen ... hat 94.000 Einw. (hauptsächlich Polen, c. 50% Juden)». Im Gegensatz dazu überwogen auf dem Land die protestantischen Kuren, Liven, Letten und Deutschen. – *zu Georgi*: Gedenktag des hl. Georg am 23. April, der in Kurland als Frühlingsfest gefeiert wurde sowie als Los- und Dingtag galt, also nach altem heidnischem Glauben Vorhersagen in Bezug auf höhere Geschicke erlaubte; für Dienstboten und Landarbeiter obendrein Gerichtstag.
43 *Werst*: russisches Längenmaß, entspricht etwa 1 km.
49 *Heimchen*: zur Unterfamilie der Gryllinae gehörende Heuschreckenart.

Der Beruf

Erstveröffentlichung in: *Freistatt. Kritische Wochenschrift für Politik, Literatur und Kunst*, München 1903, Nr. 5, S. 825–826; wieder in AH, FK.

Im Gefolge der *Soldaten-Kersta*, mit der sich diese Erzählung die eine oder andere Figur bzw. deren Namen teilt, lässt sich auch hier als Handlungsort das Baltikum identifizieren.

51 *Jahne*: norwegisch-schwedische Kurzform von «Johannes». – *Anemonen*: symbolisieren Vergänglichkeit und die Passion Christi.
52 *Bille*: auch Pille, estnische Kurzform von «Sibylle». – *Katte*: schwedische Kurzform von «Katharina»; zusammen mit Jahne Hinweis auf die prägenden schwedischen Einflüsse auf die Esten und Letten seit dem Spätmittelalter und seit den Zeiten Gustav Adolfs, der Riga, Dorpat und Livland erobert hatte. Kurland verblieb zwar im polnischen Einflussbereich, doch «die schwedische Zeit in Estland (1561 bis 1710) und Livland (1621 bis 1710) hat tiefe Spuren hinterlassen» (Reinhard Wittram, S. 89).

Schwüle Tage

Erstveröffentlichung in: *Die neue Rundschau. XVter Jahrgang der freien Bühne*. Band 1. Berlin: S. Fischer Verlag 1904, S. 552–585; wieder in: EvK, *Schwüle Tage. Novellen*, o.O. 1904; u. d. T. *Schwüle Tage. Erzählung*, 1. u. 2. Aufl., Berlin 1906; 3. u. 4. Aufl., ebd. 1908; 5. u. 6. Aufl., ebd. 1916; 7. u. 8. Aufl., ebd. 1917; 9. u. 10. Aufl., ebd. 1919; 11. u. 12. Aufl., ebd. 1920; 13.–17. Aufl. ebd. 1921; 18.–20. Aufl., ebd. 1924; wieder in BR, GE, ST 1, AH, ST 2.

Übersetzungen:
- ins Estnische u. d. T. *Helged päevad* (Ü: Emilla Linde), in: EvK, *Helged päevad. Novellid*, Noor-Eesti Väljaanne, Tartu 1912.
- ins Schwedische u. d. T. *Kvafva dagar* (Ü: E. S.), in: EvK, *Kvafva dagar*, Albert Bonniers Förlag, Stockholm 1912.
- ins Polnische u. d. T. [E. Keyserling] *Parne dni* (Ü: Asten = Maria Aszerówna), in: EvK, *Parne dni*, Biblioteka Groszowa 675, Rok V., Nr. 26, Wydawnictwo Tygodniowe, Warszawa/Białystok 1929; wieder in: EvK, *Parne dni*, Wydawnictwo Kurjer Polski, Biblioteka Kurjera Polskiego, Warszawa 1935.
- ins Dänische u. d. T. *Lumre dage* (Ü: Harald Vilstrup), Hasselbalchs Kulturbibliotek, Bd. 91, København 1950.
- ins Rumänische u. d. T. *Zile de zăduf* (Ü: Marianei Lăzărescu), in: EvK, *Case în amurg*, Editura Univers, București 1985.
- ins Französische u. d. T. *Temps lourd* (Ü: Marie von Thurn und Taxis), [Veröffentlichungsort unbek.]; u. d. T. *Eté brûlant* (Ü: Jacqueline Chambon et Peter Krauss), Les Éditions Actes Sud, Arles 1986, 1989 u. 2001 (Babel 482), Auvers-sur-Oise 2000.
- ins Italienische u. d. T. *Giorni d'afa* (Ü: Luisa Coeta), SugarCo Edizioni, Milano 1988; u. d. T. *Afa* (Ü: Anna Rosa Azzone Zweifel), Adelphi (Piccola biblioteca 442), Milano 1988 u. 2000.
- ins Spanische u. d. T. *Un ardiente verano* (Ü: Carlos Fortea), Nocturna Ediciones, Madrid 2010; u. d. T. *Aquel sofocanto verano* (Ü: Miriam Dauster), Editorial Navona, Barcelona 2010; wieder in: EvK, *Novelas bálticas*. Preámbulo de Víctor Andresco, Navona Ficciones, Barcelona 2013.

Verfilmungen:
- *Schwüle Tage*, Hajo Gies (Regie), Martin Gies (Drehbuch), mit Markus Klimmek, Daniel Gélin, Katerina Jacob, Nora Barner, Gisela Trowe, Krystian Martinek, Wolf-Dietrich Berg, Daniela Neubert, Christine Neubert, Cornelia Köndgen, Jutta Wirschaz, Manfred Nefzger, Bertram von Boxberg, Deutschland 1978.
- *Eté brûlant*, Jérôme Foulon (Regie), Pascal Lainé (Drehbuch), mit Claude Rich, Matthieu Rozé, Anne Roussel, Hélène de Fougerolles, Hélène Roussel, Nicolas Moreau, Antoine Duléry, Betty Bomonde, Victor Vakha, Aleksandr Polovtsev, Eric Dangremont, Frankreich/Schweiz 1995.
- *The Treehouse* (Originaltitel: *The Master of Farnow*), Lajos Koltai/Damian Harris (Regie), Paul Mayersberg (Drehbuch), mit Jeremy Irons, Kim Cattrall, Tom Sturrage, Christoph Dostal u.a., Großbritannien 2012 (Status bei Drucklegung dieses Buchs: «in pre-production»).

Die untypischerweise aus der Ich-Perspektive erzählte «Schlossgeschichte» (so der Untertitel des 1903 erschienenen Romans *Beate und Mareile*), die sich durch eine für den Autor neue Doppelbödigkeit auszeichnet, spielt vermutlich in Ostpreußen, denn die Gutsnamen Fernow oder Warnow «erinnern eher an ostelbische denn an baltische Gegenden» (Andreas Sturies, S. 41). Die erzählte Zeit lässt sich anhand historischer Realien (Mieder, Bolero etc.) ziemlich genau auf das Jahrzehnt vor der Jahrhundertwende datieren. Literatur: Margaret Dalton; Hannelore Gutmann, S. 114–140; Thomas Homscheid, S. 284–297; Allen E. McCormick; Rado Pribic.

55 *Obermustafa*: von Mustafa, arab. «der Auserwählte», Beiname des Propheten Mohammed; die Frage, ob es für *Obermustafa* einen realen Bezugsort gibt oder ob es sich nur um eine launige Erfindung des Autors handelt, muss ungeklärt bleiben; plausibel wäre im Kontext des Folgenden auch die spielerische Verfremdung der Realität bis hin zur «Destruktion des zeitlichen und räumlichen Koordinatensystems» (Boris Hoge, S. 39). – *Pellavicini*: Name eines lombardischen Heerführers des ausgehenden Mittelalters in den «Annales Placentini Gibellini» (1154–1284). Sehr wahrscheinlich ist hier jedoch Alfred Markgraf von Pallavicini (1848–1886) gemeint, Pionier des Hochalpinismus und «der stärkste Mann Wiens», der 1878 im Gewichtheben als erster Mensch 100 kg stemmte. – *«Mais*

c'est impossible, comme il mange, ce garçon!»: frz. «Es ist unmöglich, wie er isst, dieser Junge!». – *Warnower*: möglicherweise Anspielung auf das eingangs des 18. Jahrhunderts in den Reichsadelsstand erhobene Mecklenburger Geschlecht der Baerenfels von Warnow. – *Couchette*: kleines liegenartiges Möbelstück für kurze Ruhepausen.

56 *Tenue*: frz. «Haltung», «Zucht», Primärtugend des Adels, konträr zum bürgerlichen Kult der Empfindsamkeit stehend. – *Füchsen*: Pferden mit bräunlichem oder rötlichfarbenem Fell. – *Grafchen*: kurländische Reminiszenz, da der (nichtdespektierliche) Gebrauch des Diminutivs von «Graf» im Baltendeutschen üblich war.

57 *Heimchen*: zur Unterfamilie der Gryllinae gehörende Heuschreckenart.

58 *Transtiefel*: mit Fischöl imprägnierte Stiefel; Schuhleder wurde mit Tran (meist vermischt mit Terpentin- oder Rizinusöl, Talg, Harz, Burgunderpech, Paraffin, Kolophon u.a.) getränkt und auf diese Weise Wasser abweisend gemacht. – *von russischen Arbeitern*: im autokratisch regierten Zarenreich war die Leibeigenschaft erst 1861 abgeschafft worden, somit ein knappes halbes Jahrhundert nach der Bauernbefreiung in den russischen Ostseegouvernements durch das Zusammenspiel ritterschaftlicher und zentralstaatlicher Entschließung. «Ein neues Passgesetz von 1863 verfügte Freizügigkeit, d.h. die Möglichkeit, sich in allen Teilen des russländischen Reiches niederzulassen und einer Arbeit nachzugehen» (Ralph Tuchtenhagen, S. 300). Nach Aufhebung der Schollenbindung fanden russische Arbeitsmigranten, vornehmlich aus Russisch-Polen und Galizien, den Weg ins benachbarte Ostpreußen oder ins Königreich Preußen, wo auf den Gütern agrarkapitalistische Wirtschaftsformen herrschten. Da sich Landarbeiter weder gewerkschaftlich organisieren durften noch Tarifregelungen zugestanden bekamen, waren Landflucht und Auswanderungswellen nach Übersee die Folge. Dies führte ab den 1880er-Jahren zu einem chronischen Arbeitskräftemangel in Ost- und Westpreußen, Pommern, Posen und Schlesien. «Dass man dem Mangel durch eine umfangreiche Verbesserung der sozialen Lage der Landbevölkerung abhelfen könne, wurde nicht in Betracht gezogen. [...] Die Lösung der ‹Leutenot› wurde in der Rekrutierung billiger ausländischer Saisonarbeiter gefunden, die im Winter, wenn sie in der Wirtschaft nicht mehr benötigt wurden, in ihr Heimatland zurückkehren mussten» (Francis L. Carsten, S. 147/148). – *Lilien*: stehen für Keuschheit und Jungfräulichkeit. – *Rosen*: symbolisieren Vollkommenheit und Schönheit.

59 *Gladiolen*: die langstängeligen Schwertblumen symbolisieren Charakterstärke und Stolz, aber auch männliche Wollust. – *Scholtias*: von lat. «Verbascum Scholtianum», Wildpflanze mit goldglänzenden, pyramidalen Blütenrispen. – *Margusch*: ländliche Koseform von «Margarete», vom

althochdt. «margarites», «die Perle». – *Kamisols*: Schoßjäckchens. – *Antigone*: 442 v. Chr. entstandene Tragödie von Sophokles (497/496 v. Chr.– 406/405 v. Chr.).

60 *Poudre de riz*: frz. «Reispulver», 1879 von der Pariser Kosmetikfirma Bourjois offeriertes Schönheitsprodukt: «la poudre de riz de java» versprach, die empfindliche Haut der Dame samtweich zu machen und in nobler Blässe erstrahlen zu lassen. – *Alt-Sèvres-Tasse*: edles Weichporzellan aus der 1740 gegründeten Manufacture royale de porcelaine de Sèvres, seit 1760 in königlichem Besitz; ab 1770 wurde dort im Auftrag Katharinas II. von Russland – der «Schutzgöttin Kurlands» (Reinhard Wittram, S. 124) – Tafelgeschirr in antikisierender Gestaltung hergestellt.

61 *Fliederlaube*: Flieder, Sinnbild erster Liebesregungen, steht für Frühlingsgefühle und tiefe Zuneigung. – *Went*: wie «Wend» oder «Wint» von den Wenden, slawischen Völkerschaften östlich von Elbe und Saale, abgeleiteter Vorname.

62 *blühendem Klee*: wegen seiner leuchtend violetten Farbe ein Liebessymbol. – *hohe, altmodische Mieder*: das traditionelle Mieder, auch «Schnürbrust», umschloss den gesamten Oberkörper der Frau, mit der um 1880 Einzug haltenden Kürassmode (frz. «cuirasse» = Panzer) sogar bis tief hinunter zur Hüfte, beim Festzurren der Schnürung krachten die in die Korsettage eingearbeiteten Fischbein- oder Metallschienen; Mieder mit extremer Tailleneinschnürung wurden Ende des 19. Jahrhunderts schließlich durch weniger hohe Modelle abgelöst, die der Magengegend etwas mehr Freiraum ließen und unterhalb der Brüste endeten.

63 *Talboth*: der Name des Reitpferds verweist auf die gleichlautende Earlswürde, den erblichen Adelstitel in der Peerage of Great Britain.

65 *deine Lilien angreifen*: ins Symbolische gewendet in der Bedeutung «deine Jungfräulichkeit bezwingen» zu verstehen.

66 *Vorwerk*: abseits des einstmals befestigten Herrensitzes liegender Gutshof, auf weitläufigen Domänen landwirtschaftlicher Zweigbetrieb.

67 *Edse*: Vorname friesischen Ursprungs. – *Fische stechen*: vermutlich baltische Reminiszenz, da bei Kuren und Letten weit verbreitet: «Die Fische werden bei Fackelschein harpunirt, worin die lettischen Bauern eine große Geschicklichkeit besitzen» (Baedeker, S. 42).

68 *Taucher*: Seetaucher. – *Marjellen*: lautliche Notation des [marˈjɛllen] ausgesprochenen niederdt. «Margellen» für «Mädchen» (Plural).

71 *Rittersporn*: Symbol ritterlicher Tugenden, aber auch des Leichtsinns. – *Majoran*: wird Aphrodite, der Göttin der Liebe und Schönheit, zugeordnet und steht für irdische Glückseligkeit.

72 *Floxblüten*: gelten als Sinnbild gegenseitigen Verstehens und Vertrauens, symbolisieren Zusammengehörigkeit, aber auch süße Träume.
73 *Heliotrop*: eigentlich Heliotrope, ein aus den Essenzen der weißen Vanilleblume gewonnener klassisch-leichter Duft aus der 1830 gegründeten Pariser Parfümerie Ed. Pinaud.
74 *Tuberosen in das Knopfloch gesteckt*: die aus Mexiko stammende, im Versailles Ludwigs XIV. hoffähig gemachte Blume symbolisiert Unschuld und Reinheit.
75 *Beauté*: frz. «Schönheit». – *damals, als sie sich so schrecklich tief dekolletierte*: Anspielung auf die «byzantinisch»-frivolen Sitten bei Hofe, im Unterschied zur hochgeschlossenen Zucht des ostelbischen Landadels.
77 *Bolero*: um 1890 in Europa populär gewordenes Tanzlied im 2/4-Takt, dessen sentimental-romantische Texte um Liebe, Leidenschaft, Verführung, Eifersucht, Liebesverlust und Desillusionierung kreisen.
79 *Exzellenz*: ursprünglich dem Fürstenstand vorbehaltenes Ehrenprädikat, von lat. «excellentia» für «Vortrefflichkeit». Im Deutschen Reich war die Anrede dann den in aller Regel hochadeligen Ministern, Oberpräsidenten, Wirklichen Geheimräten, Gesandten sowie obersten Militär- und Hofwürden vorbehalten. – *Spitzenburnus*: traditioneller Kapuzenumhang der Berber, ab etwa 1860 zum modischen Habit Europas gehörig, hier aus filigraner Klöppelspitze gefertigt.
80 *«Sei mir gegrüßt – sei mir geküsst –»*: Liedvertonung eines Gedichts von Friedrich Rückert (1788–1866) durch Franz Schubert (1797–1828), D 741, op. 20, Nr. 1. – *Laterna magica*: lat. «Zauberlaterne», Apparatur, bei der mittels einer Linse und einer Öl- oder Kohlebogenlampe als Lichtquelle wechselnde Glasbilder auf eine Leinwand projiziert wurden.
82 *«Näh ein Hemdchen auf der Weide …»*: nicht belegbares Volkslied.
88 *Georginen*: norddt. Bezeichnung für Dahlien, symbolisieren Erneuerung und Stärke.
89 ἀκτὶς ἀελίου: griech. «Strahl der Sonne», Beginn des Einzugsliedes des Chors in Sophokles' «Antigone» (s. oben). – *Ismene*: die minder tapfere Schwester Antigones, die sich als Mitläuferin stets auf ihre Schwäche als Frau und Untergebene beruft (s. oben).
90 *«das ist das höchste Glück»*: Quelle unklar; in Goethes (1749–1832) «Maximen und Reflexionen» heißt es: «Das höchste Glück ist das, welches unsere Mängel verbessert und unsere Fehler ausgleicht.» (524); Theodor Fontanes (1819–1898) Gelegenheitsgedicht aus einem Brief an seine Frau vom 15. Oktober 1869 («Das ist das höchste Glück: / Alte Liebe kehrt täglich zurück; / Es bleibt beim alten – / Auch die Worte, die du im Ohr behalten», S. 416) kann Keyserling schwerlich gekannt haben.

Harmonie

Erstveröffentlichung in: *Die neue Rundschau. XVIter Jahrgang der freien Bühne*. Band 4. Berlin: S. Fischer Verlag 1905, S. 1089–1117; wieder in: EvK, *Schwüle Tage. Novellen*, o.O. 1904; 1. u. 2. Aufl., Berlin 1906; 3. u. 4. Aufl., ebd. 1908; «illustriert von Karl Walser» in: *Fischers illustrierte Bücher* 2, Leipzig, April 1914; 5. u. 6. Aufl., Berlin 1916; 7. u. 8. Aufl., ebd. 1917; 9. u. 10. Aufl., ebd. 1919; 11. u. 12. Aufl., ebd. 1920; 13.–17. Aufl., ebd. 1921; 18.–20. Aufl., ebd. 1924; wieder in WK, IW.

Übersetzungen:
- ins Estnische u. d. T. *Kokkuköla* (Ü: Emilla Linde), in: EvK, *Helged päevad. Novellid*, Noor-Eesti Väljaanne, Tartu 1912.
- ins Schwedische u. d. T. *Harmoni* (Ü: E. S.), in: *Kvafva dagar*, Albert Bonniers Förlag, Stockholm 1912.
- ins Englische u. d. T. *Harmony* (Ü: Amy Wesselhoeft von Erdberg), in: EvK, *Twilight*, Macaulay, New York 1927.
- ins Polnische u. d. T. [E. Keyserling] *Harmonja* (Ü: Asten = Maria Aszerówna), in: EvK, *Parne dni*, Bibljoteka Groszowa 675, Rok V., Nr. 26, Wydawnictwo Tygodniowe, Warszawa/Białystok 1929; wieder in: EvK, *Parne dni*, Wydawnictwo Kurjer Polski, Bibljoteka Kurjera Polskiego, Warszawa 1935.
- ins Französische u. d. T. *Harmonie* (Ü: Jacqueline Chambon), in: EvK, *Harmonie. Deux romans courts*, Éditions Jacqueline Chambon, Nîmes 1990.
- ins Spanische u. d. T. *Armonía* (Ü: Xandru Fernández), in: EvK, *Armonía/Nicky*, Navona Editorial, Barcelona 2011.

Dank konkreter historischer Verweise (s. Kreuzzeitung, Bismarckanekdoten, Getreidezölle, Opposition etc.) lassen sich Handlungsort und -zeit relativ gut eingrenzen. Die Erzählung spielt in der preußisch-ostelbischen Adelswelt der späten 1870er-Jahre. Die kontrafaktische Titelgebung kann als ironische Geste des Autors gelesen werden wie auch als Persiflage der süßlichen Gartenlauben-Idyllik der Epoche – analog zum Titel des Romans *Fräulein Rosa Herz*, in dem im 13. Kapitel die Phrasenhaftigkeit des Harmoniebegriffs durch den biederen Herrn Klappekahl entlarvt wird: «Harmonie – das ist's, hat schon ein – ein großer Denker gesagt.» Literatur: Heide Eilert, S. 230–235; Xandru Fernández; Wolfgang Nehring; Susanne Scharnowski; Ulrike Weinhold, S. 75–83; Petra Zaus.

104 «Oh – luck – luck»: lautlich für engl. «Oh – look – look»: «Oh – sieh – sieh» bzw. «Oh – sehen Sie – sehen Sie». – *Kamisolen*: kurze Schoßjacken bei Frauentrachten.

105 *Bekassine*: Schnepfenvogel mit langem Schnabel.

106 *Faulbaum*: Kreuzdorngewächs, benannt nach dem fauligen Geruch, den die als abführendes Heilmittel verwendete Rinde bei ihrem Absud verbreitet.

107 *Danae*: Gestalt aus der griechisch-römischen Mythologie und von alters her ein beliebtes Motiv der bildenden Kunst: Danae wurde von ihrem Vater, dem argivischen König Akrisios, in einen ehernen Turm gesperrt, nachdem das Orakel ihm den Tod durch die Hand seines Enkels prophezeit hatte. Doch Jupiter überwand den Turm, vermählte sich in Gestalt eines Goldregens mit Danae und zeugte den Perseus. Felix von Bassenow hat in Rom in der Villa Borghese offenbar eine der berühmtesten Darstellungen gesehen, die des italienischen Malers Antonio da Correggio (1489–1534) von 1531/1532 (s. Heide Eilert, S. 230 ff.).

109 *Hyazinthen*: symbolisieren rasches Werden und Vergehen. – *Tazetten*: Pflanzenart aus der Gattung der Narzissen, die sowohl für «Ritterlichkeit» stehen als auch für «Eigenliebe» (Marianne Beuchert, S. 233).

111 *Lapislazuli*: in Ultramarinblau.

112 *Krokus*: symbolisiert Weisheit, Hoheit sowie leidenschaftliche Liebe. – *Knöpfmanschetten*: nach guter alter Sitte fixierten Adelsherren ihre Manschetten wie ihre Krägen mit Bändern. Knöpfmanschetten galten als neumodisch und Zeichen eines auch im Kleidungsstil zunehmend auf Zweckmäßigkeit ausgerichteten Geschmacks, den es im Interesse altständischen Stilempfindens zu missbilligen galt.

113 *pain d' ananas*: Süßgebäck mit einem der Ananas nachempfundenen Gittermuster. – *Attika*: Aufsatz über dem Hauptgesims eines Bauwerks, oft mit Skulpturen oder einer Inschrift versehen. – *Reichsgraf*: nichtoffizieller Adelstitel, den Inhaber einer reichsunmittelbaren Grafschaft bezeichnend. Mit der Auflösung des Heiligen Römischen Reichs Deutscher Nation 1806 und der Mediatisierung (d.h. «Mittelbarmachung») verloren die Reichsgrafen ihre privilegierte politische Stellung, Souveränität und Landeshoheit, gehörten aber weiterhin dem Hochadel an und blieben als «Standesherren» den regierenden Häusern formal ebenbürtig. So entstand im Prozess der absolutistischen Machtkonzentration ähnlich

wie bei den ebenfalls ins geschichtliche Abseits geratenden Reichsrittern und dem Stiftsadel ein agrarisches Herrenmilieu von «stark defensiver Lebenslogik» (Heinz Reif, S. 4). – *Aussterben ist vornehm*: Losung, die zwischen aristokratischer Todesverachtung und koketter Untergangsverliebtheit changiert. Der Nimbus ritterlicher Standesehre leitete sich traditionellerweise aus der Entschlossenheit ab, mit Leib und Leben für sie einzustehen. Die Existenz eines Geschlechts galt nur so lange für erhaltens- und verteidigenswert, als die Achtung der Standesgenossen und die Selbstachtung gewährleistet waren. Ausgelöst durch die «Legitimationskrisen des Adels» (Hohendahl/Lützeler) im Spätabsolutismus, blieben dem anachronistisch gewordenen Code d'honneur zwei Haltungen: renitenter Herrenstolz oder heroischer Fatalismus. So heißt es in einem Brief Friedrich Abraham Wilhelm von Arnims an Friedrich August Ludwig von der Marwitz vom 12. Dezember 1810: «Wir fallen höchstwahrscheinlich, aber wir fallen mit Ehren; versucht kann und muß es werden, den großen Haufen des Adels mit sich fortzuziehen, ihn zu edlen Opfern zu vermögen, um sich Ansprüche auf Erhaltung seiner Rechte zu erwerben – gelingt dies aber nicht, prostituieren die Herren sich und uns, dann, mein Freund, ist dies schwache Geschlecht wahrlich nicht wert, daß man sich seiner ferner annehme, dann sind sie dazu geboren, wozu Neuerungssucht und Willkür sie niederdrücken will! Und wir fallen mit den Entarteten ohne unsere Schuld, weil wir zu ihrer Kaste gehören und unser Leben in ein Jahrhundert fiel, in welches wir mit unserem höheren Sinn nicht mehr passen» (F. A. L. von der Marwitz, Bd. 2, S. 190 f.). In übervorteilten Adelsfraktionen, etwa im traditionell konservativen ostelbischen Junkertum, reagierte man auf drohenden oder realen Macht- und Statusverlust mit trotzigem Aplomb, umso mehr, als man von den Wertekonzessionen der Hoch- und Hofaristokratie an die bürgerliche Parvenü-Gesinnung befremdet war. *Aussterben ist vornehm* klingt demgegenüber ganz nach «geistreicher Ohnmacht» (Sybil Gräfin Schönfeldt, «Ist der Adel anachronistisch?») und edler Resignation à la Fin de Siècle. Die einstmals heroische Todesverachtung, von der individuellen Maxime ins Korporativ-Prinzipielle gewendet, geht hier über in den dekadenten Habitus lebensmüder Vornehmheit. «Merkwürdigerweise ist es gerade seine Resignation, die die adelige Haltung am strengsten und genauesten bewahrt» (Michael Schwidtal, S. 243).

114   *Polacke*: verächtlich für «Pole».
115   «*Abgeordneter ist man doch auch nur, um etwas zu sagen.*»: in der Verachtung parlamentarischen Parteiengezänks spiegeln sich die Vorbehalte konservativer Adelsmilieus im Übergang vom Honoratioren- zum Berufs-

politiker wider, deren Wahlspruch «Autorität statt Majorität» lautete (Heinz Reif, S. 110). – *Equipage*: herrschaftliche Kutsche samt Anspannung (Geschirr und Pferden), von frz. «équipage» für «Ausrüstung».

116 «*Le dos, Mila, tenez vous droite*»: frz. «Dein Rücken, Mila, halt dich aufrecht». – *Monatsrosen*: den ganzen Sommer über blühende Damaszenerrosen, symbolisieren Schönheit. – *von der Arbeit heimkehrende Arbeiter*: zusätzlich zum Gutsgesinde, das meist für einen festen Jahrlohn in Verbindung mit Naturalleistungen (Wohnung, Brennstoff, Verköstigung usw.) arbeitete, und den Instleuten wurden vom Gutsherrn bzw. seinem Verwalter je nach saisonalem Bedarf (für die Ernte, das Heuen, das Dreschen) zusätzlich Tagelöhner und Landarbeiter gegen Tag- oder Wochenlohn samt Deputat eingestellt.

117 *Kreuzzeitung*: offiziell «Neue Preußische Zeitung» mit Darstellung des Eisernen Kreuzes im Schriftzug, von monarchistischen Kreisen 1848 gegründetes Leib- und Magenblatt des adeligen Milieus und Bindeglied zwischen allen konservativen Kräften. – ‹*Heiterkeit links*›: Standardformel aus Parlamentsprotokollen; das Regierungs- und das Oppositionslager im Preußischen Abgeordnetenhaus bedachten sich wechselseitig reichlich mit Ausfällen des Spotts. – ‹*Ils rient, ils ne savent pas de quoi.*›: frz. «Sie lachen, sie verstehen nichts davon».

119 *Veilchen*: Symbol für unschuldige Liebe und Zartheit.

120 *Exzellenz*: traditionell dem Fürstenstand vorbehaltenes Ehrenprädikat, von lat. «excellentia» für «Vortrefflichkeit». – *Backenbart*: hatte im Vormärz das Tragen eines Backen-, Oberlippen- oder Kinnbarts noch als Erkennungszeichen freiheitlich-demokratischer Gesinnung gegolten, der Vollbart gar als klassenkämpferisches Accessoire (die Reaktion gipfelt 1846 in einem Bartverbot für preußische Referendare und Postbeamte), vollzog sich ab der Jahrhundertmitte ein grundlegender Wandel, die Okkupation des Revoluzzer-Emblems durch das konservative Lager; Barttrachten wurden zum legitimistischen Hoheitszeichen. In Thilos Fall handelt es sich um die Nachahmung von Kaiser Wilhelms I. (1797–1888) Schnauzbart samt wild wuchernden Koteletten. – *Attkinsonsches Parfüm*: eigentlich *Atkinsonssches*; die Duft-Bouquets der Brüder James und Edward Atkinsons, seit 1832 Hofparfümeurs Seiner Majestät, gehörten zu den exklusivsten in ganz Europa. – *Bismarckanekdoten*: um den preußischen Ministerpräsidenten und späteren Reichsgründer Otto von Bismarck (1815–1898) rankten sich etliche Anekdoten, «bei dem (adelige) Stilisierungen stets den robusten Kraftmenschen, nicht den Französisch parlierenden Diplomaten hervorhoben» (Stephan Malinowski, S. 79). – *Pepita*: Anspielung auf die spanische Tänzerin Pepita de Oliva

(wörtlich: «Olivenkern», 1830 –1871), die ab 1852 auf allen großen Bühnen Deutschlands glänzende Erfolge gefeiert hatte. – *Petitpas*: frz. etwa: «kleiner Schritt». – *Petitia*: Name eines westindischen Myrtengewächses.

121 *Patience*: frz. «Geduld», Sammelbegriff für dem Zeitvertreib dienende Kartenlegespiele, bei denen von einem Talon gezogene Karten beim Auslegen in eine vorgegebene Reihenfolge gebracht werden müssen, je nach Variante aufsteigend, absteigend, nach Farbsequenzen oder anderen Ordnungsprinzipien. Ungeachtet dessen, dass die Patience bereits in der 1783 erschienenen Kartenspielanthologie «Das neue Königliche L'Hombre-Spiel» erwähnt wird, erfreute sich im 19. Jahrhundert ein Gerücht großer Beliebtheit, wonach sie während der Französischen Revolution durch einen in der Bastille inhaftierten Pariser Adligen erfunden worden sei, der sich die Zeit bis zum Besteigen des Schafotts totschlagen wollte.

123 *Dante*: zwischen 1308 und 1320 schuf der italienische Dichter Dante Alighieri (1265 –1321) sein visionäres Hauptwerk aus dem Geiste des Christentums, die «Divina Comedia» («Göttliche Komödie»). – *Die Blütenblätter regneten dicht auf Annemarie nieder*: Bildzitat aus Correggios Gemälde der Danae (s. oben), die die Liebe des in Gestalt einer goldenen Wolke erscheinenden Jupiter als Goldregen empfängt.

124 *Hümpel*: norddt. für «Buckel». – *Paletots*: frz. «Obergewand», leicht taillierter Mantel mit Samtkragen.

126 *Getreidezölle*: der Import billiger amerikanischer Feldfrüchte führte in der zweiten Hälfte der 1870er-Jahre zum rapiden Verfall der Getreidepreise auf einheimischen Märkten. Vor dem Hintergrund der allgemeinen ökonomischen Flaute setzte in Grundbesitzerkreisen, organisiert in der «Vereinigung der Steuer- und Wirtschaftsreformer», rege protektionistische Agitation ein. Das liberale Lager sah in staatlicher Subventions- und Steuererleichterungspolitik für die Monokultur der Agrarier dagegen eine Zementierung überlebter adeliger Wirtschafts- und Lebensformen. «Die Schutzzölle verminderten die Verluste, die die Gutsbesitzer durch die Krise erlitten, aber sie verhinderten auch den Übergang zu rationelleren landwirtschaftlichen Methoden» (Francis L. Carsten, S. 135). Der Forderung der Deutschkonservativen Partei nach Einfuhrzöllen auf Weizen, Roggen, Gerste, Buchweizen, Hafer, Mais und Mühlenfabrikate trug schließlich das Tarifgesetz vom Juli 1879 Rechnung. – *im «Kronprinzen»*: Gaststätte, benannt nach Friedrich Wilhelm (1831–1888), seit 1861 preußischer Thronfolger, ab 1871 dann in der Doppelrolle als «Deutscher Kronprinz und Kronprinz von Preußen».

127 *schneidiger Opposition*: hatten die Landtagswahlen im Juni 1866 den Konservativen noch stattliche Stimmengewinne gebracht, setzte Bismarck

(s. oben) in der Folge auf gemäßigt reformistische Kräfte und schmiedete eine lagerübergreifende Allianz aus pragmatischen Nationalliberalen und konsensbereiten Freikonservativen. Die Altkonservativen, in Ost- und Westpreußen solide verankert, hielten weiter an ihrem standesherrlichen Selbstverständnis fest und sahen sich so in die parlamentarische Fronde gedrängt. Bei den ersten Reichstagswahlen 1871 lag die oppositionelle Konservative Partei mit 20,8 % der Stimmen nur knapp hinter den Nationalliberalen, während die gouvernementalen, reichsfreundlichen Freikonservativen nur noch auf 12,2 % kamen. 1876 gaben sich die Konservativen unter dem Eindruck massiver Stimmenverluste schließlich eine gesamtdeutsche, patriotische Ausrichtung und traten fortan als Deutschkonservative Partei an. – *Jeu:* frz. «Spiel», hier: Kartenspiel.

128 *die Karte noch bog*: im Pharo, einem Glücksspiel mit französischem Blatt, kann ein Pointeur, der eben mit einer Karte gewonnen hat, Paroli spielen, also seinen Gewinn nicht einstreichen, sondern diesen zusammen mit dem ursprünglichen Einsatz erneut aufs Spiel setzen – was er dadurch anzeigt, dass er eine Ecke der Karte aufwärtsbiegt.

130 *Der eine darf nicht kommen, weil er Knöpfmanschetten trägt*: altaristokratischer Distinktionsakt (s. oben).

134 *Sammetflügeln*: altertümlich für «Samt».

136 *Tulpen*: Mitte des 16. Jahrhunderts aus der Türkei nach Mittel- und Westeuropa gekommen, entwickelten sie sich zu Lieblingsblumen des Adels und galten als Sinnbild für Leben, Fruchtbarkeit sowie für Liebe und Zuneigung. – *eine Narzisse war er nun einmal nicht*: die stark duftende Blume symbolisiert Eitelkeit, Eigenliebe sowie «die Unfähigkeit, andere zu lieben» (Marianne Beuchert, S. 233).

137 *Ödipus*: tragische Heldengestalt der griechischen Mythologie, verewigt in Sophokles' (497/496 – 406/405 v. Chr.) Drama «König Ödipus», nach 429, vor 425 v. Chr. – *Antigone*: 442 v. Chr. entstandene Tragödie desselben Dichters.

138 *«– – l'ora che volge il desio / Ai naviganti e intenerisce il cuore»*: Zitat aus der «Divina Comedia» (s. oben), «Purgatorio», VIII, 1 f.: «Es war die Stunde, wo von Sehnsucht schwillt / das Herz des Schiffers und zurück sich wendet» (im Original eigentlich: «Era già l'ora che volge il disio / Ai naviganti e intenerisce il core»). – *Desio*: ital. «Sehnsucht».

141 *weißen Nächte*: Bezeichnung für ein jahreszeitliches Phänomen nördlich des nördlichen Wendekreises: Wenn um den 20. Juni herum (Johannisnacht) die Sonne ihren Höchststand erreicht, bleibt es abends noch lange hell und wird es auch nachts nie richtig dunkel.

Sentimentale Wandlungen

Erstveröffentlichung in: *Der Tag*, Berlin: 25. Dezember 1905 (Weihnachtsnummer), ohne Pagina; wieder in FG.

145 *Fürstin*: Fürstengattin, somit Adelsdame der Hocharistokratie. – *Schmelzen*: «kleine, glänzende, koralleähnliche Röhrchen oder Perlen, durchlochte Körner, die aus derselben Masse oder aus calciniertem Zinn oder Blei in verschiedenen Farben hergestellt, auf einen Draht gereiht und zu verschiedenen Zierraten der Frauenkleidung verwendet werden» (Wörterbuch von Jacob Grimm und Wilhelm Grimm, Bd. 15, S. 1011).

146 *Attachés*: Mitarbeiter einer diplomatischen Vertretung. – *Die heilige Julia am Kreuz*: Julia, eine in Karthago geborene Christin adliger Abkunft, soll nach dem Einfall der Vandalen 616 als Sklavin an einen heidnischen Kaufmann verkauft worden sein. Nach Korsika verschleppt, entzog sie sich einem heidnischen Fest, woraufhin sie gedemütigt, misshandelt und gekreuzigt wurde. In der katholischen und orthodoxen Kirche wird sie als Märtyrerin, Heilige und Patronin der Opfer von Folter verehrt. Hieronymus Boschs (1450–1516) «Kreuzigung der Julia», Mittelstück eines Triptychons, hängt im Palazzo Ducale in Venedig.

153 *Maraschino*: ursprünglich aus Dalmatien stammender Kirschlikör aus Maraska-Kirschen; 1829 hatte die italienische Brennerei Luxardo die Exklusivlizenz zur Herstellung des Getränks erhalten.

155 *Sèvrestassen*: edle Porzellantassen aus der 1740 gegründeten Manufacture royale de porcelaine de Sèvres.

Im Rahmen. Skizze

Erstveröffentlichung in: *Die Pfingstzeit*. Beilage zu No. 1325 der Tageszeitung *Die Zeit*, Wien, 3. Juni 1906, S. 13–14, seither unpubliziert.

160 *Fürsten*: von althochdt. «furisto», «der Erste», «der Vorderste», «der Führende»; vererbbarer Hochadels- und Herrschertitel eines zwischen Herzog und Graf rangierenden Landesherrn.

162 *Herzogs*: von althochdt. «herizogo» für «Heerführer»; Adelstitel eines Angehörigen des Hochadels im Rang zwischen König und Fürst; im Gefolge der Zerschlagung des Heiligen Römischen Reiches ab 1801 und der darauffolgenden Herrschaft Napoleons über die deutschen Lande

war es zu diversen Rangerhöhungen mediatisierter Fürsten gekommen, die fortan die Herzogswürde trugen. – *Nachmittagscercle*: frz. «cercle», «Zirkel», «Kreis». – *Baronin Vally*: im Falle einer morganatischen Ehe blieb es gemäß Adelsrecht der nichtebenbürtigen Frau versagt, den Adelstitel ihres Mannes (hier: Fürstin) zu führen, sie musste mit dem ererbten bzw. verliehenen Rang (hier: der einer nobilitierten Bierbaronstochter) vorliebnehmen.

163 *Durchlaucht*: Adelsprädikat und zugleich Anrede, die einigen wenigen standesherrlichen Familien der deutschen Hocharistokratie vorbehalten war.

164 *auf Trense*: ein Pferd «auf Trense zäumen» bedeutet, ihm ein Mundstück mit seitlichen Ringen zum Einschnallen der Zügel anzulegen. – *Mouton Rothschild*: Edelgewächs von einem der weltweit berühmtesten Weingüter, dem in Pauillac nahe Bordeaux gelegenen Château Mouton-Rothschild, gegründet 1853 von Baron Nathaniel Rothschild (1812–1870). – *Automobilunfall*: das Automobil galt in der Frühphase der Motorisierung als exklusives Statussymbol aristokratischer Grandseigneurs, die zur Avantgarde gehörten und im 1899 gegründeten Deutschen Automobilclub unter der Schirmherrschaft von Wilhelm II. noch vor den (nobilitierten) Finanz- und Industriebaronen eine dominante Stellung einnahmen. «Die motorisierte Form der Verbindung von ‹nobility and mobility› (David Cannadine) war nur den obersten Segmenten des alten Adels möglich. Für die Lizenz als ‹Herrenfahrer› forderten die Klubstatuten eine ‹unabhängige Lebensstellung› mit einem gesicherten Einkommen [...] Dem Kleinadel blieben diese Institutionen verschlossen» (Stephan Malinowski, S. 130). – *Prinzen*: vom lat. «princeps», «der Erste», entlehnter Titel für nicht regierende Nachkommen bestimmter hochadeliger Häuser. – *Chère enfant*: frz. «teures Kind».

165 «*La pauvre enfant, C'est un supplice pour elle.*»: frz. «Das arme Kind, es ist eine Qual für sie». – *Timbales*: von frz. «Kesselpauken», kleine Pasteten, bei denen Blätter- oder Mürbteig mit Pürees oder Ragouts gefüllt und in becherförmigen Näpfen gegart wird. – *Essigäther*: historische Bezeichnung für Ethylacetat, ein bewährtes Hausmittel gegen Migräne und Ohnmachten, Schwerleidenden häufig im letzten Stadium einer Krankheit verabreicht.

166 *adoriere*: «verehre», «bete an».

Seine Liebeserfahrung

Erstveröffentlichung in: *Die neue Rundschau*. XVIIter Jahrgang der freien Bühne. Band 2. Berlin: S. Fischer Verlag 1906, S. 1235–1269; wieder in: *Bunte Herzen*, 1. u. 2. Aufl., Berlin 1909; 3. Aufl., ebd. 1913; 4. Aufl., ebd. 1917; wieder in BR, GE, IW.

Übersetzungen:
- ins Französische u. d. T. *Une expérience amoureuse* (Ü: Jacqueline Chambon), Éditions Jacqueline Chambon, Arles 1998; u. d. T. *Son expérience de l'amour* (Ü: Marie-Hélène Desort, Peter Krauss), Les Éditions Actes Sud, Arles 1991.
- ins Italienische u. d. T. *L'esperienza amorosa* (Ü: Silvia Borge), Marcos y Marcos, Milano 2005.

Handlungsschauplatz der im Hochsommer des Jahres 1900 spielenden Tagebucherzählung ist nicht «das abgelegene Schloss bzw. Landgut als Refugium einer Adelsenklave», sondern eine Metropole «der trostlosen Vorstädte und der kleinbürgerlichen Biergärten, die Keyserling schon in seinen naturalistischen Romanen anschaulich zu beschreiben wusste» (Hannelore Gutmann, S. 141). Sturies weist auf die ironische Titelgebung hin: «von irgendeiner Liebeserfahrung der Hauptfigur kann keine Rede sein» (S. 74 f.). Literatur: Hannelore Gutmann, S. 141–155; Matthias N. Lorenz, S. 151–161; Giovanni Tateo; Hermann Hesse:

«Es sind nur zwei Geschichten, leider nur zwei, die erste [*Bunte Herzen*] als Gemälde reicher, die zweite [*Seine Liebeserfahrung*] inniger und tiefer an Gefühl, und beide mit der stillen, bescheidenen, rührenden Meisterschaft dieses behutsamen, noblen Erzählers berichtet. In seinem letzten Werk, dem Roman *Dumala*, hat Keyserling einmal versucht, einen richtigen Roman zu schreiben, einen mit ‹Handlung› und Spannung, und es ist ein gutes und interessantes Buch geworden. Aber diese beiden Novellen zeigen wieder ganz den alten Keyserling, der keine ‹Stoffe› und kaum eine ‹Handlung› braucht, der einen Sommernachmittag so zu beschreiben versteht, dass man während seines Glühens und Verdämmerns das Gefühl des ganzen Lebens hat. Es fehlt ihm vielleicht an der sogenannten Kraft, er hat weder Unbekümmertheit noch Burschikosität. Aber er hat die stille Kraft eines treuen, tiefen, unerbittlichen Fühlens, der sich sein zur Skepsis geneigter, scharfkühler Verstand unterwirft. Er hat, was die beliebten und erfolgreichen Romanciers eigentlich niemals haben, nicht nur den Sinn für menschliche Gebärden, sondern auch den ganz feinen Sinn für die Gebärde der unbelebten Dinge, für das Besondere eines Duftes, einer Morgenstunde, eines grellsonnigen Blumenbeetes. Darum gehen bei ihm, wie bei jedem wahren Dichter, die Menschen und ihre Umgebung mit einfacher Selbstverständlichkeit zusammen, statt dass sie wie bei den ‹Romanciers› darin herumagieren wie zwischen Kulissen.» (1909)

170 *Zentifolien*: wohlduftende Rosenzüchtung aus dem 16. Jahrhundert. – *Henry Clay*: Zigarre, gefertigt in der Manufaktur Julián Álvarez Granda in der Dominikanischen Republik und benannt nach dem US-Politiker Henry Clay (1777–1852). – *eine kleine blonde Bock*: die «Short Corona» der Marke Bock y Ca., einer der ältesten Zigarrenmanufakturen Havannas, gegründet vom holländischen Auswanderer Gustavo Bock (1825–1910); «blond» (span. «claro claro») bezieht sich auf den Farbton des Tabaks. – *Livius*: Titus Livius (59 v. Chr.–17 n. Chr.) schildert in «Ab urbe condita» («Von der Gründung der Stadt [Rom] an») die Blütezeit des alten Rom von den legendenhaften Anfängen bis knapp vor Christi Geburt. – *Decius*: das römische Plebejergeschlecht wurde durch den freiwilligen Opfertod dreier Angehöriger – Vater, Sohn und Enkel – in drei Kriegen berühmt.

171 *Marietta Strozzi*: aus einem florentinischen Patriziergeschlecht stammende bildhübsche Tochter des Lorenzo Strozzi. Die Marmorbüste, die Desiderio da Settignano (um 1430–1464) etwa 1460 von ihr anfertigte, gilt als Meisterwerk der naturalistischen Porträtbildnerei des 15. Jahrhunderts. Durch Vermittlung Gustav Friedrich Waagens (1794–1868) gelangte sie in die Preußische Skulpturensammlung. – *heraldische Lilie*: die Fleur-de-Lys, eine stilisierte Schwertlilie (Iris), ist ein jahrhundertealtes Sinnbild der französischen Monarchie und königlich-aristokratisches Erkennungszeichen. Das schwertförmige Blatt stand für Wehrhaftigkeit, die Blüte für ein lauteres Herz. Im Liebesbillet soll die stilisierte Lilie hier aber wohl die ihr gleichfalls zugeschriebene Symbolkraft der (erotischen) Eroberung beweisen. – *den Vers der Ilias, über den Plato so geheimnisvoll spricht*: Homer, «Ilias», VIII, 18 ff., hier in der Übersetzung von Johann Heinrich Voß (1751–1826); bei Plato (um 428–348 v. Chr.) findet sich dazu ein einschlägiger Kommentar des Sokrates im Dialog «Theaitetos» (153d), 9. Kapitel: «Soll ich dir nun noch von der Windstille erzählen und der ruhigen See und von derartigem mehr, und dass die Ruhe Fäulnis und Verderben bringt, das Gegenteil aber Rettung? Und soll ich dazu noch den höchsten Beweis beibringen, dass nämlich Homer mit seiner ‹gol-

denen Kette› nichts anderes meint als die Sonne und dass er klarmacht: solange der Kreislauf der Welt und die Sonne sich bewegt, solange hat alles Sein und Bestand, bei den Göttern sowohl als bei den Menschen; sollte das aber einmal, wie angebunden, stehenbleiben, so müssten alle Dinge zugrunde gehen, und es gäbe, wie man so sagt, ein allgemeines Drunter und Drüber» (aus: Platon, Spätdialoge I, S. 22).

172 *Panama*: von Hand geflochtener, eleganter Strohhut. – *Baron*: der Adelstitel, über dem eines Ritters und unterhalb dem eines Grafen rangierend, erfreute sich unter dem älteren Schwertadel keiner hohen Wertschätzung, da er vielfach an Kaufleute und Bankiers verliehen wurde. Der deutschbaltische Adel bildete hiervon eine Ausnahme. In den russischen Generalgouvernements Kurland, Livland, Estland und Ösel waren die Träger der Baronswürde in der Regel Abkömmlinge deutschstämmiger Geschlechter, die ihren Titel direkt vom Zaren verliehen oder durch Senats-Ukasse der Regierung in Sankt Petersburg zuerkannt bekommen hatten.

174 *Skabiosen*: in Mittel- und Südeuropa heimische Wildblumen, im Volksmund auch «Witwenblumen» genannt. – *Feuerlilien*: die duftlose Wildlilienart symbolisiert mit ihrem lohenden Orange Fruchtbarkeit und Wollust, soll zugleich aber die verlorene Unschuld der Frau wiederherstellen. – *Motion machen*: altertümlich für «sich Bewegung verschaffen».

175 *Chrysanthemen*: aus Japan stammend und erst um die Mitte des 19. Jahrhunderts in Europa heimisch geworden, dienten sie als exotischer Blumenschmuck auf Bällen und standen für Heiterkeit, ehe sie zu Herbst- und Friedhofsblumen wurden.

176 *wir sind gerade im Herzen von Afrika*: Hinweis auf die Lektüre von Joseph Conrad (1857–1924): «das früheste Zeugnis einer literarischen Rezeption von ‹Heart of Darkness› im deutschen Sprachraum» (s. Matthias N. Lorenz, S. 151).

177 *Jelängerjeliebersträucher*: Echtes Geißblatt, eine aus China stammende Schlingpflanze, deren Blüten in den Abendstunden süßlich duften. – *Laterna magica*: lat. «Zauberlaterne», Apparatur, bei der mittels einer Linse und einer Öl- oder Kohlebogenlampe als Lichtquelle wechselnde Glasbilder auf eine Leinwand projiziert wurden.

179 *Vorschlag*: zwischen zwei Tönen eingeschobene melodische Verzierung in der Instrumental- und Vokalmusik. – *Edellupinen*: die üppig blühende Pflanze symbolisiert reiche Imagination.

180 *«Die Liebenden»*: im Dialogwerk «Symposion» entwirft Platon seine Metaphysik des Eros als ideales Streben des Liebenden vom Besonderen zum Allgemeinen, wobei der Pfad der Erkenntnis zu immer höheren Graden der Abstraktion führt, also vom triebhaften, körperlichen Begehren, das

sich auf ein Individuum richtet, hin zum sublimierten, geistigen Begehren, das dem «Schönen an sich» gilt, gleichsam der Idee vom Überindividuell-Schönen als dem würdigsten Gegenstand aller menschlichen Liebe. Erst an diesem Kulminationspunkt seines Strebens findet laut Plato der Liebende die vollkommene Erfüllung.

184 *Eier à la Meyerbeer*: Spiegeleier mit Scheiben von Hammelnieren, benannt nach dem in Berlin gebürtigen Opernkomponisten Giacomo Meyerbeer (1791–1864). – «*Stirb, aber gefall mir*»: vermutlich eine Ad-hoc-Erfindung des Autors; ein lat. «Morere, sed place mihi!» oder (im Konjunktiv des Wunsches) «Moriaris, sed placeas mihi!» ist in der kanonischen Literatur der Antike nicht auffindbar.

185 *kalte Ente*: Bowle aus Weißwein und Sekt mit Zitrone. – *Ecarté*: von frz. «écarter» für «weglegen», «Spiel der Kavaliere» genannt, ein französisches Kartenspiel für zwei Personen, dem der Ruf eines Glücksspiels anhaftete.

186 *Man heißt eigentlich nicht Magnus*: von lat. «magnus» für «groß», auf den Namensträger bezogen also «der Große», «der Bedeutende». – *ich las den Namen gestern im Livius*: Titus Livius berichtet in «Ab urbe condita» (s. oben), XXIX 14, 12, beiläufig von einer hochadeligen Römerin namens Claudia Quinta, die zu Unrecht der Unkeuschheit geziehen wurde, durch eine wundersame Keuschheitsprobe jedoch ihren guten Ruf wiederherstellen konnte. – *Danaide*: Gestalt der griechischen Mythologie, eine der fünfzig Töchter des Danaos, die in der Brautnacht ihre Männer ermordeten und zur Strafe unablässig Wasser mit einem durchlöcherten Sieb in ein Gefäß ohne Boden schöpfen müssen.

188 *Komtesschen*: Adelstöchterchen.

190 *nemophilenblauen*: von lat. «Nemophilia», einer Gattung von Wasserblattgewächsen mit durchscheinend wässrig-blauen Blütenständen.

195 *allons – allons!*: frz. «Kopf hoch – Kopf hoch!». – *Biri-biri*: kleine Siedlung im Kongo.

197 *Wollen Sie nicht ein wenig hereinkommen und meine Lavendel riechen?*: Lavendel symbolisiert Vertrautheit und geheimes Einverständnis in der Liebe.

200 *Wacholder*: symbolisiert die Abwehr des Bösen. – *Heidekraut*: steht für Einsamkeit. – *Katzenpfötchen*: symbolisiert Bescheidenheit. – *Wermut*: steht für Heimsuchung durch das Böse, durch Leid und Trauer. – *Schafgarben*: symbolisieren Geduld. – *Benediktenkrautes*: Heilpflanze gegen seelische Verstimmung.

201 *Schuberts «Ständchen»*: Vertonung eines Gedichts von Ludwig Rellstab (1799–1860), entstanden zwischen August und Oktober 1828, somit zum letzten größeren Liedzyklus Franz Schuberts (1797–1828) gehörig, der nachträglich als «Schwanengesang» bekannt wurde (D 957).

202 *etwas Frappiertes*: von frz. «frappé», «mit Eis heruntergekühlt». – *Niams-Niams*: bedeutet wörtlich übersetzt «große Esser», da man die Azande, ein Volk im nördlichen Zentralafrika, für Kannibalen hielt.
205 *La cruche va à l'eau tant qu'elle se casse*: frz. «Der Krug geht so lange zum Wasser [Brunnen], bis er bricht».
208 *Renommist*: Angeber, Blender. – *Whist*: Kartenspiel für vier Personen, Vorläufer des Bridge, traditionell in britischen Klubs beheimatet, von wo aus es im 19. Jahrhundert seinen Siegeszug durch ganz Europa antrat. – *Hasard*: altenglisches Würfelspiel, das Glücksspiel schlechthin.
209 *Don-Juan-Pose*: in der Manier des legendären spanischen Frauenhelden.
211 *Mendelssohn*: Felix Mendelssohn Bartholdy (1809–1847), zu Lebzeiten gefeierter Komponist, Klavier- und Orgelvirtuose und Dirigent, war zur Jahrhundertwende zu einem verkannten Meister geworden. – *Ophthalmologen*: Facharzt für Augenheilkunde.
213 *Nachtviolen*: die Duftpflanzen, die ihr schweres Aroma erst in den Abendstunden entfalten, gelten als Blumen der Aphrodite; sie stehen für sinnliche Begierde und für Treue; s. dazu auch Franz Schuberts gleichnamiges Lied (D 752): «Nachtviolen, Nachtviolen! / Dunkle Augen, seelenvolle, / Selig ist es, sich versenken / In dem sammtnen Blau ...»
214 *Buonaventura Meyer*: verweist «wohl auf einen historisch verbürgten Afrikareisenden des 19. Jahrhunderts, den jüdischen Orientalisten Bonaventura Mayer» (Matthias N. Lorenz, S. 160).
215 *Steinwein*: Weißwein der Würzburger Reblage «Stein», Goethes «Lieblingsgetränk».
216 *Ludwigs XVIII. ... Katastrophe*: meint die Wirren im Gefolge der Französischen Revolution, während der der Bourbone Ludwig XVIII. (1755–1824) ins Exil gehen musste. – *le mari jaloux*: frz. «der eifersüchtige Ehemann».
217 ‹*Alles Ding hat seine Zeit ... Steine sammeln und Steine zerstreuen*›: Koh 3,1 u. 5.

Gebärden

Erstveröffentlichung in: *Die Weihnachtszeit*. Beilage zu No. 1529 der Tageszeitung *Die Zeit*, Wien: 25. Dezember 1906, S. 6–7; seither unpubliziert.

220 *Assessor*: Beamter im höheren Dienst vor Verleihung des ersten Amtes.
221 *Boudoir*: Ankleidezimmer einer Dame. – *Peau d'Espagne*: maskuliner, würzig-ledriger Duft aus der florentinischen Officina Profumo Farmaceu-

tica di Santa Maria Novella aus dem Jahr 1901, laut dem britischen Sexualforscher Ellis Havelock «a highly complex and luxurious perfume» (Studies in the Psychology of Sex, S. 75), benannt nach den betörend duftenden Lederstückchen, die traditionellerweise mit einem Gemisch aus Rosen- und Lavendelöl, Verbenen, Sandelholz, Bergamott, Neroli, Zimt, Nelken sowie Zibet- und Moschusaromen präpariert und dann in Seide oder Satin eingenäht wurden.

224 *Mosel*: ein im Moselgebiet gebauter trockener Weißwein.

Die sentimentale Forderung

Erstveröffentlichung in: *Der Tag*, Berlin: 25. Dezember 1906 (Weihnachtsnummer), ohne Pagina; wieder in FG.

226 *Hyazinthen*: symbolisieren rasches Werden und Vergehen.
227 *Medea*: tragische Heldin in der antiken Tragödie des Euripides (um 485–405 v. Chr.), basierend auf der Argonautensage des griechischen Mythos, wie auch in Franz Grillparzers (1791–1872) gleichnamigem Drama, uraufgeführt 1821; aus Verzweiflung wird die Königstochter Medea zur furiengleichen Rächerin am treulosen Gatten Jason und schließlich zur Mörderin ihrer eigenen Söhne. – *Maria Stuart*: Heroine in Friedrich Schillers (1759–1805) Trauerspiel, uraufgeführt 1800; die Königin von Schottland, der Beihilfe zum Königsmord schuldig, muss nach England fliehen, wo sie eingekerkert wird; im Angesicht der drohenden Hinrichtung fügt sie sich in ihr Schicksal, akzeptiert den Tod als gerechte Sühne für ihre Untaten und findet zuletzt in ihrem Innersten zu wahrer menschlicher Moralität.

Osterwetter

Erstveröffentlichung in: *Neue Freie Presse*, Wien: 31. März 1907, S. 33–34; wieder in SG.

Ein französierender Duktus in den Schreibweisen (Lieutnant, Mousselin, Monocle) zeigt die Distinguiertheit des dargestellten Milieus an.

234 *resedenfarben*: in zartem Gelbgrün, nach den Blüten der Garten-Reseda. – *Assessor*: Beamter im höheren Dienst vor Verleihung des ersten Amtes.
235 *Krokus*: symbolisiert Weisheit, Hoheit sowie leidenschaftliche Liebe. – *harten Fayencefarben*: die Farbtöne der gesinterten Keramik. – *Tulpen*: Mitte des 16. Jahrhunderts aus der Türkei nach Mittel- und Westeuropa gekommen, wurden sie zur Lieblingsblume des Adels und galten seit jeher als Sinnbild für Leben, Fruchtbarkeit sowie für Liebe und Zuneigung.
237 *Etikettenfehler*: von frz. «étiquette», Verstoß gegen die Benimmregeln oder den guten Ton. – *des Avancements*: frz. «des Aufstiegs», beim Militär: der Beförderung in einen höheren Dienstrang. – *blauen Brief*: das Entlassungsschreiben bei Versetzung in den Ruhestand.
238 *Rousseau*: Jean-Jacques Rousseau (1712–1778), «Bekenntnisse», S. 241.
240 *Referendar*: in Ausbildung befindlicher Anwärter auf die Beamtenlaufbahn.

Die Verlobung

Erstveröffentlichung in: *Neue Freie Presse*, Wien: 19. Mai 1907, S. 35–37; wieder in SG.

244 «*Il n'est pas un homme, mais un gentilhomme, qui a vu le monde*»: frz. «Er ist nicht ein Mann, sondern ein Edelmann, ein Mann von Welt».
246 *Heliotrop*: eigentlich Heliotrope, ein aus den Essenzen der weißen Vanilleblume gewonnener klassisch-leichter Duft aus der 1830 gegründeten Pariser Parfümerie Ed. Pinaud. – *Patschouliduft*: schweres, aphrodisierendes Luxusparfüm der Viktorianischen Ära, aus indischen oder javanischen Tropenpflanzen gewonnen.
248 *persischen Flieders*: lat. «Syringa persica», auch Zedrachbaum oder Paternosterbaum, steht für einen starken Charakter.
250 *sich expatriieren*: auswandern. – ‹*lorsqu'on l'a déchiffrée, cela ne vaut guère la peine*›: frz. «hat man erst sie entziffert, war es die Mühe kaum wert».

Geschlossene Weihnachtstüren

Erstveröffentlichung in: *Neue Freie Presse*, Wien: 25. Dezember 1907, S. 33–35; wieder in FG.

Als Handlungsschauplatz dieser in diversen urbanen Kulissen spielenden Kurzgeschichte ist eindeutig München identifizierbar.

253 *Orchideenduft*: die Orchideen symbolisieren mit ihrem durchdringenden Odeur Raffinement und Wollust.

254 *Boudoir*: Ankleidezimmer einer Dame, von frz. «bouder» für «schmollen».

260 *Baron*: ursprünglich französischer Adelstitel, über dem eines Ritters/Chevaliers und unterhalb dem des Grafen/Vicomte rangierend. – *Rückversicherungsgesellschaft*: 1880 von Carl von Thieme (1844–1924) und Theodor von Cramer-Klett (1817–1884) in München gegründet.

Frühlingsnacht

Erstveröffentlichung in: *Neue Freie Presse*, Wien: 19. April 1908, S. 39–41; wieder in SG.

263 *Birkenschöpfe ... Birkenknospen*: die Birke gilt in der Volksmythologie als Sinnbild der Fruchtbarkeit und Vitalität.

264 *Paletots*: frz. «Obergewand», ursprünglich ein modischer Herrenmantel, ab 1860 wurden die leicht taillierten Modelle mit Samtkragen auch für Damen geschneidert.

265 *schmälen*: waidmännisch für den kurzen, bellenden Laut von Rehwild.

Landpartie

Erstveröffentlichung in: *Neue Freie Presse*, Wien: 7. Juni 1908, S. 42–44. Unveränderter Nachdruck in: *Neue deutsche Erzähler*, hg. v. J. Sandmeier. 1. Band, Berlin: Furche Verlag 1918, S. 261–273; wieder in FK, FG.

Übersetzung:
- ins Lettische u. d. T. *Vakarejantys namai* (Ü: Adomas Pranas Druktenis), Vilnius 1989.

Die Erzählung ist im Milieu der weltläufigen deutschen Hocharistokratie der Jahrhundertwende angesiedelt, allerdings weisen gleich eingangs einige Details (der aus der Mode gekommene Landauer, die verblichene Livree, gestopfte Strümpfe) auf eine in die Jahre gekommene, ja vom Zerfall bedrohte Standesherrlichkeit hin. Literatur: Hannelore Gutmann, S. 53–71; Wayne Wonderley.

272 *Equipage*: herrschaftliche Kutsche samt Anspannung (Geschirr und Pferden), von frz. «équipage» für «Ausrüstung». – *Landauer*: Viersitzer mit aufklappbarem Verdeck, Statussymbol nicht nur in Adelskreisen. – *Baron*: dem deutschen Freiherrn gleichgestellter französischer Adelstitel, über dem eines Ritters und unterhalb dem des Grafen rangierend.

273 *Kammerherren*: Ehrentitel eines Adelsherrn in der Provinz, der sich zur Verfügung zu halten hatte für den Fall, dass «der König oder seine Gemahlin geruhten, in der entsprechenden Landschaft zu weilen» (Walter Görlitz, S. 304). – *Prinzessin*: weibliches, nicht regierendes Mitglied eines Fürstenhauses.

275 *Panamahüten*: von Hand geflochtene Strohhüte aus Ecuador. – *Allongeperücken*: von frz. «allonge» für «Verlängerung», eine lange Lockenhaarperücke für Edelleute aus der Zeit des Sonnenkönigs Ludwig XIV. (1638–1715), die die Würde des Trägers symbolisieren sollte.

276 *Soupieren*: Speisen, von frz. «souper», eigentlich «eine Suppe zu sich nehmen».

277 *‹Walküren›-Aufführung*: «Die Walküre» (WWV 86 B), 1870 im Königlichen Hof- und Nationaltheater München uraufgeführte Oper von Richard Wagner (1813–1883). – *Fürst*: von althochdt. «furisto», «der Erste», «der Vorderste», «der Führende»; vererbbarer Hochadels- und Herrschertitel eines zwischen Herzog und Graf rangierenden Landesherrn; nach Definition von Carl Ludwig von Haller «ein unabhängiger Herr, der über andere gebietet und selbst niemandem dient». – *Danieli*: unweit des Markusplatzes an der Riva degli Schiavoni gelegenes Luxushotel im Palazzo Dandolo aus dem 14. Jahrhundert, zu dessen Gästen neben Goethe, Shelley und Balzac auch Debussy und Wagner gehörten.

278 *«Eine Kamelie auf der Wiese wäre mir unangenehm»*: die aus Südchina stammende Lieblingsblume von Kaiserin Joséphine (1763–1814), der Gattin Napoleons, wurde im 19. Jahrhundert zum Hoheitszeichen adliger Gartenkultur, galt somit als viel zu fein für eine gemeine Blumenwiese.

279 *Orchideenparfum*: mit dem Duft der Orchidee verbindet sich Sinnlichkeit und Wollust. – *blühenden Klees*: wegen seiner leuchtend violetten Farbe ein Liebessymbol.

Bunte Herzen

Erstveröffentlichung in: *Die neue Rundschau. XIXter Jahrgang der freien Bühne*. Band 2. Berlin: S. Fischer Verlag 1908, S. 1558–1585 (1. Teil) und S. 1739–1767 (Schluss); wieder in ST 1, WK, ST 2.

Übersetzungen:
- ins Dänische u. d. T. *Brogede Hjerter* (Ü: Ludvig Holstein), Martins Damernes Bøger, Bd. 7, København 1914.
- ins Englische u. d. T. *Gay Hearts* (Ü: Bayard Quincy Morgan). German Classics of the 19th and 20th Centuries, New York: The German Publication Society, 1914.
- ins Schwedische u. d. T. *Vilsna hjärtan: två noveller* (Ü: Inga Lindholm), Albert Bonniers Förlag (Moderna romaner 56), Stockholm 1921.
- ins Französische u. d. T. *Cœurs multicolores* (Ü: Jacqueline Chambon), Éditions Jacqueline Chambon, Nîmes 1991 u. 1998; u. d. T. *Cœurs bigarrés* (Ü: Peter Krauss), in: EvK, Œuvres choisies – Histoires de château, Les Éditions Actes Sud, Arles 2012.
- ins Italienische u. d. T. *I confini del castello* (Ü: Luisa Coeta), SugarCo Edizioni, Milano 1989; u. d. T. *Cuori variopinti* (Ü: J. Di Egidio), Barbieri Selvaggi Editori, Manduria 2010.
- ins Lettische u. d. T. [Eduards fon Keizerlings] *Krāsaināssirdis* (Ü: Silvija Brice), Hirschheydt, Aizpute 2004.

Über die konkrete Verortung des Handlungsschauplatzes dieser ‹Traumnovelle› gibt es in der Forschungsliteratur eine Vielzahl von Spekulationen. Dass ein litauisches Sprichwort zitiert und der Gutsname Kadullen ein «Keyserlingsches Gut (Kabillen) anklingen» lässt, hat Armin von Ungern-Sternberg festgestellt (S. 200); Boris Hoges Vermutung lautet: *Bunte Herzen* «spielt wohl in Ost- oder Westpreußen; jedenfalls ist vom ‹deutschen Vaterlande› und ‹russische[r] Grenze› die Rede, wobei letztere weniger der geographischen Verortbarkeit wegen als vielmehr, im Gegenteil und paradoxerweise, gerade um der Ent-Grenzung des umgitterten Gartens und der Demonstration des Sich-Verlierens der Blicke im End- und Grenzenlosen der Landschaft willen Erwähnung findet» («Kreuzzeitung» und «russische

Grenze», S. 37). Dank konkreten Nachweises der Grenzregion Padony (s. unten) ist jedoch zweifelsfrei belegbar, dass es sich beim fiktiven Kadullen um ein ostpreußisches Landgut unweit der polnisch-russischen Grenze handelt. Literatur: Heide Eilert, S. 235–237; Thomas Homscheid, S. 310–325; Andreas Sturies, S. 173–183. – Rezension Hermann Hesses s. *Seine Liebeserfahrung*.

282 *Levkojen*: Symbol für immerwährende Zuneigung. – *Hamilkar*: Namenspate Hamilkar Barkas (um 270–229 v. Chr.), karthagischer Feldherr, begründete nach dem Verlust Siziliens ein neues karthagisches Kolonialreich in Spanien. An Berühmtheit übertroffen wurde er durch seine Tochter Salambo (Hauptfigur des gleichnamigen Romans von Gustave Flaubert) und seinen Sohn Hannibal, der mit dem Feldzug gegen die Römer das väterliche Werk fortsetzte. Die Wahl des ebenso exquisiten wie raren Vornamens musste zu Lebzeiten Keyserlings aber die Erinnerung an einen anderen Namens- und Standesgenossen wachrufen, nämlich an den mit Abstand reformfreudigsten deutschbaltischen Adeligen im 19. Jahrhundert, Baron Hamilkar von Fölkersahm (1811–1856). Der livländische Landmarschall ebnete mit seiner Agrar- und Bauernverordnung den Weg für die Ablösung der Fronpacht durch die Geldpacht und beförderte gegen den Widerstand konservativer Standesgenossen die Befreiung der Bauern aus gutsherrlicher Vormundschaft. «Sein radikaler weltanschaulicher Freisinn, der von Hegel und dem Jungdeutschtum ausging, stellte seine ganze ständische Umwelt in Frage, dieselbe Welt, zu deren Bewahrung niemand mehr beigetragen hat als er» (Reinhard Wittram, S. 164). – *Panama*: von Hand geflochtener, eleganter Strohhut aus Ecuador. – *kannelfarbigen*: von frz. «cannelle», zimtfarbenen.

283 *Theorie des Traumes*: Versuche, scheinbar sinn- und zusammenhanglose Trauminhalte zu ordnen und daraus eine zuverlässige Deutungssystematik zu entwickeln, reichen zurück ins 2. Jahrhundert, zur «Oneirokritika» des Artemidor von Daldis. Sigmund Freuds (1856–1939) bahnbrechendes Werk «Die Traumdeutung» erschien 1899; in der Literatur des Fin de Siècle rückt der Traum ins Zentrum dichterischer Inspiration und Interpretation.

284 *Alexanderregiment*: traditionsreiches preußisches Kaiser Alexander Garde-Grenadier-Regiment Nr. 1, gegründet 1814 und in den Befreiungskriegen nach Zar Alexander I. (1777–1825) benannt, im Deutsch-Französischen Krieg 1870/1871 an den Kämpfen um Sedan und an der Belagerung von Paris beteiligt. – «*Sultan von Zansibar*»: exklusive Rosenzüchtung, buschig,

gefüllt und duftlos. Seit 1840 residierten die Sultane von Oman in Sansibar, 1890 wurde das Sultanat britisches Protektorat. – *Komtesse*: Anrede einer Adelstochter im heiratsfähigen Alter.

285 *russische Grenze*: nicht näher bezeichnete Topografie, doch immerhin Indiz für die These, dass die Erzählung in Ost- oder Westpreußen und nicht im zu Russland gehörenden Baltikum spielt (s. oben).

286 *Spitzenburnus*: traditioneller Kapuzenumhang der Berber, ab den 1860er-Jahren zum modischen Habit Europas gehörig, aus Klöppelspitze gefertigt. – *Fürstin*: Gattin eines Fürsten, hier: eines griechischen Hegemons, somit Adelsdame der Hocharistokratie. – *Opheliafrisur*: als der französische Komponist Ambroise Thomas (1811–1896) im Jahr 1868 seine Oper «Hamlet» in der Salle de la rue Le Peletier zur Aufführung brachte, stand ganz Paris kopf, die Damen trugen Kleider à la Ophélie und ihr blumengeschmücktes Haar zu ausladenden, schulterlangen Locken gedreht.

287 *Patriot und nationalliberal*: die nationalliberale Bewegung war fest im bürgerlichen Literaten- und Akademikertum verankert und unterstützte Bismarcks kleindeutsches Einigungswerk unter Preußens Führung. Im Gegensatz dazu lag dem ständischen Denken Deutschtümelei fern. Der Landadel ostelbischer Prägung, mehrheitlich trans- und supranational, sah die Ablösung der Standes- durch die Nationalideologie mit Skepsis und hielt auch nach 1871 an seinen hegemonialen Ansprüchen fest. – *Croûton*: «Halbmonde, Dreiecke, Vierecke aus Semmel- oder Zwiebackscheiben geschnitten, die in heißer Butter oder Schmalz zu hellbrauner Farbe gebacken werden. Man verwendet sie zur Garnitur für Fleischpuddings, Frikassees, Ragouts, Gemüsen. Sie werden auch als Dreiecke aus Aspik geschnitten und zur Garnitur von kaltem Fleisch, Fisch, Salat verwendet» (Margarete und Elisabeth Doennig, S. 502).

289 *Wir sind die Unbequemen der Geschichte*: die Polen, Opfer preußischer, österreichischer und russischer Großmachtpolitik, wollten sich «unbequemerweise» nicht damit abfinden, dass man ihnen über eineinhalb Jahrhunderte hinweg das Recht auf nationale Selbstbestimmung vorenthielt: von den drei Teilungen 1772, 1793 und 1795 über die Liquidierung des napoleonischen Herzogtums Warschau 1815, an dessen Stelle ein vom Zaren mitregiertes «Kongresspolen» trat, die Niederschlagung standesübergreifender, von polnischen Adeligen unterstützter nationaler Erhebungen (1830/1831 und 1863) bis hin zur ethnisch-kulturell-konfessionellen Entrechtung, der mehrheitlich katholische Polen seitens fremder Herren ausgesetzt waren. Als Deutschland nach der Reichsgründung 1871 in Westpreußen, Oberschlesien und in der Provinz Posen eine «Germanisierung des Bodens» proklamierte, spitzte sich der Konflikt weiter

zu, sodass «‹Polen› (ursprünglich die ethnisch neutrale Bezeichnung für den seiner kulturellen Herkunft nach vielfältig gemischten Adel der Rzeczpospolita) zum Inbegriff revolutionärer Infragestellung der bestehenden Machtverhältnisse wurde, [...] zum Synonym friedens- und systemgefährdender Aufsässigkeit» (Jürgen Joachimsthaler, S. 220 u. 224). Im ostpreußischen Masuren lagen die Dinge ähnlich. Dort setzte sich die protestantische Gemeinschaftsbewegung der «Grodmaki», gegen einen Regierungserlass vom Juli 1873 zur Wehr, mit dem die polnische und die litauische Sprache in Schulen wie Kirchen verboten wurde (s. Andreas Kossert, S. 175).

290 *comme il faut*: frz. «wie es sich gehört». – *wir Polen, die wir alle mit einer Wunde im Herzen umhergehen*: Anspielung auf die hier als Stereotyp vorgeführte polnische Schwermut, den «żal».

291 «*Ah la jeunesse, la chère jeunesse*»: frz. «Ah, die Jugend, die teure Jugend».

295 «*Anadyomenit*»: eine auf den altgriechischen Beinamen Aphrodites, Anadyomene, «die Entsteigende», rekurrierende Wunderrezeptur zur Erlangung des begehrten weißen Teints.

302 *rote Nelken im Gürtel*: versinnbildlichen Tapferkeit, aber auch Freundschaft, Treue bis in den Tod und Sinnlichkeit; so «ist der Nelkenstrauß die erste Liebesgabe des jungen Mannes an seine Braut» (Minna von Stranz, S. 206). Erwähnenswert auch, dass die sogenannte «polnische oder Phantasie-Nelke ... die Stammmutter aller veredelten Nelken gewesen» ist (ebd., S. 208). – *Charlotte Corday vor der Badewanne Marats*: die Girardistin Charlotte Corday (1768–1793) hielt den Jakobiner Jean-Paul Marat (1743–1793) für den Hauptverantwortlichen der Radikalisierung der Französischen Revolution. Um ihn von weiteren Hinrichtungen abzuhalten, erstach sie den an Skrofulose leidenden, daher in einer Wanne sitzenden Marat. Der entschlossene Blick Charlotte Cordays findet sich in dem Gemälde «L'assassinat de Marat» von Paul-Jacques-Aimé Baudry (1828–1886).

304 *Narziss*: in sein eigenes Spiegelbild verliebter Schönling der griechischen Mythologie.

305 *Tänzerin Zucchetti*: Name nicht eruierbar.

306 *drüben auf dem Gut in Westpreußen*: Indiz, dass der Handlungsschauplatz nicht in West-, sondern in Ostpreußen liegt.

311 *Katechismus*: kurz gefasste Glaubens- und Sittenlehre des Christentums in Brevierform, oft ergänzt um erbauliche Spruchweisheiten.

312 *Königin von Polen*: ironisch; den Titel trug in der wechselhaften Geschichte Polens zuletzt die Ehefrau von Sigismund II. August, Elisabeth von Österreich (1526–1545).

316 *bei der Linde*: unter der grünen Linde, einem Baum von hoher mythologischer Symbolkraft, geweiht Freya, Göttin der Liebe und Fruchtbarkeit, gaben Liebende einander ihr Treueversprechen.

319 *Marathon ... vierhundertneunzig ... Miltiades*: der griechische Politiker und Heerführer Miltiades (um 550–490 v. Chr.) führte seine Truppen im Jahre 490 v. Chr. in der Schlacht bei Marathon zum Sieg über die Perser.

322 *Sammetvorhänge*: altertümlich für «Samt».

323 *dort an der Grenze in Padony*: ein im Grenzgebiet zur ostpreußischen Provinz Masuren nahe Jaświły gelegenes Schulzenamt im Powiat (Landkreis) Moniecki, Województwo podlaskie (Woiwodschaft Podlachien), etwa 50 km nördlich von Białystok.

324 *«Es sollte gar nicht mehr Tag werden, sterben sollten wir jetzt ...»*: hierin spiegeln sich konkret «Wendungen Tristans aus Wagners Musikdrama ‹Tristan und Isolde›» und ganz allgemein die «dem Tristan-Modell abgewonnene Vorstellung des gemeinsames ‹Liebestodes›» (Heide Eilert, S. 235 f.).

325 *Quadrilleunterhaltung*: frz., auch Quadrille à la cour, ein aus der Epoche Napoleons I. stammender Kontratanz.

326 *spanisches Huhn*: Pollo al chilindrón, aus der Epoche der alten Königreiche Aragonien und Navarra überliefertes Schmorgericht.

327 *«tu n'es pas en train, mon vieux»*: frz. «Du bist nicht bei der Sache, mein Alter». – *Bourget ... das Frauenherz analysieren*: Anspielung auf Paul Bourgets (1852–1935) psychologischen Roman «Un cœur de femme» von 1890. Angesiedelt im Paris der 1880er-Jahre, schildert der Autor in seiner Erforschung seelischer Untiefen eine Ménage à trois. Die jung verwitwete Juliette de Tillières, eine archetypische Femme fragile, muss sich zwischen zwei Verehrern entscheiden, einem Aristokraten alter Schule und einem donjuanhaften Großbürger. – *je connais mon Boris*: frz. «Ich kenne meinen Boris».

328 *in Prima*: in der obersten Gymnasiumklasse. – *«Treibt der Champagner / Das Blut erst im Kreise»*: Zeilen aus dem Champagner-Lied des deutschsprachigen «Don Giovanni» (KV 527, 1. Akt, 15. Szene) Wolfgang Amadeus Mozarts (1756–1791); im schnellen Zweivierteltakt zu singende Arie, in der sich die Sinnenlust eines siegesgewissen Verführers und sein Wille zu rauschhafter Überwältigung der jungen Zerline offenbart.

329 *in Prokura*: von ital. «procura» für «Vollmacht», hier im Sinne von «unbeschränkt». – *un mot charmant!*: frz. «charmant gesagt!». – *Ecartéchen*: der im Baltendeutschen übliche Diminutiv von Écarté (von frz. «écarter» für «weglegen»), «Spiel der Kavaliere» genannt, ein französisches Kartenspiel für zwei Personen, dem der Ruf eines Glücksspiels anhaftete. – *kupiere*: «hebe [die Karten] ab», von frz. «couper» für «trennen».

330 *Kusstafel*: eigentlich Gegenstand des katholischen Ritus, der christlichen Heiligenverehrung, dem Judentum aber fremd; mit *jüdische Kusstafel* könnte eine zu Zierzwecken aufgehängte Miniatur mit jüdischem oder alttestamentarischem Motiv gemeint sein oder die Mesusa, ein normalerweise am Türrahmen angebrachtes beschriftetes Stück Pergament in einem Behältnis, das der gläubige Jude bei Betreten des Raums küsst, indem er die Fingerspitzen seiner rechten Hand erst an die Mesusa und danach an die Lippen führt.

334 *Berlockes*: von frz. «breloques» für «Anhängsel», in Nordeuropa weit verbreitete kleine Schmuckanhänger aus Metall, Elfenbein, Porzellan oder Edelstein.

338 *Lichter*: waidmännisch für «Augen».

344 *Marjellen*: lautliche Notation des [mar'jɛllen] ausgesprochenen niederdt. «Margellen» für «Mädchen».

346 *la chère jeunesse*: frz. «die teure Jugend». – «*C'est incompréhensible*»: frz. «Es ist unbegreiflich». – «*Mais, chère Lisachen, dites-nous donc, ce que vous savez*»: frz. «Aber, teures Lisachen, sagen Sie uns doch, was Sie wissen».

347 «*Chèr amie … o ma chère, il est terriblement philosophe*»: frz. «Teure Freundin …, o meine Teure, er ist schrecklich philosophisch». – *gelben Rasse*: Terminus aus den damals im Umlauf befindlichen populärwissenschaftlichen Völker- und Rassentheorien, in denen Klassifizierungen mit deterministischen Werturteilen und der ideologischen Unterscheidung von «unterlegenen» und «überlegenen Rassen» Hand in Hand gingen. Bereits in Immanuel Kants «Physischer Geographie» ist zu lesen: «Die Menschheit ist in ihrer größten Vollkommenheit in der Race der Weißen. Die gelben Indianer haben schon ein geringeres Talent. Die Neger sind weit tiefer, und am tiefsten steht ein Theil der amerikanischen Völkerschaften.» (§ 4, S. 316). Im 19. Jahrhundert war es unter Berufung auf «wissenschaftlich fundierte» Forschungsergebnisse opportun, die Menschheit in die Großrassen der Europide, Australide, Negride und Mongolide einzuteilen und in Bezug auf Letztere von der «Rasse der Morgenrots» oder der «gelben Rasse» zu sprechen, die bis in den Lebensraum der Europide hineinreichten. So finden sich auf einer «Ethnographischen Karte» über die «Verbreitung der Menschenrassen» aus Meyers Konversationslexikon von 1885 nebst den «Lappen» und «Finnen» auch «Esthen» und «Liven» als «Nordmongolen» unter die «Gelben» subsumiert.

348 *Bismarck-Archipel*: im Westpazifik liegender Außenposten des Deutschen Reichs; der nordöstliche Teil des heutigen Neuguinea war im November 1884 zum deutschen Schutzgebiet erklärt und im September 1885 auf den Namen des Reichskanzlers getauft worden, der – Ironie der Geschichte –

kein großer Freund der Kolonialpolitik war. – «Qui? monsieur Boris?»: frz. «Wer? Herr Boris?».

349 «Ah, ma chère, maintenant il ne s'agit pas de monsieur de Katakasianopulos»: frz. «Ah, meine Teure, jetzt geht es nicht um Herrn Katakasianopulos». – ‹La pauvre petite, elle est perdue›: frz. «Die arme Kleine, sie ist verloren».

352 *Gardenie, die man sich ins Knopfloch steckt*: die Boutonnière, eine üppige Blume im Knopfloch des Jackett-Revers, galt manchem Altherren als Inbegriff snobistischer Überspanntheit.

355 *Madeira*: Likörwein. – *cette pauvre*: frz. «diese Arme».

356 *Georginen*: norddt. für Dahlien, symbolisieren Erneuerung und Stärke.

358 «*ma chère, quelle idée*»: frz. «Meine Teure, was für eine Idee».

360 *er wollte sich auf einen homerischen Vers besinnen ..., wo Hektors Seele laut jammert, weil sie das liebe Leben lassen muss*: gemeint ist der XXII. Gesang, Vers 297–305; Hektor, ältester Sohn des trojanischen Königs Priamos und seiner Gattin Hekabe, wird in Homers «Ilias» (2. Hälfte des 8. Jh. v. Chr.) als der bedeutendste trojanische Krieger im Trojanischen Krieg gerühmt. Ehe er im Kampf gegen Achilleus zum letzten Male sein Schwert zieht, spricht er bei sich die Worte: «Weh mir, da haben mich wirklich die Götter zum Tode gerufen! / Denn ich dachte, der Held Deiphobos steht mir zur Seite, / doch der weilt drin in der Stadt, und mich hat Athene betrogen! / Jetzt ist mir nahe der schlimme Tod und ist nicht mehr ferne, und kein Entrinnen gibt's! Ja, so war es lange schon lieber / Zeus und dem Sohn des Zeus, dem Fernhintreffer, die früher / immer willig mich schützten; doch jetzt ereilt mich das Schicksal. Wahrlich, nicht ohne Kampf und ruhmlos will ich zugrund' gehn, / sondern Großes vollbringen, auch für die Nachwelt zur Kunde!» (aus: Homer, «Ilias». Aus dem Griechischen übersetzt und kommentiert von Kurt Steinmann, S. 417).

Föhn

Erstveröffentlichung in: *Neue Freie Presse*, Wien: 11. April 1909, S. 43–45; wieder in SG.

366 *ein Chopinsches Prélude*: stilbildendes Klavierstück aus dem zwischen 1836 und 1839 komponierten Zyklus (op. 28) des gebürtigen Polen Frédéric Chopin (1810–1849).

367 *Scirocco*: schwül-heißer Wüstenwind.

369 *Stiege*: österr. für «Treppe».

Winterwege

Erstveröffentlichung in: *Neue Freie Presse*, Wien: 25. Dezember 1909, S. 44–46; wieder in FG.

Die Erzählung, in der Landadelswelt der Jahrhundertwende angesiedelt, ist neben *Vollmond* die einzige, bei der es zur Berührung mit den «Kontrastfiguren ‹aus dem Volk›» (Rudolf Steinhilber, S. 161) kommt.

371 *stark zu werden*: euphemistisch für «zuzunehmen». – *Henry Clay*: Zigarre, gefertigt in der Manufaktur Julián Álvarez Granda in der Dominikanischen Republik, benannt nach dem US-Politiker Henry Clay (1777–1852). – *Odaliskenaugen*: Odalisken wurden die hellhäutigen Konkubinen eines Sultans genannt; bei *Odaliskenaugen* dachten Keyserlings Zeitgenossen an den aufreizenden Blick der nackten «Grande Odalisque» von Ingres (1780–1876).
379 *Attaché*: Mitarbeiter einer diplomatischen Vertretung.
380 *Heliotrope von Pineaud*: eigentlich Pinaud: ein aus den Essenzen der weißen Vanilleblume gewonnener klassisch-leichter Sommerduft aus der 1830 gegründeten Pariser Parfümerie Ed. Pinaud.

Prinzessin Gundas Erfahrungen

Erstveröffentlichung in: *Neue Freie Presse*, Wien: 15. Mai 1910, S. 87–89; wieder in SG.

In den obersten Regionen der Adelspyramide, «der purpurnen Welt» (Arno J. Mayer, S. 88) der *ancienne noblesse* angesiedelte Erzählung. Nach dem Wiener Kongress existierten auf dem Territorium des Deutschen Bundes sechs Großherzogtümer: Baden, Hessen-Darmstadt, Mecklenburg-Schwerin, Mecklenburg-Strelitz, Oldenburg und Sachsen-Weimar-Eisenach, die bis 1918 bestanden. Die Ereignisse hier spielen also nicht wie sonst meist bei Keyserling auf einem ländlichen Herrensitz, sondern inmitten einer Residenz, wo ungeschmälerte aristokratische Machtfülle und Prunkentfaltung herrschen.

382 *Prinzessin*: weibliches, nicht regierendes Mitglied eines Fürstenhauses. – *Erbprinz*: Adelstitel für den im Erbgang eines souveränen oder standesherrlichen Fürstenhauses an erster Stelle stehenden Prinzen oder Agnaten (d.h. männlichen Blutsverwandten). – *Großherzog*: Lehnübersetzung des ital. «granduca», der unter der Königswürde zweithöchste Adelsrang, erst durch Napoleon Bonaparte (1769–1821) in die deutsche Nomenklatur eingeführt. – *die alte Redensart von der Höflichkeit der Fürsten*: «l'exactitude est la politesse des rois», zu Deutsch: «Pünktlichkeit ist die Höflichkeit der Könige», ein Ludwig XVIII. (1755–1824) zugeschriebenes Bonmot. – *«Ah, vous voilà, ma chère, j'espère que les enfants ...»*: frz. «Ah, da sind Sie ja, meine Liebste, hoffentlich sind die Kinder ...»

383 *«toujours des gaffes»*: frz. «nichts als Fauxpas».

384 *«Enfin!»*: frz. «Endlich!».

385 *Kotillons*: in der zweiten Hälfte des 19. Jahrhundert beliebte Tanz- und Gesellschaftsspiele; kein Ballereignis kam ohne bunten Reigen von Contretänzen, Walzern und Polkas in Verbindung mit Spieleinlagen aus. – *Komtess*: Anrede einer Adelstochter im heiratsfähigen Alter. – *Fayencekübeln*: kunsthandwerklichen Töpfen, aus gesinterter Keramik hergestellt. Besonders in hessischen Landen gab es etliche Traditionsmanufakturen: Hanau (seit 1661), Heusenstamm (seit 1662), Frankfurt am Main (seit 1666) oder Kassel (seit 1680). – *Prinzessin Mathilde*: möglicherweise Anspielung auf Prinzessin Mathilde Karoline von Bayern (1813–1862), Tochter des bayerischen Königs Ludwig I. und Gattin von Großherzog Ludwig II. von Hessen-Darmstadt.

386 *Maréchal Niel*: 1857 aus einem Zufallssämling gezogen, benannte Victor Verdier, Preisrichter auf einer Rosenausstellung in Montauban, das Edelgewächs 1864 nach dem Militär Adolphe Niel (1802–1869), Marschall von Frankreich. Die Rose arrivierte in Paris zur Favoritin der guten Gesellschaft, dank betörendem Wohlgeruch, die vollen Blüten von zartem Champagnerton bis hin zu sattem Goldgelb gefärbt, anmutig nickend an zu grazilen Zweigen, das mandelgrüne Blattwerk wie welk: «ein Bild äußerster Hinfälligkeit und doch zugleich eines von ergreifender Schönheit» (Marianne Beuchert, S. 287).

388 *Schlösschen Mathildenburg*: fiktiver Ort, möglicherweise Anspielung auf die großherzogliche Gartenanlage auf der Mathildenhöhe in Darmstadt.

389 *machte Honneurs*: bekundete seine Ehrerbietung, von frz. «honneur» für «Ehre». – *Five o'clock*: Fünfuhrtee. – *Tenue*: frz. «Haltung», «Zucht», Primärtugend des Adels, konträr zum bürgerlichen Kult der Empfindsamkeit stehend.

Am Südhang

Erstveröffentlichung in: *Österreichische Rundschau*, Band XXVI. K. und k. Hof-Buchdruckerei und Hof-Verlags-Buchhandlung Carl Fromme, Wien und Leipzig: Januar–März 1911, S. 37–53 (1. Teil), S. 112–127 (2. Teil) und S. 193–207 (Schluss). Erste Buchausgabe: Berlin, S. Fischer («Fischers Bibliothek zeitgenössischer Romane»), 1. Aufl., Berlin Mai 1916 (Startauflage: 20 000 Ex.); 2. u. 3. Aufl. (je 10 000 Ex.), ebd. 1917; 4. Aufl. (S. Fischers «Neue Romanreihe», 7000), ebd. 1918; wieder in GE, RD, WK, ST 2.

Übersetzungen:
- ins Italienische u. d. T. *Versante sud* (Ü: Giovanna Agabio), SugarCo Edizioni, Milano 1988 (Tasco 134); Guanda, Parma 1989 (Prosa contemporanea); Federico Tozzi Editore, Saluzzo 2013.
- ins Französische u. d. T. *Versant sud* (Ü: Jacqueline Chambon), Éditions Jacqueline Chambon, Nîmes 1989.

Verfilmungen:
- *Am Südhang*, Drama. Michael Verhoeven (Regie), Manfred Bieler (Drehbuch), mit Helmut Zierl, Andrea Jonasson, Franz-Otto Krüger, Ursula Dirichs, Ulrich von Dobschütz, Edi Samland, Natascha Unbehaun, Till Demtrøder, Gunnar Holm-Petersen, Martin Halm, Carin Braun, Corinna Schramm, Michael Gahr, Wolfgang Rau, Wolfgang Zeiger, Wolfgang Giese, Deutschland 1980.
- *Comédie d'été*, Daniel Vigne (Regie), Daniel Vigne und Colo Tavernier (Drehbuch), mit Maruschka Detmers, Rémi Martin, Jean-Claude Brialy, Nelly Borgeaud, Mila Parély, Jean-François Perrier, Jessica Forde, Thierry Fortineau, Jean-Claude Bolle-Reddat, Maurice Mons, Thibault Rossigneux, Céline Samie, Daniel Schenmetzler, Vincent Solignac, Vanessa Toutain, Sophie Tribout, Philippe Uchan, Jeanne Marine, Frankreich 1989.

Bemerkenswert an dieser Novelle ist, «dass die Erzählperspektive des adeligen Protagonisten konsequent beibehalten wird und die Erzählung nicht – wie für Keyserlings szenische Erzähltechnik üblich – zwischen verschiedenen Perspektiven wechselt» (Thomas Homscheid, S. 401). Literatur: Hannelore Gutmann, S. 72–113; Thomas Homscheid, S. 399–416; Klaus Lindemann/Norbert Micke, S. 101–123; Mandane Manko; Andreas Sturies, S. 152–172; Ulrike Weinhold, S. 75–83; Benno von Wiese, Bd. 2, S. 280–298; Frank Zimmer.

394 *Gardedukorpsmanieren*: Garde du Corps, frz. «Leibgarde», 1740 von Friedrich dem Großen (1712–1786) begründet, ging aus der berittenen Leibwache das Kürassierregiment hervor, das als das vornehmste der preußischen Armee galt, weithin gerühmt für seine an Repräsentationskünsten geschulten Galamanieren. – *Aristides Dorn*: der bei Keyserling eher seltene Fall eines «sprechenden Namens». Namenspatron Aristeides (um 550–467 v. Chr.), berühmt für seine strenge und uneigennützige Rechtsliebe, ist als «der Gerechte» in die Geschichte eingegangen; Dorn könnte darauf verweisen, dass der Namensträger dem Protagonisten ein ebensolcher im Auge ist, ferner, dass er sich mit seinen politisch-moralischen Ermahnungen als Stachel im Fleisch der Landadelssippe sieht.

395 *Referendar*: in Ausbildung befindlicher Anwärter auf die Beamtenlaufbahn.

399 *zum Klappen kommen*: niederdt. für «zu einem guten Ende kommen».

400 *Zentifolien*: Rosenzüchtung aus dem 16. Jahrhundert, in Bauerngärten sehr beliebt. – *Gebrochenes Herz*: im Volksmund auch als Tränendes, Flammendes oder Marienherz bezeichnete Gartenblume. – *Immortellen*: entlang von Feldfluren wachsende, strauchartige Gewürzpflanzen.

403 *Lilien*: symbolisieren Keuschheit, fungieren in ihrer leitmotivischen Verwendung aber auch «als Todessymbol» (Andreas Sturies, S. 172).

407 *reçu*: frz. «aufgenommen».

412 *Duchessebirne*: frz. «Poire Duchesse d'Angoulême», große und süße Speisebirne, benannt zu Ehren der Marie-Thérèse de France (1778–1851), Tochter von Ludwig XVI. und Marie-Antoinette.

417 *Brom*: Bromsalze wurden wegen ihrer sedierenden Wirkung als Beruhigungs- und Schlafmittel eingesetzt. – *Rauentaler*: Riesling-Spätlese aus dem Rheingau. – *die große Bockzigarre*: die Gigantes der Marke Bock y Ca., einer der ältesten Zigarrenmanufakturen Havannas, gegründet vom holländischen Auswanderer Gustavo Bock (1825–1910).

423 *Näherinnen*: altertümlich für «Näherinnen».

425 *die soziale Frage*: erstmals in den 1830er-Jahren auftauchender Begriff, der ursprünglich Probleme bezeichnet, die die Ablösung einer spätfeudalen Agrargesellschaft durch eine merkantil-kapitalistische Gesellschaft mit sich brachte. Auf dem Land führte die Aufhebung der Grundherrschaft zur Verarmung von Bauern und Gesinde. Von Fronen und Abgaben an die Gutsherren befreit, gerieten diese in ökonomische Abhängigkeiten.

Betreiber kleiner Anwesen, die sich in wirtschaftlichen Krisen verschuldeten, wurden durch das Bauernlegen aus ihrem Besitz gekauft. So entstand ein neues Landproletariat. Erst ab den 1870er-Jahren, im Übergang zur Industriegesellschaft, wurde die soziale Frage vornehmlich zur Arbeiterfrage. Bismarcks Reformgesetzgebung, vom Geist karitativen Patriarchentums getragen, gefiel sich «in der Auffassung, man müsse in einer Art praktischen Christentums staatliche Sozialfürsorge treiben». Doch «Arbeiter wollten damals nicht Gnadenakte, Wohlwollen und Fürsorge, sondern politische Rechte» (Walter Görlitz, S. 271).

427 *Ständern*: waidmännisch für «Beine». – *mausernden*: das Federkleid wechselnden.

432 *Thomas a Kempis*: eigentlich Thomas Hemerken (um 1380–1471), Verfasser des vierbändigen Werks «Die Nachfolge Christi», in dem er ein von Nächstenliebe geprägtes Leben ohne weltlichen Besitz predigt.

433 *Baron*: dem deutschen Freiherrn gleichgestellter französischer Adelstitel, unterhalb dem des Grafen rangierend.

434 *Schuberts «Wanderer»*: eines der bekanntesten Lieder Franz Schuberts (1797–1828), gehalten in cis-Moll (D 489), ist die Vertonung des 1821 erschienenen Gedichts «Des Fremdlings Abendlied» von Georg Philipp Schmidt von Lübeck (1766–1849) bei gleichzeitiger Auflösung der vorgegebenen Strophenstruktur; charakteristisch für die deutsche Romantik, gestaltet es schwermütige Gefühlslagen wie Heimweh, Sehnsucht, Einsamkeit und Weltschmerz.

439 *drapiert*: hier im Sinne von «verschönert», «putzt». – *bengalischer Beleuchtung*: abgeleitet von dem Namen der indischen Provinz Bengalen, deren Fürstenhöfe durch farbige Lichteffekte illuminiert wurden.

440 *Landauer*: viersitzige Kutsche mit aufklappbarem Verdeck.

441 *Verbenen*: auch Wunschkraut genannt, symbolisiert große Liebeskraft und Treue. – *der Engländerin meiner Schwester*: gemeint ist «der englischen Gouvernante».

442 ‹*Heil dir im Siegeskranze*›: seit 1795 preußische Volkshymne, wurde das Lied 1871 zur deutschen Kaiserhymne. Der Text von Friedrich Silcher (1789–1860) und Friedrich Erk (1791–1859) war zur Melodie von «God Save the King» zu singen. – *Margusch*: Figur aus «Schwüle Tage», ländliche Koseform von «Margarete», vom althochdt. «margarites», «die Perle».

445 *der göttliche Östricher*: Riesling aus dem Rheingau.

446 *credo quia absurdum est*: lat. «Ich glaube, weil es wider die Vernunft ist»; unbelegtes Zitat aus der frühchristlichen Theologie, erstmals im 17. Jahrhundert belegte Paraphrase aus Tertullians (nach 150 – nach 220) Polemik «De Carne Christi». – *Cercle*: frz. «Kreis», «Zirkel».

447 *da bog ich die Karte*: im Pharo, einem Glücksspiel mit französischem Blatt, kann ein Pointeur, der eben mit einer Karte gewonnen hat, Paroli spielen, also seinen Gewinn nicht einstreichen, sondern diesen zusammen mit dem ursprünglichen Einsatz erneut aufs Spiel setzen; dies zeigt er dadurch an, dass er eine Ecke der Karte aufwärtsbiegt. – ‹*un monstre incompréhensible*›: Zitat von Blaise Pascal (1623–1662) aus seinen «Pensées» von 1670 im Kapitel XXI: «Contrariétés estonnantes qui se trouvent dans la nature de l'homme», Fragment n° 13/14: «S'il se vante, je l'abaisse / S'il s'abaisse, je le vante / Et le contredis toujours / Jusqu'à ce qu'il comprenne / Qu'il est un monstre incompréhensible»; – zu Deutsch: «Wo er sich selbst groß macht, setze ich ihn herab / Wo er sich selbst herabsetzt, mache ich ihn groß / Und ich werde ihm immerdar widersprechen / bis er verstanden hat / dass er ein unbegreifliches Monstrum ist.»

449 *indische Heilige*: den ersten Anstoß zur Beschäftigung mit diesen gab nicht etwa Hermann von Keyserling, Neffe des Autors und späterer Indienfahrer, sondern Rudolf Kassner (1873–1959). Eduard von Keyserling würdigte 1903 das Werk seines Freundes «Der indische Idealismus» in einer Rezension, in der «Der indische Heilige» als «der vollendete, der spirituelle Mensch» und Mystiker charakterisiert wird: «Das Tragische und das Dichterische wird des Heiligen Erfahrung. Von ihm ist dann alles wahr, und ihm ist alles möglich. […] Der Zwiespalt von Blut und Gedanken, von Idee und Wirklichkeit, die inneren Kämpfe der modernen Helden – Hamlet, H. v. Kleist, Pierre Bezuchow greift Kassner heraus – sind vor der Weisheit dieser ganz freien Menschen moralischer Dilettantismus.»

451 *ein starker Herr*: in Österreich gebräuchlicher Euphemismus für «ein fülliger Herr». – *Kaiser-Friedrich-Bart*: Friedrich III. (1831–1888), in seinem Todesjahr 99 Tage lang König von Preußen und deutscher Kaiser, trug einen Vollbart, der ihm bis auf die Brust hinabreichte; in der zweiten Hälfte des 19. Jahrhunderts waren Barttrachten zum sichtbaren politisch-weltanschaulichen Bekenntnis monarchistischer Kreise geworden.

453 *Lichtenberg erzählt einmal von einem Traum*: in Georg Christoph Lichtenberg (1742–1799), «Aphorismen», S. 456 f.

Nachbarn

Erstveröffentlichung in: *Das XXVte Jahr.* Jubiläumsalmanach des S. Fischer Verlages, 1886–1911. Berlin: S. Fischer 1911, S. 236–250; wieder in FK.

466 *Resei*: im Nordosten Tirols sowie im Salzburger und Berchtesgadener Land gebräuchlicher dialektaler Diminutiv für «Therese» oder «Theresia».
468 *drapiert*: hier «hüllt».
470 *englischen Roman*: im Sinne belletristischer Konfektionsware, die vorzugsweise aus England kam.
471 *Sammetball*: altertümlich für «Samt».

Die Kluft. Zwei Dialoge

Erstveröffentlichung in: *Neue Freie Presse*, Wien: 8. September 1911, S. 1–3; wieder in FG. Szenische Uraufführung: Brentano-Theater Bamberg, 4. April 1997.

476 *Baron*: dem deutschen Freiherrn gleichgestellter französischer Adelstitel, über dem eines Ritters/Chevaliers und unterhalb dem des Grafen/Vicomte rangierend, im Baltikum dagegen von hoher Respektabilität. Trotz gemeinsamer grundadeliger Ehr- und Standesauffassung: «Der baltische Baron sah voll mitleidiger Verachtung auf den kleinen preußischen Junker in seinem engen Bereich herab» (Walter Görlitz, S. 259). – *Rosen, Iris, Mimosen, Tuberosen*: symbolisieren der Reihe nach Vollkommenheit und Schönheit, Majestät und Ritterlichkeit, Beständigkeit und Weiblichkeit, Unschuld und Reinheit.
477 *Champagnerrosen*: La Champagne Barbier, eine französische Teehybride, orangefarben, halb gefüllt, starker Duft, deren Name wohl auf die Luxuskellerei La Maison de Champagne Barbier verweist. – *mauve*: frz. «Malve», rötlich-violetter Farbton der Wilden Malve, der seit seiner Nobilitierung durch «Godey's Lady's Book and Magazine» im Jahre 1858 als Modefarbe der Hautevolee galt. Im angloamerikanischen Raum wurden die 1890er-Jahre «The mauve decade» genannt.
478 *Cereale*: frz. «céréale», abgeleitet von der römischen Fruchtbarkeitsgöttin.
479 *Katechismus*: kurz gefasste Glaubens- und Sittenlehre des Christentums in Brevierform, oft ergänzt um erbauliche Spruchweisheiten.
481 *New-mown-hay*: nach «frisch gemähtem Heu» duftendes, exklusives Herrenparfüm aus dem Hause Solon Palmer, New York, kreiert im Jahre 1879.
482 *Nase ... Michelangelo*: Anspielung auf eine durch Giorgio Vasari überlieferte Künstleranekdote: Einer der Ersten, der Michelangelo Buonarrotis (1475–1564) «David»-Statue bei deren Aufstellung auf dem Platz vor dem Regierungspalast in Augenschein nehmen durfte, war der Florentiner

Gonfaloniere Piero Soderini. Er befand, die Nase des Standbilds sei dem Künstler zu groß geraten. Michelangelo, der gerade noch ein paar letzte Nachbesserungen vornahm, «sah, dass der Gonfaloniere unter der Statue stand und deshalb keine richtige Sicht auf das Werk haben konnte, stieg, um ihn zufriedenzustellen, neben den Schultern auf das Gerüstbrett, nahm schnell einen Meißel in die linke Hand und von den Brettern des Gerüstes ein wenig Marmorstaub und fing sodann an, den Meißel leise zu rühren, und ließ dabei den Staub nach und nach niederfallen, ohne an der Nase irgendetwas zu verändern. Darauf schaute er zum Gonfaloniere hinunter, der ihm zusah, und sagte: ‹Betrachtet sie nun!› – ‹Was mich anlangt›, antwortete dieser, ‹so gefällt sie mir besser, Ihr habt ihr Leben gegeben!› Und Michelangelo stieg herab, mitleidig lächelnd über Leute, die sich das Ansehen geben, Kenner zu sein, während sie nicht wissen, was sie sagen» (Giorgio Vasari, S. 495).

Das Landhaus

Erstveröffentlichung in: *Neue Freie Presse*, Wien: 24. September 1913, S. 1–3; wieder in SG.

Erzählte Zeit ist hier der Beginn des 20. Jahrhunderts, das Milieu das der deutschen Hocharistokratie.

485 *Granatblüten*: gelten als Blüten der Weiblichkeit.
486 *Referendar*: in Ausbildung befindlicher Anwärter auf die Beamtenlaufbahn. – *quelle idée*: frz. «was für eine Idee». – *Capricen*: frz. «Launen», «launische Einfälle». – *Des Menschen Wille ist sein Himmelreich*: Johann Jakob Wilhelm Heinse (1746–1803) zugeschriebene Redensart.
488 *Chloralhydrat*: 1832 von Justus von Liebig (1803–1873) entwickeltes Schlafmittel, seinerzeit berüchtigt wegen der von ihm ausgehenden Suchtgefahr. – *Automobil*: exklusives Statussymbol der Hocharistokratie. «Die motorisierte Form der Verbindung von ‹nobility and mobility› (David Cannadine) war nur den obersten Segmenten des alten Adels möglich» (Stephan Malinowski, S. 130).
490 *Er war Maschinist und zog mit seiner Maschine bei den Bauern umher*: durch Technisierung und Rationalisierung des Agrarsektors kam es zu einer immer stärkeren Ausdifferenzierung der bäuerlichen Arbeitswelt. Die bis dahin unter schwerem körperlichem Einsatz ausgeführten Tätig-

keiten konnten ab den frühen 1870er-Jahren mithilfe von Dampfmaschinen erledigt werden, die über Transmissionsriemen unterschiedliche Gerätschaften antrieben, seien es Pflüge, Dresch- oder Drillmaschinen zur Verbesserung der Aussaat. Solche in der Regel kapitalintensiven Maschinensätze befanden sich nur selten im Eigentum eines einzelnen landwirtschaftlichen Betriebs. Zumeist wurden sie von Kleinunternehmern oder Genossenschaften nach Art von Maschinenringen betrieben. Ein hauptberuflicher Maschinist zog zur Sä- oder Erntezeit von Bauer zu Bauer und hielt zusammen mit dem Heizer seine Maschine am Laufen, während ihm Gesinde, Instleute und Tagelöhner zuarbeiteten.

493 *Schnittling*: Schnittlauch.

Vollmond

Erstveröffentlichung in: *Neue Freie Presse*, Wien: 30. August 1914 (Jubiläumsausgabe anlässlich des 50-jährigen Bestehens der Zeitung), S. 38–39; wieder in FG.

Die Erzählung, in der Landadelswelt der Jahrhundertwende angesiedelt, ist neben *Winterwege* die einzige, bei der es zu einer Berührung oder gar Überschneidung mit dem «Arme-Leute-Milieu», der einfachen Landbevölkerung, kommt, die ansonsten nur als Staffage dient.

496 *Baron*: dem deutschen Freiherrn gleichgestellter französischer Adelstitel.
497 *Referendar*: in Ausbildung befindlicher Anwärter auf die Beamtenlaufbahn. – *Liszt*: Franz Liszt (1811–1886), einer der renommiertesten Klaviervirtuosen seiner Zeit, schuf ein beeindruckendes Œuvre von Eigenkompositionen und Klavieradaptionen symphonischer Werke.
498 *Baronesse*: unverheiratete Tochter eines Barons.
499 *Levkojen*: Symbol für immerwährende Zuneigung. – *Lobelien*: auch Männertreu, eine scherzhafte Anspielung auf die nur kurz währende Treue der Männer, da die Pflanzen Ende Juni, Anfang Juli nur kurz blühen. – *Lilien*: symbolisieren Keuschheit und Jungfräulichkeit.
501 *Häusler-Anna*: *Häusler* nannte man nicht kontraktlich gebundene Kleinbauern mit eigenem Haus, im Gegensatz zum Gutsgesinde, den Instleuten, landlosen Lohnbauern, oder Pächtern. Wegen des kargen Ertrags

ihrer Liegenschaften mussten sie sich allerdings nebenher häufig als Tagelöhner auf Ritter- oder Bauerngütern verdingen. – *Marjel* (sonst *Marjell*): lautliche Notation des [marˈjɛl] ausgesprochenen niederdt. «Margell», von altpreuß. «mērgā» und lit. «mergelė» für «Mädchen».

Schützengrabenträume

Erstveröffentlichung in: *Neue Freie Presse*, Wien: 25. Dezember 1914 (Weihnachtsausgabe), S. 44–46; wieder in SG.

Während das Thema des Ersten Weltkriegs in Keyserlings Romanen bis zuletzt nur subtil anklingt und in ihnen an den Vorkriegsszenarien einer zivilisierten «Welt von gestern» festgehalten wird, gestaltet der Autor in seinen Erzählungen ab 1914 – wie in *Schützengrabenträume, Verwundet* etc. – unmittelbare Fronterfahrungen oder – wie in *Nicky* und *Im stillen Winkel* – ferne Echos des Kriegsgeschehens im Hinterland. Aufschlussreich ist dazu Keyserlings 1915 veröffentlichter Essay *Schlachtendichtung*, in dem es mit apologetischem Unterton heißt: «Die moderne Schlacht ist das Erlebnis der Menge, in der das Individuum mit seinem Einzelschicksal untergeht.» Der Dichter stehe angesichts des Massengeschehens, das sich vor ihm abspiele, wie vor etwas Elementarem: «Das Ereignis ist zu ungeheuer, um Form zu haben, es fehlt ihm an verständlich darstellbarem Leben. Der Dichter bedarf hier des Einzellebens, auf das all das Stürmen und Donnern und Morden als furchtbare, unverständliche Umwelt wirkt.» Keyserlings Resümee: «für den Dichter bleibt auch die größte Schlacht nur ein großes Reservoire von Menschenschicksalen in ihrer Einzigkeit und Einsamkeit». Literatur: Antonie Alm-Lequeux, S. 94–99; Hannelore Gutmann, S. 162–165.

505 *Andres*: lettische Namensform von «Andreas» (auch Andrīs und Andrējs).
506 *Feiertagsschule*: Mitte des 19. Jahrhunderts eingeführte, dreijährige Pflichtschule für Kinder aus dem einfachen Volk.
510 *rote Orchideen*: Sinnbild für die Macht erotischer Verführung.
511 *reviert*: waidmännisch für «Gelände abgesucht».

Nicky

Erstveröffentlichung in: *Die neue Rundschau. XXVIter Jahrgang der freien Bühne*. Band 1. Berlin: S. Fischer Verlag 1915, S. 627–656. Unveränderter Nachdruck in: EvK, *Im stillen Winkel* (Doppelband: *Im stillen Winkel* und *Nicky*), Fischers Bibliothek der zeitgenössischen Romane. Achte Reihe. S. Fischer, Berlin: 1917/1918, S. 93–158; wieder in ST 1, ST 2.

Übersetzungen:
- ins Englische u. d. T. *Nicky* (Ü: James Ashton), in: EvK, *Twilight*, Macaulay, New York 1927.
- ins Französische u. d. T. *Nicky* (Ü: Jacqueline Chambon), in: EvK, *Harmonie. Deux romans courts*, Éditions Jacqueline Chambon, Nîmes 1990; wieder in: EvK, *Œuvres choisies – Histoires de château*, Les Éditions Actes Sud, Arles 2012.
- ins Spanische u. d. T. *Nicky* (Ü: Xandru Fernández), in: EvK, *Armonía/Nicky*, Navona Editorial, Barcelona 2011; wieder in EvK, *Novelas bálticas*. Preámbulo de Víctor Andresco, Navona Ficciones, Barcelona 2013.

Die Erzählung spielt wie *Nachbarn* in der Welt des postfeudalen Funktionsadels. Obwohl Mitglied der angesehenen und einflussreichen Herrschaftselite, ist für Baron Oskar von Reichel die traditionelle Unabhängigkeit nach Gutsherrenart perdu. Als besoldeter Ministerialbeamter vermag er seiner Gattin durchaus noch ein Leben in materiellem Wohlstand zu bieten, allerdings in Form bourgeoiser «Häuslichkeit» und «Gemütlichkeit» und um den Preis, in bürokratischer Subordination nicht mehr autonom über seine Existenz verfügen zu dürfen. Dass sich seine Mutter durchgehend als Exzellenz titulieren lässt, stellt den Statusverlust umso deutlicher heraus. Literatur: Antonie Alm-Lequeux, S. 57–77; Xandru Fernández; Hannelore Gutmann, S. 149–155; Jana Katczynski.

512 «*O mein Vaterland, heiliges Heimatland,* / *Wie erbleichtest du mit einemmal!*»: Verse aus dem patriotischen Gedicht «O mein Vaterland» von Gerhart Hauptmann (1862–1946), erstmals erschienen in der «Neuen Rundschau», XXVster Jahrgang (1914), S. 1264. – *Baron*: dem deutschen Frei-

herrn gleichgestellter französischer Adelstitel, über dem eines Ritters und unterhalb dem des Grafen rangierend.

514 *Exzellenz*: von lat. «excellentia» für «Vortrefflichkeit»; das Ehrenprädikat war im Deutschen Reich den überwiegend adeligen Ministern, Oberpräsidenten, Wirklichen Geheimräten, Gesandten sowie den obersten Militär- und Hofwürden samt Ehegattinnen vorbehalten.

517 *es war vom Kaiser und vom Reichskanzler die Rede*: Kaiser Wilhelm II. (1859–1941) war einer der maßgeblichen Akteure in der Julikrise 1914. Seine Versuche, zur Verhinderung des Krieges auf Zar Nikolaus II. (1868–1918) einzuwirken, der ein Neffe dritten Grades war («Dear Nicky!»), blieben erfolglos, woraufhin er seinen Reichskanzler Theobald von Bethmann-Hollweg (1856–1921) ermutigte, nach dem Attentat von Sarajevo der K.-u.-k.-Monarchie eine Blankovollmacht für deren Ultimatum gegen Serbien zu erteilen. – *Silengesicht*: Säufervisage, von altgriech. Σιληνός, Zecher im Tross des Wein- und Fruchtbarkeitsgottes Dionysos.

520 *Chopin*: Frédéric Chopin (1810–1849), aus Polen stammender Pianist und Komponist.

521 *Radmantel*: einfacher, mittig mit einer Aussparung versehener Regenumhang.

522 *Laterna magica*: lat. «Zauberlaterne», Apparatur, bei der mittels einer Linse und einer Öl- oder Kohlebogenlampe als Lichtquelle wechselnde Glasbilder auf eine Leinwand projiziert wurden.

530 *Plaid*: aus Schurwolle gefertigte, gemusterte Decke. – *weil der eine mehr verkauft als der andre, oder weil der eine mehr Schiffe hat als der andre*: implizite Thematisierung «der deutsch-englischen Wirtschafts- und Flottenrivalität» (Antonie Alm-Lequeux, S. 60), die sich in den Jahren vor Ausbruch des Ersten Weltkriegs zuspitzte und entscheidend zur Eskalation des Konflikts zwischen den beiden Großmächten beitrug.

534 *tragischer als der Tod der Maria Stuart*: Maria Stuart (1542–1587), 1542–1568 Königin von Schottland und 1559–1561 Königin von Frankreich, wurde öffentlich hingerichtet. Bei ihrer Enthauptung wurde sie dadurch gedemütigt, dass man den kahlen Schädel der ehedem als Schönheit geltenden Frau entblößte.

550 *Resei*: im Nordosten Tirols sowie im Salzburger und Berchtesgadener Land gebräuchlicher dialektaler Diminutiv für Therese, Theresa oder Theresia.

551 *Damals kamen sie auch nicht wieder*: Anspielung auf den Deutsch-Französischen Krieg von 1871.

Verwundet

Erstveröffentlichung in: *Neue Freie Presse*, Wien: Dezember 1915 (Weihnachtsausgabe), S. 32–35; wieder in FG.

Der Erbwein

Erstveröffentlichung in: *Neue Freie Presse*, Wien: 23. April 1916 (Osterausgabe), S. 37–38; wieder in SG.

563 *Mooshümpel*: *Hümpel* norddt. für «Buckel».
565 *Tuberosen ... die duften zu aufdringlich*: die aus Mexiko stammenden Blumen symbolisieren Unschuld und Reinheit und entfalten ihr betörendes Bukett, das an Jasmin und Honig erinnert, vor allem nachts und in den frühen Morgenstunden. – *Lilien*: die Keuschheit, Reinheit und edle Gesinnung symbolisierenden Blumen. – «*O komm zu mir ...*»: Eingangsverse aus Emanuel Geibels (1815–1884) Gedicht «Gondoliera», erschienen in seinen «Jugendgedichten» von 1840; zahlreiche Vertonungen für Pianoforte und Stimme, u. a. von Heinrich Freiherr von Bach (1835–1915), Peter Gast (1835–1915) und Gustav Hasse (1834–1889).
566 «*Die Luft ist lind ...*»: Folgezeile ebd., bei Geibel allerdings heißt es: «Die Luft ist weich ...» Die Schlusszeile ist nicht belegbar.

Pfingstrausch im Krieg

Erstveröffentlichung in: *Neue Freie Presse*, Wien: 11. Juni 1916 (Pfingstausgabe), S. 74–76; wieder in SG.

569 *Komtesse*: Adelsfräulein im heiratsfähigen Alter.
572 *Faulbaum*: Kreuzdorngewächs, benannt nach dem fauligen Geruch, den die als Abführmittel verwendete Rinde bei ihrem Absud verbreitet.
573 *Kultur und Psychologie der Völker*: das Opus magnum von Wilhelm Wundt (1832–1920), «Völkerpsychologie. Eine Untersuchung der Entwicklungsgesetze von Sprache, Mythus und Sitte» (erschienen ab 1900), ein zehnbändiges Monument universeller Kulturpsychologie, war damals in aller Munde.

Das Kindermädchen

Erstveröffentlichung in: *Die Baltischen Provinzen*, Band 2: Novellen und Dramen, hg. v. Hellmuth Krüger, Felix Lehmann Verlag, Berlin-Charlottenburg 1916, S. 54–58; wieder in FG.

Diese kurze Erzählung steht für eine späte und letztmalige Rückkehr in die baltische Bauern- und Gesindewelt, in der schon *Die Soldaten-Kersta* und *Der Beruf* spielten.

578 *Margusch*: Figur aus «Schwüle Tage», ländliche Koseform von «Margarete», vom althochdt. «margarites», «die Perle».

582 *Birkenzweig*: wie im germanischen und slawischen Volksglauben galt die Birke auch im Baltikum als Sinnbild der Jugend, der Fruchtbarkeit, der Vitalität, als heiliger «Baum des Schutzes» mit magischer Wirkung auf beseelte Geschöpfe, ferner als Wahrzeichen Estlands. «Bezeichnend ist, dass der litauische Name für den Monat Juni ‹birželis› lautet, was sich vom Wort für Birke, ‹beržas›, ableitet. Im altlitauischen Kosmos wurde die Antriebskraft der Natur oft jungen, grünen Birken zugeschrieben. Man glaubte, die Birke könnte der Erde, den Tieren, ja sogar den Menschen Lebenskraft einflößen und auch vor Krankheit und dem Bösen schützen. [...] Im Frühling, um Pfingsten herum, pflegten die Litauer auch Birkenzweige zu pflücken und das Haus, das Vieh und sich selbst damit zu schmücken» (Benjamin Breggin, S. 194).

Das Vergessen

Erstveröffentlichung in: *Neue Freie Presse*, Wien: 19. Mai 1917 (Feuilletonteil), S. 1–4; wieder in SG.

585 *Ich würde ja nähen und stricken*: seit dem ersten Kriegswinter herrschte in den Schützengräben Mangel an warmer Kleidung. Deshalb wurde an der Heimatfront dazu aufgerufen, «Liebesgaben» zu fertigen. In ‹Vaterländischen Vereinen› trafen sich Frauen, um für die Soldaten Strümpfe, Schals, Puls- und Kniewärmer, Mützen und Handschuhe zu stricken, die dann vom Roten Kreuz an der Front verteilt wurden.

Die Feuertaufe

Erstveröffentlichung in: *Neue Freie Presse*, Wien: 9. November 1917, S. 1–4; wieder in SG.

594 ... *des halb zerstörten litauischen Dorfes*: im Sommer 1915 wurde Litauen von schweren Kämpfen erschüttert, als deutsche Truppen im Zuge ihrer Nordostoffensive das ehemals zum Zarenreich gehörende Gebiet von den Kaiserlich Russischen Truppen eroberten, um es im November desselben Jahres mit Kurland und Białystok-Grodny zur Verwaltungseinheit Ober Ost zusammenzufassen.

598 *Vanille, die mich in meiner Jugend stets zu Erlebnissen und Abenteuern anregte*: Bemerkung mit erotischem Hintersinn. Vanille wurde bereits vom schwedischen Botaniker Carl von Linné (1707–1778) zu den stark aphrodisierenden Mitteln gerechnet; ihr spanischer Name «Vaynella» leitet sich her «von Bayna, was auf Spanisch eine Scheide (vagina) bedeutet» (Strantz, S. 256). Johann Georg Krünitz nennt die Vanille ein «Reizmittel für das Genitalsystem, in dem sie auf den Geschlechtstrieb wirkt». – *Reseden*: symbolisieren Aufrichtigkeit und Charakterstärke.

600 *Rehposten*: grober Schrot, von ital. «posta».

Im stillen Winkel

Erstveröffentlichung in: EvK, *Im stillen Winkel* (Doppelband: *Im stillen Winkel* und *Nicky*), Fischers Bibliothek der zeitgenössischen Romane. Achte Reihe. S. Fischer, Berlin: Mai 1918, 29.–32. Aufl., Berlin 1924, S. 7–92; wieder in GE, RD, IW.

Übersetzungen:
- ins Schwedische u. d. T. *En stilla vrå* (Ü: Karin Allardt Ekelund), Lund 1919 u. 1934, Hfors 1921.
- ins Französische u. d. T. *Dans un coin tranquille* (Ü: Jacqueline Chambon), Éditions Jacqueline Chambon, Nîmes 1989.
- ins Englische u. d. T. *In a Quiet Corner* (Ü: John B. Rutledge), o. J., o. O.
- ins Spanische u. d. T. *En un rincón tranquilo* (Ü: Carlos Fortea Gil), Nocturna Ediciones (Noches Blancas, Bd. 16), Madrid 2013; u. d. T. *Un lugar apacible* (Ü: Xandru Fernández), in: EvK, *Novelas bálticas*. Preámbulo de Víctor Andresco, Navona Ficciones, Barcelona 2013.

- ins Italienische u. d. T. *Nell'angolo di quiete* (Ü: Giovanni Tateo), L'Orma Editore, Roma 2018.

In deutlicher Absetzung von der Feiertagswelt des begüterten Landadels spielt diese Erzählung in der kriegsbedrohten bayerisch-österreichischen Urlaubsidylle des güterlosen (und untitulierten) Adels, der nur noch die Prätention des Standes wahrt. Der Patriarch alten Schrots und Korns, der «Territorialherr *en miniature*» (Max Weber, S. 474), hat ausgedient. An seine Stelle ist ein herrischer Pedant getreten, der seine Gattin wegen nicht ordnungsgemäßer Führung des Haushaltsbuchs schikaniert. Von der Bindung an die Scholle entfremdet, ist dem Bankdirektor das Land nicht mehr Existenzbasis und Urgrund adeligen Selbstverständnisses, sondern nur noch bukolische Kulisse und Regenerationsort. Im Prozess gesellschaftlicher Domestizierung und Egalisierung des Adels markiert sein Übergang von einem grundgesessenen, agrarischen Rentierstand *(leisure class)* zu einer merkantilen Funktionselite *(business class)* den Endpunkt. Literatur: Antonie Alm-Lequeux, S. 77–91; Hannelore Gutmann, S. 155–162; Rudolf Steinhilber, S. 180–192.

603 *Paul*: der kindliche Protagonist teilt seinen Vornamen mit dem Neffen des Dichters, der 1914 als Leutnant des Königlich Bayerischen Leib-Infanterie-Regiments eingerückt war und am 11. August 1918 an der Somme fiel.

617 *Debet*: «gleichbedeutend mit Soll, bezeichnet den Schuldner und ist dem Kredit (s. d.) entgegengesetzt» (Kaufmännisches Miniaturlexikon, S. 79). – *Kredit*: «Leistung gegen Versprechen, bzw. Leistung gegen Rückleistung mit zeitlichem Zwischenraum» (ebd., S. 203). – *Saldo*: «die Differenz der Totalsumme vom Soll und Haben» (ebd., S. 332). Der im Buchhalterjargon konversierende Bankvolontär von Wirden und Bankdirektor von Ost wissen nichts mehr vom altadeligen «otium cum dignitate» (Cicero), das kommerzielle Kalkül ist ihnen in Fleisch und Blut übergegangen. In ihrer Déformation professionnelle repräsentieren sie ein Herrenmilieu, das sich den Knechtstugenden Gewerbefleiß und Gewinnstreben unterjocht und sich «die Geducktheit des ökonomisch dressierten Bürgertums» (Asfa-Wossen Asserate, S. 67) zu eigen gemacht hat (s. oben).

619 *genieren*: belästigen, verdrießen.

620 *Quadrille*: ein aus der Epoche Napoleons I. stammender Kontratanz, bei dem vier Paare im Quadrat Aufstellung nehmen. – *Chaîne*: frz. «Kette», Tanzfigur der Quadrille, bei der sich alle an den Händen fassen.

622 *schmälte*: waidmännisch für den kurzen bellenden Laut von Rehwild.

623 *«Gang i ans Brünnele, trink aber net ...»*: Zusammenziehung von Verszeilen verschiedener Liedstrophen aus «Die drei Röselein» des württembergischen Komponisten Friedrich Silcher (1789–1860), im Originalwortlaut: «Jetzt gang i ans Brünnele, / Trink aber net, / Do such i mein herztausige Schatz, / Find'n aber net. // Da laß i meine Äugelein / Um un um gehn, / Do seh i mein herztausigen Schatz / Bei nem and're stehn. // Und bei nem Andre stehn sehn, / Ach, des thut weh, / Jetzt b'hüt di Gott, herztausiger Schatz, / Ich seh in nimme meh».

625 *Resei*: im Nordosten Tirols sowie im Salzburger und Berchtesgadener Land gebräuchlicher dialektaler Diminutiv für «Therese» oder «Theresa».

629 *«Die Wacht am Rhein»*: in der Rheinkrise entstandenes deutsches Nationallied von Max Schneckenburger (1819–1849) und Carl Wilhelm (1815–1873). – *«Deutschland, Deutschland über alles»*: August Heinrich Hoffmann von Fallerslebens (1798–1874) «Deutschlandlied», 1841 ebenfalls in der Rheinkrise gedichtet, als Reaktion auf französische Gebietsansprüche auf das Rheinland, erlebte im Ersten Weltkrieg eine wirkungsmächtige Wiederbelebung. Am 11. November 1914 war durch die Oberste Heeresleitung verlautbart worden, «junge Regimenter» hätten es bei einem Sturmangriff auf französische Stellungen nahe Langemarck gesungen.

635 *Farren*: veraltete Wortform für «Farn»; laut Deutschem Wörterbuch von Jacob und Wilhelm Grimm: «Farrenkraut, n. filicula, falsch für ‹farnkraut›» (Bd. 3, S. 1334); Symbol für das Unheimliche.

636 *Baldrian gefressen*: der Extrakt der Heilpflanze wurden seiner angstlösenden Wirkung halber bei Hysterie und nervösen Störungen verabreicht.

638 *Astern*: gelten im Volksglauben als Vorboten des Todes.

649 *gelles*: durchdringendes.

650 *«Es braust ein Ruf wie Donnerhall ...»*: Eingangszeilen von «Die Wacht am Rhein» (s. oben).

Abende mit Keyserling

Eine kleine Gebrauchsanleitung

Von Florian Illies

Wenn man dazu bereit ist, Eduard von Keyserling als einen Modernisten zu lesen, dann wird man aufregende Entdeckungen machen in diesem Band. Doch die Avantgarde von Keyserling liegt nicht in den Handlungen seiner Erzählungen begründet, auch nicht in kühnen Thesen, in einem zukunftsweisenden Programm oder in einer neuen Auffassung von Wirklichkeit. Die Innovation von Keyserlings Erzählungen liegt darin, dass bei ihnen sämtliche Spannung und sämtliche Energie in die Sprache verlagert ist. Und die dennoch eben nicht, wie beim gleichzeitigen Expressionismus, zerbirst, die nicht zerfetzen will, nichts einreißen muss, die keinen Ekel verbreitet und keinen Hass. Nein, es geht alles ganz gesittet zu in Eduard von Keyserlings Prosa, ruhig und fast feierlich. Aber in der Sprache laufen die Gefühle heiß, in den Schilderungen der Natur zittern die Sehnsüchte. Wie erklärt sich diese ungeheuer verdichtete Sinnlichkeit, die Eduard von Keyserling in die Beschreibungen zu legen vermag, wieso wirken die Wiesen bei ihm sonniger als irgendwo sonst, die Schatten dunkler, die Himmel höher? Weil er nichts mehr sah. Und also alles vor seinem inneren Auge heraufbeschwören musste. Spätestens seit der Jahrhundertwende raubte ihm die Syphilis zunehmend das Augenlicht, ab 1905/06 ist er, wie er seinem Neffen Hermann von Keyserling in den erhaltenen Briefen gesteht, nahezu blind und diktiert seine Erzählungen seinen beiden Schwestern, mit denen er in der Ainmillerstraße in München-Schwabing in einer kleinen Wohnung zusammenlebte. Die sinnliche Anschaulichkeit seiner Sprache, die zuvor schon hoch gewesen war, erlebte nach der Erblindung noch einmal eine Intensivierung in der Wiedergabe der Farbigkeit, der Gerüche, der Töne.

Auch die ganze Pracht des Familienanwesens in Kurland war nur noch Imagination, ja eigentlich war die ganze Epoche des Adels in den östlichsten Zipfeln deutscher Hegemonie zuerst bei Eduard von Keyserling aus dem «Blickfeld» verschwunden – und erst dann, durch den Krieg, auch in der Wirklichkeit. So liegt die Modernität von Eduard von Keyserling eben auch daran, dass er eine Gegenwart bereits als Vergangenheit erinnert, obwohl seine Zeitgenossen noch an deren Zukunft glauben. Es ist dieser aus großen Tiefen kommende Blick mit geschlossenen Augen, der seine Erzählungen so aufregend macht. Er muss alle Sinnlichkeit in die Schilderung eines Sommernachmittages legen, in die Sensationen des Lichts, weil er all dies nur erinnern kann, wenn er es mit höchster Konzentration und Präzision aus den Tiefen seines Gedächtnisses hervorzieht. Anders gesagt: Erst Eduard von Keyserlings Blindheit hat ihn sehend gemacht. Aus dem Schmerz über den Verlust des Gegenwartsempfindens hat er die Erinnerung zu einer gleichwertigen Wirklichkeitsebene gemacht. Aber natürlich liegt über jeder seiner Erzählungen ein leiser Hauch von Traurigkeit, weil sich ihr Autor so sehr nach dem Leben sehnt. Und weil er damit abgeschlossen hat. Eine irgendwie geartete Zukunft ist in seinem Erzählraum undenkbar geworden. «Wenn man nur wüsste, worauf man wartet», lässt Keyserling eine seiner verlorenen Seelen sagen. All das muss man wissen, wenn man seine Abende mit diesem großen Dichter verbringt.

Der Dichter des Zusehens

Es waren, fast vor den Lesern, zuerst die großen Kritiker und Schriftsteller, die die singuläre stille Kraft der Keyserlingschen Erzählungen rühmten. Ja, man scheut sich fast, noch etwas über Eduard von Keyserling zu schreiben, wenn man gelesen hat, wie Hermann Hesse schon 1909 die Charakteristika von dessen Prosa erkannt hat: Keyserling «versteht einen Sommernachmittag so zu beschreiben, dass man während seines Glühens und Verdämmerns das Gefühl des ganzen Lebens hat». Viel schöner, viel präziser kann man es nicht sagen. Es geht, ohne dass man es richtig merkt, bei diesem Autor also eigentlich immer ums Ganze. Alfred Polgar rühmt das «Zarte» bei Keyserling, er sieht ihn «hart an der Grenze des Sentimentalen», aber auch er spürt, dass diese Grenze nie überschritten wird. Und er findet eine sehr packende Formulierung für die fast implodierende Sinnlichkeit der Keyserlingschen Sprache: «Es ist eine Art Ekstase, die sich selbst den Finger, Schweigen gebietend, an die geschlossenen Lippen legt.» Herman Bang sah Keyserling in enger Verwandtschaft zu Turgenjew, Felix Salten wiederum stellte ihn in eine Reihe mit Thomas Mann, Arthur Schnitzler und: Herman Bang. Thomas Mann allerdings hat ihn nicht wirklich verstanden, er vergleicht ihn mit Fontane und sieht in Keyserlings Erzählungen «die Verklärung und melancholische Ironisierung seines feudalen Heimatmilieus» – aber genau dies tut Eduard von Keyserling eben nicht: Er erzählt vornehmlich aus dem adligen Milieu nicht Kurlands, sondern Ostpreußens, und dies auch nicht, weil er es verklären will, sondern weil er es kennt und weil er weiß, dass erzählerische Wahrheit eine Folge von Vertrautheit ist. Und er ironisiert sein Milieu so wenig, wie Andy Warhol die Popkultur ironisiert – es ist etwas ganz anderes, es ist Liebe. Und deshalb ist es ein Blick voll abgeklärter Milde, den er der Vergangenheit schenkt. Es gibt nur die Ironie des Schicksals.

Rilke hat in einem Brief an seine Freundin Sidonie Nádherný, der er die Lektüre von Keyserlings *Abendliche Häuser* dringend nahelegt, dessen Stil so beschrieben: «Lesen Sie seinen jetzigen Roman, ich finde ihn besonders schön und bezeichnend für seine vornehme definitive Art zu sehen und zuzusehen.« Sehen und Zusehen – in diesen zwei Worten ist vielleicht das ganze Geheimnis von Keyserlings Erzählen enthalten. Es ist umso zutreffender, als 1914, als Rilke das schreibt, Eduard von Keyserling überhaupt nichts mehr sehen konnte, weil er vollkommen erblindet ist. Eduard von Keyserling hat so viel gesehen, dass er nun so tun kann, als sehe er nur noch zu. Aber jeder, der aufmerksam liest, wird in seinen Beiläufigkeiten, seinen hingetupften Dialogfetzen und seinen sprachlichen Spaziergängen spüren, dass sie aus einem bewussten Wegschauen entstanden sind. Eduard von Keyserlings Zusehen ist von einer großen Wärme und Weisheit, und zugleich eben auch von einer unerhörten Präzision. Doch es bleibt immer ein Zusehen. Nie wäre der Autor so unhöflich, eingreifen zu wollen in den Strom des Lebens. Er lässt ihn fließen, sitzt am Rand auf seiner Bank und schildert ihn auf eine mitreißende Weise, selbst wenn sich, wie so oft in seinen Erzählungen, die Lebensläufe und die Hitze stauen.

Man sollte sich, wenn man seine Abende mit Keyserling verbringt, stets bewusst machen, aus welchen Tiefen an Erkenntnis und Lebenserfahrung und Herzensklugheit dieser Autor schöpft. Es gibt einige Aufsätze von ihm, *Über die Liebe*, *Über den Hass*, *Über das Kranksein* oder, ganz lapidar, *Menschliches* betitelt, die auf engem Raum einen solch großen, kühnen Bogen spannen, dass einem immer wieder der Atem stockt. Souverän geht es da in einem einzigen Satz um Homer, um die Bibel, um Tanzlokale in Berlin und München um 1910 – und wieder zurück. Keyserling weiß um die archaischen und immer aktuellen Triebkräfte, er weiß um die Liebe, um die Kränkung, um den Ehrgeiz, um den Neid. Und natürlich geht es auch in all seinen Erzählungen um diese entscheidenden Fragen, aber er ist ein sehr dezenter Autor, er lässt dies alles nur aufflackern, kurz bevor er seine Erzählung wieder gnädig in einen anderen Dialog fließen lässt oder in eine Naturschilderung, bevor der Blick in die Untiefen der menschlichen Seele für den Leser zu schmerzlich wird. Es gibt einen kleinen Aufsatz von Eduard von Keyserling aus dem Jahre 1911, der einen bezwingenden Titel trägt: *Das Leben ist ein Problem*. Dies muss man sich immer bewusst machen, wenn man diese scheinbar problemlose Prosa liest, diesen Stimmungsimpressionismus, diese perlenden Dialoge: Keyserling glaubt an einen wissenden Leser, an einen Gesinnungsgenossen, dem er immer wieder zuzwinkert, weil er weiß, dass seine Erzählungen nur die sichtbaren Schaumkronen eines Lebens sind, das natürlich in Wirklichkeit voller Wellen steckt, voller Untiefen, voller Sand und voller versunkener Schätze. Das Leben ist ein Problem – aber es geht trotzdem immer weiter. Herman Bang sagte: «Keyserlings wehmütige Skepsis durchdringt alles und verdammt doch keinen: Sie sieht den Zug des Lebens, als den bunten Leichenzug, der er ist.» Unter diesen vermeintlich harmlosen Schlossgeschichten schwebt also immer die eine große Frage: die nach dem Sinn des Lebens. Und man merkt jeder Zeile Eduard von Keyserling an, dass er an ihm zweifelt.

Der Dichter der Dämmerung

Schon Hermann Hesse rühmte Keyserling als den Meister der Dämmerung. Und es ist frappierend, wie es diese Zeit zwischen Tag und Nacht ist, die sein gesamtes Werk durchzieht, die aufgeladenen Schilderungen dieses Zwischenzustandes sind die geheimen Kraftzentren jeder seiner Erzählungen. Jeder Tag scheint sich bei ihm nach seinem Feierabend zu sehnen. Natürlich sind diese Minuten, in denen die Konturen undeutlich werden und die Welt zu Schemen verfließt, für einen Erblindenden schicksalhafte Realität. Aber für Eduard von Keyserling hat die Dämmerstunde auch eine symbolische Bedeutung: Die Welt versinkt, und die Natur erhebt sich, der Lärm versiegt, und das Reich der Stille beginnt. Und zugleich, darauf hat Herman Bang als Erster hingewiesen, hat «seine Sprache das gleitende, leise Singen eines Flusses, wenn er dämmert».

Durchsucht man die Erzählungen dieses Buchs auf die Stunden zwischen Tag und Nacht, dann ist man frappiert von dem Reichtum und von der Bandbreite der Keyserlingschen Sprache und Wahrnehmung: «Die bleiche Dämmerung der Frühlingsnacht sank auf die dunklen Wipfel nieder», heißt es in *Harmonie*, «hier und da leuchtete ein weißer Birkenstamm aus dem Schwarz des Nadelholzes, darüber wurde der Himmel farblos und glasig.» In der *Landpartie* von 1908 schreibt von Keyserling: «Der zu Ende gehende Tag über der weiten Ebene, die Musik der abendlichen Mücken, all das breitete, ich weiß nicht welche, enttäuschende Alltäglichkeit über diese Gesellschaft.» Kann man die Wehmut eines missglückenden Abends sinnlicher und genauer beschreiben? In *Nachbarn*, 1911 geschrieben, erzählt er vom Gegenteil, also dem Gefühl, wie man von der Dämmerung wie von einem guten Freund in den Arm genommen wird: «Langsam vergingen die schwülen Nachmittagsstunden mit ihrem Fliegengebrumm und den grellen Sonnenstrahlen, die durch die Spalten der Jalousien in die Dämmerung des Zimmers hineinstachen. Dann kam die Abendkühlung, der Wind flüsterte in den Bäumen, und der süße, starke Duft der Wiesen drang herein, wehte wie Trost in dieses Zimmer.» Und dann, 1914, gerade bricht der Krieg aus, da schreibt Keyserling in *Nicky* über diese blaue Stunde: «In der Villa jedoch blieb es still, die Dämmerung sank herab, ein Stück weißen Mondes hing am Himmel, auf den Wiesen stiegen die Nebel auf. Nicky ging langsam und sinnend nach Hause. ‹Wundervoll muss es sein›, dachte sie, ‹solch eine große leidenschaftliche Klage in das Land hinausklingen zu lassen›; aber sie, sie war ja nicht einmal unglücklich.» Nicht einmal unglücklich – da ist Keyserling ganz auf der Höhe seiner Einfühlungs- und Beschreibungskunst. Der wirre Zustand, der Deutschland kurz vor Kriegsausbruch erfasst, er spiegelt sich in den Sehnsüchten der jungen Nicky, sie sehnt sich nach dem Unglück wie die jungen Männer nach der Erfahrung. «Unglücklichsein» als Mindestziel einer gelangweilten Generation, niemand kann das so kalt und so warm zugleich schildern wie Eduard von Keyserling. Er wusste sehr genau Bescheid über die Nuance, die die Sehnsucht nach dem Glück von der Sehnsucht nach dem Unglück scheidet. Und er hat, in seinen beiden Meisterwerken, in *Wellen* und *Am Südhang*, beschrieben, dass es manchmal die Erfüllung der Sehnsucht ist, die die Menschen am unglücklichsten werden lässt. Das macht ihn zu dem großen Anti-Utopisten der deutschen Literatur in der Zeit vor dem Ersten Weltkrieg. Und zu wirklicher Avantgarde.

Noch eine letzte Frage: Wie soll man Keyserling lesen? Ich empfehle das Verschlingen. Also nicht das Herantasten, das Ausprobieren. Sondern das Hineinspringen in diese Prosa, als wäre es ein sonnenbeschienener See an einem Spätsommertag. Man taucht ein, ist verwirrt, wie jäh sich kühle und warme Stellen im Wasser abwechseln, freut sich an den träge dahintreibenden Seerosen, an der Stille, an der Tiefe. Dann schwimmt man ein paar Züge und lässt sich auf dem Rücken treiben, endlos. Oben ein Bussard. Und eine Wolke. So sollte man Keyserling lesen. Und dann ans Ufer gehen, sich abtrocknen – und man wird sich für immer an dieses warme Spätsommerbad erinnern. Und sich künftig bei jeder Dämmerung fragen, wie Eduard von Keyserling sie wohl beschrieben hätte. Nachhaltiger kann Literatur nicht ins Leben eingreifen.

Eduard von Keyserling mit Zigarette, um 1905

Aufnahme von Filip Kester (1873–1958)
Bildnachweis: bpk | Münchner Stadtmuseum,
Sammlung Fotografie | Archiv Kester

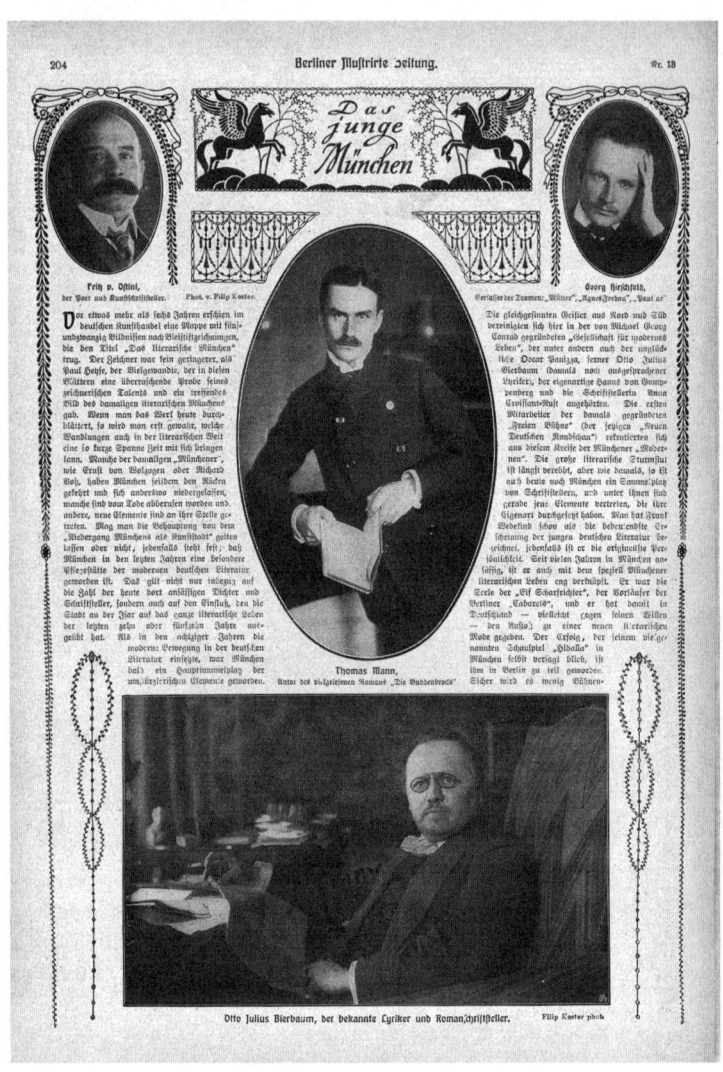

«Thomas Mann, Autor des vielgelesenen Romans ‹Die Buddenbrooks›»
im Artikel «Das junge München», eingerahmt von Fritz von Ostini, Georg
Hirschfeld und Otto Julius Bierbaum.

Berliner Illustrirte Zeitung, 15. Jg., Nr. 18, 1. April 1906, S. 204
Text und Fotografien: Filip Kester
Bildnachweis: bpk | Kunstbibliothek, SMB | Dietmar Katz

«Graf Eduard Keyserling, der feinsinnige Dichter des ‹Frühlingsopfers› und ‹Benignens Erlebnis›» im Artikel «Das junge München», eingerahmt von Ludwig Thoma, Kurt Aram, Frank Wedekind und Max Halbe.

Berliner Illustrirte Zeitung, 15. Jg., Nr. 18, 1. April 1906, S. 205
Text und Fotografien: Filip Kester
Bildnachweis: bpk | Kunstbibliothek, SMB | Dietmar Katz

Fotografie unbekannter
Provenienz aus den
letzten Lebensjahren des
erblindeten Dichters

Aquarellzeichnung von
Konrad Bayer, 2015
(© konrad bayer)

Zeittafel

1855 Am 14.5. Geburt von Eduard Heinrich Nikolas auf Tels-Paddern (Tāšu Padures, Liepāja) in der russischen Ostseeprovinz Kurland als siebtes von zehn Kindern des Eduard Ernst Hermann Graf von Keyserling (geb. 1809), Gutsherr auf Telsen und Klein-Drogen, und seiner Ehefrau Theophile Jenny (geb. 1816), Tochter des polnischen Kronförsters Dietrich von Rummel und der Charlotte von Kleist (als Waise adoptiert von der Adelsfamilie von Korff).

1861 Einschulung in Hasenpoth (Aizpute).

1865 Besuch des Deutschen Ritterschaftsgymnasiums in Goldingen (Kuldīga).

1875 Am 14.6. Abitur, am 16.8. Aufnahme des Studiums der Rechtswissenschaft an der Kaiserlichen Universität Dorpat (Tartu); «Fuchs» im Corps Curonia.

1876 Am 25.3. Absolvierung der Fuchsenzeit und definitive Rezeption in die Curonia; am 29.3. Tod des Vaters; am 30.3. vorübergehende Exmatrikulation, weil stud. jur. Graf Keyserling «Schuldverbindlichkeiten an dem ihm vom Syndikatsgericht anberaumten Termine nicht nachgekommen war»; am 21.9. Wiederzulassung zum Studium; am 15.10. Vorladung am Kaiserlichen Dorpatschen Universitätsgericht wegen des Vorwurfs «thätlicher Beleidigung resp. Bedrohung eines Pedellen und Nichtbefolgung von im Namen des Gesetzes […] ergangenen Aufforderungen», ferner Handgreiflichkeiten gegen einen Bordell-Gast und «ein Frauenzimmer»; am 26.10. Verurteilung zu achttägigem Karzer; am 26.11. erneute Exmatrikulation.

1877 Wahl zum 1. Chargierten der Curonia; am 12.3. Wiederzulassung zum Studium, am 19.5. Relegation vermutlich aufgrund offener Schuldverbindlichkeiten.

1878 Wegen Entnahme der ihm vom Convent zur Aufbewahrung überlassenen Barschaft wird Keyserling trotz fristgerechter Rückerstattung der unehrenhaften Veruntreuung beschuldigt; freiwilliger Austritt aus der Curonia. Aufnahme des Studiums der Philosophie und Kunstgeschichte an den Universitäten Wien und Graz. Bekanntschaft mit Ludwig Anzengruber und Peter Altenberg, erste literarische Versuche. Ansteckung mit venerischer Krankheit; ausgedehnte Reisen «ins Ausland».

1880 Am 23.9. Einsendung einer Gedichtsammlung an Cotta (abgelehnt und seither verschollen).

1882 Erste Erzählungen *Nur zwei Tränen* und *Mit vierzehn Tagen Kündigung* erscheinen, gefolgt

1885 von *Das Sterben*.

1887 Der Debütroman *Fräulein Rosa Herz. Eine Kleinstadtliebe* erscheint.

1890 Rückkehr nach Kurland als provisorischer Verwalter der Güter Paddern und Telsen.

1891 Kuraufenthalt mit dem älteren Bruder Otto (geb. 1848) in Bad Herrenalb.

1892 Der Roman *Die dritte Stiege* erscheint.

1894 Am 12.4. Tod der Mutter; Reise nach Stuttgart.

1895 Übergabe der mütterlichen Güter an die Majoratsherren, die Brüder Otto und Heinrich (geb. 1849). Übersiedlung mit den Schwestern Henriette (geb. 1849) und Elise (geb. 1842) nach München; sommerlicher Kuraufenthalt in Bad Oeynhausen.

1896 Die Erzählung *Grüß Gott, Sonne!* erscheint.

1897 Die Erzählung *Grüne Chartreuse* erscheint; Erkrankung an einem schweren Rückenmarksleiden.

1899 Ende März Antritt einer eineinhalbjährigen Italienreise mit Aufenthalten in Venedig, Florenz, Siena, Rom, Neapel und bis Paestum; am 12.11. Uraufführung von *Ein Frühlingsopfer. Schauspiel in drei Aufzügen* am Berliner Lessing-Theater.

1900 Im Herbst Rückkehr nach München, dauerhafte Wohngemeinschaft mit Henriette und Elise im Haus Nr. 19, 3. Stock, in der Ainmillerstraße in Schwabing; Keyserling verkehrt in Salons sowie an den Stammtischen der Schwabinger Boheme, dem Café Stephanie, der Torggelstube am Platzl, dem Hoftheaterrestaurant oder dem Simpl; Bekanntschaft u. a. mit den Künstler- und Schriftstellerkollegen Max Halbe, Frank Wedekind, Erich Mühsam, Korfiz Holm, Rudolf Kassner, Alfred Kubin, Oskar Maria Graf und (im September) Thomas Mann.

1901 Am 4.5. Uraufführung von *Der dumme Hans. Trauerspiel in vier Aufzügen* am Berliner Residenztheater; Italienfahrt über Bozen nach Verona und Venedig; mit Max Halbe zur Sommerfrische in Bernried am Starnberger See, wo das Porträt von Lovis Corinth entsteht; die Erzählung *Die Soldaten-Kersta* erscheint.

1902 Premiere von *Die schwarze Flasche. Drama in einem Aufzug* auf der Kabarettbühne der Elf Scharfrichter in München.

1903 *Beate und Mareile. Eine Schlossgeschichte* sowie die Erzählungen *Der Beruf* und *Schwüle Tage* erscheinen; Premiere von *Peter Hawel. Drama in fünf Aufzügen* am Münchner Schauspielhaus. Aufenthalt im Kurort Steinbach-Bad Heilbrunn.

1905 Die Erzählungen *Harmonie* und *Sentimentale Wandlungen* erscheinen; Uraufführung des Zweiakters *Benignens Erlebnis* am Münchner Schauspielhaus. Mehrwöchiger Aufenthalt an einem abgelegenen Badeort im Isartal.

1906 Rapide Verschlechterung des Gesundheitszustands, Lähmungserscheinungen und allmählicher Verlust des Augenlichts, Rückzug aus dem Gesellschaftsleben; der Autor ist von nun an gezwungen, seine Werke den literarisch versierten Schwestern zu diktieren; die Erzählungen *Im Rahmen, Seine Liebeserfahrung, Gebärden* und *Die sentimentale Forderung* erscheinen.

1907 Die Erzählungen *Osterwetter*, *Die Verlobung* und *Geschlossene Weihnachtstüren* erscheinen. Mit den beiden Schwestern zur Sommerfrische beim Bauer Reifenstuel in Dorf Kreuth.
1908 *Frühlingsnacht*, *Landpartie*, *Bunte Herzen* und der Roman *Dumala* erscheinen; am 14.12. Tod der Schwester Henriette.
1909 Die Erzählung *Föhn* erscheint.
1910 Die Erzählung *Prinzessin Gundas Erfahrungen* erscheint.
1911 Die Erzählungen *Am Südhang* und *Nachbarn*, *Die Kluft* und der Roman *Wellen* erscheinen.
1913 Die Erzählung *Das Landhaus* erscheint.
1914 Im März trifft Rainer Maria Rilke Keyserling «mit viel Freude und Rührung»; *Vollmond*, *Nicky* und *Schützengrabenträume* und der Roman *Abendliche Häuser* erscheinen.
1915 Anlässlich seines 60. Geburtstags würdigt Otto Flake den Jubilar in der *Neuen deutschen Rundschau* als «europäischen Charakter», und Lion Feuchtwanger rühmt in der *Schaubühne* «seine süße, bittere, marktfremde, adelige Kunst»; am 8.12. Tod der Schwester Elise; Schwester Hedwig (geb. 1844) und der Neffe Otto von Taube (geb. 1879) kümmern sich fortan um ihn.
1916 Die Erzählungen *Der Erbwein*, *Pfingstrausch im Krieg* und *Das Kindermädchen* erscheinen.
1917 Der Roman *Fürstinnen* und die Erzählungen *Das Vergessen* und *Die Feuertaufe* erscheinen.
1918 Die Erzählung *Im stillen Winkel* erscheint. Neffe Paul, 28, fällt am 11.8. an der Somme. Am 28.9. stirbt Eduard von Keyserling. Beerdigung am 30.9. auf dem Münchner Nordfriedhof in einem von der Stadt München unterhaltenen «Berühmtengrab», die Totenrede hält Max Halbe; am 15.10. erscheint ein Nachruf von Thomas Mann; Vernichtung des Nachlasses gemäß testamentarischer Verfügung Keyserlings durch seine Schwester Hedwig und die Baronin Marie von Osten-Sacken.
1919 Postume Veröffentlichung von *Feiertagskinder*.

Editorische Notiz

Man hat ihn als Dichter einer «überzüchteten Hochkultur» (Heide Eilert) gelesen, als «Herold» (Ernst Heilborn) altaristokratischer Gedächtnispflege, als «Chronist der letzten Atemzüge» (Wulf Kirsten) und Kronzeugen einer für evident erachteten Adelsdekadenz. Solche standessoziologischen und biografischen Zuschreibungen prägen Eduard von Keyserlings Nimbus bis heute. Ein Graf, der impressionistische, zeitentrückte Schlossbilder malt, steht beim adelsskeptischen Bürger bestenfalls unter Kitsch-, schlimmstenfalls unter Ideologieverdacht. Doch hat sich mittlerweile herumgesprochen, dass das Œuvre des großen europäischen Erzählers himmelweit über den belletristischen Galanteriewaren rangiert, die Lesern Glanz und Gloria vorgaukeln. Auf den ersten Blick sind Keyserlings Güter und Schlösser zeitenthobene Trutzburgen wider den anstürmenden Weltgeist. Die Irritationen, denen sich der Adel in den politisch-gesellschaftlichen Umbrüchen des späten 19. Jahrhunderts real ausgesetzt sah, bleiben in seinen hermetischen Kunstbezirken ausgeblendet: keine Unbotmäßigkeit im Gesindehaus, keine darbenden, aufrührerischen Bauern, kein Adelsproletariat, überhaupt wenig materielles Elend. Und doch stehen die Zeichen der Zeit auf Untergang.

«Wie kaum andere Schriftsteller haben die schreibenden Aristokraten – die *gentilshommes écrivains* – das Erzählen vom Ende beherrscht.»

Dieser Befund Edoardo Costaduras, auf den Chevalier Chateaubriand und den Principe Lampedusa gemünzt, lässt sich mit gleichem Recht auf den Grafen Keyserling beziehen. Mit seinen feinsinnigen Donquichotterien steht er in einer weltliterarischen Tradition, die Mitte des 20. Jahrhunderts wohl endgültig verebbt ist: die der Selbstbefragung und Selbstironisierung adeliger Kultur und Geistesart. Wie der Autor des *Gattopardo* hat auch Keyserling die Herrenschicht, der er entstammte, mit großer Abgeklärtheit porträtiert, ohne sie dem Spottbedürfnis nichtadeliger Leser auszuliefern. Zum Verhängnis wird seinen Edelleuten ja gerade nicht ihr Aristokratentum, ihre antiquierte Standestugend, sondern im Gegenteil die Preisgabe derselben, der Mangel an Zucht und Charakter, die Unverhältnismäßigkeiten des Herzens, «lyrische Nerven» und – frei nach Thomas Mann – eine fatale «Sehnsucht nach den Wonnen der Gemütlichkeit».

Zur vorliegenden Auswahl

Die erste Werkausgabe Keyserlings erschien 1922 bei S. Fischer, herausgegeben von Ernst Heilborn. 1933 wiederaufgelegt, diente sie als Referenz für alle späteren Ausgaben und als Keimzelle wiederholter Keyserling-Renaissancen. Dank der Pionierarbeit von Antonie Alm-Lequeux, Gabriele Radecke und Klaus Gräbner sind etliche verschollene Texte wieder zugänglich gemacht worden. Vor allem der unermüdlichen Recherche Klaus Gräbners verdankt die vorliegende Jubiläumsausgabe Unschätzbares. Sie kann nun nämlich für sich in Anspruch nehmen, die reichhaltigste Sammlung Keyserlingscher Kurz- und Kürzestprosa zu sein, die je verlegt wurde. Neben mehr oder weniger bekannten, bereits in Buchform publizierten Erzählungen werden hier erstmals fünf unbekannte Texte erschlossen, die zu Lebzeiten Keyserlings in Zeitschriften, aber nie zwischen Buchdeckeln erschienen sind: *Nur zwei Tränen*, *Mit vierzehn Tagen Kündigung*, *Das Sterben*, *Im Rahmen* und *Gebärden* (Letzteres eine Erzählung, auf die Paul Falck in einem Aufsatz 1918 hingewiesen hat).

In der Totalität der gut fünfunddreißig Schaffensjahre umspannenden Erzählsammlung ist endlich eine angemessene Beurteilung unseres Autors möglich, der ein erstaunlich vielfältiges Werk hinterlassen hat. Es umfasst Genrebilder aus dem vorstädtischen und ländlichen Milieu, avancierte Ehe- und Beziehungsprosa, in der offen traditionelle Geschlechterrollen hinterfragt werden, ferner Guts- und Schlossgeschichten sowie die ab 1914 entstandenen Kriegs- und Heimatfront-Erzählungen. Gerade an den frühen Textfunden dieses Bandes zeigt sich: Lange bevor Keyserling in seinen Adelsgeschichten Leute aus dem Volk als Kontrast- und Passepartoutfiguren auftreten ließ, waren sie die mit viel Anteilnahme gezeichneten Hauptakteure. Keyserlings Kurzprosa weist nicht nur eine bemerkenswerte Bandbreite an Milieus auf, sondern auch einen großen Reichtum an Tonlagen. Ernst, Innigkeit, Empathie beim gewöhnlichen Volk, zartbittere Ironisierung, Sinn für tragikomische oder satirische Zuspitzung bei «Seinesgleichen». In *Nachbarn* heißt es an einer Stelle vielsagend: «‹Warum lachst du?›, fragte sie. ‹Ich denke, du bist mitleidig.› – ‹Ich bin mitleidig›, erwiderte er, ‹und deshalb lache ich.›» Ein Dialog wie von Liesl Karlstadt und Karl Valentin.

Zur Gattungsbezeichnung

Schon in den zu Lebzeiten des Autors erschienenen Originalausgaben variieren «Erzählung» und «Novelle» als Gattungsbezeichnung, weshalb hier der Oberbegriff der «Erzählung» gewählt wurde, unter dem sich alle kürzeren Prosatexte Keyserlings subsumieren lassen. Ebenso diffizil stellt sich die Abgrenzung zum «Roman» dar. So ist Keyserlings letztes, posthum erschienenes Buch *Feiertagskinder* gleichfalls als «Erzählung» klassifiziert worden, obwohl dessen narrativ-dramaturgische Anlage und Ausführung tendenziell eher den Romanen *Dumala* oder *Wellen* entspricht. Deshalb wurde *Feiertagskinder* nicht mit aufgenommen.

Zur Textgestalt

Als Vorlagen dienten die im Kommentar angegebenen Erstdrucke, die in der Regel mit Buchausgaben identisch sind. In Ermangelung von Originalmanuskripten war ein philologischer Textabgleich nur mit diesen Erstdrucken möglich. Die Interpunktion brauchte nur in wenigen Fällen geringfügig modifiziert werden. Dies geschah unter strikter Beachtung sprachrhythmischer Eigenheiten. Bei der Berichtigung von Druckfehlern und der Vereinheitlichung von Schreibungen (*Ekarté/Ecarté, Pürsch/Pirsch, Monokle/Monocle, Centifolien/Zentifolien* etc.) war Behutsamkeit oberstes Gebot, ebenso bei der Anpassung der Orthografie an heute gültige Standards. Die Schreibung fremdsprachiger, damals geläufiger, mittlerweile antiquierter Wortformen wie *Liqueur, Lieutnant, Telephon, Nähterin* etc. folgt zur Wahrung des sprachlichen Kolorits der Textvorlage. Auch sprachliche Idiosynkrasien des Autors (*allerort, Bauerfrau, um Mittagszeit, Perlmutterglanz, teilnahmevoll, dunkelen, gespenstig, gelles* etc.) werden hier durchgehend originalgetreu wiedergegeben.

Horst Lauinger

Zitierte & konsultierte Literatur (Auswahl)

Antonie Alm-Lequeux, Eduard von Keyserling. Sein Werk und der Krieg; mit unveröffentlichten Texten Eduard von Keyserlings, Paderborn/Otago 1996.

Asfa-Wossen Asserate, Manieren, Frankfurt am Main 2002.

Baedeker Russland. Handbuch für Reisende, hg. v. Karl Baedeker. Mit 9 Karten und 15 Plänen, 2. Auflage, Leipzig 1888, darin: Ostseeprovinzen (Kurland und Litauen), S. 35–77.

Baedeker Süddeutschland. Handbuch für Reisende, hg. v. Karl Baedeker. Mit 59 Karten, 50 Plänen und 13 Grundrissen, 31. Auflage (unveränderter Nachdruck), Leipzig 1913.

Herman Bang, Graf Eduard Keyserling. In: Die neue Rundschau (DNR), Berlin 1912, S. 427–430.

Marianne Beuchert, Symbolik der Pflanzen, Frankfurt am Main/Leipzig 1995.

Miłosława Borzyszkowska-Szewczyk, «Adeligkeit» in fiktionalen Welten kodiert. Eduard von Keyserlings «Harmonie» und «Abendliche Häuser». In: Projektionsflächen von Adel, hg. v. Silke Marburg/Sophia Kuenheim, Oldenburg 2016, S. 67–86.

Paul Bourget, Ein Frauenherz. Roman, aus dem Französischen übersetzt von Caroline Vollmann, München 2006.

Benjamin Breggin, Baltisches und Heidnisches in Eduard von Keyserlings Theaterstück «Ein Frühlingsopfer». In: Baltisches Welterlebnis. Die kulturgeschichtliche Bedeutung von Alexander, Eduard und Hermann Graf Keyserling, hg. v. Michael Schwidtal/Jaan Undusk, Heidelberg 2007, S. 185–196.

Brockhaus Konversations-Lexikon, 14. Auflage, Leipzig 1898.

Reinhold Brunner, Landadliger Alltag und primäre Sozialisation in Ostelbien am Ende des 19. Jahrhunderts. In: Zeitschrift für Geschichtswissenschaft 39, Berlin 1991, S. 995–1011.

Francis L. Carsten, Geschichte der preußischen Junker, Frankfurt am Main 1988.

Eckart Conze/Christian Meier, Adel/Aristokratie. In: Geschichtliche Grundbegriffe, hg. v. Otto Brunner/Eckart Conze/Reinhard Kosellek, Bd. 1: A–D [Adel–Diktatur], Stuttgart 1972, S. 1–48.

Eckart Conze/Wencke Meteling/Jörg Schuster/Jochen Strobel (Hg.), Aristokratismus und Moderne: Adel als politisches und kulturelles Konzept, 1890–1945, Köln u. a. 2013.

Edoardo Costadura, Erzählungen vom Ende. Literarische Selbstdarstellungen des Adels im modernen Europa bei Chateaubriand und Lampedusa. In: What Makes the Nobility Noble? Comparative Perspectives from the Sixteenth to the Twentieth Century, hg. v. Jörn Leonhard/Christian Wieland, Göttingen 2011, S. 299–319.

Margaret Dalton, Reflections of I.S. Turgenev in Eduard v. Keyserling: An Analysis of «Pervaja Ijubov» and «Schwüle Tage». In: Germano-Slavica. A Canadian Journal of Germanic und Slavic Comparative and interdisciplinary studies, Vol. 2, No. 6, Waterloo/Ontario 1978, S. 397–410.

Dante Alighieri, Die Göttliche Komödie, aus dem Italienischen übersetzt von Ida und Walther von Wartburg, München 2018.

Norman Davies, Im Herzen Europas. Geschichte Polens, 4., durchgesehene Auflage, München 2006.

Deutsches Wörterbuch von Jacob Grimm und Wilhelm Grimm, Leipzig 1862.

Margarete und Elisabeth Doennig, Kochschule der Ostpreußischen Haushaltungsschule, 2. Auflage, Königsberg 1902.

Heide Eilert, Das Kunstzitat in der erzählenden Dichtung: Studien zur Literatur um 1900, Stuttgart 1991.
Jānis Endzelīns, Über die Nationalität und Sprache der Kuren. In: Finnisch-Ugrische Forschungen 12, Helsingfors 1912, S. 59–72.
Adolf Engler, Das Pflanzenreich. Regni vegetabilis conspectus, hg. im Auftrage der Königlich preussischen Akademie der Wissenschaften, Leipzig/Berlin 1913.
Paul Th. Falck, Graf Eduard Keyserling. In: Baltische Blätter für Theater und Kunst, Jg. 1, Heft 2/3, Berlin 1918, S. 45–49.
Xandru Fernández, Prológo. In: Eduard von Keyserling, Armonía/Nicky, Barcelona 2011, S. 3–7.
Theodor Fontane, Sämtliche Romane, Erzählungen, Gedichte, Nachgelassenes, hg. v. Walter Keitel/Helmuth Nürnberger, 6. Bd., München 1978.
Emanuel Geibel, Jugendgedichte. In: Emanuel Geibels Werke. Vier Teile in einem Bande, hg. v. Dr. R. Schacht, Leipzig 1913.
Louis A. Godey/Sarah J. Hale, Godey's Lady's Book and Magazine, Vol. XL, Philadelphia 1858.
Walter Görlitz, Die Junker: Adel und Bauer im deutschen Osten. Geschichtliche Bilanz von sieben Jahrhunderten, Glücksburg 1957.
Johann Wolfgang von Goethe, Maximen und Reflexionen. Sprüche. Nachwort von Rüdiger Görner, Zürich 2001.
Geraldine Gutiérrez de Wienken, Der Künstler und seine Welle. Eduard von Keyserlings «Wellen» und Octavio Paz' «Mein Leben mit der Welle». In: Die Welle. Das Symposium, hg. v. Hans-Günther Schwarz, München 2010, S. 120–129.
Hannelore Gutmann, Die erzählte Welt Eduard von Keyserlings. Untersuchungen zum ironischen Erzählverfahren, Frankfurt am Main u. a. 1995.
Peter Härtling, Nachwort. In: Eduard von Keyserling, Wellen. Frankfurt am Main 1982, S. 205–211.
Ellis Havelock, Studies in the Psychology of Sex, Philadelphia 1913.
Herodot, Historien, 2 Bände, Griechisch-Deutsch, hg. v. Josef Feix, 5. Auflage, München/Zürich 1995.

Hermann Hesse, Rezension. In: März – Halbmonatsschrift für deutsche Kultur, 3. Jg., Bd. 4, München 1909, S. 200–201. Textauszug aus: Hermann Hesse, Eine Literaturgeschichte in Rezensionen und Aufsätzen, hg. v. Volker Michels. S. 364 © Suhrkamp Verlag Frankfurt am Main 1975. Alle Rechte bei und vorbehalten durch Suhrkamp Verlag Berlin.

Boris Hoge, «Kreuzzeitung» und «russische Grenze» – das historische und geographische Detail bei Theodor Fontane und Eduard von Keyserling. In: Moderna språk, publ. by the Modern Language Teachers' Association of Sweden and Språkcentrum at Växjö University, Växjö 2010, Vol. 104 (2), S. 33–44.

Peter Uwe Hohendahl/Paul Michael Lützeler (Hg.), Legitimationskrisen des deutschen Adels 1200–1900, Stuttgart 1979.

Arthur Holitscher, Die Münchner Zeit. In: DNR 35, 1924, S. 366–393.

Homer, Ilias, übersetzt v. Johann Heinrich Voß, Hamburg 1957.

Homer, Ilias. Aus dem Griechischen übersetzt und kommentiert von Kurt Steinmann, München 2017.

Thomas Homscheid, Eduard von Keyserling – Leben und Werk, Norderstedt 2009.

Kristy Husz, «Heimweh nach der See». Die Bedeutung des Meeres beim frühen Thomas Mann und bei Eduard von Keyserling, Marburg/Lahn 2013.

Jürgen Joachimsthaler, Polen im (deutsch-)baltischen Diskurs. In: Das Baltikum als Konstrukt (18.–19. Jahrhundert). Von einer Kolonialwahrnehmung zu einem nationalen Diskurs, hg. v. Anne Sommerlat-Michas, Würzburg 2015, S. 211–229.

Immanuel Kant, Physische Geographie II/1: Vom Menschen. In: Kant's Gesammelte Schriften/Akademieausgabe, Abt. 1, Bd. IX: Logik. Physische Geographie. Pädagogik, Berlin u.a. 1923, S. 311–320.

Jana Katczynski, Die Darstellung des Krieges in Keyserlings Erzählung «Nicky», Düsseldorf 2014.

Kaufmännisches Miniatur-Lexikon. Ein Pult- und Sachenbuch für Handelswirtschaften, Berlin 1901.

Eduard von Keyserling, Der indische Heilige. In: Die neue Rundschau 1903, S. 1228–1230.

Eduard von Keyserling, Schlachtendichtung. In: Der Tag, 5. Februar 1915, S. 1–2.

Harry Graf Kessler, Gesichter und Zeiten. Erinnerungen, Berlin 1925.

Panajotis Kondylis, Konservativismus. Geschichtlicher Gehalt und Untergang, Stuttgart 1986.

Andreas Kossert, Ostpreußen: Geschichte und Mythos, München 2007.

Johann Georg Krünitz, Oekonomisch-technologische Encyklopädie, oder allgemeines System der Staats- Stadt- Haus- und Landwirthschaft und der Kunstgeschichte in alphabetischer Ordnung, Berlin 1773–1885.

Lexikon der deutschsprachigen Literatur des Baltikums und St. Petersburgs, 3 Bde., hg. v. Carola L. Gottzmann/Petra Hörner, Berlin 2011; «Eduard Graf von Keyserling»: Bd. 2, S. 665–673.

Georg Christoph Lichtenberg, Aphorismen, hg. v. Max Rychner, Zürich 1958.

Klaus Lindemann/Norbert Micke, Eros und Thanatos. Erzählungen zwischen Jahrhundertwende und Erstem Weltkrieg, Paderborn 1996.

Titus Livius, Römische Geschichte/Ab urbe condita. In lateinischer und deutscher Sprache, hg. und übersetzt von Hans Jürgen Hillen, Bd. 6: Buch 27–30, München 2011.

Matthias N. Lorenz, Früheste literarische Rezeptionszeugnisse von Zeitgenossen Conrads. Eduard von Keyserlings «Seine Liebeserfahrung» (1906) – «wir sind gerade im Herzen von Afrika». In: ders., Distant kinship – Entfernte Verwandtschaft. Joseph Conrads «Heart of Darkness» in der deutschen Literatur von Kafka bis Kracht, Stuttgart 2017, S. 151–161.

Liina Lukas, Das Baltikum literarisch – hier oder woanders? Die Raumgestaltung estnischer und baltischer Literatur am Beispiel von Eduard von Keyserling und Jaan Oks. In: Baltisches Welterlebnis. Die kulturgeschichtliche Bedeutung von Alexander, Eduard und Hermann Graf Keyserling, hg. v. Michael Schwidtal/Jaan Undusk, Heidelberg 2007, S. 253–268.

Stephan Malinowski, Vom König zum Führer. Sozialer Niedergang und politische Radikalisierung im deutschen Adel zwischen Kaiserreich und NS-Staat, Berlin 2003.

Mandane Manko, Figuren- und Konfliktdarstellung bei Friedrich Spielhagen, Theodor Fontane, Ferdinand von Saar, Eduard von Keyserling. Eine vergleichende Untersuchung der Erzählungen «Zum Zeitvertreib», «Effi Briest», «Schloß Kostenitz» und «Am Südhang», Frankfurt am Main 1995.

Thomas Mann, Zum Tode Eduard von Keyserlings. In: ders., Essays II: 1914–1926, Frankfurt am Main 2002, S. 223–227.

Friedrich August Ludwig von der Marwitz, Ein märkischer Edelmann im Zeitalter der Befreiungskriege, hg. v. Friedrich Meusel, Berlin 1913.

Arno J. Mayer, Adelsmacht und Bürgertum. Die Krise der europäischen Gesellschaft 1848–1914, München 1984.

Allen E. McCormick, Utopia and Point of View. Narrative Method in Morante's «L'Isola di Arturo» and Keyserling's «Schwüle Tage». In: Symposium, Vol. 15/2, Syracuse 1961, S. 114–129.

Meyers Konversationslexikon, 4. Auflage, Leipzig/Wien 1885–1890.

Wolfgang Amadeus Mozart, Don Giovanni. Der bestrafte Wüstling. Libretto v. Christian Gottlob Neefe, Leipzig 1982.

Wolfgang Nehring, Harmonie. Die Welt Eduard von Keyserlings. In: The Turn of the Century. German Literature and Art 1890–1915, hg. v. G. Chapple/H. H. Schulte, Bonn 1981, S. 227–235.

Jan Esper Olsson, Litauische Augen und polnische Liebe. Über die Fremdwahrnehmung in Eduard von Keyserlings Erzählungen. In: Das Baltikum im Spiegel der deutschen Literatur, hg. v. Michael Schwidtal/Armands Gūtmanis, Heidelberg 2001, S. 343–354.

Rolf Parr, Topographien von Grenzen und Räume der Liminalität. Eduard von Keyserlings Roman «Wellen». In: Grenzräume der Schrift, hg. v. Achim Geisenhanslüke, Bielefeld 2008, S. 143–165.

Blaise Pascal, Œuvres complètes. Édition établie et annotée par Jacques Chevalier, Bibliothéque de La Pléiade, Paris 1980.

Niels Penke, Welle und Wille. Schopenhauer bei Herman Bang und Eduard von Keyserling. In: Influx. Der deutsch-skandinavische Kulturaustausch um 1900, hg. v. Søren R. Fauth/Gísli Magnússon, Würzburg 2014, S. 291–304.

Platon, Theaitetos. In: ders., Spätdialoge, Bd. 1., übertragen von Rudolf Rufener, Zürich/München 1974.

Alfred Polgar, «Benignens Erlebnis», Kritik. In: Freie Volksbühne, Wien, Programmheft Jänner–Februar 1911, S. 4–6.

Rado Pribic, Keyserling's «Schwüle Tage» and Turgenev's «First Love»: a comparison. In: Probleme der Komparatistik und Interpretation. Festschrift für André von Gronicka, hg. v. Walter H. Sokel/Albert A. Kipa/Hans Ternes, Bonn 1978, S. 142–152.

Gabriele Radecke, «... denn wir leiden ja alle an unverdauten Fragezeichen». Eduard von Keyserling: Briefe an seinen Neffen Hermann von Keyserling, hg. und kommentiert von Gabriele Radecke. In: Unverdaute Fragezeichen. Literaturtheorie und textanalytische Praxis, hg. v. Holger Dauer/Benedikt Descourvières/Peter W. Marx, St. Augustin 1998.

Heinz Reif, Adel im 19. und 20. Jahrhundert, München 1999.

Rainer Maria Rilke, Briefe an Sidonie Nádherný von Borutin, hg. v. Bernhard Blume, Frankfurt am Main 1973, darin: Brief vom 2.4.1914 (17 Rue Campagne-Première, Paris), S. 218–220.

Jean-Jacques Rousseau, Bekenntnisse, aus dem Französischen übersetzt von Alfred Semerau, Düsseldorf/Zürich 1996.

Isabelle Ruiz, Le rôle de la mer dans «Wellen» de Eduard von Keyserling, http://www.academia.edu

Felix Salten, Graf Keyserling. In: ders., Gestalten und Erscheinungen, Berlin 1913, S. 69–78.

Susanne Scharnowski, Blickwechsel, Bildlichkeit und Erzählperspektive in Eduard von Keyserlings Erzählung «Harmonie». In: Übersetzen – Übertragen – Überreden, hg. v. Sabine Eickenrodt u.a., Würzburg 1999, S. 119–131.

Sybil Gräfin Schönfeldt, Ist der Adel anachronistisch? Joachim von Dissow: «Adel im Übergang». In: Die Zeit, 5. Oktober 1962.

Sybil Gräfin Schönfeldt, Kulturgeschichte des Herrn, Hamburg 1965.

Franz Schubert, Texte seiner einstimmig und mehrstimmig komponierten Lieder und ihre Dichter, 2 Bde., hg. v. Maximilian und Lilly Schochow, Hildesheim 1997.

Egon Schwarz, Adel und Adelskult im deutschen Roman um 1900. In: ders., Dichtung, Kritik, Geschichte. Essays zur Literatur 1900–1930, Göttingen 1983, S. 69–112.

Michael Schwidtal/Henning von Wistinghausen, Aus Eduard von Keyserlings Dorpater Studentenjahren. In: Baltisches Welterlebnis. Die kulturgeschichtliche Bedeutung von Alexander, Eduard und Hermann Graf Keyserling, hg. v. Michael Schwidtal/Jaan Undusk, Heidelberg 2007, S. 161–172.

William Shakespeare, Hamlet, Prinz von Dänemark, übersetzt von August Wilhelm von Schlegel. In: ders., Sämtliche Werke, hg. v. Anselm Schlösser, Bd. 4, Berlin 2000, S. 263–387.

Friedrich Silcher, Volkslieder, gesammelt und für vier Männerstimmen gesetzt, Tübingen 1890.

Sophokles, Antigone, Griechisch-Deutsch, übertragen v. Ludwig Friedrich Barthel, München 1926.

Hartwin Spenkuch, Herrenhaus und Rittergut. Die Erste Kammer des Landtags und der preußische Adel von 1854 bis 1918 aus sozialgeschichtlicher Sicht. In: Geschichte und Gesellschaft, 25. Jg., Heft 3, 1999: Deutscher Adel, S. 375–403.

Camilla von Stackelburg, Verwehte Blätter. Erinnerungen aus dem Baltikum, Berlin 1992.

Minna von Strantz, Die Blumen in Sage und Geschichte, Berlin 1875.

Rudolf Steinhilber, Eduard von Keyserling. Sprachskepsis und Zeitkritik in seinem Werk, Darmstadt 1977.

Andreas Sturies, Intimität und Öffentlichkeit. Eine Untersuchung der Erzählungen Eduard von Keyserlings. In: Europäische Hochschulschriften, Reihe 1: Deutsche Sprache und Literatur, Bd. 1176, Frankfurt am Main u. a. 1990.

Johann Daniel Symanski, Der Selam des Orients oder die Sprache der Blumen, Posen und Bromberg 1821.

Giovanni Tateo, Conoscenza, realtà, fraintendimenti. Due storie d'amore di Ferdinand von Saar [«Leutnant Burda»] ed Eduard von Keyserling [«Seine Liebeserfahrung»]. In: Arte e Scienza, a cura di Luca Renzi, Stuttgart 2018, S. 407–419.

Otto Freiherr von Taube, Baltischer Adel. In: Das Buch der Keyserlinge. An der Grenze zweier Welten. Lebenserinnerungen aus einem Geschlecht, Berlin 1944, S. 7–61, darin zu EvK S. 50 ff.

Otto Freiherr von Taube, Daten zur Biographie Eduard von Keyserlings. In: Euphorion, Heidelberg 1954, S. 95–97.

Otto Freiherr von Taube, Nachwort. In: Eduard von Keyserling, Schwüle Tage, Zürich 1954, S. 317–335.

Ralph Tuchtenhagen, Adel und Nationalbewegungen im Baltikum um 1900. In: Adel und Nation in der Neuzeit. Hierarchie, Egalität, Loyalität, 16.–20. Jahrhundert, hg. v. Martin Wrede/Laurent Bourquin, Ostfildern 2016, S. 293–318.

Armin von Ungern-Sternberg, «Kunstwerdung eines feudalen Heimatmilieus»? Anmerkungen und Anregungen zum Verständnis Eduard von Keyserlings. In: Baltisches Welterlebnis. Die kulturgeschichtliche Bedeutung von Alexander, Eduard und Hermann Graf Keyserling, hg. v. Michael Schwidtal/Jaan Undusk, Heidelberg 2007, S. 197–230.

Giorgio Vasari, Lebensläufe der berühmtesten Maler, Bildhauer und Architekten, aus dem Italienischen übersetzt von Trude Fein, Nachwort von Robert Steiner, Zürich 1974.

Thorstein Veblen, The Theory of the Leisure Class, New York/London 1899.

Marie-Bénédicte Vincent/Olivier Wieviorka/Julie Champrenault, Le déclin de la noblesse allemande par Eduard von Keyserling. Vingtième Siècle. Revue d'histoire 118, Paris 2013, S. 195–204.

Max Weber, Entwicklungstendenzen in der Lage der ostelbischen Landarbeiter. In: ders., Gesammelte Aufsätze zur Sozial- und Wirtschaftsgeschichte, 2. Auflage, Tübingen 1988, S. 470–507.

Hans-Ulrich Wehler (Hg.), Europäischer Adel 1750–1950, Göttingen 1990.

Ulrike Weinhold, Künstlichkeit und Kunst in der deutschsprachigen Dekadenz-Literatur. In: Europäische Hochschulschriften, Reihe 1, Bd. 215. Frankfurt am Main u. a. 1977.

Christian Wiebe, Ironische Brechungen bei Eduard von Keyserling. In: Der witzige, tiefe, leidenschaftliche Kierkegaard. Zur Kierkegaard-Rezeption in der deutschsprachigen Literatur bis 1920, Heidelberg 2012, S. 261–269.

Benno von Wiese, Die deutsche Novelle von Goethe bis Kafka. Interpretationen, 2 Bde., Düsseldorf 1962, Bd. 2, S. 280–298.

Heinrich August Winkler, Der lange Weg nach Westen. Bd. 1: Deutsche Geschichte vom Ende des Alten Reiches bis zum Untergang der Weimarer Republik, München 2000.

Reinhard Wittram, Baltische Geschichte. Die Ostseelande Livland, Estland, Kurland 1180–1918, München 1954.

Wayne Wonderley, Keyserling's «Landpartie». In: Studies in German literature of the 19th and 20th centuries, No. 67, ed. by Siegfried Mews/Frederic Edward Coenen, Chapel Hill, S. 137–148.

Xenophon, Anabasis. Der Zug der Zehntausend, Griechisch-Deutsch, hg. v. Walter Müri, München/Zürich 1990.

Petra Zaus, «Harmonie» – «Unwiederbringlich»?: impressionistische Sprachbilder bei Fontane und Keyserling. In: Die Dinge und die Zeichen: Dimensionen des Realistischen in der Erzählliteratur des 19. Jahrhunderts, hg. v. Sabine Schneider/Barbara Hunfeld, Würzburg 2008, S. 361–376.

Frank Zimmer, Das inszenierte Leben: Raumsemantik und Subjektkonstituierung in Eduard von Keyserlings Erzählung «Am Südhang». In: Literatur in Wissenschaft und Unterricht, XXXVI, 3, Kiel 2003, S. 191–215.

Inhalt

- 5 Nur zwei Tränen (1882)
- 11 Mit vierzehn Tagen Kündigung (1882)
- 18 Das Sterben. Ein Sommerbild (1885)
- 24 Grüß Gott, Sonne! (1896)
- 28 Grüne Chartreuse (1897)
- 33 Die Soldaten-Kersta (1901)
- 51 Der Beruf (1903)
- 54 Schwüle Tage (1904)
- 104 Harmonie (1905)
- 145 Sentimentale Wandlungen (1905)
- 160 Im Rahmen. Skizze (1906)
- 169 Seine Liebeserfahrung (1906)
- 219 Gebärden (1906)
- 226 Die sentimentale Forderung (1906)
- 234 Osterwetter (1907)
- 244 Die Verlobung (1907)
- 252 Geschlossene Weihnachtstüren (1907)
- 262 Frühlingsnacht (1908)
- 272 Landpartie (1908)
- 282 Bunte Herzen (1908)
- 362 Föhn (1909)

371	Winterwege (1909)
382	Prinzessin Gundas Erfahrungen (1910)
393	Am Südhang (1911)
463	Nachbarn (1911)
476	Die Kluft. Zwei Dialoge (1911)
485	Das Landhaus (1913)
495	Vollmond (1914)
504	Schützengrabenträume (1914)
512	Nicky (1915)
552	Verwundet (1915)
560	Der Erbwein (1916)
569	Pfingstrausch im Krieg (1916)
578	Das Kindermädchen (1916)
584	Das Vergessen (1917)
594	Die Feuertaufe (1917)
603	Im stillen Winkel (1918)
655	*Kommentar*
711	*Abende mit Keyserling. Nachwort*
719	*Bildteil*
723	*Zeittafel*
727	*Editorische Notiz*
731	*Zitierte & konsultierte Literatur (Auswahl)*

Der Verlag weist ausdrücklich darauf hin, dass im Text
enthaltene externe Links vom Verlag nur bis zum Zeitpunkt
der Buchveröffentlichung eingesehen werden konnten.
Auf spätere Veränderungen hat der Verlag keinerlei Einfluss.
Eine Haftung des Verlags ist daher ausgeschlossen.

Verlagsgruppe Random House FSC® N001967

Originalausgabe

Copyright © 2018 by Manesse Verlag
in der Verlagsgruppe Random House GmbH,
Neumarkter Str. 28, 81673 München
Copyright © des textkritischen und editorischen
Apparats Horst Lauinger, Schwabing
Copyright der Porträts und Abbildungen
siehe Bildnachweis

Diese Buchausgabe wurde von Andrea Mogwitz, München, aus der
Albertina gesetzt, von der Druckerei GGP Media in Pößneck auf
FSC-zertifiziertem Papier gedruckt und in Fadenheftung gebunden.
Das Einbandleinen Frankonia lieferte Bamberger Kaliko.

Den Umschlag gestaltete Katja von Ruville unter Verwendung
des Motivs von Heinrich Kühn (1866–1944), «Kühns Kinder und
Miss Mary im Grünen» (Autochrome), nach 1907.
© ÖNB Wien, Pk 3900, 34
Printed in Germany 2018
ISBN 978-3-7175-2476-2

www.manesse-verlag.de